OHADA

RECUEIL DE JURISPRUDENCE DE LA CCJA

2014

Collection « LegiAfrica »

dirigée par Emmanuel Douglas Fotso

La collection « LegiAfrica » a pour vocation d'assurer la diffusion de la jurisprudence et des études de droit des affaires dans les pays formant l'organisation pour l'harmonisation en Afrique du droit des affaires (OHADA). Elle rassemble les recueils ou études de jurisprudence, ainsi que les revues de droit des affaires.

Emmanuel Douglas FOTSO

OHADA

RECUEIL DE JURISPRUDENCE DE LA CCJA

2014

L'Harmattan

5-7, rue de l'École-Polytechnique – 75005 Paris

www.editions-harmattan.fr

ISBN : 978-2-343-16457-1
EAN : 9782343164571

SOMMAIRE

INTRODUCTION

La Cour Commune de Justice et d'Arbitrage (CCJA) a été créée par le Traité de l'Organisation pour l'Harmonisation en Afrique du Droit des Affaires (OHADA) adopté le 17 octobre 1993 à Port – Louis en Ile Maurice et modifié le 17 octobre 2008 à Québec au Canada. L'article 14 du Traité OHADA prévoit que la CCJA a pour mission d'assurer *« l'interprétation et l'application communes du Traité ainsi que des Règlements pris pour son application, des Actes uniformes et des Décisions »*. La Cour assure donc l'unité jurisprudentielle dans un espace juridique qui compte aujourd'hui 17 États à savoir le Bénin, le Burkina Faso, le Cameroun, la Centrafrique, la République des Comores, le Congo, la Côte d'Ivoire, le Gabon, la Guinée, la Guinée Bissau, la Guinée Équatoriale, le Mali, le Niger, le Sénégal, la République démocratique du Congo, le Tchad et le Togo. L'institution de cette juridiction suprême a pour but d'éviter des divergences dans l'interprétation et l'application de la loi uniforme puisqu, *« il n'y a pas de loi commune lorsque l'unification législative ne s'est pas accompagnée d'une unification juridictionnelle »*[1].

Au regard de la mission particulière de cette institution judiciaire, la doctrine la présente comme un *modèle spécifique et sans précédent, unique en son genre*[2] ou encore comme *l'une des plus osées de l'histoire des institutions internationales*[3]. C'est dire l'importance de cette Cour pour la réussite des objectifs de l'OHADA à savoir parvenir à créer un espace où la sécurité juridique et judiciaire est assurée. Il est aujourd'hui admis que la contribution de la CCJA à l'essor du droit OHADA est bien réelle et actuelle[4]. Elle clarifie les concepts, comble les lacunes ou omissions du législateur et fait évoluer le droit. À travers sa jurisprudence, la CCJA met le droit OHADA en mouvement.

La CCJA peut être saisie à titre consultatif pour Avis par tout État membre de l'Organisation, le Conseil des Ministres ou une juridiction nationale[5]. Ce mode de saisine lui donne alors l'occasion d'exercer un contrôle à priori sur l'application des Actes uniformes. En matière contentieuse, la CCJA est principalement saisie par la voie des recours en cassation contre les décisions rendues par les juridictions nationales du fond ainsi que des recours en annulation contre les décisions des juridictions nationales suprêmes ayant statué sur des questions de droit OHADA. Ces types de recours constituent l'essentiel de l'activité judiciaire de la CCJA. La Cour est également saisie en

---

[1] P. MAYER et V. HEUZÉ, Droit international privé, Paris, Domat Montchrestien, 10 éd., 2010, p. 93.

[2] G. NGOUMTSA ANOU, OHADA et conflits de lois, LGDJ, 2013, p. 14 et 17.

[3] NDOYE D., La Cour Commune de Justice et d'Arbitrage des pays de l'OHADA, EDJA, 2009, p. 11.

[4] GATSI J., La jurisprudence, source du droit OHADA, Juriscope, 2012.

[5] V. par exemple CCJA, Avis n° 001/99/JN du 7 juillet 1999 rendu à la demande du Président du Tribunal Judiciaire de Première Instance de Libreville (Gabon), in Collection du Journal Officiel de l'OHADA, volume 1, 2007, p. 850.

matière d'arbitrage, pas comme arbitre mais comme *organe de nomination des arbitres et de régulation de la procédure*[6].

La mise en œuvre de ces divers modes de saisine permet à la CCJA de rendre des décisions qui ont une véritable autorité sur l'ensemble des États de l'OHADA.

La jurisprudence de la CCJA reste cependant mal diffusée et parfois inconnue des praticiens et justiciables. Des répertoires de jurisprudence sont alors souvent publiés par la doctrine[7]. S'inscrivant dans cette logique et afin de répondre aux sollicitations des praticiens et chercheurs, le présent Recueil, met à la disposition du public les décisions pertinentes rendues par la CCJA au cours de l'année 2014. Les décisions sont répertoriées par domaine (saisine de la CCJA, Droit commercial général, Droit des sociétés, Recouvrement des créances et voies d'exécution, Droit de l'arbitrage, Droit des sûretés, Droit des entreprises en difficultés). Aussi, chacune des 121 décisions que compte le Recueil est précédée d'un sommaire pour en faciliter la compréhension.

---

[6] COULIBALY C.A.T., OHADA: Saisine et procédure devant la Cour Commune de Justice et d'Arbitrage, ECJ, 1998, p. 18.

[7] À cet égard, voir les répertoires de jurisprudence publiés par le Professeur Joseph ISSA-SAYEGH notamment : Répertoire quinquennal OHADA 2000-2005, UNIDA, 2009 ; Répertoire quinquennal OHADA, 2006-2010, UNIDA. Voir également du même auteur les répertoires de jurisprudence OHADA 2011, 2012 et 2013. À lire également : B. TRAORÉ, OHADA : Cour commune de justice et d'arbitrage, édition 2013 ; P.-G. POUGOUÉ, S. S. KUATE TAMEGHE (*Sous la direction*), Les grandes décisions de la Cour commune de justice et d'arbitrage de l'OHADA, L'Harmattan, 2010 ; J. WAMBO, Les procédures simplifiées de recouvrement : les grandes orientations de la jurisprudence en droit OHADA, Édition Jerberas, 2016.

LA SAISINE DE LA COUR COMMUNE DE JUSTICE ET D'ARBITRAGE DE L'OHADA

I. Les conditions de saisine de la CCJA

A. Les conditions relatives à la compétence de la CCJA

1. Les questions soulevant l'application du droit OHADA

Compétence exclusive de la CCJA en cas de litige relatif au droit OHADA (CCJA, Ass. Plén., n°51/2014, 24 avril 2014)

Sommaire

La CCJA a compétence exclusive pour connaitre en cassation des affaires soulevant des questions relatives à l'application des Actes uniformes. Il y a manifestement application de l'AUPSRVE et donc compétence de la CCJA dès lors que l'arrêt déféré a statué sur des ordonnances de référé qui toutes ont été rendues consécutivement à des saisies-ventes.

Les Actes uniformes sont seuls applicables dans les États parties à l'OHADA dans les matières qu'ils régissent. Doit être censuré l'arrêt qui fait application de la loi nationale au mépris des dispositions de l'Acte Uniforme.

La Cour Commune de Justice et d'Arbitrage (CCJA) de l'Organisation pour l'Harmonisation en Afrique du Droit des Affaires (OHADA), Assemblée plénière, a rendu l'Arrêt suivant en son audience foraine tenue le 23 avril 2014 à Lomé-TOGO où étaient présents :

Messieurs Marcel SEREKOÏSSE SAMBA	Président
Abdoulaye Issoufi TOURE,	Premier Vice-président,
Madame Flora DALMEIDA MELE,	Second Vice-Président
Messieurs Namuano Francisco Dias GOMES,	Juge, rapporteur
Victoriano OBIANG ABOGO,	Juge
Mamadou DEME	Juge
Idrissa YAYE,	Juge
Djimasna N'DONINGAR,	Juge
et Maître Paul LENDONGO,	Greffier en chef,

Sur le pourvoi enregistré au greffe de la Cour de céans le 19 juillet 2011 sous le n°061/2011/Première Chambre et formé par Maître Paul Damitart LARE, Avocat, à la Cour, agissant au nom et pour le compte de Société Africaine de Banque dite SIAB S.A, sise à Av. Sylvanus OLYMPIO BP 4874 Lomé, dans la cause l'opposant à Société F K Construction Togo Sarl, sise à Lomé, quartier Saint Joseph BP 3066, ayant pour Conseil Maître Afoh KATAKITI, Avocat à la Cour, 05 BP 840 Lomé, en cassation de l'Arrêt n°066 rendu le 29 mars 2011 par la Chambre civile et commerciale de la Cour d'appel de Lomé (TOGO), dont le dispositif est le suivant :

« Statuant publiquement contradictoirement en matière civile et en appel ;
EN LA FORME

Reçoit les appels interjetés par la Société FK CONSTRUCTION SARL contre les ordonnances de référé N°791/2010, 792/2010 et 793/2010 rendues le 09 septembre 2010 rendues par le Président du Tribunal de Première Instance de Lomé ;

Ordonne la jonction des procédures objet des numéros 933, 934 et 935 du rôle général du greffe de la Cour d'Appel de céans de l'année 2010 en une seule sous le numéro 935/2010 du rôle général de cette Cour ;

AU FOND

Constate que nonobstant la signification des ordonnances à pied de requête portant sursis à l'intimée, celle-ci a poursuivi la vente forcée avant d'obtenir la rétractation en référé ;

Dit et juge que c'est irrégulièrement que ces ventes ont été faites ;

Prononce en conséquence leur nullité pure et simple ;

Dit que les ordonnances entreprises sont inopposables à la société FK CONSTRUCTION TOGO SARL ;

Condamne l'intimée aux dépens.» ;

La requérante invoque à l'appui de son pourvoi les deux moyens de cassation tels qu'ils figurent à la requête annexée au présent arrêt ;

Sur le rapport de Monsieur Namuano Francisco DIAS GOMES, Juge ;

Vu les articles 13 et 14 du Traité relatif à l'harmonisation du droit des affaires en Afrique ;

Vu le Règlement de procédure de la Cour Commune de Justice et d'Arbitrage de l'OHADA ;

Attendu qu'il ressort des pièces de la procédure que la Société FK Construction-Togo, s'étant trouvée dans l'impossibilité de rembourser le prêt qui lui a été consenti par la Société Interafricaine de Banque dite SIAB, signait avec celle-ci le 05 juin 2005, un protocole de remboursement ; que cet engagement n'ayant pas été honoré, le protocole sera revêtu de la formule exécutoire et une exécution sera entreprise contre FK Construction, notamment par saisie-vente du 02 novembre 2009 ; que pour faire échec à ces ventes, elle intenta plusieurs actions ; qu'aussi par Ordonnances sur requête n°2581 du 11 décembre 2009, n°0304 du 12 février 2010 et n°1652 du 28 juillet 2010 elle obtiendra successivement le sursis à la vente, l'interdiction d'enlèvement des biens et la suspension des poursuites ; que cependant à la demande de la SIAB, ces ordonnances seront rétractées respectivement par Ordonnances de référé n°793, n°792 et 791 toutes du 09 septembre 2010 ; que c'est sur appels de ces ordonnances, après jonction des procédures, que la Cour d'appel de Lomé a rendu l'arrêt dont pourvoi ;

Sur la compétence de la Cour de céans

Attendu que dans son mémoire en réponse en date du 21 novembre 2011, la défenderesse au pourvoi sous la plume de son conseil, a soulevé l'incompétence de la cour au motif qu'il s'agit de statuer sur l'attitude d'un plaideur qui, malgré des ordonnances sur requête lui interdisant la vente, a quand même procédé à cette vente ; que l'article 14 du Traité relatif à l'harmonisation du droit des affaires en Afrique, ne donne compétence à la Cour Commune de Justice et d'Arbitrage, ni de trancher une question relative au respect dû à l'autorité de la chose jugée, ni de statuer sur une affaire dépourvue d'objet (la vente ayant eu lieu), lesquelles relèvent des dispositions internes de chaque Etat partie ;

Mais attendu qu'il n'est pas contesté que l'arrêt déféré a statué sur des ordonnances de référé qui toutes ont été rendues consécutivement à des saisies-ventes ; qu'il y a là manifestement application de l'Acte uniforme portant organisation des procédures simplifiées de recouvrement et des voies d'exécution, justifiant la compétence de la Cour de céans ;

Sur le premier moyen tiré de la violation des articles 337 et 49 de l'Acte uniforme portant organisation des procédures simplifiées de recouvrement et des voies d'exécution.

Attendu qu'il est fait grief à l'arrêt déféré d'avoir appliqué l'article 163 du code de procédure civile du Togo alors qu'aux termes de l'article 337 de l'Acte uniforme cité « le présent Acte uniforme sera applicable aux mesures conservatoires, mesures d'exécution forcée et procédures de recouvrement engagées après son entrée en vigueur » et que l'article 10 du Traité dispose que « les Actes uniformes sont directement applicables et obligatoires dans les Etats parties nonobstant toute disposition contraire de droit interne antérieure ou postérieure » ; que les parties étant dans une situation d'exécution forcée seul l'article 49 dudit Acte uniforme était applicable.

Attendu en effet que la Cour d'appel pour infirmer les ordonnances entreprises a pris comme motivation « qu'il est constant que nonobstant la signification de ces trois ordonnances à pied de requête à l'intimée, celle-ci a procédé à la vente des biens saisis... », entérinant lesdites ordonnances sur requête, alors que les litiges relatifs à une mesure d'exécution doivent être réglés conformément à l'article 49 de l'Acte uniforme, par le président de la juridiction ou son délégué statuant en matière d'urgence ; qu'en faisant application de l'article 163 du Code de procédure civile Togolais, l'arrêt querellé a violé les dispositions visées au moyen et encourt la cassation sans qu'il soit nécessaire d'examiner les autres moyens.

Sur l'évocation

Attendu que suivant trois exploits en date du 23 septembre 2010, la société FK Construction, a déclaré interjeter appels contre les Ordonnances de référé n°791, 792 et 793, toutes rendues le 09 septembre 2010 par le Président du Tribunal de première instance de première classe de Lomé ;

Attendu que l'appelante a exposé que :

L'Ordonnance n°792 du 09 septembre 2010 a rétracté l'Ordonnance sur requête n°0304 rendue le 12 février 2010 par laquelle il a été fait interdiction à toute personne de procéder à l'enlèvement des biens restants et entreposés dans l'enclos à Djidjolé ;

L'Ordonnance n°791 du 09 septembre 2010 a rétracté l'Ordonnance sur requête n°1652 du 28 juillet 2010 suspendant les poursuites d'exécution forcée ;

L'Ordonnance n° 793 du 09 septembre 2010 a rétracté l'Ordonnance sur requête n°2581 du 11 décembre 2009 ayant mis sursis à la vente aux enchères publiques prévue le 18 décembre 2009 ;

Attendu qu'au soutien de l'appel, FK Construction a exposé que le champ d'application de l'article 32 de l'Acte uniforme cité est limité au titre exécutoire par provision ; que le titre détenu par l'intimée étant définitif, donc insusceptible de modification, le débiteur risque de ne pouvoir se faire indemniser si l'exécution était mal faite ; que c'est à tort que le président du tribunal a rétracté les ordonnances sur requête ayant prescrit la suspension de la procédure.

Attendu qu'en réplique, la société Interafricaine de Banque a conclu à la confirmation des ordonnances de référé entreprises en ce que d'abord, elle, l'intimée, dispose d'un titre définitif ; qu'ensuite l'appelante ne justifie pas que le prix des biens déjà vendus suffit à assurer le montant dont le recouvrement est poursuivi ; qu'enfin l'on ne saurait subordonner l'exécution forcée poursuivie en vertu d'un titre définitif à l'issue d'une autre assignation pendante devant une juridiction ; qu'en tout état de cause l'article 163 du code de procédure civile Togolais est inapplicable ;

Attendu que les ordonnances sur requêtes ont fait droit à des demandes du débiteur relativement à une suspension des poursuites, à un sursis à la vente et à une interdiction d'enlèvement des biens saisis ; qu'aucune de ces procédures n'est prévue au chapitre des incidents de la saisie-vente traités par les articles 129 à 146 de l'Acte uniforme portant organisation des procédures simplifiées de recouvrement et des voies d'exécution ; que donc c'est à bon droit que le Président du Tribunal a rétracté les ordonnances sur requête ; qu'il échet de confirmer les Ordonnances de référé n°791, 792 et 793 du 09 septembre 2010 ;

Attendu que la Société FK Construction, succombant sera condamnée aux dépens ;

PAR CES MOTIFS

Statuant publiquement après en avoir délibéré ;

Se déclare compétente ;

Casse l'Arrêt n°066 rendu le 29 mars 2011 par la Cour d'appel de Lomé ;

Evoquant et statuant sur le fond ;

Confirme les Ordonnances de référé n°791, n°792 et n°793 rendues le 09 septembre 2010 par le Président du Tribunal de Lomé ;

Condamne la société FK Construction-Togo aux dépens.

Compétence exclusive de la CCJA pour les litiges relatifs au droit OHADA (CCJA, Ass. Plén., n°69/2014, 25 avril 2014)

Sommaire

Lorsqu'une affaire est relative à une assignation en paiement des causes de la saisie consécutivement à la saisie-attribution, procédure régie par l'AUPSRVE, elle soulève des questions relatives à l'application d'un Acte uniforme. La juridiction nationale qui, dans ces conditions et au mépris du déclinatoire de compétence, retient sa compétence, le fait à tort et expose sa décision à annulation.

La Cour Commune de Justice et d'Arbitrage (CCJA), de l'Organisation pour l'Harmonisation en Afrique du Droit des Affaires (OHADA), Assemblée plénière, a rendu l'Arrêt suivant en son audience foraine tenue à Porto-Novo (BENIN) le 25 avril 2014 où étaient présents :

Messieurs Marcel SEREKOÏSSE SAMBA Président

Abdoulaye Issoufi TOURE, Premier Vice-président

Madame Flora DALMEIDA MELE, Second Vice-président

Messieurs Namuano Francisco Dias GOMES,Juge, rapporteur

Victoriano OBIANG ABOGO, Juge

Mamadou DEME Juge

Idrissa YAYE, Juge

Djimasna N'DONINGAR, Juge

et Maître Paul LENDONGO, Greffier en chef,

Sur le recours enregistré au greffe de la Cour de céans le 11 janvier 2012 sous le n°004/2012/PC et formé par la société ECOBANK-BURKINA, société anonyme dont le siège est au 49, rue de l'Hôtel de ville, 01 BP 145 Ouagadougou 01, par le canal de son conseil, Maître Mamadou SAVADOGO, Avocat à la Cour, 212, Avenue de la Cathédrale, 01 BP 6042 Ouagadougou 01, dans la cause l'opposant à Monsieur KOUTOU Somlawindé Daouda, commerçant de nationalité Burkinabé, demeurant au secteur n°1 de Ouagadougou, rue de la Palestine, angle rue de la grande mosquée, immeuble ancien député TIENDREBEOGO Adama, 01 BP 602 Ouagadougou 0l, en annulation de l'Arrêt n°09 rendu le 13 octobre 2011 par la Chambre commerciale de la Cour de cassation du Burkina Faso, dont le dispositif est le suivant :

« PAR CES MOTIFS

En la forme

Reçoit le pourvoi ;

Rejette l'exception d'incompétence ;

Au fond

Casse et annule l'ordonnance n°002 du 07 janvier 2010 du Premier Président de la Cour d'Appel de Ouagadougou ;

Dit qu'il n'y a pas lieu de renvoi ;

Condamne ECOBANK-Burkina aux dépens. » ;

La requérante invoque à l'appui de son recours les trois (3) moyens d'annulation tels qu'ils figurent à la requête annexée au présent arrêt ;

Sur le rapport de Monsieur Namuano Francisco DIAS GOMES, Juge ;

Vu les articles 13 et 14 du Traité relatif à l'harmonisation du droit des affaires en Afrique ;

Vu le Règlement de procédure de la Cour Commune de Justice et d'Arbitrage de l'OHADA ;

Attendu qu'il résulte des pièces du dossier que le sieur KOUTOU SOMLAWINDE Daouda, muni de la grosse du Jugement correctionnel n°100 du 27 décembre 2006 du Tribunal de grande instance de Ouagadougou, faisait pratiquer le 16 mars 2009, des saisies-attributions sur les avoirs de KABORE Ouéndoléan, entre les mains de plusieurs banques, parmi lesquelles Ecobank Burkina ; que le 17 mars, Ecobank informait l'huissier instrumentaire, de ce qu'elle n'a pas de compte ouvert dans ses livres au nom du débiteur ; que le saisissant ayant eu la certitude de l'existence d'un tel compte, assignait Ecobank au paiement des causes de la saisie pour déclaration fausse et inexacte ; qu'Ecobank sera condamnée suivant ordonnance du Juge des référés en date du 12 août 2009 ; que cette ordonnance sera infirmée par décision de Référé n°002 du Président de la Cour d'appel en date du 7 janvier 2010, déclarant la saisie caduque ; que sur pourvoi de KOUTOU S. Daouda et nonobstant le déclinatoire de compétence de Ecobank, la Cour de cassation du Burkina Faso cassait sans renvoi l'ordonnance rendue en appel, par Arrêt n°09 du 13 octobre 2011, faisant l'objet du présent recours en annulation ;

Attendu que par lettre n°038/2012/G2 du Greffier en chef en date du 16 janvier 2012 et reçue le 24 janvier 2012, le recours a été porté à la connaissance du défendeur qui n'a pas répondu ; que le principe du contradictoire ayant été respecté, il échet de statuer sur le recours ;

Sur l'annulation de l'Arrêt n°09 du 13 octobre 2011 de la Cour de cassation du Burkina.

Vu l'article 18 du Traité institutif de l'OHADA ;

Attendu qu'ECOBANK–Burkina sollicite l'annulation de l'Arrêt n°09 rendu le 13 octobre 2011 par la Cour de cassation du Burkina pour violation des articles 10 et 14 alinéa 1er du Traité sus-indiqué ; que selon la requérante il résulte de ces dispositions que le pourvoi en cassation formé par KOUTOU S. Daouda ne pouvait être connu que par la Cour Commune de Justice et d'Arbitrage ; que l'arrêt attaqué a cassé et annulé l'ordonnance d'appel au motif qu'elle aurait annulé l'acte de saisie à la demande du tiers saisi qui est ECOBANK alors que, en application des articles 12 et 13 du Code de procédure civile du Burkina Faso, le tiers saisi n'a ni qualité, ni intérêt pour contester la régularité de la saisie-attribution ; or c'est le créancier saisissant lui-même, qui se fondant sur l'acte de saisie et sur les dispositions de l'Acte uniforme portant organisation des procédures simplifiées de recouvrement et des voies d'exécution, a assigné ECOBANK au paiement des causes de la saisie ; qu'ECOBANK a dès lors qualité et intérêt pour agir ;

Attendu qu'aux termes de l'article 18 du Traité susvisé « toute partie qui, après avoir soulevé l'incompétence d'une juridiction nationale statuant en cassation, estime que cette juridiction a, dans un litige la concernant, méconnu la compétence de la Cour Commune de Justice et d'Arbitrage peut saisir cette dernière dans un délai de deux mois à compter de la notification de la décision contestée ; la Cour se prononce sur sa compétence par arrêt qu'elle notifie tant aux parties qu'à la juridiction en cause ;

Si la Cour décide que cette juridiction s'est déclarée compétente à tort, la décision rendue par cette juridiction est réputée nulle et non avenue. » ;

Attendu qu'il ressort des pièces du dossier qu'ECOBANK a soulevé l'incompétente de la Cour de cassation nationale par mémoire en réplique du 22 juin 2010 ; que l'affaire sur laquelle le juge des référés du Tribunal de Ouagadougou et le Président de la Cour d'appel de Ouagadougou se sont prononcés respectivement par Ordonnance n°0109 du 12 août 2009 et n°002 du 7 janvier 2010, est relative à une assignation en paiement des causes de la saisie consécutivement à la saisie-attribution du 16 mars 2009 ; que cette procédure est régie par l'Acte uniforme suscité et relève donc en cassation de la compétence de la Cour de céans par application de l'article 14 alinéa 3 du Traité institutif de l'OHADA ; que la Cour de cassation du Burkina Faso, s'étant déclarée compétente à tort, sa décision est réputée nulle et non avenue conformément à l'article 18 du Traité ;

Attendu que KOUTOU Somlawindé Daouda succombant sera condamné aux dépens ;

PAR CES MOTIFS

Statuant publiquement après en avoir délibéré,

Dit que la Cour de cassation du Burkina Faso, s'est déclarée compétente à tort pour examiner le pourvoi formé par KOUTOU S. Daouda ;

Déclare en conséquence nul et non avenu l'Arrêt n°09 du 13 octobre 2011 rendu par la Cour de cassation du Burkina Faso ;

Condamne KOUTOU S. Daouda aux dépens.

Le recours en annulation n'est ouvert que si la décision attaquée concernait le droit OHADA (CCJA, Ass. Plén., n°04/2014, 4 février 2014)

Sommaire

En application de l'article 18 du Traité OHADA, la CCJA a compétence pour annuler les décisions des juridictions nationales de cassation qui, en dépit du déclinatoire de compétence soulevé devant elles, ont retenu leur compétence au mépris de la compétence exclusive de la CCJA. En conséquence, lorsque la juridiction nationale de cassation a tranché un litige relatif à la propriété d'un immeuble conformément au droit national, le recours dirigé contre sa décision doit être rejeté.

La Cour Commune de Justice et d'Arbitrage (CCJA) de l'Organisation pour l'Harmonisation en Afrique du Droit des Affaires (OHADA), a rendu l'Arrêt suivant en son audience publique du 04 février 2014 où étaient présents :

Messieurs

Antoine Joachim OLIVEIRA,	Président, rapporteur
Abdoulaye Issoufi TOURE,	Second Vice Président,
Namuano F. DIAS GOMES,	Juge
Madame Flora DALMEIDA MELE	Juge
Messieurs Victoriano OBIANG ABOGO,	Juge
Mamadou DEME	Juge
Idrissa YAYE,	Juge
Et Maître Jean Bosco MONBLE,	Greffier ;

Sur le recours enregistré au greffe de la Cour de céans sous le n°094/2011/PC le 28 octobre 2011 et formé par Maître Henri KOUNTCHOU Avocat au barreau du Cameroun, demeurant au 32, Rue des Ecoles, immeuble Super Marché mon Ami, BP. 5519 Douala et Maître NTSAMO Etienne, Avocat au barreau du Cameroun, demeurant à Nkongsamba, BP. 655, agissant au nom et pour le compte de la Société Africaine de Promotion Immobilière en abrégée SAPI SCI dont le siège social est à Douala, rue Pau Akwa-Douala, BP 5593, dans la cause l'opposant à la Société ARNO SARL dont le siège social est à Douala, boulevard de la République BP 664, ayant pour conseils Maîtres Arlette NGOULLA FOTSO, Halilou IBRAHIMA et Antoine KITIO, Avocats à la Cour, sis respectivement à Douala BP 4389, rue du Tribunal, immeuble ancien Centre Culturel Français ; à Yaoundé BP 15536, avenue WINSTON CHURCHILL, face indépendance Hôtel, 1er étage porte 106 ; et à Douala BP 1499, rue Surcouf à côté du crédit foncier, en annulation de l'Arrêt n°211/CIV rendu le 23 juin 2011 par la Chambre judiciaire, section civile de la Cour suprême du Cameroun et dont le dispositif est le suivant :

« Casse et annule l'arrêt n°157/C rendu le 18 décembre 2009 par la Cour d'Appel du Littoral ;

Evoquant et statuant ;

Infirme le jugement n°368 rendu le 28 novembre 2007 par le Tribunal de Première Instance de Douala- Bonanjo ;

Déboute la société SAPI SCI de sa demande d'expulsion comme non fondée ;

La condamne aux dépens distraits au profit de Maîtres NGOULLA FOTSO, Ibrahima HALILOU et KITIO Antoine, avocats aux offres de droit ; » ;

La requérante invoque à l'appui de son recours trois moyens d'annulation tel qu'ils figurent à la requête annexée au présent arrêt ;

Sur le rapport de Monsieur Idrissa YAYE, Juge ;

Vu les dispositions des articles 13, 14 et 18 du Traité relatif à l'harmonisation du droit des affaires en Afrique ;

Vu les dispositions du Règlement de procédure de la Cour Commune de Justice et d'Arbitrage de l'OHADA ;

Attendu qu'il ressort des pièces du dossier de la procédure que par Acte notarié n°713 du 07 août 1997, la société SIPCA SA a donné à bail son immeuble à la société ARNO SARL pour une durée déterminée devant, en application de l'article 4 du contrat de bail, arriver à expiration le 30 septembre 2006 ;

Que par exploit d'huissier de justice en date du 10 décembre 2002, la société SIPCA SA a informé la société ARNO de ce que l'immeuble loué était en vente et qu'elle avait la possibilité d'exercer son droit de préemption ;

Alors que la société ARNO s'attendait à la poursuite des pourparlers en vue de la réalisation de son droit de préemption, elle est informée de ce que par Acte notarié n°6661 du 05 février 2003, la société SAPI SCI a acquis la propriété dudit immeuble objet du titre foncier n°22472/W du département du Wouri à Douala et qu'elle s'est fait établir un certificat de propriété n°4878/Y10/MINDAF/5/P530 du 25 août 2011 par le conservateur du Wouri ;

Que la société ARNO a, immédiatement, saisi le Tribunal de grande instance du Wouri à Douala aux fins d'annulation de ladite vente, a obtenu du Président du Tribunal de première instance de Douala-Bonanjo la désignation du Greffier en chef dudit tribunal comme séquestre des loyers et s'est opposée par exploit d'huissier de justice du 31 mars 2005 au préavis qui lui a été donné par correspondance du 02 mars 2004 ;

Que de son côté et suivant exploit d'assignation en date du 03 avril 2007, la SAPI SCI a saisi le Tribunal de première instance de Douala Bonanjo d'une demande en expulsion ;

Attendu que par Jugement n°368 en date du 28 novembre 2007, le Tribunal de grande instance du Wouri à Douala accéda à la demande d'expulsion introduite par la SAPI SCI après avoir rejeté la demande de sursis à statuer formulée par la société ARNO ;

Que par Arrêt n°249/Com du 06 novembre 2008, la Cour suprême du Cameroun a annulé la vente passée entre la société SIPCA SA et la société SAPI SCI sur l'immeuble objet du titre foncier n°22472/Wouri s'agissant de la parcelle de 5.000 m2 occupée par la société ARNO et a constaté la substitution de plein droit de la société ARNO SARL à la société SAPI SCI sur la parcelle concernée sous la condition du paiement du prix correspondant ; qu'en exécution de cette décision, la société ARNO SARL s'est libérée du prix correspondant à la parcelle par elle occupée en faisant l'offre de la somme de 1.195.765.832 FCFA à la société SIPCA le 03 août 2009 et en mettant ladite somme à la disposition du vendeur par versement à la Caisse des Dépôts et Consignations du Cameroun ;

Que sur appel de la société ARNO, la Cour d'appel du Littoral, nonobstant l'arrêt susvisé, a, par Arrêt n°157/C du 18 décembre 2009, statué en ces termes :

«Au fond,

Annule le jugement entrepris ;

Evoquant et statuant à nouveau,

Reçoit la société ARNO en sa demande de sursis à statuer ;

Déclare sa demande en indemnité d'éviction irrecevable comme intervenue pour la première fois en cause d'appel ;

Dit sa demande de sursis à statuer non fondée et la rejette ;

Reçoit la SAPI SCI en son action ;

Reçoit l'assignation en intervention forcée de la SIPCA SA par la société SAPI SCI ;

L'y dit fondée ;

En conséquence, ordonne l'expulsion de la société ARNO Sarl tant de corps que de biens ainsi que de celle de tous occupants de son chef de l'immeuble qu'elle occupe objet du titre foncier n°22472/W appartenant à la société SAPI SCI sous astreinte de un million par jour de retard à compter de la signification du présent arrêt ;

Condamne la société ARNO Sarl aux dépens distraits au profit de Maître Henri KOUNTCHOU KENMOGNE, Avocat aux offres de droit ; » ;

Que sur pourvoi en date du 22 décembre 2009 de la société ARNO et nonobstant le déclinatoire de compétence ratione materiae soulevé par la société SAPI SCI dans ses mémoires en réponse et en réplique, la Cour suprême du Cameroun a rendu l'Arrêt n° 211/CIV en date du 23 juin 2011, objet du présent recours en annulation ;

Sur les trois moyens d'annulation réunis

Attendu que la requérante demande à la Cour de céans de déclarer nul et non avenu l'Arrêt n° 211/CIV en date du 23 juin 2011 de la Chambre judiciaire, section civile de la Cour suprême du Cameroun sur le fondement de l'article 18 du Traité de l'OHADA au motif que, d'une part, la Cour suprême du Cameroun malgré son déclinatoire de compétence a statué dans une matière qui en application de l'article 14 alinéa 1 du Traité de l'OHADA relève de la compétence exclusive de la Cour Commune de Justice et d'Arbitrage, d'autre part, ladite Cour suprême a violé les articles 92 alinéa 1 et 2 et 102 de l'Acte uniforme portant sur le droit commercial général en tranchant un contentieux relatif à un bail commercial à durée déterminée régi par les dispositions d'ordre public de l'article 92 alinéa 1 et 2 de l'Acte uniforme précité et en méconnaissance du sens et de la portée de ces articles, et enfin, elle a violé l'article 10 du Traité relatif à l'harmonisation du droit des affaires en Afrique en retenant sa compétence pour statuer sur le cas d'espèce et en méconnaissance de la compétence matérielle exclusive de la Cour Commune de Justice et d'Arbitrage ;

Attendu qu'il ressort des pièces du dossier notamment de l'arrêt querellé, de l'Arrêt n°157/C du 18 décembre 2009 de la Cour d'appel du Littoral et du Jugement n°368 du Tribunal de première instance de Douala-Bonanjo en date du 28 novembre 2007, que le contrat de bail était conclu entre la société SIPCA SA et la société ARNO SARL ; que la propriété de l'immeuble objet du bail commercial était discutée devant les juges du fond ; que la SAPI SCI fondant son droit de propriété sur un acte notarié de vente enregistré au livre foncier ; que la société ARNO SARL se prévalant de son droit de préemption, a introduit une action en annulation de ladite vente ; que par Arrêt n°249/COM du 06 novembre 2008, c'est-à-dire pendant que le dossier était pendant devant la Cour d'appel, la Cour suprême a statué définitivement sur ladite vente qu'elle a annulée et a constaté la substitution de plein droit de la société ARNO SARL à la société SAPI SCI sur ladite parcelle moyennant le paiement du prix correspondant ; que tirant la conséquence de cet arrêt irrévocable conférant les droits de propriétaire à ARNO sur la partie de l'immeuble, objet du bail commercial, la Cour suprême dans son arrêt entrepris, a cassé l'Arrêt n°157/C de la Cour d'appel du Littoral pour violation de l'autorité de la chose jugée ;

Que dès lors, il apparaît nettement que l'Arrêt n°211 du 23 juin 2011 de ladite Cour Suprême a tranché un litige relatif à la propriété d'un immeuble conformément au droit national camerounais ; qu'ainsi, le problème juridique fondamental, ainsi résolu, il ne se pose plus de question relative à l'application d'un Acte uniforme ;

Attendu donc que c'est à bon droit que ladite Cour suprême a retenu sa compétence ; qu'il échet dès lors de rejeter le recours en annulation ;

Sur les dépens

Attendu que la société SAPI SCI ayant succombé, il y a lieu de la condamner aux dépens ;

PAR CES MOTIFS

Statuant publiquement après en avoir délibéré ;

Rejette le recours en annulation introduit par la société SAPI SCI comme étant non fondé ;

Condamne la société SAPI SCI aux dépens.

En cas de double pourvoi, il appartient à la juridiction nationale de cassation de suspendre la procédure engagée devant elle (CCJA, 2e Ch., n°84/2014, 22 mai 2014)

Sommaire

Le double pourvoi dont l'un formé devant la juridiction nationale de cassation et l'autre devant la CCJA n'est pas une cause d'irrecevabilité devant la CCJA et n'a d'autre conséquence que la suspension de la procédure de cassation engagée devant la juridiction nationale.

Aucune condamnation ne saurait être prononcée du fait de déclarations relatives à des saisies qui ont fait l'objet d'annulation.

La Cour Commune de Justice et d'Arbitrage (CCJA) de l'Organisation pour l'Harmonisation en Afrique du Droit des Affaires (OHADA), Deuxième chambre, a rendu l'Arrêt suivant en son audience publique du 22 mai 2014 où étaient présents :

Messieurs

Abdoulaye Issoufi TOURE,	Président, rapporteur
Victoriano OBIANG ABOGO,	Juge
Djimasna N'DONINGAR,	Juge
et Maître Jean Bosco MONBLE,	Greffier,

Sur les pourvois enregistrés sous les numéros 081/2011/PC du 23 septembre 2011, 095/2011/PC et 096/2011/PC des 28 et 31 octobre 2011 et formés par la SCPA DOGUE, Abbé YAO & Associés, Maître OBENG KOFI FIAN et la SCPA BILE AKA, BRIZOUA-BI & Associés, tous avocats à la Cour, agissant respectivement aux noms et pour les comptes de la Banque Atlantique de Côte d'Ivoire, la Banque Nationale d'Investissement et la Banque pour le Financement de l'Agriculture toutes ayant leur siège social à Abidjan dans la cause qui les oppose à KONAN YAO Augustin, entrepreneur domicilié à Abidjan-Plateau 06 BP 6170 ayant pour conseil Maître KPAKOTE TETE EHIMOMO, Avocat à la Cour demeurant à Abidjan-Plateau, Boulevard Clozel, 25 BP 678 Abidjan 25, et la Société ECOBANK Côte d'Ivoire, ayant son siège social à l'immeuble Alliance, Avenue Terrasson de Fougère, ayant pour conseil la SCPA KONAN KAKOU LOAN et Associés, Avocats à la Cour, 19, Bd Angoulvant, résidence Neuilly Abidjan-Plateau, en cassation de l'Arrêt n°435 rendu le 28 juillet 2011 par la Cour d'appel d'Abidjan et dont le dispositif est le suivant :

« Statuant publiquement, contradictoirement en matière civile, en référé et en dernier ressort ;

En la forme :

Déclare KONAN YAO Augustin recevable en son appel ;

Au fond

L'y dit partiellement fondé ;

Infirme l'ordonnance querellée en ce qu'elle a débouté KONAN YAO Augustin de ses demandes ;

Statuant à nouveau :

Condamne solidairement la BFA, la BACI, ECOBANK et la BNI tiers saisis à payer à KONAN YAO Augustin les causes de la saisie ;

Les condamne, en outre, solidairement à payer à celui-ci la somme de 20.000.000 francs CFA à titre de dommages et intérêts ;

Met les dépens à leur charge. » ;

Les requérantes invoquent à l'appui de leurs pourvois, les moyens de cassation tels qu'ils figurent à leurs différentes requêtes annexées au présent arrêt ;

Sur le rapport de Monsieur Abdoulaye Issoufi TOURE, Premier Vice-président

Vu les dispositions des articles 13 et 14 du Traité relatif à l'harmonisation du droit des affaires en Afrique ;

Vu le Règlement de procédure de la Cour Commune de Justice et d'Arbitrage de l'OHADA ;

Attendu qu'il ressort de l'examen des pièces de la procédure que le sieur KONAN YAO Augustin après avoir renoncé à une première saisie conservatoire du 12 juin 2008, entreprenait le 24 août 2010 une saisie-attribution des avoirs du Bureau National d'Etudes Techniques et Développement (BNETD), entre les mains de plusieurs banques dont la BFA, la BNI, la BACI et ECOBANK ; que suite à la contestation du BNETD, le Président du tribunal du Plateau l'a, le 9 septembre 2010, débouté de ses demandes en mainlevée et de dommages et intérêts et ordonné solidairement au BNETD, à la BACI et à ECOBANK le paiement du montant total de la saisie sous astreinte ; que sur appel du BNETD, le Président de la Cour ordonnait sursis à cette ordonnance et la Cour par Arrêt n°343 du 15 octobre 2010 infirmait ladite ordonnance et déclarait nuls les actes de saisie-attribution du 24 août 2010 et de dénonciation du 31 août 2010, et ordonnait la mainlevée de la saisie ; que KONAN YAO Augustin qui n'a usé d'aucun recours contre cet arrêt, saisissait à nouveau le Président du tribunal aux fins de condamnation des banques tiers-saisis au paiement des causes de la saisie pour déclarations incomplètes et inexactes contenues dans l'acte de saisie du 24 août 2010 ; qu'il sera débouté par ordonnance du Président en date du 21 octobre 2010 ; que sur son appel, la Cour par Arrêt n°435 du 28 juillet 2011 infirmait cette ordonnance et condamnait solidairement la BFA, ECOBANK, la B.A.C.I et la BNI à payer les causes de la saisie et 20000000 F à titre de dommage-intérêts ; que c'est contre cet arrêt qu'est exercé le présent pourvoi ;

Sur la recevabilité des pourvois de la BACI, de la BNI et de la BFA

Attendu que dans ses mémoires en réponse en date du 29 février 2012 et du 03 septembre 2012, le défendeur au pourvoi KONAN YAO Augustin par l'organe de son conseil a conclu à l'irrecevabilité des pourvois aux motifs que ceux de la BACI et de la BNI ne comportent ni leur dénomination sociale ni l'indication de leur forme ni la mention de leur immatriculation en violation des articles 2 et 17 de l'Acte uniforme relatif au droit des sociétés commerciales ; que celui de la BF-A a été initié par un Directeur général adjoint par intérim en violation des articles 487 et 488 du même Acte uniforme ; qu'enfin les demanderesses ont toutes fait double pourvoi ;

Mais attendu que la recevabilité des requêtes en cassation devant la Cour Commune de Justice et d'Arbitrage est régie par le Règlement de procédure de ladite Cour ; qu'à cet égard aucune irrégularité n'est relevée ; que le double pourvoi n'a d'autre conséquence que la suspension de la procédure de cassation engagée devant la juridiction nationale ; qu'il échet donc de dire que les pourvois sont recevables ;

Sur le deuxième moyen présenté par la Banque pour le Financement de l'Agriculture et tiré du défaut de réponse à conclusion.

Attendu qu'il est fait grief à l'arrêt déféré d'avoir omis de répondre aux conclusions de la BFA par lesquelles elle a demandé que soit constatée l'autorité de la chose jugée résultant de l'Arrêt n°343 du 15 octobre 2010 de la Cour d'appel d'Abidjan ayant annulé les actes de saisie et ordonné la mainlevée ;

Attendu en effet, qu'il ressort des pièces du dossier que par conclusions d'appel en date du 10 novembre 2010, la BFA a, pour solliciter la confirmation de l'ordonnance querellée, exposé « que les actes de saisie-attribution de créances pratiquée le 24 août 2010 et de dénonciation du 31 août 2010 sur lesquels se fonde l'appelant pour déclarer une déclaration inexacte et incomplète à la BFA ont été déclarés nuls par la première chambre de la Cour … » ; que la Cour d'appel n'a pas statué sur cette demande dont la conséquence logique est le débouté du fait de l'inexistence des saisies à la date du 28 juillet 2011 à laquelle l'arrêt a été rendu ; qu'il échet dès lors de casser l'arrêt déféré ; sans qu'il soit nécessaire d'examiner les autres moyens ;

Sur l'évocation

Attendu que par exploit en date du 03 novembre 2010 le sieur KONAN YAO Augustin a déclaré interjeter appel de l'Ordonnance n°2257 rendue le 21 octobre 2010 par le Président du Tribunal d'Abidjan ;

Attendu qu'au soutien de cet appel, il a exposé qu'en vertu du Jugement civil contradictoire n°372 du 18 février 2010 assorti de l'exécution provisoire, il a fait pratiquer en août 2010 une saisie-attribution au préjudice du BNETD entre les mains de la BFA, ECOBANK, SGBCI, VERSUSBANK, COFIPA et la BACI ; qu'au cours de cette saisie, ECOBANK, la BACI et la BFA ont fait des déclarations incomplètes et inexactes ; qu'il estime que c'est à tort qu'il a été débouté par le premier juge ;

Attendu que les intimées ECOBANIK, la BACI, la BNI et la BFA ont conclu à la confirmation de l'ordonnance querellée aux motifs que leurs déclarations sont conformes à l'évolution des comptes entre 2008 et 2010 ; qu'en outre l'Arrêt n°343 du 15 octobre 2010 a annulé les saisies ;

Attendu qu'il ressort des pièces du dossier que l'Arrêt n°343 en date du 15 octobre 2010 a annulé les actes de saisie-attribution ; que dès lors aucune condamnation ne saurait être prononcée du fait de déclarations relativement à ces mêmes saisies ; que l'ordonnance entreprise relevant d'une bonne appréciation des faits et d'une saine application de l'Acte uniforme portant organisation des procédures simplifiées de recouvrement et des voies d'exécution, doit être confirmée ;

Attendu que le sieur KONAN YAO Augustin succombant, sera condamné aux dépens ;

PAR CES MOTIFS

Statuant publiquement, après en avoir délibéré ;

Reçoit les pourvois ;

Casse l'Arrêt n°435 rendu le 28 juillet 2011 par la Cour d'appel d'Abidjan ;

Evoquant et statuant sur le fond,

Confirme l'Ordonnance de référé n°2257 rendue le 21 octobre 2010 par le Président du Tribunal de première instance d'Abidjan Plateau.

Condamne KONAN YAO Augustin aux dépens.

La compétence de la CCJA ne s'apprécie pas en fonction des moyens soulevés (CCJA, 3e Ch., n°26/2014, 13 mars 2014)

Sommaire

La compétence de la CCJA ne s'apprécie pas sur le fondement des moyens invoqués mais plutôt lorsque l'affaire soulève des questions relatives à l'application d'un Acte uniforme. La CCJA est par conséquent compétente lorsque l'affaire dont est issu l'arrêt attaqué est relative aux incidents soulevés à la suite d'une procédure de saisie immobilière régie par l'Acte uniforme portant organisation des procédures simplifiées de recouvrement et des voies d'exécution rentrant ainsi dans la limite du champ de compétence matérielle établie par la loi.

La Cour Commune de Justice et d'Arbitrage (CCJA) de l'Organisation pour l'Harmonisation en Afrique du Droit des Affaires (OHADA), Troisième chambre, a rendu l'Arrêt suivant en son audience publique du 13 mars 2014 où étaient présents :

Madame Flora DALMEIDA MELE, Présidente, rapporteur

Messieurs Victoriano OBIANG ABOGO, Juge

Idrissa YAYE, Juge

et Maître Alfred KOESSY BADO, Greffier,

Sur le pourvoi enregistré au greffe de la Cour de céans le 22 février 2010 sous le n°015/2010/PC et formé par la SCPA DOUMBIA-TOUNKARA, Avocats au barreau du Mali, cabinet sis à l'immeuble Lassana SYLLA Center, rue Karamoko DIABY, porte 550 – BP E 151, agissant au nom et pour le compte de la Société West Africa Investement Compagny dite WAIC-SA, représentée par son Président Directeur Général , Monsieur Abdelbar HILALI dans la cause l'opposant à la Banque de l'Habitat du Mali dite BHM - SA, représentée par son Président Directeur Général, Monsieur Modibo CISSE, ayant pour conseils le cabinet BRYSLA-CONSEILS, Avocats au Barreau du Mali, demeurant à Bamako, 153 rue 313, quartier du Fleuve,

en cassation de l'Arrêt n°354/09 rendu le du 06 novembre 2009 par la Cour d'appel de Bamako et dont le dispositif est le suivant :

« Statuant publiquement, contradictoirement en matière de référé et en dernier ressort ;

En la forme : reçoit l'appel interjeté ;

Au fond : le déclare mal fondé ; confirme le jugement entrepris ;

Condamne l'appelante aux dépens. » ;

La requérante invoque à l'appui de son pourvoi les deux moyens de cassation tels qu'ils figurent à la requête annexée au présent arrêt ;

Sur le rapport de Madame Flora DALMEIDA MELE, Seconde Vice-présidente ;

Vu les dispositions des articles 13 et 14 du Traité relatif à l'harmonisation du droit des affaires en Afrique ;

Vu le Règlement de procédure de la Cour Commune de Justice et d'Arbitrage de l'OHADA ;

Attendu qu'il ressort des pièces de la procédure qu'en application de la Loi n°08-005 du 08 février 2008 créant un privilège général pour garantir les créances de la Banque de l'Habitat du Mali (BHM-SA) et permettant à la BHM d' émettre des états de créance constituant titres exécutoires, la BHM a établi le 23 juillet 2008, l'état de créances n°140 pour le recouvrement des sommes dues par la société West Africa Investement Compagny dite WAIC-SA ; que par exploit du 10 mars 2009, la BHM a fait signifier à la WAIC un commandement aux fins de saisie immobilière pour obtenir paiement de la somme de 5.098. 059.547 en principal et frais ; que ne s'étant pas exécutée dans le délai légal, le commandement a été inscrit au livre foncier de la ville de Bamako ; que par exploit du 28 avril 2009, le cabinet Brysla conseil a fait sommation à la WAIC de prendre communication du cahier des charges déposé au greffe du Tribunal de première instance de la commune IV de Bamako contenant les clauses et conditions de la vente afin d'y insérer ses dires et observations qui seront reçus, à peine de déchéance, jusqu'au cinquième jour précédant l'audience éventuelle fixée au 1er juin 2009, l'audience d'adjudication étant prévue au 06 juillet 2009 ; que par Jugement n°117 du 13 juillet 2009, le Tribunal de première instance de la commune IV de Bamako, statuant à l'audience éventuelle sur les dires et observations, a déclaré irrecevables les demandes nouvelles introduites par la WAIC comme intervenues tardivement, a ordonné la continuation des poursuites et a fixé l'adjudication à l'audience du 31 août 2009 ; que par Arrêt n°255 du 28 août 2009, la Cour d'appel de Bamako a déclaré irrecevable l'appel de la WAIC ; que sur une demande en radiation de saisie introduite par la WAIC, le Tribunal de première instance de la commune de Bamako IV a rendu le 31 août 2009, le Jugement n°142 qui a débouté la WAIC de ses prétentions et a ordonné la continuation des poursuites ; que le même jour, ledit Tribunal statuant en audience publique des saisies immobilières a, par Jugement n°143, prononcé l'adjudication de l'immeuble ; que sur appel interjeté contre le Jugement sur incident n°142, la Cour d'appel de Bamako a, par Arrêt n°354/09 rendu le 06 novembre 2009 et dont pourvoi, confirmé le jugement entrepris ;

Sur la compétence de la Cour de céans

Attendu que dans son mémoire reçu au greffe de la Cour de céans le 25 mai 2010, la Banque de l'Habitat du Mali dite BHM-SA conclut à l'incompétence de la Cour de céans au motif que les moyens invoqués sont fondés sur des dispositions de droit interne échappant aux limites de compétence de la Cour fixées par l'article 14 du Traité relatif à l'harmonisation du droit des affaires en Afrique ;

Attendu que l'article 14, aliéna 3 du Traité institutif de l'OHADA qui fixe la compétence rationae materiae de la Cour de céans, indique que lorsque celle-ci est saisie par la voie du recours en cassation, elle se prononce sur les décisions rendues par les juridictions d'appel des Etats parties dans toutes les affaires soulevant des questions relatives à l'application des Actes uniformes et des règlements prévus au présent Traité ; qu'en l'espèce l'affaire dont est issue l'arrêt attaqué est relative aux incidents soulevés à la suite d'une procédure de saisie immobilière régie par l'Acte uniforme portant organisation des procédures simplifiées de recouvrement et des voies d'exécution rentrant ainsi dans la limite du champ de compétence matérielle établie par la loi ; que la compétence de la Cour de céans ne s'appréciant pas sur le fondement des moyens invoqués mais plutôt lorsque l'affaire soulève des questions relatives à l'application d' un Acte uniforme ; que dès lors, elle doit se déclarer compétente pour examiner le pourvoi ;

Sur la recevabilité du recours

Attendu que dans son mémoire en réponse reçu au greffe de la Cour de céans le 25 mai 2010, la Banque de l'Habitat du Mali soulève au principal in limine litis l'irrecevabilité du recours pour non respect des exigences des articles 23, 28.4 du Règlement de procédure de la Cour Commune de Justice et d'Arbitrage , 465 alinéa 2 et 472 alinéa 2 de l'Acte uniforme sur les sociétés commerciales et du groupement d'intérêt économique aux motifs que le mandat spécial donné par la société WAIC-SA à ses conseils, la SCPA DOUMBIA-TOUNKARA, est irrégulier pour avoir été délivré par une personne non habilitée à le faire ;

Attendu qu'un mandat spécial régularisé et signé par le Président Directeur Général de la WAIC-SA figure dans les pièces du dossier ; que l'exception d'irrecevabilité soulevée par la défenderesse au pourvoi ne peut prospérer ; qu'il échet dès lors de déclarer recevable ledit recours ;

Sur le premier moyen

Attendu que la demanderesse au pourvoi fait grief à l'arrêt attaqué de n'avoir pas répondu à ses écritures relatives aux dispositions de l'article 658 de la Loi 06-068 du 29 décembre 2006 portant livre de procédure fiscale qui stipulent que les réclamations faites par le débiteur de l'impôt (état de créance) entrainent un ajournement de son recouvrement alors que le fait par elle de saisir le Tribunal administratif pour l'annulation de l'état de créance n°140 entraine l'ajournement de son recouvrement d'une part et d'autre part, ayant perdu son caractère exécutoire, l'état de créance ne peut donc servir de support à une saisie immobilière;

Mais attendu qu'en retenant, sur le fondement de l'Arrêt n°168 de la Section administrative de la Cour suprême du 27 août 2009 ayant ordonné le sursis de la décision du Tribunal administratif annulant l'état de créance n°140 que les états de créance continuent de produire leurs effets, la Cour d'appel appréciant souverainement les faits, a implicitement répondu à la demande sur l'ajournement du recouvrement de l'état de créance dans la mesure où la décision du Tribunal administratif a fait l'objet d'un sursis restituant ainsi à l'état de créance son entier effet ; que dès lors le moyen n'est pas fondé ;

Sur la première branche du second moyen

Attendu que la demanderesse au pourvoi fait grief à l'arrêt attaqué d'avoir, par fausse application, violé l'article 55, alinéa 6 de la Loi n°88-39 du 16 décembre 1988 fixant l'organisation, les règles de fonctionnement de la Cour suprême en retenant que la décision de sursis ordonnée par la Section administrative de la Cour supérieure produisait ses effets alors qu'il devait au préalable vérifier si les conditions d'application de cette disposition étaient réunies, à savoir, la notification de l'arrêt ordonnant le sursis ;

Mais attendu qu'en ne rapportant pas la preuve de son assertion sur le respect des conditions fixées par l'article sus visé, le moyen visé au grief ne peut prospérer ;

Sur la deuxième branche du second moyen

Attendu que la demanderesse au pourvoi fait grief à l'arrêt attaqué d'avoir violé l'article 247 de l'Acte uniforme portant organisation des procédures simplifiées de recouvrement et des voies d'exécution en déduisant par application de l'article 55 de la Loi sur la Cour suprême que les parties reviennent à leur situation antérieure au jugement du Tribunal administratif, occultant ainsi le principe de l'autorité de la chose jugée alors que selon le moyen, seul le titre exécutoire constatant une créance liquide et exigible peut permettre la poursuite de la vente forcée d'immeuble ;

Mais attendu qu' en retenant que l'état de créance n°140 produit ses effets à la suite de la décision de la Section administrative de la Cour suprême prononçant le sursis du jugement du Tribunal administratif, ledit état établit par la BHM est un titre exécutoire selon l'article 3 de la Loi n°08-005 du 08 février 2008 créant un privilège général pour garantir les créances de la Banque de l'Habitat du Mali (BHM-SA) ayant servi à la vente forcée des immeubles, la Cour d'appel n'a en rien violé les dispositions de l'article 247 de l'Acte uniforme sus indiqué ;

Attendu que la WAIC-SA ayant succombé, il y a lieu de la condamner aux dépens ;

PAR CES MOTIFS

Statuant publiquement, après en avoir délibéré,

Se déclare compétente ;

Rejette l'exception d'irrecevabilité soulevée par la Banque de l'Habitat du Mali ;

Déclare recevable le recours ;

Rejette le pourvoi ;

Condamne la WAIC-SA aux dépens.

Irrecevabilité du recours qui ne soulève la violation d'aucun Acte uniforme (CCJA, Ass. Plén., n°124/2014, 11 novembre 2014)

> Sommaire
>
> Est irrecevable comme vague et imprécis le recours qui n'indique ni les Actes uniformes, ni les Règlements prévus par le Traité de l'OHADA dont l'application justifie la saisine de la Cour, ou encore qui n'indique aucun des cas d'ouverture à cassation visés à l'article 28 bis (nouveau) dudit Règlement de procédure.

La Cour du Commune de Justice et d'Arbitrage (CCJA) de l'Organisation pour l'Harmonisation en Afrique du Droit des Affaires (OHADA), a rendu, en Assemblée plénière, l'arrêt suivant en son audience publique du11 novembre 2014 où étaient présents :

Messieurs

Marcel SEREKOÏSSE SAMBA	Président
Abdoulaye Issoufi TOURE,	Premier Vice-président
Madame Flora DALMEIDA MELE,	Second Vice-président
Messieurs Namuano Francisco Dias GOMES,	Juge
Victoriano OBIANG ABOGO,	Juge
Idrissa YAYE,	Juge, Rapporteur
Djimasna N'DONINGAR,	Juge
et Maître Paul LENDONGO,	Greffier en chef,

Sur le recours en cassation enregistré au greffe de la Cour de céans sous le n°070/2008/PC en date du 30 juillet 2008 et formé par maître AFFOUM Armand Lambert, Avocat à la Cour, demeurant à Abidjan, BP 1591 Abidjan, agissant au nom et pour le compte de la Société Gabonaise de Transport et d'Equipement (SGTEM), dont le siège social est à Libreville BP 8583, représentée par son représentant légal, dans la cause l'opposant à monsieur Zéphirin RAYITA,

en cassation de l'Arrêt n°47 rendu le 11 avril 2008 par la Cour d'appel judiciaire de Libreville et dont le dispositif est le suivant :

« PAR CES MOTIFS :

Statuant publiquement, contradictoirement en matière civile et en dernier ressort :

En la forme : Déclare l'appel du sieur Serge HUGENOT et la S.G.T.E.M recevable ;

Au fond : confirme le jugement entrepris en toutes ses dispositions ;

Y ajoutant : Condamne sieur HUGUENOT Serge et la S.G.T.E.M à payer à Monsieur Zéphirin RAYITA la somme de 500.000 frs CFA à titre de dommages-intérêts ;

Condamne Sieur HUGUENOT Serge et la S.G.T.E.M aux dépens ; » ;

La requérante invoque à l'appui de son recours le moyen unique de cassation tel qu'il figure à la requête annexée au présent arrêt ;

Sur le rapport de monsieur Idrissa YAYE, Juge ;

Vu les dispositions des articles 13 et 14 du Traité relatif à l'harmonisation du droit des affaires en Afrique ;

Vu les dispositions du Règlement de procédure de la Cour Commune de Justice et d'Arbitrage de l'OHADA ;

Attendu qu'il résulte des pièces du dossier de la procédure que suivant ordonnance d'injonction de payer du 1er février 2006, le Président du Tribunal judiciaire de Libreville a condamné monsieur Serge HUGUENOT et la SGTEM à payer à monsieur Zéphirin RAYITA la somme de 48.000.000 de francs CFA ; que sur opposition de ceux-là, le tribunal de première instance de Libreville par jugement en date du 21 novembre 2006 confirmait ladite ordonnance ; que sur appel monsieur Serge HUGUENOT et la SGTEM la Cour d'appel de Libreville a rendu l'arrêt confirmatif, objet du présent pourvoi en cassation ;

Sur la recevabilité du mémoire en réponse

Vu l'article 23 (nouveau) du Règlement de procédure de la Cour Commune de Justice et d'Arbitrage ;

Attendu qu'aux termes des dispositions de l'article 23 (nouveau) du Règlement susmentionné, le ministère d'avocat est obligatoire devant la Cour, qu'il appartient à toute personne se prévalant de cette qualité d'en apporter la preuve à la Cour et de produire un mandat spécial de la partie qu'elle représente ;

Attendu qu'en l'espèce, Maître Gérard OYE MBA a produit un mémoire en réponse au nom et pour le compte de monsieur Zéphirin RAYITA ; que recevant ledit mémoire, le Greffier en chef de la Cour de céans, par lettre n°550/2009/G2 du 04 décembre 2009, lui a intimé l'ordre de produire son mandat spécial de représentation dans un délai de 15 jours à compter de la date de réception de ladite lettre ; que celle-ci est retournée avec la mention « non réclamé » et ledit mandat n'a jamais été produit ; qu'il échet dès lors, en application des dispositions légales susmentionnées, de déclarer ce mémoire en réponse irrecevable et de l'écarter des débats ;

Sur le moyen unique

Attendu que la requérante dans un moyen unique de cassation, articulé pêle-mêle, fait grief à la Cour d'appel de Libreville d'avoir violé un certain nombre d'irrégularités, qu'il développe de manière vague et imprécise ;

Mais attendu qu'aux termes de l'article 28 (nouveau)-1 du Règlement de procédure susvisé : « le recours indique les Actes uniformes ou les Règlements prévus par le Traité dont l'application dans l'affaire justifie la saisine de la Cour. » ; qu'aux termes de l'article 28 ter (nouveau) dudit Règlement de procédure : « A peine d'irrecevabilité, un moyen de cassation ou un élément de moyen de cassation doit mettre en œuvre au moins un des cas d'ouverture visés à l'article précédent. » ;

Attendu en l'espèce que le recours de la SGTEM n'indique ni les Actes uniformes, ni les Règlements prévus par le Traité de l'OHADA dont l'application justifie la saisine de la Cour, comme l'exige l'article 28-1 précité ; qu'il n'indique pas non plus aucun des cas d'ouverture à cassation visés à l'article 28 bis (nouveau) dudit Règlement ; d'où il suit que ledit moyen vague et imprécis doit être déclaré irrecevable ;

Attendu que la SGTEM succombant, il ya lieu de la condamner aux dépens ;

PAR CES MOTIFS

Statuant publiquement après en avoir délibéré ;

Déclare irrecevable le moyen soulevé par la SGTEM ;

Condamne la SGTEM aux dépens.

Incompétence de la CCJA en cas de litiges ne soulevant pas l'application d'un Acte uniforme (CCJA, Ass. Plén., n°54/2014, 23 avril 2014)

Sommaire

La CCJA n'a pas compétence pour connaitre des décisions qui n'ont ni interprété, ni appliqué un quelconque Acte uniforme ou règlement prévu au Traité.

La Cour Commune de Justice et d'Arbitrage (CCJA) de l'Organisation pour l'Harmonisation en Afrique du Droit des Affaires (OHADA), Assemblée plénière a rendu l'arrêt suivant, en son audience foraine tenue le 23 avril 2014 à Lomé-Togo où étaient présents :

Messieurs

Marcel SEREKOÏSSE-SAMBA,	Président
Abdoulaye Issoufi TOURE,	Premier Vice-président,
Madame Flora DALMEIDA MELE,	Seconde Vice-présidente,
Messieurs	
Namuano F. DIAS GOMES,	Juge,
Victoriano OBIANG ABOGO,	Juge,
Mamadou DEME	Juge, rapporteur
Idrissa YAYE,	Juge,
Djimasna N'DONNINGAR,	Juge,
et Maître Paul LENDONGO,	Greffier en chef ;

Sur le recours enregistré au greffe de la Cour de céans sous le n°089/2011/PC le 14 octobre 2011 et formé par Maître Galolo SOEDJEDE, Avocat à la Cour, 3469, Boulevard du 13 janvier, B.P 3893 Lomé-Togo, agissant au nom et pour compte de l'Association des Propriétaires Terriens Expropriés de Bado, dite APTEB, représentée par Monsieur AWOUTEY Kokouda Aziambou, dans la cause l'opposant à la Société West African Cement SA dite WACEM SA, à la Société FORTIA CEMENT SA ayant toutes deux leur Siège Social dans la ville de Tabligbo-Togo, route d'Aného, BP 41, à Monsieur Montaparti Siva Ramavara PRASAD pris tant en sa qualité de Directeur Général desdites Sociétés, qu'en son nom personnel, ayant tous trois pour Conseil, Maître KOMLAN Ahlin, Avocat à la Cour, 37, Boulevard Félix HOUPHOUËT BOIGNY, Kpehenou n°1, BP BP 13471 Lomé-Togo, à la Banque Atlantique Togo ayant son Siège Social, Rue de la Gare et angle Rue Akiko Palako Lomé-Togo, à l'Etat Togolais représenté par le Garde des Sceaux, Ministre de la Justice chargé des Relations avec les Institutions de la République dont les bureaux sont situés au 596, Rue de l'OCAM, BP 121 Lomé-Togo, à l'Etat de Côte d'Ivoire pris en la personne du Ministre de l'Economie et des Finances, représenté par l'Agence Judiciaire du Trésor, demeurant à Abidjan-Plateau et enfin à l'Etat du Ghanéen, représenté par « the Attorney General, Ministry of Justice, located at Minstries Po Box M60 Accra-Ghana », en cassation de l'Ordonnance de référé sur assignation n°022/11 rendue le 16 février 2011 par le Président de la Cour d'appel de Lomé, dont le dispositif est le suivant:

« Au principal, renvoyons les parties à mieux se pourvoir ainsi qu'elles aviseront ;

Mais dés à présent, vu l'urgence ;

Confirmons notre ordonnance de sursis provisoire n°04/2011 du 05 janvier 2011 ;

Réservons les dépens » ;

Les demandeurs invoquent à l'appui de leur pourvoi les trois moyens de cassation tels qu'ils figurent à leur requête annexée au présent arrêt ;

Sur le rapport de Monsieur Mamadou DEME, Juge ;

Vu les articles 13 et 14 du Traité relatif à l'harmonisation du droit des affaires en Afrique ;

Vu le Règlement de procédure de la Cour Commune de Justice et d'Arbitrage de l'OHADA ;

Attendu qu'il résulte des pièces du dossier de la procédure que par Jugement n°195/10 rendu le 22 décembre 2010, le Tribunal de première instance de troisième classe de Tabligbo a condamné la Société WACEM SA à payer à l'APTEB la somme totale de 3 637 854 600 FCFA, à titre d'indemnisation de ses membres dont les parcelles ont été l'objet d'une expropriation, sous le bénéfice de l'exécution provisoire ; que la WACEM qui a interjeté appel contre ce jugement, a sollicité et obtenu le sursis à l'exécution provisoire du jugement, suivant ordonnance 04/11 rendue le 5 janvier 2011 par le Président de la Cour d'appel de Lomé ; que sur l'assignation servie par l'APTEB en rétractation de cette ordonnance, le Président de la Cour d'appel a rendu l'ordonnance confirmative frappée du pourvoi ;

Sur la compétence de la CCJA

Attendu que suivant mémoire en réponse en date du 16 janvier 2012, la WACEM soulève in limine litis l'incompétence de la Cour ; qu'elle fait valoir que l'affaire qui lui est soumise ne soulève aucune question relative à l'application des Actes uniformes ou des Règlements prévus au Traité, au sens de l'article 14 alinéas 3 et 4 de ce texte ;

Attendu que les demandeurs invoquent en réplique la violation des articles 1er, 31, 33-1, 39, 49 dernier alinéa et 216 de l'Acte uniforme portant organisation des procédures simplifiées de recouvrement et des voies d'exécution, 85-4 de l'Acte uniforme sur le droit commercial général, 17 alinéa 2 du décret n°45-2016 et 10 du Traité OHADA, pour conclure au rejet de l'exception ;

Mais attendu qu'il résulte des dispositions de l'article 14 alinéas 3 et 4 du Traité que « Saisie par la voie du recours en cassation, la Cour se prononce sur les décisions rendues par les juridictions d'appel des Etats Parties dans toutes les affaires soulevant des questions relatives à l'application des Actes uniformes et des règlements prévus au présent Traité, à l'exception des décisions appliquant des sanctions pénales.

Elle se prononce dans les mêmes conditions sur les décisions non susceptibles d'appel rendues par toute juridiction des Etats parties dans les mêmes contentieux »

Attendu que le Jugement n°195/10 du 22 décembre 2010 a statué sur la demande d'indemnisation présentée par les membres de l'APTEB à la suite d'une procédure d'expropriation dont leurs parcelles auraient été l'objet ; qu'il n'a ni interprété, ni appliqué un quelconque Acte uniforme ou Règlement prévu au Traité ;

Attendu que l'ordonnance objet du pourvoi, qui a confirmé l'ordonnance n°04/2011 du 05 janvier 2011 par laquelle la même juridiction présidentielle avait ordonné le sursis à l'exécution du jugement précité, a été rendue en application des articles 215 et suivants du décret n°82-50 du 15 mars 1982 portant code de procédure civile du Togo, qui donnent compétence au Président de la Cour d'appel, au cours de l'instance d'appel, d'ordonner sur requête toutes mesures urgentes relatives à la sauvegarde des droits d'une partie ou des tiers et au besoin, de rétracter ou de modifier son ordonnance ; que les dispositions du Traité et de l'Acte uniforme portant organisation des procédures simplifiées de recouvrement et des voies d'exécution invoquées par les demandeurs ne sont pas applicables en l'espèce, aucune exécution forcée au sens de ces textes n'ayant été initiée à la date de l'ordonnance ; qu'il s'ensuit que la Cour doit se déclarer incompétente pour statuer sur le recours ;

Attendu que l'APTEB qui a succombé doit être condamnée aux dépens.

PAR CES MOTIFS

Statuant publiquement, après en avoir délibéré ;

Se déclare incompétente ;

Condamne l'APTEB aux entiers dépens.

Incompétence de la CCJA en matière de contentieux relatif à la responsabilité civile (CCJA, Ass. Plén., n°104/2014, 04 novembre 2014)

Sommaire

Le contentieux relatif à la responsabilité civile, matière non régie par un Acte uniforme, échappe à la compétence de la CCJA.

La Cour Commune de Justice et d'Arbitrage (CCJA), de l'Organisation pour l'Harmonisation en Afrique du Droit des Affaires (OHADA), Assemblée plénière, a rendu l'Arrêt suivant en son audience publique foraine tenue le 04 novembre 2014 à Yaoundé (Cameroun) où étaient présents :

Messieurs

Marcel SEREKOÏSSE SAMBA	Président
Abdoulaye Issoufi TOURE,	Premier Vice-président
MadameFloraDALMEIDAMELE,	Second Vice-président

Messieurs

Namuano Francisco Dias GOMES,	Juge
Victoriano OBIANG ABOGO,	Juge
Idrissa YAYE,	Juge
Djimasna N'DONINGAR,	Juge, Rapporteur
et Maître Paul LENDONGO,	Greffier en chef,

sur le pourvoi enregistré au greffe de la Cour de céans le 13 août 2007 sous le n°071/2007/PC et formé par Maître AYATOU Gaston, Avocat Cour, Avenue Ahmadou Ahidjo, Quartier Akwa, BP 15080, Douala, agissant au nom et pour le compte de la Société AES SONEL, S.A. dont le siège est à Avenue du Général De Gaulle, BP 4077, Douala– Cameroun, dans la cause l'opposant à la Société Anonyme des Poissonneries Menengué du Cameroun (SAPMC), société Anonyme, dont le siège est : Feu Rouge Bessengué, BP 1417 à Douala, ayant pour conseil Maître NTSAMO Etienne, Avocat au Barreau du Cameroun, BP 655, NGONGSAMBA,

en cassation de l'Arrêt n°072/C, rendu le 15 décembre 2006 par la Cour d'appel du Littoral à Douala et dont le dispositif est le suivant :

« Statuant publiquement, contradictoirement à l'égard des parties en matière civile et commerciale, en appel et en dernier ressort :

En la forme

Vu les arrêts ADD n°108/C/ADD du 17/03/06 et 169/C/ADD du 16/06/06 ayant annulé le jugement n°552 du 07 juillet 2004 et ayant évoqué ;

Après évocation, reçoit la demande des Poissonneries MENENGUE S.A. ;

Au fond

Les dit partiellement fondées ;

Constate qu'il y a partage de responsabilité quant au dommage survenu, dans les proportions de 2/3 à la charge de AES SONEL et de 1/3 à la charge des Poissonneries MENENGUE S.A. ;

Fixe le montant des réparations tous préjudices confondus à la somme de 827 799 000 ventilée comme suit :

Marchandises avariées : 677 799 000 FCFA (six cent soixante dix sept millions sept cent quatre vingt dix-neuf mille)

Pertes de gains : 100 000 000 FCFA (cent millions)

Agios : 50 000 000 FCFA ; (cinquante millions)

Alloue à la Poissonnerie MENENGUE S.A. la somme de 551 866 000 FCFA (cinq cent cinquante un millions huit cent soixante-six mille) après application du partage, ventilée ainsi qu'il suit :

Marchandises avariées : 451 866 000 FCFA (quatre cent cinquante un millions huit cent soixante six mille)

Pertes de gains : 66 666 666,6 FCFA (soixante six millions six cent soixante six mille six cent soixante six virgule six)

Agios : 33 333 333,3 FCFA ; (trente trois millions trois cent trente trois mille trois cent trente trois virgule trois)

Déboute les Poissonneries MENENGUE S.A. du reste de leurs demandes non justifiées ;

Fait masse des dépens et dit qu'ils seront supportés dans les proportions de 2/3 pour AES SONEL et 1/3 pourles Poissonneries MENENGUE S.A. » ;

La requérante invoque à l'appui de son pourvoi les moyens de cassation tels qu'ils figurent à la requête annexée au présent arrêt ;

Sur le rapport de MonsieurDjimasna N'DONINGAR, Juge ;

Vu les dispositions des articles 13 et 14 du Traité relatif à l'harmonisation du droit des affaires en Afrique ;

Vu le Règlement de procédure de la Cour Commune de Justice et d'Arbitrage de l'OHADA ;

Attendu qu'il ressort des pièces du dossier de la procédure que, suite à des coupures d'électricité ayant entraîné des avaries de son stock de poissons, la Société Anonyme des Poissonneries Menengue du Cameroun (SAPMC) a assigné, en mai 2003, son fournisseur, la société de distribution d'électricité AES SONEL en paiement de dommages - intérêts ; que, par Jugement civil n°552 rendu le 07 juillet 2004 par le Tribunal de grande Instance de Douala, il a été fait droit à cette demande ; que sur appel, la Cour d'appel du Littoral à Douala confirmait partiellement la décision du tribunal par Arrêt n°072/C dont pourvoi.

Sur la Compétence de la Cour de céans

Attendu que dans son mémoire en réponse à la requête, reçu au greffe de la Cour de céans le 26 novembre 2010, Maître NTSAMO Etienne, conseil de la défenderesse au pourvoi, demande à la Cour de se déclarer incompétente pour examiner le pourvoi formé par AES SONEL, au motif que ni le Tribunal de grande instance du Wouri, ni la Cour d'appel du Littoral n'ont eu à appliquer dans cette affaire les Actes uniformes ou les Règlements prévus par le Traité OHADA ;

Attendu qu'aux termes de l'article 14 alinéas 3 et 4 du Traité de l'OHADA,« saisie par la voie du recours en cassation, la Cour se prononce sur les décisions rendues par les juridictions d'appel des Etats parties dans toutes les affaires soulevant des questions relatives à l'application des Actes uniformes et des Règlements prévus au présent Traité à l'exception des décisions appliquant des sanctions pénales ;

Elle se prononce dans les mêmes conditions sur les décisions non susceptibles d'appel rendues par toute juridiction des Etats parties dans les mêmes contentieux » ;

Attendu que l'Arrêt n°072/C du 15 décembre 2006, comme le Jugement n°552 du 07 juillet 2004, a eu à rechercher si AES SONEL, lié par un contrat de fourniture de courant électrique à la SAPMC, a eu un comportement fautif qui pourrait ouvrir réparation à son abonnée, ; que manifestement, l'objet du contentieux est relatif à la responsabilité civile,matière non régie par les Actes uniformes en vigueur à ce jour ; qu'il s'ensuit, au regard des dispositions de l'article 14 susmentionné, que les conditions de la compétence de la Cour de céans ne sont pas réunies ; qu'en conséquence, il y a lieu pour elle de se déclarer incompétente et de renvoyer les parties à mieux se pourvoir ;

Attendu qu'il y a lieu de mettre les dépens à la charge d'AES SONEL ;

PAR CES MOTIFS

Statuant publiquement, après en avoir délibéré,

Se déclare incompétente ;

Renvoie AES SONEL à mieux se pourvoir

La condamne aux dépens.

Décision ayant statué sur l'opportunité du maintien du sursis provisoire en application du droit national : incompétence de la CCJA (CCJA, Ass. Plén., n°56/2014, 23 avril 2014)

Sommaire

L'AUPSRVE ne prévoit pas de procédure spécifique contre les décisions assorties de l'exécution provisoire qui doivent être traitées en même temps que le fond du contentieux.

La CCJA est incompétente à connaitre d'une décision qui ne s'est bornée qu'à statuer sur l'opportunité du maintien ou non du sursis provisoire ordonné en application du droit national.

La Cour Commune de Justice et d'Arbitrage (CCJA) de l'Organisation pour l'Harmonisation en Afrique du Droit des Affaires (OHADA), en Assemblée plénière, a rendu l'Arrêt suivant en son audience foraine tenue le 23 avril 2014 à Lomé-Togo où étaient présents :

Messieurs

Marcel SEREKOISE SAMBA,	Président
Abdoulaye Issoufi TOURE,	Premier Vice-président
MadameFlora DALMEIDA MELE,	Second Vice-président
Messieurs Namuano F. DIAS GOMES,	Juge
Victoriano OBIANG ABOGO,	Juge
Mamadou DEME,	Juge
Idrissa YAYE,	Juge, rapporteur
Djimasna N'DONINGAR,	Juge
et Maître Paul LENDONGO,	Greffier en chef ;

Sur le pourvoi enregistré au greffe de la Cour de céans le 23 décembre 2011 sous le n°122/2011/PC et formé par les ayants droit de AKAKPO et autres, ayant pour conseil Maître Galolo SOEDJEDE, Avocat à la Cour, 3473, Boulevard du 13 janvier, BP 3893 Lomé-Togo, agissant au nom et pour le compte des Ayants droit de feu AKAKPO HOALO, représenté par Monsieur KPODAR Tekovi, feu DEGBEY Damgban représentés par AKAKPO Koffi Agbenouvi, feu DEGBEY Togbe représentés également par Monsieur AKAKPO Koffi Agbenouvi, feu ATTIOGBE Dossah, feu SEKPONA Kossi représentés par Messieurs KONDO Etsin et KAMEKPO Kodjo, feu ASSIOBO Agossi représentés par ASSAGBA Messan, feu AMEDOWOU Kossi représentés par Monsieur DJIKOU Komlan et les nommés ASSAGBA Sogneameto, ASSAGBA Kodjo et ADOTEVI Samuel, dans la cause les opposant à l'Union des

Assurances du Togo UAT IARD SA, dont le siège social est au 812, Boulevard du 13 janvier, Immeuble UAT, BP 495 Lomé-Togo, représentée par Monsieur LOCOH Kodjo, Directeur Général, ayant pour Conseils la SCPA AGBOYIBO-MONNOU & Associés, Avocats à la Cour, 32, Avenue Augustino De Souza, BP 62296 Lomé-Togo,

en cassation de l'Ordonnance de référé n°205/2011 rendue le 19 octobre 2011 par le Vice-président de la Cour d'appel de Lomé et dont le dispositif est le suivant :

« Au principal, renvoyons les parties à mieux se pourvoir ainsi qu'elles en aviseront ;

Mais dès à présent, vu l'urgence ;

Déclarons la juridiction présidentielle de la Cour d'appel compétente à connaitre du présent sursis à statuer en matière des voies d'exécution en ce sens que le contentieux principal est en instance devant la Cour d'appel ;

Rétractons l'ordonnance de sursis provisoire à exécution n°474/2011 du 25 août 2011 par laquelle le Président de la Cour d'appel a suspendu la mainlevée de saisie des comptes bancaires de l'UAT ;

Disons que l'ordonnance n°583/2011 rendue le 23 août 2011 par le Président du tribunal continue de produire ses effets de mainlevée de saisie de comptes bancaires de l'UAT ;

Disons qu'il n'y a lieu à ordonner une consignation en faveur des requérants ;

Rejetons tous les autres chefs de demande des parties comme superfétatoires ;

Réservons les dépens ; » ;

Les requérants invoquent à l'appui de leur pourvoi les quatre moyens de cassation tels qu'ils figurent dans leur requête annexée au présent arrêt ;

Sur le rapport de Monsieur Idrissa YAYE, Juge ;

Vu les dispositions des articles 13 et 14 du Traité relatif à l'harmonisation du droit des affaires en Afrique ;

Vu le Règlement de procédure de la Cour Commune de Justice et d'Arbitrage de l'OHADA ;

Attendu que l'Union des Assurances du Togo dite UAT IARD SA a été condamnée par le Tribunal de première instance d'Aného, suivant Jugement n°209/87 en date du 20 août 1987, à garantir une condamnation d'un montant de 22 398 905 FCFA aux victimes et ayants droit de victimes d'un accident de la circulation ; que lesdits bénéficiaires ont assigné UAT IARD SA devant le Tribunal de première instance de Lomé en paiement d'indemnité de retard à titre de dommages et intérêts ; que ledit Tribunal par Jugement n°280/92 du 27 mars 1992 a condamné l'UAT IARD SA à leur payer la somme de 24 877 782FCFA ;

que sur appel d'UAT IARD SA, la Cour d'appel de Lomé a, par l'Arrêt infirmatif n°082/2000 du 23 mars 2000, ramené le montant de ladite condamnation à la somme de 34 901 147 FCFA ; qu'après le rejet du pourvoi exercé contre ladite décision devant la Cour suprême du Togo, un itératif commandement a été délaissé à UAT IARD SA par exploit d'huissier de justice par lesdits ayants droit et victimes en réclamation de la somme de 1 430 029 449 FCFA ; que l'UAT IARD SA a formé opposition suivant exploit d'huissier de justice du 16 mai 2011 ;

Attendu que suivant procès-verbal de saisie-attribution de créances en date du 05 août 2011, les requérants au pourvoi ont fait pratiquer une saisie-attribution sur les avoirs bancaires de l'UAT IARD SA, dénoncée le 10 août 2011 ; que l'UAT IARD SA a formé une contestation contre cette saisie suivant exploit d'huissier en date du 10 août 2011 par-devant le Président du Tribunal de première instance de Lomé statuant conformément à l'article 49 de l'Acte uniforme portant organisation des procédures simplifiées de recouvrement et des voies d'exécution ; que par Ordonnance de référé n°0583/2011, le juge de l'exécution a fait droit à la contestation élevée par l'UAD IARD SA ; que sur appel des requérants au pourvoi contre ladite ordonnance, ces derniers ont signifié à l'UAT IARD SA une Ordonnance de sursis à exécution n°474/2011 du 26 août 2011, obtenue sous la condition d'assigner en confirmation dans un délai de 15 jours, Ordonnance rétractée par le Président de la Cour d'appel suivant Ordonnance de référé n°205/2011 du 19 octobre 2011, objet du présent pourvoi en cassation ;

Sur les exceptions d'irrecevabilité du mémoire en réplique

Vu les articles 25-1, 28 et 30-1 du Règlement de procédure de la Cour de céans et l'article 1er de la décision n°002/99/CCJA du 04 février 1999 ;

Attendu que les requérants invoquent dans leur mémoire en duplique en date du 1er août 2012, enregistré au greffe de la Cour de céans le 08 août 2012, l'irrecevabilité formelle du « mémoire en réplique » de l'UAT IARD SA, d'une part, pour avoir été déposé hors délai, estimant qu'il a été présenté au greffe plus de 3 mois après la notification de la requête afin de pourvoi, et d'autre part, pour défaut de qualité de Monsieur LOCOH Kodjo, Directeur Général Adjoint de l'UAT IARD SA, n'ayant pas qualité et concluent à l'irrecevabilité dudit mémoire ;

Mais attendu qu'aux termes de l'article 30-1 du Règlement de procédure de la Cour de céans : « Toute Partie à la procédure devant la juridiction nationale peut présenter un mémoire en réponse dans un délai de trois mois à compter de la signification du recours. » ;

Attendu cependant qu'aux termes des dispositions de l'article 1er de la décision n°002/99/CCJA du 04 février 1999 : « Sauf si les parties ont leur résidence habituelle en Côte d'Ivoire, les délais de procédure sont augmentés, en raison de la distance, comme suit :

en Afrique centrale : de vingt et un jours,

en Afrique de l'ouest : de quatorze jours,

en République Fédérale Islamique des Comores et autres pays : trente jours. » ;

Attendu en plus qu'en application de l'article 25-1 in fine du Règlement : « Le jour au cours duquel survient cet acte, cet événement, cette décision ou cette signification n'est pas compris dans le délai. » ;

Attendu en l'espèce qu'il résulte bien de l'analyse des pièces versées au dossier que la requête afin de pourvoi a été notifiée le 10 janvier 2012 ; que cette notification a été réceptionnée le 16 janvier 2012, point de départ du délai de 03 mois ; que le mémoire en réplique n'a été reçu à la Cour de céans que le 17 avril 2012 ; D'où en application des textes susvisés, le délai de trois mois expire le 18 avril 2012 ; qu'à cette date à laquelle, la défenderesse résidant au Togo, il faut augmenter le délai de distance de 14 jours ;

Qu'il s'en suit que ledit mémoire en réplique, reçu au greffe de la Cour de céans le 17 avril2012, l'a été dans le délai requis ;

Attendu qu'il résulte des pièces versées au dossier que Monsieur LOCOH Kodjo, est plutôt Directeur Général de l'UAT IARD SA ; qu'en application de la jurisprudence constante de la Cour de céans le Directeur Général est bien le représentant légal de la Société Anonyme ; qu'il échet dès lors de rejeter cette exception également ; d'où il y a lieu d'écarter par conséquent les exceptions d'irrecevabilité du mémoire en réplique soulevées par les demandeurs comme étant non fondée ;

Sur l'exception d'incompétence de la Cour de céans

Vu les articles 13 et 14 du Traité de l'OHADA ;

Attendu que la défenderesse dans son mémoire en réplique en date du 12 avril 2012 et enregistré au greffe de la Cour de céans le 17 avril 2012, soulève l'incompétence de la Cour à se prononcer sur un pourvoi formé contre l'Ordonnance de référé n°205/2011 du 19 octobre 2011, au motif que l'Acte uniforme portant organisation des procédures simplifiées de recouvrement et des voies d'exécution n'a pas organisé de procédure de sursis à l'exécution d'une décision rendue en matière de contestation de saisie-attribution de créances ;

Attendu qu'il résulte des pièces versées au dossier et notamment de l'ordonnance dont pourvoi que saisi d'une contestation de saisie-attribution de créance, le juge de l'article 49 de Lomé a tranché la contestation en ordonnant la mainlevée de la saisie sous astreinte et a assorti sa décision de l'exécution provisoire ; que les demandeurs au pourvoi, pour empêcher toute mainlevée de ladite saisie pratiquée, ont relevé appel de ladite ordonnance et le dossier au fond pendant devant la Cour d'appel de Lomé ; qu'en application du droit processuel togolais les demandeurs ont saisi parallèlement le Président de la Cour d'appel de Lomé, juge des référés afin de le voir confirmer l'Ordonnance de sursis provisoire n°474/2011 du 26 août 2011, lequel, par l'Ordonnance n°205/2011 du 19 octobre 20011 dont pourvoi, a refusé de faire droit à cette requête en rappelant que le fond du contentieux de la saisie-attribution de créances est déféré à la Cour d'appel dans sa formation collégiale ;

Attendu que l'Acte uniforme précité ne prévoit pas de procédure spécifique contre les décisions assorties de l'exécution provisoire qui doivent être traitées en même temps que le fond du contentieux ;

Attendu que c'est le droit processuel togolais qui prévoit une telle procédure conduite devant le juge des référés d'appel à l'exclusion de l'application de tout Acte uniforme ; qu'une telle procédure ne viserait, en application de l'article 215 du Code de procédure civile du Togo, qu'à prescrire toutes mesures urgentes relatives à la sauvegarde de droits d'une partie ou d'un tiers lorsque les circonstances exigent qu'elles ne soient pas prises contradictoirement ;

Attendu qu'en application des articles 13 et 14 du Traité de l'OHADA, le contentieux relatif à l'application des Actes uniformes est réglé en première instance et en appel par les juridictions des Etats Parties, la Cour Commune de Justice et d'Arbitrage n'intervenant qu'en cassation ;

Attendu qu'en l'espèce, la Cour d'appel de Lomé saisie du fond de l'appel ne s'est pas encore prononcée et que l'ordonnance critiquée ne s'est bornée qu'à statuer sur l'opportunité du maintien ou non du sursis provisoire ordonné à pied de requête n°474 du 25 août 2011 et cela en application du droit national ; qu'il échet en conséquence de déclarer la Cour de céans incompétente pour connaitre d'un tel recours ;

Attendu qu'ayant succombé, il y a lieu de condamner les requérants aux dépens ;

PAR CES MOTIFS

Statuant publiquement, après en avoir délibéré,

Se déclare incompétente ;

Condamne les requérants aux dépens.

Le droit du travail échappe à la compétence de la CCJA (CCJA, Ass. Plén., n°58/2014, 23 avril 2014)

Sommaire

Le champ de compétence de la CCJA, au sens de l'article 14 du traité OHADA, étant circonscrit aux affaires soulevant des questions relatives à l'application d'un Acte uniforme, elle doit se déclarer incompétente à connaitre d'un litige portant sur le droit du travail qui, même s'il est inscrit à l'article 2 du Traité OHADA, n'a pas encore fait l'objet d'un Acte uniforme.

La Cour Commune de Justice et d'Arbitrage (CCJA) de l'Organisation pour l'Harmonisation en Afrique du Droit des Affaires (OHADA), Assemblée plénière, a rendu l'Arrêt suivant en son audience foraine tenue le 23 avril 2014 à Lomé-Togo où étaient présents :

Messieurs

Marcel SEREKOÏSSE-SAMBA,	Président
Abdoulaye Issoufi TOURE,	Premier Vice-président
Madame Flora DALMEIDA MELE,	Snde Vice-présidente, rapporteur
Messieurs Namuano F. DIAS GOMES,	Juge
Victoriano OBIANG ABOGO,	Juge
Mamadou DEME,	Juge
Idrissa YAYE,	Juge
Djimasna N'DONINGAR,	Juge
et Maître Paul LENDONGO,	Greffier en chef ;

Sur le pourvoi enregistré au greffe de la Cour de céans le 19 mars 2012 sous le n°026/2012/PC et formé par Maître Galolo SOEDJEDE, Avocat au barreau du Togo, 3473, Boulevard du 13 janvier, BP 3893, agissant au nom et pour le compte de la Société de Gérance des Emplois Manutentionnaires et Temporaires dite SOGEMAT SURL et de Monsieur ALADE Komi Mawulikplimi, domicilié à Lomé , quartier N'TIFAFA COME au 6, rue EKLU-Natey dans la cause l'opposant à La Société des Ciments du Togo dite CIMTOGO, dont le siège social est à Lomé, zone industrielle, BP 1687, représentée par son Directeur Général Monsieur Endre RYGH, ayant pour Conseils la SCPA AQUEREBURU & PARTNERS, Avocats à la Cour, 777 avenue Kléber DADJO, BP 8989, Lomé-Togo,

en cassation de l'Arrêt n°02/12 rendu le 05 janvier 2012 par la Cour d'appel de Lomé et dont le dispositif est le suivant :

« PAR CES MOTIFS

Statuant publiquement, contradictoirement, en matière sociale et en appel ;

En la forme

Reçoit l'appel ;

Au fond

Le déclare mal fondé ;

Confirme en conséquence le jugement attaqué en toutes ses dispositions ;» ;

Les requérants invoquent à l'appui de leur pourvoi les trois moyens de cassation tels qu'ils figurent à la requête annexée au présent arrêt ;

Sur le rapport de Madame Flora DALMEIDA MELE, seconde Vice Présidente ;

Vu les dispositions des articles 13 et 14 du Traité relatif à l'harmonisation du droit des affaires en Afrique ;

Vu le Règlement de procédure de la Cour Commune de Justice et d'Arbitrage de l'OHADA ;

Attendu qu'il ressort des pièces du dossier de la procédure que la Société des Ciments du Togo (CIMTOGO) était liée à la Société de Gérance des Emplois Manutentionnaires et Temporaires (SOGEMAT) par un contrat de prestation de services signé le 25 novembre 2008 consistant à la mise à disposition de personnel temporaire à CIMTOGO par SOGEMAT en vue de la réalisation de tâches spécifiques préalablement demandées et dont la durée était fixée à un an renouvelable par tacite reconduction ; que ledit contrat prenait effet à compter du 13 décembre 2008 et offrait aux parties la faculté de ne pas le renouveler à condition que celle qui en prend l'initiative le notifie à l'autre dans un délai d'un mois avant la fin du contrat ; que par lettre du 10 novembre 2009, CIMTOGO avisait SOGEMAT du non renouvellement dudit contrat ; qu'estimant cette rupture abusive, Monsieur ALADE Komi Mawulikplimi attrayait CIMTOGO devant le Tribunal du travail de Lomé qui rendait le 23 novembre 2010 le Jugement n°251/2010 se déclarant incompétent ; que sur appel de Monsieur ALADE Komi Mawulikplimi, la Cour d'appel de Lomé confirmait en toutes ses dispositions, le jugement entrepris, par Arrêt N°02/2012 du 05 janvier 2012 dont pourvoi;

Sur la compétence de la Cour de céans

Vu l'article 14, alinéas 1, 3 et 4 du Traité relatif à l'harmonisation du droit des affaires en Afrique ;

Attendu que dans son mémoire en réponse reçu au greffe de la Cour de céans le 30 juillet 2012, la CIMTOGO a soulevé l'incompétence de la Cour de céans au motif que le litige, objet de l'Arrêt N°002/12 rendu le 05 janvier 2012 par la Chambre sociale de la Cour d'appel de Lomé et déféré devant ladite Cour ne soulève aucune question relative à l'application des Actes Uniformes de l'OHADA conformément aux dispositions de l'article 14, alinéas 1,3 et 4 du Traité de l'OHADA ; que la saisine de la Chambre sociale de la Cour d'appel se justifiait par la nature de l'affaire qui est un litige relatif à un contrat de prestation de service ; que l'évocation de certains articles de l'Acte uniforme relatif au droit commercial général et de celui relatif aux sociétés commerciales et du GIE devant le tribunal ou la chambre sociale de la Cour d'appel ne transforme nullement la nature du litige ; qu'au surplus, l'Acte uniforme sur le droit du travail étant encore en projet, son application ne peut être sollicitée ;

Attendu qu'aux termes de l'article 14, alinéas 1, 3 et 4 du Traité susvisé, « La Cour commune de justice et d'arbitrage assure dans les Etats Parties l'interprétation et l'application commune du présent traité, des Règlements pris pour son application, des Actes uniformes et des décisions.

Saisie par la voie du recours en cassation, la Cour se prononce sur les décisions rendues par les juridictions d'appel des Etats Parties dans toutes les affaires soulevant des questions relatives à l'application des Actes uniformes et des Règlements prévus au présent Traité à l'exception des décisions appliquant des sanctions pénales ;

Elle se prononce dans les mêmes conditions sur les décisions non susceptibles d'appel rendues par toute juridiction des Etats Parties dans les mêmes contentieux. » ;

Attendu que l'action de Monsieur ALADE Komi Mawulikplimi est dirigée contre CIMTOGO devant le Tribunal social de Lomé pour rupture abusive de contrat les liant ; que les débats ont porté sur les relations de travail entre les deux parties et l'inexécution des clauses dudit contrat ; que l'évocation par le demandeur au pourvoi devant le premier juge des articles 5 et 309 alinéa 2 de l'Acte uniforme relatif au droit des sociétés commerciales et du GIE et devant le juge d'appel des articles 5, 85-4 de l'Acte uniforme relatif au droit commercial général et 161, 162, 330, 740 de l'Acte uniforme relatif au droit des sociétés commerciales et du GIE, ensemble avec l'article 2 du traité, avait pour but de faire constater que le litige est relatif au droit du travail qui fait partie du domaine du droit des affaires tel que prévu dans le Traité OHADA d'une part et, d'autre part, de justifier sa qualité d'agir devant le Tribunal de travail de Lomé en tant que travailleur conformément à l'article 2 du code de travail de Lomé ; que l'Arrêt n°002/12 rendu le 05 janvier 2012 par la Cour d'appel de Lomé et dont recours est introduit devant la Cour de céans est une décision de la Chambre sociale de ladite Cour ; que si le champ de compétence de la Cour est, au sens de l'article 14 du traité OHADA, circonscrit aux affaires soulevant des questions relatives à l'application d'un Acte uniforme, en l'espèce, le droit du travail n'ayant pas encore fait l'objet d'un Acte uniforme, la Cour de céans ne peut pas se prononcer sur ce litige ; qu'il échet donc de se déclarer incompétent ;

Attendu que Monsieur ALADE Komi Mawulikplimi ayant succombé, il y a lieu de le condamner aux dépens.

PAR CES MOTIFS

Statuant publiquement, après en avoir délibéré,

Se déclare incompétente ;

Condamne Monsieur ALADE Komi Mawulikplimi aux dépens.

Le contentieux relatif à l'utilisation d'un axe routier échappe à la compétence de la CCJA (CCJA, Ass. Plén., n°129/2014, 11 novembre 2014)

Sommaire

Le contentieux relatif à l'utilisation d'un axe routier échappe à la compétence de la CCJA, les arrêts attaqués n'ayant fait que mettre un sursis à son exécution et ne sont fondés sur aucun Acte uniforme ou Règlement prévu par le Traité OHADA.

La Cour Commune de Justice et d'Arbitrage (CCJA) de l'Organisation pour l'Harmonisation en Afrique du Droit des Affaires (OHADA), Assemblée plénière, a rendu l'Arrêt suivant en son audience foraine publique tenue le 11 novembre 2014 Libreville (Gabon) où étaient présents :

Messieurs

Marcel SEREKOÏSSE SAMBA	Président
Abdoulaye Issoufi TOURE,	Premier Vice-président, Rapporteur
MadameFlora DALMEIDA MELE,	Second Vice-Président
Messieurs Namuano Francisco Dias GOMES,	Juge
Victoriano OBIANG ABOGO,	Juge
Idrissa YAYE,	Juge
Djimasna N'DONINGAR,	Juge
et Maître Paul LENDONGO,	Greffier en chef,

Sur le pourvoi enregistré au greffe de la Cour de céans le 02 décembre 2011 sous le n°118/2011/PC et formé par Maître SERY LOKPO Charles, Avocat à la Cour demeurant à Cocody les II Plateaux, 7ème tranche, Carrefour CITELCOM, agissant au nom et pour le compte de la Société Matériaux de Construction de l'Estuaire-Bâtiment et Travaux publique dite MCE-BTP, ayant son siège à Libreville, BP 700, dans la cause qui l'oppose aux sieurs Mboumba TRAORE et BOGOTHA Médard tous demeurant à Libreville,

en annulation de l'Arrêt n°23 rendu 21 septembre 2011 par la Cour de cassation du Gabon et l'Arrêt n°01 rendu 02 novembre 2011 par la même Cour, rectifiant le premier cité et dont les dispositifs respectifs sont :

Arrêt n°23 du 21 septembre 2011 :

« Ordonne le sursis à l'exécution de l'arrêt rendu entre les parties le 10 juin 2011 par la Cour d'appel judiciaire de Libreville jusqu'à solution du pourvoi ;

Réserve les dépens. » ;

Arrêt n°01 du 02 novembre 2011 :

« Rectifiant l'arrêt de sursis rendu le 21 septembre 2011 ;

Dit que « …ordonne le sursis à l'exécution de l'arrêt rendu entre les parties le 06 juillet 2011 » ;

Réserve les dépens. » ;

La requérante invoque à l'appui de son pourvoi, le moyen unique de cassation tel qu'il figure à la requête annexée au présent arrêt ;

Sur le rapport de Monsieur Abdoulaye Issoufi TOURE, Premier Vice-président ;

Vu les dispositions des articles 13 et 14 du Traité relatif à l'harmonisation du droit des affaires en Afrique ;

Vu le Règlement de procédure de la Cour Commune de Justice et d'Arbitrage de l'OHADA ;

Attendu qu'il résulte des pièces du dossier que consécutivement à un contentieux entre la Société MCE-BTP et les sieurs Mboumba TRAORE et BONGOTHA Médard, autour de l'axe routier dit « Carrefour Vincent » allant de l'Etambiyako-Bolokobwé à Mamboumba, le Tribunal de première instance de Libreville a, le 05 mai 2010 décidé que la voie litigieuse est la propriété de l'Etat gabonais ; que sur appel la Cour, par Arrêt en date du 10 juin 2011, confirmait le jugement et condamnait MCE-BTP à 8 000 000 F à titre de dommages-intérêts ; que cet arrêt sera rétracté le 06 juillet 2011 par un autre de la même Cour consacrant le caractère privé de l'axe en faveur de la Société MCE-BTP ; que suite au pourvoi, la Cour de cassation par Arrêt n°23/2010-2011 du 21 septembre 2011 rectifié le 02 novembre 2011, ordonnait le sursis à l'exécution de l'Arrêt du 06 juillet, que le pourvoi est dirigé contre les deux arrêts de sursis ;

Attendu que les lettres n°589/2011/G2 et n°590/2011/G2 en date du 14 décembre 2011 envoyées aux défendeurs par le Greffier en chef, leur signifiant le recours sont demeurées sans suite ; que le principe du contradictoire ayant été respecté, il échet de statuer ;

Sur la compétence

Attendu que le dispositif de l'arrêt du 06 juillet 2011 ayant statué sur le litige est ainsi conçu :

« Statuant publiquement par arrêt contradictoire en matière civile et en dernier ressort, suivant la procédure en rétractation ;

Vu les dispositions des articles 377, 378 et 379 du Code de Procédure Civile ;

Rejette le moyen tiré de l'irrecevabilité soulevé par les défendeurs ;

Rejette également l'exception d'incompétence soulevée par les défendeurs ;

Vu notre arrêt du 10 juin 2011 ;

Constate l'existence des erreurs matérielles ayant affecté ledit arrêt ;

Prononce sa rétractation pur et simple ;

En conséquence, replace les parties en l'état antérieur où elles étaient avant ledit arrêt ;

Statuant à nouveau

Vu les dispositions des articles 127, 128, 129 de la loi du 12 octobre 2000 portant code minier ;

Infirme le jugement rendu le 05 mai 2010 en toutes ses dispositions ;

Dit que la route querellée a un caractère privé ;

Constate que l'axe route PK 22 « Carrefour Vincent » Etambiyako-Bolokobwé à Mamboumba est entretenue et aménagée par la Société MCE-BTP ;

Lui reconnait un droit d'utilisation en exclusivité dans les conditions définies par les textes régissant la matière… » ;

Attendu qu'il appert nettement que le contentieux est relatif à l'utilisation d'un axe routier ; que les arrêts attaqués n'ont fait que mettre un sursis à son exécution et ne sont fondés sur aucun Acte uniforme ou Règlement prévu par le Traité relatif à l'harmonisation du droit des affaires en Afrique ;

Qu'il s'ensuit que les conditions de compétence de la Cour de céans ne sont pas réunies ; qu'il échet pour elle de se déclarer incompétente ;

Attendu qu'il y a lieu de condamner la requérante aux dépens ;

PAR CES MOTIFS

Statuant publiquement, après en avoir délibéré,

Se déclare incompétente ;

Condamne la Société MCE-BTP aux dépens.

Compétence exclusive de la CCJA en cas de pourvoi mixte (CCJA, 3e Ch., n°27/2014, 13 mars 2014)

Sommaire

La CCJA a compétence exclusive pour connaître du recours en cassation contre les décisions rendues par les juridictions nationales statuant en second degré dans toutes les affaires soulevant des questions relatives à l'application des Actes uniformes. Est par conséquent nul l'arrêt de toute juridiction nationale de cassation qui retient sa compétence en présence de moyens mixtes.

Viole l'article 18 du Traité OHADA et expose dès lors sa décision à annulation la juridiction nationale de cassation qui, en dépit de l'exception d'incompétence soulevée devant elle, retient sa compétence dans une affaire soulevant des questions relatives à l'application des Actes uniformes.

La Cour Commune de Justice et d'Arbitrage (CCJA) de l'Organisation pour l'Harmonisation en Afrique du Droit des Affaires (OHADA), Troisième chambre, a rendu l'Arrêt suivant en son audience publique du 13 mars 2014 où étaient présents :

Madame Flora DALMEIDA MELE,	Présidente, rapporteur
Messieurs	
Victoriano OBIANG ABOGO,	Juge
Idrissa YAYE,	Juge
et Maître Alfred Koessy BADO,	Greffier ;

Sur le recours enregistré au greffe de la Cour de céans le 31 mai 2011 sous le n°052/2011/PC et formé par la SCPA DOUMBIA-TOUNKARA, cabinet d' Avocats inscrit au barreau du MALI, sis à l'immeuble Lassana SYLLA Center, rue karamoko DIABY, BP E151, agissant au nom et pour le compte de Monsieur Ibrahim TOURE, domicilié à Korofina-Nord, Bamako, rue 147, Porte 70, dans la cause l'opposant à Monsieur Cheickna LAH, domicilié à Badalabougou, Bamako, rue 50, porte 561, face palais de la culture, BP 3085, ayant pour conseils, Maîtres Abdoul Karim KONE et Abdoulaye M.TRAORE du Cabinet BERTHE, Avocats à la Cour, sis 748, rue Raymond POINCARE, quartier du Fleuve – face Ex USAID, BP 8025, Bamako,

en annulation de l'Arrêt n°82 rendu le 11 avril 2011 par la Cour suprême du MALI et dont le dispositif est le suivant :

« PAR CES MOTIFS

LA COUR :

En la forme : Reçoit le pourvoi ;

Au fond : Casse et annule l'arrêt déféré ;

Renvoie la cause et les parties devant la cour d'appel de Bamako autrement composée ;

Ordonne la restitution de l'amende de consignation ;

Met les dépens à la charge du Trésor Public. » ;

Le requérant invoque à l'appui de son recours le moyen unique d'annulation tel qu'il figure à la requête annexée au présent arrêt ;

Sur le rapport de Madame Flora DALMEIDA MELE, Seconde Vice-présidente ;

Vu les dispositions des articles 13, 14 et 18 du Traité relatif à l'harmonisation du droit des affaires en Afrique ;

Vu le Règlement de procédure de la Cour Commune de Justice et d'Arbitrage de l'OHADA ;

Attendu qu'il résulte des pièces du dossier de la procédure que saisi d'une action en paiement, le Tribunal de commerce de Bamako a rendu le 10 janvier 2007 le Jugement n°13 condamnant Ibrahim TOURE à payer à Cheickna LAH, la somme de 180 948 650 FCFA en principal et celle de 20 000 000 FCFA à titre de dommages et intérêts ; que par Arrêt n°63 du 19 novembre 2008, la Cour d'appel de Bamako a confirmé ledit jugement ; qu'en exécution de cette décision, Cheickna LAH a pratiqué une saisie vente sur diverses concessions de Ibrahim TOURE qui lui ont été adjugées faute d'enchérisseurs; que par requête aux fins d'annulation de la vente aux enchères publiques introduite par Ibrahim TOURE , le Tribunal de première instance de la commune I du district de Bamako a par Jugement n°129 du 23 mars 2009 annulé le procès-verbal de vente aux enchères du 25 mars 2008 ; que sur appel de Cheickna LAH, la Cour d'appel de Bamako a, par Arrêt n°106 rendu le 10 février 2010, confirmé le jugement entrepris ; que sur le pourvoi en cassation de Cheickna LAH, la Cour suprême du MALI a, par Arrêt n°82 du 11 avril 2011 dont annulation est sollicitée, cassé et annulé l'arrêt attaqué en dépit de son incompétence soulevée par Ibrahim TOURE en vertu de l'article 14 du Traité institutif de l'OHADA ;

Sur la compétence

Attendu qu'il résulte de l'arrêt attaqué que pour retenir sa compétence, la Cour suprême du MALI s'est fondée sur sa jurisprudence selon laquelle « la juridiction nationale retient sa compétence en présence de moyens mixtes, c'est-à-dire lorsque le pourvoi soulève en plus des griefs relatifs à l'application des textes supranationaux, des moyens relatifs à l'application d'un texte national ; … en l'espèce, qu'en plus des moyens tirés de la violation des articles 120 et 129 de l'Acte uniforme de l'OHADA portant organisation des procédures simplifiées de recouvrement et voies d'exécution, le demandeur au pourvoi soulève la violation de l'article 463 du CPCCS du Mali ; que dès lors en présence des moyens mixtes, la cour suprême du Mali retient sa compétence. » ;

Attendu que l'article 14, alinéa 3 du Traité institutif de l'OHADA dispose : « saisie par voie de recours en cassation, la Cour se prononce sur les décisions rendues par les juridictions d'appel des Etats parties dans toutes les affaires soulevant des questions relatives à l'application des Actes uniformes et des règlements prévus au présent Traité à l'exception des décisions appliquant des sanctions pénales. » ;

Que cet article pose le principe de la compétence exclusive de la Cour Commune de Justice et d'Arbitrage pour connaître du recours en cassation contre les décisions rendues par les juridictions nationales statuant en second degré « dans toutes les affaires soulevant des questions relatives à l'application des Actes uniformes… » ; qu'en l'espèce, l'arrêt attaqué découle d'une instance en annulation de ventes aux enchères publiques effectuées en application des dispositions de l'Acte uniforme portant organisation des procédures simplifiées de recouvrement et des voies d'exécution ; que l'invocation d'une disposition de droit interne aux côtés d'un Acte uniforme comme moyen de cassation ne peut justifier la compétence d'une juridiction de cassation nationale sans enfreindre les dispositions de l'article 14 du Traité, lesquelles reconnaissent à la Cour Commune de Justice et d'Arbitrage une compétence entière dans toutes les affaires soulevant des questions relatives à l'application d'un Acte uniforme ; qu'il s'ensuit qu'en examinant le pourvoi formé par Monsieur Cheickna LAH, la Cour suprême du MALI s'est déclarée compétente à tort ;

Sur l'annulation de l'Arrêt n°82 rendu le 11 avril 2011 par la Cour Suprême du MALI

Vu l'article 18 du Traité relatif à l'harmonisation du droit des affaires en Afrique ;

Attendu que Monsieur Ibrahim TOURE sollicite l'annulation de l'Arrêt n°82 rendu le 11 avril 2011 par la Cour suprême du MALI en violation de l'article18 du Traité susvisé alléguant que nonobstant l'exception d'incompétence soulevée devant ladite Cour dans son mémoire en réplique du 30 décembre 2010 aux motifs que l'objet du litige porte sur la vente aux enchères publiques, matière réglementée par l'Acte uniforme de l'OHADA portant organisation des procédures simplifiées de recouvrement et des voies d'exécution, la Cour suprême a statué en prononçant la cassation de l'arrêt attaqué alors qu'elle aurait dû renvoyer l'affaire devant la Cour Commune de Justice et d'Arbitrage en vertu de l'article 15 du Traité institutif de l'OHADA ;

Attendu qu'aux termes de l'article 18 du Traité susvisé, « toute partie qui, après avoir soulevé l'incompétence d'une juridiction nationale statuant en cassation estime que cette juridiction a, dans un litige la concernant, méconnu la compétence de la Cour Commune de Justice et d'Arbitrage peut saisir cette dernière dans un délai de deux mois à compter de la notification de la décision contestée. La Cour se prononce sur sa compétence par arrêt qu'elle notifie tant aux parties qu'à la juridiction en cause.

Si la Cour décide que cette juridiction s'est déclarée compétente à tort, la décision rendue par cette juridiction est réputée nulle et non avenue » ;

Attendu que la décision attaquée énonce que « le pourvoi en cassation est formé contre l'arrêt n°106 du 10 février 2010 de la chambre civile de la Cour d'appel de Bamako dans une instance en annulation de vente aux enchères publiques ; qu'en plus des moyens tirés de la violation des articles 120 et 129 de l'Acte uniforme de l'OHADA portant organisation des procédures simplifiées de recouvrement et des voies d'exécution, le demandeur au pourvoi soulève la violation ... » ; qu'il est constant que l'affaire soumise à la censure de la Cour suprême soulève sans aucun doute des questions relatives à l'application de l'Acte uniforme sus indiqué ; qu'en passant outre l'exception d'incompétence formulée par Monsieur Ibrahim TOURE pour statuer comme elle l'a fait, la Cour suprême du Mali a méconnu la compétence de la Cour Commune de Justice et d'Arbitrage et a violé les dispositions de l'article 18 du Traité précité, exposant ainsi à la nullité, son Arrêt n°82 rendu le 11 avril 2011 ;

Attendu que Monsieur Cheickna LAH ayant succombé, il y a lieu de le condamner aux dépens ;

PAR CES MOTIFS

Statuant publiquement, après en avoir délibéré,

Dit que la Cour suprême du Mali s'est déclarée compétente à tort pour examiner le pourvoi en cassation formé par Monsieur Cheickna LAH ;

Déclare en conséquence nul et non avenu son Arrêt n°82 rendu le 11 avril 2011 ;

Condamne Monsieur Cheickna LAH aux dépens.

2. La sanction des décisions de juridictions nationales de cassation retenant à tort leur compétence

a) Le principe de la nullité

La nullité de l'arrêt de la juridiction nationale de cassation ne peut être prononcée que si elle a statué sur une affaire de droit OHADA (CCJA, 2e Ch., n°30/2014, 04 avril 2014)

Sommaire

La CCJA est compétente pour connaitre des recours en annulation contre les décisions des juridictions nationales statuant dans les affaires soulevant des questions relatives à l'application des Actes uniformes. Sa compétence doit être écartée lorsque l'arrêt de la juridiction nationale de cassation n'a pas eu pour objet d'arrêter une exécution mais de statuer sur les pourvois formés contre des arrêts rendus en matière sociale, matière non régie par un Acte uniforme.

La Cour Commune de Justice et d'Arbitrage (CCJA) de l'Organisation pour l'Harmonisation en Afrique du Droit des Affaires (OHADA), Deuxième chambre, a rendu l'Arrêt suivant en son audience publique du 04 avril 2014 où étaient présents :

Messieurs

Abdoulaye Issoufi TOURE,	Président, rapporteur
Namuano Francisco DIAS GOMES,	Juge
Djimasna N'DONINGAR,	Juge
et Maître Jean Bosco MONBLE,	Greffier,

sur le pourvoi enregistré le 20 août 2009 au greffe de la Cour de céans sous le n°075/2009/PC et formé par Maître SERY Lopko Charles, Avocat au Barreau de Côte d'Ivoire, demeurant à Abidjan Cocody les deux Plateaux, 10 BP 1666 Abidjan 10, agissant au nom et pour le compte du sieur Jacques NZOGHE NDONG, résidant à Mont Bouet, BP 1809 à Libreville, dans la cause l'opposant à la Société d'Energie et d'Eau du Gabon dite S.E.E.G, société anonyme ayant son siège à Libreville BP 2197 et pour conseil Maître Agondio- RETENO Justine, Avocat au Barreau du Gabon, BP 14409 Libreville, en annulation de l'Arrêt n°21/07-08 rendu le 30 juillet 2008 par la Cour de cassation du Gabon et dont le dispositif est le suivant :

« 1°/ Casse et annule partiellement l'Arrêt du 16 janvier 2007 en ce qu'il a alloué la somme de 6.480.000 francs à NZOGHE Ndong Jacques au titre de l'indemnité de démarrage ;

Dit que l'arrêt du 7 juin 1994 de la Cour d'appel de Libreville a acquis l'autorité de la chose jugée ;

Précise que l'Arrêt du 7 juin 1994 avait déjà alloué la somme de 511.000 francs à NZOGHE Ndong Jacques au titre d'abattement sur salaire, mais avait omis de le mentionner sur le dispositif ;

Il appartient à la Cour d'appel de renvoi de rectifier cette erreur en allouant la somme de 511.000 francs à NZOGHE Ndong Jacques ;

Dit qu'en raison de l'autorité de la chose jugée de l'Arrêt du 7 juin 1994, les intérêts légaux courent à compter du 16 décembre 1993 date de la décision de première instance au 8 février 1996 date à laquelle la S.E.E.G a commencé à payer sa créance ;

2°/ Casse et annule en toutes ses dispositions l'Arrêt du 20 mars 2007 ;

Renvoie la cause et les parties devant la Cour d'appel de Libreville autrement composée » ;

Le requérant invoque à l'appui de son pourvoi, le moyen unique de cassation tel qu'il figure à la requête annexée au présent arrêt.

Sur le rapport de Monsieur Abdoulaye Issoufi TOURE, Premier Vice-président

Vu les dispositions des articles 13 et 14 du Traité relatif à l'harmonisation du droit des affaires en Afrique ;

Vu le Règlement de procédure de la Cour Commune de Justice et d'Arbitrage de l'OHADA ;

Attendu qu'il résulte des pièces du dossier de la procédure que le 16 décembre 1993, le Tribunal du travail de Libreville statuant dans un contentieux entre Jacques NZOGHE Ndong et son employeur la S.E.E.G, déclarait le licenciement abusif et condamnait celle-ci à verser diverses indemnités ; que le 07 juin 1994, la Cour d'appel infirmait partiellement ce jugement ; que le recours en révision de Jacques NZOGHE Ndong sera déclaré irrecevable ; que suite à la cassation, la Cour d'appel autrement composée, par Arrêt n°67 du 16 janvier 2007 disposait : « ordonne la rétractation de l'arrêt du 7 juin 1994, en ce qu'il a débouté NZOGHE Ndong en ses demandes en paiement d'indemnité de démarrage et de remboursement des retenues illégalement perçues ; condamne la S.E.E.G à lui verser les sommes suivantes :

6.480.000 francs au titre d'indemnité de démarrage ;

511.000 francs au titre d'abattement illégalement retenu pendant une période de sept (7) mois ;

Confirme pour le reste le jugement du 16 décembre 1993 ;

Dit que les intérêts légaux commencent à courir pendant la période allant du 16 décembre 1993 au 28 novembre 2006… » ; que pour la détermination du montant réel des intérêts légaux, la Cour a, dans le même arrêt, par avant-dire- droit commis un expert-comptable ; qu'au dépôt du rapport dudit expert, la Cour d'appel par Arrêt n°147 du 20 mars 2007, condamnait la S.E.E.G à payer au nommé jacques NZOGHE Ndong la somme de 220.700.755 francs ; que c'est en statuant sur ces arrêts du 16 janvier 2007 et du 30 mars 2007 que la Cour de cassation a rendu la décision du 30 juillet 2008 attaquée par le présent pourvoi au motif que l'exécution a déjà commencé et que depuis le 05 février 2009, la Cour Commune de Justice et d'Arbitrage a déclaré irrecevable la contestation de la S.E.E.G ;

Sur la compétence de la Cour de céans

Vu l'article 14, alinéas 3 et 4 du Traité susvisé ;

Attendu que la Société d'Énergie et d'Eau du Gabon défenderesse au pourvoi dans son mémoire en date du 28 octobre 2009 enregistré au greffe de la Cour de céans le 10 novembre 2009 demande à la Cour de se déclarer incompétente relativement à l'annulation de l'Arrêt n°21 rendu le 30 juillet 2008 par la Cour de cassation du Gabon au motif que ledit arrêt l'a été en matière de droit du travail, qui à ce jour ne fait l'objet d'aucun Acte uniforme ;

Attendu que l'article 14, alinéa 3 et 4, du Traité susvisé qui détermine la compétence de la Cour de céans en matière contentieuse dispose que « saisie par la voie du recours en cassation, la Cour se prononce sur les décisions rendues par les juridictions d'appel des Etats parties dans toutes les affaires soulevant des questions relatives à l'application des Actes uniformes et des Règlement prévus au présent titre, à l'exception des décisions appliquant des sanctions pénales ;

Elle se prononce dans les mêmes conditions sur les décisions non susceptibles d'appel rendues par toute juridiction des Etats parties dans les mêmes contentieux. » ;

Attendu en l'espèce que contrairement à l'énoncé de la requête, l'arrêt de la Cour de cassation n'a pas eu pour objet d'arrêter une exécution mais de statuer sur les pourvois formés contre les Arrêt n°67 du 16 janvier 2007 et n°147 du 20 mars 2007 tous rendus en matière sociale ; que comme tel, il n'a pu soulever des questions relatives à l'application ou l'interprétation d'un Acte uniforme ou d'un Règlement ; qu'il s'ensuit que les conditions de compétence de la Cour de céans ne sont pas réunies, qu'il échet en conséquence pour elle de se déclarer incompétente ;

Attendu que le sieur NZOGHE Ndong Jacques succombant sera condamné aux dépens ;

PAR CES MOTIFS

Statuant publiquement, après en avoir délibéré,

Se déclare incompétente ;

Condamne Jacques NZOGHE Ndong aux dépens.

Nullité de l'arrêt rendu par la juridiction nationale de cassation au mépris du déclinatoire de compétence (CCJA, Ass. plén., n°07/2014, 4 février 2014)

Sommaire

Viole les articles 14 et 15 du Traité OHADA la juridiction nationale de cassation, qui en dépit du déclinatoire de compétence soulevé devant elle, retient sa compétence pour statuer sur les affaires soulevant des questions relatives à l'application des Actes uniformes. Sa décision doit en conséquence être annulée en application de l'article 18 du Traité.

Le ministère d'avocat est obligatoire devant la CCJA. Est admis à exercer ce ministère toute personne pouvant se présenter en qualité d'avocat devant une juridiction … il appartient à toute personne se prévalant de cette qualité d'en apporter la preuve à la Cour.

La Cour Commune de Justice et d'Arbitrage (CCJA) de l'Organisation pour l'Harmonisation en Afrique du Droit des Affaires (OHADA), en formation plénière a rendu l'arrêt suivant en son audience publique du 04 février 2014 où étaient présents :

Messieurs

Antoine Joachim OLIVEIRA,	Président
Marcel SEREKOISSE SAMBA,	Premier Vice-président
Abdoulaye Issoufi TOURE,	Second Vice-président
Namuano F. DIAS GOMES,	Juge
Madame Flora DALMEIDA MELE,	Juge
Monsieur Victoriano OBIANG ABOGO,	Juge, Rapporteur
et Maître Jean-Bosco MONBLE,	Greffier,

Sur le recours enregistré au greffe de la Cour de céans sous le n°077/2012/ PC du 16 juillet 2012, et formé par Maitres EBANGA EWODO et Charles TCHAKOUTE PATIE, Avocats au barreau du Cameroun, demeurant respectivement à Yaoundé, BP 5407 et à Douala, 469, Avenue King Akwa, BP 12288, agissant au nom et pour le compte de l'Etat du Cameroun, dans la cause l'opposant aux sociétés : Forestière HAZIM et Cie, Camerounaise de raffinage MAYA, Plastics & Co, Transport Camerounais, HAZIM Scierie et Compagnie Sa et Compagnie Forestière HAZIM SCIERIE NGAMBE TIKAR, la Société Forestière Industrielle du Wouri, la Société Industrielle du Bois du Cameroun et le sieur HAZIM CHEADE HAZIM, tous ayant leur siège à Douala et pour conseil Maître Emmanuel EKOBO, Avocat au barreau du Cameroun, en annulation de l'Arrêt n°98/Civ du 22 mars 2012 rendu par la Cour suprême du Cameroun, dont le dispositif est le suivant :

« Et sans qu'il soit besoin d'analyser les autres moyens,

Casse et annule l'Arrêt n°058/C rendu le 15 avril 2011 par la Cour d'appel du Littoral ;

Evoquant et statuant

Déclare irrecevable l'appel interjeté par Me Lydienne Y. EYOUM, Conseil du Ministère des finances contre le jugement n°660 rendu le 20 août 2009 par le Tribunal de Grande Instance du Wouri ;

Condamne l'Etat du Cameroun aux dépens. »

Le requérant invoque à l'appui de son recours un moyen unique d'annulation tel qu'il figure à l'acte du recours annexé au présent arrêt ;

Sur le rapport de Monsieur Victoriano OBIANG ABOGO, Juge ;

Vu les dispositions de l'article 18 du Traité relatif à l'harmonisation du droit des Affaires en Afrique ;

Vu le Règlement de procédure de la Cour Commune de Justice et d'Arbitrage ;

Attendu qu'il ressort des pièces du dossier de la procédure les faits suivants : l'Etat du Cameroun dans le cadre du recouvrement des amendes prononcées par le Ministère des forêts et de la faune contre la Société HAZIM & Cie, 07 autres sociétés, et le sieur HAZIM CHEHADE HAZIM, a sollicité et obtenu une Ordonnance d'injonction de payer n°220/04-05 du 18 mai 2005, enjoignant auxdites sociétés et au sieur HAZIM CHEHADE HAZIM à lui payer la somme de 16.117.526.309 F CFA ; le 23 juin 2005, l'ordonnance dont s'agit a été signifiée aux défendeurs ; le 12 juillet 2005, l'Etat du Cameroun par le canal de son Conseil se fait délivrer un certificat de non opposition ; le 17 juillet 2005 l'ordonnance est revêtue de la formule exécutoire ; cependant, les 24 et 25 août 2005 la société forestière HAZIM et les sept autres défendeurs forment opposition à l'ordonnance d'injonction ; le 20 août 2009, le Tribunal de grande instance du WOURI par Jugement n°660 constate que la procédure contient des vices et rétracte l'ordonnance d'injonction de payer querellée ; le 09 septembre 2009 l'Etat du Cameroun interjette appel ; la Cour d'appel du Littoral par arrêt n°058/C du 15 avril 2011 annule le jugement, évoquant et statuant à nouveau, déclare l'opposition irrecevable ; le 15 avril 2011 les défendeurs forment pourvoi en cassation devant la Cour suprême ; l'Etat du Cameroun soulève l'incompétence de ladite Cour au profit de la CCJA ; le 22 mars 2012 par Arrêt n°098/ CIV, la Cour suprême casse et annule l'Arrêt n°058/C rendu le 15 avril 2011 par la Cour d'appel du Littoral, et évoquant déclarait l'appel irrecevable ; c'est cet arrêt qui fait l'objet du présent recours en annulation ;

Sur l'exception d'irrecevabilité du recours

Attendu que les défendeurs ont soulevé l'irrecevabilité du recours en raison du régime des incompatibilités de défaut de qualité, et de représentation irrégulière de l'Etat du Cameroun en justice, du fait qu'aux termes de l'article 23 du Règlement de procédure de la CCJA, le ministère de l'avocat est obligatoire devant la Cour ; que la simple inscription au barreau ne confère pas la capacité d'exercer la profession d'avocat ; les défenderesses soulèvent ensuite le défaut de qualité du Ministère des finances à ester en justice dans le litige relatif aux affaires forestières en vertu du principe de spécialité contenu dans le décret n° 73/51 du 10 février 1973 relatif à la défense de l'Etat en justice qui dispose que la défense ainsi que la représentation en justice de l'Etat sont assurées dans chaque cas par le département ministériel directement intéressé ;

Attendu qu'aux termes de l'article 23 du Règlement de procédure de la CCJA « le ministère d'avocat est obligatoire devant la cour. Est admis à exercer ce ministère toute personne pouvant se présenter en qualité d'avocat devant une juridiction ... il appartient à toute personne se prévalant de cette qualité d'en apporter la preuve à la cour » ; qu'en l'espèce, il n'est pas contesté que Maître EBANGA EWODO est Avocat ; les défendeurs eux-mêmes reconnaissent sa qualité de Bâtonnier de l'Ordre des avocats Camerounais ; au surplus, il a produit non seulement sa carte professionnelle mais également le mandat spécial exigé par l'article 23 précité ; dès lors, sa constitution étant valable la cour se doit de retenir son mémoire et déclarer cette exception d'irrecevabilité non fondée ; en ce qui concerne le défaut de qualité du Ministère des finances à ester en justice dans les litiges relatifs aux affaires forestières ; les deux ministères à savoir celui de l'économie et des finances représentent valablement l'Etat, mieux en matière de recouvrement de créances administratives, ce dernier est l'organe le plus compétent pour ester en justice au nom de l'Etat par le truchement de l'Agent judiciaire du trésor ce, conformément au décret n°73/51 du 10 février 1973 relatif à la défense de l'Etat en justice; donc l'exception tirée de la violation du principe de spécialité ne peut pas prospérer ; qu'il échet donc de dire que le pourvoi de l'Etat du Cameroun est recevable ;

Sur la recevabilité du mémoire des défendeurs

Attendu que l'Etat du Cameroun a soulevé l'exception tirée de l'irrégularité des mandats produits par le conseil des défendeurs qui n'auraient étés signés que par une seule partie aux noms de tous les autres en violation de l'article 23 du Règlement de procédure de la Cour de céans et conclut au rejet du mémoire des défendeurs ;

Mais attendu que non seulement les extraits du registre de Commerce produits, font clairement ressortir que sieur HAZIM CHEAHADE HAZIM est Directeur Général ou Gérant des différentes sociétés, mais aussi que la validité d'un seul mandat entraine ipso facto, la recevabilité du mémoire ; qu'il échet donc de dire que le mémoire en réponse est recevable ;

Sur le moyen unique d'annulation tiré de la violation des articles 14 alinéa 3 et 15 du Traité OHADA relatif à l'Harmonisation du droit des affaires ;

Attendu qu'il est fait grief à l'arrêt déféré d'avoir violé les dispositions des articles 14-3 et 15 du Traité en ce que la Cour suprême du Cameroun a retenu sa compétence alors qu'a été soulevée IN LIMINI LITIS son incompétence à connaitre des litiges qui soulèvent une question relative à l'application des Actes uniformes ; qu'en l'occurrence, la présente procédure étant relative à l'Acte uniforme portant organisation des procédures simplifiées de recouvrement et des voies d'exécution ;

Attendu que pour conclure au rejet du recours les défendeurs ont exposé que la cause invite la Cour de céans à l'examen des dispositions de la législation nationale et des principes généraux du droit ; que la seule invocation de l'article 18 du Traité ne saurait justifier la compétence de la Cour de céans ; que seule la compétence de la Cour suprême doit être retenue ;

Attendu sur la compétence en effet qu'aux termes de l'article 14 alinéa 3 du Traité : « saisie par la voie du recours en cassation, la Cour se prononce sur les décisions rendues par les juridictions d'Appel des Etats Parties dans toutes les affaires soulevant des questions relatives à l'application des Actes uniformes et des Règlements prévus au présent Traité à l'exception des décisions -appliquant des sanctions pénales ». Et l'article 18 précité, dispose, « toute partie qui, après avoir soulevé l'incompétence d'une juridiction nationale statuant en cassation estime que cette juridiction a, dans un litige la concernant, méconnu la compétence de la Cour Commune de justice et d'Arbitrage peut saisir cette dernière dans un délai de deux mois à compter de la notification de la décision contestée , si la Cour décide que cette juridiction s'est déclarée compétente à tort, la décision rendue par cette juridiction est réputée nulle et non avenue. » ;

Attendu qu'en l'espèce, il ressort de l'analyse des pièces de la procédure que, l'Arrêt n°98/CIV du 22 mars 2012 rendu par la Chambre judiciaire de la Cour suprême du Cameroun objet du présent recours, a cassé et annulé l'Arrêt n°058/C du 15 avril 2011 rendu par la Cour d'appel du Littoral ; que cette Cour elle-même a statué sur le Jugement n°660 rendu le 20 aout 2009 par le Tribunal de grande instance du Wouri ; alors que ce jugement a été rendu sur opposition à l'Ordonnance d'injonction de payer n°220/04-05 du 18 mai 2008, et que l'injonction de payer est régie par l'Acte uniforme portant organisation des procédures simplifiées de recouvrement et des voies d'exécution ; que dès lors, la Cour suprême du Cameroun en retenant sa compétence malgré le déclinatoire de compétence, a méconnu celle de la CCJA ; que donc sa décision est réputée nulle et non avenue conformément à l'article 18 in fine du Traité précité ;

Attendu que chacune des parties a mené la procédure d'injonction de payer avec quelque confusion non préjudiciable à son auteur et à l'autre partie ; qu'il convient alors de mettre les dépens sur chacune des parties ;

PAR CES MOTIFS

Statuant publiquement, après en avoir délibéré ;

Déclare recevable le recours formé par l'Etat du Cameroun ;

Décide que la Cour suprême du Cameroun s'est déclarée compétente à tort ;

Dit que son Arrêt n°98/CIV du 22 mars 2012 est réputé nul et non avenu ;

Condamne chaque partie à ses propres dépens ;

Est nul l'arrêt qui ordonne la discontinuation d'une exécution entamée (CCJA, 2e Ch., n°17/2014, 27 février 2014)

> Sommaire
>
> L'article 32 de l'AUPSRVE n'offre pas à la juridiction nationale de cassation la faculté d'ordonner la discontinuation des poursuites lorsque l'exécution est entamée, même quand il s'agit d'une exécution en vertu d'un titre provisoire, et a fortiori quand le titre est définitif.

La Cour Commune de Justice et d'Arbitrage (CCJA) de l'Organisation pour l'Harmonisation en Afrique du Droit des Affaires (OHADA), Deuxième chambre, a rendu l'Arrêt suivant en son audience publique du 27 février 2014 où étaient présents :

Messieurs

Abdoulaye Issoufi TOURE,	Président
Namuano Francisco DIAS GOMES,	Juge, rapporteur
Victoriano OBIANG ABOGO,	Juge
et Maître Jean Bosco MONBLE,	Greffier,

Sur le pourvoi enregistré au Greffe de la Cour de céans le 26 août 2011 sous len°072/2011/PC et formé par le cabinet SARASSORO et Associés, Avocats à la Cour, demeurant Cocody Saint Jean, rue des Jasmins SICOGI grande ourse, escalier L, 1erétage, appartement n° 501, 08 B.P. 2167 ABIDJAN 08,agissant au nom et pour le compte de Messieurs SORO Tchohona, enseignant, demeurant à Abobo et KOUAME Kan Blaise, enseignant, demeurant également à Abobo, dans la cause les opposant au Collège IRIS II, Etablissement scolaire, sis à Abobo-gare sur l'autoroute axe Abobo/Anyama, 25 B.P. 993, et Dame ZOHE RAYMONDE, sa Fondatrice, demeurant à Abidjan, ayant tous deux pour conseils le cabinet ORE et Associés Avocats à la Cour, demeurant à Abidjan, Avenue Marchand boulevard Clozel, immeuble Gyam, 7ème étage, porte D 7,

en annulation de l'Arrêt n°136/2011 rendu le 17 février 2011 par la Cour suprême de Côte d'Ivoire, dont le dispositif est le suivant :

« PAR CES MOTIFS

Ordonne la discontinuation des poursuites entreprises Contre le Collège IRIS II et ZOHE RAYMONDE en vertu de l'Arrêt n°83 en date du 31 juillet 2009 de la Cour d'appel d'Abidjan ;

Laisse les frais à la charge du Trésor Public. » ;

Les requérants invoquent à l'appui de leur recours deux moyens tels qu'ils figurent à la requête annexée au présent arrêt ;

Sur le rapport de Monsieur Namuano Francisco DIAS GOMES, Juge ;

Vu les articles 13 et 14 du Traité relatif à l'harmonisation du droit des affaires en Afrique ;

Vu le Règlement de procédure de la Cour Commune de Justice et d'Arbitrage de l'OHADA ;

Attendu qu'il ressort de l'examen des pièces du dossier de la procédure que par Arrêt social n°83 rendu le 31 juillet 2009 par la Cour d'appel d'Abidjan, le Collège IRIS II a été condamné à payer à SORO Tchohona et KOUAME Kan Blaise diverses sommes d'argent au titre des droits sociaux et de dommages-intérêts pour rupture abusive de contrats et pour non déclaration à la CNPS ; que des commandements de payer avant saisie-vente, procès-verbal de saisie-attribution et dénonciation ont été signifiés respectivement les 12, 25 août et 02 septembre 2010 ; qu'ayant formé pourvoi le 09 août 2010 contre cet arrêt, le Collège IRIS II a, en application des dispositions de l'article 214 du Code de procédure civile, commerciale et administrative, présenté au Président de la Cour suprême de Côte d'Ivoire, une requête aux fins de sursis à l'exécution dudit arrêt, à laquelle il a été fait droit par l'Ordonnance présidentielle n°194 du 07 Septembre 2010 et par la suite par Arrêt n°136 rendu le 17 février 2011, la Cour suprême a ordonné la discontinuation des- dites poursuites ; Arrêt dont la cassation et l'annulation sont demandées ;

Attendu que par lettre n°377/2011/G2 du 12 octobre 2011 du Greffier en Chef de la Cour de céans, en application des articles 29 et 30 du Règlement de procédure de la Cour Commune de Justice et d'Arbitrage, le recours a été signifié à la dame ZOHE Raymonde et au cabinet ORE et Associés, conseils du Collège IRIS II d'Abobo qui l'ont reçu le 13 octobre 2011, que malgré le délai de trois(03) mois qui leur a été imparti pour présenter un mémoire en réponse, cette correspondance est demeurée sans suite ; que le principe du contradictoire ayant été respecté, il y a lieu d'examiner le présent recours

Sur le moyen de cassation tiré de la violation de l'article 32 de l'acte uniforme portant organisation des procédures simplifiées de recouvrement et des voies d'exécution

Attendu qu'il est fait grief à l'Arrêt attaqué d'avoir violé l'article 32 de l'Acte uniforme portant organisation des procédures simplifiées de recouvrement et des voies d'exécution au motif que l'exécution forcée de l'Arrêt social n°83 rendu le 31 juillet 2009 par la Cour d'appel d'Abidjan avait été déjà entamée ;

Attendu que l'article 32 de l'acte précité dispose que : « A l'exception de l'adjudication des immeubles, l'exécution forcée peut être poursuivie jusqu'à son terme en vertu d'un titre exécutoire par provision. L'exécution est alors poursuivie aux risques du créancier à charge pour celui-ci, si le titre est ultérieurement modifié, de réparer intégralement le préjudice causé par cette exécution sans qu'il y ait lieu de relever de faute de sa part » ;

Attendu qu'en l'espèce, il ressort que munis de l'Arrêt social n°83 rendu le 31 juillet 2009 par la Cour d'appel d'Abidjan, les sieurs SORO Tchohona et KOUAME Kan Blaise ont entrepris l'exécution de cette décision par commandement de payer et saisie-attribution de créances signifiés respectivement les 12 et 25 août 2010 au Collège IRIS II d'Abobo et à Dame ZOHE Raymonde, sa fondatrice ; que la Cour suprême a, par son Arrêt n° 136/11 rendu le 17 février 2011, ordonné la discontinuation des poursuites alors que l'exécution étant entamée, cette faculté ne lui est pas offerte même quand il s'agit d'une exécution en vertu d'un titre provisoire a fortiori quand le titre est définitif, comme c'est le cas ; que l'arrêt déféré ayant ainsi violé les dispositions visées au moyen, encourt la cassation sans qu'il soit nécessaire d'examiner le premier moyen ;

Attendu que rien ne restant à juger, il n'a pas lieu d'évoquer ;

Attendu que le Collège IRIS II d'Abobo et Dame ZOHE Raymonde ayant succombé, il y a lieu de les condamner aux dépens ;

PAR CES MOTIFS

Statuant publiquement, après en avoir délibéré,

Casse et annule l'Arrêt n° 136/11 de la Cour suprême de Côte d'Ivoire ;

Dit n'y avoir lieu à évocation ;

Condamne le Collège IRIS II d'Abobo et la Dame ZOHE Raymonde aux dépens.

Conditions cumulatives de recevabilité du recours en annulation (CCJA, Ass. Plén., n°114/2014, 4 novembre 2014)

Sommaire

La recevabilité du recours en annulation exige la réunion cumulative de deux conditions à savoir le fait d'avoir préalablement soulevé l'incompétence de la juridiction nationale de cassation devant cette dernière et le fait pour celle-ci de s'être prononcée dans une matière relevant de la compétence de la Cour Commune de Justice et d'Arbitrage

La Cour du Commune de Justice et d'Arbitrage (CCJA) de l'Organisation pour l'Harmonisation en Afrique du Droit des Affaires (OHADA), a rendu, en Assemblée plénière, l'Arrêt suivant en son audience foraine publique tenue à Yaoundé (Cameroun) du 04 novembre 2014 où étaient présents :

Messieurs

Marcel SEREKOÏSSE SAMBA Président

Abdoulaye Issoufi TOURE, Premier Vice-président

Madame Flora DALMEIDA MELE, Second Vice-président
Messieurs Namuano Francisco Dias GOMES,Juge

Victoriano OBIANG ABOGO, Juge

Idrissa YAYE, Juge

Djimasna N'DONINGAR, Juge, Rapporteur

et Maître Paul LENDONGO, Greffier en chef,

Sur le recours en annulation enregistré au greffe de la Cour sous le n° 078/2009/PC en date du 25 août 2009 et formé par Maître Emmanuel Tang, Avocat à la Cour, demeurant à Yaoundé, BP 20061, agissant au nom et pour le compte de Madame Jacqueline Casalegno, demeurant à Douala-Cameroun BP 109, la Société Chanas Assurances SA, dont le siège social est à Douala BP 109, représentée par son Président directeur général, la Société Nationale des Hydrocarbures (SNH), sis à Yaoundé, BP 955, représentée par son Administrateur directeur général, dans la cause les opposant à Messieurs Denis Gillot, demeurant 64 rue Laugier 75017 Paris-France et Louis Laugier, demeurant 16 rue Anna Jaquine 92100 Boulogne-France, en annulation de l'Arrêt n°1/Com rendu le 12 mars 2009 par la Chambre judiciaire de la Cour suprême du Cameroun et dont le dispositif est le suivant :

« - Casse et annule l'Arrêt n°035/CC rendu le 7 février 2005 par la Cour d'Appel du Littoral ;

- Remet la cause et les parties au même et semblable état où elles étaient avant ladite décision et, pour être fait droit, les renvoie devant la Cour d'appel du Sud ;

- Réserve les dépens ; » ;

Les requérantes invoquent à l'appui de leur recours les deux moyens d'annulation tels qu'ils figurent à la requête annexée au présent arrêt ;

Sur le rapport de monsieur Idrissa YAYE, Juge ;

Vu les dispositions des articles 13, 14 et 18 du Traité relatif à l'harmonisation du droit des affaires en Afrique ;

Vu les dispositions du Règlement de procédure de la Cour Commune de Justice et d'Arbitrage de l'OHADA ;

Attendu que par lettre n°547/2009/G2 en date du 30 septembre 2009, le Greffier en chef de la Cour de céans a notifié le recours aux défendeurs, lettre retournée avec la « mention non réclamée » ; que le principe du contradictoire ayant été respecté, il y a lieu d'examiner le présent recours ;

Attendu qu'il ressort des pièces du dossier de la procédure que le 12 juin 1989, messieurs Denis Gilllot et Louis Laugier ont acquis chacun 2500 parts sociales du capital de la Société Chanas et Privat Assurances SARL alors gérée par Madame Jacqueline Casalegno ; qu'en 1989, ils prennent le contrôle de ladite société d'assurance par l'acquisition de la majorité du capital social (97,87%) ; qu'après plusieurs péripéties judiciaires sur des faits liés à la gestion de ladite Société, dont messieurs Denis Gillot et Louis Laugier furent écartés par résolutions de l'Assemblée générale extraordinaire du 20 décembre 1993, confirmées par le Tribunal de première instance de Douala par jugement en date du 12 décembre 2001, la Société Chanas et Privat Assurances SARL est transformée en Chanas Assurances SA, comprenant trois associés à savoir madame Jacqueline Casalegno, la Société Sopar et la succession Ferdinand Privat ; que sur assignation de messieurs Denis Gillot et Louis Laugier, le juge des référés a ordonné la mise sous séquestre des actions acquises par Dame Casalegno et la Société Sopar et par tout autre acquéreur, dans la Société Chanas Assurances SA, à l'exception de celles acquises par la SNH ; que sur appel des requérantes, la Cour d'appel de Douala a infirmé l'ordonnance entreprise et a déclaré l'action de Gillot et Laugier irrecevable pour défaut de qualité ; que sur pourvoi en cassation de Gillot et Laugier, la Chambre judiciaire de la Cour Suprême a rendu l'Arrêt n°1/Com du 12 mars 2009, objet du présent recours en annulation ;

Sur la recevabilité du recours en annulation

Attendu qu'aux termes des dispositions de l'article 18 du Traité de l'OHADA : « Toute partie qui, après avoir soulevé l'incompétence d'une juridiction nationale statuant en cassation estime que cette juridiction a, dans un litige la concernant, méconnu la compétence de la Cour Commune de Justice et d'Arbitrage, peut saisir cette dernière dans un délai de deux mois à compter de la notification de la décision contestée ;

La cour se prononce sur sa compétence par arrêt qu'elle notifie tant aux parties qu'à la juridiction en cause. Si la Cour décide que cette juridiction s'est déclarée compétente à tort, la décision rendue par cette juridiction est réputée nulle et non avenue. » ; qu'ainsi la recevabilité du recours en annulation exige la réunion cumulative de deux conditions à savoir le fait d'avoir préalablement soulevé l'incompétence de la juridiction nationale de cassation devant cette dernière et le fait pour celle-ci de s'être prononcée dans une matière relevant de la compétence de la Cour Commune de Justice et d'Arbitrage ;

Attendu en l'espèce que, les requérantes n'apportent pas la preuve qu'elles ont plaidé l'incompétence de ladite Cour suprême devant elle ; qu'en effet, il ne résulte ni de l'arrêt attaqué, ni du mémoire ampliatif que cette question a été soulevée et discutée ; que la seule pièce qui en parle, intitulée note de plaidoirie est datée du 12 mars 2009, date à laquelle l'arrêt attaqué a été vidé ; que rien des pièces du dossier n'atteste que la Chambre judiciaire de la Cour suprême a été saisie dans les délais de cette exception, ni qu'elle ait été débattue contradictoirement devant elle ; qu'il échet dès lors de déclarer ledit recours en annulation irrecevable pour n'avoir pas été introduit dans les conditions édictées par l'article 18 du Traité précité ;

Sur les dépens

Attendu que les requérantes succombant, il y a lieu de les condamner aux dépens ;

PAR CES MOTIFS

Statuant publiquement après en avoir délibéré ;

Déclare irrecevable le recours en annulation introduit par madame Jacqueline Casalegno, la société Chanas Assurances SA et la Société Nationale des Hydrocarbures ;

Les condamne aux dépens.

b) L'absence d'un pouvoir d'évocation de la CCJA après annulation

La CCJA n'a pas le pouvoir d'évoquer après annulation (CCJA, Ass. Plén., n°50/2014, 23 avril 2014)

Sommaire

L'article 52 du règlement de procédure ne donne pas compétence à la CCJA d'évoquer après annulation de la décision de la juridiction nationale de cassation.

La Cour Commune de Justice et d'Arbitrage (CCJA) de l'Organisation pour l'Harmonisation en Afrique du Droit des Affaires (OHADA), Assemblée plénière, a rendu l'Arrêt suivant en son audience foraine tenue le 23 avril 3024 à Lomé-Togo où étaient présents :

Messieurs Marcel SEREKOÏSSE-SAMBA,	Président
Abdoulaye Issoufi TOURE,	Premier Vice-président
Madame Flora DALMEIDA MELE,	Second Vice-président, rapporteur
Messieurs Namuano F. DIAS GOMES,	Juge
Victoriano OBIANG ABOGO,	Juge
Mamadou DEME,	Juge
Idrissa YAYE,	Juge
Djimasna N'DONINGAR,	Juge
et Maître Paul LENDONGO,	Greffier en chef ;

Sur le recours enregistré au greffe de la Cour de céans le 1er juin 2010 sous le n°050/2010/PCet formé par Maître AFO Izétou, Avocat à la Cour, demeurant à Lomé, agissant au nom et pour le compte de Monsieur ADAMAH-FOLLY Foligan Bruno domicilié à Lomé dans la cause l'opposant à Monsieur SODJI Ahlin, domicilié à Lomé, Boulevard du Mono, BP 348 , ayant pour conseil, Maître Kouévi AGBEKPONOU , Avocat à la Cour, 317, Rue Jeanne d'Arc, BP 1327 Lomé,

en annulation de l'Arrêt n°16 rendu le 18 mars 2010par la Chambre judiciaire de la Cour suprême du Togo et dont le dispositif est le suivant :

« Par ces motifs

Statuant publiquement, contradictoirement, en matière civile et en état de cassation ;

EN LA FORME

Reçoit le pourvoi ;

AU FOND

Casse et annule l'arrêt N°15/09 rendu le 03 février 2009 par la Cour d'Appel de Lomé et ce, sans renvoi ;

Dit que le jugement N°0555/06 rendu le 24 mars qui est contradictoire, sortira ses pleins et entiers effets ;

Ordonne la restitution de la taxe de pourvoi au demandeur au pourvoi ;

Ordonne que mention du présent arrêt soit faite en marge ou au pied de la décision critiquée » ;

Sur le rapport de Madame Flora DALMEIDA MELE, Seconde Vice-présidente ;

Vu les dispositions des articles 13, 14 et 18 du Traité relatif à l'harmonisation du droit des affaires en Afrique ;

Vu le Règlement de procédure de la Cour Commune de Justice et d'Arbitrage de l'OHADA ;

Attendu que l'examen des pièces du dossier de la procédure fait ressortir que suivant contrat notarié conclu le 11 septembre 1998, Monsieur SODJI Ahlin a consenti à Monsieur ADAMAH-FOLLY Foligan Bruno un bail à usage commercial sur une partie de son immeuble dénommé Vendôme, situé sur la rue Maréchal Foch à Lomé, moyennant un loyer mensuel de 350 000 CFA pendant 18 mois à compter du 02 août 1998 et de 500 000 FCFA à partir du 02 février 2001 ; que suite à un avenant verbal, le prix du loyer a été fixé à 350 000 FCFA par semaine ; que redevable d'importants arriérés de loyers, le bailleur a, par exploit du 10 mars 2006, assigné en résiliation de bail et en expulsion, le preneur après notification, conformément à l'article 101 de l'Acte uniforme relatif au droit commercial général, d'une mise en demeure de payer ; que le 24 mars 2006, la Chambre civile et commerciale du Tribunal de première instance de Lomé a, par Jugement n°0555/06, prononcé la résiliation du bail, ordonné l'expulsion du preneur et l'a condamné au paiement des sommes d'argent au bailleur ; que sur opposition du preneur, la même juridiction a, par Jugement n°1628/2006 rendu le 1er septembre 2006, rétracté le Jugement n°0555/06 ; que sur appel du bailleur, la Cour d'appel a, par Arrêt n°015/09 du 03 février 2009, confirmé le Jugement n°1628/2006 ; que sur le pourvoi formé par le bailleur, la Chambre judiciaire de la Cour suprême du TOGO a rendu le 18 mars 2010, l'Arrêt n°16 dont recours ;

Sur l'exception d'incompétence de la Cour de céans soulevée par Monsieur SODJI Ahlin

Attendu que dans son mémoire en réponse reçu au greffe de la Cour de céans le 27 septembre 2010, Monsieur SODJI Ahlin soulève, in limine litis, sur le fondement de l'article 17 du traité institutif de l'OHADA, l'incompétence de la Cour Commune de Justice et d'Arbitrage au motif que le pourvoi formé devant la Cour suprême du Togo ne soulevait, dans aucun de ses moyens, la violation des dispositions du traité ou des Actes uniformes mais portait plutôt sur une question purement formelle de procédure échappant à la compétence de la CCJA portant précisément sur la nature de la forme d'une décision rendue ;

Mais attendu qu'aux termes de l'article 17 du Traité sus indiqué, l'incompétence manifeste de la Cour peut être soulevée par toute partie au litige in limine litis ; qu'en l'espèce, le fondement du litige est relatif à l'inexécution d'un contrat de bail dont la résiliation a été prononcée par le premier juge sur la base de l'article 101 de l'Acte uniforme relatif au droit commercial général ; que l'arrêt de la Cour d'appel déféré à la Cour suprême du Togo a été rendu sur la base des dispositions de l'article 74 alinéa 4 de l'Acte uniforme sus indiqué ; que le pourvoi en cassation dans cette affaire qui soulève des questions relatives à l'application d'un Acte uniforme doit être dévolu à la Cour céans conformément à l'article 14 du Traité institutif de l'OHADA selon lequel, la Cour se prononce par voie de recours en cassation « sur les décisions rendues par les juridictions d'appel des Etats parties dans toutes les affaires soulevant des questions relatives à l'application des Actes uniformes et des règlements prévus au présent Traité à l'exception des décisions appliquant des sanctions pénales. » ; que cet article pose le principe de la compétence exclusive de la Cour Commune de Justice et d'Arbitrage sur les recours en cassation formés contre des décisions rendues par les juridictions nationales statuant « dans toutes les affaires soulevant des questions relatives à l'application des Actes uniformes… » nonobstant des moyens de cassation fondés sur des dispositions de droit interne ; qu'il s'ensuit que l'exception d'incompétence soulevée par Monsieur SODJI Ahlin sur le fondement de l'article 17 susénoncé doit être déclarée irrecevable ;

Sur la compétence de la Cour de céans

Attendu que Monsieur ADAMAH-FOLLY Foligan Bruno estime que c'est par mauvaise interprétation de l'article 15 du Traité OHADA que la Cour suprême du Togo a retenu sa compétence au motif que le pourvoi dont elle est saisie ne met pas en cause la violation d'aucun texte OHADA alors que le litige prend source dans la résiliation d'un contrat de bail suivie d'expulsion en vertu de l'article 101 de l'Acte uniforme relatif au droit commercial général d'une part et d'autre part, en cassant et en annulant sans renvoi l'Arrêt n°015/09 et en décidant que le Jugement n°0555/06 rendu le 24 mars 2006 sortira ses pleins et entiers effets, la Cour Suprême qui prétend n'être pas saisie de la violation d'un texte OHADA, a exercé son contrôle sur une décision rendue par les juridictions nationales de première instance et d'appel en application des articles 101 et 77 de l'Acte uniforme précité, violant ainsi l'article 14 du traité OHADA qui reconnaît la compétence exclusive de la Cour de céans sur les décisions rendues par les juridictions nationales d'appel dans toutes les affaires soulevant des questions relatives à l'application des Actes uniformes ;

Attendu que l'arrêt dont pourvoi a été formé devant la Cour suprême du Togo découle d'une affaire soulevant des questions relatives à l'application d'un Acte uniforme en l'occurrence la résiliation d'un bail commercial régie par l'Acte uniforme relatif au droit commercial général ; que conformément à l'article 14 du Traité institutif de l'OHADA sus énoncé, seule la compétence de la Cour de céans est avérée en cas de pourvoi dans les litiges relatifs à l'application et à l'interprétation des Actes uniformes ;

Sur l'annulation de l'Arrêt n°16 du 18 mars 2010

Vu l'article 18 du Traité relatif à l'harmonisation du droit des affaires en Afrique

Attendu que Monsieur ADAMAH-FOLLY Foligan Bruno demande à la Cour de céans d'annuler l'Arrêt n°16 rendu le 18 mars 2010 par la Chambre judiciaire de la Cour suprême du Togo en violation de l'article 18 du Traité suscité au motif que bien qu'il ait soulevé l'incompétence de ladite Cour dans son mémoire en réponse du 27 juillet 2009, celle-ci a statué en retenant sa compétence alors que l'affaire porte sur la résiliation d'un contrat de bail suivie d'expulsion en vertu de l'article 101 de l'Acte uniforme relatif au droit commercial général dont le recours en cassation est du ressort de la Cour Commune de Justice et d'Arbitrage ;

Attendu qu'aux termes de l'article 18 du Traité sus visé : « Toute partie qui, après avoir soulevé l'incompétence d'une juridiction nationale statuant en cassation estime que cette juridiction a, dans un litige la concernant, méconnu la compétence de la Cour Commune de Justice et d'Arbitrage, peut saisir cette dernière dans un délai de deux mois à compter de la notification de la décision contestée.

La cour se prononce sur sa compétence par arrêt qu'elle notifie tant aux parties qu'à la juridiction en cause. Si la Cour décide que cette juridiction s'est déclarée compétente à tort, la décision rendue par cette juridiction est réputée nulle et non avenue. » ;

Attendu qu'il ressort de l'énonciation de l'arrêt dont annulation est sollicitée que Monsieur ADAMAH-FOLLY Foligan Bruno avait sollicité par le biais de son conseil que la Cour suprême se déclare incompétente au bénéfice de la Cour Commune de Justice et d'Arbitrage, seule compétente pour connaître des recours en cassation dans le contentieux relatif à l'application des Actes uniformes ; que la Cour suprême a statué en retenant que le pourvoi dont elle est saisie ne met pas en cause la violation d'aucun texte OHADA ;

Attendu que l'arrêt déféré devant la Cour suprême qui a pour source la résiliation d'un contrat de bail prononcée sur le fondement de l'article 101 de l'Acte uniforme relatif au droit commercial général soulève des questions relatives à l'application d'un Acte uniforme et que, conformément à l'article 14 du Traité relatif à l'harmonisation du droit des affaires en Afrique, seule la Cour Commune de Justice et d'Arbitrage est compétente pour connaître du pourvoi y relatif ; qu'en statuant sur le pourvoi à lui soumis nonobstant la demande d'incompétence formulée par le demandeur au pourvoi, la Chambre judiciaire de la Cour suprême du Togo a enfreint les dispositions de l'article 18 du Traité susvisé en se déclarant à tort compétente ; qu'il s'ensuit que sa décision résultant de l'Arrêt n°16 du 18 mars 2010 est nulle et non avenue ;

Sur la demande de Monsieur ADAMAH-FOLLY relative à l'évocation

Attendu que Monsieur ADAMAH-FOLLY Foligan Bruno demande à la Cour de céans, d'évoquer après cassation de l'arrêt de la Cour suprême et de confirmer l'Arrêt n°015/2009 de la Cour d'appel de Lomé rendu le 03 février 2009 ; qu'au surplus, il sollicite la condamnation de Monsieur SODJI Ahlin au paiement de la somme de 30 000 000 FCFA pour tous préjudices confondus soit au total le montant de 123 600 000 FCFA ;

Attendu qu'aux termes des dispositions de l'article 52.4 du Règlement de procédure de la Cour de céans selon lesquelles : « Si la cour décide que la juridiction nationale s'est déclarée compétente à tort, la décision rendue par cette juridiction est réputée nulle et non avenue. Toute partie devant ladite juridiction peut dans les deux mois de la signification du jugement de la Cour saisir cette dernière d'un recours en cassation contre la décision du juge du fond dans les conditions prévues à l'article 14 du Traité et aux articles 23 à 50 du présent Règlement. », la demande de Monsieur ADAMAH-FOLLY Foligan Bruno tendant à statuer à nouveau est précoce et doit être déclarée irrecevable en l'état;

Attendu qu'ayant succombé, Monsieur SODJI Ahlin sera condamné aux dépens ;

PAR CES MOTIFS

Statuant publiquement, après en avoir délibéré,

Déclare irrecevable l'exception d'incompétence soulevée par Monsieur SODJI Ahlin;

Se déclare compétente ;

Déclare en conséquence nul et non avenu l'Arrêt n°16 rendu le 18 mars 2010 par la Chambre judiciaire de la Cour suprême du Togo ;

Déclare irrecevable en l'état la demande de Monsieur ADAMAH-FOLLY Foligan Bruno relative à l'évocation de l'affaire ;

Condamne Monsieur SODJI Ahlin aux dépens.

B. Les conditions relatives au recours

1. Les conditions de fond

a) Les conditions relatives au requérant

Irrecevabilité du recours en l'absence de la preuve de l'existence juridique du requérant (CCJA, Ass. Plén., n°75/2014, 25 avril 2014)

Sommaire

Doit être déclarée irrecevable le recours de la requérante dès lors qu'elle ne produit aucune preuve de son existence juridique.

La Cour Commune de Justice et d'Arbitrage (CCJA) de l'Organisation pour l'Harmonisation en Afrique du Droit des Affaires (OHADA), Assemblée plénière a rendu l'Arrêt suivant, en son audience foraine tenue le 25 avril 2014 à Porto-Novo-Bénin où étaient présents :

Messieurs

Marcel SEREKOÏSSE-SAMBA,	Président
Abdoulaye Issoufi TOURE,	Premier Vice-président,
Madame Flora DALMEIDA MELE,	Seconde Vice-présidente,
Messieurs Namuano F. DIAS GOMES,	Juge,
Victoriano OBIANG ABOGO,	Juge,
Mamadou DEME	Juge, rapporteur,
Idrissa YAYE,	Juge,
Djimasna N'DONINGAR,	Juge,
et Maître Paul LENDONGO,	Greffier en chef,

Sur le recours enregistré au greffe de la Cour de céans le 15 octobre 2012 sous le n°139/2012/PC et formé par Maître Limam Malick MOHAMED, Avocat au Barreau du Niger, BP 174 Niamey, agissant au nom et pour le compte de la Société Dubaï-Office Niger, dont le siège social est à Niamey, BP 13640, dans la cause qui l'oppose à la Société Générale des Travaux Publics dite SGTP, société anonyme dont le siège social est à Niamey, BP 386, en cassation de l'Arrêt n°45 rendu le 16 février 2012 par la Cour d'appel de Niamey, dont le dispositif est ainsi rédigé :

« Statuant publiquement et contradictoirement, en matière d'injonction de payer et en dernier ressort ;

Reçoit les appels principal de la SGTP et incident de Dubaï-Office Niger comme recevables en la forme ;

Au fond annule le jugement attaqué pour violation de la loi ;

Evoque et statue à nouveau ;

Se déclare compétente ;

Déclare irrecevable l'opposition du Dubaï Niger pour forclusion (opposition intervenue plus de 15 jours après la signification réputée faite à personne du dirigeant du Dubaï-Office Niger) ;

Condamne Dubaï Office aux dépens » ;

La requérante invoque à l'appui de son pourvoi les quatre moyens de cassation tels qu'ils figurent à sa requête annexée au présent arrêt ;

Sur le rapport de Monsieur Mamadou DEME, Juge ;

Vu les articles 13 et 14 du Traité relatif à l'harmonisation du droit des affaires en Afrique (OHADA) ;

Vu le Règlement de procédure de la Cour Commune de Justice et d'Arbitrage de l'OHADA ;

Sur la recevabilité du recours

Attendu que par correspondance n°633/2012/G2 reçue le 31 octobre 2012, le Greffier en Chef de la Cour de céans a imparti à la requérante un délai de 15 jours pour régulariser son recours, par la production notamment de ses statuts ou d'un extrait récent du registre de commerce ou de toute autre preuve de son existence juridique ; que suivant seconde correspondance n°254 reçue le 16 avril 2013, un délai supplémentaire lui a été accordé aux mêmes fins ;

Mais attendu que ledit document n'a pas été produit ; que suivant mémoire en date du 12 mai 2013, le conseil de la requérante a reconnu se trouver dans l'impossibilité de produire une preuve quelconque de l'existence juridique de Dubaï-Office Niger ; qu'il échet en conséquence de déclarer le recours irrecevable ;

Attendu que Dubaï-Office Niger qui a succombé doit être condamnée aux dépens ;

PAR CES MOTIFS

Statuant publiquement, après en avoir délibéré,

Déclare le recours irrecevable ;

Condamne Dubaï-Office Niger aux dépens ;

b) Les conditions relatives au conseil du requérant

Irrecevabilité du recours en cas d'absence de preuve de la qualité d'avocat (CCJA, 1ère Ch., n°144/2014, 22 décembre 2014)

> Sommaire
>
> Le pourvoi doit être déclaré irrecevable dès lors que n'est pas rapportée la preuve de la qualité d'avocat du conseil du demandeur.

La Cour Commune de Justice et d'Arbitrage (CCJA), de l'Organisation pour l'Harmonisation en Afrique du Droit des Affaires (OHADA), Première Chambre, a rendu l'Arrêt suivant en son audience publique du 22 décembre 2014 où étaient présents :

Messieurs Marcel SEREKOÏSSE-SAMBA,	Président, rapporteur
Mamadou DEME,	Juge
Djimasna NDONINGAR,	Juge
Et Maître Acka ASSIEHUE,	Greffier

Sur le recours enregistré au greffe de la Cour de céans le 19 octobre 2010 sous le n°098/2010/PC et formé par la Société Ivoirienne de Concept et de Gestion-Mali S.A. R.L dite SICG-Mali, dont le siège social est à Bamako, représentée par son gérant Monsieur SAIDI Mahomed Jamal, ayant pour Conseils, Jean Charles TCHIKAYA, Avocat à la Cour à Bordeaux, Landry Anastase BAGUY, Avocat à la Cour à Abidjan et Modibo Hamadoun DICKO, Avocat au Barreau de Bamako, dans la cause qui l'oppose à la Banque de l'Habitat du Mali S.A dite BHM S.A, ayant son siège à Bamako Hamdallaye, ACI 2000, avenue Kwame N'KRUMAH, prise en la personne de son Président Directeur Général Monsieur Modibo CISSE, ayant pour Conseils le cabinet d'avocats BRYSLA-CONSEILS, les Avocats plaidants Maîtres Bassalifou SYLLA, Hamidou KONE et Salif Moussa COULIBALY),

en cassation de l'arrêt n° 20 rendu le 11 février 2009 par la Cour d'appel de Bamako, dont le dispositif est le suivant :

« Statuant publiquement, contradictoirement, en matière commerciale et en dernier ressort ;

En la forme :

Reçoit l'appel interjeté ;

Au fond :

Déboute la Société SICG-Mali en sa demande de paiement de créance comme mal fondée ;

Constate l'établissement contre la société SICG-Mali de l'état de créances du 12 mai 2008 conformément à la loi n°08-005 du 8 février 2008 créant un privilège général pour garantir les créances de la BHM-SA ;

Met les dépens à la charge de SICG-Mali » ;

Attendu que la société requérante, la SICG-Mali, invoque à l'appui de son pourvoi trois moyens tels qu'ils figurent à la requête annexée au présent arrêt ;

Sur le rapport de Monsieur Marcel SEREKOÏSSE-SAMBA, Président ;

Vu les articles 13 et 14 du Traité relatif à l'harmonisation du droit des affaires en Afrique (OHADA) ;

Vu le Règlement de procédure de la Cour Commune de Justice et d'Arbitrage de l'OHADA ;

Attendu qu'il ressort des pièces du dossier de la procédure que la SICG-Mali tire ses trois moyens de cassation respectivement de :

La violation de articles 33-5 de l'Acte uniforme portant organisation des procédures simplifiées de recouvrement et des voies d'exécution ; de l'article 10 du Traité relatif à l'harmonisation du droit des affaires en Afrique ;

De la violation du principe du contradictoire ;

De l'excès de pouvoir ;

Que dans son mémoire en réponse, la BHM-S.A soulève in limine litis les exceptions d'irrecevabilité du recours pour défaut de mandats, défaut de preuve de la qualité d'avocat des conseils de la SICG-Mali, défaut de recours préalable en cassation et l'exception d'incompétence de la Cour de céans en raison de la matière qui lui est soumise ;

Sur la recevabilité du pourvoi

Attendu que sur l'exception du défaut de preuve de la qualité d'avocat, la BHM-S.A soutient que le Ministère d'avocat étant obligatoire devant la Cour de céans, il appartient, aux termes de l'article 23 du Règlement de procédure de ladite Cour, à toute personne se prévalant de qualité d'avocat d'en apporter la preuve ;

Que les Conseils de la SICG-Mali, à savoir Jean Charles TCHIKAYA, Landry Anastase BAGUY et Modibo Hamadoun DICKO, n'ayant pas été en mesure de prouver leur qualité d'avocats, leur recours doit être frappé d'irrecevabilité ;

Attendu que dans son mémoire en réplique, la SICG-Mali soutient que si ses Conseils n'avaient pas apporté la preuve de leur qualité d'avocats au moment du dépôt de leur acte de pourvoi, le Greffier en chef de la Cour de céans n'aurait pas retenu le dossier du recours ; qu'elle conclut à l'existence de cette preuve et corrélativement, au rejet de cette exception ;

Attendu que l'article 23-1 du Règlement de procédure sus-évoqué dispose : « Le ministère d'avocat est obligatoire devant la Cour. Est admis à exercer ce ministère toute personne pouvant se présenter en qualité d'avocat devant une juridiction de l'un des Etats Partie au Traité. Il appartient à toute personne se prévalant de cette qualité d'en apporter la preuve à la Cour. Elle devra en outre produire un mandat spécial de la Partie qu'elle représente » ;

Attendu qu'interpellé sur l'affirmation de la SICG-Mali quant à l'existence de ladite preuve dans le dossier de la procédure, le Greffier en chef de la Cour de céans répond qu'après vérification minutieuse du bordereau de dépôt des pièces du dossier du pourvoi et du contrôle de chacune desdites pièces, il n'apparaît nulle part les traces de certificats de Bâtonniers attestant de l'inscription de chacun des avocats de la SICG-Mali à un quelconque Barreau ; qu'il conclut, de matière péremptoire, « qu' aucune pièce attestant leur qualité d'avocat n'a été produite par les Avocats de la demanderesse, la SICG-Mali »;

Qu'ainsi, la preuve de la qualité d'avocats des Conseils de la SICG-Mali n'ayant pas été rapportée devant la Cour de céans, il y a lieu de déclarer irrecevable le recours par eux exercé au nom et pour le compte de leur cliente, la SICG-Mali, sans qu'il soit besoin d'examiner les autres exceptions d'irrecevabilité ;

Attendu que la SICG-Mali ayant succombé, il échet de la condamner aux dépens ;

PAR CES MOTIFS

Statuant publiquement, après en avoir délibéré,

Déclare irrecevable le pourvoi formé par la SICG-Mali ;

La condamne aux dépens ;

Le mandat non daté délivré à un avocat équivaut à une absence de mandat (CCJA, Ass. Plén., n°141/2014, 11 novembre 2014)

Sommaire

La date est un élément substantiel pour apprécier la validité d'un acte de procédure et tout pouvoir non daté, délivré par une société à ses avocats, doit être considéré comme non valide, équivalent à un défaut de mandat spécial.

La Cour Commune de Justice et d'Arbitrage (CCJA) de l'Organisation pour l'Harmonisation en Afrique du Droit des Affaires (OHADA), Assemblée plénière, a rendu l'Arrêt suivant en son audience publique foraine tenue à Libreville (GABON) le 11 novembre 2014 où étaient présents :

Messieurs Marcel SEREKOÏSSE-SAMBA Président

Abdoulaye Issoufi TOURE, Premier Vice Président

Madame Flora DALMEIDA MELE, Seconde Vice Présidente

Messieurs Namuano Francisco DIAS GOMES, Juge

Victoriano ABOGO OBIANG, Juge

Idrissa YAYE, Juge

Djimasna NDONINGAR, Juge

Et Maître Paul LENDONGO, Greffier en chef

Sur le pourvoi enregistré au greffe de la Cour de céans sous le n°066/2013/PC en date du 30 mai 2013 et formé par Maître François MEYER, Avocat au Barreau de Paris, et la SCPA BILE-AKA, BRIZOUA-BI & Associés, Avocats au Barreau de Côte d'Ivoire, sis, 7, Boulevard Latrille, BP 945 ABIDJAN, représentée par Maître BRIZOUA-BI, , agissant pour le compte de la Société Omnium Gabonais d'Assurances et de Réassurances dite OGAR, dont le siège est à Libreville, 1881, Bd de l'Indépendance, BP 201, représentée par son Administrateur Directeur Général, agissant ès qualité, dans la cause qui l'oppose à la Société MAGASIN GRAND VILLAGE AVENUE sarl, domiciliée à Port-Gentil (Gabon), BP 532, ayant pour Avocat Maître ITCHOLA &AGFBANRIN, Avocats Associés au Barreau du Gabon, BP 8286, rue Waterman Libreville (Gabon), en cassation de l'Arrêt n°70/2012-2013, rendu le 25 février 2013 par la Cour d'appel judiciaire de Libreville et dont le dispositif suit :

« Par ces motifs :

Statuant publiquement, contradictoirement en matière commerciale et en dernier ressort ;

Déclare recevable l'appel interjeté par l'OGAR SA ;

AU FOND

Confirme l'Ordonnance du 04 mai 2012 querellée en toutes ses dispositions ;

En conséquence, ordonne la poursuite de l'exécution ;

Condamne l'OGAR SA aux dépens »

La requérante invoque à l'appui de son pourvoi deux moyens de cassation en plusieurs branches tels qu'ils figurent à la requête annexée au présent arrêt ;

Sur le rapport de Monsieur Marcel SEREKOÏSSE-SAMBA, Président ;

Vu les dispositions des articles 13 et 14 du Traité relatif à l'harmonisation du droit des affaires en Afrique ;

Vu les dispositions du Règlement de procédure de la Cour Commune de Justice et d'Arbitrage de l'OHADA ;

Attendu que par Jugement avant-dire-droit n°28/10-11 rendu le 11 août 2011, le Tribunal de première instance de Port-Gentil au Gabon a condamné la Société Omnium Gabonais d'Assurances et de Réassurance (OGAR) SA à payer à la Société Grand magasin Village Avenue Sarl les sommes de 176. 545. 000 FCFA pour des marchandises pillées le 03 septembre 2009 lors des émeutes à Port-Gentil et de 5.000.000 FCFA à titre de dommages intérêts pour résistance abusive, avec exécution provisoire nonobstant toutes voies de recours ;

Qu'en exécution dudit jugement revêtu de la formule exécutoire, la Société Magasin Grand Village a, suivant exploit en date du 27 février 2012 de Maître Agnès BIYE NGOU OLLOMO MEZU, Huissier de justice près les juridictions de Libreville, fait servir à la Société OGAR une signification-commandement d'avoir, dans un délai de huit jours à compter de la signification, à s'acquitter du montant des condamnations prononcées à son encontre ;

Que la Société OGAR ne s'étant pas exécutée dans le délai imparti, l'huissier a, par un autre exploit du 08 mars 2012, pratiqué saisie-attribution de créances entre les mains de plusieurs banques et établissements financiers de Libreville, pour sûreté et avoir paiement de la somme en principal, intérêts et frais de 208. 814. 035 FCFA ;

Que la saisie a été dénoncée à la Société OGAR le 12 mars 2012 ;

Que par exploit du 26 mars 2012 de Maître Florent MOUNGUENGUI, Huissier de justice à Libreville, la Société OGAR a assigné la Société Magasin Grand Village Avenue par devant le Président du Tribunal de première instance de Libreville pour entendre ordonner la mainlevée de la saisie pratiquée ;

Que par Ordonnance n°140/11-12 rendue le 04 mai 2012, le Président du Tribunal de première instance de Libreville a rejeté comme non fondée la demande de la Société OGAR ;

Que sur appel de celle-ci, la Cour d'appel judiciaire de Libreville a rendu l'arrêt sus-énoncé ;

Sur la recevabilité du recours

Attendu que la société Magasin Grand Village Avenue soulève, in limine litis, l'irrecevabilité du recours exercé par OGAR pour violation des articles 23, 25 et 28 du Règlement de procédure de la Cour de céans, d'abord, en ce que Maître MEYER François, Avocat au Barreau de Paris, un des Conseils de la Société OGAR, n'exerce son ministère d'Avocat dans aucun des Etats Parties au Traité OHADA ; ensuite, en ce que ni Maître MEYER François, ni la SCPA BILE-AKA BRIZOUA-BI et Associé n'ont de mandat spécial de la Société OGAR, ou alors le « Pouvoir » à eux délivré n'est pas daté et ne saurait être valable ; et enfin, en ce que le recours en cassation indique que l'arrêt attaqué a été signifié le 13 mars 2013 sans produire l'acte de signification,

Alors qu'aux termes des textes susvisés, les avocats des parties doivent exercer dans les Barreaux de l'espace OHADA et disposer d'un mandat spécial daté, pouvant permettre d'apprécier sa validité ; et l'acte de signification de la décision attaquée doit être produit, et la requête datée ;

Attendu qu'il ressort de l'examen des pièces du dossier de la procédure que les conseils de la Société OGAR, Maître François MEYER et le Cabinet BILE-AKA, BRIZOUA-BI et Associés ont produit un document intitulé «Pouvoir » enregistré au greffe de la Cour de céans le 07 juin 2013 ;

Que ce pouvoir donné à Libreville par Monsieur Bernard BARTOSZEK, Directeur Général de ladite Société, ne porte aucune date ; qu'aux termes de l'article 25.1 du Règlement de procédure : « lorsqu'un acte ou une formalité doit en vertu du Traité ou du présent Règlement être accompli avant l'expiration d'un délai, celui-ci a pour origine la date de l'acte, de l'évènement, de la décision ou de la signification qui fait courir ce délai… » ;

Qu'il s'induit de cette disposition que « la date » est un élément substantiel pour apprécier de la validité d'un acte de procédure ; qu'en l'espèce, le « Pouvoir » non daté délivré par OGAR à ses conseils doit être déclaré non valide, équivalent à un défaut de « mandat spécial » requis à peine de nullité par l'article 23.1 in fine dudit Règlement de procédure ;

Que OGAR et ses conseils n'ayant pas observé les prescriptions des dispositions sus-énoncées, leur recours encourt l'irrecevabilité ;

Attendu que la Société OGAR ayant succombé, il y a lieu de la condamner aux dépens ;

PAR CES MOTIFS

Statuant publiquement après en avoir délibéré,

Déclare irrecevable le pourvoi n°066/2013/PC du 30 mai 2013 formé par la Société OGAR ;

La condamne aux dépens ;

Mandat spécial : conditions de recevabilité du recours déposé par une société civile d'avocat (CCJA, Ass. Plén., n°98/2014, 30 octobre 2014)

Sommaire

Le recours déposé par une société civile professionnelle est régulier dès lors que celle-ci a reçu mandat spécial et qu'il est signé pour le compte de cette société par un représentant peu important que les avocats constitués pour le compte de cette société disposent ou non d'un mandat spécial.

La Cour Commune de Justice et d'Arbitrage (CCJA) de l'Organisation pour l'Harmonisation en Afrique du Droit des Affaires (OHADA) a rendu l'Arrêt suivant, en Assemblée plénière, en son audience publique du 30 octobre 2014 où étaient présents :

Monsieur Marcel SEREKOÏSSE-SAMBA,	Président
Madame Flora DALMEIDA MELE,	Second Vice-président
Messieurs : Namuano F. DIAS GOMES,	Juge
Victoriano OBIANG ABOGO,	Juge
Mamadou DEME,	Juge, rapporteur
Idrissa YAYE,	Juge
Djimasna N'DONINGAR,	Juge
et Maître ASSIEHUE Acka,	Greffier ;

Sur le recours enregistré au greffe de la Cour de céans le 20 septembre 2012 sous le numéro 128/2012/PC et formé par la SCP PYRAMIDION, ayant son siège social à l'immeuble ABK 1, avenue Cheikh Zayed, Hamdalaye, BP : 3175-Bamako, ayant pour conseil la Société Civile Professionnelle d'Avocats Juri-Partner, 65 Rue 139 Badala Sema II, BP : E5354-Bamako, dans la cause qui l'oppose à l'Agence d'Exécution des Travaux d'Infrastructures et d'Equipements Ruraux du Mali dite AGETIER-Mali, ayant son siège social à Ségou, quartier résidentiel, BP 428 et pour conseil Maître Issaka KEITA, rue 25, porte 23 Cité du Niger, BP : 3189-Bamako, en contestation de validité de la sentence rendue le 13 juillet 2012 par le tribunal arbitral et dont le dispositif est le suivant :

« Statuant à la majorité de ses membres,

SUR LA DEMANDE PRINCIPALE :

Rejette toutes les demandes de la SCP PYRAMIDION comme étant non fondées ;

SUR LA DEMANDE RECONVENTIONNELLE :

Reçoit la demande reconventionnelle d'AGETIER-MALI et la déclare fondée ;

En conséquence :

Condamne la SCP PYRAMIDION à payer à l'AGETIER-MALI la somme de VINGT MILLIONS (20.000.000) de Francs CFA au titre des pénalités de retard ;

Condamne également la SCP PYRAMIDION à payer un franc symbolique à l'AGETIER-MALI en réparation de son préjudice moral.

Les frais de l'arbitrage s'élèvent à soixante quatre millions sept cent soixante seize mille sept cent douze (64.776.712) francs CFA ;

Met à la charge de la SCP PYRAMIDION, les frais ainsi liquidés et la condamne aux dépens. » ;

La requérante invoque à l'appui de son recours les deux moyens d'annulation tels qu'ils figurent à sa requête annexée au présent arrêt ;

Sur le rapport de Monsieur Mamadou DEME, Juge ;

Vu les articles 21 à 26 du Traité relatif à l'harmonisation du droit des affaires en Afrique ;

Vu les dispositions des articles 29 et 30 du Règlement d'arbitrage de la Cour Commune de Justice et d'Arbitrage de l'OHADA ;

Vu le Règlement de procédure de ladite Cour ;

Attendu qu'il résulte des pièces du dossier de la procédure que le groupement constitué par les cabinets d'architecture SCP PYRAMIDION, BEN MILLED et PYRAM ainsi que le cabinet d'ingénierie SIRABA, avait conclu avec l'AGETIER-Mali un contrat de maîtrise d'œuvre ; qu'un différend étant survenu entre les parties en cours d'exécution de ce contrat, l'AGETIER-Mali a notifié la résiliation de la convention à la SCP PYRAMIDION, suivant courrier n°0178 DG/2010 du 4 février 2010 ; qu'estimant cette résiliation abusive, la SCP PYRAMIDION a saisi la CCJA d'une demande d'arbitrage ; que c'est la sentence rendue par le tribunal arbitral qui est l'objet de la présente procédure ;

Sur la recevabilité du recours

Attendu que l'AGETIER-Mali soulève in limine litis l'irrecevabilité du recours ; qu'elle fait valoir que l'un des avocats de la SCP PYRAMIDION, Maître Mohamed BATHILY, dont la constitution est mentionnée dans la requête introductive du recours, n'a pas produit le mandat spécial prévu à l'article 28 du Règlement de procédure ;

Mais attendu que la requête, de même que les autres écritures de la SCP PYRAMIDION, ne comportent que la signature de Maître Mamadou G. DIARRA, avocat à la Cour au Mali, au nom de la Société Civile Professionnelle d'Avocats Juri-Partner, dont le mandat spécial de représentation a été régulièrement produit aux débats et n'a pas été contesté ; que l'irrecevabilité du recours ne saurait résulter du défaut de production d'un mandat au nom de Maître Mohamed BATHILY, qui n'est signataire ni de la requête, ni d'un quelconque mémoire déposé au nom de la recourante ;

Que le recours doit être déclaré recevable en la forme ;

Sur le premier moyen tiré du non respect de sa mission par le tribunal arbitral

Attendu que selon le moyen, la SCP PYRAMIDION avait demandé au tribunal arbitral, tant dans la requête introductive que dans son mémoire en réplique, de se prononcer sur les points suivants :

- la licéité et la légitimité ou non de la redistribution des rôles entre les membres du groupement, ainsi que celle de la nouvelle répartition financière décidée unilatéralement par l'AGETIER-Mali ;

- le droit qu'avait ou non l'AGETIER-Mali d'imposer, sous peine de résiliation, un avenant qui changeait totalement la nature du groupement, ainsi que sur les conséquences juridiques et financières engendrées par un tel changement ;

- le caractère libératoire ou non des paiements faits directement par l'AGETIER-Mali à chaque membre du groupement, malgré la solidarité liant ceux-ci et l'existence d'un compte ouvert au nom du groupement ;

Que le tribunal s'est fortement éloigné de ces demandes, auxquelles il n'a pas répondu ; que les arbitres ont « totalement biaisé » la présentation des demandes précitées, pour aboutir à une conclusion erronée du point de vue du droit appliqué au fait ;

Mais attendu que la mission de l'arbitre est délimitée par l'objet du litige ; que celui-ci est déterminé par les prétentions et demandes des parties telles qu'exposées dans le procès-verbal constatant l'objet de l'arbitrage et fixant le déroulement de la procédure prévu à l'article 15 du Règlement de procédure, sans qu'il y ait lieu de s'attacher au seul énoncé des questions litigieuses fait par la demanderesse elle-même dans ses diverses écritures ;

Attendu qu'il résulte dudit procès-verbal, établi dans le cas d'espèce par les arbitres le 20 septembre 2011, régulièrement signé par toutes les parties conformément aux dispositions de l'article 15 précité, que le tribunal arbitral était appelé à se prononcer sur le caractère abusif ou non de la résiliation par l'AGETIER-Mali de la convention de maîtrise d'œuvre du 17 août 2007, au regard des stipulations de ladite convention et des dispositions de l'article 77 de la loi 87-31/ARNM du 29 août 1987 fixant le régime des obligations au Mali, applicable en l'espèce, ainsi que sur la demande reconventionnelle en paiement présentée par l'AGETIER-Mali ;

Qu'analysant les dispositions contractuelles et appréciant les faits et les prétentions des parties, ainsi que les éléments de preuve qui lui ont été fournis, le tribunal arbitral a estimé que « l'AGETIER-Mali n'a commis aucune faute » et « n'est coupable d'aucune rupture abusive » ; qu'il a en conséquence débouté la SCP PYRAMIDION de toutes ses demandes et fait droit à celles reconventionnelles de l'AGETIER-Mali, qu'il a trouvées fondées ;

Qu'en statuant ainsi, les arbitres n'ont en rien méconnu l'objet de leur mission ;

Que le grief apparait ainsi mal fondé ;

Sur le deuxième moyen en ses deux branches réunies, pris du non-respect du contradictoire dans la procédure suivie et la démarche « troublant l'ordre public »

Attendu que selon le moyen, le tribunal n'aurait pas respecté les règles du contradictoire dans le déroulement de la procédure pour les raisons suivantes :

- il n'a pas imparti le même délai de réponse pour la demande principale et la demande reconventionnelle, alors que l'égalité de traitement des parties commandait qu'il en fût ainsi ;

- il a admis la dame Marie Madeleine TRAORE à déposer à titre de simple renseignement, alors que la requête de l'AGETIER tendant à son audition en qualité de témoin n'a été reçue que l'avant-veille de l'audience du 23 janvier 2012 à 18h 30 minutes, et que PYRAMIDION s'y est opposée ;

- cette audition n'a fait l'objet d'aucun procès-verbal en violation de l'article 15 du Règlement d'arbitrage de la CCJA, et les propos du témoin ont été dénaturés ;

- le projet de procès-verbal de l'audience du 23 janvier 2012 n'a jamais été finalisé ni signé par aucune des parties ; par ailleurs, il mentionnait à l'origine des informations inexactes qui n'ont disparu, sans aucune explication, qu'à la suite des observations faites en ce sens par la SCP PYRAMIDION ;

Attendu que la démarche du tribunal aurait par ailleurs « troublé l'ordre public » ; que la requérante fait valoir qu'au cours de l'audience du 23 janvier 2012, ledit arbitre a suppléé à la carence de l'avocat de l'AGETIER-Mali quant au soutien de ses allégations et à la justification des pénalités de retard réclamées à titre reconventionnel, en lui posant des questions dont il lui a fourni les réponses au fur et à mesure, par la lecture des dispositions contractuelles pertinentes, avant de lui suggérer de consigner le tout dans des notes de plaidoirie produites postérieurement, et sur les éléments desquelles la sentence s'est pour l'essentiel focalisée ; que selon elle, le tribunal qui a statué dans ces conditions et alors que l'un des arbitres s'était retiré de la salle à un moment des débats, pour des raisons personnelles, a « troublé l'ordre public » ;

Mais attendu, sur la première branche du moyen, que si le respect du principe de la contradiction impose que chaque partie ait pu faire connaître ses prétentions et discuter celles de son adversaire, de telle sorte que rien de ce qui a servi à fonder la sentence n'ait échappé aux débats, en revanche, il n'impose pas à l'arbitre l'obligation d'impartir strictement les mêmes délais pour chaque chef de demande ; qu'au surplus, la SCP PYRAMIDION qui, d'une part, a apposé sa signature sur le procès-verbal du 20 septembre 2011 fixant le déroulement de la procédure sans aucune réserve et ainsi donné son accord sur le calendrier prévisionnel y contenu et, d'autre part, effectivement communiqué et déposé ses écritures dans les délais qui lui étaient impartis dans ledit procès-verbal, est malvenue à invoquer une quelconque violation de ses droits ;

Attendu, sur l'audition de Marie Madeleine TRAORE, que selon l'article 19 du Règlement d'arbitrage, « l'arbitre instruit la cause dans les plus brefs délais par tous les moyens appropriés » ; qu'ainsi, il relève de l'office du tribunal arbitral d'apprécier l'opportunité des mesures d'instruction adéquates à la solution du litige, telle l'audition d'un témoin ;

Attendu que ni la transcription des dépositions des témoins, ni l'établissement d'un procès-verbal de l'audience ne constituent une obligation imposée au tribunal arbitral par le Règlement d'arbitrage de la CCJA, auquel les parties ont convenu de soumettre leur différend ; que les arbitres ne sauraient donc se voir reprocher de ne pas avoir procédé à ces formalités ;

Attendu qu'il n'est pas contesté que la sentence arbitrale du 13 juillet 2012 a été rendue à la majorité ; qu'elle a été signée par les deux arbitres, l'opinion minoritaire du troisième y étant jointe, conformément aux prescriptions de l'article 22.4 du Règlement d'arbitrage ;

Attendu, sur la deuxième branche du moyen, que le grief fait au tribunal d'avoir « troublé l'ordre public dans le déroulé de la procédure » ne relève pas des cas d'ouverture du recours en contestation de validité, limitativement énumérés à l'article 30.6 du Règlement d'arbitrage ;

Qu'il échet en définitive de déclarer le moyen mal fondé en sa première branche et irrecevable en la seconde ;

Attendu que la recourante qui a succombé doit être condamnée aux dépens ;

PAR CES MOTIFS

Statuant publiquement, après en avoir délibéré,

Déclare le recours en contestation de validité formé par la SCP PYRAMIDION contre la sentence arbitrale rendue le 13 juillet 2012 recevable en la forme ;

Au fond, le rejette ;

Condamne la SCP PYRAMIDION aux dépens.

Un avocat peut se faire remplacer par un de ses collaborateurs justifiant de sa qualité d'avocat (CCJA, Ass. Plén., n°73/2014, 23 avril 2014)

Sommaire

Aucun texte du Règlement de procédure n'interdit, comme c'est le cas dans la pratique, la substitution d'un avocat par un de ses collaborateurs, justifiant de la qualité d'avocat.

La recevabilité d'un pourvoi en cassation s'apprécie conformément aux dispositions de l'article 28 du Règlement de procédure de la CCJA, à l'exclusion de toute autre disposition de droit interne.

Sont régies par l'Acte uniforme portant organisation des sûretés du 17 avril 1997 jusqu'à leur extinction les sûretés consenties sous l'égide de cet Acte uniforme. Doit être cassé l'arrêt qui les soumet à l'AUS révisé du 15 décembre 2010.

La Cour Commune de Justice et d'Arbitrage (CCJA) de l'Organisation pour l'Harmonisation en Afrique du Droit des Affaires (OHADA), en Assemblée plénière, a rendu l'Arrêt suivant en son audience foraine tenue le 25 avril 2014 à Porto-Novo où étaient présents :

Messieurs	Marcel SEREKOISE SAMBA,	Président
	Abdoulaye Issoufi TOURE,	Premier Vice-président
Madame	Flora DALMEIDA MELE,	Second Vice-président
Messieurs	Namuano F. DIAS GOMES,	Juge
	Victoriano OBIANG ABOGO,	Juge
	Mamadou DEME,	Juge
	Idrissa YAYE,	Juge, rapporteur
	Djimasna N'DONINGAR,	Juge
et Maître	Paul LENDONGO,	Greffier en chef ;

Sur le pourvoi enregistré au greffe de la Cour de céans le 10 septembre 2012 sous le n°111/2012/ PCet formé par Maître Agathe AFFOUGNON AGO, avocat à la Cour, dont le cabinet est sis à l'immeuble de l'Imprimerie ABM, PK3 route de Porto-Novo, 06 BP 3535, Conseil de monsieur Mandonou Oswald ATTIN, Chercheur, domicilié à Abomey-Calavi, lot n°2A bis, quartier KPOTA, dans la cause l'opposant à la société BANK OF AFRICA BENIN, en abrégé BOA-Bénin, SA au capital de 10 072 680 000 francs CFA, ayant son siège social à Cotonou, 08 BP 0879, Avenue Jean Paul II, représentée par son Directeur Général, ayant pour conseil Maître Joseph DJOGBENOU, avocat à la Cour, dont le cabinet est sis à Sikècodji Enagnon, lot n°957, immeuble FIFAMIN, 01 BP 4452 Cotonou, en cassation du Jugement avant dire droit n°005/CRIEES/12 rendu le 18 mai 2012 par Monsieur le Premier Président du Tribunal de Première Instance d'Abomey-Calavi et dont le dispositif est le suivant :

« Statuant publiquement, contradictoirement, en avant-dire-droit, en matière sommaire et en dernier ressort ;

Déclare BANK OF AFRICA BENIN recevable en son action ;

Constate qu'en sa qualité de caution, ATTIN Mandonou Oswald est appelée à purger en partie la dette contractée par la Société Multi Courtages Services (MCS) Sarl de Francs CFA 290 776 678, notamment dans la limite de la somme de FCFA 150 000 000 pour laquelle il s'est obligé à l'égard de BANK OF AFRICA BENIN ;

Déboute ATTIN Mandonou Oswald de toutes ses autres demandes formées dans ses dires et observations en date du 16 janvier 2012 ;

Ordonne par conséquent la continuation de la procédure de saisie des constructions et impenses édifiées sur la parcelle "A" du lot n°2A bis du lotissement d'Abomey-Calavi, Commune d'Abomey-Calavi, de forme irrégulière, d'une contenance de 06 ares 72 ca et faisant l'objet du permis d'habiter n°21/708/08, délivré le 30 juillet 2008, par le maire d'Abomey-Calavi, à ATTIN Mandonou Oswald ;

Renvoie la cause au 29 juin 2012 pour adjudication ;

Réserve les dépens. » ;

Le requérant invoque à l'appui de son pourvoi les sept moyens de cassation tels qu'ils figurent dans sa requête annexée au présent arrêt ;

Sur le rapport de Monsieur Idrissa YAYE, Juge ;

Vu les dispositions des articles 13 et 14 du Traité relatif à l'harmonisation du droit des affaires en Afrique ;

Vu le Règlement de procédure de la Cour Commune de Justice et d'Arbitrage de l'OHADA ;

Attendu que suivant une grosse notariale en date des 19 novembre 2008 et 02 février 2009, une convention portant sur la gestion d'un compte courant a été signée entre Monsieur Sokokapa Clément BIAOU, opérateur économique et gérant de la société Multi Courtages et Services en abrégé MSC SARL et Monsieur Cheikh N'DIAYE, Directeur Général par intérim de la BANK OF AFRICA en abrégé BOA- Bénin SA ; que pour garantir les risques liés à la gestion d'un tel compte, à travers l'article 14 de ladite convention, intitulé « NANTISSEMENT DE PERMIS D'HABITER », Monsieur Mandonou Oswald ATTIN, intervenant à titre de caution, a affecté en nantissement spécialement en premier rang et sans concurrence au profit de la BOA-Bénin, à hauteur de la somme de 150.000.000FCFA, la totalité des installations édifiées sur l'immeuble objet du permis d'habiter, parcelle « A » du lot numéro 2A bis, du lotissement de ABOMEY-CALAVI, qui consiste en une maison R+3, à usage d'habitation ; que n'ayant pu obtenir paiement des crédits consentis dans le cadre de cette convention, la BOA-

Bénin a, par voie d'huissier de justice, déposé, le 26 décembre 2011, au rang des minutes du Greffe du Tribunal de Première Instance de Cotonou, un cahier des charges contre Mandonou Oswald ATTIN, aux fins de parvenir à la vente des constructions et impenses édifiées sur la parcelle objet dudit permis d'habiter ; que cette action a abouti au jugement avant dire droit n°005/CRIEES/12 rendu par le Tribunal de Première Instance d'ABOMEY-CALAVI du 18 mai 2002, objet du présent pourvoi en cassation ;

Sur la recevabilité du mémoire en réponse de la BOA-Bénin

Vu les articles 23, 28 et 30 du Règlement de procédure de la Cour de céans ;

Attendu que le recourant, dans son mémoire en réplique du 27 février 2013, enregistré au Greffe de la Cour de céans le 27 mai 2013, soulève l'irrecevabilité du mémoire en réponse de la BOA-Bénin pour violation de l'article 23 alinéa 1 du Règlement de procédure de la Cour de céans, en ce que, d'une part, l'avocat de la défenderesse ne justifie pas de sa qualité d'Avocat, d'autre part, l'avocat signataire du mémoire en réponse ne justifie pas de pouvoir spécial de représentation ;

Mais attendu qu'en application des dispositions des articles 23, 28 et 30 du Règlement de procédure précité, le ministère d'avocat est obligatoire devant la Cour de céans, lequel doit être muni d'un mandat spécial de la personne qu'elle représente et apporter la preuve de sa qualité d'avocat à la Cour ;

Attendu en l'espèce que Maître Joseph DJOGBENOU, conseil de la BOA-Bénin, a satisfait aux exigences dudit Règlement en apportant la preuve de sa qualité d'avocat et en produisant le mandat spécial qui lui a été délivré par sa cliente la BOA-Bénin ; qu'au demeurant l'article 28 in fine dudit Règlement permet la régularisation de la production desdites pièces ;

Attendu, d'autre part, qu'aucun texte du Règlement n'interdit, comme c'est le cas dans la pratique, la substitution d'un avocat par un de ses collaborateurs, justifiant de la qualité d'avocat ; qu'il échet dès lors de rejeter ladite irrecevabilité du mémoire en réponse comme non fondée ;

Sur la recevabilité du pourvoi en cassation

Vu les articles 14 du Traité et 300 de l'Acte uniforme portant organisation des procédures simplifiées de recouvrement et des voies d'exécution ;

Attendu que dans son mémoire en réponse, en date du 20 décembre 2012, enregistré au greffe de la Cour de céans le 03 janvier 2013, la BOA-Bénin conclut à l'irrecevabilité du pourvoi estimant en effet, d'une part, que la CCJA est une juridiction de cassation qui ne peut statuer que sur les décisions rendues par les juridictions d'appel des Etats-Parties ou sur celles non susceptibles d'appel ; qu'en application de l'article 300 de l'Acte uniforme portant organisation des procédures simplifiées de recouvrement et des voies d'exécution, les décisions judiciaires rendues en matière de saisie immobilière peuvent être frappées d'appel lorsqu'elles statuent sur le principe de la créance ou sur les moyens de fond tirés de l'incapacité d'une des parties, de la propriété, de l'insaisissabilité ou de l'inaliénabilité des biens saisis ; que dans la décision, objet du pourvoi, le Tribunal a discuté le principe de la créance ; qu'elle est donc susceptible d'appel ; d'où elle conclut à l'irrecevabilité dudit pourvoi en application de l'article 14 du Traité qui n'étend la compétence de la Cour de céans qu'aux décisions rendues par les juridictions d'appel ou celles non susceptibles d'appel ; d'autre part, elle estime le pourvoi irrecevable en raison de l'acquiescement du demandeur au pourvoi à la décision attaquée ; ce qui en application des dispositions des articles 488 et 492 du code béninois de procédure civile, commerciale, sociale, administrative et des comptes, emporte acquiescement au jugement et emporte acceptation des dispositifs de celui-ci ;

Mais attendu qu'aux termes des dispositions de l'article 300 de l'Acte uniforme précité : « Les décisions judiciaires rendues en matière de saisie immobilière ne sont pas susceptibles d'opposition.

Elles ne peuvent être frappées d'appel que lorsqu'elles statuent sur le principe même de la créance ou sur des moyens de fond tirés de l'incapacité d'une des parties, de la propriété, de l'insaisissabilité ou de l'inaliénabilité des biens saisis...... » ;

Attendu qu'il résulte des termes du jugement entrepris que le recourant, assisté de son avocat, a déposé au greffe des dires et observations par lesquelles il prétend que la procédure initiée par la BOA-Bénin est, d'une part, entachée des causes de nullité et de déchéance pour l'inobservation des prescriptions des Actes uniformes de l'OHADA, et, d'autre part, irrecevable pour violation et en tout cas mal fondée ; que nulle part, dans ledit jugement, il n'a été discuté le principe de la créance, considéré aux dires de la BOA-Bénin, comme non discuté en ses termes : « Que le débiteur principal n'a élevé aucune contestation relativement au montant dont le recouvrement est poursuivi » ;

Qu'ainsi les conditions de l'aliéna 2 de l'article 300 dudit Acte uniforme, rendant ledit jugement, susceptible d'appel, n'étant pas réunies, c'est à bon droit que le premier juge a qualifié sa décision de rendue en dernier ressort ; qu'il échet de rejeter cette exception comme non fondée ;

Attendu au demeurant que la recevabilité d'un pourvoi en cassation s'apprécie conformément aux dispositions de l'article 28 du Règlement de procédure de la Cour de céans, à l'exclusion de toute autre disposition de droit interne ; qu'il échet de déclarer le pourvoi exercé par Maître Agathe AFFOUGNON AGO, au nom de Monsieur Mandonou Oswald ATTIN, conforme aux dispositions dudit article, recevable en la forme ;

Sur le premier moyen de cassation

Vu les dispositions des articles 150 alinéa 1er de l'Acte uniforme portant organisation des sûretés du 17 avril 1997 et 227 alinéa 2 de l'Acte uniforme révisé portant organisation des sûretés ;

Attendu que le requérant fait grief au Tribunal de Première Instance d'ABOMEY-CALAVI d'avoir fait application des dispositions de l'article 125 de l'Acte uniforme révisé sur les sûretés pour déclarer que le nantissement peut porter sur des biens meubles incorporels ; alors qu'en application de l'article 150 alinéa 1er de l'Acte uniforme portant organisation des sûretés du 17 avril 1997, celui –ci s'applique à toutes les sûretés consenties ou constituées après son entrée en vigueur ; qu'aux termes de l'article 227 dudit Acte uniforme révisé du 15 décembre 2010, l'Acte uniforme révisé n'est applicable qu'aux sûretés consenties ou constituées après son entrée en vigueur, les sûretés antérieures restent soumises à la législation en vigueur jusqu'à leur extension ; que le nantissement servant de base à la poursuite de la BOA-Bénin datant des 19 novembre 2008 et 02 février 2009, période où l'Acte uniforme portant organisation des sûretés du 17 avril 1997 était en vigueur ; qu'en statuant ainsi le premier juge a violé les dispositions susvisées et sa décision encourt cassation ;

Attendu qu'aux termes des dispositions de l'article 150 alinéa 1er de l'Acte uniforme précité du 17 avril 1997 : « Sont abrogées toutes les dispositions antérieures contraires à celles du présent Acte uniforme. Celui-ci n'est applicable qu'aux sûretés consenties ou constituées après son entrée en vigueur. » ;

Attendu qu'aux termes des dispositions de l'article 227 alinéa 2 de l'Acte uniforme révisé portant organisation des sûretés et entré en vigueur le 13 février 2011 : « Les sûretés consenties ou constituées antérieurement au présent Acte uniforme et conformément à la législation alors en vigueur restent soumises à cette législation jusqu'à leur extinction. » ;

Attendu en l'espèce que le nantissement, ayant servi de base à l'action de la BOA-Bénin, a été conclu suivant la grosse notariale des 19 novembre 2008 et 02 février 2009 ;

Attendu qu'en application des dispositions légales susvisées, cette sûreté consentie sous l'égide de l'Acte uniforme portant organisation des sûretés du 17 avril 1997 doit continuer à être régie par cet Acte uniforme jusqu'à son extinction ; qu'il échet dès lors de casser, sans qu'il soit besoin d'examiner les autres moyens du pourvoi, la décision du premier juge ayant appliqué un article de l'Acte uniforme révisé, inapplicable en l'espèce, pour valider le nantissement soumis à son appréciation ;

Sur l'évocation

Attendu que par exploit d'huissier de justice en date du 26 décembre 2011, la BOA-Bénin a déposé, au rang des minutes du greffe du Tribunal de Première Instance d'ABOMEY-CALAVI, un cahier des charges contre Mandonou Oswald ATTIN, aux fins de parvenir à la vente des constructions et impenses édifiées sur la parcelle de forme irrégulière sise à Djokobi, dans l'arrondissement d'Abomey-Calavi, d'une contenance de 06 ares 72 ca et faisant l'objet du permis d'habiter n°21/708/08 en date du 30 juillet 2008, relatif à la parcelle "A" du lot n°2A bis du lotissement d'Abomey-Calavi ; que le 16 janvier 2012, Mandonou Oswald ATTIN a déposé au greffe dudit Tribunal des dires et observations tendant à annuler ladite procédure pour inobservation des prescriptions des Actes uniformes de l'OHADA et violation de la loi ;

Sur l'annulation de l'acte de nantissement

Attendu que Mandonou Oswald ATTIN sollicite la nullité de l'acte de nantissement, soutenant qu'il y a violation de l'article 63 de l'Acte uniforme portant sûreté, au motif que l'acte notarié a pris, comme objet du nantissement, un immeuble (une maison à trois niveaux) alors que les dispositions de l'article 63 susvisé contiennent une liste limitative des objets pouvant être nantis, qui exclut tout autre meuble et surtout des immeubles ;

Attendu qu'en réplique, la BOA-Bénin déclare, relativement à la nullité de l'acte de nantissement, que l'article 63 de l'Acte uniforme portant organisation des sûretés est un texte qui n'est plus en vigueur car abrogé par l'Acte uniforme sur les sûretés, entré en vigueur depuis le 15 mai 2011, qu'en l'état actuel de la législation béninoise, le permis d'habiter est assimilé à un meuble incorporel et la sûreté qu'on peut consentir sur un tel bien est le nantissement ;

Attendu que pour les mêmes raisons ayant conduit à la cassation du jugement entrepris, seules les dispositions de l'Acte uniforme portant organisation des sûretés du 17 avril 1997 sont applicables à la sûreté dont la réalisation est ici poursuivie ; qu'aux termes de l'article 63 dudit Acte uniforme : « Peuvent être nantis, sans dépossession du débiteur :

les droits d'associés et valeurs mobilières ;

le fonds de commerce ;

le matériel professionnel ;

les véhicules automobiles ;

les stocks de matières premières et de marchandises. » ;

Attendu qu'il résulte de la grosse notariale, notamment en son article 14 intitulé « NANTISSEMENT DE PERMIS D'HABITER », que Monsieur Mandonou Oswald ATTIN a affecté en nantissement la totalité des installations édifiées sur la parcelle « A » du lot numéro 2A bis, du lotissement d'ABOMEY-CALAVI, et faisant l'objet du permis d'habiter n°21/708/08 du 30 juillet 2008, consistant en une maison R+3 à usage d'habitation ;

Attendu qu'en application des dispositions de l'article 63 de l'Acte uniforme susvisé, déterminant de manière exhaustive les biens susceptibles d'être nantis, sont exclues les impenses immobilières ; que l'article 150 alinéa de l'Acte uniforme précité abroge toutes les dispositions antérieures contraires au dudit Acte uniforme, applicable, en matière de sûreté ; qu'il échet en conséquence de faire droit à la demande de Monsieur Mandanou Oswald ATTIN, en annulant ledit contrat de nantissement et la procédure de recouvrement initiée par la BOA-Bénin sur la base d'un acte de nantissement nul ;Attendu qu'ayant succombé, il y a lieu de condamner la BOA-Bénin aux dépens ;

PAR CES MOTIFS

Statuant publiquement, après en avoir délibéré,

Déclare recevable le recours ;

Casse le Jugement ADD n°005/CRIEES/12 rendu le 18 mai 2012 par le Président du Tribunal de Première Instance d'Abomey-Calavi ;

Evoquant et statuant sur le fond,

Annule le contrat de nantissement liant Monsieur Mandanou Oswald ATTIN à la BOA-Bénin ;

Annule la procédure de recouvrement initiée par la BOA-Bénin sur la base de cet acte de nantissement ;

Condamne la BOA-Bénin aux dépens.

c) Les conditions relatives au recours

Irrecevabilité du pourvoi formé contre un arrêt ayant déjà fait l'objet d'un arrêt de la CCJA (CCJA, 3e Ch., n°35/2014, 03 avril 2014)

Sommaire

L'arrêt de la CCJA a force obligatoire à compter de son prononcé. Est par conséquent sans objet et donc irrecevable le second pourvoi formé contre un arrêt ayant déjà fait l'objet d'une décision de la CCJA.

La Cour Commune de Justice et d'Arbitrage (CCJA) de l'Organisation pour l'Harmonisation en Afrique du Droit des Affaires (OHADA), Troisième chambre, a rendu l'Arrêt suivant en son audience publique du 03 avril 2014 où étaient présents :

Madame Flora DALMEIDA MELE,	Présidente
MessieursVictoriano OBIANG ABOGO,	Juge
Idrissa YAYE,	Juge, rapporteur
et Maître Alfred Koessy BADO,	Greffier,

Sur le renvoi en application de l'article 15 du Traité relatif à l'harmonisation du droit des affaires en Afrique, devant la Cour de céans de l'affaire la Société ACCESS BANK CI, SA, ayant son siège social à Abidjan-Plateau, avenue Noguès, Immeuble Woodin Center, 01 BP 6928 Abidjan 01, et pour Conseil, Maître Jean-Luc D. VARLET, Avocat à la Cour, demeurant 29, Boulevard CLOZEL, Immeuble TF, 25 BP 07 Abidjan 25, dans la cause l'opposant à Madame KAKOU Lydie Patricia, Chirurgien dentiste, domiciliée à Cocody 8e tranche, cité Arcade II, 26 BP 688 Abidjan 26, y demeurant, ayant pour Conseils la SCPA TOURE-AMANI-YAO et Associés, Avocats à la Cour, demeurant Cocody II Plateaux, Boulevard LATRILLE, Immeuble KINDALO, 28 BP 1018 Abidjan 28, en cassation de l'Arrêt n°131/10 rendu le 12 février 2010 par la Cour d'appel d'Abidjan et dont le dispositif est le suivant :

« Statuant publiquement, contradictoirement en matière civile, d'urgence et en dernier ressort ;

<u>En la forme</u>

Déclare ACCESS BANK CI et KAKOU Lydia Patricia recevables en leurs appels principal et incident

<u>AU FOND</u>

Les y dit mal fondés ;

Les en déboute ;

Confirme l'ordonnance entreprise en toutes ses dispositions ;

Mets les dépens à la charge de ACCESS BANK-CI. » ;

La requérante invoque à l'appui de son pourvoi les deux moyens de cassation tels qu'ils figurent à sa requête annexée au présent arrêt ;

Sur le rapport de Monsieur Idrissa YAYE, Juge ;

Vu les dispositions des articles 13, 14 et 15 du Traité relatif à l'harmonisation du droit des affaires en Afrique ;

Vu les dispositions du Règlement de procédure de la Cour Commune de Justice et d'Arbitrage de l'OHADA ;

Attendu qu'il ressort des pièces du dossier de la procédure que la Société ACCESS BANK a formé deux pourvois en cassation contre l'Arrêt confirmatif n°131 du 12 février 2010 de la Cour d'appel d'Abidjan ;

Que l'un des pourvois, porté devant la Cour de céans et enregistré sous le numéro 096 /2011/PC du 15 octobre 2010, a abouti à l'Arrêt n°077/2013 du 14 novembre 2013 ; tandis que l'autre pourvoi en cassation porté devant la Cour suprême de Côte d'Ivoire en date du 17 août 2010 s'est soldé par l'Arrêt de dessaisissement n°207/11 en date du 17 août 2010, objet de la présente procédure devant la Cour de céans ;

Sur la recevabilité d'office du recours

Attendu que le recours introduit par la Société ACCESS BANK devant la Cour de céans contre l'Arrêt n°131 du 12 février 2010 de la Cour d'appel d'Abidjan a abouti à l'Arrêt définitif n°077/2013 du 14 novembre 2013 ;

Attendu qu'aux termes des dispositions de l'article 41 du Règlement de procédure de la Cour Commune de Justice et d'Arbitrage : « l'arrêt a force obligatoire à compter de son prononcé. » ;

Qu'ainsi par l'arrêt précité la Cour de céans a tranché le pourvoi introduit par la requérante contre l'Arrêt attaqué n°131, cette décision étant immédiatement exécutoire en application de l'article 41 du Règlement précité, il y a lieu de déclarer le deuxième pourvoi introduit contre le même arrêt sans objet et donc irrecevable ;

Sur les dépens

Attendu enfin que la Société ACCESS BANK Côte d'Ivoire ayant succombé, il y a lieu de la condamner aux dépens ;

PAR CES MOTIFS

Statuant publiquement après en avoir délibéré ;

En la forme :

Déclare irrecevable le second recours introduit par la Société ACCESS BANK Côte d'Ivoire contre l'Arrêt n°131 de la Cour d'appel d'Abidjan en date du 12 février 2010 ;

Condamne la Société ACCESS BANK Côte d'Ivoire aux dépens.

Irrecevabilité du recours pour autorité de la chose jugée (CCJA, 3e Ch., n°37/2014, 10 avril 2014)

Sommaire
Doit être déclaré irrecevable pour autorité de la chose jugée tout pourvoi formé devant la CCJA lorsqu'un qu'un pourvoi opposant les mêmes parties agissant dans les mêmes qualités et relativement au même arrêt, a déjà été jugé par la Cour.

La Cour Commune de Justice et d'Arbitrage (CCJA), de l'Organisation pour l'Harmonisation en Afrique du Droit des Affaires (OHADA), Deuxième chambre, a rendu l'Arrêt suivant en son audience publique du 10 avril 2014 où étaient présents :

MessieursAbdoulaye Issoufi TOURE,	Président, rapporteur
Namuano Francisco DIAS GOMES,	Juge
Djimasna N'DONINGAR,	Juge
et Maître Jean Bosco MONBLE,	Greffier,

Sur le pourvoi enregistré au greffe de la Cour de céans le 16 juillet 2010 sous le n°064/2010/PC et formé par Maître Emile BIZON, Avocat à la Cour à Bangui, BP 673 agissant au nom et pour le compte de la Société Trading et d'Exploitation du Pétrole Brut et de Produits Pétroliers dite TRADEX S.A dont le siège social est à Bangui face au marché Central, BP 426, dans la cause qui l'oppose à l'Agence de Stabilisation et de Régulation des Prix des Produits Pétroliers dite ASRP, Établissement public dont le siège est à Bangui, BP 274,

en cassation de l'Arrêt n°110 rendu le 30 avril 2010 par la Cour d'appel de Bangui et dont le dispositif est le suivant :

« <u>En la forme</u> : Déclare l'appel recevable ;

<u>Au fond</u> : confirme purement et simplement le jugement querellé ;

Met les dépens à la charge de l'appelante » ;

La requérante invoque à l'appui de son pourvoi le moyen unique de cassation tel qu'il figure à la requête annexée au présent arrêt ;

Sur le rapport de Monsieur Abdoulaye Issoufi TOURE, Premier Vice-président ;

Vu les dispositions des articles 13 et 14 du Traité relatif à l'harmonisation du droit des affaires en Afrique ;

Vu le Règlement de procédure de la Cour Commune de Justice et d'Arbitrage de l'OHADA ;

Attendu qu'il ressort des pièces du dossier de la procédure que le 26 mars 2009, l'Agence de Stabilisation et de Régulation des Prix des Produits Pétroliers mettait en demeure la Société TRADEX de lui payer les frais de péréquation et les redevances au titre de l'année 2008 et pour les mois de janvier et février 2009 ; que devant l'inertie de TRADEX, l'ASRP saisissait le Tribunal de commerce ; que nonobstant le déclinatoire de compétence opposé par TRADEX, elle était condamnée par Jugement n°094 rendu le 29 septembre 2009 à payer à l'Agence de Stabilisation et de Régulation des Prix des Produits Pétroliersla somme de 76 200 660 francs à titre principal et 170 964 800 francs représentant les pénalités ; que sur appel de la Société TRADEX Centrafrique, la Cour confirmait ledit jugement par arrêt susindiqué dont pourvoi ;

Attendu que la lettre n°471/2010/G2 du 19 août 2010 du Greffier en chef de la Cour de céans adressée à l'ASRP pour lui notifier le recours est demeurée sans suite ; que le principe du contradictoire ayant été observé, il échet de statuer ;

Sur la recevabilité du pourvoi

Attendu qu'il est relevé d'office qu'un pourvoi opposant les mêmes parties agissant dans les mêmes qualités et relativement au même arrêt, a été jugé le 30 décembre 2013 suivant l'Arrêt n°112 de la Cour de céans ; que donc il échet de dire qu'il y a autorité de la chose jugée et de déclarer le pourvoi irrecevable ;

Attendu que la TRADEX Centrafrique succombant sera condamnée aux dépens ;

PAR CES MOTIFS

Statuant publiquement, après en avoir délibéré ;

Déclare le pourvoi formé le 16 juillet 2010 par la société Trading et d'Exploitation du Pétrole Brut et de Produits Pétroliers contre l'Arrêt n°110 rendu le 30 avril 2010 par la Cour d'appel de Bangui irrecevable ;

Condamne la TRADEX Centrafrique aux dépens.

Irrecevabilité du pourvoi contre une décision non encore rendue (CCJA, Ass. Plén., n°134/2014, 11 novembre 2014)

Sommaire
Est irrecevable le pourvoi formé devant la CCJA contre une décision des juges du fond n'ayant pas encore été rendue.

La Cour Commune de Justice et d'Arbitrage (CCJA), de l'Organisation pour l'Harmonisation en Afrique du Droit des Affaires (OHADA), Assemblée plénière, a rendu l'Arrêt suivant en son audience publique foraine tenue le 11 novembre 2014 à Libreville (Gabon) où étaient présents :

Messieurs	Marcel SEREKOÏSSE SAMBA	Président
Abdoulaye Issoufi TOURE,		Premier Vice-président
Madame	Flora DALMEIDA MELE,	Second Vice-président
Messieurs	Namuano Francisco Dias GOMES,	Juge
	Victoriano OBIANG ABOGO,	Juge
	Idrissa YAYE,	Juge
	Djimasna N'DONINGAR,	Juge, Rapporteur
et Maître	Paul LENDONGO,	Greffier en chef

sur le pourvoi enregistré au greffe de la Cour de céans le 14 mars 2012 sous le n°023/2012/PC et formé par Maître Ledoux SEINA, Avocat au Barreau du Tchad, BP 5602 à N'djamena - Tchad, agissant au nom et pour le compte du Cabinet AVOCAT-PLUS SEINA sis Avenue Bokassa, Quartier AMBASSATNA, BP 5602 à Ndjamena - Tchad dans la cause l'opposant à la Société Tchadienne des Télécommunications du Tchad (SOTEL TCHAD), société anonyme dont le siège est à N'djamena, BP 1132, République du TCHAD, ayant pour conseil Maître BETEL N. Marcel, Avocat au Barreau du Tchad, sis Avenue MOBUTU, BP 589, N'djamena, en cassation de l'Arrêt n°109/2011, rendu le 07 octobre 2011 par la Cour d'appel de N'Djaména et dont le dispositif est le suivant :

« Statuant publiquement, contradictoirement à l'égard des parties en matière civile et en dernier ressort :

En la forme :

Reçoit l'appel de SOTEL TCHAD

Au fond :

Infirme le jugement querellé en toutes ses dispositions ;

Evoque et statue à nouveau :

Dit que le tribunal de commerce est incompétent ; Renvoie l'intimé à mieux se pourvoir ;

Condamne l'intimé aux dépens liquidés à la somme de 26 000 FCFA » ;

Le requérant invoque à l'appui de son pourvoi le moyen unique de cassation tel qu'il figure à la requête annexée au présent arrêt ;

Sur le rapport de Monsieur Djimasna N'DONINGAR, Juge

Vu les dispositions des articles 13 et 14 du Traité relatif à l'harmonisation du droit des affaires en Afrique ;

Vu le Règlement de procédure de la Cour Commune de Justice et d'Arbitrage de l'OHADA ;

Attendu qu'il ressort des pièces du dossier de la procédure que le CABINET AVOCATS-PLUS SEINA avait signé, au cours de l'année 2002, une convention d'assistance avec la SOTEL TCHAD ; qu'au mois de décembre 2008, en vue de recouvrer des impayés de ses honoraires, le Cabinet introduit plusieurs procédures auprès du Tribunal de commerce de N'djamena dont l'une déboucha sur une ordonnance d'injonction de payer, enjoignant à la SOTEL de lui payer la somme de 215 334 114 FCFA ; que la SOTEL forma opposition à cette ordonnance devant le Tribunal de commerce qui, par Jugement n°067/2010 en date du 26 mai 2010, la déclara déchue de son droit de recours ; que ladite procédure était toujours pendante devant la Cour d'appel de N'djamena à la date du pourvoi qui a été formé par erreur contre une toute autre décision ;

Sur la recevabilité du pourvoi

Attendu que dans son mémoire en réponse à la requête, reçu au greffe de la Cour de céans le 20 juillet 2012, la Société Tchadienne des télécommunications (SOTEL TCHAD), défenderesse au pourvoi, demande *in limine litis* à la Cour de déclarer irrecevable le pourvoi formé par le Cabinet AVOCAT-PLUS SEINA, au motif que ce pourvoi a été formé à tort contre l'Arrêt n°109/2011 du 07 octobre 2011, lequel a été plutôt rendu en infirmation du Jugement n°026/10 du 03 février 2010 ; que le Jugement n°067/10 du 26 mai 2010 dont est fait allusion est certes frappé d'appel mais l'affaire est encore pendante devant la Cour d'appel de N'djamena ;

Attendu qu'aux termes de l'article 14 alinéa 3 du Traité OHADA,« saisie par la voie du recours en cassation, la Cour se prononce sur les décisions rendues par les juridictions d'appel des Etats parties dans toutes les affaires soulevant des questions relatives à l'application des Actes uniformes et des Règlements prévus au présent Traité à l'exception des décisions appliquant des sanctions pénales » ;

Attendu qu'il ressort des pièces du dossier de la procédure que l'arrêt attaqué est rendu en recours contre un jugement du 03 février 2010 et non contre celui visé au pourvoi, lequel porte les références du répertoire n°067/10 du 26 mai 2010 et comporte un dispositif différent de celui du jugement du 03 février 2010 ; qu'une attestation d'instance non contestée, délivrée par le greffe de la Cour d'appel de N'djamena, certifie bien que « le dossier du répertoire n°067/10 du jugement du 26 mai 2010 dans l'affaire Groupe

SOTEL TCHAD contre Cabinet SEINA LEDOUX est pendant devant la 1ère chambre civile de la cour d'appel de N'djamena et renvoyé à l'audience du 13/07/2012 pour plaidoiries » ;

Attendu qu'il est ainsi clairement établi que le pourvoi est formé avant même la décision de la cour d'appel et qu'il échet en conséquence de le déclarer irrecevable ;

Attendu que le Cabinet AVOCAT-PLUS SEINA, ayant succombé, sera condamné aux dépens ;

PAR CES MOTIFS

Statuant publiquement, après avoir délibéré,

Déclare irrecevable le pourvoi formé par le cabinet AVOCAT-PLUS SEINA ;

Le condamne aux dépens.

Irrecevabilité des moyens de cassation imprécis (CCJA, Ass. Plén., n°52/2014, 23 avril 2014)

Sommaire

Doit être rejeté le moyen qui ne précise ni la partie de l'arrêt qu'il critique, ni en ce quoi cette critique est fondée.

La Cour Commune de Justice et d'Arbitrage (CCJA) de l'Organisation pour l'Harmonisation en Afrique du Droit des Affaires (OHADA), Assemblée plénière, a rendu l'Arrêt suivant en son audience foraine tenue le 23 avril 2014 à Lomé-TOGO où étaient présents :

Messieurs Marcel SEREKOÏSSE SAMBA, Président

Abdoulaye Issoufi TOURE, Premier Vice-président,

Madame Flora DALMEIDA MELE, Second Vice-président
Messieurs Namuano Francisco Dias GOMES,Juge, Rapporteur

Victoriano OBIANG ABOGO, Juge

Mamadou DEME Juge

Idrissa YAYE, Juge

Djimasna N'DONINGAR, Juge

et Maître Paul LENDONGO, Greffier en chef,

Sur le pourvoi enregistré au greffe de la Cour de céans le 19 septembre 2011 sous le n°079/2011/PC et formé par la SCPA MANDELA, Avocats à la Cour, 468 Boulevard des Zarmakoy, BP 12040, Niamey-Niger, agissant au nom et pour le compte de la Banque Sahélo-Saharienne pour l'Investissement et le Commerce (BSIC), société anonyme ayant son siège social, Rue de la Copro, Niamey, BP 12482, dans le litige qui l'oppose à la Société Robert PINCHOU SA, ayant son siège social au 78, Bd des Batignoles 75017 Paris, pour conseil Maître Limam Malick Mohamed, Avocat à la Cour, et à la Société HAWA Sarl, ayant son siège à Niamey,

en cassation de l'Arrêt de référé n°02 du 13 janvier 2010 de la Cour d'appel de Niamey, dont le dispositif est le suivant :

« Statuant publiquement, contradictoirement, en matière de référé et en dernier ressort ;

1°) Reçoit l'appel de la BSIC S.A régulier en la forme ;

2°) Donne acte à l'intimée de ce qu'elle renonce à sa demande de paiement de la contrevaleur des marchandises ;

3°) Se déclare compétente ;

4°) Confirme l'ordonnance attaquée ;

5°) Condamne BSIC S.A aux dépens. » ;

La requérante invoque à l'appui de son pourvoi les trois (3) moyens de cassation tels qu'ils figurent à la requête annexée au présent arrêt ;

Sur le rapport de Monsieur Namuano Francisco DIAS GOMES, Juge ;

Vu les articles 13 et 14 du Traité relatif à l'harmonisation du droit des affaires en Afrique ;

Vu le Règlement de procédure de la Cour Commune de Justice et d'Arbitrage de l'OHADA ;

Attendu qu'il ressort de l'examen des pièces du dossier de la procédure que la Société HAWA-Niger SARL en relation d'affaires avec la Société Robert PINCHOU avait, sur transactions convenues, commandé 3.658 cartons de café pour une valeur de 70.060 EUROS et désigné la BSIC-Niger comme intermédiaire ; qu'aux termes de la convention entre les deux sociétés le connaissement de la marchandise devrait être confié à la BSIC qui, après paiement du prix par HAWA, le lui remettrait pour récupérer la marchandise ; que ladite Banque devait encaisser et transférer le montant au profit de la Société Robert PINCHOU ; que cette dernière n'ayant reçu aucun transfert et face aux risques de dépérissement de la marchandise déjà acheminée, ainsi que des pénalités de surestaries, sollicita de la banque la restitution du connaissement ; que la BSIC ne s'étant pas exécutée, la société Robert PINCHOU saisissait le juge des référés qui, statuant contradictoirement, recevait la requête de la Société Robert PINCHOU, se déclarait compétent, et condamnait, par Ordonnance n°305 du 27 octobre 2009, la BSIC-Niger à restituer à la société requérante le connaissement BL MOLU 398593406 sous astreinte de 500.000 FCFA par jour de retard ; que sur appel de la BSIC, la Cour de Niamey confirmait l'ordonnance attaquée par l'Arrêt n°02 du 13 janvier 2010, arrêt dont pourvoi ;

Sur le 1er moyen tiré de la violation de l'article 10 du Traité et les articles 19, 20, 21, 22, 23, 24, 25, 26, 336 et 337 de l'Acte uniforme portant organisation des procédures simplifiées de recouvrement et des voies d'exécution.

Attendu que la Banque sahélo-Saharienne pour l'Investissement et le Commerce dite BSIC fait grief à l'arrêt attaqué d'avoir violé les articles précités du Traité et de l'Acte uniforme portant organisation des procédures simplifiées de recouvrement et des voies d'exécution en ce qu'il a confirmé la compétence du juge des référés sur le fondement de la loi interne nigérienne, l'article 809 du Code de procédure civile nigérien, pour obtenir la remise du connaissement qui est un bien meuble, alors que seules les dispositions de l'Acte uniforme précité ont vocation à s'appliquer aux procédures d'injonction ;

Attendu que l'article 10 du Traité OHADA dispose : « les Actes uniformes sont directement applicables et obligatoires dans les Etats Parties nonobstant toute disposition contraire de droit interne » ; que l'Acte uniforme portant organisation des procédures simplifiées de recouvrement et des voies d'exécution notamment en ses articles 1er et 19 dispose que : « le recouvrement d'une créance certaine, liquide et exigible peut être demandé suivant la procédure d'injonction de payer » et « Celui qui se prétend créancier d'une obligation de délivrance ou restitution d'un bien meuble corporel déterminé, peut demander au président de la juridiction compétente d'ordonner cette délivrance ou restitution » ;

Mais attendu que c'est l'Acte uniforme portant organisation des procédures simplifiées de recouvrement et des voies d'exécution lui-même qui, en son sein, comporte les limites relativement à l'injonction de payer, de délivrer ou de restituer, par la faculté ouverte en ses articles 1er et 19 ; que c'est donc à tort que la BSIC invoque ces dispositions pour critiquer l'arrêt ; qu'il y a lieu de rejeter ce moyen ;

Sur le second moyen pris de la violation de l'article 2 alinéa 2 de la loi 2004-50 du 22 juillet 2004

Attendu qu'il est fait grief à l'arrêt attaqué un défaut de motivation sur l'urgence au motif que tout comme le premier juge, la Cour d'appel n'a, à aucun moment, précisé en quoi il y avait urgence ;

Attendu que la Cour d'appel, pour confirmer l'ordonnance entreprise, a statué comme suit : « Attendu que le juge des référés est compétent si l'urgence est rapportée, pour statuer sur tous les litiges dont le fond relève du tribunal de grande instance ; qu'il est sans conteste que le tribunal de grande instance hors classe de Niamey est au fond compétent pour connaître de la restitution du connaissement ; que parce qu'il urge de mettre fin à la rétention périlleuse et sans cause légitime par la BSIC de ce connaissement, le juge des référés est compétent en la cause » ;

Attendu qu'ainsi l'arrêt querellé est clairement motivé relativement à l'urgence ; qu'il s'en suit que ce moyen est mal fondé et doit être rejeté ;

Sur le troisième moyen pris de la violation de l'article 256 et suivants de l'Acte uniforme sur le droit commercial général

Attendu que la Banque sahélo-Saharienne pour l'Investissement et le Commerce fait grief à l'arrêt attaqué d'avoir violé l'article 256 et suivants de l'Acte uniforme sur le droit commercial général en ce sens qu'en ordonnant la restitution du connaissement au vendeur, la Cour d'appel de Niamey a procédé à la résolution du contrat de vente ; alors que la vente était parfaite dès l'échange des différents consentements ;

Attendu que ce moyen ne précise ni la partie de l'arrêt qu'il critique, ni en ce quoi cette critique est fondée ; qu'il s'en suit que ce moyen doit être déclaré irrecevable ;

Attendu que la BSIC SA ayant succombé il y a lieu de la condamner aux dépens ;

PAR CES MOTIFS

Statuant publiquement après en avoir délibéré ;

Rejette le pourvoi ;

Condamne la BSIC SA aux dépens.

Irrecevabilité des moyens imprécis (CCJA, Ass. Plén., n°101/2014, 04 novembre 2014)

Sommaire

Doit être rejeté le moyen qui fait abstraction qui ne formule aucune critique contre l'arrêt attaqué mais se contente de relever les insuffisances du jugement rendu par le premier juge.

La Cour Commune de Justice et d'Arbitrage (CCJA), de l'Organisation pour l'Harmonisation en Afrique du Droit des Affaires (OHADA), Assemblée plénière, a rendu l'Arrêt suivant en son audience foraine publique tenue à Yaoundé (Cameroun) le 04 novembre 2014 où étaient présents :

Messieurs	Marcel SEREKOÏSSE-SAMBA,	Président
	Abdoulaye Issoufi TOURE,	Premier Vice Président
Madame	Flora DALMEIDA MELE,	Seconde Vice Présidente,rapporteur
Messieurs	Namuano DIAS GOMEZ,	Juge
	Victoriano ABOGO OBIANG,	Juge
	Idrissa YAYE,	Juge
	Djimasna NDONINGAR,	Juge
Et Maître	Paul LENDONGO,	Greffier en chef ;

Sur le pourvoi enregistré au greffe de la Cour de céans le 14 mai 2007 sous le n°040/2007/ PC et formé par Maître Serges Jairzinho SIEWE, Avocat au Barreau du Cameroun, BP 5812, Douala, agissant au nom et pour le compte de la Société Fiduciaire d'Audit et d'Expertise Comptable (FIDEX), dont le siège est au 32, rue des Ecoles à Douala Akwa, aux poursuites et diligences de son représentant légal, dans la cause l'opposant à la société AUVERGNE Auto dont le siège social est à Douala, BP 6413, représentée par monsieur Ernest KONTCHOU, gérant, ayant pour conseil, Maître Sadrak WOAPPI, Avocat au Barreau du Cameroun, BP 15377, Douala,

en cassation de l'Arrêt n°25/C rendu le 20 octobre 2006 par la cour d'appel du Littoral à Douala et dont le dispositif est le suivant :

« PAR CES MOTIFS

Statuant publiquement, contradictoirement à l'égard de l'appelante et par défaut pour l'intimée, en matière civile et commerciale et en dernier ressort, après en avoir délibéré conformément à la loi ;

<u>EN LA FORME</u>

Déclare l'appelant irrecevable en l'état ;

Laisse les dépens à la charge de la partie appelante ; » ;

La requérante invoque à l'appui de son pourvoi les deux moyens de cassation tels qu'ils figurent à la requête annexée au présent arrêt ;

Sur le rapport de Madame Flora DALMEIDA MELE, Seconde Vice- Présidente ;

Vu les dispositions des articles 13 et 14 du Traité relatif à l'harmonisation du droit des affaires en Afrique ;

Vu le Règlement de procédure de la Cour Commune de Justice et d'Arbitrage de l'OHADA ;

Attendu qu'il ressort des pièces du dossier de la procédure qu'à la suite d'un chèque émis par FIDEX revenu impayé, la société AUVERGNE Auto a fait pratiquer les 29 et 30 janvier 2002, une saisie conservatoire de créances sur les comptes de FIDEX ; que le 1er mars 2002, elle a sollicité et obtenu du Président du Tribunal de grande instance de Douala, l'ordonnance n°148/01-02 enjoignant les Etablissements FIDEX et monsieur TCHOKOGUE Roger à lui payer la somme de 5 200 000 FCFA en principal et frais, outre les intérêts de droit ; qu'estimant à son tour que la Société AUVERGNE Auto lui est redevable de sommes d'argent pour non paiement de prestations par elle fournies, malgré la compensation opérée entre leurs créances réciproques pour préserver leurs relations d'affaires, la Société FIDEX s'est adressée au Président du Tribunal de grande instance du Wouri à Douala qui, par Ordonnance n°38/02/03 du 18 novembre 2002, a fait injonction à la Société AUVERGNE Auto de payer à la Société FIDEX la somme totale de 12 938 595 FCFA ; que sur opposition des deux parties et après jonction de procédures, le Tribunal de grande instance de Douala a rendu le 04 juillet 2003, le Jugement civil n°651 déclarant non fondée la créance de la Société FIDEX mais par contre jugeant certaine, liquide et exigible la créance de la Société AUVERGNE Auto, condamnait la Société FIDEX à lui payer la somme de 5 200 000 FCFA en principal intérêts et frais outre les intérêts de droit ; que sur appel de la Société FIDEX, la Cour d'appel du Littoral à Douala a rendu le 20 octobre 2006, l'arrêt n°25/C dont pourvoi ;

Sur les premier et deuxième moyens réunis

Attendu que la demanderesse au pourvoi fait grief à l'arrêt attaqué d'avoir violé, d'une part, les articles 1289 et 1315 du code civil alors qu'une compensation a été opérée entre les deux parties et que le premier juge s'est mépris en déclarant la Société FIDEX non fondée en son action et d'autre part, l'article 5 de l'Ordonnance n°72/4 du 26 août 1972 portant organisation judiciaire modifiée par des lois subséquentes aux motifs que le premier juge , qui a affirmé que la sommation a été servie au gardien et décidé que les factures fondant la créance de FIDEX n'ont pas été déchargées par la Société AUVERGNE Auto, n'a pas eu un raisonnement spécieux ;

Mais attendu que la décision attaquée est l'Arrêt n°25/C rendu le 20 octobre 2006 par la Cour d'appel du Littoral à Douala ; que les moyens invoqués au pourvoi ne critiquent nullement l'arrêt attaqué mais se bornent à démontrer les insuffisances du jugement rendu par le premier juge ; que dès lors, ces moyens sont irrecevables ;

Attendu qu'ayant succombé, la Société FIDEX doit être condamnée aux dépens ;

PAR CES MOTIFS

Statuant publiquement, après en avoir délibéré,

Déclare recevable le pourvoi ;

Le rejette comme non fondé ;

Condamne la société FIDEX aux dépens.

2. Les conditions de forme et de délai du recours

Le délai du recours devant la CCJA est de deux mois à compter de la signification de la décision attaquée (CCJA, 3e Ch., n°32/2014, 3 avril 2014)

Sommaire

En application de l'article 18 du règlement de procédure de la CCJA, doit être déclaré irrecevable le recours formé devant la CCJA plus de deux mois après la signification de la décision attaquée.

La Cour Commune de Justice et d'Arbitrage (CCJA) de l'Organisation pour l'Harmonisation en Afrique du Droit des Affaires (OHADA), Troisième chambre, a rendu l'Arrêt suivant en son audience publique du 03 avril 2014 où étaient présents :

Madame Flora DALMEIDA MELE,	Présidente
Messieurs Victoriano OBIANG ABOGO,	Juge-rapporteur
Idrissa YAYE,	Juge
et Maître Alfred Koessy BADO,	Greffier,

Sur le pourvoi enregistré au greffe de la Cour de céans le 02 septembre 2010 sous le n°077/2010/ PC et formé par Maître PENKA Michel, Avocat au Barreau du Cameroun, BP 3588 Douala, agissant au nom et pour le compte de AFRILAND FIRST BANK SA, représenté par son Directeur General, dans le litige qui l'oppose à la société LA SAVONNERIE CAMEROUNAISE SARL, ayant pour conseil, Maîtres WATET TCHENANG Mireille, Avocat au Barreau du Cameroun, BP 434 Bafoussam,

en cassation de l'Arrêt n°151/CIV rendu le 09 décembre 2009 par la Cour d'appel de la région de l'ouest à Bafoussam, République du Cameroun et dont le dispositif est le suivant :

« Statuant publiquement, contradictoirement en matière civile et commerciale, en appel et en dernier ressort en collégialité et à l'unanimité,

En la forme :

Reçoit les deux appels interjetéspar AFRILAND FIRST BANK contre le jugement n°20/08 du 11 avril 2008 du Tribunal de première instance de Bafoussam ;

Au fond :

Les déclare non fondés ;

Confirme en conséquence, le jugement entrepris en toutes ses dispositions ;

Condamne l'appelante aux dépens ... » ;

La requérante invoque à l'appui de son recours quatre moyens de cassation tels qu'ils figurent à la requête annexée au présent arrêt ;

Sur le rapport de Monsieur Victoriano OBIANG ABOGO, juge ;

Vu les dispositions des articles 13 et 14 du Traité relatif à l'harmonisation du droit des affaires en Afrique ;

Vu le Règlement de procédure de la Cour Commune de Justice et d'Arbitrage de l'OHADA ;

Attendu qu'il ressort des pièces du dossier de la procédure qu'en date du 23 avril 1997, par convention notariée n°1296, la banque AFRILAND et la Compagnie Industrielle et Commerciale des bois exotiques dite CIBEC passaient un accord aux termes duquel, la CIBEC prise en la personne de son gérant et actionnaire majoritaire, FOTSO Jean bénéficiait d'un important crédit d'un montant de 600.000.000 francs CFA remboursables en 42 mensualités ; qu'en garantie de ces prêts, outre l'affectation hypothécaire et le nantissement sur les équipements, la banque devait bénéficier des cautions personnelles et solidaires de Monsieur FOTSO Jean, de la société camerounaise de produits manufacturés ainsi que de la société savonnerie camerounaise dont FOTSO Jean est gérant ; que le 23 avril 1997, un avenant était signé par les parties aux termes duquel, la banque accordait à la CIBEC de nouveaux prêts d'un montant de 250.000.000 francs CFA remboursables également en quarante 42 mensualités ; qu'en garantie de ce prêt, les parties convenaient de maintenir au profit de la banque les garanties précédemment constituées dans la convention mère et qu'en outre, une hypothèque sur l'immeuble du titre foncier n°16074 du Wouri sera également affectée en garantie ; que le 20 octobre 1999, intervenait un second avenant aux termes duquel FOTSO Jean ainsi que la société la Savonnerie Camerounaise se portaient avals et cautions personnelles et solidaires de la CIBEC au profit de la banque jusqu'à concurrence de la somme de 1.500.000.000 francs CFA en principal ; que le 10 mai 2007, FOTSO assignait la banque en décharge de caution ; que par jugement avant dire droit rendu par le Tribunal de première instance de Bafoussam le 31 août 2007, le Tribunal rejetait la demande de la banque en ce que, la pièce dont elle sollicite communication ne figurait pas sur le bordereau de pièces produit ; que par Jugement n°21/08 du 11 avril 2008, statuant au fond, le Tribunal de première instance de Bafoussam déclarait que l'avenant du 27 juin 2003 modifiant certaines dispositions de la convention du 23 avril 1997 ainsi que les avenants antérieurs constituaient un contrat indépendant ; que dés lors, le Tribunal constatant que le cautionnement inséré dans la convention dont s'agit ne contenait pas la mention de la main de la caution de la somme maximale garantie et que l'analyse révélait qu'il s'agissait d'un cautionnement général illimité, annulait le contrat pour violation des articles 4 et 9 de l'Acte uniforme portant organisation des sûretés ; que sur appel de la banque, la Cour d'appel de Bafoussam confirmait le jugement par arrêt dont pourvoi ;

Sur la recevabilité du pourvoi

Vu les articles 28-1 du règlement de procédure de la Cour Commune de Justice et d'Arbitrage de l'OHADA et la Décision 002/99 CCJA du 04 février 1999 augmentant les délais de procédure en raison de la distance ;

Attendu que Maître PENKA Michel, a, au nom et pour le compte de la société AFRILAND FIRST BANK SA, formé un pourvoi en cassation le 02 septembre 2010 contre l'Arrêt n°151/CIV rendu le 09 décembre 2009 par la Cour d'appel de Bafoussam ;

Attendu que la société SAVONNERIE CAMEROUNAISE a, par le canal de son conseil, Maître WATET TCHENANG Mireille, soulevé l'irrecevabilité du recours de la société AFRILAND FIRST BANK SA au motif que, l'arrêt attaqué a été signifie à la requérante le 07 avril 2010 et que le recours a été formé contre ledit arrêt le 02 septembre 2010, soit 5 mois après sa signification ;

Attendu qu'aux termes de l'article 28-1 du Règlement sus énoncé, « lorsque la Cour est saisie par l'une des parties à l'instance par la voie du recours en cassation prévu au troisième ou quatrième alinéa de l'article 14 du Traité, le recours est présenté au greffe dans les deux mois de la signification de la décision attaquée par l'Avocat du requérant... » ; qu'au surplus l'article 1er de la Décision n°002/99/CCJA du 04 février 1999 augmente les délais de procédure, en raison de la distance, de vingt et un jours pour les parties ayant leurs résidences en Afrique centrale ;

Attendu que le recours en cassation formé le 02 septembre 2010 contre l'Arrêt n°151/Civ rendu le 09 décembre 2009 et signifiée le 07 avril 2010, soit après deux mois et vingt et un jours, viole les dispositions des articles sus énoncés et doit être déclaré irrecevable ;

Attendu que la société AFRILAND FIRST BANK SA ayant succombé, il y a lieu de la condamner aux dépens ;

PAR CES MOTIFS

Statuant publiquement, après en avoir délibéré,

Déclare irrecevable le pourvoi formé par la société AFRILAND FIRST BANK SA contre l'Arrêt n°151 rendu le 09 décembre 2009 par la Cour d'appel de la région de l'ouest à Bafoussam ;

Condamne AFRILAND FIRST BANK aux dépens.

Computation du délai du recours : les premier et dernier jours ne comptent pas (CCJA, 3e Ch., n°36/2014, 3 avril 2014)

Sommaire

Lorsqu'un acte ou une formalité doit, en vertu du Traité ou du présent Règlement, être accompli avant l'expiration d'un délai, celui-ci a pour origine la date de l'acte, de l'évènement, de la décision ou de la signification qui fait courir ce délai. Le jour au cours duquel survient cet acte, cet évènement, cette décision ou cette signification n'est pas compris dans le délai.

La Cour Commune de Justice et d'Arbitrage (CCJA) de l'Organisation pour l'Harmonisation en Afrique du Droit des Affaires (OHADA), Troisième chambre, a rendu l'Arrêt suivant en son audience publique du 03 avril 2014 où étaient présents :

Madame Flora DALMEIDA MELE,	Présidente, rapporteur
Messieurs Victoriano OBIANG ABOGO,	Juge
Idrissa YAYE,	Juge
et Maître Alfred Koessy BADO,	Greffier,

Sur le pourvoi enregistré au greffe de la Cour de céans le 29 novembre 2011 sous le n°116/2011/PC et formé par la SCPA HOEGAH & ETTE, Avocats à la Cour, demeurant au Plateau, rue A7 Pierre Sémar, villa NA2, 01 BP 4053 Abidjan 01, agissant au nom et pour le compte de la Société HYDROCHEM AFRICA, anciennement dénommée YARA WEST AFRICA dont le siège social est Abidjan, zone industrielle de Vridi, 07 BP 61 Abidjan 07, aux poursuites et diligences de son représentant légal, Monsieur Charles Kader GOORE, Président Directeur Général, dans la cause l'opposant à la société de financement et de participation dite SFP-CI dont le siège social est à Abidjan, immeuble Longchamp, 7ème étage, 01 BP 3989 Abidjan 01, représentée par son Administrateur Général, Monsieur TALON Patrice Athanase Guillaume, ayant pour conseil, Maître Jules AVLESSI, Avocat à la Cour, demeurant à Cocody II PLATEAUX, Boulevard LATRILLE, Résidence SICOGI-LATRILLE B, 01 BP 8643 Abidjan 01, en cassation de l'Arrêt n°151 rendu le 05 mars 2010 par la Cour d'appel d'Abidjan et dont le dispositif est le suivant :

« **PAR CES MOTIFS**

Statuant publiquement, contradictoirement, sur le siège, en matière civile et en dernier ressort ;

Déclare la société HYDROCHEM Africa (EX YARA WEST AFRICA) recevable en son appel ;

L'y dit cependant mal fondée, l'en déboute ;

Confirme en toutes ses dispositions le jugement civil contradictoire n°1837 rendu le 27/5/2009 par le Tribunal de Première Instance d'Abidjan Plateau ;

Condamne la société HYDROCHEM Africa (Ex YARA West Africa) aux entiers dépens de l'instance » ;

La requérante invoque à l'appui de son pourvoi le moyen unique de cassation tel qu'il figure à la requête annexée au présent arrêt ;

Sur le rapport de Madame Flora DALMEIDA MELE, seconde Vice Présidente ;

Vu les dispositions des articles 13 et 14 du Traité relatif à l'harmonisation du droit des affaires en Afrique ;

Vu le Règlement de procédure de la Cour Commune de Justice et d'Arbitrage de l'OHADA ;

Attendu qu'il ressort des pièces du dossier de la procédure que les sociétés YARA France et SFP sont actionnaires de la société HYDROCHEM Africa ex YARA WEST Africa à hauteur de 60% pour la première et de 40% pour la seconde ; que le Président du conseil d'administration de la société HYDROCHEM Africa, ex YARA WEST Africa dont le siège social, selon les statuts, est situé à Abidjan, invitait par lettre du 21 mai 2007, la SFP-CI à prendre part à l'Assemblée Générale Ordinaire de ladite société fixée au 07 juin 2007 à 10 heures au siège de la société YARA France à Nanterre ; que n'ayant pas assisté à cette assemblée, la SFP-CI assignait la société YARA WEST Africa par devant le Tribunal de première instance d'Abidjan lequel , par Jugement n°1837/CIV 3 A rendu le 27 mai 2009, annulait l'Assemblée Générale du 07 juin 2007 ainsi que les résolutions prises ; que sur appel de la société HYDROCHEM Africa, ex YARA WEST Africa, la Cour d'appel d'Abidjan confirmait le jugement entrepris en toutes ses dispositions par Arrêt n°151 du 05 mars 2010 dont pourvoi ;

Sur la recevabilité du recours

Attendu que dans son mémoire en réponse reçu au greffe de la Cour de céans le 21 mars 2012, la SFP-CI Africa soulève in limine litis l'irrecevabilité du recours initié par la société HYDROCHEM pour violation des articles 28-1 et 25 du Règlement de procédure de la Cour de céans au motif qu'il a été formé au-delà des deux mois de la signification dont le premier et le dernier jour ne sont pas pris en compte dans la computation du délai ;

Attendu que selon les articles 28-1 et 25-1 du Règlement de procédure de la Cour de céans « …le recours est présenté au greffe dans les deux mois de la signification de la décision attaquée par l'Avocat du requérant… » ; « Lorsqu'un acte ou une formalité doit, en vertu du Traité ou du présent Règlement, être accompli avant l'expiration d'un délai, celui-ci a pour origine la date de l'acte, de l'évènement, de la décision ou de la signification qui fait courir ce délai. Le jour au cours duquel survient cet acte, cet évènement, cette décision ou cette signification n'est pas compris dans le délai » ;

Attendu en l'espèce que suivant exploit de Maître ASSEMIEN AGAMAN, Huissier de justice à Abidjan, l'arrêt attaqué a été signifié le 27 septembre 2011 à la société HYDROCHEM Africa qui a formé un recours en cassation au greffe de la Cour de céans le 29 novembre 2011 sous le numéro 116/2011/PC ; que selon la jurisprudence constante de ladite Cour, pour la computation du délai, les premier et dernier jours ne rentrent pas dans le décompte des jours en l'espèce le 27 septembre et le 27 novembre 2011; que le point de départ du délai conformément à l'article 25 du Règlement sus indiqué courant à partir du 28 septembre 2011, la date d'expiration de deux mois prévue à l'article 28-1 du Règlement sus indiqué est le 28 novembre 2011 ; que le recours enregistré au greffe de la Cour le 29 novembre 2011, soit un jour après l'expiration du délai légal doit être déclaré irrecevable ;

Attendu qu'ayant succombé, la société HYDROCHEM Africa doit être condamnée aux dépens ;

PAR CES MOTIFS

Statuant publiquement, après en avoir délibéré,

Déclare le recours formé par la société HYDROCHEM Africa irrecevable ;

La condamne aux dépens.

Les règles de droit interne sont inapplicables à la procédure devant la CCJA même en cas de renvoi (CCJA, 2e Ch., n°15/2014, 27 février 2014)

Sommaire

L'arrêt d'incompétence de la juridiction nationale de cassation conduit à la reprise de la procédure devant la CCJA devant laquelle seul le règlement de procédure est applicable à l'exclusion des règles de procédure prévue devant la juridiction nationale de cassation.

Sont irrecevables les moyens caractérisés par leur imprécision en ce qu'ils ne précisent ni la partie de la décision critiquée ni ce en quoi celle-ci encourt le reproche.

La Cour Commune de Justice et d'Arbitrage (CCJA), de l'Organisation pour l'Harmonisation en Afrique du Droit des Affaires (OHADA), Deuxième chambre, a rendu l'Arrêt suivant en son audience publique du 27 février 2014 où étaient présents :

Messieurs	Abdoulaye Issoufi TOURE,	Président, rapporteur
	NamuanoFrancisco DIAS GOMES,	Juge
	Victoriano OBIANG ABOGO,	Juge
et Maître	Jean Bosco MONBLE,	Greffier,

Sur le pourvoi enregistré au greffe de la Cour de céans le 13 janvier 2011 sous le n°012/2011/PC suite au renvoi de la Cour suprême du Sénégal et formé par Maître Oumar Ngalla NDIAYE, Avocat au Barreau du Sénégal, demeurant 79, Rue Joseph GOMIS à Dakar, agissant au nom et pour le compte de Ousmane KHOUMA, Opérateur économique résidant à New-York ; P.0 BOX 313 Morning SD STA, dans la cause l'opposant à la Société Nationale "La Poste", 6, Rue Abdoulaye SECK Marie Parsine à Dakar, ayant pour Conseils Maître Guédel NDIAYE & Associés, Avocats au Barreau du Sénégal, 73, bis, Rue Amadou Assane NDOYE, BP 2656 Dakar,

en cassation de l'Arrêt n°535, rendu le 12 juillet 2007, par la Chambre civile et commerciale de la Cour d'appel de Dakar et dont le dispositif est le suivant :

« Statuant publiquement, contradictoirement, en matière civile et en dernier ressort :

Vu l'ordonnance de clôture du 03 mai 2007 ;

Infirme le jugement entrepris ;

Statuant à nouveau,

Déclare l'opposition recevable ;

Dit que la juridiction saisie n'était pas compétente ;

Se déclare incompétent ;

Condamne El Hadj Ousmane KHOUMA aux dépens. » ;

Le requérant invoque à l'appui de son pourvoi les trois moyens de cassation tels qu'ils figurent à la requête annexée au présent arrêt ;

Sur le rapport de Monsieur Abdoulaye Issoufi TOURE, Premier Vice-Président ;

Vu les dispositions des articles 13, 14 et 15 du Traité relatif à l'harmonisation du droit des affaires en Afrique ;

Vu le Règlement de procédure de la Cour Commune de Justice et d'Arbitrage de l'OHADA ;

Attendu qu'il ressort des pièces du dossier de la procédure que le sieur Ousmane KHOUMA, se prévalant d'un contrat de représentation, obtenait le 20 octobre 2005, une ordonnance faisant injonction à la Société Nationale » La Poste », de lui payer la somme de 47.500.000 F, outre les intérêts de droit et les frais de procédure ; que saisi par « La Poste », le Tribunal régional hors classe de Dakar déclarait l'opposition irrecevable ; que sur appel, la Cour disposait comme indiqué ci-dessus par Arrêt n°535 du 12 juillet 2007 dont pourvoi ;

Sur la recevabilité du mémoire en réponseaprès arrêt d'incompétence de la Cour suprême du Sénégal

Attendu que le demandeur soulève l'irrecevabilité du mémoire du défendeur, en ce qu'il n'a été déposé que le 11 août 2009 suite à la signification du 11 juin 2009, alors que l'article 39 de la loi organique sur la Cour suprême impartit un délai de deux mois au défendeur ;

Mais attendu que l'arrêt d'incompétence de la Cour suprême du Sénégal amène la reprise de la procédure devant la Cour de céans, devant laquelle seul le Règlement de procédure est applicable ; qu'il échet de dire que les mémoires antérieurs sont recevables ;

Sur les moyens tirés de la violation des articles 9 et 10 de l'Acte uniforme portant organisation des procédures simplifiées de recouvrement de l'article 126 du Code de procédure civile sur la communication des pièces et de l'apposition de la formule exécutoire

Attendu que les moyens sont présentés dans des requêtes du 28 mars 2009 et du 08 février 2012 ;

Mais attendu que ces moyens sont caractérisés par leur imprécision en ce qu'ils ne précisent ni la partie de la décision critiquée ni ce en quoi celle-ci encourt le reproche ; qu'il échet de les déclarer irrecevables et de rejeter le pourvoi ;

Attendu qu'Ousmane KHOUMA succombant sera condamné aux dépens

PAR CES MOTIFS

Statuant publiquement, après en avoir délibéré,

Rejette le pourvoi formé par le sieur Ousmane KHOUMA

Le Condamne aux dépens.

II. L'effet de la saisine de la CCJA

La saisine de la CCJA suspend tout recours en cassation engagée devant la juge national (CCJA, Ass. Plén., n°137/2014, 11 novembre 2014)

Sommaire
La saisine de la CCJA suspend toute procédure de cassation engagée devant une juridiction nationale contre la décision attaquée.

La Cour Commune de Justice et d'Arbitrage (CCJA), de l'Organisation pour l'Harmonisation en Afrique du Droit des Affaires (OHADA), Assemblée plénière, a rendu l'Arrêt suivant en son audience publique foraine tenue le 11 novembre à Libreville (Gabon) où étaient présents :

Messieurs Marcel SEREKOÏSSE SAMBA,	Président
Abdoulaye Issoufi TOURE,	Premier Viceprésident
Madame Flora DALMEIDA MELE,	Second Vice-président
Messieurs Namuano Francisco Dias GOMES,	Juge, Rapporteur
Victoriano OBIANG ABOGO,	Juge
Idrissa YAYE,	Juge
Djimasna N'DONINGAR,	Juge
et Maître Paul LENDONGO,	Greffier en chef,

Sur le pourvoi enregistré au Greffe de la Cour de céans le 10 septembre 2012 sous le n°114/2012/PC et formé par Maître Gisèle EYUE BEKALE, Avocat au Barreau du Gabon, agissant au nom et pour le compte de La NILEDUTCH S.A dite N.D.S représentée par SAGA GABON, dont le siège social se trouve à Libreville, B.P 72, dans le litige qui l'oppose à la S.A SATRAM, B.P 3620 Port-Gentil (GABON), ayant pour conseil Maîtres Justin TATY , Avocats au Barreau du GABON, BP : 143 Libreville, en cassation de l'Arrêt n°48 rendu le 19 juin 2012 par la Cour d'appel de Port- Gentil, dont le dispositif est le suivant :

« Statuant publiquement en matière commerciale et en dernier ressort :

- En la forme : reçoit la société SA TRAM en son recours en révision jugé régulier ;

- Au fond: infirme l'arrêt de la Cour d'Appel du 23 août 2011 en ce qu'il a statué sur une question devenue sans objet;

- Infirme partiellement le jugement du 27 janvier 2011 en ce qu'il a statué en violation de l'article 27 du Code de Procédure civile ;

- Renvoie la cause et les parties devant le Tribunal de Première Instance de Port-Gentil pour conclusions au fond de la société NILEDUTCH ;

- Réserve les dépens » ;

La requérante invoque à l'appui de son pourvoi lemoyen unique de cassation tel qu'il figure à la requête annexée au présent arrêt ;

Sur le rapport de Monsieur Namuano Francisco DIAS GOMES, Juge ;

Vu les articles 13 et 14 du Traité relatif à l'harmonisation du droit des affaires en Afrique ;

Vu le Règlement de procédure de la Cour Commune de Justice et d'Arbitrage de l'OHADA ;

Attendu qu'il ressort de l'examen des pièces du dossier de la procédure qu'en date du 14 février 2007 la société SATRAM avait attrait la société SAGA GABON (représentant NILEDUTCH) devant le tribunal de première instance de Port-Gentil aux fins de saisie conservatoire et paiement de sommes ; qu'elle exposait que suite à la réalisation par la société NILEDUTCH de l'accord d'acconage et d'agence le 27 décembre 2006 elle sollicitait qu'il soit pratiqué saisie conservatoire du navire NDS PREGRESS VOY 694/07 en garantie de sa créance évaluée provisoirement à la somme de 5.850.000.000F CFA; et que conformément aux dispositions des articles 197 et 199 de l'Acte uniforme portant sur le Droit commercial général (AUDCG) elle entendait se faire payer la somme de 450.000.000F CFA représentant trois (03) mois de commissions, et celle de 1.800.000.000F CFA représentant le préavis sur 12 ans ; qu'en réplique à cette requête, la société NILEDUTCH (NDS) opposait une fin de non-recevoir tirée de la non traduction des documents produits par la SATRAM et pour ne l'avoir notifié, dans un délai d'un (01) an, par acte extrajudiciaire, de son intention de faire valoir ses droits ; que par jugement avant dire droit du 04 juillet 2008, le tribunal rejetait les exceptions et ordonnait à NILEDUTCH de conclure au fond; que relevant appels de cette décision les sociétés NILEDUTCH et SATRAM étaient déclarées irrecevables par arrêt de la cour d'appel judiciaire de Port-Gentil du 30 juillet 2008, sur le fondement de l'article 477 du code de procédure civile ; qu'à la reprise du procès devant le tribunal, la société NILEDUTCH, sur le fondement de l'article 545 du code de procédure civile opposait un sursis à statuer arguant de ce qu'elle avait formé un pourvoi en cassation contre l'arrêt de la cour d'appel sus cité ; que le tribunal, vidant sa saisine par jugement du 07 novembre 2008, déboutait NILEDUTCH de sa demande et l'invitait à conclure au fond; qu'à nouveau la Société NILEDUTCH, dénonçant la formation irrégulière du tribunal, interjetait appel ce jugement et, la cour d'appel, dans son arrêt du 31 mars 2009, constatant l'existence d'un pourvoi en cassation déclarait nul et de nul effet le jugement entrepris et ordonnait la transmission de dossier de la cause à la cour de cassation afin qu'il soit statué sur l'arrêt du 30 juillet 2008 querellé; que par arrêt du 12 mai 2010 la cour de cassation déclarant irrecevable le pourvoi formé par la Société NILEDUTCH ordonnait le renvoi du dossier au tribunal de première instance de Port-Gentil aux fins de conclusions au fond, conformément au jugement du 04 juillet 2008 ; que le dossier de la cause était renvoyé au tribunal pour vider sa saisine ; que par jugement du 27 Janvier 2011, le tribunal condamnait la société NDS à payer à la société STRAM les sommes de 450.000.000F CFA à titre d'indemnité compensatrice de préavis pour les trois dernières années d'exécution du contrat, de 1.800.000.000F CFA à titre d'indemnité compensatrice de préavis pour les douze premières années d'exécution du contrat et de

3.600.000.000F CFA à titre de dommages intérêts pour rupture abusive du contrat; et ordonnait l'exécution provisoire de la présente décision nonobstant toutes voies de recours pour la seule demande de préavis; que la Société NILEDUTCH ayant relevé appel de ce jugement, la cour d'appel par son arrêt du 23 Août 2011, infirmait le jugement querellé en toutes ses dispositions ; statuant à nouveau, déboutait la Société SATRAM de toutes ses demandes et la condamnait aux dépens; » ; que la Société SATRAM formait un recours en révision contre l'arrêt de la cour d'appel du 23 Août 2011 ; que la cour d'Appel de Port-Gentil rendait son arrêt n°48 du 19 juin 2012, arrêt dont pourvoi ;

Sur la recevabilité du pourvoi

Attendu que la Société SATRAM soulève l'exception de litispendance, elle soutient que la NILEDUTCH a introduit simultanément deux procédures identiques devant des juridictions de même degré : la Cour Commune de Justice et d'Arbitrage et la Cour de Cassation gabonaise, que ces deux juridictions de même degré se trouvent saisies par des requêtes contenant les mêmes demandes ayant le même objet ; qu'elle conclut que l'article 117 du Code de Procédure Civile gabonais préconise une solution dont l'initiative doit revenir à la partie demanderesse et qui devrait se concrétiser par une décision de dessaisissement ;

Mais attendu qu'en vertu de L'article 16 du Traité relatif à l'harmonisation du droit des affaires en Afrique « la saisine de la Cour Commune de Justice et d'Arbitrage suspend toute procédure de Cassation engagée devant une juridiction nationale contre la décision attaquée... » ; qu'il échet de rejeter l'exception de litispendance soulevée par la société SATRAM ;

Sur le moyen unique tiré de la violation des dispositions de l'article 197 alinéa 2 de l'Acte Uniforme OHADA portant Droit commercial général

Attendu que la société NILEDUTCH fait grief à la cour d'appel d'avoir violé l'article 197 - alinéa 2 de l'Acte Uniforme portant sur le Droit commercial général pour n'avoir pas retenu la fin de non recevoir soulevée en réplique à la requête introductive d'instance de la société SATRAM ; qu'elle soutient quand révisant l'arrêt du 23 août 2011 et renvoyant les parties conclure au fond devant le Tribunal de Première Instance de Port-Gentil, l'arrêt en révision, ici querellé, revenait implicitement sur ladite exception soulevée ;

Mais attendu que l'arrêt a clairement spécifié que la question posée par l'article 197 alinéa 2 avait déjà été tranchée par la cour de cassation du Gabon en son arrêt du 12 mai 2010, lequel arrêt n a pas été déféré devant la cour de céans ; que ledit arrêt confirmant le rejet des exceptions et fins de non recevoir, le renvoi devant le tribunal est destiné à trancher les questions du fond sur la saisie conservatoire et les réclamations des sommes ; qu'en statuant comme elle l'a fait dans son arrêt de révision, la Cour d'Appel n'a pas violé les dispositions visés ; que ce moyen n'étant pas fondé, il y a lieu de le rejeter ; et en conséquence, rejeter le pourvoi

Attendu que la société NILEDUTCH ayant succombé, il y a lieu à la condamner aux dépens ;

PAR CES MOTIFS

Statuant publiquement, après en avoir délibéré,

Rejette le pourvoi formé contre l'arrêt n°48 du 19 juin 2012 de la Cour d'appel de Port-Gentil ;

Condamne la société NILEDUTCH aux dépens.

L'introduction d'un pourvoi devant le juge national ne fait pas obstacle à la recevabilité du pourvoi devant la CCJA (CCJA, 3e Ch., n°94/2014, 1er août 2014)

Sommaire

S'il est vrai que la CCJA peut être saisie, aux termes de l'article 18 du Traité OHADA, d'un recours si sa compétence, préalablement soulevée par une partie, a été méconnue par une juridiction nationale de cassation, il n'en demeure pas moins vrai qu'un pourvoi, régulièrement formé devant la CCJA, contre le même arrêt attaqué, est recevable.

La Cour Commune de Justice et d'Arbitrage (CCJA) de l'Organisation pour l'Harmonisation en Afrique du Droit des Affaires (OHADA), Troisième chambre, a rendu l'Arrêt suivant en son audience publique du 1er août 2014 où étaient présents :

Madame Flora DALMEIDA MELE,	Présidente, rapporteur
MessieursVictoriano OBIANG ABOGO,	Juge
Idrissa YAYE,	Juge
et Maître Alfred Koessy BADO,	Greffier ;

Sur le pourvoi enregistré au greffe de la Cour de céans le 29 mars 2011 sous n°031/2011/PC et formé par la SCPA DOGUE-Abbé Yao & Associés, Avocats à la Cour d'appel d'Abidjan , demeurant au 29, boulevard Clozel, 01 BP 174 Abidjan 01, agissant au nom et pour le compte de la Société Générale de Banques en Côte d'Ivoire dite SGBCI dont le siège social est à Abidjan , 5 et 7 avenue Joseph ANOMA, 01 BP 1355 Abidjan 01, aux poursuites et diligences de son représentant légal, Monsieur Bernard LABADENS, Directeur Général, dans la cause l'opposant à Messieurs KY Dieudonné Alexandre, KOYA BEIGBEU, YAPO TANO Venance, KOUADIO BONI, YAO KOBENAN BOITRIN, SYLLA Azoumana, YAO Jean Roland, DABO Siaka, CISSE Drissa, KOUASSI Koffi Thehua, KACOU Assoumou, DRABO Moïse, OULAÏ Guy Norbert et KARAMOKO Moussa, ayant élu domicile en l'étude de Maître KOUADJO François, Avocat à la Cour, les représentant tous, demeurant angle avenue Chardy, rue Lecoeur, immeuble Chardy, 01 BP 3701 Abidjan 01,

en cassation de l'Arrêt n°374 rendu le 24 décembre 2010 par la Cour d'appel d'Abidjan et dont le dispositif est le suivant :

« PAR CES MOTIFS

Statuant sur le siège, publiquement, contradictoirement en matière civile et commerciale et en dernier ressort ;

Déclare la société SGBCI recevable en son appel relevé de l'ordonnance de référé n°1603 rendue le 30 juillet 2010 par la juridiction des Référés du Tribunal de première instance d'Abidjan-Plateau ;

L'y dit mal fondé et l'en déboute ;

Confirme l'ordonnance entreprise en toutes ses dispositions ;

Condamne la société SGBCI aux dépens. »

La requérante invoque à l'appui de son pourvoi lesdeux moyens decassation tels qu'ils figurent à la requête annexée au présent arrêt ;

Sur le rapport de Madame Flora DALMEIDA MELE, seconde Vice Présidente ;

Vu les dispositions des articles 13 et 14 du Traité relatif à l'harmonisation du droit des affaires en Afrique ;

Vu le Règlement de procédure de la Cour Commune de Justice et d'Arbitrage de l'OHADA ;

Attendu qu'il ressort des pièces de la procédure qu'en exécution de l'Arrêt n°53 rendu le 24 juin 2009 par la chambre administrative de la Cour suprême, Monsieur KY Dieudonné et 13 autres faisaient pratiquer le 22 octobre 2009, une saisie- attribution de créances sur les comptes de la SIPIM entre les mains de la SGBCI qui a déclaré cantonner la somme de 318 228 121 F CFA réclamée ; qu'en contestation de cette saisie, la SIPIM a saisi le juge de l'urgence qui, par Ordonnance n°2396/09 rendue le 19 novembre 2009, a déclaré sans objet la demande en main levée de la saisie pratiquée entre les mains de la SGBCI aux motifs que les saisissants ont effectué eux-mêmes la mainlevée des saisies ; que sur appel des saisissants, la Cour d'appel d'Abidjan a, par Arrêt n°36/10 rendu le 29 janvier 2010, confirmé l'ordonnance entreprise ; que le 4 février 2010, Monsieur KY Dieudonné et autres ont fait pratiquer une saisie conservatoire du même montant entre les mains de la SGBCI au préjudice de la SIPIM ; que la SGBCI a déclaré le même compte et a précisé que ledit compte a déjà fait l'objet d'une saisie-attribution le 22 octobre 2009 et n'a pas fait l'objet de main levée ; que le 10 février 2010, la SIPIM a signifié l'Arrêt 36/10 du 29 janvier 2010 à la SGBCI qui s'est exécutée le même jour en procédant à la main levée de la saisie-attribution du 22 octobre 2009 ; que postérieurement, le 11 février 2009, Monsieur KY Dieudonné Alexandre et autres ont signifié à la SGBCI, l'Ordonnance n°015/CS/JP rendue le 10 février 2010 par la Cour suprême de Côte d'Ivoire suspendant l'exécution de l'Arrêt 36/10 du 29 janvier 2010 ; que le 8 juillet 2010, la chambre judiciaire de la Cour suprême a, par Arrêt n°497/2010, cassé la décision attaquée et jugé mal fondée la demande de mainlevée de la saisie attribution de créances présentée par la SIPIM ; que le 26 juillet 2010, cet arrêt fut signifié à la SGBCI ; que face au refus de la SGBCI de payer au motif que la saisie a fait l'objet de mainlevée, Monsieur KY Dieudonné Alexandre et autres ont saisi le juge des référés aux fins de sa condamnation au paiement des causes de la saisie ; que par Ordonnance n°1603 du 30 juillet 2010, la SGBCI a été condamnée au paiement des causes de la saisie sous astreinte comminatoire de 5 millions de FCFA par jour de retard et 10 millions de FCFA à titre de dommages-intérêts ; que sur appel de la SGBCI, la Cour d'appel d'Abidjan a, par Arrêt n°374 du 24 décembre 2010 dont pourvoi, confirmé l'ordonnance attaquée ;

Sur la recevabilité du pourvoi

Attendu que dans leur mémoire en réponse reçu au greffe de la Cour de céans le 04 octobre 2011, Monsieur KY Dieudonné Alexandre et autres soulèvent, in limine litis, l'irrecevabilité du recours initié par la SGBCI pour violation de l'article 18 du Traité OHADA aux motifs qu'ayant formé, le 02 février 2011, un pourvoi en cassation devant la Cour suprême de Côte d'Ivoire, contre l'Arrêt n°374/10 rendu le 24 décembre 2010 par la Cour d'appel d'Abidjan, la SGBCI, qui n'a pas soulevé l'incompétence de ladite cour suprême durant l'instance, ne peut saisir la Cour Commune de Justice et d'Arbitrage d'un recours en cassation contre le même arrêt ;

Mais attendu que s'il est vrai que la CCJA peut être saisie, aux termes de l'article 18 du Traité OHADA, d'un recours si sa compétence, préalablement soulevée par une partie, a été méconnue par une juridiction nationale de cassation, il n'en demeure pas moins vrai qu'un pourvoi, régulièrement formé devant la CCJA, contre le même arrêt attaqué, est recevable ; que l'article 28 du Règlement de procédure de la CCJA prévoit que le recours devant elle s'exerce dans les deux mois à compter de la signification de la décision attaquée ; qu'en l'espèce, l'arrêt attaqué a été signifié à la SGBCI le 28 janvier 2011 ; que le point de départ de la computation du délai étant le 29 janvier, le recours formé le 29 mars 2011, est régulier et doit être déclaré recevable de sorte que l'exception d'irrecevabilité du pourvoi tirée de la violation de l'article du 18 du traité ne peut prospérer ;

Sur le premier moyen

Vu l'article 164de l'Acte uniforme portant organisation des procédures simplifiées de recouvrement et des voies d'exécution

Attendu que la demanderesse au pourvoi fait grief à l'arrêt attaqué d'avoir, par mauvaise application, violé l'article 164 de l'Acte uniforme portant organisation des procédures simplifiées de recouvrement et des voies d'exécution en ce que, pour confirmer l'ordonnance entreprise, la cour d'appel a considéré qu'en invoquant la main levée de la saisie attribution du 22 octobre 2009 pour résister au paiement, bien qu'elle ait déclaré lors de la saisie conservatoire de créances en date du 4 février 2010 que la susdite saisie n'a pas fait l'objet de mainlevée, la SCBGI s'est rendue coupable de déclarations mensongères alors, selon le moyen, que le paiement par le tiers saisi est subordonné soit à la présentation d'un certificat du greffe attestant l'absence de contestation, soit à la présentation de la décision exécutoire rejetant la contestation soit enfin, à l'écrit du débiteur ne contestant pas la saisie ; qu'au surplus, la cour n'a pas tenu compte de la signification de l'arrêt confirmatif de mainlevée intervenue le 10 février 2010 soit postérieurement à la déclaration faite le 04 février 2010 ;

Attendu qu'au sens de l'article 164 de l'Acte uniforme susvisé le tiers saisi ne peut opérer le paiement qu'après expiration du délai de contestation, soit, sur présentation d'un certificat du greffe attestant qu'aucune contestation n'a été formée dans le mois de la dénonciation ou sur présentation de la décision exécutoire de la juridiction rejetant la contestation ou avant l'expiration du délai de contestation par écrit du débiteur ne contestant pas la saisie ; qu'en retenant que la SGBCI a fait des déclarations mensongères pour la condamner au paiement des causes de la saisie alors que la SGBCI avait procédé à la mainlevée de la saisie-attribution à la suite de la signification, le 10 février 2010, de l' Arrêt n°36/10 du 29 janvier 2010 intervenu après sa première déclaration faite le 4 février 2010 et que le paiement des causes de la saisie étant soumis aux conditions sus mentionnées, la Cour d'appel a, par mauvaise application, violé l'article 164 de l'Acte uniforme sus indiqué et expose son arrêt à la cassation sans qu'il soit nécessaire d'examiner le second moyen ;

Sur l'évocation

Attendu que la SGBCI soutient qu'au moment où monsieur KY Dieudonné Alexandre et autres ont pratiqué la saisie conservatoire du 4 février 2010, elle n'avait pas encore procédé à la mainlevée de la saisie-attribution du 22 octobre 2009 ; que celle-ci n'étant intervenue que le 10 février 2010, après signification de l'Arrêt exécutoire n°36/10 du 29 janvier 2010 , elle ne pouvait pas payer les sommes saisies ; que dans ces conditions, aucune faute ne saurait lui être reprochée dans le traitement de la saisie attribution du 22 octobre 2009 ; elle demande en conséquence à la Cour de céans de débouter Monsieur KY Dieudonné Alexandre et autres de leur demande en condamnation au paiement de la somme de 318 228 121 FCFA représentant les causes de la saisie sous astreinte comminatoire de 250 000 000 FCFA par heure de retard ainsi que de celle de 50 000 000 FCFA à titre de dommages intérêts ;

Attendu que Monsieur KY Dieudonné Alexandre et autres allèguent que la mainlevée de la saisie litigieuse n'a jamais été prononcée par l'Ordonnance n°2396/09 du 19 novembre 2009 et l'Arrêt n°36/10 du 29 janvier 2010 de la cour d'appel ; que les déclarations faites lors de la saisie conservatoire du 4 février 2010 par la SGBCI selon lesquelles les sommes saisies sont disponibles et n'ont fait l'objet d'aucune mainlevée sont contradictoires à celles relatives à son refus de payer au motif qu'elle a donné mainlevée à la saisie attribution ; ils sollicitent que soit confirmée l'Ordonnance n°1603 du 30 juillet 2010 condamnant la SGBCI à leur payer la somme de 318 228 121FCFA représentant les causes de la saisie attribution de créance pratiquée le 22 octobre 2009 sous astreinte comminatoire de 5 000 000 FCFA par jour de retard et à 10 000 000 FCFA à titre de dommages intérêts ;

Sur le paiement des causes de la saisie

Attendu que pour les mêmes motifs que ceux ayant prévalu à la cassation de l'arrêt attaqué, il convient d'infirmer l'Ordonnance n°1603 rendue le 30 juillet 2010 par le juge délégué dans les fonctions du Président du Tribunal de première instance d'Abidjan-plateau et de débouter Monsieur KY Dieudonné Alexandre et autres de leur demande en paiement des causes de la saisie ;

Sur les demandes en paiement de dommages intérêts et d'astreinte

Attendu que la demande en paiement des causes de la saisie n'étant pas fondée, les demandes en paiement des dommages intérêts et d'astreinte sont par conséquent sans objet ; qu'il échet de les en débouter.

Attendu qu'ayant succombé, Monsieur KY Dieudonné Alexandre et autres doivent être condamnés aux dépens ;

PAR CES MOTIFS

Statuant publiquement, après en avoir délibéré,

Déclare recevable le pourvoi ;

Casse l'arrêt attaqué ;

Evoquant et statuant sur le fond,

Infirme l'Ordonnance n°1603 rendue le 30 juillet 2010 par le juge délégué dans les fonctions du Président du Tribunal de première instance d'Abidjan-Plateau ;

Déboute Monsieur KY Dieudonné Alexandre et 13 autres en leur demande de paiement des causes de la saisie ;

Les déboute de leurs demandes en paiement des dommages intérêts et d'astreinte ;

Les condamne aux dépens.

III. Les incidents de procédure devant la CCJA : l'intervention volontaire

Conditions d'une intervention volontaire (CCJA, Ass. Plén., n°110/2014, 04 novembre 2014)

Sommaire

Une intervention volontaire, pour prospérer, doit nécessairement venir au soutien des prétentions d'une des parties à l'instance. Doit par conséquent être déclarée irrecevable la demande d'intervention qui vise principalement à s'opposer au désistement d'instance sollicité par le demandeur et accepté par le défendeur et, par conséquent, ne vient en appui des prétentions d'aucune des deux parties.

La Cour Commune de Justice et d'Arbitrage (CCJA), de l'Organisation pour l'Harmonisation en Afrique du Droit des Affaires (OHADA), Assemblée plénière, a rendu l'Arrêt suivant en son audience publique foraine tenue le 04 novembre 2014 à Yaoundé (Cameroun) où étaient présents :

Messieurs

Marcel SEREKOÏSSESAMBA	Président
Abdoulaye Issoufi TOURE,	Premier Vice-président
Madame Flora DALMEIDA MELE,	Second Vice-président
Messieurs Namuano Francisco Dias GOMES,	Juge
Victoriano OBIANG ABOGO,	Juge
Idrissa YAYE,	Juge
Djimasna N'DONINGAR	Juge,Rapporteur
et Maître Paul LENDONGO,	Greffier en chef

Sur le pourvoi enregistré au greffe de la Cour de céans le 08 décembre 2008 sous le n°106/2008/PC et formé par le Cabinet d'Avocats L.Y. EYOUM & Partners, Avocats au Barreau du Cameroun, BP 2820 Douala - Bonanjo, au nom et pour le compte de l'Etat du Cameroun et de la Liquidation ONCPB, représentés par le Ministre des Finances, demeurant à Yaoundé au Cameroun, dans la cause qui les oppose à la Société Générale de Banques au Cameroun (SGBC), S.A. dont le siège social est à : 78, rue Joss, Douala – Cameroun, B.P. 4042,ayant pour Conseil est Maître Henri JOB, Avocat au barreau du Cameroun, BP : 5482, à Douala – Cameroun, en présence de Maître YEN EYOUM Lydienne, intervenante volontaire, ayant pour conseil le cabinet L.Y. EYOUM & Partners, Avocats au Barreau du Cameroun, BP 2820 à Douala – Cameroun, en cassation de l'Arrêt n°62/Réf, rendu le 24 mars 2008 par la Cour d'appel du Littoral à Douala et dont le dispositif est le suivant :

« Statuant publiquement, contradictoirement, en matière du contentieux de l'exécution, en appel, en dernier ressort et en collégialité ;

En la forme

Reçoit l'appel ;

Au fond

Infirme partiellement l'ordonnance entreprise sur le bien-fondé de la saisie-attribution des créances querellée ;

Statuant à nouveau sur ce point ;

Annule la saisie-attribution des créances pratiquée le 15 juillet 2 004 suivant exploit du Ministère de Maître BALENG MAAH Célestin, huissier de justice à Douala à la requête de l'Etat du Cameroun et l'ex-ONCPB sur les avoirs de la SGBC logés dans les livres de la BEAC – DOUALA, pour violation des articles 1285, 1287 du Code civil et 153 de l'acte uniforme OHADA portant organisation des procédures simplifiées de recouvrement des créances et des voies d'exécution ;

Ordonne en conséquence mainlevée de ladite saisie ;

Confirme sur la régularité du mandat ;

Condamne les parties aux dépens dont ¼ à la charge de la SGBC et ¾ pour l'Etat du Cameroun et la Liquidation de l'ex-ONCPB distraits au profit respectivement des Maîtres Henri JOB et EYOUM YEN Lydienne, avocats aux offres de droit » ;

Attendu que les requérants invoquent à l'appui de leur pourvoi les trois moyens de cassation tels qu'ils figurent à la requête annexée au présent arrêt ;

Sur le rapport de Monsieur Djimasna N'DONINGAR, Juge

Vu les dispositions des articles 13 et 14 du Traité relatif à l'harmonisation du droit des affaires en Afrique ;

Vu le Règlement de procédure de la Cour Commune de Justice et d'Arbitrage de l'OHADA ;

Attendu qu'il ressort des pièces du dossier de la procédure que suite à de malentendus sur la gestion de ses comptes ouverts dans les livres de la SGBC, la liquidation ONCPB, se disant créancière, saisit les tribunaux de Douala en réclamation de la somme de 3.987.972.800 FCFA et obtient gain de cause ; qu'après diverses péripéties procédurales de saisies-attribution, un accord fut intervenu entre les parties sur un montant que la SGBC paya ; que, pour non payement des frais accessoires et honoraires d'avocats, une nouvelle saisie-attribution fut pratiquée le 15 juillet 2004 au préjudice de la banque qui releva appel de l'ordonnance de reversement des sommes saisies ; que, sur recours de la SGBC, la Cour d'appel du Littoral à Douala annula, le 24 mars 2008, ladite saisie-attribution par Arrêt n°62/Réf dont pourvoi ;

Sur la recevabilité de l'intervention de Maître L.Y. EYOUM

Attendu que par requête du 07 septembre 2010, Maître Lydienne YEN EYOUM, ancien conseil des demandeurs au pourvoi, sollicita son intervention volontaire dans la procédure, aux fins de s'opposer à la demande de désistement d'instance introduite par les soins de Maître MALOKA DIKONGUE, au nom et pour compte de l'Etat du Cameroun et l'ex-ONCPB ; qu'elle expose que cette intervention est faite dans l'intérêt de la Justice ; que la liberté et l'honneur des personnes mises en cause dépendent incontestablement de la suite que réservera la Cour de céans à la présente cause dont la demande de désistement des requérants ne constitue qu'une manœuvre pour justifier la procédure criminelle enclenchée contre elle ;

Mais attendu que suivant l'article 45-1du Règlement de procédure de la Cour, « Les Etats Parties au Traité peuvent intervenir aux litiges soumis à la Cour. Le même droit appartient à toute personne ayant intérêt, pour la conservation de ses droits, à soutenir les prétentions de l'une des parties. » ; qu'il en résulte qu'une intervention volontaire, pour prospérer, doit nécessairement venir au soutien des prétentions d'une des parties à l'instance ; qu'en l'espèce, la demande d'intervention de Maître L.Y. EYOUM vise principalement à s'opposer au désistement d'instance sollicité par le demandeur et accepté par le défendeur et, par conséquent, ne vient en appui des prétentions d'aucune des deux parties ; qu'il échet de la déclarer irrecevable ;

Sur le bien-fondé de la demande de désistement

Attendu qu'il ressort des pièces du dossier de la procédure que par lettre n°00001118/MINFI/SG/DAJ, le Ministre des Finances de la République du Cameroun a informé la Cour de céans de son désir de se désister du recours formé contre l'Arrêt n°62/Réf, rendu le 24 mars 2008 par la Cour d'appel du Littoral à Douala et de la constitution d'un nouveau conseil pour la suite de la procédure ;qu'en date du 23 mars 2010, Maître MALOKA DIKONGUE, nouveau conseil de l'Etat du Cameroun, a produit un mémoire aux fins de désistement d'instance dans le pourvoi n°106/2008/PC du 09/12/2008, en ce que le Ministère d'Etat chargé de l'Economie et des Finances, représentant l'Etat du Cameroun et la Liquidation ONCPB, et la SGBC ont mis un terme à leur litige et qu'il échet dès lors à l'Etat du Cameroun et à la Liquidation ONCPB de se désister de leur recours contre l'Arrêt n°62/ref ;que Maître Henri JOB, Conseil de la SGBC, accusant réception de la notification du désistement de l'Etat du Cameroun et de la Liquidation ONCPB, sollicite de la Cour de céans de « bien vouloir donner acte à l'Etat du Cameroun et à l'ex-Office National de Commercialisation des Produits de Base (ONCPB) en liquidation de leur désistement » ; que, par la suite, une Convention de compensation de créances réciproques entre l'Etat du Cameroun, l'ex-ONCPB et la SGCB en date du 25 mai 2010 constatant la transaction entre les parties, fut signée et homologuée par Jugement n°93/CC du 29 Juin 2010 rendu par le Tribunal de grande instance de Yaoundé ;

Attendu qu'aux termes de l'article 44 (nouveau) du Règlement de procédure de la Cour Commune de Justice et d'Arbitrage : 1 : « le demandeur peut se désister de son instance » ; 2 : « le désistement d'instance entraîne extinction de l'instance, si le défendeur y consent, ou s'il n'a présenté aucune demande reconventionnelle ou fin de non-recevoir » ;

Attendu qu'il échet de constater le désistement d'instance dans le pourvoi n°106/2008/PC du 09/12/2008 et, en conséquence, son extinction ;

Attendu qu'il ressort de l'article 8 de la Convention de compensation de créances réciproques du 25 mai 2010 que chacune des parties supporte ses propres dépens ;

PAR CES MOTIFS

Déclare irrecevable la demande d'intervention volontaire de Maître Lydienne YEN EYOUM ;

Constate le désistement de l'instance et son extinction ;

Dit que chacune des parties supportera ses propres dépens.

Radiation du rôle en cas d'absence de diligence de régularisation du recours (CCJA, 3e Ch., n°33/2014, 3 avril 2014)

Sommaire

En application de l'article 44 bis du règlement de procédure de la CCJA, l'affaire est radiée du rôle en l'absence de diligences des parties. Doit alors être radiée du rôle une affaire lorsque plus d'un an après les lettres du Greffier en chef de la CCJA leur enjoignant de régulariser leur dossier dans un délai d'un mois, aucune diligence n'a été accomplie par les parties au pourvoi, rendant ainsi l'instruction de leur affaire et conséquemment son jugement impossible en l'état.

La Cour Commune de Justice et d'Arbitrage (CCJA) de l'Organisation pour l'Harmonisation en Afrique du Droit des Affaires (OHADA), Troisième chambre, a rendu l'Arrêt suivant en son audience publique du 03 avril 2014 où étaient présents :

Madame	Flora DALMEIDA MELE,	Présidente
Messieurs	Victoriano OBIANG ABOGO,	Juge
	Idrissa YAYE,	Juge, rapporteur
et Maître	Alfred KOESSY BADO,	Greffier ;

Sur le renvoi en application de l'article 15 du Traité relatif à l'harmonisation du droit des affaires en Afrique, devant la Cour de céans de l'affaire Rouguiyatou TALL, demeurant à Dakar, Hann Fort B, villa n°23, dans la cause l'opposant à ATTIJARI WAFA BANK ex BST, sis à Dakar 97, Avenue Peytavin, y demeurant, ayant pour Conseils la SCPA Augustin SENGHOR, 125, Rue Carnot, Dakar,

Encassation du Jugement d'adjudication n°1021 rendu le 12 juin 2007 par le Tribunal régional hors classe de Dakar et dont le dispositif est le suivant :

«Statuant publiquement, contradictoirement en matière civile et en dernier ressort ;

Vu l'extinction des feux voulus par la loi ;

Adjuge à la Banque Sénégalo Tunisienne dit BST, l'immeuble objet du T.F N°943/GRD ex 29798/DG pour la somme de trente-six millions (36.000.000) francs sous réserve de la déclaration de commande ;

Ordonne sur la signification du présent jugement à tous détenteurs ou possesseurs de laisser ledit immeuble au profit de l'adjudicataire sous peine d'y être contraint par toutes les voies de droit et par voie d'expulsion ; » ;

La requérante invoque à l'appui de son pourvoi les deux moyens de cassation tels qu'ils figurent à sa requête annexée au présent arrêt ;

Sur le rapport de Monsieur Idrissa YAYE, Juge ;

Vu les dispositions des articles 13, 14 et 15 du Traité relatif à l'harmonisation du droit des affaires en Afrique ;

Vu le Règlement de procédure de la Cour Commune de Justice et d'Arbitrage de l'OHADA ;

Attendu qu'il ressort des pièces du dossier de la procédure que dame Rouguiyatou TALL s'est pourvue en cassation contre le Jugement d'adjudication n°1021 rendu le 12 juin 2007 par le Tribunal régional hors classe de Dakar ; que par Arrêt n°73 du 07 juillet 2010, la Chambre civile et commerciale de la Cour suprême du Sénégal saisie de l'affaire, s'est déclarée incompétente et a renvoyé la cause et les parties devant la Cour de céans ;

Attendu que par lettres en date du 26 février 2011, adressées aux conseils respectifs des parties, lesquels les ayant reçues, suivant les avis de réception versés au dossier, respectivement le 30 janvier et le 29 février 2012, le Greffier en chef de la Cour de céans invitait les parties au pourvoi à procéder à la régularisation de leur dossier dans un délai d'un mois à compter de la réception de son courrier ; qu'à la date de ce jour, aucune des parties au pourvoi n'a réagi à cette injonction ;

Sur la radiation d'office de l'affaire

Attendu qu'aux termes des dispositions de l'alinéa 1 de l'article 44 bis du Règlement de procédure révisé de la Cour Commune de Justice et d'Arbitrage : « La radiation sanctionne, dans les conditions de la loi, les défauts de diligence des parties. Elle emporte retrait de l'affaire du rôle des affaires en cours ; » ;

Attendu qu'en l'espèce, plus d'un an après les lettres du Greffier en chef de la Cour de céans leur enjoignant de régulariser leur dossier dans un délai d'un mois, aucune diligence n'a été accomplie par les parties au pourvoi, rendant ainsi l'instruction de leur affaire et conséquemment son jugement impossible en l'état ;

Qu'il y a lieu dès lors en application de l'article 44 bis du Règlement précité d'ordonner la radiation de leur affaire du rôle des affaires en cours et de faire masse des dépens ;

PAR CES MOTIFS

Statuant publiquement après en avoir délibéré ;

Ordonne la radiation de l'affaire du rôle des affaires en cours de la Cour de céans ;

Fait masse des dépens ;

IV. Les exceptions de procédure : la connexité

La jonction des procédures doit être ordonnée en cas de connexité entre plusieurs pourvois (CCJA, 2e Ch., n°83/2014, 22 mai 2014)

Sommaire

Lorsqu'il existe entre plusieurs pourvois devant la CCJA une connexité telle, qu'il est d'une bonne administration de les juger ensemble, la jonction des procédures doit être ordonnée.

La Cour Commune de Justice et d'Arbitrage (CCJA) de l'Organisation pour l'Harmonisation en Afrique du Droit des Affaires (OHADA), Deuxième chambre, a rendu l'Arrêt suivant en son audience publique du 22 mai 2014 où étaient présents :

Messieurs	Abdoulaye Issoufi TOURE,	Président, rapporteur
	Victoriano OBIANG ABOGO,	Juge
	Djimasna N'DONINGAR,	Juge
Et Maître	Jean Bosco MONBLE,	Greffier,

Vu les pourvois numéros 081/2011/PC du 23 septembre 2011, 095/2011/PC et 096/2011/PC des 28 et 31 octobre 2011, formés par la SCPA DOGUE Abbé YAO & Associés, Maître OBENG KOFI FIAN et la SCPA BILE-AKA BRIZOUA-BI et Associés, Avocats à la Cour, agissant aux noms et pour le compte respectivement de la Banque Atlantique de Côte d'Ivoire, la Banque Nationale d'Investissements et la Banque pour le Financement de l'Agriculture dans la cause les opposant au sieur KONAN YAO Augustin et ECOBANK-Côte D'Ivoire ;

Attendu que lesdits pourvois sont tous exercés contre l'Arrêt n°435 rendu le 28 juillet 2011 par la Cour d'appel d'Abidjan ; qu'il existe entre eux une connexité telle, qu'il est d'une bonne administration de les juger ensemble en ordonnant leur jonction ;

Vu l'Article 33 du Règlement de procédure de la Cour de céans ;

Attendu qu'il échet de réserver les dépens.

PAR CES MOTIFS

Avant-dire-droit ;

Ordonnons la jonction des Pourvois numéros 081/2011/PC du 23 septembre 2011, 095/2011/PC et 096/2011/PC des 28 et 31 octobre 2011 ;

Reserve les dépens.

V. Les recours contre les décisions de la CCJA

A. L'exclusion des voies de recours ordinaires

Les décisions de la CCJA ne sont susceptibles d'aucun recours (CCJA, Ass. Plén., n°112/2014, 4 novembre 2014)

Sommaire

Les décisions de la CCJA sont revêtues de l'autorité de la chose jugée et ne sont susceptibles d'aucun recours. Doivent être déclarés irrecevables les pourvois formés contre des décisions ayant déjà fait l'objet d'un arrêt de la CCJA.

La Cour Commune de Justice et d'Arbitrage (CCJA) de l'Organisation pour l'Harmonisation en Afrique du Droit des Affaires (OHADA), Assemblée plénière, a rendu l'Arrêt suivant en son audience publique foraine tenue à Yaoundé (Cameroun) le 04 novembre 2014 où étaient présents :

Messieurs Marcel SEREKOÏSSE-SAMBA,	Président, Rapporteur
Abdoulaye Issoufi TOURE	Premier Vice Président,
Madame Flora DALMEIDA MELE,	Seconde Vice Présidente
Messieurs Namuano DIAS GOMEZ	Juge
Victoriano ABOGO OBIANG	Juge
Idrissa YAYE,	Juge
Djimasna NDONINGAR	Juge
Et Maître Paul LENDONGO,	Greffier en chef

Sur les pourvois enregistrés au greffe de la Cour sous les n° s 056/2009/PC et n° 057/2009/PC en date du 18 juin 2009 et formés par Maître NOUMBISSI Léonard, Avocat au Barreau du Cameroun, BP 2231 Douala, agissant pour le compte de Monsieur KOUAM Michel, demeurant à Douala BP 4689, dans la cause l'opposant à TANKOUE Jean Robert et NJOUME Ernest, d'une part et, d'autre part à la Société TRANS-MUNGO Services SARL, dont le siège social est à LIMBE BP. 1025, prise en la personne de son Administrateur provisoire,

en cassation des Ordonnances n°039/CE et 040/CE rendues le 07 avril 2009 par le Vice Président de la Cour d'appel du Littoral à Douala et dont les dispositifs identiques suivent :

« Par ces motifs :

Statuant publiquement, contradictoirement à l'égard de toutes les parties en matière du contentieux de l'exécution en premier et dernier ressort ;

Recevons KOUAM Michel en sa demande ;

L'y disons non fondée ;

L'en déboutons ;

Disons notre ordonnance exécutoire sur minute avant enregistrement sauf décision contraire du Premier Président de la Cour Suprême ;

Le condamnons aux dépens.

Le requérant invoque à l'appui de chacun de ses pourvois un moyen unique de cassation tel qu'il figure aux requêtes annexées au présent arrêt ;

Sur le rapport de Monsieur Marcel SEREKOÏSSE-SAMBA, Président ;

Vu les dispositions des articles 13 et 14 du Traité relatif à l'harmonisation du droit des affaires en Afrique ;

Vu les dispositions du Règlement de procédure de la Cour Commune de Justice et d'Arbitrage de l'OHADA ;

Attendu qu'à la requête en date du 03 novembre 2008 de l'Administrateur provisoire de la Société TRANS MUNGO Services SARL, Maître NJOUME Ernest, huissier de justice à Douala a servi au sieur KOUAM Michel un commandement de payer la somme totale de 128.013.211 francs ;

Attendu que suivant exploit daté du 18 novembre 2008 de Maître NGUESSON André, huissier de justice à Douala, sieur KOUAM Michel a fait assigner la Société TRANS-MUNGO Services SARL et Maître NJOUME Ernest par devant le Président de la Cour d'appel de Douala aux fins, d'une part d'annuler la signification commandement sus-évoquée pour violation de l'article 92 de l'Acte uniforme portant organisation des procédures simplifiées de recouvrement et des voies d'exécution, ladite Société n'ayant pas d'administrateur provisoire légalement reconnu en raison de ce que l'ancien administrateur a perdu cette qualité pour avoir été incarcéré ; que d'autre part, ce commandement devrait par ailleurs être annulé parce qu'il ne fait pas ressortir les intérêts échus et le taux d'intérêt ; qu'enfin le même commandement indique qu'en cas de non-paiement il y sera contraint par tous moyens de droit notamment la vente forcée de ses biens meubles et immeubles alors que l'Acte uniforme ne parle que des biens meubles ;

Attendu que, dans les mêmes conditions, par une autre requête du 03 novembre 2008, sieur TANKOUE Jean Robert a fait délivrer par le même huissier au sieur KOUAM Michel un commandement de lui payer la somme totale de 7.796.064 francs ;

Attendu que par exploit daté également du 18 novembre 2008 du même huissier, sieur KOUAM Michel a assigné TANKOUE Jean Robert et NJOUME Ernest devant le Président de la Cour d'appel du Littoral à Douala sur la base des mêmes motifs de demande d'annulation du commandement que ceux formulés dans la requête d'assignation de la Société TRANSMUNGO Services SARL ;

Sur la jonction des deux procédures

Attendu que les deux pourvois n°056/2009 et 057/2009 fondés sur les mêmes moyens et visant la même cause doivent être joints pour y être statué par un seul et même arrêt dans le souci d'une bonne administration de la justice ;

Sur la recevabilité des deux recours

Attendu que sur un pourvoi enregistré au greffe de la Cour de céans sous le n°020/2008/PC en date du 10 avril 2008 et formé par Maître NOUMBISSI Léonard, Avocat au Barreau du CAMEROUN, agissant pour le compte de Monsieur KOUAM Michel dans la cause opposant celui-ci à TANKOUE Jean Robert, Maître NJOUME Ernest et la Société TRANSMUNGO et fondé sur les mêmes moyens en demande et en défense, l'Assemblée plénière de la Cour de céans, par son Arrêt n°94/2013 rendu en son audience publique à Kinshasa (République Démocratique du Congo) le 22 novembre 2013, a rejeté comme non fondé le pourvoi ainsi formé ; que les décisions de la Cour Commune de Justice et d'Arbitrage n'étant susceptibles d'aucun recours, il y a lieu de déclarer ledit Arrêt revêtu de l'autorité de la chose jugée et en conséquence, déclarer irrecevables les pourvois élevés par KOUAM Michel respectivement contre TANKOUE Jean Robert et NJOUME Ernest enregistré sous le 056/2009/PC du 18 avril 2009 d'une part et d'autre part, contre la Société TRANSMUNGO Service SARL enregistré à la même date sous le n°057/2009/PC ;

Attendu que KOUAM Michel ayant ainsi succombé, il doit être condamné aux dépens.

PAR CES MOTIFS

Statuant publiquement après en avoir délibéré,

Dit et juge qu'il y a autorité de la chose jugée en l'espèce ;

Déclare en conséquence irrecevables les pourvois n°056/2009/PC et 057/2009/PC du 18 juin 2009 ;

Condamne KOUAM Michel aux dépens.

B. L'admission des voies de recours extraordinaires : la révision de l'arrêt de la CCJA

Révision d'un arrêt de révision : révision sur révision ne vaut (CCJA, Ass. Plén., n°40/2014, 17 avril 2014)

Sommaire

Révision sur révision ne vaut. Ni le Traité, ni le règlement de procédure de CCJA ne prévoit la révision d'un arrêt de révision. Est alors irrecevable le pourvoi tendant à obtenir la révision d'un arrêt rendu à la suite d'un recours en révision.

La Cour Commune de Justice et d'Arbitrage (CCJA) de l'Organisation pour l'Harmonisation en Afrique du Droit des Affaires (OHADA), a rendu, en Assemblée plénière, l'Arrêt suivant en son audience publique du 17 avril 2014 où étaient présents :

Messieurs Abdoulaye Issoufi TOURE, Président

Madame Flora DALMEIDA MELE, 2nde Vice-présidente, rapporteur

Messieurs Antoine Joachim OLIVEIRA, Juge

Namuano F. DIAS GOMES, Juge

Victoriano OBIANG ABOGO, Juge

Idrissa YAYE, Juge

Djimasna N'DONINGAR Juge

et Maître Paul LENDONGO, Greffier en chef,

Sur le recours enregistré le 1er octobre 2013 au greffe de la Cour de céans sous le n°125/2013/PC et formé par le Cabinet O.B.K, représenté par Maître Brahima KONE, Avocat à la Cour, sis à Bamako, Faso Kanu, Immeuble Filany, BP 3295, agissant au nom et pour le compte de la Compagnie Malienne pour le Développement des Textiles, dite CMDT, société anonyme d'économie mixte dont le siège est au 100, avenue de la Marne Bozola, BP 487, Bamako, représentée par son Président Directeur Général , Monsieur Tièna Coulibaly et le Groupement des Syndicats de Producteurs de Coton et Vivriers du Mali dit GSCVM, S/C APCAM , BP 3299, représenté par son Président, Monsieur Bakary TOGOLA, dans la cause les opposant à la Société Inter Africaine de Distribution dite IAD dont le siège social est à Bamako, immeuble COMATEX, BP 357, représenté par son gérant, Monsieur Nouhoum YATTASSAYE, ayant pour conseils le cabinet SEYE, sis à Bamako, Hamdallaye ACI 2000, villa ACI n°12, face à l'espace « Bouna », BP 605, représenté par Maître Magatte Assane SEYE, Avocat à la Cour et la SCPA YATTARA-SANGARE, sis à Bamako, immeuble ABJ 1, 2ème étage – Bureau n°207 , avenue Cheick Zayed, représentée par Maître Hamadoun YATTARA, Avocat à la Cour, BP E 1878, en révision de l'Arrêt 059/2013 rendu le 18 juillet 2013 par la Cour de céans et dont le dispositif est le suivant :

« Statuant publiquement, après en avoir délibéré,

Déclare irrecevable le recours en révision formé par la CMDT et le GSCVM ;

Les condamne aux dépens » ;

Les requérants invoquent à l'appui de leur recours en révision le moyen unique tel qu'il figure à la requête annexée au présent arrêt ;

Sur le rapport de Madame Flora DALMEIDA MELE, Seconde Vice-présidente ;

Vu le Règlement de procédure de la Cour Commune de Justice et d'Arbitrage de l'OHADA ;

Vu le Règlement d'arbitrage de la Cour Commune de Justice et d'Arbitrage de l'OHADA ;

Attendu qu'il ressort des pièces de la procédure que CMDT et GSCVM ont introduit auprès de la Cour de céans un recours en révision contre l'Arrêt n°59/2013 rendu le 18 juillet 2013 par la Cour aux motifs qu'elle a omis de répondre sur l'élément nouveau qu'est le pourvoi d'ordre introduit par le Garde des Sceaux du Mali contre l'Arrêt n°21 du 17 mars 2010 de la Cour d'appel de Bamako ;que ce pourvoi d'ordre était inconnu des requérants ainsi que de la Cour Commune de Justice et d'Arbitrage au moment où celle-ci rendait, le 18 avril 2013, l'Arrêt n°020/2013 ;

Sur la recevabilité du recours soulevée d'office

Attendu que le présent recours tend à la révision de l'Arrêt n°59/2013 du 18 juillet 2013de la Cour de céans, rendu à la suite d'un recours aux fins de révision de son Arrêt n°020/2013 du 18 avril 2013 ;

Attendu que ni le Traité ni le règlement de procédure de la Cour Commune de Justice et d'Arbitrage ne prévoit la révision d'un arrêt de révision ; qu'il convient de déclarer irrecevable ledit recours ;

Attendu qu'ayant succombé, la CMDT et le GSCVM doivent être condamnés solidairement aux dépens ;

PAR CES MOTIFS

Statuant publiquement, après en avoir délibéré,

Déclare irrecevable le recours en révision de l'Arrêt de révision n°59/2013 du 18 juillet 2013 ;

Condamne solidairement la CMDT et le GSCVM aux dépens.

Recours en révision : point de départ du délai de recours (CCJA, 2e Ch., n°89/2014, 23 juillet 2014)

Sommaire

Lorsqu'un demandeur en révision fonde sa demande sur un arrêt ayant rétracté pour fraude une précédente décision qui avait donné lieu à un pourvoi et à une décision de la CCJA, il est réputé avoir eu connaissance du fait justifiant la demande en révision à la date de l'arrêt de rétractation dès lors que cet arrêt a été rendu contradictoirement. Le délai du recours en révision court donc à compter de cette date.

La Cour Commune de Justice et d'Arbitrage (CCJA) de l'Organisation pour l'Harmonisation en Afrique du Droit des Affaires (OHADA), Deuxième Chambre, a rendu l'Arrêt suivant en son audience publique du 23 juillet 2014 où étaient présents :

Messieurs Abdoulaye Issoufi TOURE,	Président
Namuano Francisco DIAS GOMES,	Juge, rapporteur
Djimasna N'DONINGAR,	Juge
et Maître Jean Bosco MONBLE,	Greffier,

Sur la requête enregistrée au greffe de la Cour de céans le 01/03/2012 sous le n°017/2012/PC et formée par le Cabinet ATOH BI KOUADIO Raymond, Avocat à la Cour, demeurant à Abidjan, Avenue du Dr Crozet, immeuble Crozet, sous sol, 04 BP 642 Abidjan 04, agissant au nom et pour le compte de Monsieur KOÏTA Bassidiki, Directeur de Société, domicilié à Abidjan, dans la cause l'opposant à Monsieur Fabris Oscar ADONE, commerçant, de nationalité française, domicilié à Abidjan, 18 BP 338 Abidjan 18,

en révision de l'arrêt n°033/2005 rendu le 26 mai 2005 par la Cour de céans,dont le dispositif est le suivant :

« Statuant publiquement, après en avoir délibéré,

Rejette la demande de Monsieur KOÏTA Bassidiki relative à la nullité et à la qualification de l'Arrêt n°261 du 15 février 2002 dont pourvoi ;

Rejette le pourvoi ;

Condamne le requérant aux dépens. »

Le requérant invoque à l'appui de son recours le moyen unique de révision tel qu'il figure à la requête annexée au présent arrêt ;

Sur le rapport de Monsieur Namuano Francisco DIAS GOMES, Juge ;

Vu les articles 13 et 14 du Traité relatif à l'harmonisation du droit des affaires en Afrique ;

Vu le Règlement de procédure de la Cour Commune de Justice et d'Arbitrage de l'OHADA ;

Attendu qu'il ressort de l'examen des pièces du dossier de la procédureque sieur KOÏTA Bassidiki, avait donné en bail professionnel à Fabrice Oscar ADONE une villa ; que courant juillet 2000, fut servi à ce dernier un congé pour reprise de la villa aux fins de reconstruction ; que sieur Fabrice Oscar ADONE avait contesté le congé et exigé une indemnité d'éviction ; que saisi par le bailleur à l'effet d'ordonner l'expulsion, le Tribunal de première instance d'Abidjan faisait droit à sa demande par Jugement n°207/Civ4 rendu le 02 avril 2001 ; que sur appel, la Cour d'appel d'Abidjan rendait le 15 février 2002 l'Arrêt n°261 infirmant le jugement attaqué et, statuant à nouveau, déboutait KOÏTA Bassidiki de sa demande d'expulsion et reconnaissait à Fabrice Oscar ADONE le bénéfice d'une indemnité d'éviction préalable à son expulsion ; que sur pourvoi de KOÏTA Bassidiki, la Cour de céans rendait le 26 mai 2005 l'Arrêt de rejet n°033/2005 ; que Monsieur KOITA BASSIDIKI qui relevait déjà le caractère frauduleux de l'appel interjeté par Monsieur Fabrice Oscar ADONE, initiait en janvier 2004 contre ce dernier par devant le Tribunal correctionnel d'Abidjan des poursuites pour faux et usage de faux ; que par Jugement n°1575/05 du 04 mars 2005, le Tribunal relaxait sieur Fabrice Oscar et condamnait KOÏTA Bassidiki aux dépens ; que sur appel de ce dernier, la Cour d'appel d'Abidjan, par Arrêt n°312 rendu le 12 juillet 2006, constatait la relaxe de Fabrice Oscar ADONE et l'autorité de la chose jugée quant au pénal, mais au civil condamnait sieur Fabrice Oscar ADONE, à payer à KOÏTA Bassidiki la somme de 500 000 F CFA à titre de dommages-intérêts ; que muni de cette décision, Monsieur KOÏTA Bassidiki saisissait la Chambre civile de la Cour d'appel d'Abidjan aux fins de révision de son Arrêt n°261 du 15 février 2002 ayant reconnu le bénéfice de l'indemnité d'éviction à Fabrice Oscar ADONE ; que par Arrêt n°067/CIV/3A rendu par défaut à l'encontre à Fabrice Oscar ADONE le 22 janvier 2010, la Cour d'appel faisait droit à la demande de révision de son arrêt en le rétractant et en confirmant le Jugement n°207/CIV4 du 02/04/2001, ordonnant l'expulsion de Fabrice Oscar ADONE ; que muni de cet arrêt, sieur KOÏTA Bassidiki saisissait le 01/03/2012 la Cour de céans aux fins de révision de son Arrêt de rejet n°033/2005 rendu le 26 mai 2005 ;

Attendu que par lettre n°179/2012/G2 du 28 mars 2012, le Greffier en chef de la Cour de céans a tenté de joindre sieur Fabrice Oscar ADONE par le biais de son conseil aux fins de lui signifier, en application des articles 29 et 30 du Règlement de procédure de la Cour Commune de Justice et d'Arbitrage, le recours en révision formé par le demandeur ; que cette correspondance est demeurée sans suite; que le principe du contradictoire ayant été respecté, il y a lieu d'examiner le présent recours ;

Sur la recevabilité de la requête en révision

Attendu que Monsieur KOÏTA Bassidiki a sollicité le 1er mars 2012 la révision de l'Arrêt n°033/2005 du 26 Mai 2005 sur le fondement des dispositions de l'article 49 du Règlement de procédure de la Cour Commune de Justice et d'Arbitrage, au motif que l'Arrêt n°261 du 15 Février 2002, soutien du pourvoi qui était rendu sur la base d'un acte d'appel frauduleux, a finalement fait l'objet d'une rétractation de la part de la Cour d'appel d'Abidjan en son Arrêt n°67/civ/34 du 22 Janvier 2010 ;

Attendu qu'aux termes de l'article 49 du Règlement de procédure de la CCJA : « 1. La révision de l'arrêt ne peut être demandée à la Cour qu'en raison de la découverte d'un fait de nature à exercer une influence décisive et qui, avant le prononcé de l'arrêt, était inconnu de la Cour et de la partie qui demande la révision...

4. La demande en révision doit être formée dans un délai de trois mois à compter du jour où le demandeur a eu connaissance du fait sur lequel la demande en révision est basée... » ;

Attendu qu'il ressort de l'examen des pièces du dossier que le fait sur lequel la demande en révision est basée est l'Arrêt n°067/CIV/3A de la Cour d'appel d'Abidjan rendu contradictoirement à l'égard de Koïta Bassidiki le 22 janvier 2010 ; que ce dernier disposait de trois mois à compter de cette date pour former un recours en révision ; que le recours formé seulement le 1er mars 2012 est manifestement tardif et doit être déclaré irrecevable ;

Attendu que KOITA Bassidiki ayant succombé, doit être condamné aux dépens ;

PAR CES MOTIFS

Statuant publiquement, après en avoir délibéré,

Déclare irrecevable le recours ;

Condamne KOITA Bassidiki aux dépens.

DROIT COMMERCIAL GÉNÉRAL

I. Bail à usage professionnel

A. Champ d'application du statut des baux à usage professionnel

Inapplication du statut du bail commercial aux biens du domaine public (CCJA, 2e Ch., n°78/2014, 25 avril 2014)

Sommaire

Le statut de bail commercial ou professionnel régi par l'AUDCG ne s'applique pas aux conventions ayant pour objet des biens dépendant du domaine public même lorsqu'elles sont conclues entre deux personnes de droit privé, en raison du principe de précarité et de révocabilité qui s'applique aux occupations de ce domaine. Dès lors, la CCJA doit se déclarer incompétente à connaitre de ces baux.

La Cour Commune de Justice et d'Arbitrage (CCJA) de l'Organisation pour l'Harmonisation en Afrique du Droit des Affaires (OHADA), Deuxième chambre, a rendu l'Arrêt suivant en son audience foraine tenue à Porto-Novo le 25 avril 2014 où étaient présents :

Messieurs : Marcel SEREKOÏSSE Samba	Président
Abdoulaye Issoufi TOURE,	Premier Vice-président,
Madame Flora DALMEIDA MELE,	Second Vice-président
Messieurs : Antoine Joachim OLIVEIRA,	Juge
Namuano Francisco Dias GOMES,	Juge
Victoriano OBIANG ABOGO,	Juge
Idrissa YAYE,	Juge
Djimasna N'DONINGAR,	Juge
et Maître Paul LENDONGO,	Greffier en chef,

Sur le pourvoi, enregistré au greffe de la Cour de céans en date du 23 octobre 2012sous le n°147/2012/PC et formé par Maître Mounkaïla YAYE, Avocat à la Cour, demeurant Bas Terminus Rue 114 à Niamey, BP 11.972, agissant au nom et pour le compte de Amadou ISSA, Seyni Sounna, Iliassou Abdou, Issa Ibrahima, Zakaria Hassane et Fataou Moussa, tous commerçants au Grand marché de Niamey, dans la cause les opposant à la Société de Construction et de Gestion des marchés dite SOCOGEM, société anonyme ayant son siège social à Niamey avenue de la Liberté, BP 10.232 et ayant pour conseil la SCPA BNI, Société Civile d'Avocat à Niamey, BP 10.520, en cassation de l'Arrêt n°14/12 rendu le 16 janvier 2012 par la Cour d'appel de Niamey et dont le dispositif est le suivant :

« Statuant publiquement, contradictoirement, en matière civile et en dernier ressort :

Reçoit les appels principal et incident de la SOCOGEM et de Maître Mounkaïla YAYE réguliers en la forme ;

Au fond : annule le jugement attaqué pour violation de la loi (insuffisance de motifs) ;

Évoque et statue à nouveau ;

Reçoit Amadou Issa et 5 autres en leurs demandes réguliers en la forme ;

Au fond les en déboute par leur mal fondé ;

Rejette la demande reconventionnelle de la SOCOGEM ;

Condamne les intimés aux dépens. » ;

Les requérants invoquent à l'appui de leur pourvoi, les deux moyens de cassation tels qu'ils figurent à la requête annexée au présent arrêt ;

Sur le rapport de Monsieur Abdoulaye Issoufi TOURE, Premier Vice-président ;

Vu les dispositions des articles 13 et 14 du Traité relatif à l'harmonisation du droit des affaires en Afrique ;

Vu le Règlement de procédure de la Cour Commune de Justice et d'Arbitrage de l'OHADA ;

Attendu qu'il résulte des pièces du dossier de la procédure que les nommés Amadou Issa, Seyni Sounna, Iliassou Abdou, Issa Ibrahima, Zakari Hassane et Fataou Moussa exercent leur commerce depuis 1987 au grand marché de Niamey dont la gestion est confiée à la SOCOGEM ; que nonobstant les versements faits par chacun d'eux en vue de la reconstruction de leurs boutiques après un incendie, ils se verront complètement spoliés de leurs emplacements par la SOCOGEM ; que sur leur assignation, le Tribunal de grande instance de Niamey a condamné la SOCOGEM à payer 20.000.000 francs à Amadou Issa et 10000000 à chacun des cinq autres à titre d'indemnité d'éviction ; que la Cour d'appel, par arrêt dont pourvoi, a infirmé le jugement et débouté les requérants ;

Sur la compétence de la Cour de céans

Attendu que le contentieux est relatif à des boutiques situées au grand marché de Niamey relevant encore du domaine public ; que le statut de bail commercial ou professionnel ne peut s'appliquer aux conventions ayant pour objet des biens dépendant du domaine public même lorsqu'elles sont conclues entre deux personnes de droit privé, en raison du principe de précarité et de révocabilité qui s'applique aux occupations de ce domaine ; qu'en l'occurrence, la SOCOGEM n'a pas la qualité de propriétaire des biens immobiliers, objet de l'occupation ; que donc telle occupation n'est pas régie, contrairement à ce qu'à prétendu le demandeur au pourvoi, par l'Acte uniforme portant sur le droit commercial général et que conséquemment les conditions de compétence de la Cour de céans, ne sont pas réunies ;

Attendu qu'il y lieu de mettre les dépens à la charge des demandeurs ;

PAR CES MOTIFS

Statuant publiquement, après en avoir délibéré ;

Se déclare incompétente ;

Condamne les sieurs Amadou Issa, Seyni Sounna, Iliassou Abdou, Issa Ibrahima, Zakari Hassane et Fataou Moussa aux dépens.

Le régime du bail commercial n'est applicable qu'à l'occupant régulier (CCJA, Ass. Plén., n°126/2014, 11 novembre 2014)

Sommaire

Les dispositions des articles 101 et 102 de l'AUDCG relatives au bail commercial ne sont applicables qu'à l'occupant régulier.

La Cour Commune de Justice et d'Arbitrage (CCJA) de l'Organisation pour l'Harmonisation en Afrique du Droit des Affaires (OHADA), Assemblée plénière, a rendu l'Arrêt suivant en son audience foraine publique tenue le 11 novembre 2014 à Libreville (Gabon) où étaient présents :

Messieurs Marcel SEREKOÏSSE SAMBA	Président
Abdoulaye Issoufi TOURE,	Premier Vice-président, Rapporteur
Madame Flora DALMEIDA MELE,	Second Vice-Président
Messieurs Namuano Francisco Dias GOMES,	Juge,
Victoriano OBIANG ABOGO,	Juge
Idrissa YAYE,	Juge
Djimasna N'DONINGAR,	Juge
et Maître Paul LENDONGO,	Greffier en chef,

Sur le pourvoi enregistré au greffe de la Cour de céans sous le n°071/2010/PC du 04 août 2010 et formé par la SCPA Jus et Judicium, Avocats à la Cour, demeurant à l'ancienne porte laquintinie, immeuble Supermont, BP 15380 à Douala, agissant au nom de Monsieur FOKUI Meudje Jean, commerçant demeurant à Bonapriso à Douala dans la cause l'opposant à Monsieur SIKAM Clément, homme d'affaire demeurant à Douala et ayant pour conseil Maître Jackson Francis Ngnie KAMGA, Avocat à la Cour 26, rue des écoles, à Douala Akwa BP 12287 ;

en cassation de l'Arrêt n°002/CC rendu le 04 janvier 2010 par la Cour d'appel du Littoral à Douala et dont le dispositif est le suivant :

« en la forme : reçoit l'appel ;

Au fond : confirme le jugement entrepris ;

Condamne l'appelant aux dépens distraits au profit de Ngnie KAMGA, Avocat aux offres de droit » ;

Le requérant invoque à l'appui de son pourvoi, les deux moyens de cassation tels qu'ils figurent à la requête annexée au présent arrêt ;

Sur le rapport de Monsieur Abdoulaye Issoufi TOURE, Premier Vice-président

Vu les dispositions des articles 13 et 14 du Traité relatif à l'harmonisation du droit des affaires en Afrique ;

Vu le Règlement de procédure de la Cour Commune de Justice et d'Arbitrage de l'OHADA ;

Attendu qu'il résulte des pièces de la procédure que par écrit en date du 1er juillet 1994, le Sieur SIKAM Clément donnait en bail à la Dame Diemo un local devant servir de boutique, pour un loyer mensuel de 240.000 Francs ramené à 220.000 francs ; que suite à des modifications et à l'intention de SIKAM d'augmenter le loyer, un contentieux éclatait entre les deux parties ; qu'aussi pour clarifier les relations, la dame Diemo saisissait le tribunal aux fins de renouvellement du bail et de fixation du loyer ; qu'elle sera déboutée le 12 avril 2000 par le Tribunal de Douala ; que la Dame Diemo qui a interjeté appel, abandonnait la procédure après avoir cédé son fonds de commerce le 26 mai 2003 au nommé FOKUI MEUDJE Jean qui s'installa sans aviser le propriétaire ; qu'informé plus tard SIKAM Clément s'opposait à la cession et sollicitait l'expulsion du nouvel occupant ; que le Jugement n°118 du 04 juin 2008 qui y a fait droit a été confirmé par la Cour suivant arrêt dont pourvoi

Sur le premier moyen tiré de la violation des articles 101 et 102 de l'Acte uniforme portant sur le droit commercial général du 17 avril 1997.

Attendu qu'il est fait grief à l'arrêt attaqué d'avoir violé les articles 101 et 102 susvisés, en ce que l'expulsion a été prononcée alors qu'aux termes de ces dispositions qui sont d'ordre public, la résiliation du bail et l'expulsion du locataire ne peuvent être sollicitées qu'en cas de non paiement du loyer ou de défaut d'exécution d'une clause du bail après mise en demeure ;

Mais attendu que toutes ces dispositions ne sont applicables qu'à l'occupant régulier ; qu'en l'occurrence le Sieur FOKUI Meudje Jean n'étant ni preneur ni sous locataire régulier ne peut s'en prévaloir ; que ce moyen ne peut prospérer ;

Sur le deuxième moyen tiré de la violation de l'article 10 du Traité relatif à l'harmonisation du droit des affaires en Afrique.

Attendu que selon le moyen, aux termes de cet article l'application de l'Acte uniforme sur le droit commercial général est obligatoire alors qu'en l'espèce la Cour d'appel en a fait fi pour parvenir à la décision entreprise ;

Mais attendu que ce moyen est caractérisé par son imprécision ; qu'il échet de le déclarer irrecevable ;

Attendu qu'il y a lieu de rejeter le pourvoi ;

Attendu que Sieur FOKUI Meudje Jean succombant sera condamné aux dépens ;

PAR CES MOTIFS

Statuant publiquement après en avoir délibéré,

Rejette le Pourvoi ;

Condamne FOKUI Meudje Jean aux dépens.

Le bail commercial, le fonds de commerce et la vente commerciale ne sont pas soumis au même régime juridique (CCJA, 2e Ch., n°90/2014, 23 juillet 2014)

Sommaire

Le bail commercial, le fonds de commerce et la vente commerciale étant traités sous des titres différents ne renvoyant pas les uns aux autres, on ne saurait reprocher au juge d'avoir ignoré les interactions entre eux.

La Cour Commune de Justice et d'Arbitrage (CCJA), de l'Organisation pour l'Harmonisation en Afrique du Droit des Affaires (OHADA), Deuxième chambre, a rendu l'Arrêt suivant en son audience publique du 23 juillet 2014 où étaient présents :

Messieurs Abdoulaye Issoufi TOURE, Président, rapporteur

Namuano Francisco DIAS GOMES, Juge

Djimasna N'DONINGAR, Juge

et Maître Jean Bosco MONBLE, Greffier,

Sur le pourvoi enregistré le 02 mai 2012 au greffe de la Cour de céans sous le n°041/2012/PC et formé par le Cabinet DAKO et GUEU, Avocats à la Cour, demeurant cocody-cité des Arts « 323 logements », rue des Bijoutiers, 28 BP 80 Abidjan 28, agissant au nom et pour le compte du sieur OUATTARA Issouf, ancien exploitant de la station Total Koumassi Nord Est, dans la cause l'opposant à la Société Total Côte d'Ivoire, société anonyme ayant son siège 21, rue Lecoeur, Immeuble « Nour Al Hayat », Abidjan-Plateau, 01 BP 336 Abidjan 01,

En cassation de l'Arrêt n°401 rendu le 09 décembre 2011 par la Cour d'appel d'Abidjan et dont le dispositif est le suivant :

« Déclare recevables les appels respectivement relevés par Monsieur OUATTARA Issouf et la Société TOTAL-CI du jugement civil contradictoire n°844 rendu le 26 mars 2009 par le Tribunal de première instance d'Abidjan ;

Déclare nul ledit jugement pour omission de statuer ;

Evoquant :

« Déclare recevable OUATTARA Issouf en son action ;

L'y dit partiellement fondé ;

Dit et juge que la rupture du contrat de location-gérance par la Société Total est abusive ;

Condamne en conséquence la Société Total-CI au paiement de la somme de 10.000.000 Francs à titre de dommage-intérêts à OUATTARA Issouf ;

La condamne également à la restitution de la somme de 6.084.000 francs qu'elle détient à titre de dépôt de garantie ;

Déboute OUATTARA Issouf du surplus de ses prétention ;

Condamne la Société Total-CI aux dépens. » ;

Le requérant invoque à l'appui de son pourvoi les trois moyens de cassation tels qu'ils figurent à la requête annexée au présent arrêt ;

Sur le rapport de Monsieur Abdoulaye Issoufi TOURE, Premier Vice-Président ;

Vu les dispositions des articles 13 et 14 du Traité relatif à l'harmonisation du droit des affaires en Afrique ;

Vu le Règlement de procédure de la Cour Commune de Justice et d'Arbitrage de l'OHADA ;

Attendu qu'il résulte des pièces du dossier de la procédure que le 1er juillet 2006, la Société Total Côte d'Ivoire donnait en location gérance au sieur OUATTARA Issouf sa station-service située à Abidjan, Koumassi Nord Est, contre une redevance mensuelle ; que pour permettre le démarrage de la gérance, plusieurs facilités étaient accordées au locataire notamment par rapport à la caution de garantie ; qu'il était cependant stipulé à l'article 22 de la convention, une résiliation de plein droit et sans aucune formalité judiciaire en cas d'« utilisation des fonds prêtés par le bailleur au gérant à des fins étrangères à l'exploitation de la station, sans l'accord préalable écrit du bailleur… » ; que le 25 janvier 2007, excipant de la violation de cette clause, Total CI décidait unilatéralement de la résiliation du contrat et procédait à l'expulsion du locataire-gérant ; que celui-ci saisissait alors le tribunal en réparation du préjudice matériel et moral pour rupture abusive ainsi que d'autres demandes en paiement ; que par jugement n°844 en date du 26 mars 2009, la Société Total était condamnée à 10.000.000 francs à titre de dommages-intérêts et 6.084.000 francs correspondant au montant du dépôt de garantie ; que sur appels des deux parties, la Cour après avoir annulé le jugement pour omission de statuer, reconduisait la même décision par arrêt dont pourvoi ;

Attendu que par lettre n°464/2012/G2 du 07 juin 2012, le Greffier en chef de la Cour de céans a signifié le recours au conseil du défendeur ; que cette lettre reçue le 13 juin 2012 est demeurée sans réponse ; que le principe du contradictoire ayant été respecté, il échet de passer outre à l'examen dudit recours ;

Sur le premier moyen tiré de la violation des formes légales prescrites à peine de nullité ou de déchéance.

Le sieur OUATTARA Issouf fait grief à l'arrêt déféré d'avoir violé l'article 166 nouveau du Code de procédure civile commerciale et administrative en ce que les appels ont été signifiés le 03 juin et 23 juin 2009 et les pièces et conclusions de Total datées du 13 octobre 2009 n'ont été déposées que le 16 octobre 2009 alors que ledit article dispose que « dans le délai de deux mois, à compter de la signification de l'appel, les parties doivent, à peine de forclusion, faire parvenir au greffier de la Cour :

1° / les conclusions et pièces dont elles entendent se servir en cause d'appel… »

Mais attendu que ce moyen mélangé de fait et droit est relevé pour la première fois en cassation ; qu'il échet de le déclarer irrecevable ;

Sur le deuxième moyen en sa première branche.

Il est fait grief à l'arrêt querellé d'avoir violé les articles 71, 101, 106 et 256 de l'Acte uniforme relatif au droit commercial général du 17 avril 1997 en ce que les relations des parties renvoyaient tantôt au bail commercial, tantôt à la vente commerciale mais que le juge d'appel a ignoré cette interaction notamment quant à la résiliation du bail et à l'expulsion du locataire ;

Mais attendu que dans l'Acte uniforme relatif au droit commercial de 1997, le bail commercial, le fonds de commerce et la vente commerciale sont traités sous des titres différents ne renvoyant pas les uns aux autres ; qu'il ya lieu de dire que cette branche est mal fondée.

Sur le deuxième moyen en sa deuxième branche tirée de la violation des articles 100 et 175 du Code ivoirien de procédure civile, commerciale et administrative en ce que la Cour d'appel a, à tort qualifié des demandes additionnelles, de demandes nouvelles ;

Mais attendu que les prétentions relatives à la somme de 258.322.192 francs n'ont pas été déclarées irrecevables comme demandes nouvelles, mais ont fait l'objet de débouté comme étant non justifiées ; que donc l'arrêt n'évoque la notion de demande nouvelle qu'à titre purement superfétatoire ; que le moyen ne peut prospérer ;

Sur le troisième moyen tiré du défaut de base légale

Attendu que dans une première branche il est fait grief à l'arrêt déféré d'avoir fixé les dommages-intérêts à 10.000.000 Francs sans se référer à des éléments objectifs d'appréciation et dans une deuxième branche d'avoir déclaré injustifiées les prétentions du locataire-gérant concernant la restitution des commissions et le remboursement des frais financiers alors selon le recourant que nulle part dans le contrat et ses annexes ne sont prévus des prélèvements au titre de commissions devant rémunérer les prestations fournies par Total et si des prélèvement sur le prix cession revendeur étaient prévus à l'annexe 2 du contrat au titre des frais financiers liés au crédit d'avance de fonds de roulement, le locataire-gérant avait toujours nié la réalité du crédit qui aurait justifié leur acquisition au bailleur ;

Mais attendu que ce moyen en ses deux branches relève de l'appréciation souveraine des faits par le juge du fond ; que la Cour de céans ne saurait y exercer un contrôle ; qu'il y a lieu de rejeter le moyen ;

Attendu que le pourvoi doit être rejeté ;

Attendu que OUATTARA Issouf succombant sera condamné aux dépens ;

PAR CES MOTIFS

Statuant publiquement, après en avoir délibéré ;

Rejette le pourvoi formé par OUATTARA Issouf ;

Le condamne aux dépens.

B. Renouvellement du bail à usage professionnel

Le maintien du preneur dans les lieux à l'expiration du bail équivaut à une reconduction tacite pour une durée indéterminée (CCJA, Ass. Plén., n°132/2014, 11 novembre 2014)

Sommaire

Lorsqu'à l'expiration du bail commercial, aucun congé n'est donné et que le locataire est maintenu dans les locaux plusieurs années durant sans qu'un autre bail écrit ne soit à nouveau conclu, le bail devient, du fait de la tacite reconduction, un contrat non écrit et à durée indéterminée qui ne peut prendre fin que par un congé donné conformément aux dispositions de l'article 93 de l'AUDCG.

La Cour Commune de Justice et d'Arbitrage (CCJA), de l'Organisation pour l'Harmonisation en Afrique du Droit des Affaires (OHADA), Assemblée plénière, a rendu l'Arrêt suivant en son audience publique foraine tenue le 11 novembre 2014 à Libreville (Gabon) où étaient présents :

Messieurs Marcel SEREKOÏSSE SAMBA	Président
Abdoulaye Issoufi TOURE,	Premier Vice-président
Madame Flora DALMEIDA MELE,	Second Vice-président
Messieurs Namuano Francisco Dias GOMES,	Juge
Victoriano OBIANG ABOGO,	Juge
Idrissa YAYE,	Juge
Djimasna N'DONINGAR,	Juge, Rapporteur
et Maître Paul LENDONGO,	Greffier en chef

Sur le pourvoi enregistré au greffe de la Cour de céans le 13 mars 2012 sous le n°021/2012/PC et formé par Maître Lassiney Kathann CAMARA, Avocat à la Cour, demeurant à Abidjan, Commune de Cocody, aux Deux Plateaux, les Vallons, Concession SIDECI, Rue J47 – Villa n°5, agissant au nom et pour le compte de Monsieur TEJERIZO Jean Jacques, commerçant domicilié à Libreville au Gabon, BP 3529, dans la cause qui l'oppose à la Succession CHABRIER Jean Baptiste, BP 4766, Libreville au GABON, ayant pour Conseils Maître H.M. MOUTSINGA, Avocat au Barreau du Gabon, BP 206, Libreville au Gabon, et MaîtreSUY BI G. Emile, Avocat à la Cour, demeurant à Abidjan, Cocody, 2 Plateaux Vallon, Rue J 60, Résidence Valérie, Bâtiment C, Porte 01, 25 BP 2248 Abidjan 25, en cassation de l'Arrêt n°140/2010-2011, rendu le 25 mai 2011 par la Cour d'appel de Libreville et dont le dispositif est le suivant :

« Statuant publiquement, contradictoirement, en matière commerciale et en dernier ressort ;

En la forme :

Déclare recevable l'appel interjeté par Monsieur TEJERIZO Jean Jacques;

Au fond :

Confirme en toutes ses dispositions le jugement rendu le 09 avril 2010 par le tribunal de Première Instance de Libreville ;

Condamne Monsieur TEJERIZO Jean Jacques aux dépens »

Attendu que le requérant invoque à l'appui de son pourvoi le moyen unique de cassation, tel qu'il figure à la requête annexée au présent arrêt ;

Sur le rapport de Monsieur Djimasna N'DONINGAR, Juge ;

Vu les dispositions des articles 13 et 14 du Traité relatif à l'harmonisation du droit des affaires en Afrique ;

Vu le Règlement de procédure de la Cour Commune de Justice et d'Arbitrage de l'OHADA ;

Attendu qu'il ressort des pièces du dossier de la procédure que le sieur TEJERIZO Jean Jacques a conclu le 1er avril 1983 un contrat de bail sur un immeuble à usage commercial avec Monsieur CHABRIER Jean Baptiste, pour une durée d'une année renouvelable par tacite reconduction ; qu'en application de cette clause, le bail est reconduit successivement jusqu'au 18 janvier 2008, date à laquelle la Succession CHABRIER notifiait au locataire un congé de non renouvellement à échéance au 30 mars 2008 ; qu'à la suite de ce congé, la succession CHABRIER a assigné, en date du 23 février 2009, le locataire TEJERIZO en vue de son expulsion de l'immeuble loué ; que, parallèlement à cette action en expulsion, la Succession CHABRIER signifiait au même locataire, en date du 29 septembre 2009, un second congé de non renouvellement du bail à échéance au 30 mars 2010 ; que par Jugement n°251/2009-2010 du 09 avril 2010, le Tribunal de première instance de Libreville ordonna l'expulsion du locataire ; que la Cour d'appel de Libreville, sur appel du locataire expulsé, a rendu, le 25 mai 2011, l'Arrêt confirmatif n°140/2010-2011 sus énoncé, objet du présent pourvoi ;

Sur le moyen unique moyen, pris en ses deux branches, tiré de la violation des articles 72 et 93 de l'Acte uniforme portant sur le droit commercial au droit commercial général (non révisé)

Attendu qu'il est fait grief à l'arrêt déféré d'avoir violé, d'une part, les dispositions de l'article 72, en ce qu'il a estimé que monsieur TEJERIZO était lié à la succession CHABRIER Jean Baptiste par un bail commercial à durée déterminée, alors, selon le moyen, qu'il est de principe que le renouvellement tacite a pour effet de nover le bail à durée déterminée en bail à durée indéterminée, et, d'autre part, celles de l'article 93, en ce qu'il a considéré le locataire déchu de son droit au renouvellement de son bail commercial pour n'avoir pas sollicité le renouvellement trois mois avant l'expiration du bail, alors qu'il s'agit d'un bail à durée indéterminée, lequel n'est pas soumis à cette formalité pour son renouvellement ;

Attendu en effet qu'aux termes de l'article 72, alinéa 3 « A défaut d'écrit ou de terme fixé, le bail est réputé conclu pour une durée indéterminée » ; qu'il est établi que le bail, initialement conclu pour une période d'une (01) année, expirait au 30 mars 1984 et, qu'à défaut de congé, le locataire a été maintenu dans les locaux plusieurs années durant sans qu'un autre bail écrit ne soit à nouveau conclu ; qu'il en résulte que le contrat de bail du 1er avril 1983 intervenu entre les sieurs CHABRIER et TEJERIZO est devenu, du fait de la tacite reconduction, un contrat non écrit et à durée indéterminée qui ne peut prendre fin que par un congé donné conformément aux dispositions de l'article 93 ; qu'en décidant que les parties n'ont jamais stipulé pour un contrat à durée indéterminée et que le bail est, dans ce cas, reconduit pour un an correspondant à la durée du bail initial, la Cour d'appel de Libreville a méconnu les dispositions susmentionnées et sa décision encourt cassation ; qu'il échet en conséquence de casser l'arrêt attaqué, d'évoquer et de statuer sur le fond ;

Sur l'évocation

Attendu que, par requête en date du 23 août 2010, Monsieur TEJERIZO Jean Jacques relevait appel contre le jugement rendu le 09 avril 2010 par le Tribunal de première instance de Libreville dans l'affaire l'opposant à la Succession CHABRIER et dont le dispositif est ainsi conçu :

« Statuant publiquement, contradictoirement, en matière commerciale et en premier ressort ;

Dit et juge que les parties étaient liées par un contrat à durée déterminée ;

Ordonne l'expulsion de TEJERIZO Jean Jacques ;

Déboute la famille CHABRIER du surplus de ses demandes ;

Condamne TEJERIZO Jean Jacques aux dépens » ;

Qu'au soutien de son appel, il demande à la Cour d'infirmer le jugement entrepris en toutes ses dispositions ; qu'il expose avoir conclu un contrat de bail commercial, initialement à durée déterminée, du 1er avril 1983 au 30 mars 1984, avec le sieur CHABRIER mais que, suite aux multiples tacites reconductions dont ledit contrat avait fait l'objet, le premier juge ne pouvait le qualifier de contrat à durée déterminée ; que ce bail s'est mué en contrat à durée indéterminée, de sorte qu'il ne lui appartenait plus, en tant que locataire, de solliciter un quelconque renouvellement à une période donnée ; qu'il estime donc être toujours bénéficiaire du contrat de bail du 1er avril 1983, devenu contrat à durée indéterminée ;

Attendu que la succession CHABRIER sollicite de la cour qu'elle confirme en toutes ses dispositions le jugement du 09 avril 2010 ; qu'elle demande, infiniment subsidiairement, à la Cour de constater qu'une décision de non renouvellement par acte extrajudiciaire daté du 29 septembre 2009, soit plus de six mois avant la date d'échéance du contrat de bail, a été servie par le bailleur au locataire, lequel est ainsi un occupant sans droit, ni titre pour compter du 1er avril 2010 ;

Mais attendu que c'est suite au congé de non renouvellement du bail servi le 18 janvier 2008 que la demande d'expulsion du locataire TEJERIZO a été introduite le 23 février 2009 ; qu'ainsi, pour les mêmes motifs que ceux développés lors de l'examen du moyen de cassation, tirés de la méconnaissance des articles 72 et 93, il y a lieu, pour la Cour de céans, d'infirmer le Jugement n°251/2009-2010, rendu le 09 avril 2010 par le Tribunal de première instance Libreville en toutes ses dispositions et, statuant à nouveau, de dire qu'il n'y a pas lieu à expulsion de Monsieur TEJERIZO Jean Jacques des locaux loués ;

Attendu que la Succession CHABRIER, ayant succombé, sera condamnée aux dépens ;

PAR CES MOTIFS

Statuant publiquement, après en avoir délibéré,

Casse l'Arrêt n°140/2010-2011, rendu le 25 mai 2011 par la Cour d'appel de Libreville ;

Evoquant et statuant sur le fond :

Infirme en toutes ses dispositions le Jugement n°251/2009-2010, rendu le 09 avril 2010 par le Tribunal de première instance de Libreville ;

Dit n'y avoir lieu à expulsion de Monsieur TEJERIZO Jean Jacques des locaux loués ;

Condamne la Succession CHABRIER aux dépens.

En cas de cession, la demande de renouvellement doit être sollicitée auprès du nouveau titulaire de l'immeuble (CCJA, Ass. Plén., n°139/2014, 11 novembre 2014)

Sommaire

Nul ne peut se prévaloir de sa propre turpitude. Les articles 110, 123 et suivants de l'AUDCG ne trouvent application que si le preneur, tenant compte de l'acte de vente, s'est conformé au transfert de la propriété. Tel n'est pas le cas lorsqu'il sollicite le renouvellement du bail commercial non pas entre les mains du nouvel acquéreur mais entre celles d'une personne qui n'a plus la qualité de bailleur.

Le locataire déchu du droit au renouvellement du bail ne peut plus prétendre à une quelconque indemnité d'éviction.

La Cour Commune de Justice et d'Arbitrage (CCJA), de l'Organisation pour l'Harmonisation en Afrique du Droit des Affaires (OHADA), Assemblée plénière, a rendu l'Arrêt suivant en son audience publique foraine tenue le 11 novembre 2014 à Libreville Gabon) où étaient présents :

Messieurs Marcel SEREKOÏSSE SAMBA	Président
Abdoulaye Issoufi TOURE,	Premier Vice-président
Madame Flora DALMEIDA MELE,	Seconde vice-Président
Messieurs Namuano Francisco Dias GOMES,	Juge, Rapporteur
Victoriano OBIANG ABOGO,	Juge
Idrissa YAYE,	Juge
Djimasna N'DONINGAR,	Juge
et Maître Paul LENDONGO,	Greffier en chef,

Sur le pourvoi enregistré au greffe de la Cour de céans le 28 décembre 2012 sous le n°175/2012/PC et formé par Maîtres ITCHOLA & AGBANRIN, Avocats au Barreau du Gabon, agissant au nom et pour le compte de Monsieur HASSAN Salman, Directeur de Société, demeurant au quartier Glass, BP 5652 Libreville, dans la cause l'opposant à Monsieur ANTCHOUE Zaouil Fouad, ayant pour conseil Maitres RETENO-N'DIAYE et AGONDJO RETENO avocats à la Cour, en cassation de l'Arrêt rendu le 15 novembre 2012 par la 6ème chambre civile et commerciale de la Cour d'Appel Judiciaire de Libreville, dont le dispositif est le suivant :

« Statuant publiquement contradictoirement en matière commerciale et en dernier ressort ;

Déclare recevable l'appel interjeté par ANTCHOUE Zaouil Fouad ;

AU FOND

Infirme l'ordonnance du 03 février 2012 en toutes ses dispositions ;

STATUANT A NOUVEAU

Ordonne l'arrêt des travaux et l'expulsion de HASSAN Salman de la parcelle n° 164 section D du plan cadastral de Libreville sous astreinte de 1.000.000 FCFA par jour de retard, à compter de la signification de la présente décision ;

Ordonne l'exécution sur minute et avant enregistrement de la présente décision nonobstant toute voie de recours ;

Condamne HASSAN Salman aux dépens ; »

Le requérant invoque à l'appui de son pourvoi les deux moyens de cassation tels qu'ils figurent à la requête annexée au présent arrêt ;

Sur le rapport de Monsieur Namuano Francisco DIAS GOMES, Juge ;

Vu les articles 13 et 14 du Traité relatif à l'harmonisation du droit des affaires en Afrique ;

Vu le Règlement de procédure de la Cour Commune de Justice et d'Arbitrage de l'OHADA ;

Attendu qu'il ressort de l'examen des pièces du dossier de la procédure que par acte notarié en date du 03 octobre 2011, ANTCHOUE Zaouil Fouad a acquis des héritiers KAPITHO la parcelle N° 164 section D du plan cadastral de Libreville ; que HASSAN Salman locataire de cette parcelle a été avisé du transfert du fait que son bail avec le vendeur devait expirer le 31 décembre 2011 ; que HASSAN Salman qui contestait la vente et qui continuait à payer les loyers aux héritiers de son premier bailleur, ne prenait aucune disposition en vue de renouveler son contrat de bail ; qu'ainsi le nouvel acquéreur l'assignait aux fins d'expulsion ; que le Président du Tribunal de première instance de Libreville par l'Ordonnance de référé n°261/2011-2012, se déclarait incompétent à connaître des mérites de cette affaire ; que sur appel de cette ordonnance, la 6ème Chambre civile et commerciale de la Cour d'appel judiciaire de Libreville rendait le 15 novembre 2012 l'arrêt infirmatif qui ordonnait l'expulsion de Monsieur HASSAN SALMAN de la parcelle n°164 section D ; Arrêt dont pourvoi ;

Sur le premier moyen de cassation tiré de la violation et la mauvaise application des articles 1108 et 1583 du Code civil ancien, violation de l'Article 34 du Décret n°77/PR/MF.DE du 06 Février 1967 règlementant l'octroi des concessions et locations des terres domaniales au Gabon et partant de l'article 438 du Code de procédure civile gabonais.

Attendu que Monsieur HASSAN Salman fait grief à l'arrêt attaqué d'avoir violé et fait une mauvaise application des articles 1108 et 1583 du Code Civil ancien, violé l'article 34 du Décret n°77/PR/MF.DE du 6 Février 1967 règlementant l'octroi des concessions et locations des terres domaniales au Gabon, et partant, violé l'article 438 du Code de procédure civile Gabonais aux motifs que d'abord le consentement de certains héritiers n'a pas été acquis dans cette affaire ou a été surpris, ensuite les parties n'ont jamais été d'accord sur l'objet et sur le prix de vente et enfin l'abandon des droits en l'espèce, si abandon des droits, il y a eu effectivement, n'est pas régulier et n'est surtout pas conforme aux dispositions de la réglementation gabonaise ;

Mais attendu que l'acte de vente qui a conféré la propriété à ANTCHOUE Zaouil Fouad est un acte notarié qui vaut jusqu'à inscription de faux ; qu'en l'état de la procédure cette pièce n'ayant pas été arguée de faux, continue de faire foi ; qu'il n'y a donc aucune violation des dispositions visées au moyen ;

Sur le second moyen de cassation tiré de la violation des articles 110, 123 et suivants anciennement 78, 91 et suivants de l'Acte uniforme sur le Droit commercial général et manque de base légale.

Attendu que Monsieur HASSAN Salman fait grief à l'arrêt attaqué d'avoir violé les dispositions des articles 110, 123 et suivants anciennement 78, 91 et suivants de l'Acte uniforme sur le Droit commercial général et manqué de base légale en retenant que premièrement son contrat de bail venant à expiration, il n'a pas manifesté sa volonté, par acte extra judiciaire, de le voir renouvelé dans le délai de trois mois avant cette expiration ; alors qu'il a effectivement sollicité auprès de la succession le renouvellement de son contrat de bail, à un moment où il n'avait encore rien reçu du prétendu nouvel acquéreur, et deuxièmement, la Cour d'appel de Libreville lui a dénié tout droit à une indemnité d'éviction, alors même que ledit acquéreur lui a écrit pour lui signifier qu'il ne comptait pas renouveler le contrat de bail, ayant l'intention de démolir le bâtiment, sans autre précision ;

Mais attendu que ces dispositions ne trouvent application que si le preneur tenant compte de l'acte de vente était conformé au transfert de la propriété ; qu'en l'occurrence au lieu de solliciter le renouvellement de son contrat de bail entre les mains du nouvel acquéreur sieur ANTCHOUE ZAOUIL Fouad, HASSAN Salman l'a fait plutôt entre celles de Feu KAPITHO Guy Oscar, qui n'avait plus la qualité de bailleur et dont les actes ne pouvaient nullement être opposables au nouveau propriétaire ; que HASSAN Salman ne peut donc se prévaloir de sa propre turpitude et soutenir que son bail a été renouvelé dans les formes et délais prescrits par la loi ;

Attendu en outre que l'article 94 de l'Acte uniforme du 1er octobre 1997 sur le Droit commercial général dispose que « Le bailleur peut s'opposer au droit au renouvellement du bail à durée déterminée ou indéterminée en réglant au locataire une indemnité d'éviction. » ; que HASSAN Salman, étant déchu du droit au renouvellement du bail, ne pouvait plus prétendre à une quelconque indemnité d'éviction ; que donc la Cour d'appel n'a pas violé les dispositions suscitées de l'Acte uniforme relatif au Droit commercial général ni manqué de donner une base légale à sa décision ; que le moyen doit être écarté ;

Attendu que le pourvoi étant mal fondé il échet de le rejeter ;

Attendu que sieur HASSAN SALMAN ayant succombé, il y a lieu de le condamner aux dépens.

PAR CES MOTIFS

Statuant publiquement, après en avoir délibéré,

Rejette le pourvoi

Condamne sieur HASSAN SALMANaux dépens.

La demande de renouvellement du bail commercial ne peut se faire que par acte d'huissier (CCJA, Ass. Plén., n°135/2014, 11 novembre 2014)

Sommaire

Le recours à un acte d'huissier étant impératif à l'exclusion de toute autre modalité même prévue au bail, une lettre ordinaire ou recommandée avec accusé de réception, par laquelle le preneur sollicite le renouvellement du contrat de bail commercial, doit être déclarée nulle et non avenue comme ayant violé les prescriptions d'ordre public de l'article 92 de l'AUDCG.

La Cour Commune de Justice et d'Arbitrage (CCJA) de l'Organisation pour l'Harmonisation en Afrique du Droit des Affaires (OHADA), Assemblée plénière, a rendu l'Arrêt suivant en son audience publique foraine tenue à Libreville (GABON) le 11 novembre 2014 où étaient présents :

Messieurs Marcel SEREKOÏSSE-SAMBA,	Président, Rapporteur
Abdoulaye Issoufi TOURE,	Premier Vice-président
Madame Flora DALMEIDA MELE,	SecondeVice-Présidente
Messieurs Namuano Francisco DIAS GOMES,	Juge
Victoriano ABOGO OBIANG,	Juge
Idrissa YAYE,	Juge
Djimasna NDONINGAR,	Juge
Et Maître Paul LENDONGO,	Greffier en chef

Sur le pourvoi enregistré au greffe de la Cour de céans sous le n°035/2012/PC en date du 19 avril 2012 et formé par Maîtres ITCHOLA et AGBANRIN, Avocats au Barreau du GABON, agissant pour le compte de la Société de Distribution Gabonaise dite SODIGAB-MBOLO, demeurant à Libreville B.P. 3955, dans la cause l'opposant à Monsieur ROSSO Frédérique et la Société la COMETE, dont le siège social est à Libreville BP. 8656, en cassation de l'Arrêt n°202/09-10, rendu le 15 septembre 2010 par la Cour d'appel judiciaire de Libreville et dont le dispositif suit :

« Par ces motifs :

Statuant publiquement, contradictoirement en matière de référé et en dernier ressort ;

<u>En la forme</u> :

Reçoit la Société la COMETE en son appel ;

<u>Au fond</u> :

Infirme l'ordonnance querellée sur le constat de déchéance du droit au renouvellement du bail et l'expulsion ;

<u>Et statuant à nouveau</u> :

Dit que la déchéance du droit de bail au renouvellement du bail B14 n'est pas acquise ;

Déboute en conséquence la SODIGAB de sa demande d'expulsion ;

La condamne aux dépens. » ;

La requérante invoque à l'appui de son pourvoi un moyen unique de cassation tel qu'il figure à la requête annexée au présent arrêt ;

Sur le rapport de Monsieur Marcel SEREKOÏSSE-SAMBA, Président ;

Vu les dispositions des articles 13 et 14 du Traité relatif à l'harmonisation du droit des affaires en Afrique ;

Vu les dispositions du Règlement de procédure de la Cour Commune de Justice et d'Arbitrage de l'OHADA ;

Attendu que suivant contrat de bail commercial conclu le 1er janvier 1998 et dont la date d'expiration est fixée au 31 décembre 2009, la Société de Distribution Gabonaise dite SODIGAB-MBOLO a donné à bail à la Société la COMETE, ayant pour représentant le sieur ROSSO Frédéric, un local à usage commercial constituant le lot B14, sis dans sa Galerie Marchande ;

Que le 21 juillet 2009, Frédéric ROSSO a écrit à SODIGAB une lettre dans laquelle il soulevait des points dont il avait discuté avec Madame ISSEMBE Zappula, Chef de service de la communication de SODIGAB dans le bureau de celle-ci et a conclu sa lettre comme suit :

« Je profite de ce courrier pour vous confirmer ici, par la présente, ma ferme volonté de maintenir à l'échéance des dates de ce contrat, les relations contractuelles nous liant, par le renouvellement de ce dit contrat de bail, conformément à la loi et aux bonnes relations que l'on se doit d'avoir. » ;

Que cette lettre a été réceptionnée par Madame ISSEMBE Zappula, le 29 juillet 2009 avec la mention « reçu le 29/07/09 » suivie de la signature de l'intéressée ;

Que le 24 novembre 2009, Frédéric ROSSO a écrit une autre lettre confirmative de celle du 21juillet pour réitérer sa volonté de renouvellement du contrat de bail B14 et a conclu : « En effet, je viens vous reconfirmer ma demande de renouvellement de bail déposée et accusée le 29 juillet 2009 par Madame ISSEMBE Zappula qui respecte bien votre échéance de trois (3) mois. » ;

Qu'en réponse, par lettre du 30 novembre 2009 signée par son Directeur Général, le sieur Christophe PETIT, la SODIGAB a refusé le renouvellement du contrat de bail sur le lot B14 ;

Que ROSSO a assigné la SODIGAB par devant le Juge des urgences pour solliciter la cessation des troubles par SODIGAB en le laissant jouir de son local commercial B14 ;

Que par Ordonnance n°267/2009-2010 du 09 avril 2010, le Juge des référés a « constaté la déchéance du droit au renouvellement du bail de sieur ROSSO Frédéric », l'a débouté de sa demande et l'a condamné aux dépens ;

Que sur appel de ROSSO, la Cour d'appel de Libreville a rendu l'Arrêt infirmatif n°202/09-10 sus-énoncé ;

Sur le moyen unique, tiré de la violation et mauvaise application de l'article 92 de l'Acte uniforme relatif au droit commercial général

Attendu qu'il est fait grief à l'arrêt attaqué d'avoir déclaré sieur ROSSO non déchu de son droit au renouvellement en estimant que la lettre en date du 21 juillet 2009 adressée par ce dernier à SODIGAB qui l'a régulièrement reçue, satisfait pleinement aux exigences de l'article 92 ancien de l'Acte uniforme relatif au droit commercial général comme exprimant clairement dans le délai légal la demande de renouvellement du bail B14 qui est arrivé à échéance au 31 décembre 2009, alors qu' un acte extrajudiciaire est un acte forcément dressé par un auxiliaire de justice et qui produit des effets juridiques en dehors de toute procédure ; qu'il ne saurait donc être remplacé par une lettre entre les parties ; que d'autre part, les dispositions de l'article 92 ancien de l'Acte uniforme sont d'ordre public et il ne saurait y être dérogé ;

Attendu que par lettre n°458/2012/G2 du 07 juin 2012, le Greffier en chef de la Cour de céans a signifié à Frédéric ROSSO et la Société COMETE le recours en cassation formé par la SODIGAB ; que cette lettre est demeurée sans réponse ; que le principe du contradictoire ayant été ainsi respecté, il y a lieu de passer outre et statuer ;

Attendu que l'article 102 ancien de l'Acte uniforme relatif au droit commercial général inclut l'article 92 dans la liste des dispositions de cet Acte uniforme déclarées d'ordre public ;

Qu'en retenant que la déchéance du droit de ROSSO au renouvellement du bail sur le lot B14 n'est pas acquise, la Cour d'appel judiciaire de Libreville a fait une mauvaise application de la loi ; qu'en conséquence, il y a lieu de casser l'arrêt querellé, d'évoquer et statuer ;

Sur l'évocation

Attendu que sieur ROSSO Frédéric et la Société la COMETE ont formé appel contre l'Ordonnance n°267/2009-2010 du 09 avril 2010 rendue par le juge des référés du Tribunal de première instance de Libreville dans le différend les ayant opposés à la SODIGAB et dont le dispositif est libellé comme suit :

« Statuant par ordonnance réputée contradictoire ;

-Constatons la déchéance du droit au renouvellement du bail de sieur ROSSO Frédéric ;

-Le déboutons de sa demande ;

-Ordonnons son expulsion des lieux loués soit le local B14 ainsi que tout occupant de son chef, sous astreinte de 100.000 par jour de retard ;

-Ordonnons l'exécution sur minute et avant enregistrement de la décision à intervenir ;

-Condamnons ROSSO Frédéric aux dépens. » ;

Attendu qu'à l'appui de son appel, ROSSO soutient que le 21 juillet 2009, il a écrit à SODIGAB une lettre dans laquelle il manifestait sa volonté de maintenir à l'échéance des dates, son contrat de bail commercial, conformément à la loi et aux bonnes relations qui le liaient à son bailleur ; qu'il a reconfirmé cette volonté par une autre lettre du 24 novembre 2009 ; qu'ayant manifesté cette volonté dans les délais légaux, il ne pouvait être déchu de son droit au renouvellement ; qu'il sollicite la mise à néant de l'ordonnance déférée ;

Que dans ses conclusions en défense, la SODIGAB soutient que l'article 92 ancien de l'Acte uniforme relatif au droit commercial général étant d'ordre public, toute manifestation de volonté de renouvellement du bail commercial doit être notifiée par acte extrajudiciaire servi par un huissier ; que ROSSO n'ayant pas observé cette formalité impérative, il doit être débouté de sa demande ;

Attendu qu'aux termes de l'article 92 de l'Acte uniforme sus- indiqué, le recours à un acte d'huissier étant impératif à l'exclusion de toute autre modalité même prévue au bail, une lettre ordinaire ou recommandée avec accusé de réception, par laquelle le preneur sollicite le renouvellement du contrat de bail commercial, doit être déclarée nulle et non avenue comme ayant violé les prescriptions d'ordre public de l'article 92 ;

Attendu qu'il y a lieu dans ces conditions de confirmer l'ordonnance du juge des référés querellée ;

Attendu que ROSSO Frédéric ayant succombé, il y a lieu de le condamner aux dépens.

PAR CES MOTIFS

Statuant publiquement après en avoir délibéré,

Déclare en la forme le pourvoi recevable ;

Casse l'Arrêt n°202/09-10 rendu le 15 septembre 2010 par la Cour d'appel judiciaire de Libreville ;

Evoquant et statuant à nouveau,

Confirme l'Ordonnance n°267/2009-2010 du 09 avril 2010 rendue par le juge des référés du Tribunal de première instance de Libreville ;

Condamne ROSSO Frédéric aux dépens.

C. Résiliation du bail à usage professionnel

1. Causes de résiliation

La sous-location non autorisée par le bailleur justifie la résiliation du bail (CCJA, Ass. Plén., n°60/2014, 23 avril 2014)

Sommaire

Toute sous-location non autorisée par le bailleur et qui ne lui est pas notifiée par écrit viole les dispositions de l'article 89 de l'Acte uniforme relatif au droit commercial général, justifiant ainsi la résiliation du bail principal et l'expulsion du locataire et de tous occupants de son chef.

La Cour Commune de Justice et d'Arbitrage (CCJA), de l'Organisation pour l'Harmonisation en Afrique du Droit des Affaires (OHADA), Assemblée plénière, a rendu l'Arrêt suivant en son audience foraine tenue à Lomé-TOGO le 23 avril 2014 où étaient présents :

Messieurs Marcel SEREKOÏSSE SAMBA	Président
Abdoulaye Issoufi TOURE,	Premier Vice-président,
Madame Flora DALMEIDA MELE,	Second-Vice-président
Messieurs Namuano Francisco Dias GOMES,	Juge
Victoriano OBIANG ABOGO,	Juge
Mamadou DEME	Juge
Idrissa YAYE,	Juge
Djimasna N'DONINGAR,	Juge, Rapporteur
et Maître Paul LENDONGO,	Greffier en chef,

Sur le pourvoi enregistré au greffe de la Cour de céans le 23 Avril 2012 sous le n°037/2012/PC et formé par Maître AJAVON Ata Messan, Avocat au Barreau du Togo, demeurant 1169, Avenue de Calais, BP 1202, à Lomé - TOGO, agissant au nom et pour le compte des consorts MENSAH, dans la cause qui les oppose au sieur ASSIOBO K. Tissogan, commerçant à Lomé, 11 BP 12, ayant pour Conseil Maître Yao San-Sogno ASSIOBO, Avocat à la Cour, 797 Avenue de la Libération, Lomé, et TUNKARA Aboubacar, commerçant, demeurant à Lomé,

en cassation de l'Arrêt n°242/11, rendu le 06 décembre 2011 par la Cour d'appel de Lomé et dont le dispositif est le suivant :

« Statuant publiquement, contradictoirement, en matière commerciale et en appel :

En la forme

Reçoit les appels principaux ainsi que l'appel incident ;

Ordonne la jonction de la procédure inscrite au greffe de la Cour de céans sous le numéro 802 de l'année 2009 à celle inscrite audit greffe sous le numéro 849 de la même année pour être statué par un seul et même arrêt ;

Au fond

Déclare tous ces appels mal fondés ;

Rejette la demande du sieur ASSIOBO KOUGLO tendant à la reformation du jugement entrepris ;

Confirme ledit jugement en toutes ses dispositions ;

Rejette comme non fondées toutes les demandes reconventionnelles des appelants principaux ;

Les condamne aux dépens. »

Attendu que les requérants invoquent à l'appui de leur pourvoi les deux moyens de cassation tels qu'ils figurent à la requête annexée au présent arrêt ;

Sur le rapport de Monsieur Djimasna N'DONINGAR, Juge ;

Vu les dispositions des articles 13 et 14 du Traité relatif à l'harmonisation du droit des affaires en Afrique ;

Vu le Règlement de procédure de la Cour Commune de Justice et d'Arbitrage de l'OHADA ;

Attendu qu'il ressort des pièces du dossier de la procédure que le sieur TUNKARA Aboubacar a conclu en 1985 un contrat de bail verbal sur un immeuble à usage commercial avec les consorts MENSAH ; que courant 2002, il a, sans autorisation préalable de ses bailleurs, sous-loué une partie des locaux au sieur ASSIOBO ; Que les consorts MENSAH, ayant découvert cette sous-location courant 2004, ont expressément exprimé leur désaccord et ont mis en demeure le locataire TUNKARA de rompre la sous-location, sans succès ; que nonobstant moult autres actions entreprises en direction du sous-locataire, celui-ci s'est toujours maintenu dans les lieux ; que c'est dans ces circonstances, et après avoir, par exploit d'huissier le 23/02/2005, donné congé de six mois au locataire de libérer les locaux, que les consorts MENSAH ont assigné ce dernier en vue de son expulsion de l'immeuble loué ainsi que de tous occupants de son chef ; que par Jugement n°1260/06 du 21 juillet 2006, le Tribunal de Lomé a fait droit à cette demande en ordonnant l'expulsion du locataire TUNKARA et de son sous-locataire ASSIOBO ; que le sieur ASSIOBO, mécontent de cette expulsion, assigna à son tour les consorts MENSAH ainsi que leur locataire TUNKARA devant le Tribunal de Lomé pour expulsion illégale et réclame le versement d'une indemnité d'éviction et des dommages-intérêts ; que par Jugement n°2105/2009 du 17 juillet 2009, ledit Tribunal a fait droit à cette demande en condamnant :

Les consorts MENSAH à lui verser la somme de 50 000 000 FCFA à titre d'indemnités d'éviction ;

Le sieur TUNKARA à lui payer la somme de 25 000 000 FCFA à titre de dommages-intérêts

Les consorts MENSAH et TUNKARA à lui payer solidairement la somme de 500 000 FCFA à titre de frais de justice ; Que la Cour d'appel de Lomé, sur appels de toutes les trois parties, a rendu, le 06 Décembre 2011, l'arrêt n°242/11 sus énoncé, objet du présent pourvoi ;

Attendu que la lettre n°459/2012/G2 du 07 juin 2012 adressée par le Greffier en chef au sieur TUNKARA Aboubacar et reçue le 11 juin 2012 est demeurée sans suite ; que le principe du contradictoire ayant été ainsi respecté, il échet de statuer ;

Sur le premier moyen tiré de la violation de l'article 89 de l'Acte uniforme relatif au droit commercial général (non révisé)

Attendu qu'il est fait grief à l'arrêt déféré d'avoir violé les dispositions de l'article 89 de l'Acte uniforme susvisé, en ce qu'il a estimé, sur la simple déclaration du locataire, que les consorts MENSAH étaient au courant de la sous-location, l'ont acquiescée et ne peuvent pas prétendre qu'elle leur est inopposable alors, selon le moyen, qu'au terme de cet article « En cas de sous-location autorisée, l'acte doit être porté à la connaissance du bailleur par tout moyen écrit. A défaut, la sous-location lui est inopposable »;

Attendu qu'il est constant que, tout au long de la procédure, aucun acte écrit attestant que la sous-location a été portée à la connaissance des bailleurs et que ceux-ci ont donné leur accord n'a été produit alors que, suivant la disposition visée, la sous-location doit être préalablement autorisée par le bailleur et être portée à sa connaissance de manière expresse ; qu'en décidant, dans ces conditions, que les consorts MENSAH connaissaient l'existence de cette sous-location et ne pouvaient exciper de son inopposabilité, la Cour d'appel de Lomé a méconnu les dispositions de l'article 89 et sa décision encourt cassation, sans qu'il soit besoin d'examiner l'autre moyen ; qu'il échet en conséquence de casser l'arrêt attaqué, d'évoquer et de statuer sur le fond ;

Sur l'évocation

Attendu que, par acte d'huissier du 08 septembre 2009, les consorts MENSAH ont relevé appel du Jugement n°2105/2009 rendu le 17 juillet 2009 par le Tribunal de première instance de première classe de Lomé qui les a condamnés à payer au sieur ASSIOBO la somme de 50 000 000 FCFA, à titre d'indemnité d'éviction, et solidairement avec le sieur TUNKARA, la somme de 500 000 FCFA au titre des frais de justice ; Qu'au soutien de leur appel, ils demandent à la Cour d'infirmer le jugement entrepris en toutes ses dispositions et statuant à nouveau, de constater que la sous-location a été faite au sieur ASSIOBO à leur insu ; Qu'ils exposent que le sieur TUNKARA Aboubacar, locataire, a conclu avec eux un contrat de bail verbal sur un immeuble à usage commercial ; que ce locataire a ensuite sous-loué une partie des locaux au sieur ASSIOBO, sans leur accord préalable et ne leur a pas notifié par écrit l'acte de cette sous-location ; qu'ayant découvert la sous-location, ils ont exprimé leur désaccord et ont sommé le locataire de mettre fin à cette situation, sous peine de résiliation du bail ; Que le sous-locataire ASSIOBO s'est maintenu dans les lieux, en dépit de moult actions entreprises aussi bien par son locataire que par eux-mêmes pour le voir libérer les locaux occupés ; que las d'attendre et afin de réfectionner l'immeuble délabré, ils ont obtenu du tribunal de Lomé l'expulsion du locataire et de tous occupants de son chef, après avoir servi au préalable un congé de six mois au locataire ; que c'est suite à cette expulsion que le sous-locataire ASSIOBO a saisi le tribunal et obtenu, à tort, la décision susmentionnée ; que les versements des loyers effectués par le sous-locataire entre les mains d'un huissier de justice l'ont été pour le compte de TUNKARA et non pour leur compte ; que c'est dans ces conditions que le sieur ASSIOBO s'est vu expulsé des lieux et que c'est à bon droit puisque celui-ci occupait les locaux sans titre, ni droit ; qu'il n'y a pas lieu à paiement d'indemnité d'éviction et, reconventionnellement, ils sollicitent la condamnation du sieur ASSIOBO à payer 5 000 000 FCFA, à titre de dommages-intérêts pour procédure abusive et vexatoire ;

Attendu que le sieur ASSIOBO a fait appel incident du même jugement ; qu'il soutient, à l'appui de ses prétentions, que les bailleurs étant au courant du lien contractuel entre TUNKARA et lui, la sous-location leur est opposable et qu'au demeurant, même s'il n'existe aucun écrit le liant aux consorts MENSAH, leurs comportements à son égard s'analysent en des relations entre bailleur et preneur ; que les consorts MENSAH perçoivent des loyers de lui et ont, de ce fait, entériné la sous-location intervenue entre lui et TUNKARA ; qu'en conséquence, étant devenu locataire des consorts MENSAH, il bénéficie de tous les droits conférés à ce titre ; qu'il réclame, en tant que tel, que le jugement soit confirmé en ce qu'il lui accorde l'indemnité d'éviction, et reformé pour rehausser le quantum des dommages-intérêts, en condamnant solidairement et conjointement les consorts MENSAH et TUNKARA à lui payer 500 000 000 FCFA à titre de dommage-intérêts pour son expulsion illégale et 12 000 000 FCFA à titre de frais de justice ;

Mais attendu que toute sous-location non autorisée par le bailleur et qui ne lui est pas notifiée par écrit viole les dispositions de l'article 89 de l'Acte uniforme relatif au droit commercial général, justifiant ainsi la résiliation du bail principal et l'expulsion du locataire et de tous occupants de son chef ; Qu'il ressort des pièces du dossier de la procédure que les consorts MENSAH n'avaient pas autorisé la sous-location intervenue entre leur locataire TUNKARA et le sous-locataire ASSIOBO et que cette sous-location n'a pas été portée à leur connaissance par écrit ; Qu'il y a lieu d'infirmer le Jugement n°2105 rendu le 17 juillet 2009 par le Tribunal de première instance de Lomé en toutes ses dispositions ;

Attendu qu'il n'est justifié d'aucun abus de la part du sieur ASSIOBO dans l'exercice de son action ; qu'il échet de débouter les appelants de leur demande en dommages-intérêts pour procédure abusive ;

Attendu que le sieur ASSIOBO, ayant succombé, sera condamné aux dépens ;

PAR CES MOTIFS

Statuant publiquement, après en avoir délibéré,

Déclare recevable le pourvoi formé le 23 Avril 2012 par les consorts MENSAH ;

Casse l'Arrêt n°242/11 rendu le 06 décembre 2011 par la Cour d'appel de Lomé ;

Évoquant et statuant sur le fond :

Infirme le jugement entrepris en toutes ses dispositions ;

Déboute le sieur ASSIOBO K. Tissogan de sa demande ;

Déboute les consorts Mensah de leur demande reconventionnelle de dommages-intérêts pour procédure abusive ;

Condamne le sieur ASSIOBO aux dépens.

2. Juge compétent pour la résiliation

L'incompétence du juge des référés à prononcer la résiliation d'un bail commercial (CCJA, Ass. Plén., n°67/2014, 25 avril 2014)

> Sommaire
>
> La simple erreur sur les références de l'ordonnance querellée ne peut suffire à vicier le mandat spécial délivré par une partie à son avocat.
>
> Le juge des référés n'a aucune compétence pour prononcer la résiliation judiciaire d'un bail commercial et a fortiori pour prononcer l'expulsion du preneur dudit bail commercial.

La Cour Commune de Justice et d'Arbitrage (CCJA) de l'Organisation pour l'Harmonisation en Afrique du Droit des Affaires (OHADA), en Assemblée plénière, a rendu l'Arrêt suivant en son audience foraine tenue le 25 avril 2014 à Porto-Novo-Bénin où étaient présents :

Messieurs

Marcel SEREKOÏSSE-SAMBA,	Président
Abdoulaye Issoufi TOURE,	Premier Vice-président
MadameFlora DALMEIDA MELE,	Seconde Vice-président
Messieurs Namuano F. DIAS GOMES,	Juge
Victoriano OBIANG ABOGO,	Juge
Mamadou DEME,	Juge
Idrissa YAYE,	Juge, rapporteur
Djimasna N'DONINGAR,	Juge
et Maître Paul LENDONGO,	Greffier en chef ;

Sur le pourvoi enregistré au greffe de la Cour de céans le 03 octobre 2011 sous le n°084/2011/PC et formé par le cabinet d'Avocats Boubakara NACRO, Avocats à la Cour, Rue Lansana DIAKITE, secteur 8, 01 BP 2196 Bobo-Dioulasso 01, agissant au nom et pour le compte de Monsieur SOU SIE Sylvain, fondateur du collège moderne technique de la Comoé, demeurant à Banfora, dans la cause l'opposant à la Société de Construction et de Gestion Immobilière du Burkina, en (SOCOGIB SA) au capital de un milliard huit cent quarante-deux millions six cent mille francs CFA, ayant son siège social à Ouagadougou, 01 BP 1646, Rue Georges KONSEIGA, représentée par son Directeur Général, ayant pour conseil Maître Mahamadou BAMBARA, Avocat à la Cour, 06 BP 9939 Ouagadougou 06, en cassation de l'Ordonnance de référé n°78/2010 rendue le 04 novembre 2010 par Monsieur le Premier Président de la Cour d'appel de Bobo-Dioulasso et dont le dispositif est le suivant :

« Statuant publiquement, contradictoirement en matière de référé, en cause d'appel et en dernier ressort ;

En la forme : déclarons l'appel recevable ;

Au fond : confirmons l'ordonnance querellée ;

Disons cependant qu'au regard de la nature sociale du litige, le preneur devra demeurer sur les lieux jusqu'à la fin de l'année scolaire ;

Déboutons toutes les parties de leur demande de frais exposés et non compris dans les dépens ;

Condamnons l'appelant aux dépens. » ;

Le requérant invoque à l'appui de son pourvoi les deux moyens de cassation tels qu'ils figurent à sa requête annexée au présent arrêt ;

Sur le rapport de Monsieur Idrissa YAYE, Juge ;

Vu les dispositions des articles 13 et 14 du Traité relatif à l'harmonisation du droit des affaires en Afrique ;

Vu le Règlement de procédure de la Cour Commune de Justice et d'Arbitrage de l'OHADA ;

Attendu que le 06 février 1986, un contrat de bail professionnel a été conclu entre Monsieur SOU SIE Sylvain, le preneur, et la Société de Construction et de Gestion Immobilière du Burkina, le bailleur, portant sur 10 bâtiments pour abriter le collège moderne et technique de la Comoé (CMTC) et moyennant un loyer mensuel de 125 000F CFA ; que le 1er septembre 2008, un avenant audit contrat de bail a été signé entre les parties, portant le loyer mensuel à la somme de 750 000 FCFA ; qu'après 13 mois de loyers impayés, la SOCOGIB a adressé au preneur une lettre de mise en demeure en date du 19 mai 2009, lui enjoignant de payer la somme de 9 750 000 FCFA, représentant les 13 mois de loyers, dans un délai de trente jours ; que faute de réaction du preneur, le bailleur lui a adressé le 25 juin 2009 une nouvelle lettre pour lui signifier la résiliation du contrat de bail les liant et lui demandant de libérer les lieux sous peine d'une expulsion par voie judiciaire ; que le preneur refusant de s'acquitter de ses engagements et de quitter les lieux loués, le bailleur a saisi le Président du Tribunal de grande instance de Banfora, lequel a, par Ordonnance de référé n°04 du 12 mai 2010, accédé à la requête du bailleur ; que sur appel du preneur, le Président de la Cour d'appel de Bobo-Dioulasso a rendu l'ordonnance confirmative, objet du présent pourvoi en cassation ;

Sur les irrecevabilités du pourvoi et du mémoire en réplique

Attendu que la SOCOGIB, dans son mémoire en réplique en date du 23 décembre 2011, enregistré au greffe de la Cour de céans le 06 janvier 2012, soulève, in limine litis, la fin de non-recevoir du pourvoi pour prescription et pour absence de ministère d'avocat ; que soutenant, d'une part, que l'ordonnance querellée a été signifiée au requérant le 23 juillet 2011, lequel n'a introduit son recours que le 03 octobre 2011, soit plus de 2 mois après la signification, en violation des articles 25 et 28 du Règlement de procédure, elle demande en conséquence de le déclarer irrecevable pour forclusion ; que d'autre part, elle soutient que le pouvoir spécial délivré à l'avocat du recourant est entaché d'irrégularité en ce sens qu'il y a été mentionné : « donné dans le cadre du pourvoi en cassation contre l'ordonnance de référé n°04 du 12 mai 2010 rendue par le premier président de la Cour d'Appel », alors que le présent pourvoi porte sur l'Ordonnance de référé n°78/2010 du 04 novembre 2010 ; d'où ledit pourvoi encourt également une irrecevabilité de ce chef ;

Attendu que le recourant, pour sa part et dans son mémoire dit de « réplique » en date du 17 novembre 2011, versé au dossier, plaide l'irrecevabilité du mémoire en réplique, car dit-il le Directeur Général qui a délivré le mandat spécial à l'Avocat n'en a pas la qualité en application de l'article 28 du Règlement de procédure de la Cour de céans, la SOCOGIB étant une société anonyme avec conseil d'administration ;

Mais attendu que la simple erreur sur les références de l'ordonnance querellée ne peut suffire à vicier le mandat spécial délivré par Monsieur SOU SIE Sylvain à son avocat, le litige objet du pourvoi ayant été suffisamment matérialisé dans la requête de pourvoi et par l'indication précise des noms des parties audit procès permettent de lever tout doute sur le litige dont pourvoi, au demeurant les articles 23 et 28 du Règlement de procédure de la Cour de céans n'exigent, sans autre formalité, que la production d'un mandat régulièrement établi par un représentant qualifié ; qu'il échet dès lors de rejeter cette exception ;

Attendu que pour les mêmes raisons, il y a lieu de rejeter l'exception d'irrecevabilité du mandat délivré à l'avocat de la défenderesse, mandat délivré par son Directeur Général, habilité à la représenter légalement ;

Attendu que la fin de non-recevoir du pourvoi tirée de la prescription du recours exercé dans le délai de 2 mois, 10 jours à compter de la signification est régulière, car s'il est vrai qu'en application de l'article 28 dudit Règlement de procédure le délai de pourvoi est fixé à 2 mois à compter de la signification de la décision attaquée, il est aussi vrai qu'en application des dispositions de l'article 1er de la décision n°002/99/CCJA, les délais de procédure sont augmentés de 14 jours si les parties ont leur résidence habituelle dans un pays de l'Afrique de l'ouest, autre que la Côte d'Ivoire, comme c'est le cas en l'espèce ; d'où il échet de déclarer ledit pourvoi recevable en la forme ;

Sur les deux moyens de cassation réunis

Vu les articles 71 et 101 de l'Acte uniforme relatif au droit commercial général ;

Attendu que le demandeur fait grief à l'ordonnance attaqué d'avoir violé l'article 71 de l'Acte uniforme relatif au droit commercial général ; qu'il estime en effet, que l'ordonnance en se qualifiant de civil, alors que l'activité convenue sur les lieux loués est une activité d'enseignement privé, d'où en application de l'article 71 de l'Acte uniforme précité, il s'agit d'un bail professionnel qui ne saurait être civil et conclut à la cassation de ladite ordonnance de ce chef ;

Que le recourant fonde son second moyen sur la violation de l'article 101 de l'Acte uniforme susvisé, estimant qu'en application dudit article 101, l'expulsion n'est que la conséquence de la résiliation judiciaire du bail qui ne peut être prononcé que par le juge du fond ; que le juge de référé en se prononçant sur cette expulsion a préjudicié au fond du litige et a violé l'article 101 de l'Acte uniforme précité et que par conséquent sa décision encourt cassation ; qu'il estime d'autre part qu'en application des dispositions de l'article 101 précité et dont les dispositions sont d'ordre public, la résiliation du bail professionnel est conditionnée par la délivrance d'une mise en demeure par acte extrajudiciaire, formalité obligatoire, non respectée en l'espèce et il conclut à l'annulation de ladite ordonnance ;

Attendu qu'il est incontestable comme résultant des pièces du dossier, que la procédure tranchée par ordonnance du juge de référé de la Cour d'appel de Bobo-Dioulasso est relative à la résiliation d'un bail commercial régie par les dispositions impératives de l'article 101 de l'Acte uniforme susvisé, auxquelles ne peut déroger le contrat liant les parties ; qu'en application de ces dispositions l'expulsion judiciaire du preneur d'un bail commercial est obligatoirement précédée d'une mise en demeure par voie d'huissier de justice et reprenant sous peine de nullité les mentions dudit article 101 ; que rien de tel n'a été scrupuleusement respectée dans la présente procédure ; que mieux l'expulsion par voie judiciaire ne peut être ordonnée au sens dudit article que par la juridiction compétente qui est ici un juge du fond et non le juge de référé, incompétent en l'espèce ; d'où il échet d'annuler la décision attaquée et d'évoquer au fond ;

Sur l'évocation

Attendu que par exploit d'huissier de justice en date du 23 avril 2010, la SOCOGIB a assigné devant le juge des référés du Tribunal de grande instance de Banfora, Monsieur SOU SIE Sylvain aux fins de le voir :

expulser tant de sa personne, de ses biens que de tous autres occupants de son chef des 10 bâtiments abritant le collège moderne et technique de la Comoé sis dans la commune de Banfora ;

condamner au paiement de dommages et intérêts d'un montant provisoirement évalué à 1000.000F CFA ;

condamner au paiement de la somme de 500.000F au titre des frais exposés non compris dans les dépens et aux dépens ;

Qu'en réplique, SOU SIE Sylvain soutient qu'il existe entre eux une promesse de vente de l'immeuble, objet du bail, avec fixation du prix de vente qui le dispense du paiement des arriérés de prime dus ; il soutient en outre l'incompétence du juge des référés, motifs pris de ce qu'une expulsion desdits locaux, objet d'un bail commercial, ne peut se faire qu'après une résiliation du bail prononcée par un juge du fond ;

Sur la compétence du juge des référés

Vu l'article 101 de l'Acte uniforme précité ;

Attendu qu'en application des dispositions impératives de l'article 101 de l'Acte uniforme précité et ayant fondé la cassation de l'arrêt entrepris, la procédure de résiliation judiciaire d'un bail commercial doit se faire suivant une procédure rigoureusement déterminée par ledit article et que l'expulsion ne peut être prononcée qu'après une résiliation prononcée par la juridiction de fond compétente ; que dès lors le juge des référés n'a aucune compétence pour prononcer la résiliation judiciaire d'un bail commercial et a fortiori pour prononcer l'expulsion du preneur dudit bail commercial ; qu'il échet dès lors de déclarer le juge des référés incompétent pour statuer sur la résiliation d'un bail commercial et conséquemment sur l'expulsion du preneur ;

Attendu qu'ayant succombé, il y a lieu de condamner la SOCOGIB aux dépens ;

PAR CES MOTIFS

Statuant publiquement, après en avoir délibéré,

Déclare recevable le recours ;

Casse l'Ordonnance n°78/2010 rendue le 04 novembre 2010 par le Premier Président de la Cour d'appel de Bobo-Dioulasso ;

Evoquant et statuant sur le fond,

Déclare le juge des référés incompétent pour statuer sur la résiliation d'un bail commercial et conséquemment sur l'expulsion du preneur ;

Condamne la SOCOGIB aux dépens.

II. La vente commerciale

L'échéance de la lettre de change constitue le point de départ de prescription de l'action en paiement conformément à l'article 274 de l'AUDCG (CCJA, Ass. Plén., n°81/2014, 25 avril 2014)

Sommaire

L'action en paiement ne pouvant être exercée qu'à l'échéance de la lettre de change, cette échéance constitue le point de départ du délai de prescription de l'action en paiement conformément à l'article 274 de l'AUDCG.

La Cour Commune de Justice et d'Arbitrage (CCJA) de l'Organisation pour l'Harmonisation en Afrique du Droit des Affaires (OHADA), en Assemblée plénière, a rendu l'Arrêt suivant en son audience foraine tenue le 25 avril 2014 à Porto-Novo-Bénin où étaient présents :

Messieurs Marcel SEREKOÏSSE-SAMBA, Président

Abdoulaye Issoufi TOURE,	Premier Vice-président
MadameFlora DALMEIDA MELE,	Second Vice-président
MessieursNamuano F. DIAS GOMES,	Juge
Victoriano OBIANG ABOGO,	Juge
Mamadou DEME,	Juge
Idrissa YAYE,	Juge, rapporteur
Djimasna N'DONINGAR,	Juge
et Maître Paul LENDONGO,	Greffier en chef ;

Sur le pourvoi enregistré au greffe de la Cour de céans le 12 décembre 2012 sous le n°174/2012/PC et formé par Maître Yaro Zileto Daouda, Avocat à la Cour, Boulevard du Zarmaganda, BP 12418 Niamey-Niger, agissant au nom et pour le compte de la Société Négoce Internationale, en abrégé SONEI SARL, dont le siège social est BP 1002 Niamey-Niger, représenté par son Directeur Général Monsieur Eric Counta, dans la cause l'opposant à la Société Meunière Tunisienne SA au capital de 7 500 000 Dinas, ayant son siège social à la zone industrielle BIR KASSAA, 2013 BER AROUS, Tunisie, représentée par son Directeur Général,

en cassation de l'Arrêt n°26 rendu le 23 janvier 2012 par la Cour d'appel de Niamey et dont le dispositif est le suivant :

« Statuant publiquement, contradictoirement à l'égard de toutes les parties et en matière Commerciale et en dernier ressort ;

Reçoit Eric Counta en son appel régulier en la forme,

Au fond ; confirme le jugement attaqué en toutes ses dispositions ;

Condamne l'appelant aux dépens ; » ;

La requérante invoque à l'appui de son pourvoi les deux moyens de cassation tels qu'ils figurent dans sa requête annexée au présent arrêt ;

La Société Meunière Tunisienne SA à qui le présent recours en cassation a été signifié à l'adresse de son conseil, domicile élu dans la procédure en appel, suivant lettre n°017/2013/G2 en date du 08 janvier 2013, n'a développé aucun moyen de défense, le principe du contradictoire ayant été observé, il y a lieu de passer outre et de statuer au fond ;

Sur le rapport de Monsieur Idrissa YAYE, Juge ;

Vu les dispositions des articles 13 et 14 du Traité relatif à l'harmonisation du droit des affaires en Afrique ;

Vu le Règlement de procédure de la Cour Commune de Justice et d'Arbitrage de l'OHADA ;

Attendu que dans le cadre de leur relation commerciale, la SONEI SARL, a passé deux commandes de farine de blé avec la Société Meunière Tunisienne SA ; que n'ayant pu honorer ses engagements aux échéances convenues, la SONEI SARL a saisi le Tribunal de grande instance hors classe de Niamey d'une action aux fins d'obtenir, d'une part, la prescription de la facture n°7913/2006 d'une valeur de 63.800 Euros, d'autre part, un délai de grâce d'un an pour le paiement du reliquat de 27 287 811 FCFA, le tout, outre la condamnation de la Société Meunière Tunisienne SA aux dépens, avec exécution provisoire sur minute et avant enregistrement ; que suivant Jugement n°436 en date du 28 octobre 2008, ledit Tribunal, statuant en matière commerciale, l'a déboutée au fond de l'ensemble de ses demandes et l'a condamnée à payer à la Société Meunière Tunisienne les sommes de 99 819 758 FCFA en principal et frais, 1000 000 FCFA à titre de dommages et intérêts ; que sur appel de la SONEI SARL, la Cour d'appel a rendu l'Arrêt confirmatif n°26 du 23 janvier 2012, objet du présent pourvoi en cassation ;

Sur le premier moyen

Attendu que le demandeur fait grief à l'arrêt attaqué d'avoir violé les dispositions de l'article 274 de l'Acte uniforme relatif au droit commercial général du 17 avril 1997 ; qu'elle estime en effet, que la Société Meunière Tunisienne SA lui a vendu la farine de Blé le 05 décembre 2006, suivant facture n°7913/2006 ; qu'elle n'a exercé aucune action tendant à la réclamation de sa créance dans le délai biennal prescrit par ledit texte et conclut à la cassation de l'arrêt entrepris de ce chef ;

Mais attendu qu'en application des dispositions de l'article 274 de l'Acte uniforme précité : « Le délai de prescription en matière de vente commerciale est de deux ans. Ce délai court à partir de la date à laquelle l'action peut être exercée. » ;

Attendu qu'il résulte des pièces du dossier que la facture, dont la prescription est sollicitée, est du 05 décembre 2006 ; que pour son paiement, la SONEI SARL a remis à la Société Meunière Tunisienne SA une lettre de change domiciliée à la BSIC dont l'échéance est le 22 février 2007 ; que le 20 janvier 2007 une sommation de payer a été servie par la Société Meunière Tunisienne à sa débitrice ;

Attendu qu'en application de l'article 274 susvisé, le délai de prescription ne court qu'à partir du jour où l'action en paiement peut être exercée ; qu'en l'espèce, SONEI SARL ayant remis une lettre d'échange à sa créancière, celle-ci ne peut exercer son action qu'à l'échéance de ladite lettre de change ; qu'ainsi la Cour d'appel de Niamey, en considérant l'échéance de la lettre de change comme point de départ du délai de prescription, ne viole en rien le texte susvisé ; qu'il échet d'écarter ce moyen comme mal fondé ;

Sur le second moyen

Attendu que la recourante fonde son second moyen sur la fausse application de l'article 277 de l'Acte uniforme susvisé, estimant qu'en application dudit article, le délai de prescription cesse de courir lorsque le créancier de l'obligation a accompli tout acte qui d'après la loi nationale est considéré comme interruptif de prescription ; que contrairement à l'affirmation des juges du fond, l'article 2244 du code civil nigérien ne cite pas la sommation de payer parmi les actes interruptifs de la prescription et nulle part, il n'a été question d'échéance d'une lettre de change comme base de calcul du délai interruptif de prescription ; qu'elle conclut que la Cour d'appel, en statuant comme elle l'a fait, a fait une fausse interprétation de l'article susvisé et que sa décision encourt cassation de ce chef ;

Mais attendu qu'aux termes des dispositions de l'article 277 dudit Acte uniforme : « Le délai de prescription cesse de courir lorsque le créancier de l'obligation accomplit tout acte qui d'après la loi de la juridiction saisie, est considéré comme interruptif de prescription. » ; que selon les dispositions de l'article 2244 du code civil nigérien, sont considérés comme interruptifs de prescription les actes ci-après : « Une citation en justice, un commandement ou une saisie, signifiés à celui qu'on veut empêcher de prescrire. » ;

Attendu qu'en l'espèce, la Cour d'appel de Niamey, en considérant la sommation de payer comme interruptif de la prescription, n'a en rien violé les dispositions légales sus énoncées car la sommation comme le commandement sont des actes d'huissier de justice qui poursuivent les mêmes effets à savoir enjoindre au débiteur d'une dette de payer sous peine d'être saisi ; qu'au demeurant la dette n'est ici même pas contestée ; qu'il échet dès lors d'écarter ce second moyen et de déclarer le recours mal fondé ;Attendu qu'ayant succombé, il y a lieu de condamner la SONEI SARL aux dépens ;

PAR CES MOTIFS

Statuant publiquement, après en avoir délibéré,

En la forme

Déclare recevable le recours ;

Au fond

Le rejette comme mal fondé ;

Condamne la SONEI SARL aux dépens.

DROIT DES SOCIÉTÉS COMMERCIALES

I. Représentation légale de la société

Seul le Directeur général de la société anonyme avec conseil d'administration a qualité pour représenter la société (CCJA, Ass. Plén., n°63/2014, 25 avril 2014)

Sommaire

Seul le Directeur Général de la société anonyme avec conseil d'administration a la qualité de représentant légal de la société et peut donc à cet effet agir en justice. Ni le conseil d'administration ni son Président encore moins ses membres, à moins d'avoir un pouvoir spécial donné à cet effet, ne représente légalement la société ; ils ne peuvent donc s'arroger ce pouvoir en se prévalant des pouvoirs les plus étendus qu'ils détiennent de la loi.

La Cour Commune de Justice et d'Arbitrage (CCJA) de l'Organisation pour l'Harmonisation en Afrique du Droit des Affaires (OHADA), Assemblée plénière, a rendu l'Arrêt suivant en son audience foraine tenue le 25 avril 2014 à Porto-Novo-Bénin où étaient présents :

Messieurs Marcel SEREKOISE SAMBA, Président

Abdoulaye Issoufi TOURE,	Premier Vice-président
Madame Flora DALMEIDA MELE,	SndeVice-président, rapporteur
Messieurs Namuano F. DIAS GOMES,	Juge
Victoriano OBIANG ABOGO,	Juge
Mamadou DEME,	Juge
Idrissa YAYE,	Juge
Djimasna N'DONINGAR,	Juge
et MaîtrePaul LENDONGO,	Greffier en chef ;

Sur le pourvoi enregistré au greffe de la Cour de céans le 10 avril 2009 sous le n°034/2009/PC et formé par Maîtres Léopold Olory-Togbe et Renée Ayi, Avocats à la Cour, 01 BP 2202, Cotonou 01 République du Bénin, agissant au nom et pour le compte de la Loyale Assurance SA, représentée par Monsieur Bernard ASSA ABOUO, Président Directeur Général et dont le siège social est situé à l'Avenue du Général de Gaulle, Abidjan-Plateau, dans la cause l'opposant à la Société COWRIE CORPORATION S.A, es qualité de membre du conseil d'administration et d'actionnaire de AIB SA, Monsieur Moïse O. LALEYE, Directeur général de la Société COWRIE CORPORATION SA, es qualité de membre du conseil d'administration de

AIB S.A, Monsieur Charles ABIALA, président du conseil d'administration de la Société COWRIE CORPORATION S.A, en sa qualité d'actionnaire et de Président du conseil d'administration de AIB S.A, la Caisse nationale de sécurité Sociale (CNSS) es qualité de membre du conseil d'administration de AIB SA, agissant aux poursuite et diligence de son Directeur général, l'Agence pour la promotion et l'Appui aux petites et Moyennes Entreprises (PAPME) es qualité de membre du conseil d'administration de AIB S.A, agissant aux poursuites et diligences de son représentant légal, la Banque d'Investissement et de Développement de la CEDEAO (BIDC) es qualité de membre du conseil d'administration de AIB SA, ayant tous pour conseil, Maître Cyrille Y. DJIKUI, Avocat à la Cour, carré 370, Mifongou, Maro militaire, boulevard Saint Michel, 01 BP 2595 Cotonou,

en cassation de l'Arrêt n°20/09 rendu le 12 février 2009 par la Cour d'appel de Cotonou et dont le dispositif est le suivant :

« Statuant publiquement, contradictoirement en matière de référé commercial, en appel et en dernier ressort :

En la forme

Déclare recevable l'appel de Cowerie Corporation S.A et autres ;

Au fond

Rejette le moyen tiré du défaut d'objet de la présente procédure ;

Dit qu'il n'y a pas contradiction de motifs ;

Annule l'ordonnance n°024/2008 du 21 novembre 2008 rendue par le juge de référé commercial du Tribunal de Première Instance de Cotonou pour défaut de réponse à tous les moyens soulevés devant lui ;

Evoquant et statuant à nouveau ;

Dit que Cowrie Corporation SA et consorts ont qualité pour initier l'instance en rétractation ;

Ordonne la rétractation de l'ordonnance entreprise ;

Déboute la Loyale Assurance de ses demandes, fins et conclusions ;

Condamne la Loyale Assurance S.A aux dépens ; » ;

La requérante invoque à l'appui de son pourvoi les trois moyens de cassation tels qu'ils figurent à la requête annexée au présent arrêt ;

Sur le rapport de Madame Flora DALMEIDA MELE, Seconde Vice-présidente ;

Vu les dispositions des articles 13 et 14 du Traité relatif à l'harmonisation du droit des affaires en Afrique ;

Vu le Règlement de procédure de la Cour Commune de Justice et d'Arbitrage de l'OHADA ;

Attendu qu'il ressort des pièces de la procédure que AFRICAN INVESTMENT BANK, en abrégé AIB , société anonyme, comptait parmi ses actionnaires la société COWRIE Corporation SA qui souscrivait au capital social à hauteur de 30% dont 10% étaient entièrement libérés tandis que les 10 % étaient cédés à la Banque Commerciale du Burkina avec laquelle elle passait une convention de portage sur les 10% restants ; que la Banque Commerciale du Burkina ayant décidé de se retirer, la société COWRIE Corporation SA retrouvait toutes ses actions et négociait avec la Caisse Nationale d'Epargne de Côte d'Ivoire une cession de 10% et une convention de portage des 10% restants sur une période de deux mois ; qu'à l'issue des deux mois, la Caisse Nationale d'Epargne se retirait à son tour, renonçant ainsi aux actions ; que par convention en date du 26 décembre 2007, la COWRIE Corporation cédait 10% des actions à la LOYALE ASSURANCES SA ; qu'à la suite de l'augmentation du capital social de AIB, la LOYALE ASSURANCES SA souscrivait par bulletins en date du 29 décembre 2007 à 200 000 actions et versait un montant de un milliard (1 000 000 000) de francs CFA sur le compte de AIB dans ses livres; que par courrier du 25 février 2008, le Directeur Général de AIB informait La LOYALE ASSURANCE de l'approbation par le Conseil d'administration tenu le 28 décembre 2007 de la cession de 25 000 actions par l'actionnaire COWRIE Corporation et de l'enregistrement de sa souscription à 200 000 actions ainsi que du versement de la première tranche de 1 000 000 000 FCFA tout en le rassurant lui tenir le certificat de toutes ses actions au terme du processus d'augmentation de capital ; que las d'attendre et inquiet de n'être pas conviée aux différentes assemblées et réunions des organes nonobstant sa forte participation au capital social de AIB alors que certaines difficultés greffaient son fonctionnement, la LOYALE ASSURANCE SA sollicitait et obtenait du Président du Tribunal de Première instance de première classe de Cotonou l'Ordonnance à pied de requête n°992/2008 du 31 octobre 2008 prescrivant une expertise de gestion de AIB sur la période allant de juillet 2006 à octobre 2008 à l'effet de vérifier les transferts de fonds relatifs aux opérations de rachat de 20% du capital social de AIB SA par la LOYALE ASSURANCES SA et les engagements contractuels existant entre Cowrie Corporation USA, COWRIE SA BENIN avec AIB SA et les membres du comité de crédit de la dite banque ; qu'en outre, il ordonnait le report de toute réunion du Conseil d'administration et de toute Assemblée générale des actionnaires jusqu'à la convocation effective de la LOYALE ASSURANCE SA, actionnaire de AIB ; que par Ordonnance n°024/08 rendue le 21 novembre 2008, le juge des référés commerciaux du Tribunal de première instance de première classe de Cotonou rejetait la demande en rétractation de l'Ordonnance n°992/2008 introduite par COWRIE Corporation et autres, déclarait irrecevables les demandes de la LOYALE ASSURANCE SA tendant à l'extension de l'expertise ordonnée et à la mise sous administration provisoire de AIB ; que sur appel de COWRIE Corporation et consorts, la Cour d'appel de Cotonou rendait le 12 février 2009, l'Arrêt n°20/09 infirmatif dont pourvoi ;

Sur le premier moyen

Vu les articles 435 alinéa 1 et 487 alinéa 1 de l'Acte uniforme relatif au droit des sociétés commerciales et du groupement d'intérêt économique

Attendu que la demanderesse au pourvoi fait grief à l'arrêt attaqué d'avoir violé, par mauvaise interprétation, les articles 435 alinéa 1 et 487 alinéa 1 de l'Acte uniforme relatif au droit des sociétés commerciales et du groupement d'intérêt économique en considérant le conseil d'administration de la société anonyme comme organe investi des pouvoirs les plus étendus pour agir en toutes circonstances au nom de la société alors que selon le moyen, seule la personne que la loi a spécifiquement identifié pour représenter la société anonyme, en l'espèce, le Directeur Général ou toute personne ayant reçu mandat à cet effet, peut représenter celle-ci en justice ;

Attendu d'une part que l'article 435 alinéa 1 de l'Acte uniforme sus indiqué dispose : « Le conseil d'administration est investi des pouvoirs les plus étendus pour agir en toutes circonstances au nom de la société… » et d'autre part que, selon les dispositions de l'article 487 alinéa 1 du même acte uniforme, « Le directeur général assure la direction générale de la société. Il représente la société dans ses rapports avec les tiers… » ;

Attendu que l'article 16-2 des statuts de AIB confère le pouvoir de représentation de la société au Directeur général ; qu'il résulte des dispositions sus énoncées des articles 487 alinéa 1 de l'Acte uniforme ci-dessus et 16-2 des statuts de AIB que seul le Directeur Général de la société anonyme avec conseil d'administration a la qualité de représentant légal de la société et peut donc à cet effet agir en justice ; que l'article 435 alinéas 2 et 3 de l'Acte uniforme précité et 15 des statuts de AIB déterminent les pouvoirs du conseil d'administration et indiquent que ledit conseil précise les objectifs de la société et l'orientation qui doit être donnée à son administration, il exerce des pouvoirs de surveillance et de contrôle sur la gestion de la société et arrête les comptes de chaque exercice ; que dès lors ni le conseil d'administration ni son Président encore moins sesmembres, à moins d'avoir un pouvoir spécial donné à cet effet, ne représente légalement la société ; ils ne peuvent donc s'arroger ce pouvoir en se prévalant des pouvoirs les plus étendus qu'ils détiennent de la loi ; qu'en retenant qu' « il est stipulé à l'article 15 des statuts que le conseil d'administration est investi des pouvoirs les plus étendus pour agir en toutes circonstances au nom de la société », alors que ces pouvoirs, définis au même article, ne reconnaissent pas au conseil d'administration le pouvoir de représenter la société, la Cour d'appel a, par mauvaise interprétation, violé les articles susvisés de l'Acte uniforme et des statuts; qu'il échet de casser l'arrêt attaqué et d'évoquer, sans qu'il soit besoin d'examiner les autres moyens;

Sur l'évocation

Attendu que par acte d'appel du 03 décembre 2008, la Société COWRIE CORPORATION S.A, es qualité de membre du conseil d'administration et d'actionnaire de AIB S.A, Monsieur Moïse O. LALEYE, Directeur général de la Société COWRIE CORPORATION S.A, es qualité de membre du conseil d'administration de AIB S.A, Monsieur Charles ABIALA, président du conseil d'administration de la Société COWRIE CORPORATION S.A, en sa qualité d'actionnaire et de Président du conseil d'administration de AIB S.A, la Caisse Nationale de Sécurité Sociale (CNSS), es qualité de membre du conseil d'administration de AIB S.A, agissant aux poursuites et diligences de son directeur général, l'Agence pour la promotion et l'Appui aux Petites et Moyennes Entreprises (PAPME) es qualité de membre du conseil d'administration de AIB S.A, agissant aux poursuites et diligences de son représentant légal, la Banque d'Investissement et de Développement de la CEDEAO (BIDC) es qualité de membre du conseil d'administration de AIB S.A, agissant aux poursuites et diligences de son représentant légal, ont interjeté appel de l'Ordonnance n°024/08 rendue le 21 novembre 2008 par le juge des référés commerciaux du Tribunal de première classe de Cotonou et dont le dispositif est le suivant :

« Statuant publiquement, contradictoirement, en référé commercial et en premier ressort ;

Au principal, renvoyons les parties à mieux se pourvoir ainsi qu'elles aviseront ;

Constatons que la Société COWRIE CORPORATION S.A, Charles ABIALA, la Caisse Nationale de Sécurité Sociale (CNSS), Moïse O. LALEYE, l'Agence pour la Promotion et l'Appui aux Petites et Moyennes Entreprises (PAPME) et la Banque d'Investissement et de Développement de la CEDEAO (BIDC) sont des tiers à l'Ordonnance n°992/2008 du 31 octobre 2008 rendue sur requête de la société La Loyale Assurance SA ;

Constatons que la société Banque d'Investissement et de Développement (AIB) SA concernée par les mesures prescrites par ladite ordonnance n'est pas partie au procès ;

Constatons que la société COWRIE CORPORATION S.A, Moïse O. LALEYE, Charles ABIALA, la Caisse Nationale de Sécurité Sociale (CNSS), l'Agence pour la Promotion et l'Appui aux Petites et Moyennes Entreprises (PAPME) et la Banque d'Investissement et de Développement de la CEDEAO (BIDC) n'ont pas rapporté la preuve du grief que leur cause l'ordonnance n°992/2008 du 31 octobre 2008 ;

Rejetons en conséquence, leur demande tendant à la rétractation de cette ordonnance ;

Déclarons irrecevables les demandes de la société La Loyale Assurances SA, tendant à l'extension de l'expertise ordonnée par l'ordonnance n°992/2008 du 31 octobre 2008 et à la mise sous administration provisoire de la société Banque d'Investissement et de Développement (AIB) SA ;

Condamnons la société COWRIE CORPORATION S.A, Moïse O. LALEYE, Charles ABIALA, la Caisse Nationale de Sécurité Sociale (CNSS), l'Agence pour la Promotion et l'Appui aux Petites et Moyennes Entreprises (PAPME) et la Banque d'Investissement et de Développement de la CEDEAO (BIDC) aux dépens. » ;

Attendu qu'à l'appui de leur appel, ils excipent que l'Ordonnance à pied de requête n°992/2008 du 31 octobre 2008 prescrivant une expertise de gestion et des conditions suspensives de tenues des réunions du Conseil d'administration et d'assemblées générales de AIB leur faisait grief en leur qualité de membres du conseil d'administration ; qu'ils ont sollicité sa rétractation auprès du juge des référés qui a, par Ordonnance n°024/08 rendue le 21 novembre 2008, rejeté leur demande pour défaut de qualité estimant qu'ils sont des tiers à ladite ordonnance ; qu'ils allèguent qu'ils sont tous actionnaires et membres du conseil d'administration de AIB et que le président dudit conseil faisant partie des appelants, représente valablement la société AIB, s'agissant d'une société anonyme avec conseil d'administration dont la représentativité relève de son président du conseil d'administration ; qu'il ne peut donc leur être dénié la qualité pour agir ; qu'ils allèguent que la société La loyale Assurance ne peut prétendre détenir 20% des actions de l'AIB pour se prévaloir d'une expertise de gestion conformément aux dispositions de l'article 159 de l'Acte uniforme relatif au droit des sociétés commerciales et du groupement d'intérêt économique dans la mesure où la convention de portage d'actions du 26 décembre 2007 sur laquelle elle fonde cette demande est dénuée de toute valeur juridique pour n'avoir pas été signée par la société COWRIE CORPORATION S.A ; qu'ils soutiennent que la mise sous administration provisoire d'une société se justifie au cas où celle-ci traverse des difficultés et que cette mesure sollicitée par la Loyale Assurance ne leur est pas applicable vu l'état de bon fonctionnement de leur société;

Attendu que la société la Loyale Assurance soulève au principal l'irrecevabilité de l'action de la société COWRIE CORPORATION S.A et autres au motif qu'au regard de l'article 487 de l'acte uniforme sus cité, la société anonyme, en l'espèce AIB, est représentée, non pas par le président du conseil d'administration, encore moins par les membres dudit conseil mais plutôt par son Directeur Général qui seul a qualité d'agir au nom de la société; que subsidiairement, elle demande à la cour d'ordonner la comparution de AIB et sollicite le rejet de la demande de COWRIE CORPORATION S.A et autres et l'extension de la mission de l'expert pour vérifier les conditions d'augmentation du capital social de AIB puisqu'elle a versé à cet effet la somme de un milliard (1 000 000 000) de francs CFA ; par ailleurs, elle demande la nomination pendant la durée de l'expertise, d'un administrateur provisoire en remplacement du Président du conseil d'administration ; elle affirme qu'elle détient dans la société AIB 20% du capital social dont 10% suivant convention de cession d'actions et 10% suivant convention de portage d'actions et remplit pour cela les conditions prévues par l'article 159 de l'Acte uniforme suscité pour prétendre à une expertise de gestion puisque n'ayant jamais été invitée à une réunion de la société ;

Sur la recevabilité de l'appel formé par la société COWRIE CORPORATION S.A et autres

Attendu que pour les mêmes motifs que sur ceux sur le fondement desquels l'Arrêt n°20/09 rendu le 12 février 2009 par la Cour d'appel de Cotonou a été cassé, il y a lieu de déclarer irrecevable l'appel formé la société COWRIE CORPORATION S.A et autres ;

Attendu que la société COWRIE CORPORATION S.A et autres ayant succombé, il y a lieu de les condamner aux dépens ;

PAR CES MOTIFS

Statuant publiquement, après en avoir délibéré,

Casse l'Arrêt n°20/09 rendu 12 février 2009 par la Cour d'appel de Cotonou ;

Evoquant et statuant sur le fond,

Déclare irrecevable l'appel interjeté par la société COWRIE CORPORATION S.A et autres ;

Condamne la société COWRIE CORPORATION S.A et autres aux dépens.

Un ministère peut valablement ester en justice au nom et pour le compte de l'État actionnaire (CCJA, Ass. Plén., n°122/2014, 11 novembre 2014)

Sommaire

En tant que démembrement de l'État, un ministère, en charge de l'administration du secteur, objet social d'une société, peut valablement ester en justice au nom et pour le compte de l'État actionnaire de cette société et donc solliciter en justice, conformément à l'article 516 de l'AUSCGIE, la désignation d'un mandataire judiciaire chargé de convoquer l'assemblée générale des actionnaires.

Est irrégulière une convocation d'assemblée générale d'actionnaire délivrée moins de 15 jours de la date de tenue de l'assemblée.

La Cour Commune de Justice et d'Arbitrage (CCJA) de l'Organisation pour l'Harmonisation en Afrique du Droit des Affaires (OHADA), a rendu, en Assemblée plénière, l'arrêt suivant en son audience publique foraine du 11 novembre 2014 tenue à Libreville (Gabon) où étaient présents :

Messieurs Marcel SEREKOÏSSE SAMBA	Président
Abdoulaye Issoufi TOURE,	Premier Vice-président
Madame Flora DALMEIDA MELE,	SecondVice-président Rapporteur
Messieurs Namuano Francisco Dias GOMES,	Juge
Victoriano OBIANG ABOGO,	Juge
Idrissa YAYE,	Juge
Djimasna N'DONINGAR,	Juge
et Maître Paul LENDONGO,	Greffier en chef,

Sur le recours en annulation enregistré au greffe de la Cour céans sous le n°073/2007/PC en date du 20 août 2007 et formé par Maîtres Karim FADIKA et Mahoua FADIKA- DELAFOSSE, Associés à la SCPA FADIKA – DELAFOSSE – KACOUTIE – ANTHONY (FDKA), Avocats à la Cour, demeurant à Abidjan, boulevard Carde, Avenue du Docteur Jamot, Immeuble les Harmonies, 01 BP 2297 Abidjan 01, agissant au nom et pour le compte de la Société de Gestion des Actifs Logistiques (SOGAL), SA dont le siège social est à Kolongo-Bangui BP 3263, représentée par son Directeur Général, dans la cause l'opposant à L'Etat Centrafricain, représenté par le Ministère des Mines, de l'Energie et de l'Hydraulique, demeurant 1, rue de l'Indépendance à Bangui,

en cassation de l'Arrêt n°107 rendu le 20 juin 2007 par la Cour d'appel de Bangui et dont le dispositif est le suivant :

« <u>PAR CES MOTIFS</u>

Statuant contradictoirement à l'égard des parties, en matière des référés et en dernier ressort :

En la forme :

Déclare l'appel recevable ;

Au fond :

Infirme l'Ordonnance de Référé du Tribunal de Commerce de BANGUI, du 18 juin 2007 dans toutes ses dispositions ;

Statuant à nouveau :

Constate que l'Assemblée Générale Ordinaire de la Société SOGAL convoquée pour le 27 juin 2007 à 10 heures 00 n'obéit pas aux prescriptions légales ;

En conséquence ;

Désigne Monsieur POSSITI Anatole Bruno, Mandataire Judiciaire aux fins de convoquer une Assemblée Générale Extraordinaire de la Société SOGAL au lieu et place de l'Assemblée Générale Ordinaire du 21 juin 2007 ;

Ordonne l'exécution provisoire sur Minute nonobstant toutes voies de recours ;

Met les dépens à la charge de SOGAL ; » ;

La requérante invoque à l'appui de son recours les deux moyens de cassation tels qu'ils figurent à la requête annexée au présent arrêt ;

Sur le rapport de monsieur Idrissa YAYE, Juge ;

Vu les dispositions des articles 13 et 14 du Traité relatif à l'harmonisation du droit des affaires en Afrique ;

Vu les dispositions du Règlement de procédure de la Cour Commune de Justice et d'Arbitrage de l'OHADA ;

Attendu que L'État Centrafricain, représenté par le Ministère des Mines, de l'Energie et de l'Hydraulique, demeurant 1, rue de l'Indépendance à Bangui, à qui le présent recours en cassation a été signifié, suivant lettres n°0414/2008/G2 et n°398/2011/G2 en dates du 02 octobre 2008 et 13 octobre 2011, revenues avec la mention « non réclamé, retour à l'envoyeur », n'a développé aucun moyen de défense, le principe du contradictoire ayant été observé, il y a lieu de passer outre et de statuer au fond ;

Attendu qu'il résulte des pièces du dossier de la procédure que la Société de Gestion des Actifs Logistiques (SOGAL), société anonyme de droit centrafricain dont le capital est réparti entre Total Outre-mer 50%, Total Africa sa 25%, Investisseurs privés locaux 15%, Etat Centrafricain 10% et dont l'objet social réside dans le stockage, notamment en Centrafrique, de produits pétroliers ; que par une publication dans un journal, en date du 16 mai 2006, la SOGAL a informé ses actionnaires de la tenue d'une Assemblée Générale Ordinaire le 21 juin 2007, à 10 heures 00 ; que suivant une information diffusée par la même voie, le 14 juin 2007, cette Assemblée sera suivie, le même jour à 11 heures

30 par la tenue d'une Assemblée Générale Extraordinaire ; que le 08 juin 2007, le Ministère des Mines, de l'Énergie et de l'Hydraulique a saisi le Juge des référés pour solliciter la désignation d'un mandataire judiciaire qui aura pour mission de convoquer une Assemblée Générale Extraordinaire qui aura pour ordre du jour l'examen par les actionnaires des conséquences pour SOGAL des dispositions de la loi n°07007 du 24 avril 2007, dont la dissolution par anticipation de la SOGAL avec toutes ses conséquences ; que le juge des référés par ordonnance en date du 18 juin 2007 a constaté que l'Assemblée Générale Extraordinaire de SOGAL a été déjà convoquée et a jugé la requête du Ministère des Mines, de l'Énergie et de l'Hydraulique sans objet ; que sur appel dudit Ministère, la Cour d'appel de Bangui a rendu l'Arrêt n°107 du 20 juin 2007, objet du présent pourvoi ;

Sur le premier moyen

Attendu la SOGAL fonde son premier moyen sur la violation de l'article 516, 2° de l'Acte uniforme relatif au droit des sociétés commerciales et du groupement d'intérêt économique ; qu'elle estime en effet que, d'une part, la cour d'appel n'a pas motivé sa décision et s'est contentée de viser l'article 516, 2° pour décider qu'il y aurait urgence sans pour autant faire état de la moindre circonstance qui justifierait ou démontrerait l'urgence, d'autre part, le Ministère des Mines, de l'Énergie et de l'Hydraulique, n'est pas actionnaire et ne pouvait par conséquent pas l'assigner sur la base dudit article ; qu'ainsi aucune des conditions requises par ledit article n'étant réunie, elle conclut à la méconnaissance de l'article 516,2° de l'Acte uniforme précité et conséquemment à la cassation de l'arrêt ;

Mais attendu qu'aux termes des dispositions de l'article 516-2°) de l'Acte uniforme précité l'assemblée des actionnaires est convoquée : « par un mandataire désigné par le Président de la juridiction compétente, statuant à bref délai, à la demande soit de tout intéressé en cas d'urgence, soit d'un ou de plusieurs actionnaires représentant au moins le dixième du capital social s'il s'agit d'une assemblée générale ou le dixième des actions de la catégorie intéressée s'il s'agit d'une assemblée spéciale. » ;

Attendu qu'il résulte des pièces du dossier, que l'État Centrafricain à travers le Ministère des Finances et du Budget détient 10% des actions de SOGAL ; que le Ministère des Mines, de l'Énergie et de l'Hydraulique, étant un démembrement de l'Etat Centrafricain, justement chargé de l'administration du secteur, objet social de SOGAL, peut valablement ester en justice au nom et pour le compte de l'Etat Centrafricain ; qu'au demeurant, l'article 516-2°), justement rappelé par la cour d'appel, autorise en cas d'urgence la convocation d'une Assemblée Générale à la demande de toute personne ; qu'en l'espèce la notion d'urgence ayant été appréciée par ladite cour d'appel, laquelle a souverainement examiné les faits soumis à son appréciation, en estimant « qu'il y a urgence en ce que l'Assemblée Générale Ordinaire convoquée par la SOGAL est prévue pour le 21 juin 2007 à 10 heures, soit à 24 heures seulement de la présente audience ; » ; que ce faisant, elle motive sa décision et ne viole en rien le texte susvisé ; qu'il échet d'écarter ce moyen comme mal fondé ;

Sur le second moyen

Attendu que la recourante fonde son second moyen de cassation sur la violation de l'article 518, 4° de l'Acte uniforme susvisé, estimant que la cour d'appel a statué sur la question du délai de convocation de l'Assemblée Générale Ordinaire, et non de l'Assemblée Générale Extraordinaire et qu'elle a mal apprécié la régularité de la convocation à l'Assemblée Générale Ordinaire ; que l'article 518, 4° de l'Acte uniforme susvisé ayant été respecté par elle, sa méconnaissance ne saurait être prise en compte pour justifier à elle seule la nomination d'un mandataire judiciaire, tel que cela résulte du dispositif de l'arrêt ; que l'arrêt de la Cour d'appel de Bangui mérité ainsi d'être cassé en toutes ses dispositions ;

Mais attendu qu'aux termes des dispositions de l'article 518, 4° dudit Acte uniforme : « L'avis de convocation doit parvenir ou être porté à la connaissance des actionnaires quinze jours au moins avant la date de l'assemblée sur première convocation et, le cas échéant, six jours au moins pour les convocations suivantes. » ;

Attendu qu'il résulte des pièces versées au dossier que, l'Assemblée Générale Ordinaire dont il s'agit, a été convoquée pour le 21 juin 2007 à 11 heures 30 par SOGAL , par un avis inséré dans un journal du 14 juin 2007 ; qu'ainsi le délai légal de 15 jours fixé par ledit article 518, 4° pour la première convocation de ladite Assemblée Générale Ordinaire n'ayant pas été respecté, la Cour d'appel de Bangui, en passant outre et faisant droit à la requête du Ministère des Mines, de l'Energie et de l'Hydraulique, n'a en rien violé les dispositions légales sus énoncées ; qu'il échet dès lors d'écarter ce second moyen et de déclarer le recours mal fondé ;

Sur les dépens

Attendu que la SOGAL succombant, il ya lieu de la condamner aux dépens ;

PAR CES MOTIFS

Statuant publiquement après en avoir délibéré ;

Déclare le pourvoi de SOGAL recevable en la forme ;

Le rejette au fond comme mal fondé ;

Condamne la SOGAL aux dépens.

II. Administrateur provisoire de la société

Désignation d'un administrateur provisoire : le juge des référés est compétent (CCJA, Ass. Plén., n°117/2014, 4 novembre 2014)

> Sommaire
>
> En cas d'urgence, le juge des référés a compétence pour désigner un administrateur provisoire avec pour mission de prendre des mesures de sauvegarde de la société.

La Cour Commune de Justice et d'Arbitrage (CCJA), de l'Organisation pour l'Harmonisation en Afrique du Droit des Affaires (OHADA), Assemblée plénière, a rendu l'Arrêt suivant en son audience foraine publique tenue à Yaoundé (Cameroun) le 04 novembre 2014 où étaient présents :

Messieurs Marcel SEREKOÏSSE-SAMBA, Président, Rapporteur

Abdoulaye Issoufi TOURE Premier Vice Président,

Madame Flora DALMEIDA MELE, Seconde Vice Présidente

Messieurs Namuano DIAS GOMEZ Juge

Victoriano ABOGO OBIANG Juge

Idrissa YAYE, Juge

Djimasna NDONINGAR Juge

Et Maître Paul LENDONGO, Greffier en chef

Sur le renvoi, en application de l'article 15 du Traité relatif à l'harmonisation en Afrique du droit des affaires, devant la Cour de céans de l'affaire Michel ZOUHAIR FADOUL EL ACHKAR contre OMAÏS KASSIM et la Société Transport Omaïs KASSIM SELECTA SARL, par Arrêt n°21 du 15 juillet 2010 de la Chambre judiciaire section civile de la Cour suprême du Cameroun, saisie d'un pourvoi formé le 02 février 2009 par Maître TCHOUNGANG Charles, Avocat au Barreau du Cameroun, BP 205, Rue Hôtel La Falaise Bonanjo, Douala-Cameroun, agissant pour le compte du sieur Michel ZOUHAIR FADOUL EL ACHKAR, BP 06 Cotonou- Benin, lequel renvoi a été enregistré au greffe de la Cour de céans le 22 février 2011 sous le n°023/2011/PC, en cassation de l'Arrêt n°001/C rendu le 14 janvier 2009 par la Cour d'appel du Littoral à Douala, dont le dispositif est le suivant :

«Par ces motifs, statuant publiquement, contradictoirement à l'égard des parties, en matière de référé, en appel et en dernier ressort, en formation collégiale et après en avoir délibéré conformément à la loi ;

<u>EN LA FORME</u>

Reçoit l'appel ;

AU FOND

Confirme les ordonnances entreprises ;

Condamne Michel ZOUHAIR FADOUL EL ACHKAR aux dépens... ».

Attendu que le requérant invoque à l'appui de son recours trois moyens de cassation tels qu'ils figurent à la requête annexée au présent arrêt

Sur le rapport de Monsieur Marcel SEREKOÏSSE-SAMBA, Président ;

Vu les dispositions des articles 13, 14 et 15 du Traité relatif à l'harmonisation du droit des affaires en Afrique ;

Vu les dispositions du Règlement de procédure de la Cour Commune de Justice et d'Arbitrage de l'OHADA ;

Attendu qu'il ressort des pièces du dossier de la procédure que par Acte notarié n°331/01 du 08 août 2001, passé par devant Maître Véronique AKANKOSSI DEGUENON, Notaire au Benin, enregistré à la même date par les soins dudit Notaire au service des impôts et du domaine du Benin, le sieur OMAÏS KASSIM a procédé à une cession d'actions de la Société des Transports OMAÏS KASSIM au profit du sieur Michel ZOUHAIR FADOUL qui est ainsi devenu titulaire de 500 parts sociales soit une parité dans l'actionnariat avec OMAÏS KASSIM à hauteur de 50% chacun ;

Que par souci de célérité dans l'accomplissement des formalités relatives à l'opposabilité de la cession à toutes les parties, l'acte notarié a conféré à sieur KASSIM OMAÏS, désigné gérant, tous les pouvoirs pour accomplir les formalités de publicité nécessaires ;

Qu'en outre, sieur KASSIM OMAÏS, en sa double qualité de gérant et associé unique de la société, a déclaré accepter expressément la cession d'actions au nom de la société, conformément aux dispositions de l'article 317 alinéa 2 de l'Acte uniforme relatif au droit des sociétés commerciales et du groupement d'intérêt économique (SCGIE) qui dispensent les parties et le Notaire instrumentaire de toute autre signification, tenant ledit acte de cession pour signifié ;

Qu'après la cession et afin de redynamiser la Société Transport OMAÏS KASSIM Sélecta SARL, le sieur FADOUL a financé, sur les fonds de l'une de ses propres sociétés, l'achat de 29 véhicules neufs qu'il a mis à la disposition de la Société Transport OMAÏS KASSIM Sélecta ;

Qu'après avoir laissé gérer la Société OMAÏS KASSIM pendant environ 03 ans, le sieur FADOUL a sollicité le 14 juillet 2004 à son coassocié, conformément aux articles 137 et 138 de l'Acte uniforme susvisé, la copie des statuts de ladite société, contenant toutes les modifications nécessaires consécutives à la cession des parts sociales ainsi que les états financiers et les rapports de gestion pour les exercices 2001-2002, la période transitoire 2002 et l'année 2003 ;

Que par correspondance en réponse en date du 24 juillet 2004, KASSIM a affirmé d'une part qu'il n'avait jamais reçu l'acte de cession sus-évoqué, d'autre part que cet acte de cession n'était qu'une promesse de cession parce que cet acte n'a jamais été signifié à la société et que FADOUL n'avait pas rempli ses obligations ;

Que face à ces dénégations, sieur FADOUL a entrepris d'assigner en date du 04 février 2005 KASSIM et Maître Véronique AKANKOSSI DEGUENON, Notaire instrumentaire, devant le Tribunal de première instance de Cotonou ;

Que KASSIM ayant soulevé et obtenu l'exception d'incompétence des juridictions béninoises à connaître de ce différend, FADOUL a saisi le juge des référés du Tribunal de première instance de Douala-Bonanjo au Cameroun qui, par Ordonnance de référé n°259 du 23 juin 2008, a constaté que la question soumise à son appréciation n'était plus « une simple question d'apparence mais d'une contestation au fond du droit » et s'est déclaré en conséquence incompétent tout en condamnant le demandeur ;

Que sur appel de FADOUL, la Cour d'appel du Littoral à Douala a confirmé l'ordonnance querellée par son Arrêt n°001 du 14 janvier 2009 sus- énoncé ;

Que FADOUL s'est pourvu en cassation devant la Cour Suprême du Cameroun ;

Attendu que celle-ci ayant examiné le premier et le deuxième moyens de cassation tirés respectivement de la violation par la Cour d'appel du Littoral de l'article 45 de la Constitution de la République du Cameroun et de la violation de l'article 29 de la Convention générale de coopération en matière de justice signée à Tananarive (Madagascar) le 12 septembre 1961 et ratifié par le Cameroun suivant décret n°62/DF/115 du 09 avril 1962, après avoir fait une saine application de ces deux dispositions du droit positif interne et international, et ayant rappelé la suprématie des conventions internationales sur le droit positif interne pour confirmer la force exécutoire sur le territoire du Cameroun de l'Acte notarié n°331/01 du 08 août 2001, a rendu le 15 juillet 2010, l'Arrêt n°21/CIV dont le dispositif suit :

« Sans qu'il soit besoin d'examiner le second moyen de cassation ;

Casse et annule l'Arrêt 001/C du 14 janvier 2009 rendu par la Cour d'appel du Littoral sur le premier moyen de cassation ;

Se déclare incompétente pour examiner le troisième moyen de cassation ;

Renvoie devant la Cour Commune et d'Arbitrage pour la suite de la procédure ;

Condamne les défendeurs aux dépens. »

Sur le troisième moyen ;

Attendu que le demandeur au pourvoi fait grief à l'arrêt attaqué, d'avoir considéré que l'authenticité de l'Acte de cession n°331/01 du 08 août 2001 à Cotonou de Maître AKANKOSSI DEGUENON, Notaire au Benin, est globalement contesté, alors que d'une part, la Cour d'appel de Douala aurait dû distinguer entre l'opposabilité à la Société de transport OMAÏS KASSIM Sélecta SARL de la cession des parts sociales qui est parfaitement réalisée et incontestable en l'espèce et l'opposabilité de la cession au tiers qui n'a jamais été réalisée du fait du refus de sieur OMAÏS KASSIM, unique gérant statutaire de ladite société, de modifier les statuts et de publier la cession au registre du commerce et du crédit mobilier ; que c'est en violation de l'article 317 de l'Acte uniforme sus-évoqué que la Cour d'appel, en confirmant l'ordonnance du juge des référés, s'est déclarée incompétente ; que, d'autre part, la demande de désignation d'un administrateur provisoire s'adresse à la société et non au tiers ; enfin, qu'aux termes de l'article 33 de l'Acte uniforme portant organisation des procédures simplifiées de recouvrement et des voies d'exécution, « constituent des titres exécutoires : …4) les Actes notariés revêtus de la formule exécutoire »;

Attendu que par correspondances n°323/2011/G2 du 05 juillet 2011 et 332/2012/G2 du 04 juin 2012 le Greffier en chef de la Cour de céans a informé OMAÏS KASSIM par l'intermédiaire de ses conseils Maître J. NJEMB, Avocat à la Cour, BP 4183 Douala-Cameroun et Maître TEKUENTE Charles, Avocat à la Cour, BP 876 Douala-Cameroun, que « le dossier de l'affaire Michel ZOUHAIR FADOUL contre OMAÏS KASSIM, Société Transport OMAÏS KASSIM Sélecta SARL, objet de l'Arrêt n°21/CIV du 15 juillet 2010 de la Cour suprême du Cameroun, juridiction nationale de cassation, a été renvoyée par celle-ci à la Cour Commune de Justice et d'Arbitrage de l'OHADA pour jugement ; que le dossier concerné est enregistré au greffe de ladite Cour sous le n°023/2011/PC du 22 février 2011 » ; que le Greffier en chef lui a imparti un délai de 30 jours à compter de la date de réception de la correspondance pour transmettre à la Cour «toutes écritures et pièces utiles…et faire connaître son domicile élu à Abidjan» ;

Que ces correspondances étant retournées avec la mention "NON RECLAME", le principe du contradictoire ayant ainsi été respecté, il y a lieu de passer outre et statuer ;

Sur le troisième moyen de renvoi

Attendu qu'il ressort de l'analyse des pièces du dossier de la procédure que le problème juridique posé par le différend entre FADOUL et OMAÏS n'est pas celui de l'exécution des obligations nées de la cession des parts sociales opérées par devant Maître Véronique AKANKOSSI DEGUENON, Notaire au Benin, mais plutôt celui de l'opposabilité de l'acte de cession à la Société Transport OMAÏS KASSIM Sélecta SARL, opposabilité qui attribue à Michel ZOUHAIR FADOUL la qualité d'associé de ladite société ;

Qu'en ne distinguant pas la différence entre l'opposabilité de la cession et l'exécution des obligations nées de cet acte de cession, la Cour d'appel entretient une confusion entre, d'une part, l'opposabilité qui confère une autorité tant à l'égard des parties à l'acte qu'à l'égard des tiers qui n'ont été ni parties ni représentés à l'acte et, d'autre part, l'authenticité de l'acte engendrant l'exécution d'obligations qui est la mise en œuvre d'une décision de justice ou d'un acte constituant un titre exécutoire ;

Attendu que sur la demande de désignation d'un administrateur provisoire, il y a lieu de rappeler, sur la base de la jurisprudence relative au droit commun des mesures conservatoires, que l'administration provisoire s'impose en cas de mésentente entre les associés, faisant obstacle au fonctionnement normal de la société ou en cas d'irrégularités graves commises par les dirigeants et portant atteinte à l'intérêt social ;

Qu'en l'espèce, le refus d'actualiser les statuts de la société et d'en publier les modifications, le refus de convoquer le coassocié FADOUL à l'Assemblée générale et de lui rendre compte de la gestion de la société, sont bien des éléments constitutifs de mésintelligence entre les associés et de menaces graves, tant à l'intérêt de l'associé FADOUL qu'aux intérêts de la Société Transport OMAÏS KASSIM Sélecta SARL ;

Qu'en ne tirant pas les conséquences de cette situation de crise pour désigner un administrateur qui prendrait les mesures de sauvegarde prévues par l'article 337 de l'Acte uniforme relatif au droit des sociétés commerciales et du groupement d'intérêt économique, la Cour d'appel a méconnu la portée des dispositions de l'Acte uniforme susvisé et doit en conséquence être censuré ;

Qu'il échet de casser l'arrêt querellé, d'évoquer et de statuer sur le fond ;

Sur l'évocation

Attendu qu'au courant de l'année 2001, le sieur OMAÏS KASSIM associé unique de la société transport OMAÏS KASSIM Sélecta SARL unipersonnelle au capital de 10.000.000 de francs CFA, est allé à Cotonou- BENIN à la rencontre du sieur Michel ZOUHAIR FADOUL pour lui exposer ses difficultés dans la gestion de ses affaires au Cameroun et au Gabon ;

Qu'il a ainsi proposé à FADOUL la vente de la Société Transport OMAÏS KASSIM Sélecta SARL ; qu'après avoir décliné l'offre de KASSIM, FADOUL a accepté une prise de participation dans ladite société ;

Que KASSIM et FADOUL ont alors matérialisé l'aboutissement de leurs négociations par un acte notarié n°331/01 en date du 08 aout 2001, instrumenté par Maître Véronique AKANKOSSI DEGUENON, Notaire au BENIN, qui l'a fait enregistrer à la même date au service des impôts et des domaines du BENIN ; que cet acte reconnaissait désormais FADOUL titulaire de 500 parts sociales et le même quota au profit de KASSIM, soit une parité de 50% chacun dans l'actionnariat ;

Que par souci de célérité dans l'accomplissement des formalités relatives à l'opposabilité de la cession à toutes les parties, l'acte notarié a conféré au sieur KASSIM OMAÏS désigné gérant tous les pouvoirs pour accomplir les formalités de publicité nécessaires ;

Attendu qu'en outre, sieur KASSIM OMAÏS en sa double qualité de gérant et associé unique de la société a déclaré accepter expressément la cession d'actions au nom de la société conformément aux dispositions de l'article 317 alinéa 2-2°) et 2-3°) de l'Acte uniforme relatif au droit des sociétés commerciales et du groupement d'intérêt économique (SCGIE) qui dispensent les parties et le Notaire instrumentaire de toute autre signification à la société, tenant ledit acte de cession pour signifié ;

Qu'après la cession et afin de redynamiser la société transport OMAÏS KASSIM Sélecta SARL, le sieur FADOUL a financé sur les fonds de l'une de ses propres sociétés l'achat de 26 camions neufs qu'il a mis à la disposition de la Société Transport OMAÏS KASSIM Sélecta ; qu'en sus de ces apports, FADOUL reste créancier à l'égard de KASSIM de la somme de 144.000.000 de Francs CFA ;

Attendu qu'après avoir laissé KASSIM gérer la société de transport pendant environ 3 ans, le sieur FADOUL a sollicité le 14 juillet 2004 à son coassocié, conformément aux articles 137 et 138 de l'Acte uniforme susvisé, la copie des statuts de la Société Transport

OMAÏS KASSIM Sélecta SARL contenant toutes les modifications nécessaires consécutives à la cession des parts sociales ainsi que les états financiers et les rapports de gestion pour les exercices 2001-2002, la période transitoire 2002 et l'année 2003 ;

Que par correspondance en réponse en date du 24 juillet 2004, KASSIM a affirmé d'une part qu'il n'avait jamais reçu l'acte de cession sus-évoqué, d'autre part que cet acte de cession n'était qu'une promesse de cession parce que ledit acte n'a jamais été signifié à la société et que FADOUL n'avait pas rempli ses obligations ;

Que c'est alors que face à ces dénégations, sieur FADOUL a entrepris d'assigner en date du 04 février 2005 KASSIM et Maître Véronique AKANKOSSI DEGUENON, Notaire instrumentaire, devant le Tribunal de première instance de Cotonou ;

Que KASSIM ayant soulevé et obtenu l'exception d'incompétence de la juridiction béninoise à connaître de ce différend, FADOUL a saisi le juge des référés du Tribunal de première instance de Douala-Bonanjo au Cameroun qui a rendu l'Ordonnance de référé n°259 du 23 juin 2008 dont le dispositif suit :

« Par ces motifs

Statuant publiquement, contradictoirement à l'égard des parties, en matière de référé d'heure à heure et en premier ressort ;

Constatons que l'opposabilité de la cession des parts sociales litigieuses est contestée ;

Constatons plus spécifiquement que l'acceptation de la cession et la dispense de sa signification consenties par le sieur OMAÏS KASSIM telles qu'alléguées par le sieur Michel ZOUHAIR FADOUL EL ACHKAR résultent d'un acte notarié de Maître AKANKOSSI DEGUENON, Notaire à Cotonou au BENIN, daté du 08 mai 2001 ;

Constatons que la question de la désignation d'un administrateur provisoire dans le cas d'espèce amène le juge des référés à trancher la contestation sérieuse de l'opposabilité de cette cession et, au-delà, à tirer les conséquences juridiques d'un acte public étranger non encore exéquaturé ;

Constatons dès lors qu'il ne s'agit plus d'une question d'apparence plus plutôt d'une contestation au fond du droit ;

Nous déclarons par conséquent incompétent ;

Condamnons le demandeur aux dépens ».

Attendu que par requête d'appel du 03 juillet 2008 enregistré au greffe de la Cour d'appel de Douala-Bonanjo sous le n°1207, FADOUL a saisi le Président de ladite Cour pour l'entendre invalider l'ordonnance querellée et procéder à la désignation d'un administrateur provisoire conformément à l'article 337 de l'Acte uniforme relatif au droit des sociétés commerciales et du groupement d'intérêt économique ;

Qu'à l'appui de sa requête, FADOUL indique que les refus d'accomplir les formalités obligatoires consécutives aux modifications des statuts et de publier lesdites modifications, le refus de le convoquer aux Assemblées générales de la société et de lui rendre compte de la gestion de cette société, sont l'expression du conflit qui persiste entre lui et son coassocié de nature à engendrer la paralysie de la société ;

Attendu que dans ses conclusions en défense, l'intimé KASSIM soutient que l'acte de cession des parts sociales au profit de FADOUL n'était qu'une promesse de cession et qu'un tel acte ne pouvait constituer un titre exécutoire dont il pouvait se prévaloir ; que d'autre part, FADOUL n'a pas honoré ses obligations nées de la cession des parts sociales à son profit et qu'en conséquence il ne pouvait avoir la qualité d'associé ;

Attendu que, conformément à l'article 317 de l'Acte uniforme relatif au droit des sociétés commerciales sus-évoqué, le cessionnaire FADOUL a acquis la qualité d'associé dès l'acceptation de la cession et de la dispense de sa signification consentie par le cédant KASSIM dans l'acte notarié susmentionné qui fait foi jusqu'à inscription de faux ; qu'il ressort en outre de l'analyse de l'article 147 du même Acte uniforme et de la jurisprudence que même en cas d'urgence, le juge des référés est compétent tant que la mesure à prendre est essentiellement provisoire et que son efficacité requiert une application immédiate ; qu'ainsi, en l'espèce, le juge des référés se devait de désigner un administrateur provisoire avec pour mission de prendre des mesures de sauvegarde de la Société de Transport OMAÏS KASSIM Sélecta SARL telles que plus généralement déterminées par le droit commun des sociétés commerciales et du groupement d'intérêt économique ; qu'en se déclarant incompétent, le premier Juge a procédé à une fausse application de la loi ; qu'il échet de mettre à néant son Ordonnance ;

Sur les dépens

Attendu que le sieur OMAÏS KASSIM et la Société de Transport OMAÏS KASSIM Sélecta SARL ayant succombé, il y a lieu de les condamner aux dépens.

PAR CES MOTIFS

Statuant publiquement après en avoir délibéré,

Déclare le pourvoi recevable ;

Casse l'Arrêt n°001/C du 19 janvier 2009 de la Cour d'appel du Littoral à Douala ;

Evoquant et statuant ;

a) Infirme les ordonnances de référé querellées et notamment l'Ordonnance n°259 du 23 juin 2008 ;
b) Place la Société Transport OMAÏS KASSIM Sélecta SARL sous le régime de l'administration provisoire ;
c) Désigne en qualité d'administrateur provisoire le sieur **BOUNANG Jacques**, BP. 15198 Douala, inscrit sur la liste des experts agréés près la Cour d'appel du Littoral sous la rubrique « ADMINISTRATEURS PROVISOIRES, SYNDICS DES SOCIETES ET LIQUIDATEURS » avec pour mission de :

-Administrer et diriger la Société Transport OMAÏS KASSIM Sélecta SARL pendant une période transitoire sous toutes ses formes de 12 mois à compter de la prise de fonction ;

-Procéder à l'audit des comptes de cette société de la période allant du 08 août 2001 jusqu'à la date de sa prise de fonction ;

-Procéder aux formalités d'actualisation des statuts de l a société en y intégrant toutes les modifications consécutives à l'Acte notarié n°331/01 du 08 août 2001 authentifiant la cession de 50% des parts sociales de la Société Transport OMAÏS KASSIM Sélecta SARL au profit du sieur FADOUL ;

-Convoquer dans les six (6) mois de sa prise de fonction une Assemblée générale des associés à l'effet de régler les différends qui opposent ceux-ci, d'établir les organes dirigeants légitimes et présenter les bilans comptables, les déclarations et informations relatives à la régularité fiscale de la société ;

-Acquitter toutes les charges liées à ses fonctions d'administrateur provisoire et adresser régulièrement à Monsieur le Greffier en chef de la Cour Commune de Justice et d'arbitrage un rapport bimensuel des diligences accomplies, et ce, jusqu'à la fin de sa mission.

Condamne OMAÏS KASSIM et la société transport OMAÏS KASSIM Sélecta SARL aux dépens.

III. Acquisition de la qualité d'associé

Précisions sur le moment d'acquisition de la qualité d'associé (CCJA, Ass. Plén., n°117/2014, 4 novembre 2014)

> Sommaire
>
> Le cessionnaire acquiert la qualité d'associé dès l'acceptation de la cession et de la dispense de sa signification consentie par le cédant dans l'acte notarié qui fait foi jusqu'à inscription de faux.

La Cour Commune de Justice et d'Arbitrage (CCJA), de l'Organisation pour l'Harmonisation en Afrique du Droit des Affaires (OHADA), Assemblée plénière, a rendu l'Arrêt suivant en son audience foraine publique tenue à Yaoundé (Cameroun) le 04 novembre 2014 où étaient présents :

Messieurs Marcel SEREKOÏSSE-SAMBA,	Président, Rapporteur
Abdoulaye Issoufi TOURE	Premier Vice Président,
Madame Flora DALMEIDA MELE,	Seconde Vice Présidente
Messieurs Namuano DIAS GOMEZ	Juge
Victoriano ABOGO OBIANG	Juge
Idrissa YAYE,	Juge
Djimasna NDONINGAR	Juge
Et Maître Paul LENDONGO,	Greffier en chef

Sur le renvoi, en application de l'article 15 du Traité relatif à l'harmonisation en Afrique du droit des affaires, devant la Cour de céans de l'affaire Michel ZOUHAIR FADOUL EL ACHKAR contre OMAÏS KASSIM et la Société Transport Omaïs KASSIM SELECTA SARL, par Arrêt n°21 du 15 juillet 2010 de la Chambre judiciaire section civile de la Cour suprême du Cameroun, saisie d'un pourvoi formé le 02 février 2009 par Maître TCHOUNGANG Charles, Avocat au Barreau du Cameroun, BP 205, Rue Hôtel La Falaise Bonanjo, Douala-Cameroun, agissant pour le compte du sieur Michel ZOUHAIR FADOUL EL ACHKAR, BP 06 Cotonou- Benin, lequel renvoi a été enregistré au greffe de la Cour de céans le 22 février 2011 sous le n°023/2011/PC,

en cassation de l'Arrêt n°001/C rendu le 14 janvier 2009 par la Cour d'appel du Littoral à Douala, dont le dispositif est le suivant :

«Par ces motifs, statuant publiquement, contradictoirement à l'égard des parties, en matière de référé, en appel et en dernier ressort, en formation collégiale et après en avoir délibéré conformément à la loi ;

EN LA FORME

Reçoit l'appel ;

AU FOND

Confirme les ordonnances entreprises ;

Condamne Michel ZOUHAIR FADOUL EL ACHKAR aux dépens… ».

Attendu que le requérant invoque à l'appui de son recours trois moyens de cassation tels qu'ils figurent à la requête annexée au présent arrêt ;

Sur le rapport de Monsieur Marcel SEREKOÏSSE-SAMBA, Président ;

Vu les dispositions des articles 13, 14 et 15 du Traité relatif à l'harmonisation du droit des affaires en Afrique ;

Vu les dispositions du Règlement de procédure de la Cour Commune de Justice et d'Arbitrage de l'OHADA ;

Attendu qu'il ressort des pièces du dossier de la procédure que par Acte notarié n°331/01 du 08 août 2001, passé par devant Maître Véronique AKANKOSSI DEGUENON, Notaire au Benin, enregistré à la même date par les soins dudit Notaire au service des impôts et du domaine du Benin, le sieur OMAÏS KASSIM a procédé à une cession d'actions de la Société des Transports OMAÏS KASSIM au profit du sieur Michel ZOUHAIR FADOUL qui est ainsi devenu titulaire de 500 parts sociales soit une parité dans l'actionnariat avec OMAÏS KASSIM à hauteur de 50% chacun ;

Que par souci de célérité dans l'accomplissement des formalités relatives à l'opposabilité de la cession à toutes les parties, l'acte notarié a conféré à sieur KASSIM OMAÏS, désigné gérant, tous les pouvoirs pour accomplir les formalités de publicité nécessaires ;

Qu'en outre, sieur KASSIM OMAÏS, en sa double qualité de gérant et associé unique de la société, a déclaré accepter expressément la cession d'actions au nom de la société, conformément aux dispositions de l'article 317 alinéa 2 de l'Acte uniforme relatif au droit des sociétés commerciales et du groupement d'intérêt économique (SCGIE) qui dispensent les parties et le Notaire instrumentaire de toute autre signification, tenant ledit acte de cession pour signifié ;

Qu'après la cession et afin de redynamiser la Société Transport OMAÏS KASSIM Sélecta SARL, le sieur FADOUL a financé, sur les fonds de l'une de ses propres sociétés, l'achat de 29 véhicules neufs qu'il a mis à la disposition de la Société Transport OMAÏS KASSIM Sélecta ;

Qu'après avoir laissé gérer la Société OMAÏS KASSIM pendant environ 03 ans, le sieur FADOUL a sollicité le 14 juillet 2004 à son coassocié, conformément aux articles 137 et 138 de l'Acte uniforme susvisé, la copie des statuts de ladite société, contenant toutes les modifications nécessaires consécutives à la cession des parts sociales ainsi que les états financiers et les rapports de gestion pour les exercices 2001-2002, la période transitoire 2002 et l'année 2003

Que par correspondance en réponse en date du 24 juillet 2004, KASSIM a affirmé d'une part qu'il n'avait jamais reçu l'acte de cession sus-évoqué, d'autre part que cet acte de cession n'était qu'une promesse de cession parce que cet acte n'a jamais été signifié à la société et que FADOUL n'avait pas rempli ses obligations ;

Que face à ces dénégations, sieur FADOUL a entrepris d'assigner en date du 04 février 2005 KASSIM et Maître Véronique AKANKOSSI DEGUENON, Notaire instrumentaire, devant le Tribunal de première instance de Cotonou ;

Que KASSIM ayant soulevé et obtenu l'exception d'incompétence des juridictions béninoises à connaître de ce différend, FADOUL a saisi le juge des référés du Tribunal de première instance de Douala-Bonanjo au Cameroun qui, par Ordonnance de référé n°259 du 23 juin 2008, a constaté que la question soumise à son appréciation n'était plus « une simple question d'apparence mais d'une contestation au fond du droit » et s'est déclaré en conséquence incompétent tout en condamnant le demandeur ;

Que sur appel de FADOUL, la Cour d'appel du Littoral à Douala a confirmé l'ordonnance querellée par son Arrêt n°001 du 14 janvier 2009 sus- énoncé ;

Que FADOUL s'est pourvu en cassation devant la Cour Suprême du Cameroun ;

Attendu que celle-ci ayant examiné le premier et le deuxième moyens de cassation tirés respectivement de la violation par la Cour d'appel du Littoral de l'article 45 de la Constitution de la République du Cameroun et de la violation de l'article 29 de la Convention générale de coopération en matière de justice signée à Tananarive (Madagascar) le 12 septembre 1961 et ratifié par le Cameroun suivant décret n°62/DF/115 du 09 avril 1962, après avoir fait une saine application de ces deux dispositions du droit positif interne et international, et ayant rappelé la suprématie des conventions internationales sur le droit positif interne pour confirmer la force exécutoire sur le territoire du Cameroun de l'Acte notarié n°331/01 du 08 août 2001, a rendu le 15 juillet 2010, l'Arrêt n°21/CIV dont le dispositif suit :

« Sans qu'il soit besoin d'examiner le second moyen de cassation ;

Casse et annule l'Arrêt 001/C du 14 janvier 2009 rendu par la Cour d'appel du Littoral sur le premier moyen de cassation ;

Se déclare incompétente pour examiner le troisième moyen de cassation ;

Renvoie devant la Cour Commune et d'Arbitrage pour la suite de la procédure ;

Condamne les défendeurs aux dépens. »

Sur le troisième moyen ;

Attendu que le demandeur au pourvoi fait grief à l'arrêt attaqué, d'avoir considéré que l'authenticité de l'Acte de cession n°331/01 du 08 août 2001 à Cotonou de Maître AKANKOSSI DEGUENON, Notaire au Benin, est globalement contesté, alors que d'une part, la Cour d'appel de Douala aurait dû distinguer entre l'opposabilité à la Société de transport OMAÏS KASSIM Sélecta SARL de la cession des parts sociales qui est parfaitement réalisée et incontestable en l'espèce et l'opposabilité de la cession au tiers qui n'a jamais été réalisée du fait du refus de sieur OMAÏS KASSIM, unique gérant statutaire de ladite société, de modifier les statuts et de publier la cession au registre du commerce et du crédit mobilier ; que c'est en violation de l'article 317 de l'Acte uniforme sus-évoqué que la Cour d'appel, en confirmant l'ordonnance du juge des référés, s'est déclarée incompétente ; que, d'autre part, la demande de désignation d'un administrateur provisoire s'adresse à la société et non au tiers ; enfin, qu'aux termes de l'article 33 de l'Acte uniforme portant organisation des procédures simplifiées de recouvrement et des voies d'exécution, « constituent des titres exécutoires : …4) les Actes notariés revêtus de la formule exécutoire »;

Attendu que par correspondances n°323/2011/G2 du 05 juillet 2011 et 332/2012/G2 du 04 juin 2012 le Greffier en chef de la Cour de céans a informé OMAÏS KASSIM par l'intermédiaire de ses conseils Maître J. NJEMB, Avocat à la Cour, BP 4183 Douala-Cameroun et Maître TEKUENTE Charles, Avocat à la Cour, BP 876 Douala-Cameroun, que « le dossier de l'affaire Michel ZOUHAIR FADOUL contre OMAÏS KASSIM, Société Transport OMAÏS KASSIM Sélecta SARL, objet de l'Arrêt n°21/CIV du 15 juillet 2010 de la Cour suprême du Cameroun, juridiction nationale de cassation, a été renvoyée par celle-ci à la Cour Commune de Justice et d'Arbitrage de l'OHADA pour jugement ; que le dossier concerné est enregistré au greffe de ladite Cour sous le n°023/2011/PC du 22 février 2011 » ; que le Greffier en chef lui a imparti un délai de 30 jours à compter de la date de réception de la correspondance pour transmettre à la Cour «toutes écritures et pièces utiles…et faire connaître son domicile élu à Abidjan» ;

Que ces correspondances étant retournées avec la mention "NON RECLAME", le principe du contradictoire ayant ainsi été respecté, il y a lieu de passer outre et statuer ;

Sur le troisième moyen de renvoi

Attendu qu'il ressort de l'analyse des pièces du dossier de la procédure que le problème juridique posé par le différend entre FADOUL et OMAÏS n'est pas celui de l'exécution des obligations nées de la cession des parts sociales opérées par devant Maître Véronique AKANKOSSI DEGUENON, Notaire au Benin, mais plutôt celui de l'opposabilité de l'acte de cession à la Société Transport OMAÏS KASSIM Sélecta SARL, opposabilité qui attribue à Michel ZOUHAIR FADOUL la qualité d'associé de ladite société ;

Qu'en ne distinguant pas la différence entre l'opposabilité de la cession et l'exécution des obligations nées de cet acte de cession, la Cour d'appel entretient une confusion entre, d'une part, l'opposabilité qui confère une autorité tant à l'égard des parties à l'acte qu'à l'égard des tiers qui n'ont été ni parties ni représentés à l'acte et, d'autre part, l'authenticité de l'acte engendrant l'exécution d'obligations qui est la mise en œuvre d'une décision de justice ou d'un acte constituant un titre exécutoire ;

Attendu que sur la demande de désignation d'un administrateur provisoire, il y a lieu de rappeler, sur la base de la jurisprudence relative au droit commun des mesures conservatoires, que l'administration provisoire s'impose en cas de mésentente entre les associés, faisant obstacle au fonctionnement normal de la société ou en cas d'irrégularités graves commises par les dirigeants et portant atteinte à l'intérêt social ;

Qu'en l'espèce, le refus d'actualiser les statuts de la société et d'en publier les modifications, le refus de convoquer le coassocié FADOUL à l'Assemblée générale et de lui rendre compte de la gestion de la société, sont bien des éléments constitutifs de mésintelligence entre les associés et de menaces graves, tant à l'intérêt de l'associé FADOUL qu'aux intérêts de la Société Transport OMAÏS KASSIM Sélecta SARL ;

Qu'en ne tirant pas les conséquences de cette situation de crise pour désigner un administrateur qui prendrait les mesures de sauvegarde prévues par l'article 337 de l'Acte uniforme relatif au droit des sociétés commerciales et du groupement d'intérêt économique, la Cour d'appel a méconnu la portée des dispositions de l'Acte uniforme susvisé et doit en conséquence être censuré ;

Qu'il échet de casser l'arrêt querellé, d'évoquer et de statuer sur le fond ;

Sur l'évocation

Attendu qu'au courant de l'année 2001, le sieur OMAÏS KASSIM associé unique de la société transport OMAÏS KASSIM Sélecta SARL unipersonnelle au capital de 10.000.000 de francs CFA, est allé à Cotonou- BENIN à la rencontre du sieur Michel ZOUHAIR FADOUL pour lui exposer ses difficultés dans la gestion de ses affaires au Cameroun et au Gabon ;

Qu'il a ainsi proposé à FADOUL la vente de la Société Transport OMAÏS KASSIM Sélecta SARL ; qu'après avoir décliné l'offre de KASSIM, FADOUL a accepté une prise de participation dans ladite société ;

Que KASSIM et FADOUL ont alors matérialisé l'aboutissement de leurs négociations par un acte notarié n°331/01 en date du 08 aout 2001, instrumenté par Maître Véronique AKANKOSSI DEGUENON, Notaire au BENIN, qui l'a fait enregistrer à la même date au service des impôts et des domaines du BENIN ; que cet acte reconnaissait désormais FADOUL titulaire de 500 parts sociales et le même quota au profit de KASSIM, soit une parité de 50% chacun dans l'actionnariat ;

Que par souci de célérité dans l'accomplissement des formalités relatives à l'opposabilité de la cession à toutes les parties, l'acte notarié a conféré au sieur KASSIM OMAÏS désigné gérant tous les pouvoirs pour accomplir les formalités de publicité nécessaires ;

Attendu qu'en outre, sieur KASSIM OMAÏS en sa double qualité de gérant et associé unique de la société a déclaré accepter expressément la cession d'actions au nom de la société conformément aux dispositions de l'article 317 alinéa 2-2°) et 2-3°) de l'Acte uniforme relatif au droit des sociétés commerciales et du groupement d'intérêt économique (SCGIE) qui dispensent les parties et le Notaire instrumentaire de toute autre signification à la société, tenant ledit acte de cession pour signifié ;

Qu'après la cession et afin de redynamiser la société transport OMAÏS KASSIM Sélecta SARL, le sieur FADOUL a financé sur les fonds de l'une de ses propres sociétés l'achat de 26 camions neufs qu'il a mis à la disposition de la Société Transport OMAÏS KASSIM Sélecta ; qu'en sus de ces apports, FADOUL reste créancier à l'égard de KASSIM de la somme de 144.000.000 de Francs CFA ;

Attendu qu'après avoir laissé KASSIM gérer la société de transport pendant environ 3 ans, le sieur FADOUL a sollicité le 14 juillet 2004 à son coassocié, conformément aux articles 137 et 138 de l'Acte uniforme susvisé, la copie des statuts de la Société Transport OMAÏS KASSIM Sélecta SARL contenant toutes les modifications nécessaires consécutives à la cession des parts sociales ainsi que les états financiers et les rapports de gestion pour les exercices 2001-2002, la période transitoire 2002 et l'année 2003 ;

Que par correspondance en réponse en date du 24 juillet 2004, KASSIM a affirmé d'une part qu'il n'avait jamais reçu l'acte de cession sus-évoqué, d'autre part que cet acte de cession n'était qu'une promesse de cession parce que ledit acte n'a jamais été signifié à la société et que FADOUL n'avait pas rempli ses obligations ;

Que c'est alors que face à ces dénégations, sieur FADOUL a entrepris d'assigner en date du 04 février 2005 KASSIM et Maître Véronique AKANKOSSI DEGUENON, Notaire instrumentaire, devant le Tribunal de première instance de Cotonou ;

Que KASSIM ayant soulevé et obtenu l'exception d'incompétence de la juridiction béninoise à connaître de ce différend, FADOUL a saisi le juge des référés du Tribunal de première instance de Douala-Bonanjo au Cameroun qui a rendu l'Ordonnance de référé n°259 du 23 juin 2008 dont le dispositif suit :

« Par ces motifs

Statuant publiquement, contradictoirement à l'égard des parties, en matière de référé d'heure à heure et en premier ressort ;

Constatons que l'opposabilité de la cession des parts sociales litigieuses est contestée ;

Constatons plus spécifiquement que l'acceptation de la cession et la dispense de sa signification consenties par le sieur OMAÏS KASSIM telles qu'alléguées par le sieur Michel ZOUHAIR FADOUL EL ACHKAR résultent d'un acte notarié de Maître AKANKOSSI DEGUENON, Notaire à Cotonou au BENIN, daté du 08 mai 2001 ;

Constatons que la question de la désignation d'un administrateur provisoire dans le cas d'espèce amène le juge des référés à trancher la contestation sérieuse de l'opposabilité de cette cession et, au-delà, à tirer les conséquences juridiques d'un acte public étranger non encore exéquaturé ;

Constatons dès lors qu'il ne s'agit plus d'une question d'apparence plus plutôt d'une contestation au fond du droit ;

Nous déclarons par conséquent incompétent ;

Condamnons le demandeur aux dépens ».

Attendu que par requête d'appel du 03 juillet 2008 enregistré au greffe de la Cour d'appel de Douala-Bonanjo sous le n°1207, FADOUL a saisi le Président de ladite Cour pour l'entendre invalider l'ordonnance querellée et procéder à la désignation d'un administrateur provisoire conformément à l'article 337 de l'Acte uniforme relatif au droit des sociétés commerciales et du groupement d'intérêt économique ;

Qu'a l'appui de sa requête, FADOUL indique que les refus d'accomplir les formalités obligatoires consécutives aux modifications des statuts et de publier lesdites modifications, le refus de le convoquer aux Assemblées générales de la société et de lui rendre compte de la gestion de cette société, sont l'expression du conflit qui persiste entre lui et son coassocié de nature à engendrer la paralysie de la société ;

Attendu que dans ses conclusions en défense, l'intimé KASSIM soutient que l'acte de cession des parts sociales au profit de FADOUL n'était qu'une promesse de cession et qu'un tel acte ne pouvait constituer un titre exécutoire dont il pouvait se prévaloir ; que d'autre part, FADOUL n'a pas honoré ses obligations nées de la cession des parts sociales à son profit et qu'en conséquence il ne pouvait avoir la qualité d'associé ;

Attendu que, conformément à l'article 317 de l'Acte uniforme relatif au droit des sociétés commerciales sus-évoqué, le cessionnaire FADOUL a acquis la qualité d'associé dès l'acceptation de la cession et de la dispense de sa signification consentie par le cédant KASSIM dans l'acte notarié susmentionné qui fait foi jusqu'à inscription de faux ; qu'il ressort en outre de l'analyse de l'article 147 du même Acte uniforme et de la jurisprudence que même en cas d'urgence, le juge des référés est compétent tant que la mesure à prendre est essentiellement provisoire et que son efficacité requiert une application immédiate ; qu'ainsi, en l'espèce, le juge des référés se devait de désigner un administrateur provisoire avec pour mission de prendre des mesures de sauvegarde de la Société de Transport OMAÏS KASSIM Sélecta SARL telles que plus généralement déterminées par le droit commun des sociétés commerciales et du groupement d'intérêt économique ; qu'en se déclarant incompétent, le premier Juge a procédé à une fausse application de la loi ; qu'il échet de mettre à néant son Ordonnance ;

Sur les dépens

Attendu que le sieur OMAÏS KASSIM et la Société de Transport OMAÏS KASSIM Sélecta SARL ayant succombé, il y a lieu de les condamner aux dépens.

PAR CES MOTIFS

Statuant publiquement après en avoir délibéré,

Déclare le pourvoi recevable ;

Casse l'Arrêt n°001/C du 19 janvier 2009 de la Cour d'appel du Littoral à Douala ;

Evoquant et statuant ;

a) Infirme les ordonnances de référé querellées et notamment l'Ordonnance n°259 du 23 juin 2008 ;
b) Place la Société Transport OMAÏS KASSIM Sélecta SARL sous le régime de l'administration provisoire ;
c) Désigne en qualité d'administrateur provisoire le sieur **BOUNANG Jacques**, BP. 15198 Douala, inscrit sur la liste des experts agréés près la Cour d'appel du Littoral sous la rubrique « ADMINISTRATEURS PROVISOIRES, SYNDICS DES SOCIETES ET LIQUIDATEURS » avec pour mission de :

-Administrer et diriger la Société Transport OMAÏS KASSIM Sélecta SARL pendant une période transitoire sous toutes ses formes de 12 mois à compter de la prise de fonction ;

-Procéder à l'audit des comptes de cette société de la période allant du 08 août 2001 jusqu'à la date de sa prise de fonction ;

-Procéder aux formalités d'actualisation des statuts de l a société en y intégrant toutes les modifications consécutives à l'Acte notarié n°331/01 du 08 août 2001 authentifiant la cession de 50% des parts sociales de la Société Transport OMAÏS KASSIM Sélecta SARL au profit du sieur FADOUL ;

-Convoquer dans les six (6) mois de sa prise de fonction une Assemblée générale des associés à l'effet de régler les différends qui opposent ceux-ci, d'établir les organes dirigeants légitimes et présenter les bilans comptables, les déclarations et informations relatives à la régularité fiscale de la société ;

-Acquitter toutes les charges liées à ses fonctions d'administrateur provisoire et adresser régulièrement à Monsieur le Greffier en chef de la Cour Commune de Justice et d'arbitrage un rapport bimensuel des diligences accomplies, et ce, jusqu'à la fin de sa mission.

Condamne OMAÏS KASSIM et la société transport OMAÏS KASSIM Sélecta SARL aux dépens.

IV. Libération du capital social

Le défaut de libération des actions souscrites n'est pas sanctionné par la nullité (CCJA, Ass. Plén., n°80/2014, 23 avril 2014)

Sommaire

« Pas de nullité sans texte ». Aucun des articles 242, 243, 244 de l'Acte uniforme relatif au droit des sociétés commerciales et du groupement d'Intérêt économique ne prescrit la nullité de la société, ni des procès-verbaux de l'Assemblée constitutive et du Conseil d'administration comme sanction des actions souscrites mais non libérées.

Au sens de l'article 4 de l'AUSCGIE, la qualité d'associé se prouve par le contrat de société qui se particularise par l'affectation par deux ou plusieurs personnes, d'apports soit en numéraire, soit en nature, soit en industrie, par le partage de bénéfice et par la contribution aux pertes. Dès la souscription des actions, le souscripteur est juridiquement un associé indépendamment de la libération de ses actions et bénéficie en conséquence de tous les droits que lui confère sa qualité d'associé.

La Cour Commune de Justice et d'Arbitrage (CCJA) de l'Organisation pour l'Harmonisation en Afrique du Droit des Affaires (OHADA), Assemblée plénière, a rendu l'Arrêt suivant en son audience foraine tenue le 25 avril 2014 à Porto-Novo-Bénin où étaient présents :

Messieurs Marcel SEREKOISE SAMBA,		Président
Abdoulaye Issoufi TOURE,		Premier Vice-président
MadameFlora DALMEIDA MELE,		Snde Vice-présidente, rapporteur
Messieurs	Namuano F. DIAS GOMES,	Juge
	Victoriano OBIANG ABOGO,	Juge
	Mamadou DEME,	Juge
	Idrissa YAYE,	Juge
	Djimasna N'DONINGAR,	Juge
et Maître	Paul LENDONGO,	Greffier en chef ;

Sur le renvoi en application de l'article 15 du Traité relatif à l'harmonisation du droit des affaires en Afrique devant la Cour de céans de l'affaire Dame IBIKUNLE Karamatou contre la Société CODA-BENIN SA, Dame Amoudatou AHLONSOU, les héritiers Moucharafou GBADAMASSI, le Collectif des travailleurs de CODA-BENIN SA Cotonou, le Coopérative d'AGONVY et le Partenaire Technique par Arrêt n°008/CJ-CM en date du 27 avril 2012 de la Cour suprême du Bénin, saisie d'un pourvoi formé par Maître Magloire YANSUNNU, Avocat à la Cour, BP 2716 Cotono-Bénin, agissant au nom et pour le compte de Madame IBIKUNLE Karamatou, Administratrice de société, domiciliée à Cotonou, Carré 224 Gbèdjèwhin – 4125 – C, anciennement carré 37 bis, rue 1211 Akpakpa, dans la cause l'opposant à la Société CODA-BENIN SA et autres, tous ayant pour Conseils Maîtres Edgar Yves MONNOU, CAMPELL Agnès, RAFFIOU ALABI, Avocats au Barreau du Bénin, renvoi enregistré au greffe de la Cour de céans sous le n°168/2012/ PC du 29 novembre 2012 ;

en cassation de l'Arrêt n°04/2001 rendu le 11 janvier 2001 par la Cour d'appel de Cotonou et dont le dispositif est le suivant :

« **PAR CES MOTIFS**

Statuant publiquement, contradictoirement, en matière commerciale, en dernier appel et en dernier ressort ;

En la forme

Déclare Madame Karamatou IBIKUNLE recevable en son appel principal et les intimés recevables en leur appel incident ;

Au fond

Constate que les intimés n'ont pas satisfait au préalable requis par les articles 249 et 263 de l'Acte uniforme relatif au droit des sociétés commerciales et du groupement d'intérêt économique avant d'offrir à racheter les parts sociales de Madame Karamatou IBIKUNLE ;

Annule par conséquent le jugement n°26 rendu le 15 juillet 1999 par le Tribunal de Première Instance de Porto-Novo pour violation de la loi ;

Evoquant et statuant à nouveau ;

Confirme la jonction des procédures 267/99 et 276/99 ;

Déclare mal fondée la demande en intervention forcée de Monsieur Salmon OSSENI ;

Constate que certains actionnaires de la Société CODA-Bénin SA n'ont pas réellement ou entièrement libéré les parts sociales par eux souscrites ;

Dit qu'en vertu de la loi, Monsieur Moucharafou GBADAMASSI, Madame Amoudatou AHLONSOU épouse GBADAMASSI, le Partenaire Technique, le Collectif des Travailleurs d'Agony et l'Union régionale des Coopératives d'Aménagement Rural du grand Agony sont cependant tous actionnaires de la Société CODA-Bénin SA ;

Dit que Madame Karamatou IBIKUNLE n'a pas la propriété exclusive de la Société CODA-Bénin SA ;

Dit en conséquence que les procès-verbaux des délibérations de l'Assemblée générale constitutive et du Conseil d'Administration du 08 juillet 1997 sont valables ;

Renvoie Madame Karamatou IBIKUNLE à mieux se pourvoir en ce qui concerne la régularisation de la constitution de ladite société ;

Dit n'y avoir lieu à dissolution de ladite société ;

Renvoie Monsieur Moucharafou GBADAMASSI et autres à mieux se pourvoir en ce qui concerne l'offre de rachat des parts sociales de Madame Karamatou IBIKUNLE ;

Condamne Madame Karamatou IBIKUNLE à payer aux intimés la somme de dix millions de francs CFA (10 000 000) à titre de dommages intérêts toutes causes de préjudices confondues ;

Déboute les parties de leurs demandes plus larges ou contraires ;

Condamne Madame Karamatou IBIKUNLE aux entiers dépens » ;

La requérante invoque à l'appui de son pourvoi les six moyens de cassation tels qu'ils figurent à la requête annexée au présent arrêt ;

Sur le rapport de Madame Flora DALMEIDA MELE, Seconde Vice-Présidente ;

Vu les dispositions des articles 13, 14 et 15 du Traité relatif à l'harmonisation du droit des affaires en Afrique ;

Vu le Règlement de procédure de la Cour Commune de Justice et d'Arbitrage de l'OHADA ;

Attendu qu'il ressort des pièces du dossier de la procédure que dans le cadre de la privatisation de la SONICOG, et suivant un avis d'appel d'offres international lancé par le Gouvernement du Bénin, la Société Abussi Odumare représentée par Monsieur Moucharafou GBADAMASSI était déclarée le 02 mai 1997, adjudicataire définitif du lot 2 relatif à l'huilerie de palme d'Agony ; qu'il décidait avec Madame Karamatou IBIKUNLE de créer une société pour gérer l'huilerie ; qu'il créait le 08 juillet 1997, la société dénommée Complexe Oléagineux d'Agony en sigle CODA-Bénin SA et dont les actionnaires étaient : Moucharafou GBADAMASSI, Amoudatou AHLONSOU épouse GBADAMASSI, IBIKUNLE Karamatou, Coopérative d'AGONY, IDOHOU Saka, Collectif des travailleurs, OMICHESSAN Mounirou, représentant du Partenaire Technique ; que Monsieur Moucharafou GBADAMASSI était élu Président Directeur Général et Monsieur IDOHOU nommé Directeur Général Adjoint ; qu'estimant être l'unique actionnaire pour avoir libéré seule ses parts sociales, Madame IBIKUNLE Karamatou assignait, le 19 janvier 1999, devant le juge commercial du Tribunal de première instance de Porto-Novo, tous les actionnaires à l'exception de messieurs OMICHESSAN Mounirou et IDOHOU Saka, pour voir annuler les procès verbaux de l'Assemblée générale constitutive et se voir déclarer seule actionnaire et propriétaire de la société CODA-Bénin SA ; que par acte du 26 mars 1999, elle assignait à nouveau devant la même juridiction les mêmes actionnaires aux fins de la dissolution de la Société CODA-BENIN pour cause de mésintelligence entre associés , du constat de la détention par elle de toutes les actions de la Société et la transmission universelle à elle seule de tout le patrimoine de CODA-BENIN SA, de la non liquidation de la société, de la modification de l'inscription de la CODA-BEBIN au registre du commerce et du crédit mobilier ; que par Jugement avant dire droit n°14 rendu le 06 mai 1999, le Tribunal de première instance de Porto-Novo ordonnait la jonction des procédures ; que par Jugement n°26 du 15 juillet 1999, le même tribunal jugeait que Madame IBIKUNLE Karamatou n'était pas seule détentrice des parts sociales et la déboutait de sa demande en annulation des procès-verbaux de délibération de l'Assemblée générale du 08 juillet 1997 et du Conseil d'administration ainsi que de sa demande de dissolution de la société ; il a en outre donné droit aux actionnaires de leur offre d'achat des parts sociales de Madame IBIKUNLE Karamatou en les soumettant au respect des dispositions de l'article 249 de l'Acte uniforme relatif au droit des sociétés commerciales et du GIE ; il a ensuite prononcé la condamnation de Madame IBIKUNLE Karamatou au paiement de la somme de 5 000 000 francs CFA à titre de dommages intérêts pour procédure abusive et frustratoire à Moucharafou GBADAMASSI et autres ; enfin, il a assorti la décision de l'exécution provisoire sur le point relatif au rachat des droits sociaux de Madame IBIKUNLE Karamatou ; que sur appel de cette dernière, la Cour d'appel de Cotonou rendait le 11 janvier 2001l'Arrêt n°04/2001 dont pourvoi ;

Sur le premier moyen en ses quatre branches réunies

Attendu que la demanderesse au pourvoi fait grief à l'arrêt attaqué d'avoir violé par mauvaise application les articles 242, 243, 244, 389 al 1, 604 de l'Acte uniforme relatif au droit des sociétés commerciales et du groupement d'intérêt économique en faisant une mauvaise interprétation des articles 75, 77, 244 et 389 du même Acte Uniforme en ce qu'il n'a pas prononcé l'annulation des procès verbaux de l'Assemblée générale constitutive du 08 juillet 1997 et du Conseil d'administration alors que la nullité des procès verbaux n'a jamais été ni couverte ni régularisée par de nouveaux procès verbaux avant le jugement des premiers juges en date du 15 juillet 1999 d'une part, et d'autre part, en ce que la non libération des parts à la date de la constitution de la société est une cause d'inexistence des droits d'associés ;

Mais attendu qu'en application des dispositions des articles 242, 243, 244 de l'Acte uniforme relatif au droit des sociétés commerciales et du groupement d'Intérêt économique, il n y a « pas de nullité sans texte » ; qu'aucun des textes sus indiqués ne prescrit la nullité de la société ni des procès verbaux de l'Assemblée constitutive et du Conseil d'administration comme sanction des actions souscrites mais non libérées ; que la requérante ne dit pas en quoi il y a vice de consentement ; qu'au surplus, si les articles 389 alinéa 1 et 604 de l'Acte uniforme précité indiquent la libération des actions représentant des apports en numéraire d'un quart au moins de la valeur nominale lors de la souscription du capital, l'alinéa 2 de l'article 389 du même acte uniforme prévoit un délai de 3 ans à compter de l'immatriculation au registre du commerce et du crédit mobilier pour se libérer du surplus ; qu'au sens de l'article 4 de l'Acte uniforme, la qualité d'associé se prouve par le contrat de société qui se particularise par l'affectation par deux ou plusieurs personnes, d'apport soit en numéraire, soit en nature, soit en industrie, par le partage de bénéfice et par la contribution aux pertes ; que dès la souscription des actions, le souscripteur est juridiquement un associé indépendamment de la libération de ses actions et bénéficie en conséquence de tous les droits que lui confère sa qualité d'associé ; que Madame IBIKUNLE Karamatou ne peut prétendre être seule actionnaire dans la société ; que les autres personnes ayant souscrit des actions dans la société, bénéficient aussi de la qualité d'actionnaire ; que pour faire obstacle à la nullité de la société , les articles 75 et 77 du même Acte uniforme prévoit une action en régularisation qui se prescrit par trois ans ; que c'est de bon droit que les juges d'appel ont retenu, sur la base des articles 75 et 77 de l'Acte uniforme sus indiqué, que la demanderesse aurait dû initier une action en régularisation plutôt qu'une action en nullité ; qu'il s'ensuit que le grief porté au moyen n'est pas fondé ;

Sur le deuxième moyen en ses deux branches réunies

Attendu que la demanderesse au pourvoi fait grief à l'arrêt attaqué d'avoir violé les articles 5, 60 et 201 alinéa 4 de l'Acte uniforme relatif au droit des sociétés commerciales et du groupement d'intérêt économique en ce que les juges d'appel ont refusé de faire constater qu'à la date de la constitution de la société, elle était la seule à détenir toutes les parts sociales alors que selon le moyen, la loi reconnaît la création d'une société unipersonnelle dans laquelle tous les titres sont détenus par un seul associé et où la dissolution peut intervenir sans liquidation d'une part et d'autre part, d'avoir également violé les articles 244, 389 et 604 de l'Acte uniforme sus indiqué en ce que les juges d'appel lui ont reproché de n'avoir pas obligé les autres associés à libérer leurs parts et lui ont enjoint de le faire alors qu'il faut remplir les conditions édictées par les articles 42, 51, 53 alinéa 4 pour prétendre à la qualité d'associés ;

Mais attendu qu'il ressort des pièces du dossier que la requérante a souscrit lors de la constitution de la société 22% des actions et que le reste des actions a été partagé entre les 06 autres actionnaires ; qu'elle ne peut donc prétendre que toutes les parts sociales sont concentrées entre ses mains ; que même si elle s'était libérée de la totalité de ses actions, cela ne lui octroie aucunement la propriété exclusive de la société CODA-BENIN et la Cour d'appel, en se fondant sur les articles 75 et suivants , 244 et 389 de l'Acte uniforme précité pour décider que le retard dans la libération des parts ou la faute de n'avoir pas libéré ses parts n'enlève pas à l'actionnaire retardataire ou défaillant, sa qualité de membre de la société ; que s'agissant du refus d'application des articles 244, 38 et 604 du même Acte uniforme, le moyen ne dit en quoi la Cour a violé les articles susvisés ; que de toutes les façons, les articles 246 et suivants prescrivent au juge de permettre la régularisation de l'irrégularité constatée plutôt que de prononcer la nullité ; que dès lors le moyen n'est pas fondé ;

Sur le troisième moyen en ses deux branches réunies

Attendu que la demanderesse au pourvoi fait grief à l'arrêt attaqué de manquer de base légale en décidant, sur le fondement d'une jurisprudence intervenue sous l'empire d'une loi abrogée, que tout souscripteur est un associé alors que les articles 42, 51, 53 alinéa 4, 389 alinéa 4 et 604 de l'Acte uniforme relatif au droit des sociétés commerciales et du groupement d'intérêt économique dénient tout titre à toute personne n'ayant pas libéré ses parts lors de la souscription ou de la constitution de la société d'une part, et d'autre part, en soumettant le rachat des parts sociales de Madame Karamatou IBIKUNLE à la formalité prévue à l'alinéa 2 de l'article 249 de l'Acte uniformesus indiqué alors que Madame Karamatou IBIKUNLE étant associé unique, la possibilité de rachat n'est ouverte seulement qu'aux associés ;

Mais attendu qu'en motivant comme il suit : « attendu que s'agissant de la constitution d'une nouvelle société, il y a lieu de distinguer entre la souscription qui est l'engagement de prendre des actions et la libération qui est le versement effectif de la somme correspondant aux actions souscrites ; qu'aux termes des articles 75 et suivants, 244 et

389 de l'Acte uniforme relatif aux sociétés commerciales et groupements d'intérêts économiques, le retard dans la libération de sa part ou la faute de n'avoir pas libéré ladite part n'enlève pas à l'actionnaire retardataire ou défaillant sa qualité de membre de la société ; qu'il s'en induit que l'on acquiert la qualité d'associé par le seul fait de souscrire des actions ; », l'arrêt critiqué ne s'est pas fondé uniquement sur la jurisprudence à tort critiquée et que ni l'article 42 ni l'article 51 ni l'article 389 alinéa 1 ni l'article 604 de l'Acte uniforme n'ont dénié, de manière expresse, tout titre à quiconque n'a pas libéré ses parts à la date de la souscription ou de la constitution de la société ; qu'en outre, la démonstration faite plus haut selon laquelle Madame Karamatou IBIKUNLE n'est pas associée unique et en soumettant le rachat de ses parts sociales à la formalité prévue à l'alinéa 2 de l'article 249 de l'Acte uniforme sus indiqué, les juges d'appel ont donné une base légale à leur décision ; qu'il s'ensuit que le moyen n'est pas fondé ;

Sur le quatrième moyen

Attendu que la requérante reproche à l'arrêt attaqué la violation des règles d'administration de la preuve au motif qu'il a été décidé qu'elle n'apporte aucune preuve sur la mésentente entre associés entrainant le blocage du fonctionnement de l'entreprise alors qu'elle a produitune correspondance qui relève des dissensions entre les administrateurs, les dirigeants et les ouvriers ainsi que des constats d'huissier et le rapport du commissaire aux comptes qui révèle des malversations ;

Mais attendu que ce moyen est un moyen de pur fait souverainement apprécié par le juge ; qu'il échet dès lors de le rejeter ;

Sur le cinquième moyen

Attendu que la requérante reproche à l'arrêt attaqué d'avoir dénaturé les faits en décidant qu'elle est de mauvaise foi en ce qu'elle a feint d'ignorer la valeur d'achat de l'usine qui est de 1 120 000 000 de francs CFA alors que c'est avec son argent versé que l'acompte de 500 000 000 francs CFA a été payé à l'Etat pour le rachat de l'usine et que le solde 620 000 000 francs CFA a été payé par la BIBE sur nantissement du fonds de commerce de la société CODA-BENIN et qu'ayant régulièrement exercé ses voies de recours, elle ne peut être condamnée au paiement de dommages et intérêts ;

Mais attendu que les juges du fond ont souverainement apprécié les faits et considéré que la requérante qui a aussi soumissionné dans le cadre de la privatisation de l'usine d'huilerie savait bien qu'elle a coûté la somme de 1 120 000 000 FCFA à la société Abussi Odoumaré de Monsieur GBADAMASSI Moucharaf et ne peut tenter de se l'approprier pour un montant de 600 000 000 FCFA ; que dès lors le moyen n'est pas fondé ;

Sur le sixième moyen

Attendu que la requérante reproche à l'arrêt attaqué d'être entaché de contradiction à l'intérieur du dispositif en ce qu'autant la Cour reconnaît que certains actionnaires n'ont pas réellement ou entièrement libéré les parts sociales par eux souscrites, autant elle dit qu'ils sont cependant actionnaires de la CODA –BENIN , alors que selon les articles 42, 51, 389 et 604 de l'Acte uniforme, la non libération des parts souscrites ou du quart lors de la constitution de la société ne confère aucun droit ;

Mais attendu qu'en constatant dans le dispositif la non libération des actions par certains actionnaires et en leur reconnaissant par la suite la qualité d'actionnaire, la Cour d'appel qui a , dans sa motivation, sur le fondement des articles 75 et suivants , 244 et 389 de l'Acte uniforme, retenu que le retard dans la libération de sa part ou la faute de n'avoir pas libéré ladite part n'enlève pas à l'actionnaire retardataire ou défaillant sa qualité de membre de la société et en déduisant que l'on acquiert la qualité d'associé par le seul fait de souscrire des actions ; qu'elle ne s'est en rien contredite ; qu'il échet de rejeter ce moyen ;

Sur la demande d'évocation sollicitée par les défendeurs

Attendu que les défendeurs au pourvoi sollicitent que la Cour de céans, en vertu de l'article 14 in fine du Traité, évoque et statue à nouveau sur le fond ;

Mais attendu qu'au sens de l'article 14 in fine du Traité, la Cour évoque et statue sur le fond en cas de cassation ; qu'en l'espèce, la Cour de céans n'ayant pas cassé l'arrêt, il échet de dire n'y avoir lieu à évocation ;

Attendu qu'ayant succombé, Madame Karamatou IBIKUNLE doit être condamnée aux dépens ;

PAR CES MOTIFS

Statuant publiquement, après en avoir délibéré,

Déclare recevable le pourvoi ;

Le rejette ;

Dit n'y avoir lieu à évocation ;

Condamne Madame Karamatou IBIKUNLE aux dépens.

V. Retrait de l'agrément d'une société

Le retrait de l'agrément d'une société ne rend pas nul le mandat donné à l'avocat (CCJA, Ass. Plén., n°55/2014, 23 avril 2014)

Sommaire

La personnalité morale de la société subsistant après sa dissolution, pour les besoins de la liquidation et jusqu'à la clôture de celle-ci, le retrait de l'agrément d'une société ne rend pas nul, pour défaut de personnalité morale, le mandat donné à l'avocat, dès lors que la preuve de la clôture de la liquidation n'est pas rapportée.

Conformément à l'article 32 de l'AUPSRVE, à l'exception de l'adjudication des immeubles, l'exécution forcée peut être poursuivie jusqu'à son terme en vertu d'un titre exécutoire par provision. Viole ce texte la décision qui suspend les effets d'une exécution forcée déjà entamée.

La Cour Commune de Justice et d'Arbitrage (CCJA) de l'Organisation pour l'Harmonisation en Afrique du Droit des Affaires (OHADA), Assemblée plénière, a rendu l'Arrêt suivant en son audience foraine tenue à Lomé le 23 avril 2014 où étaient présents :

Messieurs	Marcel SEREKOÏSSE SAMBA	Président
Abdoulaye Issoufi TOURE,		Premier Vice-président, Rapporteur
Madame	Flora DALMEIDA MELE,	Second-Vice-président
Messieurs	Namuano Francisco Dias GOMES,	Juge
	Victoriano OBIANG ABOGO,	Juge
	Mamadou DEME	Juge
	Idrissa YAYE,	Juge
	Djimasna N'DONINGAR,	Juge
et Maître	Paul LENDONGO,	Greffier en chef,

Sur le recours enregistré le 14 octobre 2011 au greffe de la Cour de céans sous le n°090/2011/PC et formé par Maître Galolo SOEDJEDE, Avocat à la Cour, 3473, Boulevard du 13 janvier, BP 3893 à Lomé, agissant au nom et pour le compte de la Société TOGOCRUS, SARL ayant son siège à Lomé, 511, Rue Okemedji à Tokoin, quartier Ramco dans la cause qui l'oppose à l'Etat Togolais ayant pour conseil, Maître Edah N'Djelle, Avocat au Barreau du TOGO, Rue de la Gare routière de Agbalépédo, BP 30225 Lomé-TOGO, à la Société Omnium Togolaise d'Assistance Maritime dite OTAM SARL ayant son siège à Lomé, port de pêche, BP 7778 et ayant pour conseil Maître Amekoudi Koffi Agbo, Avocat à la Cour, Place Anani-Santos, BP 1278 Lomé-TOGO, et à la Société Togolaise de Consignation Maritime dite STCM, société anonyme ayant son siège à Lomé, zone portuaire, BP 996, ayant pour conseil Maître TOBLE Yawo Gagnon, Avocat à la Cour 10, Rue de France,

en cassation de l'Ordonnance n°458/11 rendue le 19 août 2011 par le Président de la Cour d'appel de Lomé et dont le dispositif est le suivant :

« Disons qu'il sera sursis à l'exécution de l'arrêt n°253/2003 rendu le 18 décembre 2003 par la Cour d'appel de Lomé… » ;

La demanderesse invoque à l'appui de son recours les trois moyens de cassation tels qu'ils figurent à la requête annexée au présent arrêt ;

Sur le rapport de Monsieur Abdoulaye Issoufi TOURE, Premier Vice-président ;

Vu les dispositions des articles 13 et 14 du Traité relatif à l'harmonisation du droit des affaires en Afrique ;

Vu le Règlement de procédure de la Cour Commune de Justice et d'Arbitrage de l'OHADA ;

Attendu qu'il résulte des pièces du dossier de la procédure que le 19 décembre 1993, le navire dénommée PLAYA de Lourido qui était sous la garde juridique de la Société OMNIUM Togolais d'Assurance Maritime (OTAM), heurtait le bateau M/V Shrimpy-1, appartenant à TOGOCRUS ; que pour la réparation du préjudice à elle ainsi causé, la Société Togocrus assignait la Société Togolaise de Consignation Maritime (STCM) créancier saisissant, la Société OTAM ainsi que son assureur l'Union des Assurances de Paris (UAP) devenue l'Union des Assurances du Togo (UAT) ; que par Jugement n°313 du 14 mars 2000, le Tribunal de Lomé mettait hors de cause la STCM, condamnait la Société OTAM à payer à Togocrus la somme de 31.169.165 F et reconventionnellement a condamné Togocrus à verser à UAT des dommages-intérêts pour procédure abusive ; que par Arrêt n°253 en date du 18 décembre 2003, la Cour d'appel infirmait le jugement entrepris relativement à la condamnation de Togocrus, déboutait UAP devenue UAT de sa demande et confirmait le jugement pour le surplus tout en déclarant UAP garante de la condamnation prononcée contre OTAM ; que le pourvoi formé par UAP a été déclaré irrecevable le 19 avril 2011 ; qu'après certains actes tendant à l'exécution, le Président de la Cour d'appel de Lomé, sur réquisition du procureur général près la même Cour, rendait le 19 août 2011, l'Ordonnance n°458 mettant un sursis à l'exécution de l'Arrêt n°253 suscité ; que c'est contre cette ordonnance de sursis, qu'est dirigé le présent pourvoi ;

Sur la compétence de la Cour de céans

Attendu que dans ses mémoires du 4 juillet 2012 et du 15 décembre 2012, l'Etat Togolais a soulevé l'incompétence de la Cour de céans aux motifs qu'en l'espèce, le Président de la Cour d'appel n'avait été saisi que de la question relative à la suspension de l'exécution de l'arrêt du 18 décembre 2003, laquelle question n'est traitée par aucun des Actes uniformes, mais par le Code de Procédure civile qui en son article 217 ne prévoit que le recours en rétractation devant le même président ;

Attendu que cette exception doit être jointe au fond en raison de son interférence avec le premier moyen de cassation ;

Sur la recevabilité du pourvoi

Attendu que dans les mêmes mémoires, l'Etat Togolais conclut à l'irrecevabilité du pourvoi en raison du fait que la société Togocrus n'existe plus juridiquement du fait du retrait de son agrément par arrêté ministériel du 8 avril 1999 et que subséquemment le mandat donné par le gérant Oskar Crameri au conseil est nul ;

Mais attendu qu'aux termes de l'article 201 de l'Acte uniforme relatif au droit des sociétés commerciales et du groupement d'intérêt économique, "la personnalité morale de la société subsiste pour les besoins de la liquidation et jusqu'à la clôture de celle-ci..." ; que la preuve de cette clôture n'est pas rapportée ; il échet de dire que le pourvoi formé par TOGOCRUS est recevable ;

Sur la recevabilité du mémoire de l'Etat Togolais du 07 septembre 2012

Attendu que dans son mémoire du 8 octobre 2012, la demanderesse au pourvoi a soulevé l'irrecevabilité du mémoire de l'Etat Togolais déposé le 07 septembre 2012 alors que le pourvoi lui a été notifié le 28 octobre 2011 ; que donc le délai de troismois prévu à l'article 30 du Règlement de procédure de la Cour de céans a été largement dépassé ;

Mais attendu que la date de la réception du courrier du 28 octobre 2011, n'ayant pas été portée, il ya lieu de dire que le mémoire est recevable ;

Sur le premier moyen tiré de la violation des article 31, 32 et 33 de l'Acte uniforme portant organisation des procédures simplifiées de recouvrement et des voies d'exécution.

Attendu qu'il est fait grief à l'ordonnance déférée d'avoir violé les dispositions susvisées en ce que lorsque l'exécution forcée est entreprise en vertu d'une créance certaine liquide et exigible, l'exécution est poursuivie aux risques du créancier à charge pour celui-ci, si le titre est ultérieurement modifié de réparer intégralement le préjudice causé par cette exécution sans qu'il y ait lieu de relever de faute de sa part ;

Attendu en effet que l'Ordonnance n°458/11 rendue le 19 août 2011 par le Président de la Cour d'appel de Lomé a eu pour effet de suspendre l'exécution forcée entamée par la requérante, laquelle a fait commandement à l'assureur UAT, le 10 juin 2011 ; que même des saisies-attributions ont été pratiquées les 18, 19 et 22 août 2011 entre les mains de différentes banques ; que ladite ordonnance ayant eu une incidence sur l'exécution en cours c'est à bon droit que la Cour de céans a été saisie ;

Attendu que l'ordonnance attaquée, qui a eu pour effet de suspendre l'exécution forcée entreprise sur l'unique fondement de l'article 215 du Code de procédure civile togolais, a dès lors violé l'article 32 de l'Acte uniforme susvisé aux termes duquel « à l'exception de l'adjudication des immeubles, l'exécution forcée peut être poursuivie jusqu'à son terme en vertu d'un titre exécutoire par provision... » ; Qu'il échet de casser l'ordonnance querellée et d'autoriser la requérante à poursuivre l'exécution entreprise, sans qu'il soit nécessaire d'examiner les autres moyens ;

Attendu qu'il y a lieu de mettre les dépens à la charge de l'Etat Togolais ;

PAR CES MOTIFS

Statuant publiquement, après en avoir délibéré ;

Se déclare compétente ;

Déclare le pourvoi recevable ;

Reçoit le mémoire en réponse de l'Etat Togolais ;

Casse et annule l'Ordonnance n°458/11 rendue le 19 août 2011 par le Président de la Cour d'appel de Lomé ;

Dit et juge que l'exécution forcée entreprise pourra être poursuivie jusqu'à son terme ;

Met les dépens à la charge de l'Etat Togolais.

VI. Conventions réglementées

Conventions réglementées : la nullité ne peut être soulevée d'office par le juge (CCJA, 2e Ch., n°04/2014, 30 janvier 2014)

Sommaire

Aux termes de l'article 16 du Traité Institutif de l'OHADA, la saisine de la CCJA entraîne la suspension de toute procédure de cassation devant une juridiction nationale. Doit donc être rejetée l'exception d'incompétence de la CCJA tirée de ce que la juridiction nationale de cassation est déjà saisie du litige.

Lorsque les conventions réglementées prévues aux articles 438 et 448 de l'Acte uniforme relatif aux sociétés commerciales et au groupement d'intérêt économique, n'ont pas été conclues conformément à la procédure, il appartient, en vertu de l'article 445, aux organes de la Société ou à tout actionnaire d'exercer une action en nullité devant la juridiction compétente dans le délai prescrit ; la nullité ne pouvant être relevée d'office, il ne saurait être fait grief au juge de n'avoir pas annulé de telles conventions.

La Cour Commune de Justice et d'Arbitrage (CCJA), de l'Organisation pour l'Harmonisation en Afrique du Droit des Affaires (OHADA), Deuxième chambre, a rendu l'Arrêt suivant en son audience publique du 30 janvier 2014 où étaient présents :

MessieursAbdoulaye Issoufi TOURE, Président, rapporteur

Namuano Francisco DIAS GOMES, Juge

Victoriano OBIANG ABOGO, Juge

et Maître Alfred Koessy BADO, Greffier,

Sur le pourvoi enregistré au greffe de la Cour de céans le 21 juillet 2010 sous le n°067/2010/PC et formé par Maître Jean Paul Moussa VEKETO, Avocat au Barreau de la République Centrafricaine, demeurant Avenue David DACKO, Immeuble Jean Marie GUENGOUA, agissant au nom et pour le compte de ECOBANK CENTRAFRIQUE SA, dont le siège est à Bangui, place de la République, BP 910, dans la cause qui l'oppose à la Société SOCA-CONSTRUCTA SARL dont le siège est à Bangui, Avenue de l'Indépendance, BP 1438, ayant pour Conseils Maîtres Denis MOLOYOAMADE et Jacob SANGONE-DEMOBONA, tous Avocats au Barreau de la République Centrafricaine, Rue de la victoire, BP 2427 Bangui,

en cassation de l'Arrêt n°264 rendu le 24 juillet 2009 par la Cour d'appel de Bangui et dont le dispositif est le suivant :

« Statuant publiquement, contradictoirement en matière commerciale et en dernier ressort :

En la forme :

Déclare l'appel recevable ;

Au fond :

Infirme le jugement querellé dans toutes ses dispositions ;

Statuant à nouveau :

Dit et juge que la créance de ECOBANK s'élève à la somme de 93.104.518 F ;

Condamne la Société SOCA-CONSTRUCTA au paiement de ladite somme ;

La condamne en outre au paiement de la somme de 45.000.000 F à titre de dommages-intérêts ;

Déboute ECOBANK du surplus de sa demande » ;

La requérante invoque à l'appui de son pourvoi les deux moyens de cassation tels qu'ils figurent à la requête annexée au présent arrêt ;

Sur le rapport de Monsieur Abdoulaye Issoufi TOURE, Second Vice-Président ;

Vu les dispositions des articles 13 et 14 du Traité relatif à l'harmonisation du droit des affaires en Afrique ;

Vu le Règlement de procédure de la Cour Commune de Justice et d'Arbitrage de l'OHADA ;

Attendu qu'il résulte des pièces du dossier de la procédure que courant 2002, la Société SOCA-CONSTRUCTA, dirigée par le sieur BABA MARTIN, bénéficiait de plusieurs concours financiers de la Banque dite BICA, devenue ECOBANK CENTRAFRIQUE, et dont le Conseil d'Administration est présidé par le même BABA MARTIN ; que devant les difficultés financières SOCA-CONSTRUCTA et la BICA signaient une convention de remboursement en date du 10 juin 2004, excluant les agios avec une clause de déchéance ; que les échéances n'ayant pas été respectées par la SOCA-CONSTRUCTA, la BICA fit jouer cette clause et intégra les agios dans le montant dû et ce, conformément à une instruction de la Commission Bancaire de l'Afrique Centrale ; qu'estimant le nouveau montant exagéré, SOCA-CONSTRUCTA saisissait le Tribunal de commerce de Bangui, aux fins de déclarer nulle la résiliation de la convention du 10 juin 2004, de constater que les agios évalués à 155.853.365 F sont abandonnés par la BICA, de dire que la créance de la BICA est arrêtée à 412.000.000 F, et enfin de condamner la BICA à lui payer 5 milliards à titre de dommages-intérêts ; que la BICA ayant conclu reconventionnellement au rejet de ces réclamations, a demandé la condamnation de SOCA-CONSTRUCTA au paiement de 872.681.285 F à titre principal et 218.680.321 F à titre de dommages-intérêts ; que par Jugement n°77 du 25 septembre 2007, le Tribunal déclarait la convention du 10 juin 2004 régulièrement résiliée, les agios abandonnés, arrêtait le solde dû par SOCA-CONSTRUCTA à 412.000.000 F et enfin condamnait la BICA à titre de dommages-intérêts ; que sur appel, la Cour infirmait ce jugement et rendait l'arrêt susvisé dont pourvoi ;

Sur la compétence

Attendu que dans son mémoire en réponse en date du 08 décembre 2010, SOCA-CONSTRUCTA a soulevé l'incompétence de la Cour Commune de Justice et d'Arbitrage, en raison de ce qu'elle a déjà saisi la Cour de Cassation Centrafricaine et que le recours contient des règles de droit interne ;Mais attendu qu'aux termes de l'article 16 du Traité Institutif de l'OHADA, la saisine de la Cour de céans entraîne la suspension de toute procédure de cassation devant une juridiction nationale ; qu'il y a donc lieu de rejeter cette exception, le contentieux étant relatif à la nullité d'une convention réglementée et prévue par l'Acte uniforme relatif au droit des sociétés commerciales et du groupement d'intérêt économique ;

Sur la recevabilité du pourvoi

Attendu que dans le même mémoire, SOCA-CONSTRUCTA a soulevé l'irrecevabilité du pourvoi au motif que la première signification a été faite par ECOBANK CENTRAFRIQUE le 09 avril 2010 ; que sans que cette signification ait été annulée, ECOBANK CENTRAFRIQUE a procédé à une deuxième signification le 1er juin 2010 qui lui a permis de faire son recours le 21 juillet 2010 ;

Mais attendu que le recourant a bien fait préciser dans la deuxième signification, que la première comportant des erreurs manifestes, a été annulée ; que dès lors, le pourvoi est recevable à compter de la deuxième signification ;

Sur les deux moyens tirés de la violation des articles 438 et 440 de l'Acte uniforme relatif au droit des sociétés commerciales et du groupement d'intérêt économique

Attendu que dans un premier moyen, il est fait grief à l'arrêt déféré d'avoir violé les articles 438 alinéa 3 et 440 alinéa 1er de l'Acte uniforme susvisé, en ce que la Cour d'appel de Bangui a confirmé l'abandon des agios en faveur de SOCA-CONSTRUCTA, alors que l'abandon est une convention soumise à autorisation préalable du Conseil d'Administration et que Monsieur BABA MARTIN, Gérant de SOCA-CONSTRUCTA, a pris part au vote sur la question ; que le deuxième moyen fait état de la violation de l'article 440 alinéas 2 et 3 du même Acte uniforme, en ce que la Cour d'appel a fixé le montant de la créance à 93.104.518 F, alors que la convention du 10 juin 2004 n'a jamais été soumise ni à l'approbation du Conseil d'Administration, ni à celle de l'Assemblée Générale Ordinaire ;

Mais attendu que lorsque les conventions réglementées prévues aux articles 438 et 448 de l'Acte uniforme relatif aux sociétés commerciales et au groupement d'intérêt économique, n'ont pas été conclues conformément à la procédure, il appartient, en vertu de l'article 445, aux organes de la Société ou à tout actionnaire d'exercer une action en nullité devant la juridiction compétente dans le délai prescrit ; que la nullité ne pouvant être relevée d'office, il ne saurait être fait grief à l'arrêt querellé d'avoir maintenu les termes de la convention du 10 juin 2004 qui a exclu les agios du montant de la créance ; qu'il échet de rejeter les moyens et de déclarer le pourvoi mal fondé ;

Attendu que la BICA devenue ECOBANK CENTRAFRIQUE succombant sera condamnée aux dépens ;

PAR CES MOTIFS

Statuant publiquement, après en avoir délibéré,

Se déclare compétente ;

Reçoit le pourvoi

Le rejette comme étant mal fondé ;

Condamne la BICA devenue ECOBANK CENTRAFRIQUE aux dépens.

VII. Fusions

Fusion de sociétés : les obligations de déclaration au greffe (CCJA, 1ère Ch., n°21/2014, 11 mars 2014)

Sommaire

La CCJA a compétence pour connaitre des décisions des juridictions nationales statuant sur les affaires soulevant des questions relatives à l'application des Actes uniformes. Tel est le cas notamment lorsque le litige porte, notamment sur la validité d'une fusion-absorption et d'une cession d'actions intervenues entre deux sociétés commerciales, lorsque les juges du fond ont statué par application de l'Acte uniforme relatif au droit des sociétés commerciales et du groupement d'intérêt économique et l'un des moyens du pourvoi est pris de la violation dudit Acte uniforme.

Conformément à l'article 198 de l'AUSCGIE, les sociétés participant à une opération de fusion sont tenues de déposer au greffe une déclaration dans laquelle elles relatent tous les actes effectués en vue d'y procéder et par laquelle elles affirment que l'opération a été réalisée en conformité de l'Acte uniforme relatif au droit des sociétés commerciales et du groupement d'intérêt économique. Doit être annulée pour violation du texte susvisé toute fusion intervenue au mépris de cette formalité.

La Cour Commune de Justice et d'Arbitrage (CCJA) de l'Organisation pour l'Harmonisation en Afrique du Droit des Affaires (OHADA), Première chambre, a rendu l'Arrêt suivant, en son audience publique du 11 mars 2014, où étaient présents :

Messieurs Marcel SEREKOÏSSE-SAMBA,	Président
Mamadou DEME,	Juge, rapporteur
Djimasna N'DONINGAR,	Juge
et Maître Acka ASSIEHUE,	Greffier ;

Sur le recours enregistré au greffe de la Cour de céans le 13 octobre 2010 sous le n°093/2010/PC et formé par la société TOTAL GUINEE, société anonyme dont le siège social est à Conakry, commune de Matam, quartier Coléah, représentée par son directeur général et ayant pour conseil Maître Mounir Houssein MOHAMED, Avocat à la Cour dont le Cabinet est situé à Conakry, commune de Kaloum, quartier Sandervalia, 6ème avenue, immeuble Mirna, 4ème étage, BP 4215-Conakry, dans la cause qui l'oppose à la COMPAGNIE PETROLIERE DE GUINEE, en abrégé COPEG, société anonyme ayant son siège social à Conakry, commune de Kaloum, cité chemin de fer, immeuble Kindia, BP 431-Conakry, ayant pour conseils Maîtres Maurice Lamey KAMANO, Avocat à Conakry, commune de Kaloum, quartier Koulléwondy, Rue KA 026, BP 3860 Conakry, Salifou BEAVOGUI, Avocat à Conakry, commune de Kaloum, quartier Manquépas et NIANGADOU Aliou, Avocat au Barreau de Côte d'Ivoire, Immeuble Nabil, 3e Etage, Rue du Commerce, 01 BP 2150 Abidjan 01 et l'Etat guinéen pris en la personne de l'Agent Judiciaire de l'Etat, Présidence de la République, Conakry, en cassation de l'Arrêt n°164 rendu le 22 juin 2010 par la Cour d'appel de Conakry (Kaloum), dont le dispositif est le suivant :

« Statuant publiquement, contradictoirement en matière économique en second ressort et en appel ;

En la forme : Reçoit les sociétés Total Guinée en son appel principal et COPEG S.A en son appel incident ;

Au fond : Déclare l'appelante mal fondée en son appel ;

En conséquence,

Confirme le jugement n°031 du 13 mai 2008 du tribunal de première instance de Kaloum en ce qu'il a :

Annulé en toutes ses dispositions le protocole d'accord transactionnel en date du 24 novembre 2006 signé par Total Guinée et l'Agence Judiciaire de l'Etat ;

Constaté que la cession par Mobil Oil Guinée des actions de catégorie A à Total Guinée actionnaire de catégorie B de la SGP est intervenue en fraude des droits et intérêts des actionnaires de catégorie A de ladite SGP dont la COPEG S.A ;

Annulé le traité de fusion absorption conclu le 14 avril 2006 entre la société Total Guinée et la société Mobil Oil S.A ;

Prononcé la résolution des baux à construction conclus entre l'Etat Guinéen et la Société et ordonné le retour dans le patrimoine immobilier de l'Etat des immeubles objets desdits baux ;

Déclaré nulles et de nuls effets les cessions intervenues entre la société Mobil Oil Guinée et la société Total Guinée au sein de la Société Guinéenne des Pétroles (SGP) ;

Dit que lesdites cessions seront faites par priorité aux actionnaires de la catégorie A à savoir l'Etat Guinéen, Lenoil Guinée et particulièrement la COPEG qui en fait la demande et lui donne acte de ce qu'elle offre d'acquérir la totalité des actions de la catégorie A détenues par Mobil Oil Guinée au même prix que celui payé par Total Guinée ;

Dit qu'en l'état, la demande d'expertise de l'Agence Judiciaire de l'Etat est sans objet et la renvoie à mieux se pourvoir ainsi qu'elle avisera ;

Débouté la société Total Guinée de sa demande de condamnation personnelle de l'Agence Judiciaire de l'Etat au paiement de la somme d'un milliard de francs guinéens à titre de dommages interférents ;

Le réformant partiellement ;

Dit que la COPEG prendra possession sous astreinte de 5.000.000 FG par jour de retard des six (6) stations de distribution d'hydrocarbures, des 67.316 actions sus désignées à compter de la signification du présent arrêt ;

Dit que Total Guinée doit libérer tant de sa personne que des occupants de son chef les stations de distribution d'hydrocarbures cédées à la COPEG ;

Donne en outre acte à la COPEG de ce qu'elle offre d'acquérir la totalité des actions de la catégorie A détenues par Mobil Oil Guinée au même prix consenti à Total Guinée ainsi qu'il ressort de l'état descriptif et estimatif des biens immobiliers au 31 décembre 2005 ;

Condamne la Société Total Guinée au paiement d'un milliard de FG à la COPEG pour toutes causes de préjudices confondus ;

Juge et dit que l'Etat Guinéen est tenu à garantie ;

Met les frais et dépens à la charge des sociétés Mobil Oil Guinée et Total Guinée appelante ;

Le tout en application des dispositions des articles 880, 741 du CPCEA ; »

La requérante invoque à l'appui de son pourvoi les trois moyens de cassation tels qu'ils figurent à sa requête annexée au présent arrêt ;

Attendu que l'Etat guinéen n'a pu être joint par le Greffier en chef de la Cour de céans, lequel lui a adressé la lettre n°036/2010/G2 en date du 15 janvier 2010, à l'effet de lui signifier le pourvoi en application des articles 29 et 30 du Règlement de procédure de la Cour Commune de Justice et d'Arbitrage ; que toutes les diligences prescrites par ledit Règlement ayant été accomplies, il y a lieu d'examiner le recours ;

Sur le rapport de Monsieur Mamadou DEME, Juge ;

Vu les articles 13 et 14 du Traité relatif à l'harmonisation du droit des affaires en Afrique ;

Vu le Règlement de procédure de la Cour Commune de Justice et d'Arbitrage de l'OHADA ;

Attendu qu'il résulte des pièces du dossier de la procédure que le 18 mai 1990, un protocole d'accord a été signé entre l'Etat guinéen et les sociétés AGIP PETROLI INTERNATIONAL, SHELL PETROLEUM COMPANY LIMITED et TOTAL AFRIQUE, lequel prévoyait la création d'une société anonyme à participation publique, ayant pour objet l'approvisionnement, l'importation, le stockage et la distribution des hydrocarbures sur l'ensemble du territoire national guinéen ; qu'en application de ce protocole, la SOCIETE GUINEENNE DES PETROLES, en abrégé S.G.P, a été créée le 20 décembre 1990 ; que d'après les articles 6 et 7 du protocole, 7 et 12 de ses statuts modifiés, les actions de la S.G.P sont obligatoirement nominatives et réparties en 2 catégories, A, détenues par l'Etat guinéen et B, détenues par les compagnies pétrolières précitées ; que les actions de la catégorie A sont librement cessibles par l'Etat guinéen à tout établissement public, toute société d'économie mixte dont il détient la majorité du capital et, dans le délai de 5 ans à compter de la création de la S.G.P, à toute personne physique ou morale privée de droit guinéen ; que tout projet de cession d'action de la catégorie B doit être préalablement notifié à l'Etat guinéen ainsi qu'à chacun des détenteurs d'actions de la catégorie B non cédants, lesquels bénéficient d'un droit de préemption sur les actions ainsi offertes ;

Attendu que par acte du 20 décembre 1996, l'Etat guinéen a vendu à MOBIL OIL GUINEE 13% de ses actions de la catégorie A, soit 67.316 actions ; qu'en exécution d'une clause du contrat de vente, il lui a également consenti des baux à construction sur divers immeubles lui appartenant ; que par la suite, l'Etat guinéen a cédé une partie de ses actions de la catégorie A restantes à d'autres personnes privées de nationalité guinéenne, de sorte que la configuration du capital de la S.G.P a changé, cette société ayant désormais pour actionnaires, d'une part, l'Etat guinéen, la COPEG, MOBIL OIL GUINEE et LENOIL HOLDING LTD, détenteurs des actions de la catégorie A et, d'autre part, SHELL PETROLEUM COMPANY LIMITED, ELF OIL GUINEE et TOTAL GUINEE, détenteurs des actions de la catégorie B ;

Attendu que par acte du 30 septembre 2005, MOBIL PETROLEUM INTERNATIONAL, société mère de MOBIL OIL GUINEE, a cédé le contrôle de celle-ci à TOTAL GUINEE ; que suivant traité de fusion-absorption conclu le 14 avril 2006, TOTAL GUINEE a finalement absorbé MOBIL OIL GUINEE ;

Attendu que par exploit du 1er août 2006, l'Etat guinéen représenté par son Agent Judiciaire a assigné TOTAL GUINEE et MOBIL OIL GUINEE devant le tribunal de première instance de Conakry pour obtenir l'annulation du traité de fusion-absorption du 14 avril 2006 et la résiliation des baux à construction qu'il avait consentis à MOBIL OIL GUINEE ; qu'au soutien de ces demandes, l'Etat a fait valoir que la fusion n'avait pas obéi aux dispositions des articles 194 et 198 de l'Acte uniforme relatif au droit des sociétés commerciales et du groupement d'intérêt économique et qu'elle était contraire aux articles 10 et 11 de la loi guinéenne relative à la concurrence et à la liberté des prix.

Attendu qu'en cours d'instance, l'Etat guinéen représenté par son Agent Judiciaire et TOTAL GUINEE ont signé un protocole d'accord transactionnel en date du 24 novembre 2006, par lequel ils ont renoncé définitivement et irrévocablement à se prévaloir l'un contre l'autre de tous droits et actions trouvant directement ou indirectement leur cause dans la fusion-absorption litigieuse et dans les contrats conclus entre MOBIL OIL GUINEE et l'Etat guinéen ;

Attendu que par conclusions en date du 29 novembre 2006, la COPEG est intervenue dans la cause pour demander également l'annulation de l'acte de fusion-absorption, pour fraude aux droits des actionnaires de la catégorie A, ainsi que la condamnation de TOTAL GUINEE et MOBIL OIL GUINEE en paiement du franc symbolique à titre de dommages et intérêts ;

Attendu que suivant correspondance en date du 23 avril 2007, l'Agent Judiciaire de l'Etat a informé TOTAL GUINEE de ce qu'au regard d'une série de faits nouveaux, il rapportait purement et simplement la signature qu'il avait apposée sur le protocole d'accord transactionnel du 24 novembre 2006 ; que par exploit du 17 juin 2007, il lui a donné une nouvelle assignation à comparaitre devant le même tribunal, en annulation dudit protocole d'accord transactionnel ; que TOTAL GUINEE a sollicité reconventionnellement la condamnation personnelle de l'Agent Judiciaire de l'Etat à lui payer la somme d'un milliard de francs guinéens à titre de dommages et intérêts, pour procédure abusive ; que suivant écritures du 25 juin 2007, la COPEG est intervenue volontairement dans cette nouvelle procédure, pour entendre juger que le protocole ne lui est pas opposable, qu'il lui soit donné acte de ce qu'elle offre d'acquérir la moitié au moins des actions de la catégorie A détenues ou anciennement détenues par MOBIL OIL Guinée, au même prix que celui consenti à TOTAL GUINEE, et cette dernière condamnée à lui payer le franc symbolique à titre de dommages et intérêts ;

Attendu que le Tribunal, statuant sur ces procédures jointes, a rendu le Jugement n°31 du 15 mai 2008, qui a fait droit aux demandes de l'Etat et de la COPEG et débouté TOTAL GUINEE de sa demande reconventionnelle ;

Attendu que sur les appels de TOTAL GUINEE et de la COPEG, la Cour d'appel de Conakry a rendu l'arrêt frappé de pourvoi ;

EN LA FORME

Sur la recevabilité du pourvoi

Attendu que suivant mémoire en défense reçu le 13 octobre 2010, la COPEG oppose l'irrecevabilité du pourvoi, qui aurait été présenté hors le délai de 2 mois imparti par l'article 28 alinéa 1er du Règlement de procédure de la Cour ;

Mais attendu qu'il résulte des dispositions invoquées que le délai du pourvoi en cassation devant la Cour est de deux mois à compter de la signification de la décision attaquée ; qu'aux termes de l'article 1er de la décision n°002/99/CCJA du 04/02/1999, sauf si les parties ont leur résidence habituelle en Côte d'Ivoire, les délais de procédure sont augmentés de 14 jours pour les pays situés en Afrique de l'Ouest ; que l'arrêt attaqué ayant été signifié à TOTAL GUINEE le 29 juillet 2010 à Conakry, le délai du recours augmenté du délai de distance a couru jusqu'au 14 octobre 2010 à minuit ; que la requête de pourvoi qui a été reçue au greffe de la Cour le 13 octobre 2010 est par conséquent recevable ;

Qu'il échet de rejeter l'exception comme mal fondée ;

Sur la compétence de la Cour ;

Attendu que suivant les mêmes écritures, la COPEG demande à la Cour de se déclarer incompétente pour statuer sur le moyen invoqué par TOTAL GUINEE contre l'annulation par l'arrêt des baux à construction signés entre l'Etat Guinéen et MOBIL OIL GUINEE ; qu'elle fait valoir que les baux emphytéotiques et à construction litigieux sont des droits réels immobiliers régis par des lois civiles guinéennes, notamment les articles 14, 17, 18, 19, 20 et suivants, 28, 29 et suivants du code foncier et domanial, 913 et suivants du code civil, alors que le Traité de l'OHADA et les Actes uniformes qui s'y rapportent ne concernent que le Droit des Affaires ; qu'elle invoque également les articles 157 et 158 du code de procédure civile, économique et administrative de la République de Guinée au soutien de l'exception ;

Mais attendu qu'il résulte des dispositions des articles 14 alinéa 3 et 16 du Traité relatif à l'harmonisation du droit des affaires en Afrique que la Cour Commune de Justice et d'Arbitrage est seule compétente pour connaître des pourvois en cassation formés contre les décisions des juridictions d'appel et celles non susceptibles d'appel rendues par toute juridiction des Etats parties, dans toutes les affaires soulevant des questions relatives à l'application des Actes uniformes et des Règlements prévus au Traité, à l'exclusion des décisions appliquant des sanctions pénales ;

Et attendu que le litige porte notamment sur la validité d'une fusion-absorption et d'une cession d'actions intervenues entre deux sociétés commerciales ; que les juges du fond ont statué par application de l'Acte uniforme relatif au droit des sociétés commerciales et du groupement d'intérêt économique ; que l'un des moyens du pourvoi est pris de la violation dudit Acte uniforme ; qu'ainsi, l'affaire soulevant sans conteste des questions relatives à l'application des Actes uniformes, il échet de rejeter également cette exception et de statuer au fond ;

AU FOND

Sur le troisième moyen de cassation en sa deuxième branche, prise du manque de base légale ;

Attendu que par ce moyen, il est reproché à la Cour d'appel de n'avoir pas suffisamment motivé sa décision, en ce qu'elle a validé la vente faite par l'Etat de Guinée à la COPEG des actions anciennement détenues par MOBIL OIL GUINEE dans le capital de la SGP, au seul motif que la fusion entre la société MOBIL OIL GUINEE et TOTAL GUINEE est nulle, alors que la nullité de cette fusion n'a pas pour effet de rendre l'Etat guinéen propriétaire desdites actions, ni de lui conférer un droit quelconque lui permettant d'en disposer ;

Attendu qu'après avoir retenu que la cession de ses actions de la catégorie A par MOBIL OIL GUINEE à TOTAL GUINEE a été faite en violation du droit de préemption de l'Etat et des autres actionnaires de la catégorie A, la Cour d'appel a déclaré valable le procès-verbal de règlement transactionnel du 11 août 2008, par lequel l'Etat guinéen a cédé à la COPEG « l'ensemble des biens immobiliers et actions de Mobil Oil Guinée S.A », notamment la totalité des 67.316 actions que détenait MOBIL OIL GUINEE dans le capital de la SGP ; que pour statuer ainsi, elle s'est fondée sur les motifs suivants :

« Considérant que l'Etat Guinéen représenté par son agent judiciaire a irrévocablement cédé à la COPEG 67. 316 actions de catégorie A dont la valeur est estimée à 1.077.005.000 FG et six stations suivant procès-verbal de règlement transactionnel portant cession d'actions de stations de distribution d'hydrocarbures et de baux commerciaux, en date du 11 août 2008, homologué par le TPI de Conakry 3 par jugement n°409 du 17 décembre 2008 ;

Considérant que conformément à l'article 12.2 des statuts de la SGP, seules les actions de catégorie A détenues par l'Etat Guinéen sont librement cessibles ;

Considérant que dans les autres cas, les actionnaires de la même catégorie ont droit de préemption par rapport aux actionnaires d'une autre catégorie, bien que chaque actionnaire conserve le droit de céder, vendre tout ou partie de ces actions ;

Considérant qu'en l'espèce l'Etat guinéen, la COPEG S.A, titulaires de catégorie A au même titre que Mobil (cédante) sont préférés par rapport à tout autre actionnaire de la catégorie B, par exemple Total ou SHELL, à égalité de prix ;

Considérant que ce droit de préemption en ce qui concerne l'Etat subsiste même dans le cas où la cession intervenue est le fait d'un actionnaire de la catégorie B ;

Considérant que au point C de l'article 12.3 des statuts de la SGP, il est clairement précisé que la République de Guinée en sa qualité d'actionnaire et chacun des détenteurs d'action (B) non cédants disposent d'un droit de préemption sur les actions ainsi offertes ;

Considérant que si la République de Guinée en sa qualité d'actionnaire et plusieurs détenteurs d'actions (B) non cédants souhaitent exercer cette action en même temps, la participation offerte à la vente sera respective des actionnaires ayant exercé leur droit de préemption ;

Considérant que la cession faite par Mobil Oil à Total a été faite au mépris de ce droit de préemption qu'ont l'Etat et les actionnaires de la catégorie A ;

Considérant que la COPEG S.A ayant manifesté le désir d'acquérir au moins la moitié des actions de la catégorie A détenue par Mobil Oil Guinée, il convenait de la lui accorder par l'effet de la préemption ;

D'où la pleine et entière validité du procès verbal de règlement transactionnel portant cession d'actions de stations de distribution d'hydrocarbures et baux commerciaux du 11 août 2008 intervenue entre l'Etat guinéen représenté par l'Agent Judiciaire de l'Etat et la COPEG S.A ;

Considérant que ce procès-verbal de règlement transactionnel portant cession d'actions, de stations de distribution d'hydrocarbures et de baux commerciaux a été classé au rang des minutes de Maître Jean Alfred MATHOS, notaire à Conakry, qui a délivré à cet effet un acte de dépôt en date du 14 août 2008 ;

Considérant que le jugement d'homologation n°409 du 17 décembre 2008 du TPI de Conakry 3 n'ayant fait l'objet d'aucun recours de la part de l'Agence Judiciaire de l'Etat a acquis l'autorité de la chose jugée, donc exécutoire conformément aux dispositions des articles 552 et 553 du code de procédure civile, économique et Administrative ;

Considérant que partant de tout ce qui précède, il y a lieu de déclarer la COPEG propriétaire des actions de catégorie A détenue naguère par Mobil Oil Guinée dans la SGP, ainsi que des 6 stations ci-dessus désignées, le prix de leur cession étant entièrement payé à l'Etat, et consigné dans le compte n°41-11-069 à l'ordre du receveur central du trésor » ;

Or, attendu que l'effet du droit de préemption est de conférer à son bénéficiaire le doit de se substituer à l'acheteur initialement pressenti, mais non de lui conférer la propriété du bien sur lequel il porte ; que l'annulation de la fusion et de la vente entre MOBIL OIL GUINEE et TOTAL GUINEE par le Jugement n°31 du 15 mai 2008 ne peut avoir pour effet de restituer à l'Etat son droit de propriété sur les actions qu'il avait cédées à MOBIL OIL GUINEE par l'acte de vente du 20 décembre 1996 ; que ni le paiement du prix par la COPEG, ni l'homologation de l'acte de cession du 11 août 2008 par le Tribunal de Conakry, même par jugement devenu définitif, ni son classement au rang des minutes d'un notaire, ne peuvent avoir pour effet d'en couvrir l'irrégularité ;

Qu'ainsi, en se déterminant par les seuls motifs sus énoncés, la Cour d'appel n'a pas donné de base légale à sa décision ;

Qu'il échet en conséquence de casser l'arrêt entrepris et d'évoquer ;

Sur l'évocation :

Attendu que TOTAL GUINEE a interjeté appel du 15 mai 2008 contre le Jugement n°31 rendu le même jour par le Tribunal de première instance de Conakry dont le dispositif est ainsi rédigé :

« Statuant publiquement, contradictoirement en matière civile et commerciale et en premier ressort ;

Rejette le défaut de qualité de l'Agence Judiciaire de l'Etat soulevé par la Société Total Guinée SA ainsi que l'irrecevabilité en leur défense des sociétés TOTAL SA et Mobil Oil Guinée SA ;

Déclare recevables l'Agent Judiciaire de l'Etat en son action, la COPEG SA en son intervention volontaire et TOTAL Guinée SA en sa demande reconventionnelle en la forme ;

Au fond : Vu la jonction des procédures RG N°136 du 1er août 2006 avec le RG N°079 du 13 juin 2007 ;

Annuleen toutes ses dispositions le protocole d'accord transactionnel en date du 24 novembre 2006 signé par TOTAL Guinée SA et l'Agent Judiciaire de l'Etat ;

Constate que la cession par Mobil Oil Guinée SA des actions de catégorie A à TOTAL Guinée SA, actionnaire de catégorie B de la SGP est intervenue en violation des droits et intérêts des actionnaires de catégorie A de ladite SGP dont la COPEG SA ;

Annule le traité de fusion absorption conclu entre l'Etat guinéen et la société Mobil Oil Guinée et ordonne le retour dans le patrimoine immobilier de l'Etat des immeubles objets desdits baux ;

Déclare nulles et de nuls effets les cessions d'actions intervenues entre les sociétés Mobil Oil Guinée et TOTAL Guinée SA au sein de la société Guinéenne des Pétroles (SGP) ;

Dit que lesdites cessions seront faites par priorité aux actionnaires de la catégorie A, à savoir l'Etat de Guinée, LENOIL Guinée et particulièrement la COPEG qui en a fait la demande et lui donne acte de ce qu'elle offre d'acquérir la moitié au moins des actions de la catégorie A détenues par Mobil Oil Guinée au même prix que celui payé par TOTAL Guinée SA ;

Dit qu'en l'état, la demande d'expertise de l'Agence Judiciaire de l'Etat est sans objet et la renvoie à se pourvoir ainsi qu'elle avisera ;

Déboute la société TOTAL Guinée de sa demande de condamnation personnelle de l'Agent Judiciaire de l'Etat au paiement de la somme de d'un milliard de francs guinéens à titre de dommages et intérêts ;

Condamne les sociétés TOTAL Guinée et Mobil Oil Guinée au paiement du franc symbolique à titre de dommages et intérêts en faveur de la société COPEG SA ;

Met les dépens à la charge de la société TOTAL Guinée » ;

Attendu que par écritures du 11 avril 2010, la COPEG a formé appel incident du même jugement ;

Qu'il échet de déclarer les appels principal et incident recevables en la forme ;

Au fond :

Attendu qu'au soutien de son appel, TOTAL GUINEE expose que suivant acte signé le 5 décembre 2008, l'Etat Guinéen s'est désisté de tout droit ou action contre elle ; que par cette renonciation expresse, définitive et irrévocable, il a été mis fin à tout contentieux ayant existé ou pouvant exister entre elle et l'Etat guinéen, trouvant directement ou indirectement sa cause dans le protocole d'accord du 24 novembre 2006, l'assignation du 12 juin 2007, le Jugement n°31 du 15 mai 2008 dont appel, ainsi que de leurs suites ; que le contentieux ne subsiste donc qu'entre elle et la COPEG ;

Attendu qu'elle conclut à l'infirmation du jugement en toutes ses dispositions, aux motifs que l'opération de fusion-absorption contestée ne peut pas être assimilée en une cession d'actions au sens des articles 7 du protocole et 12 des statuts de la SGP ; qu' au demeurant, les stipulations statutaires limitant la transmission des actions entre actionnaires de la S.G.P sont nulles pour être contraires au principe de libre transmissibilité des actions des sociétés anonymes résultant des dispositions des articles 764 et 765 de l'Acte uniforme relatif au droit des sociétés commerciales et du groupement d'intérêt économique ; que l'article 7 du protocole d'accord du 18 mai 1990 sur lequel repose l'article 12 des statuts de la SGP, qui classait les actions de cette dernière en catégories A et B et organisait leur transmission, a d'ailleurs été abrogé par l'avenant n°1 du 15 mai 1992 signé entre les parties, de sorte que la distinction faite entre les différentes catégories d'actions de la S.G.P ne s'impose plus, et que celles-ci sont devenues librement transmissibles ; qu'en définitive, elle conclut à la régularité de la fusion et sollicite la condamnation de la COPEG à lui payer la somme de 5 milliards de francs guinéens à titre de dommages intérêts pour procédure abusive ;

Attendu qu'en réplique la COPEG fait valoir que le désistement de l'Agent Judiciaire de l'Etat est inopérant et qu'il lui est en tout état de cause inopposable ;

Attendu qu'elle soutient que la fusion-absorption est intervenue en fraude aux intérêts des actionnaires de la catégorie A de la S.G.P et en violation manifeste des articles 193,194,198 de l'Acte uniforme relatif au droit des sociétés commerciales et du groupement d'intérêt économique, 12, 664 du code civil, 10 et 11 de la loi numéro L/94/40/CTRN du 28 décembre 1994 portant réglementation de la concurrence et de la liberté des prix de la République de Guinée ; qu'elle conclut à son annulation ;

Attendu qu'elle ajoute que par acte du 11 août 2008, l'Etat guinéen lui a cédé les 67.316 actions de catégorie A de la S.G.P ainsi que les six (6) stations de distribution d'hydrocarbure détenues naguère par MOBIL OIL ; qu'elle a intégralement payé le prix de cession au Trésor Public et la vente a été homologuée par un jugement du Tribunal de première instance de Conakry, devenu définitif ; qu'estimant que le jugement entrepris est suffisamment motivé et conforme à la loi, elle conclut néanmoins à son infirmation partielle, pour avoir validé la vente du 11 août 2008 ; qu'elle sollicite qu'il soit également ordonné qu'elle prendra possession des six stations de distribution d'hydrocarbures et des 67.316 actions à elles vendues par l'Etat, sous astreinte de 10.000.000 de francs guinéens par jour de retard et que, faute pour TOTAL Guinée de libérer lesdites stations, il sera procédé à son expulsion ; qu'elle demande enfin que TOTAL GUINEE soit condamnée à lui payer la somme de cinq milliards de francs guinéens à titre de dommages et intérêts, et que l'Etat guinéen soit déclaré tenu à garantie ;

Sur le désistement de l'Etat guinéen et TOTAL GUINEE résultant du protocole d'accord transactionnel du 24 novembre 2006

Attendu que TOTAL GUINEE produit aux débats le protocole d'accord transactionnel qu'elle a passé le 24 novembre 2006 avec l'Etat guinéen représenté par son Agent Judiciaire, et par lequel les parties sont convenues de renoncer définitivement et irrévocablement à se prévaloir l'une contre l'autre de tous leurs droits et actions trouvant directement ou indirectement leur cause dans la fusion-absorption litigieuse et dans les contrats conclus entre MOBIL OIL GUINEE et l'Etat guinéen ;

Attendu que la société TOTAL Guinée s'étant prévalue de cet acte devant le juge d'instance, l'Agent Judiciaire de l'Etat en a contesté la validité et a assigné TOTAL Guinée pour en obtenir l'annulation, au motif qu'il l'aurait signé par l'effet d'un trafic d'influence, de violence ou contrainte morale et de dol par TOTAL GUINEE et le Ministre Chargé des Affaires Présidentielles ;

Mais attendu que l'Agent Judiciaire de l'Etat ne conteste pas être le signataire de l'acte de renonciation du 24 novembre 2006 ; qu'il ne propose aucun élément de preuve du vice de son consentement qu'il invoque ; que ses seules allégations ne sauraient emporter la conviction de la Cour, alors surtout qu'il a été produit au cours de l'instance d'appel un second acte du 15 décembre 2008, dont il n'a pas non plus contesté la signature, et par lequel il a réitéré le désistement d'instance et d'action fait au nom de son mandant ;

Attendu qu'en l'absence de preuve d'un quelconque vice, le protocole du 24 novembre 2006 doit s'analyser comme une convention synallagmatique de désistement d'instance et d'action ayant force obligatoire entre les parties qui l'ont signé ;

Qu'il échet en conséquence d'infirmer le jugement, de donner acte à l'Etat guinéen et TOTAL GUINEE de leur désistement, mais de dire que celui-ci est sans effet sur l'intervention de la COPEG, dont l'action est fondée sur un droit propre, distinct de celui de l'Etat guinéen demandeur principal ;

Sur la nullité de la fusion-absorption

Attendu qu'au soutien de sa demande en annulation du traité de fusion-absorption du 14 avril 2006, la COPEG invoque la violation de l'article 198 de l'Acte uniforme relatif au droit des sociétés commerciales et du groupement d'intérêt économique ; qu'elle fait valoir que ni le dépôt de l'acte de fusion fait le 14 avril 2006 par les parties au greffe du Tribunal de première instance de Conakry, ni la déclaration rectificative du 02 juillet 2006 à laquelle elles ont procédé, ne comportent la déclaration dite de conformité imposée par les dispositions de l'article 198 susvisé ;

Attendu que TOTAL GUINEE S.A ne réplique pas au moyen ;

Attendu qu'il résulte des dispositions de l'article 198 de l'Acte uniforme relatif au droit des sociétés commerciales et du groupement d'intérêt économique que les sociétés participant à une opération de fusion sont tenues de déposer au greffe une déclaration dans laquelle elles relatent tous les actes effectués en vue d'y procéder et par laquelle elles affirment que l'opération a été réalisée en conformité de l'Acte uniforme relatif au droit des sociétés commerciales et du groupement d'intérêt économique ; que cette formalité est expressément prescrite à peine de nullité de l'opération de fusion ;

Or, attendu qu'il est constant comme résultant de la correspondance en date du 05 juin 2006 du Greffier en chef du Tribunal de première instance de Conakry, régulièrement produite aux débats et non contestée, que cette formalité n'a pas été respectée par les parties à la fusion contestée ;

Qu'il échet de déclarer celle-ci nulle et de nul effet avec toutes les conséquences de droit ;

Sur la validation du règlement transactionnel passé le 11 août 2008 entre l'Etat guinéen et la COPEG

Attendu que dans ses écritures d'appel du 11 avril 2010, la COPEG invoque l'acte de vente du 11 août 2008 par lequel l'Etat lui a cédé les actions de la catégorie A anciennement détenues par MOBIL OIL GUINEE, et sollicite la condamnation de TOTAL GUINEE à lui délivrer les 6 stations de distribution d'hydrocarbures et les 67.316 actions vendues, sous astreinte de 10.000.000 de FG par jour de retard ;

Mais attendu que pour les mêmes motifs que ceux qui ont conduit à la cassation, il échet de déclarer ces prétentions mal fondées et de les rejeter ;

Sur la demande de dommages et intérêts de la COPEG

Attendu que la COPEG demande la condamnation de TOTAL GUINEE au paiement de la somme de cinq milliards de francs guinéens à titre de dommages et intérêts ;

Qu'elle ne démontre cependant pas le préjudice qu'elle invoque ;

Qu'il échet en conséquence de rejeter également cette demande ;

Attendu que TOTAL GUINEE qui succombe doit être condamnée aux dépens ;

PAR CES MOTIFS

Statuant publiquement, après en avoir délibéré,

Déclare le pourvoi recevable en la forme ;

Se déclare compétente ;

Casse l'Arrêt n°164 rendu le 22 juin 2010 par la Cour d'appel de Conakry ;

Evoquant et statuant sur le fond,

Infirme le Jugement n°31 rendu le 15 mai 2008 par le Tribunal de première instance de Conakry ;

Donne acte à l'Etat guinéen et TOTAL GUINEE de leur désistement ;

Reçoit la COPEG SA en son intervention volontaire ;

Annule le traité de fusion-absorption conclu entre MOBIL OIL GUINEE et TOTAL GUINEE, pour violation des dispositions de l'article 198 de l'Acte uniforme relatif au droit des sociétés commerciales et du groupement d'intérêt économique ;

Déboute la COPEG du surplus de ses demandes ;

Condamne TOTAL GUINEE S.A aux dépens.

RECOUVREMENT DE CRÉANCES ET VOIES D'EXÉCUTION

I. Procédure d'injonction de payer

A. Conditions de la procédure d'injonction de payer

1. Conditions relatives à la créance

Conditions de la procédure d'injonction de payer : la spécificité de la personnalité juridique du créancier est indifférente (CCJA, 2e Ch., n°86/2014, 23 juillet 2014)

> Sommaire
>
> La procédure d'injonction de payer est ouverte à tout créancier qui justifie d'une créance certaine, liquide et exigible, sans considération de la spécificité de sa personnalité juridique. Aussi bien un créancier personne physique ou personne morale peut la solliciter.
>
> La procédure d'injonction de payer suppose une créance certaine. Est cassé l'arrêt d'appel qui accède à la requête en présence d'un doute sérieux sur la certitude de la créance.

La Cour Commune de Justice et d'Arbitrage (CCJA), de l'Organisation pcur l'Harmonisation en Afrique du Droit des Affaires (OHADA), Deuxième chambre, a rendu l'Arrêt suivant en son audience publique du 23 juillet 2014 où étaient présents :

MessieursAbdoulaye Issoufi TOURE,	Président
Namuano Francisco DIAS GOMES,	Juge
Djimasna N'DONINGAR,	Juge, Rapporteur
et Maître Jean Bosco MONBLE,	Greffier,

Sur le pourvoi enregistré au greffe de la Cour de céans le 12 Juillet 2010 sous le n°063/2010/PC et formé par Maître Bakari FOFANA, Avocat à la Cour, demeurant à Cocody les –Deux- Plateaux, 1, Rue du Vallon, Immeuble Vanda, 3ème étage, porte 12, 25 BP 1126 ABIDJAN 25, agissant au nom et pour le compte de la Société Ivoirienne de Manutention et de Transit (SIMAT), S.A. dont le siège social est à 15 BP 648 ABIDJAN 15, dans la cause qui l'oppose à la Société Etablissement DJIEOULA Michel, SARL sise à Treichville, Port de Pêche, 26 BP 643 Abidjan 26, ayant pour Conseil Maître Atoh Bi KOUADIO Raymond, Avocat à la Cour, demeurant Avenue du Rez de Chaussée, 04 BP 642 ABIDJAN 04 en cassation de l'Arrêt civil n°573/09, rendu le 18 décembre 2009 par la Cour d'appel d'Abidjan et dont le dispositif est le suivant :

« Statuant publiquement, contradictoirement, en matière civile et en dernier ressort ;

En la forme

Déclare la société TRADE WIND TANKERS SL et la Société Ivoirienne de Manutention et de Transit dite SIMAT recevables en leurs appels principaux respectifs et la BRIDGE BANK GROUP Côte d'Ivoire recevable en son appel incident ;

Au fond

Dit la BRIDGE BANK GROUP Côte d'Ivoire bien fondé en son appel incident ;

Dit en revanche la société TRADE WIND TANKERS SL et la Société SIMAT mal fondés en leurs appels principaux ;

Reformant le jugement entrepris ;

Déclare irrecevable à l'égard de la BRIDGE BANK GROUP Côte d'Ivoire l'action en paiement initiée par l'Etablissement DJIEOULAI Michel ;

Confirme pour le surplus le jugement entrepris ;

Condamne aux dépens la société TRADE WIND TANKERS SL et la Société SIMAT en proportion de la moitié à la charge de chacune d'elles ; »

Attendu que la requérante invoque à l'appui de son pourvoi le moyen unique de cassation, tel qu'il figure à la requête annexée au présent arrêt ;

Sur le rapport de MonsieurDjimasna N'DONINGAR, Juge ;

Vu les dispositions des articles 13 et 14 du Traité relatif à l'harmonisation du droit des affaires en Afrique ;

Vu le Règlement de procédure de la Cour Commune de Justice et d'Arbitrage de l'OHADA ;

Attendu qu'il ressort des pièces du dossier de la procédure que la Société Etablissement DJIEOULAI, se disant créancière de la Société TRADEWIND TANKERS SL, propriétaire du navire TRADEWIND CARIBE, en raison de la fourniture de divers produits, sous la surveillance des douanes de Côte d'Ivoire, a procédé à une saisie conservatoire dudit navire, pour sûreté et paiement des sommes réclamées ; qu'en vue d'obtenir la mainlevée amiable de cette saisie, la SIMAT, désignée consignataire, sollicita de la BRIDGE BANK GROUP pour le compte de l'armateur ADDAX, en mars 2007, un cautionnement solidaire au bénéfice de la Société Etablissement DJIEOULAI, réalisable au cas où elle serait définitivement reconnue débitrice des sommes dues ; qu'en mai 2007, lasse d'attendre son paiement, laSociété Etablissement DJIEOULAI initia une procédure d'injonction de payer qui aboutit à la condamnation solidaire de la société BRIDGE BANK GROUP, de la Société SIMAT et de la Société TRADEWIND TANKERS SL au paiement des sommes dues, condamnation confirmée par le Tribunal de première instance d'Abidjan Plateau le 02 juillet 2008 ;que sur appels des trois sociétés condamnées, la Cour d'Abidjan a rendu, le 18 décembre 2009, l'Arrêt civil n°573/09 sus énoncé, objet du présent pourvoi ;

Sur l'irrecevabilité de la requête aux fins d'injonction de payer introduite par la Société Etablissement DJIEOULAI le 07 mai 2007

Attendu que dans son mémoire en réplique, la requérante estime que la société établissement DJIEOULAI n'est pas une société à responsabilité limitée mais plutôt une entreprise individuelle dépourvue de la personnalité morale ; qu'il en découle qu'elle ne peut ester en justice, ni en tant que demanderesse, ni en tant que défenderesse ; qu'elle sollicite que soit déclarée irrecevable la requête d'injonction de payer introduite le 07 mai 2007 ;

Mais attendu que la capacité d'ester, qui est l'aptitude à faire valoir ses droits en justice, est reconnue aussi bien aux personnes physiques qu'aux personnes morales et que, suivant l'article 1erde l' l'Acte uniforme portant organisation des procédures simplifiées de recouvrement et des voies d'exécution, la procédure d'injonction de payer est ouverte à tout créancier qui justifie d'une créance certaine, liquide et exigible, sans considération de la spécificité de sa personnalité juridique ; que ce moyen ne peut donc prospérer et il convient de le rejeter ;

Sur le moyen unique, tiré du défaut de base légale, résultant de l'absence, de l'insuffisance, de l'obscurité et de la contrariété des motifs

Attendu qu'il est fait grief à l'arrêt déféré de manquer de base légale, en ce qu'il a justifié le caractère certain, liquide et exigible de la créance de la société Établissement DJIEOULAI en se basant sur les termes du procès-verbal d'enquête préliminaire diligentée par la gendarmerie, alors que la Société TRADEWIND TANKERS SL a toujours contesté la sincérité de ce procès-verbal et l'existence même de cette créance et a toujours soutenu que la Société Établissement DJIEOULAI n'a jamais livré les produits en question au navire TRADEWIND CARIBE ;

Attendu qu'aux termes de l'article 1er de l'Acte uniforme portant organisation des procédures simplifiées de recouvrement et des voies d'exécution, « le recouvrement d'une créance certaine, liquide et exigible peut être demandé suivant la procédure d'injonction de payer » ; que l'article 13 du même Acte uniforme précise « celui qui a demandé la décision d'injonction de payer supporte la charge de la preuve de sa créance » ;

Attendu que, pour caractériser le caractère certain et liquide de la créance litigieuse, la cour d'appel a retenu, d'une part, qu' « (...) une enquête de la gendarmerie a été effectuée sur cette affaire et une copie du procès-verbal non contestée de cette enquête est produite aux débats ; il en résulte que les responsables et agents des douanes en service à l'époque des faits ont confirmé que les marchandises litigieuses ont effectivement été livrées àbord du navire sous le contrôle de la Douane, laquelle a également confirmé l'authenticité de sa signature sur les documents de livraison ; que, d'autre part, « le capitaine du navire n'a jamais en réalité contesté le principe de la livraison des marchandises et de la créance, (...) s'est contenté de ne relever contre la saisie que des moyens de pure forme, à savoir l'absence d'indication de l'identité complète du navire, de désignation de la juridiction compétente, la contestation de sa signature…, sans déclarer, ni affirmer n'avoir pas reçu livraison de marchandises, ce qui doit être interprété comme une reconnaissance implicite de la livraison des marchandises à bord du navire… » ;

Attendu qu'en statuant ainsi par simple déduction de l'attitude du supposé débiteur, alors qu'il y a une contradiction manifeste entre les factures supposées être contresignées par le capitaine du navire et le document de livraison visé par l'Administration des Douanes, jetant de ce fait un doute sérieux sur la nature des produits livrés et leur valeur, la cour d'Appel n'a pas donné une base légale à sa décision, relativement à la certitude de la créance ; qu'il échet en conséquence de casser l'arrêt attaqué, d'évoquer et de statuer sur le fond ;

Sur l'évocation

Attendu que, par exploits en dates des 23 et 31 juillet 2008, les Sociétés SIMAT et TRADE WIND TANKERS SL ont respectivement relevé appel du Jugement n°2044/CIV3/D rendu sur opposition à ordonnance d'injonction de payer le 02 juillet 2008 par le Tribunal de première instance d'Abidjan dont le dispositif suit : « Statuant publiquement, contradictoirement en matière civile et commerciale et en premier ressort :

Reçoit les Sociétés BRIDGE BANK GROUP CI, TRADEWIND TANKERS et SIMAT en leur opposition ;

Les y dit mal fondées ;

Les en déboute ;

Les condamne à payer solidairement à la Société DJIEOULAI Michel la somme de 16.178.750 FCFA ;

Condamne les demanderesses aux dépens »

Qu'au soutien de leur appel, elles demandent à la Cour d'infirmer le jugement entrepris en toutes ses dispositions et, statuant à nouveau, de dire et juger que la créance de la Société l'Etablissement DJIEOULAI n'est ni certaine, ni liquide, ni exigible ; qu'elles exposent que pour obtenir la condamnation solidaire de la SIMAT, de la BRIDGE BANK GROUP et de la société TRADEWIND TANKERS SL, l'Etablissement DJIEOULAI a prétendu avoir passé un marché de gré à gré avec le capitaine commandant du navire TRADEWIND CARIBE, propriété de la société TRADEWIND TANKERS SL ; Qu'en vertu dudit contrat, il aurait livré diverses marchandises à bord du navire, lesquelles marchandises n'auraient pas été payées ; que, par ailleurs, la BRIDGE BANK GROUP s'était portée caution de la SIMAT, désignée consignataire du navire TRADEWIND CARIBE, mais pour le compte d'un affréteur dénommé ADDAX et non pour le compte de TRADEWIND TANKERS SL, supposé débiteur de la créance réclamée par l'Etablissement DJIEOULAI ; que, par ailleurs, ce débiteur supposé conteste cette créance dans son existence même, laquelle ne peut être déduite des documents falsifiés produits par la prétendue créancière et d'un procès-verbal d'enquête préliminaire à laquelle la société TRADEWIND TANKERS SL n'a pas été invitée ; que la procédure d'injonction de payer, qui exige les conditions de certitude, d'exigibilité et de liquidité de la créance, ne saurait être mise en œuvre dans ces circonstances, et par conséquent, les cautions ou garants éventuels ne peuvent être tenus de payer ladite créance, en raison de ce qu'elle est contestée par le supposé débiteur pour le compte de qui les cautions pourraient agir ;

Attendu que la Société Etablissement DJIEOULAI soutient, à l'appui de ses prétentions, qu'elle a bel et bien livré des marchandises à bord du navire TRADEWIND CARIBE, dans le cadre d'un marché de gré à gré, en usage dans le milieu de l'avitaillement maritime ; que ce genre de marché se passe de bons de commande et de bon de livraison, de sorte que la seule preuve irréfutable de la livraison des produits à bord d'un navire est le visa des douanes de Côte d'Ivoire ; qu'en outre, il résulte du procès-verbal d'enquête préliminaire de la gendarmerie que non seulement les marchandises ont été effectivement livrées mais aussi et surtout que la signature du capitaine du navire TRADEWIND CARIBE sur les factures n'a pas été imitée ; qu'il s'ensuit que la créance dont le recouvrement est poursuivi est certaine et exigible ;

Mais attendu que,pour les mêmes motifs que ceux développés lors de l'examen du moyen de cassation, tiré du défaut de certitude de la créance, il y a lieu, pour la Cour de céans, d'infirmer le Jugement n°2044/CIV3/D, rendu sur opposition à ordonnance d'injonction de payer le 02 juillet 2008 par le Tribunal de première instance d'Abidjan en toutes ses dispositions et, statuant à nouveau, de dire qu'il n'y a pas lieu à procédure d'injonction de payer et renvoyer la Société Etablissement DJIEOULAI à mieux se pourvoir ;

Attendu que la Société Etablissement DJIEOULAI, ayant succombé, sera condamnée aux dépens ;

PAR CES MOTIFS

Statuant publiquement, après en avoir délibéré,

Casse l'arrêt civil n°573/09, rendu le 18 décembre 2009 par la Cour d'appel d'Abidjan ;

Evoquant et statuant sur le fond :

Infirme le Jugement n°2044/CIV3/D, rendu sur opposition à ordonnance d'injonction de payer le 02 juillet 2008 par le Tribunal de première instance d'Abidjan ;

Dit n'y avoir lieu à procédure d'injonction de payer ;

Renvoie la Société Etablissement DJIEOULAI à mieux se pourvoir ;

La Condamne aux dépens.

Les juges apprécient souverainement les caractères de certitude, liquidité et exigibilité de la créance (CCJA, 1ère Ch., n°19/2014, 11 mars 2014)

> Sommaire
>
> La certitude, la liquidité et l'exigibilité de la créance à recouvrer par la procédure d'injonction de payer relèvent de l'appréciation souveraine des juges du fond ; est irrecevable le moyen qui tend à remettre en discussion ladite appréciation.

La Cour Commune de Justice et d'Arbitrage (CCJA) de l'Organisation pour l'Harmonisation en Afrique du Droit des Affaires (OHADA), Première chambre, a rendu l'Arrêt suivant, en son audience publique du 11 mars 2014 où étaient présents :

MessieursMarcel SEREKOÏSSE-SAMBA,	Président,
Mamadou DEME,	Juge rapporteur
Djimasna N'DONINGAR,	Juge
et Maître Acka ASSIEHUE,	Greffier ;

Sur le renvoi devant la Cour de céans, en application de l'article 15 du Traité relatif à l'harmonisation du droit des affaires en Afrique, de l'affaire opposant l'Agence des Télécommunications de Côte d'Ivoire dite ATCI à la Société Ivoirienne de Promotion, dite SIPROM, ayant pour Conseil Maître SONTE Emile, Avocat à la Cour, par Arrêt n°427/06 rendu le 06 juillet 2006 par la Cour suprême de Côte d'Ivoire qui était saisie du pourvoi initié le 14 février 2006 par Maître FOFANA Na Mariam, Avocat à la Cour, demeurant à Abidjan Plateau, avenue Jean-Paul II, Immeuble CCIA, 10e étage, porte 8, 04 BP 2858 Abidjan 04 ,

en cassation de l'Arrêt n°1161/05 rendu le 30 décembre 2005 par la Cour d'appel d'Abidjan et dont le dispositif est ainsi libellé :

« - Statuant publiquement, contradictoirement, en matière civile et en dernier ressort ;

Déclare la société Ivoirienne de promotion dite SIPROM recevable en son appel ;

L'y dit partiellement fondée ;

Infirme le jugement entrepris ;

Statuant à nouveau

Dit que la procédure de communication au ministère public est inapplicable en matière de recouvrement de créance ;

Dit que la créance de la SIPROM est certaine, liquide et exigible ;

Condamne l'Agence des Télécommunications de Côte d'Ivoire, dite ATCI, à payer la somme de 67.030.000 FCFA à la société SIPROM ;

Condamne l'ATCI aux entiers dépens » ;

L'ATCI invoque à l'appui de son pourvoi le moyen unique de cassation tel qu'il figure à sa requête annexée au présent arrêt ;

Sur le rapport de Monsieur Mamadou DEME, Juge ;

Vu les articles 13 et 14 du Traité relatif à l'harmonisation du droit des affaires en Afrique ;

Vu le Règlement de procédure de la Cour Commune de Justice et d'Arbitrage de l'OHADA ;

Attendu qu'il résulte des pièces du dossier de la procédure que la SIPROM, qui se dit créancière de l'ATCI, a sollicité et obtenu, par l'Ordonnance d'injonction de payer n°6889/2004 rendue le 21 octobre 2004 par le Président du Tribunal de première instance d'Abidjan, sa condamnation au paiement de la somme en principal de 79.450.000 FCFA ; que sur opposition de l'ATCI, le Tribunal de première instance d'Abidjan a rétracté ladite ordonnance, suivant Jugement n°927/05 du 14 avril 2005 ; que sur l'appel de la SIPROM, la Cour d'appel d'Abidjan a rendu l'arrêt attaqué ;

Sur le moyen unique de cassation, pris de la violation de la loi, notamment l'article 1er de l'Acte uniforme portant organisation des procédures simplifiées de recouvrement et des voies d'exécution, de l'erreur dans l'application et l'interprétation de la loi

Attendu qu'il est fait grief à la Cour d'appel de s'être fondée, pour retenir l'existence d'une créance au bénéfice de la SIPROM, sur le fait que « l'ATCI ne fournit pas d'arguments suffisamment pertinents pouvant expliquer que la SIPROM émettait des factures ne comportant qu'un seul volet de prestation à la même somme forfaitaire de 3.500.000 FCFA que le montant total de celles qui comportaient les deux (02) volets de prestations différentes », alors qu'au titre des pièces qui lui ont été fournies, les factures de la SIPROM émises dès le début et dont le règlement a été effectué par l'ATCI, comportaient les deux (02) volets de prestations au prix forfaitaire de 3.500.000 FCFA, et que les factures produites par la SIPROM pour un (01) seul volet de prestation au prix forfaitaire de 3.500.000 FCFA ne sont intervenues que postérieurement à la lettre de l'ATCI du 15 janvier 2004 lui demandant de « prendre toutes les dispositions utiles en vue de l'arrêt de ses prestations de service d'entretien de l'espace vert de la concession de Marcory ainsi que de l'entretien des bureaux » ;

Mais attendu que de jurisprudence constante de la Cour de céans, la certitude, la liquidité et l'exigibilité de la créance à recouvrer par la procédure d'injonction de payer relève de l'appréciation souveraine des juges du fond ; que le moyen qui tend à remettre en discussion ladite appréciation doit être déclaré irrecevable ;

Attendu que l'ATCI qui a succombé doit être condamnée aux dépens ;

PAR CES MOTIFS

Statuant publiquement, après en avoir délibéré,

Rejette le pourvoi ;

Condamne l'ATCI aux entiers dépens.

Le caractère certain d'une créance ne peut résulter d'un passif établi unilatéralement par la banque (CCJA, 2e Ch., n°16/2014, 27 février 2014)

Sommaire

Le passif constaté unilatéralement par une banque, en dehors d'un arrêté de compte contradictoire, ne saurait suffire à donner à la créance contestée les caractères de certitude, de liquidité et d'exigibilité.

La Cour Commune de Justice et d'Arbitrage (CCJA), de l'Organisation pour l'Harmonisation en Afrique du Droit des Affaires (OHADA), Deuxième chambre, a rendu l'Arrêt suivant en son audience publique du 27 février 2014 où étaient présents :

MessieursAbdoulaye Issoufi TOURE,	Président, rapporteur
Namuano Francisco DIAS GOMES,	Juge
Victoriano OBIANG ABOGO,	Juge
et Maître Jean Bosco MONBLE,	Greffier,

Sur le pourvoi enregistré au greffe de la Cour de céans le 24 janvier 2011 sous le n°017/2011/PC et formé par la SCPA DOGUE-Abbé YAO & Associés, Avocats à la Cour, demeurant 29, Boulevard CLOZEL, 01 BP 174 Abidjan 01, agissant au nom et pour le compte de la Banque Internationale pour le Commerce et l'Industrie de la Côte d'Ivoire dite BICICI SA avec Conseil d'administration dont le siège est à Abidjan-Plateau, Avenue Franchet d'ESPEREY, Tour BICICI, 01 BP 1298 Abidjan 01, dans la cause l'opposant à la Société EBURNEA SA dont le siège est à Abidjan, Rue des Marsouins, Zone portuaire, 01 BP 1316 Abidjan 01, ayant pour Conseils la SCPA SAKHO-YAPOBI-FOFANA, Avocats à la Cour, demeurant 118, Rue PITOT à Cocody-Danga, en cassation de l'Arrêt n°885 rendu le 30 juillet 2004 par la Chambre civile et commerciale de la Cour d'appel d'Abidjan et dont le dispositif est le suivant :

« Statuant publiquement et contradictoirement en matière civile et commerciale, en dernier ressort :

Déclare la Banque Internationale pour le Commerce et l'Industrie de la Côte d'Ivoire dite BICICI recevable en son appel ;

L'y dit mal fondée ;

L'en déboute ;

Confirme le jugement attaqué en toutes ses dispositions ;

La condamne aux dépens. » ;

La requérante invoque à l'appui de son pourvoi le moyen unique de cassation tel qu'il figure à la requête annexée au présent arrêt ;

Sur le rapport de Monsieur Abdoulaye Issoufi TOURE, Premier Vice-Président ;

Vu les dispositions des articles 13 et 14 du Traité relatif à l'harmonisation du droit des affaires en Afrique ;

Vu le Règlement de procédure de la Cour Commune de Justice et d'Arbitrage de l'OHADA ;

Attendu qu'il ressort des pièces de la procédure que la BICICI se prétendant créancière de la Société EBURNEA, obtenait du Président du Tribunal de première instance d'Abidjan-Plateau, une ordonnance faisant injonction à ladite Société de lui payer la somme de 530.445.931 F en principal, outre la somme de 50.915.542 F ainsi que les autres frais ; que statuant sur l'opposition, le Tribunal déclarait la requête en recouvrement formée par la BICICI irrecevable ; que cette décision sera confirmée par la Cour d'appel par Arrêt n°885 rendu le 30 juillet 2004, arrêt faisant l'objet du présent pourvoi ;

Sur le moyen unique de cassation tiré de la violation par mauvaise application des articles 12 et 14 de l'Acte uniforme portant organisation des procédures simplifiées de recouvrement et des voies d'exécution

Attendu qu'il est fait grief à l'arrêt déféré d'avoir confirmé la décision d'irrecevabilité sans dire en quoi le défaut de certitude de la créance peut entraîner l'irrecevabilité de la demande, alors même qu'aux termes des dispositions visées, la Cour était saisie in rem de la demande en recouvrement et sa décision se substitue à l'ordonnance d'injonction de payer ;

Attendu en effet que la Cour, pour rendre l'arrêt confirmatif déféré, a développé la motivation suivante « considérant que les relevés de comptes bancaires sur lesquels se fonde la BICICI ne sauraient, en l'absence de tout arrêt de compte établi contradictoirement entre les parties, suffire à justifier la réalité ou la certitude de la créance de 581.384.473 FCFA qu'elle réclame à la Société EBURNEA … » ; que cette motivation allant dans le sens du non fondement de la créance est en nette contrariété avec la décision d'irrecevabilité violant du coup les dispositions susindiquées ; qu'il échet de casser l'arrêt déféré et d'évoquer ;

Sur l'évocation

Attendu que par exploit du 12 janvier 2004, la BICICI a déclaré interjeter appel du Jugement n°176 rendu le 11 décembre 2003 par le Tribunal de première instance d'Abidjan-Plateau qui a déclaré sa demande en injonction de payer irrecevable ;

Attendu qu'au soutien de l'appel, la BICICI a exposé qu'un relevé de compte est le mode de preuve habituel entre le banquier et son client ; que la Société EBURNEA qui a régulièrement reçu ses relevés de compte n'a eu à formuler aucune réclamation ; que lorsque la mise en demeure lui a été servie, elle n'a fait aucune protestation ; que dans son acte d'opposition, elle n'a élevé aucune contestation précise ; qu'elle conclut à l'infirmation du jugement entrepris et la condamnation de EBURNEA à la somme de 581.384.473 FCFA ;

Attendu que la Société EBURNEA a répliqué que selon une jurisprudence constante, le relevé de compte seul ne suffit pas à justifier clairement une créance bancaire ; qu'il faut en outre produire le tableau d'amortissement faisant apparaître le mécanisme de règlement des intérêts, des agios, la TPS et des intérêts de retard ; que le courrier en date du 07 juin 2001 dans lequel la BICICI informait la Société EBURNEA de la fin de leurs relations ainsi que l'exploit de mise en demeure du 25 juin 2002, ne traduisent pas qu'un arrêté de compte ait été fait de façon contradictoire ; que la BICICI ne rapporte pas la preuve de sa créance ; qu'EBURNEA conclut à la confirmation du jugement ;

Attendu que suivant une jurisprudence constante de la Cour de céans, le passif constaté unilatéralement par une banque, en dehors d'un arrêté de compte contradictoire, ne saurait suffire à donner à la créance contestée les caractères de certitude, de liquidité et d'exigibilité ; que c'est donc à tort qu'en l'espèce la procédure d'injonction de payer a été mise en œuvre ; qu'en infirmant le jugement querellé, il échet de rétracter l'ordonnance d'injonction de payer et de renvoyer la demanderesse à mieux se pourvoir ;

Attendu que la BICICI succombant sera condamnée aux dépens ;

PAR CES MOTIFS

Statuant publiquement, après en avoir délibéré,

Déclare le pourvoi recevable ;

Casse l'Arrêt n°885 rendu le 30 juillet 2004 par la Cour d'appel d'Abidjan ;

Evoquant à nouveau,

Infirme le jugement querellé et statuant à nouveau,

Déclare la requête en injonction de payer mal fondée ;

Rétracte l'Ordonnance n°234 rendue le 24 décembre 2002 par le Président du Tribunal de première instance d'Abidjan ;

Renvoie la BICICI à mieux se pourvoir ;

Condamne la BICICI aux dépens.

2. Conditions relatives à requête

Les conditions de recevabilité de la requête d'injonction de payer (CCJA, 2e Ch., n°02/2014, 30 janvier 2014)

Sommaire

L'article 4 de l'AUPSRVE pose les conditions de recevabilité de la requête aux fins d'injonction de payer. Son application est exclusive et son alinéa 2 ne prévoit aucune réserve à l'irrecevabilité en cas de défaut des mentions prescrites. Est par conséquent cassé l'arrêt qui, pour écarter l'irrecevabilité, fait application d'une disposition du droit national.

La Cour Commune de Justice et d'Arbitrage (CCJA) de l'Organisation pour l'Harmonisation en Afrique du Droit des Affaires (OHADA), Deuxième chambre, a rendu l'Arrêt suivant en son audience publique du 30 janvier 2014 où étaient présents :

Messieurs Abdoulaye Issoufi TOURE, Président

Namuano Francisco DIAS GOMES, Juge, rapporteur

Victoriano OBIANG ABOGO, Juge

et Maître Alfred Koessy BADO, Greffier,

Sur le pourvoi enregistré au greffe de la Cour de céans le 02 septembre 2009 sous le n°086/2009/PC et formé par Maître Lassiney KATHAN CAMARA, Avocat à la Cour, demeurant Abidjan, Cocody deux-plateaux, vallon, angle rue des Jardins, rue J 61, résidence Aya, agissant au nom et pour le compte de la société TV+GABON SA ayant son siège social sis au 705 Boulevard du Bord de Mer, Immeuble Indépendance, 76 BP 8344 Libreville, GABON, prise en la personne de son Président Directeur Général, dans la cause l'opposant à la Société DHL INTERNATIONAL GABON, Société dont le siège social est à Libreville, 341Rue SCHOELCHER, BP 6113 Libreville, Gabon, en cassation de l'Arrêt n°56/08-09 rendu par la Cour d'appel judiciaire de Libreville le 04 février 2009, et dont le dispositif est le suivant :

« Statuant publiquement, contradictoirement, en matière commerciale et en dernier ressort :

En la forme: reçoit la Société TV+GABON en son appel ;

Au fond: confirme le jugement en toutes ses dispositions ;

Condamne TV+GABON aux dépens. »

La requérante invoque à l'appui de son pourvoi trois moyens de cassation tels qu'ils figurent à la requête annexée au présent arrêt ;

Sur le rapport de Monsieur Namuano Francisco DIAS GOMES, Juge ;

Vu les articles 13 et 14 du Traité relatif à l'harmonisation du droit des affaires en Afrique ;

Vu le Règlement de procédure de la Cour Commune de Justice et d'Arbitrage de l'OHADA ;

Attendu qu'il ressort des pièces de la procédure que la Société DHL INTERNATIONAL GABON, estimant être créancière pour avoir réglé des droits de douane pour le compte de TV+GABON suite à l'importation de divers matériels, a réclamé le remboursement de la facture qui s'élèverait après solde du compte TV+GABON à la somme de 49.656.239 F.CFA ; que toutes les sollicitations de la Société DHL INTERNATIONAL GABON effectuées dans l'optique du règlement amiable de ladite facture sont demeurées sans réponse ; que le 24 août 2006, par une ordonnance d'injonction de payer, le Président du Tribunal de première instance de Libreville, a ordonné à la société TV+GABON le paiement de ladite somme ; que sur opposition de la Société TV+GABON, le Tribunal a, le 29 janvier 2008, ramené la condamnation à la somme de 45.000.000 de FCFA ; que sur appel, la Cour d'appel judiciaire de Libreville a confirmé le jugement par l'Arrêt n°56/08-09 du 04 février 2009 ; arrêt dont pourvoi ;

Attendu que par lettre n°489/2009/G2 du 05 novembre 2009, le Greffier en chef de la Cour de céans a tenté de joindre la Société DHL INTERNATIONAL GABON afin de lui signifier, en application des articles 29 et 30 du Règlement de procédure de la Cour Commune de Justice et d'Arbitrage, le recours en cassation formé pour le compte de la Société TV+GABON ; que cette correspondance est demeurée sans suite ; que le principe du contradictoire ayant été respecté, il y a lieu d'examiner le présent recours ;

Sur le deuxième moyen tiré de la violation de l'article 4 de l'Acte uniforme portant organisation des procédures simplifiées de recouvrement et des voies d'exécution

Attendu que la Société TV+GABON fait grief à l'arrêt attaqué d'avoir violé l'article 4 de l'Acte uniforme portant organisation des procédures simplifiées de recouvrement et des voies d'exécution au motif que ledit arrêt a confirmé le Jugement n°184 du 29 janvier 2008 alors que la requête aux fins d'injonction de payer n'avait pas mentionné la forme juridique de la Société DHL INTERNATIONAL GABON, et ne comportait ni la mention du siège social ni le décompte des différents éléments de la créance ;

Attendu que l'article 4 de l'Acte uniforme portant organisation des procédures simplifiées de recouvrement et des voies d'exécution dispose que : « la requête contient, à peine d'irrecevabilité : 1°) Les noms, prénoms, profession et domiciles des parties ou, pour les personnes morales, leur forme, dénomination et siège social ; 2°) L'indication précise du montant de la somme réclamée avec le décompte des différents éléments de la créance ainsi que le fondement de celle-ci ... » ;

Attendu que la Cour d'appel pour rejeter la fin de non recevoir a statué comme suit : « Attendu en outre que l'article 137 du CPC dispose : Dans le cas où la violation donnant lieu à la fin de non recevoir et susceptible d'être régularisée, l'irrecevabilité sera écartée si sa cause a disparu au moment où le juge statue ..., qu'en l'espèce tel est le cas... » ;

Mais attendu qu'en l'occurrence l'application de l'Acte uniforme susvisé doit être exclusive et que son article 4 alinéa 2 ne prévoit aucune réserve à l'irrecevabilité en cas de défaut des mentions prescrites ; que la requête de la Société DHL INTERNATIONAL GABON du 24 juillet ne comporte ni la forme de la société ni le décompte des différents éléments de la créance ; qu'elle est donc irrecevable ; que l'arrêt l'ayant reçue encourt la cassation ;

Sur l'évocation

Attendu que par requête du 07 février 2008, TV+GABON a interjeté appel contre le Jugement n°184 rendu le 29 janvier 2008 par le Tribunal de première instance de Libreville ; qu'au soutien de son appel, elle soulève tout d'abord l'irrecevabilité de la requête de la Société DHL INTERNATIONAL GABON en faisant valoir qu'elle viole l'article 4 de l'Acte uniforme portant organisation des procédures simplifiées de recouvrement et des voies d'exécution, parce que ne contenant pas, comme le prévoit ledit article, la dénomination, la forme et le siège social de TV+GABON ; que l'article 25 de l'Acte uniforme relatif au droit des sociétés commerciales prescrit que la boîte postale ne peut suffire pour indiquer le siège social d'une société commerciale ; qu'ensuite, la créance réclamée par la Société DHL INTERNATIONAL GABON n'est ni certaine, ni liquide, ni exigible, car la Société DHL INTERNATIONAL GABON ne la prouve pas conformément à l'article 16 du CPC ; qu'enfin une créance douteuse, ne peut être demandée par la voie de l'injonction de payer comme le stipule l'article 1er de l'Acte uniforme précité; que c'est pourquoi elle sollicite l'infirmation du jugement querellé et conclut à l'irrecevabilité de la requête de la Société DHL INTERNATIONAL GABON ;

Attendu qu'en réplique, la Société DHL INTERNATIONAL GABON conclut à la confirmation du jugement entrepris aux motifs que s'agissant de l'irrecevabilité, l'article 4 de l'Acte uniforme précité ne sanctionne d'irrecevabilité que les mentions prescrites en ses alinéas 1er et 2 ; que cette irrecevabilité ne concerne pas la production des documents en originaux ou certifiés conforme ; que s'agissant de la prescription contenue dans l'article 25 de l'Acte uniforme sur le droit des sociétés commerciales et du groupement d'intérêts économique, elle n'assujettit que les seules mentions devant obligatoirement figurer dans les statuts et non celles devant figurer dans les requêtes à fin d'injonction de payer ;que la société TV +GABON n'apporte pas la preuve de s'être conformée elle-même, a une mention géographique dans ses statuts ; que s'agissant de la créance, TV+GABON ayant importé divers matériels pour une valeur douanière de 43.199.926 francs CFA, n'a jamais produit un quelconque justificatif d'exonération des droits de douane, qui ont été intégralement payés par la Société DHL INTERNATIONAL GABON ; que le 20 janvier 2006, la Société DHL INTERNATIONAL GABON a réclamé le remboursement de cette facture douane, qui s'élevait après solde du compte TV+GABON à cette date, à la somme de 45.409.723 FCFA ; que le 28 février 2006, une seconde lettre de réclamation a été adressée sans suite ;

Attendu que pour les mêmes motifs que ceux ayant conduit à la cassation de l'arrêt attaqué, il y a lieu d'infirmer le jugement entrepris et déclarer irrecevable la requête d'injonction conformément à l'article 4 alinéa2 de l'Acte uniforme portant organisation des procédures simplifiées de recouvrement et des voies d'exécution ;

Attendu que la Société DHL INTERNATIONAL GABON ayant succombé, il y a lieu de la condamner aux dépens ;

PAR CES MOTIFS

Statuant publiquement, après en avoir délibéré,

Casse l'Arrêt n°56/08-09 du 04 février 2009 rendu par la Cour d'appel judiciaire de Libreville ;

Evoquant et statuant au fond,

Infirme le Jugement n°184/2007-2008 du 29 janvier 2008 ; statuant à nouveau,

Déclare la requête de la Société DHL INTERNATIONAL GABON irrecevable ;

Renvoie la Société DHL INTERNATIONAL GABON à mieux se pourvoir ;

Condamne la Société DHL INTERNATIONAL GABON aux dépens.

Irrecevabilité de la requête en injonction qui ne mentionne pas les éléments de la créance (CCJA, Ass. Plén., n°74/2014, 25 avril 2015)

Sommaire

Viole l'article 4 de l'AUPSRVE et est irrecevable la requête en injonction de payer qui mentionne simplement un montant global sans faire le décompte des différents éléments de la créance.

La Cour Commune de Justice et d'Arbitrage (CCJA), de l'Organisation pour l'Harmonisation en Afrique du Droit des Affaires (OHADA), Assemblée plénière, a rendu l'Arrêt suivant en son audience foraine tenue le 25 avril 2014 à Porto-Novo (BENIN) où étaient présents :

Messieurs Marcel SEREKOÏSSE SAMBA	Président
Abdoulaye Issoufi TOURE,	Premier Vice-président, Rapporteur
Madame Flora DALMEIDA MELE,Second	Vice-président
Messieurs Namuano Francisco Dias GOMES,	Juge
Victoriano OBIANG ABOGO,	Juge
Mamadou DEME	Juge
Idrissa YAYE,	Juge
Djimasna N'DONINGAR,	Juge
et Maître Paul LENDONGO,	Greffier en chef,

Sur le renvoi, en application de l'article 15 du Traité relatif à l'harmonisation du droit des affaires en Afrique par la Chambre judiciaire de la Cour d'état du Niger, du pourvoi enregistré au greffe de la cour de céans sous le n°116/2012/PC du 11 septembre 2012 et formé par Maître Issoufou Mamane, Avocat à la Cour, BP 11.436 à Niamey, agissant au nom et pour le compte de la Société ETICAP Niger, société à responsabilité limitée ayant son siège à Niamey, BP 12.631 dans la cause l'opposant à BATIMAT, société à responsabilité limitée ayant son siège, Avenue de la Mairie, BP 2968 à Niamey et ayant pour conseil, Maître Ibrahim Djermakoye, Avocat à la Cour, 4 rue de la Tapoa BP 12651 à Niamey ; en cassation de l'Arrêt n°163 rendu le 20 juillet 2009 par la Cour d'appel de Niamey et dont le dispositif est le suivant :

« Statuant publiquement et contradictoirement en matière commerciale et en dernier ressort ;

1°/ Reçoit l'appel principal de BATIMAT Sarl et celui incident de ETICAP réguliers en la forme ;

2°/ au fond : annule le jugement attaqué pour violation de la loi ;

3°/ Evoque et statue à nouveau ;

4°/ Reçoit la Société ETICAP en son opposition ;

5°/ Constate l'échec de la conciliation entre les parties ;

6°/ Annule l'exploit de signification du 25 avril 2008 ;

7°/ Déclare caduque l'ordonnance d'injonction de payer n°57 du 22 avril 2008 rendue par le Président du Tribunal de grande instance hors classe de Niamey ;

8°/ déclare valide la sommation de payer du 14 février 2008 ;

9°/ Dit que la société ETICAP a renoncé à la prescription et qu'il y a eu interruption de prescription ;

10°/ Reçoit BATIMAT Sarl en sa demande principale et la Société ETICAP en sa demande reconventionnelle ;

11°/ Condamne la Société ETICAP à payer à la société BATIMAT la somme principale de 56.742.585 francs avec intérêt au taux légal et les frais de TVA ;

12°/ Rejette le surplus des demandes des parties ;

13°/ Condamne la société ETICAP aux dépens ;

La requérante invoque à l'appui de son pourvoi les quatre moyens de cassation tels qu'ils figurent à la requête annexée au présent arrêt ;

Sur le rapport de Monsieur Abdoulaye Issoufi TOURE, Premier Vice-président ;

Vu les dispositions des articles 13, 14 et 15 du Traité relatif à l'harmonisation du droit des affaires en Afrique ;

Vu le Règlement de procédure de la Cour Commune de Justice et d'Arbitrage de l'OHADA ;

Attendu qu'il ressort des pièces du dossier de la procédure que BATIMAT Sarl estimant avoir fait des commandes pour le compte de ETICAP, a sollicité et obtenu du Président du Tribunal de Grande instance de Niamey, l'Ordonnance n°57 en date du 22 avril 2008, faisant injonction à celle –ci de lui payer au principal la somme de 59.742.585 francs et 2.688.416 francs au titre des intérêts légaux ; qu'à cette ordonnance à elle, signifiée le 25 avril 2008, la société ETICAP faisait opposition ; qu'ainsi par jugement n°291 en date du 18 juin 2008, l'action de BATIMAT a été déclarée irrecevable ; que sur appel de BATIMAT, la Cour de Niamey a rendu l'arrêt sus référencé faisant l'objet du présent pourvoi ;

Sur la contrariété des motifs

Attendu qu'il y a lieu de relever d'office la contradiction entre les motifs en ce que l'arrêt querellé après avoir exposé que « l'ordonnance d'injonction de payer n°57/08 du 22 avril 2008 qui n'a pu être signifiée dans les trois mois de sa date est, comme disposé à l'article 7 alinéa 2 du même Acte uniforme, non avenue et caduque », motive cependant une condamnation par rapport à l'opposition de la même ordonnance : « que BATIMAT est bien créancière de ETICAP de la somme en principal de 59.742.584 francs … » ; qu'en statuant ainsi le juge d'appel a manifestement retenu deux motivations qui ont entrainé une contrariété dans le dispositif ; qu'il échet donc de casser l'arrêt déféré et d'évoquer ;

Sur l'évocation

Attendu que suivant exploit en date du 25 juin 2008, la société BATIMAT a interjeté appel du Jugement n°291 rendu le 18 juin 2008 par le Tribunal de grande instance de Niamey ; que la société ETACAP a, elle aussi, relevé appel incident ;

Attendu qu'au soutien de son appel, BATIMAT concluant à l'infirmation du jugement entrepris, a exposé que ETICAP a favorablement répondu à la sommation du 14 février 2008 et a fait un premier versement reconnaissant la créance et renonçant à la prescription dont le cours est ainsi interrompu ; que le jugement a déclaré irrecevable son action pour prescription en violation des articles 2221 et 2248 du code civil ;

Attendu que la société ETICAP a répliqué que l'action de la société BATIMAT en réclamation d'une créance commerciale exigible depuis 2005 est bien prescrite conformément à l'article 274 de l'Acte uniforme sur le droit commercial général ; qu'aucun acte interruptif n'est intervenu avant l'expiration du délai de prescription biennale de la vente commerciale ; que la requête d'injonction de payer, qui a inclu faussement les frais de recouvrement, la TVA et les intérêts légaux comme éléments du décompte de la créance, est présentée en violation de l'article 4 alinéa 1er de l'Acte uniforme portant organisation des procédures simplifiées de recouvrement et des voies d'exécution et est donc irrecevable ; qu'en outre, la sommation de payer, qui comporte les frais de recouvrement et la TVA alors que BATIMAT n'a aucun acte ou titre exécutoire, est nulle et cette nullité affecte aussi l'ordonnance ; que la créance n'étant ni certaine, ni liquide ni exigible ne peut être recouvrée par la voie de l'injonction de payer ;

Attendu qu'aux termes de l'article 4 de l'Acte uniforme portant organisation des procédure simplifiées de recouvrement et des voies d'exécution, la requête tendant à l'injonction de payer doit contenir à peine d'irrecevabilité :

« 1°) les noms, prénoms, profession et domicile des parties ou pour les personnes morales leurs forme, dénomination et siège social ;

2°) l'indication précise du montant de la somme réclamée avec le décompte des différents éléments de la créance ainsi que le fondement de celle –ci. » ;

Attendu que la requête du 18 avril 2008 n'a pas fait le décompte des différents éléments de la créance, mentionnant globalement un principal de 59.742.585 francs ; qu'il échet dès lors de déclarer ladite requête irrecevable ;

Attendu que la société BATIMAT succombant sera condamnée aux dépens ;

PAR CES MOTIFS

Statuant publiquement, après en avoir délibéré,

Casse l'Arrêt n°163 rendu le 20 juillet 2009 par la Cour d'appel de Niamey ;

Evoquant et statuant sur le fond,

Infirme le jugement querellé ;

Statuant à nouveau,

Déclare la requête aux fins d'injonction de payer introduite par BATIMAT, irrecevable ;

Annule par voie de conséquence l'Ordonnance d'injonction de payer n°57 rendue le 22 avril 2008 par le Président du Tribunal de grande instance de Niamey ;

Condamne la société BATIMAT aux dépens.

Le créancier ne peut diriger la procédure d'injonction contre un tiers au contrat (CCJA, Ass. Plén., n°41/2014, 23 avril 2014)

Sommaire

La procédure d'injonction de payer ne pouvant être introduite que lorsque la créance a une cause contractuelle, elle ne saurait être mise en œuvre par un créancier contre un tiers au contrat.

La Cour Commune de Justice et d'Arbitrage (CCJA), de l'Organisation pour l'Harmonisation en Afrique du Droit des Affaires (OHADA), Assemblée plénière, a rendu l'Arrêt suivant en son audience foraine tenue le 23 avril 2014 à Lomé-TOGO où étaient présents :

Messieurs	Marcel SEREKOÏSSE SAMBA	Président
Abdoulaye Issoufi TOURE,		Premier Vice-président, Rapporteur
Madame	Flora DALMEIDA MELE,	Second Vice-Président
Messieurs	Namuano Francisco Dias GOMES,	Juge
	Victoriano OBIANG ABOGO,	Juge
	Mamadou DEME	Juge
	Idrissa YAYE,	Juge
	Djimasna N'DONINGAR,	Juge
et Maître	Paul LENDONGO,	Greffier en chef,

Sur le renvoi, en application de l'article 15 du Traité relatif à l'harmonisation du droit des affaires en Afrique, devant la Cour de céans, de l'affaire Société des Mines de l'Aïr dite SOMAIR S.A contre ECOBANK-Niger et la Nigérienne des Produits Chimiques et Matériels Industriels dite PROCHIMI SA, par Arrêt n°07-095/C en date du 26 avril 2007 de la Cour suprême du Niger, saisie d'un pourvoi formé par le Cabinet Issouf BAADHIO et collaborateurs, Avocats à la Cour, 79, Avenue du Gouverneur Jules Brevié, BP 15 Niamey-Niger, agissant au nom et pour le compte de la Société des Mines de l'Aïr dite SOMAIR S.A, ayant son siège social à Niamey BP 12910, dans la cause l'opposant à ECOBANK-Niger S.A ayant son siège social à Niamey, Angle Boulevard de la Liberté, Rue des Bâtisseurs, BP 13804, et pour Conseils le Cabinet Marc Le BIHAN, Avocats à la Cour, 86, Avenue du Diamangou, BP 343 Niamey-Niger, et à la Nigérienne des Produits Chimiques et de Matériels Industriels dite PROCHIMI S.A, ayant son siège social à Niamey BP 13.202, renvoi enregistré au greffe de la Cour de céans sous le n°079/2007/PC du 17/09/2007, en cassation de l'Arrêt n°17 rendu le 07 février 2006 par la Cour d'appel de Niamey et dont le dispositif est le suivant :

« Statuant publiquement, contradictoirement par décision en dernier ressort en matière civile et commerciale ;

Reçoit les appels principaux de PROCHIMI et SOMAÏR et l'appel incident d'ECOBANK réguliers en la forme ;

Au fond :

Annule la décision attaquée pour violation de la loi (défaut de motifs) ;

Evoque et statue à nouveau ;

Rejette l'exception d'irrecevabilité de l'appel en cause soulevée par PROCHIMI ;

Déclare SOMAÏR et PROCHIMI responsables du préjudice subi par ECOBANK ;

Les condamne solidairement à payer à ECOBANK la somme de 148.650.000 francs en principal et celle de 5.000.000 Francs à titre de dommage-intérêts ;

Déboute ECOBANK du surplus de sa demande ;

Déboute SOMAÏR et PROCHIMI du surplus de leurs demandes et les condamne aux dépens. » ;

La requérante invoque à l'appui de son pourvoi, les quatre moyens de cassation tels qu'ils figurent à la requête annexée au présent arrêt.

Sur le rapport de Monsieur Abdoulaye Issoufi TOURE, Premier Vice-président ;

Vu les dispositions des articles 13, 14 et 15 du Traité relatif à l'harmonisation du droit des affaires en Afrique ;

Vu le Règlement de procédure de la Cour Commune de Justice et d'Arbitrage de l'OHADA ;

Attendu qu'il ressort des pièces du dossier de la procédure que le 11 septembre 2003, ECOBANK-NIGER accordait un concours financier d'un montant de 333.200.000 francs à PROCHIMI et ce dans le but de satisfaire une commande de la SOMAÏR ; qu'à la même date SOMAÏR s'engageait à domicilier par chèque ou par virement tous produits provenant de l'exécution de la commande dans un compte ouvert à ECOBANK au nom de PROCHIMI ; que cet engagement sera accepté par PROCHIMI et par ECOBANK ; qu'aussi dans son exécution la SOMAÏR a fait des virements pour un montant de 184.642.000 Francs pour ensuite interrompre tout paiement ; qu'alors ECOBANK a saisi le Président du Tribunal de Niamey qui, par Ordonnance n°335 du 25 novembre 2004, faisait injonction à la SOMAÏR de payer à ECOBANK le reliquat soit 162.000.000 francs ; que sur opposition de la SOMAIR qui a appelé en cause PROCHIMI, le Tribunal condamnait solidairement SOMAÏR et PROCHIMI à payer 148.650.000 francs à titre principal et 5.000.000 francs à titre de dommage-intérêts ; que sur appel de la SOMAÏR la Cour rendait l'arrêt frappé du présent pourvoi ;

Attendu que la lettre n°034/2009/G2 en date du 19 janvier 2009 adressée au conseil de PROCHIMI et reçue le 13 mars 2009 pour lui notifier la réception du dossier de la procédure à la Cour, est demeurée sans suite ; que le principe du contradictoire ayant été respecté, il échet de statuer sur le recours ;

Sur le deuxième moyen tiré de la violation des articles 1er et 2 de l'Acte uniforme portant organisation des procédures simplifiées de recouvrement et des voies d'exécution.

Attendu qu'il est fait grief à l'arrêt déféré d'avoir violé les articles 1er et 2 visés qui sont respectivement conçus « le recouvrement d'une créance certaine, liquide et exigible peut être demandé suivant la procédure d'injonction de payer » ; et « la procédure d'injonction de payer peut être introduite lorsque :

La créance a une cause contractuelle ;

L'engagement résulte de l'émission ou de l'acceptation de tout effet de commerce ou d'un chèque dont la provision s'est relevée inexistante ou insuffisante. » ; que selon le moyen, il en résulte que la procédure d'injonction suppose une créance certaine liquide mais également l'existence d'une relation contractuelle entre le débiteur supposé et le créancier supposé ; qu'en l'espèce le dispositif de l'arrêt querellé révèle qu'il n'existait ni créance certaine ni relation contractuelle en ce qu'il « déclare SOMAIR et PROCHIMI responsables du préjudice subi par ECOBANK » alors que les questions de responsabilité civile délictuelle et contractuelle restent du domaine du droit commun et non de la procédure d'injonction de payer ;

Attendu en effet que pour mettre la somme réclamée à la charge de SOMAIR, le juge d'appel a pris comme motivation que « cette attitude de SOMAÏR (l'interruption des virements et des paiements par chèque), constitue une violation délibérée de son engagement de n'apporter aucune modification à l'obligation contractée de domicilier l'intégralité des produits et recettes provenant de l'exécution du bon de commande du 29 août 2003 de 333.200.000 francs ;

Attendu que cette inexécution qui compromet ou retarde le remboursement de la dette de PROCHIMI, crée incontestablement un préjudice à ECOBANK S.A créancière. » ; Que cette motivation ne se réfère à aucune créance certaine et ne prouve nulle relation contractuelle entre SOMAÏR et ECOBANK quant à l'existence de la créance ; qu'elle établit plutôt un comportement fautif de la SOMAÏR et une créance à la charge de PROCHIMI ; que manifestement il y a violation des dispositions visées, faisant encourir la cassation à l'arrêt entrepris sans qu'il soit nécessaire d'examiner les autres moyens ;

Sur l'évocation

Attendu que par exploits d'huissier en dates des 28 avril et 29 mai 2005, la Nigérienne des Produits Chimiques et Matériels Industrielles dite PROCHIMI et la Société des Mines de l'AÏR ont respectivement interjeté appel contre le Jugement n°182 rendu le 27 avril 2005 par le Tribunal de Niamey ; qu'ECOBANK a formé appel incident à l'audience ;

Attendu que la SOMAÏR a exposé que l'engagement du 29 août 2003 relatif à la domiciliation a été signé entre PROCHIMI et elle et que donc ECOBANK est tiers à ce contrat et ne dispose d'aucun droit pour réclamer son exécution ; que les paiements doivent être faits dans le compte de PROCHIMI ; qu'elle-même ne dispose d'aucun compte à ECOBANK ; que l'opération de crédit a été faite entre ECOBANK et

PROCHIMI ; qu'à ce jour elle ne doit plus rien à PROCHIMI au titre du marché financé par ECOBANK ; qu'elle conclut à l'infirmation du jugement entrepris ;

Attendu que PROCHIMI pour sa part a demandé l'annulation du jugement, l'irrecevabilité de son appel en cause par SOMAÏR et sa mise hors de cause du fait qu'elle dispose de preuves de ce qu'elle a entièrement livré les produits commandés ;

Attendu qu'ECOBANK a sollicité l'infirmation du jugement du chef du paiement du taux bancaire et la condamnation de SOMAÏR et PROCHIMI au paiement des intérêts bancaires sur la somme de 148.650.000 francs ; qu'elle demande la confirmation du jugement sur les autres points.

Attendu qu'il ressort des pièces du dossier que SOMAÏR n'a pas été partie au contrat accordant le concours financier à PROCHIMI et dont résulte la créance dont le recouvrement est poursuivi ; que l'engagement de domiciliation qu'elle a signé en tant que débitrice de PROCHIMI ne donne pas droit à ECOBANK de la poursuivre par la procédure d'injonction de payer ; qu'en infirmant le jugement entrepris il y a lieu d'ordonner la rétractation de l'Ordonnance n°335 en date du 25 novembre 2004 du Président du Tribunal de Niamey et renvoyer ECOBANK à mieux se pourvoir ;

Attendu qu'ECOBANK succombant sera condamnée aux dépens

PAR CES MOTIS

Statuant publiquement après en avoir délibéré,

Casse l'Arrêt n°17 rendu le 07 février 2006 par la Cour d'appel de Niamey ;

Evoquant et statuant au fond ;

Infirme le Jugement n°182 en date du 27 avril 2005 du Tribunal Régional de Niamey ;

Ordonne la rétractation de l'Ordonnance d'injonction de payer n°355 du 25 novembre 2004 ;

Renvoie ECOBANK à mieux se pourvoir ;

Condamne ECOBANK –Niger aux dépens.

Les mentions d'un exploit d'huissier ne peuvent être opposées à un jugement, lequel fait foi jusqu'à inscription de faux (CCJA, 1ère Ch., n°20/2014, 11 mars 2014)

Sommaire

Les mentions d'un jugement, relatives notamment aux conditions dans lesquelles il a été rendu, font foi jusqu'à inscription de faux. En l'absence de la mise en œuvre d'une telle procédure conformément à la législation nationale, les énonciations d'un exploit d'huissier ou du plumitif d'audience ne sauraient leur être utilement opposées.

La Cour Commune de Justice et d'Arbitrage (CCJA) de l'Organisation pour l'Harmonisation en Afrique du Droit des Affaires (OHADA), Première chambre, a rendu l'Arrêt suivant, en son audience publique du 11 mars 2014 où étaient présents :

Messieurs	Marcel SEREKOÏSSE-SAMBA, Président	
	Mamadou DEME,	Juge rapporteur
	Djimasna N'DONINGAR,	Juge
et Maître	Acka ASSIEHUE,	Greffier ;

Sur le recours enregistré au greffe de la Cour de céans le 23 novembre 2007 sous le n°103/2007/PC et formé par Maître Kouévi AGBEKPONOU, Avocat à la Cour à Lomé, 317 Rue Jeanne d'ARC (Assivito), BP 1327, agissant au nom et pour le compte de la société AFRIC INDUSTRY S.A, dont le siège social est à Lomé, Zone Industrielle du Port Autonome de Lomé, BP 14555, ayant pour conseil constitué Maître Kouakou KAN, Avocat à la Cour, Abidjan Plateau, rue des Avodirés, 13 BP 35-Abidjan 13, dans la cause qui l'oppose à la société SITRAPAL S.A, ayant son siège social dans la Zone Portuaire de Lomé, BP 1077 et ayant pour conseil Maître Yobé SAMBIANI, Avocat à la Cour à Lomé, Immeuble « Le Croquembouche », derrière l'Agence Banque Atlantique, BP 31335 Lomé,

en cassation de l'Arrêt civil n°024/2007 rendu le 17 juillet 2007 par la chambre civile et commerciale de la Cour d'appel de Lomé, dont le dispositif est ainsi conçu :

« Statuant publiquement, contradictoirement à l'égard de toutes les parties, en matière civile et commerciale et en appel ;

<u>EN LAFORME :</u>

Reçoit l'appel ;

Annule le jugement entrepris pour violation des dispositions de l'article 125 du code de procédure civile ;

Dit que ledit jugement est nul et de nul effet ;

Dit que la Cour dispose de moyens suffisants d'appréciation pour évoquer les faits de la cause et connaître du fond ;

AU FOND :

Evoquant et statuant à nouveau ;

Déclare non fondée l'opposition formée par la Société AFRIC INDUSTRY contre l'ordonnance d'injonction de payer N°109/2205 du 25 février 2005 ;

Condamne la société AFRIC INDUSTRY à servir à la société SITRAPAL la somme de 18.000.000 F en principal et celle de 2.700.000 F représentant les frais de recouvrement, celle de 486.000 F au titre de la TVA et celle de sept (7) millions de francs à titre de dommages et intérêts, soit au total la somme de 28.186.000 F CFA ;

Déboute les parties du surplus de leurs demandes fins et conclusions ;

Condamne la société AFRIC INDUSTRY aux dépens ; » ;

La requérante invoque à l'appui de son pourvoi les quatre moyens de cassation tels qu'ils figurent à la requête annexée au présent arrêt ;

Sur le rapport de Monsieur Mamadou DEME, Juge ;

Vu les articles 13 et 14 du Traité relatif à l'harmonisation du droit des affaires en Afrique ;

Vu le Règlement de procédure de la Cour Commune de Justice et d'Arbitrage de l'OHADA ;

Attendu qu'il résulte des pièces du dossier de la procédure que la société SITRAPAL, se disant créancière de la société AFRIC INDUSTRY pour la somme de 18.000.000 de francs, a sollicité et obtenu, par l'Ordonnance d'injonction de payer n° 109/2005 rendue le 25 février 2005 par le Président du Tribunal de première instance de Lomé, sa condamnation au paiement de cette somme, augmentée des accessoires et de dommages-intérêts, le tout pour un montant total de 31.186.000 F CFA ; que sur opposition de la société AFRIC INDUSTRY, le Tribunal de première instance de Lomé a rétracté ladite Ordonnance suivant Jugement n°1699/2006 rendu le 1er septembre 2006 ;

Que sur l'appel de la société SITRAPAL, la Cour d'appel de Lomé a rendu l'arrêt attaqué ;

Sur la recevabilité du pourvoi :

Attendu que la société SITRAPAL S.A soulève l'irrecevabilité du pourvoi aux motifs que, d'une part, Maître Kouévi AGBEKPONOU, auteur de la requête de pourvoi, n'aurait justifié d'aucun mandat spécial pour former le recours et, d'autre part, que ladite requête indique quatre moyens de cassation tirés de la violation des dispositions du code de procédure civile togolais, sans préciser les dispositions des Actes uniformes de l'OHADA ou des Règlements prévus par le Traité dont l'application dans l'affaire justifie la saisine de la Cour ;

Mais attendu qu'il a été produit aux débats l'acte en date du 22 novembre 2007 par lequel la Société AFRIC INDUSTRY S.A a donné mandat à Maître Kouévi AGBEKPONOU à l'effet de former le présent pourvoi ; que ce document n'a pas été contesté ;

Et attendu que le quatrième moyen de cassation invoqué par la requérante est pris notamment de la violation des dispositions de l'article 9 de l'Acte uniforme portant organisation des procédures simplifiées de recouvrement et des voies d'exécution ;

Qu'il échet de déclarer l'exception mal fondée et le pourvoi recevable ;

Sur le moyen relevé d'office, pris de la violation des dispositions de l'article 15 de l'Acte uniforme portant organisation des procédures simplifiées de recouvrement et des voies d'exécution

Attendu que l'article 15 de l'Acte uniforme portant organisation des procédures simplifiées de recouvrement et des voies d'exécution dispose que « La décision rendue sur opposition est susceptible d'appel dans les conditions du droit national de chaque Etat Partie. Toutefois, le délai d'appel est de trente jours à compter de la date de cette décision » ;

Attendu qu'il résulte des mentions du Jugement n°1699/2006 ayant statué sur l'opposition formée par la société AFRIC INDUSTRY contre l'Ordonnance d'injonction de payer n°109/2005 du 25 février 2005, qu'il a été rendu à l'audience publique des vacations du vendredi premier septembre deux mil six, date à laquelle le délibéré précédemment fixé au 28 juillet 2006 avait été prorogé ;

Attendu qu'il n'est pas discuté que l'appel contre ce jugement a été formé suivant exploit d'huissier en date du 1er décembre 2006, soit près de trois mois après son prononcé ;

Que pour déclarer tel appel recevable, l'arrêt entrepris énonce « qu'il ressort des débats et des pièces du dossier, notamment du procès-verbal de constat d'huissier en date du 30 novembre 2006 que la décision entreprise n'a pas été rendue le 30 septembre 2006 comme le soutient l'intimée ; que le plumitif d'audience de cette date ne porte pas trace du dossier de la procédure ayant donné lieu à cette décision ; qu'il en infère aisément que le jugement dont appel n'a été rendu ni en audience publique, ni à une date indiquée par le juge et connue par les parties au procès… », pour en conclure que « le jugement n'a pas de date » et que « ce jugement sans date certaine n'a pas valablement déclenché le départ du délai d'appel, et la partie lésée peut à tout moment saisir la Cour d'appel pour obtenir son annulation » ;

Mais attendu que les mentions d'un jugement, relatives notamment aux conditions dans lesquelles il a été rendu, font foi jusqu'à inscription de faux ; qu'en l'absence de la mise en œuvre d'une telle procédure conformément à la législation togolaise, les énonciations d'un exploit d'huissier ou du plumitif d'audience ne sauraient leur être utilement opposées ;

Qu'ainsi, en statuant comme il l'a fait, le juge d'appel a violé le texte visé au moyen ;

Qu'il échet de casser l'arrêt entrepris et d'évoquer sans qu'il ne soit nécessaire d'examiner les autres moyens ;

Sur l'évocation

Attendu qu'il résulte des productions que suivant exploit du 1er décembre 2006, la société SITRAPAL a formé appel contre le Jugement n°1699/2006 rendu le 1er septembre 2006 par le Tribunal de première instance de Lomé qui a statué en ces termes :

« Statuant publiquement, contradictoirement, en matière civile et en premier ressort ;

Reçoit la Société AFRIC INDUSTRY Sarl en son opposition ;

La dit fondée ;

Dit que la créance sous-tendue par le Protocole d'accord du 28 mai 2004 annulé suivant jugement n°1470/2005 n'a plus sa raison d'être ;

En conséquence, rétracte purement l'ordonnance attaquée ;

Condamne reconventionnellement la Société SITRAPAL S.A à restituer à l'opposante les sommes précédemment perçues, soit 50.000.000 F ;

Rejette la demande au titre de dommages et intérêts ;

Ordonne l'exécution provisoire du jugement nonobstant toutes voies de recours ;

Condamne la requise aux dépens » ;

Sur la recevabilité de l'appel

Attendu que la société AFRIC INDUSTRY S.A soulève l'irrecevabilité de l'appel, pour avoir été formé hors le délai de trente jours prévu à l'article 15 de l'Acte uniforme portant organisation des procédures simplifiées de recouvrement et des voies d'exécution ;

Attendu qu'en réplique, la société SITRAPAL S.A fait valoir que nonobstant ses mentions, le jugement frappé d'appel n'a été rendu ni en audience publique, ni à la date du 1er septembre 2006 à laquelle le délibéré précédemment fixé au 28 juillet 2006 avait été prorogé ; qu'elle produit à l'appui de ces allégations un procès-verbal de constat d'huissier en date du 30 novembre 2006 ;

Mais attendu que pour les mêmes motifs que ceux ayant conduit à la cassation, il échet de déclarer l'appel irrecevable ;

Attendu que la société SITRAPAL qui a succombé doit être condamnée aux dépens.

PAR CES MOTIFS

Statuant publiquement, après en avoir délibéré,

Casse l'Arrêt n°024/2007 rendu le 17 juillet 2007 par la Cour d'appel de Lomé ;

Et évoquant,

Déclare l'appel de la SITRAPAL irrecevable ;

Condamne la société SITRAPAL aux dépens ;

Ainsi fait, jugé et prononcé les jour, mois et an que dessus et ont signé.

B. La charge de la preuve de la créance

Injonction de payer : la charge de la preuve pèse sur le demandeur (CCJA, 3e Ch., n°95/2014, 1er août 2014)

> Sommaire
>
> Celui qui a demandé la décision d'injonction de payer supporte la charge de la preuve de sa créance.

La Cour Commune de Justice et d'Arbitrage (CCJA) de l'Organisation pour l'Harmonisation en Afrique du Droit des Affaires (OHADA), Troisième chambre, a rendu l'Arrêt suivant en son audience publique du 1er août 2014 où étaient présents :

Madame Flora DALMEIDA MELE, Présidente, rapporteur

MessieursVictoriano OBIANG ABOGO, Juge

Idrissa YAYE, Juge

et Maître Alfred Koessy BADO, Greffier ;

Sur le renvoi en application de l'article 15 du Traité relatif à l'harmonisation du droit des affaires en Afrique, devant la Cour de céans de l'affaire Société Sciages et Moulures de Côte d'Ivoire dite SMCI dont le siège social est à Yopougon zone industrielle, 01 BP 1767 Abidjan 01, agissant aux poursuites et diligences de son représentant légal, Monsieur DASSIO GIULIANO, ayant pour conseil Maître AYEPO Vincent, Avocat à la Cour, demeurant au 16, avenue Daudet, immeuble Daudet, 04 BP 1412 Abidjan 04, contre la Société VIPR dont le siège social est à Abidjan Cocody Bonoumin, 22 BP 49 Abidjan 22, prise en la personne de son gérant , Monsieur TOURE Dorouh, ayant pour conseil Maître Patrice D. GUEU, Avocat à la Cour, demeurant Boulevard Latrille, immeuble Latrille, 27 BP 179 Abidjan 27, par Arrêt n°614/10 du 14 octobre 2010 de la Cour suprême de Côte d'Ivoire, saisie d'un pourvoi initié le 19 avril 2010 par la SMCI, renvoi enregistré au greffe de la Cour de céans sous le n°041/2011/PC du 24 mai 2011, en cassation de l'Arrêt n°366/09 rendu le 03 juillet 2009 par la Cour d'appel d'Abidjan et dont le dispositif est le suivant :

« PAR CES MOTIFS

Statuant publiquement, contradictoirement, en matière civile, commerciale, administrative et en dernier ressort ;

En la forme

Déclare la société VIPR recevable en son appel contre le Jugement n°2285/civ3 du 23/07/2008 ;

Au fond

L'y dit bien fondée ;

Reforme la décision entreprise ;

Statuant à nouveau

Condamne la Société SMCI à payer à la Société VIPR la somme de 18.200.000 (dix-huit millions deux cent mille) francs CFA ;

Met les dépens à la charge de la société SMCI » ;

La requérante invoque à l'appui de son pourvoi les deux moyens de cassation tels qu'ils figurent à la requête annexée au présent arrêt ;

Sur le rapport de Madame Flora DALMEIDA MELE, seconde Vice Présidente ;

Vu les dispositions des articles 13, 14 et 15 du Traité relatif à l'harmonisation du droit des affaires en Afrique ;

Vu le Règlement de procédure de la Cour Commune de Justice et d'Arbitrage de l'OHADA ;

Attendu qu'il ressort des pièces de la procédure que suivant contrat du 5 février 2007, la Société VIPR a loué à la Société Sciages et Moulures de Côte d'Ivoire dite SMCI, un engin de marque Caterpillar et de type chargeur 966 moyennant un loyer mensuel de 4 000 000 FCFA payable selon des modalités définies ; que faute de paiement des loyers par la SMCI, la VIPR a, par requête aux fins d'injonction de payer, saisi le Président du Tribunal de première instance d'Abidjan-plateau qui a, par Ordonnance n°603/2008 du 28 janvier 2008, condamné la SMCI à lui payer la somme de 18 200 000 FCFA en principal, outre les intérêts et frais de procédure ; que sur opposition de la SMCI, le Tribunal de première instance d'Abidjan a, par Jugement n°2285/3ème CIV-C rendu le 23 juillet 2008, condamné la SMCI à payer à la société VIPR, la somme de 4 377 139 francs, outre les intérêts et frais ; que sur appel de la société VIPR, la Cour d'appel d'Abidjan a rendu le 03 juillet 2009 l'Arrêt infirmatif n°366/09 dont pourvoi ;

Sur le premier moyen

Attendu que la demanderesse au pourvoi fait grief à l'arrêt attaqué d'avoir violé l'article 1134 du code civil en ce que, pour infirmer la décision des premiers juges, la cour d'appel a retenu que les décomptes journaliers n'ont pas été adressés à la société VIPR par la SMCI alors, selon le moyen, que la volonté des parties, clairement exprimée dans le contrat les liant, ne doit souffrir d'aucune interprétation ;

Mais attendu qu'en reprochant à la Cour d'appel d'avoir retenu que les décomptes journaliers n'ont pas été adressés à la société VIPR par la SMCI alors que ladite cour a motivé comme il suit : « qu'il résulte cependant des pièces du dossier que les pannes alléguées par la SMCI et les factures de réparations n'ont pas été portées à la connaissance de la société VIPR … », il apparait que le grief porte sur des motifs étrangers à l'arrêt attaqué ; que dès lors le moyen est inopérant ;

Sur le second moyen

Attendu que la demanderesse au pourvoi reproche à l'arrêt attaqué d'avoir violé l'article 1315 du code civil au motif que les juges d'appel ont méconnu les règles de la preuve en décidant que les pannes et le décompte journalier n'ont pas été portés à la connaissance de la société VIPR par la SMCI alors, selon le moyen, que les décomptes journaliers étant faits en double et contresignés par les représentants de chaque partie, la preuve de leur existence est établie ;

Mais attendu en l'espèce qu'il s'agit d'une procédure d'injonction de payer ; qu'en se fondant sur l'article 13 de l'Acte uniforme portant organisation des procédures simplifiées de recouvrement et des voies d'exécution qui dispose que « celui qui a demandé la décision d'injonction de payer supporte la charge de la preuve de sa créance », pour retenir qu'il ressort de « la facture récapitulative M/LOC/2007 : location de la 966 » que le montant à payer est de 18 200 000 FCFA après déduction de la somme de 9 800 000 FCFA, la cour, qui a ainsi décidé en se fondant sur la preuve de la créance rapportée par la VIPR, n'a en rien violé la loi ; que dès lors, ce moyen n'est non plus fondé ;

Attendu qu'ayant succombé, la SMCI doit être condamnée aux dépens ;

PAR CES MOTIFS

Statuant publiquement, après en avoir délibéré,

Déclare recevable le pourvoi ;

Le rejette ;

Condamne la SMCI aux dépens.

Requête en injonction de payer : la charge de preuve pèse sur le demandeur (CCJA, 2e Ch., n°10/2014, 27 février 2014)

Sommaire

La charge de la preuve de la créance pèse sur celui qui demande la décision d'injonction de payer. Il ne peut en conséquence être fait grief à la Cour de n'avoir pas porté une appréciation sur la contestation du défendeur.

La Cour Commune de Justice et d'Arbitrage (CCJA), de l'Organisation pour l'Harmonisation en Afrique du Droit des Affaires (OHADA), Deuxième chambre, a rendu l'Arrêt suivant en son audience publique du 27 février 2014 où étaient présents :

Messieurs Abdoulaye Issoufi TOURE,	Président, rapporteur
Namuano Francisco DIAS GOMES,	Juge
Victoriano OBIANG ABOGO,	Juge
et Maître Jean Bosco MONBLE,	Greffier,

Sur le pourvoi enregistré au greffe de la Cour de céans le 07 mai 2008 sous le n°028/2008/PC, suite au renvoi de la Cour de cassation du Sénégal et formé par Maîtres Mohamed Salim KANJO et Boubacar KOÏTA, Avocats au Barreau du Sénégal, demeurant 66, Boulevard de la République, Résidence El Hadj Seydou Nourou TALL à Dakar, agissant au nom et pour le compte de la Société Générale de Banques au Sénégal dite SGBS, SA dont le Siège est à Dakar, 19, Avenue Léopold Sédar SENGHOR, dans la cause qui l'oppose au sieur Massamba GUEYE, demeurant au quartier Colobane, Gouye Mouride près du marché à Rufisque, ayant pour Conseils Maître Guédel NDIAYE & Associés, Avocats au Barreau du Sénégal, 73, bis, Rue Amadou Assane NDOYE, BP 2636 Dakar, en cassation de l'Arrêt n°769 rendu le 05 octobre 2006 par la Cour d'appel de Dakar et dont le dispositif est le suivant :

« Statuant publiquement, contradictoirement, en matière civile et en dernier ressort :

Vu l'ordonnance de clôture du 06 juillet 2006 ;

Au fond : Confirme le jugement entrepris ;

Condamne la SGBS aux dépens ».

La requérante invoque à l'appui de son pourvoi les deux moyens de cassation tels qu'ils figurent à la requête annexée au présent arrêt ;

Sur le rapport de Monsieur Abdoulaye Issoufi TOURE, Premier Vice-Président ;

Vu les dispositions des articles 13, 14 et 15 du Traité relatif à l'harmonisation du droit des affaires en Afrique ;

Vu le Règlement de procédure de la Cour Commune de Justice et d'Arbitrage de l'OHADA ;

Attendu qu'il ressort des pièces du dossier de la procédure que Massamba GUEYE, ex-employé de la SGBS, qui a eu droit à certaines réparations pour licenciement abusif, s'est vu attrait par ladite Banque à la fois dans une procédure en saisie conservatoire et dans une autre en injonction de payer ; que la première a donné lieu à l'Ordonnance n°262 du 18 février 2004 autorisant une saisie conservatoire et la deuxième à une Ordonnance d'injonction de payer n°173 du 1er mars 2004 ; que le Tribunal, saisi des deux procédures, se déclarait incompétent sur la demande en validation et annulait l'ordonnance d'injonction de payer, suivant un jugement du 13 mai 2005 ; que sur appel, l'Arrêt n°769 du 05 octobre 2006, dont pourvoi, confirmait le jugement entrepris ;

Sur le premier moyen tiré de la violation des articles 1er, 2 et 3 de l'Acte uniforme portant organisation des procédures simplifiées de recouvrement et des voies d'exécution

Attendu qu'il est fait grief à l'arrêt déféré d'avoir violé les dispositions visées, en ce qu'il a estimé que la SGBS n'a pas apporté la preuve de sa créance, alors que la Banque a produit la copie certifiée conforme du compte présentant un solde débiteur de 5.208.290 F au 30 juin 1994 et 5.352.240 F au 02 janvier 1995 ; qu'en soutenant que les relevés de compte étaient insuffisants, la Cour d'appel n'a pas dit en quoi la créance n'était pas contractuelle et en quoi elle n'était pas certaine, liquide et exigible ;

Mais attendu, à cet égard, que dans son deuxième attendu, la Cour a expressément motivé que les relevés de compte sont des pièces unilatérales qui n'ont pas été discutées contradictoirement ; que cette motivation suffit à exclure la mise en œuvre de la procédure d'injonction de payer ; que donc il échet d'écarter le moyen ;

Sur le deuxième moyen tiré du défaut de base légale et de l'absence de motifs

Attendu qu'il est fait grief à l'arrêt querellé d'avoir, d'une part, relevé que le sieur GUEYE a vivement contesté les relevés de compte, mais n'a pas dit en quoi il avait fait valoir ses contestations et, d'autre part, en quoi la naissance de la créance en 1994 et l'absence de réclamation jusqu'en 2004 constituent un motif de fait ou de droit susceptible de remettre en cause la créance ;

Mais attendu que l'article 13 de l'Acte uniforme suscité met exclusivement la preuve à la charge du demandeur ; qu'il ne peut donc être fait grief à la Cour de n'avoir pas porté une appréciation sur la contestation du défendeur ; que par ailleurs, la motivation relative au retard est purement superfétatoire du fait que l'absence de pièces certaines suffit largement pour annuler l'ordonnance d'injonction de payer ; que le moyen ne peut prospérer ;

Attendu qu'il y a lieu de rejeter le pourvoi ;

Attendu que la Société Générale de Banques au Sénégal succombant sera condamnée aux dépens ;

PAR CES MOTIFS

Statuant publiquement, après en avoir délibéré,

Rejette le pourvoi formé par la Société Générale de Banques au Sénégal ;

La condamne aux dépens.

Injonction de payer : la preuve de la créance peut être rapportée selon les modalités du droit national (CCJA, Ass., plén., n°72/2014, 23 avril 2014)

Sommaire

L'article 13 de l'AUPSRVE n'indiquant aucune modalité par laquelle doit être rapportée la preuve de la créance de la partie qui réclame une injonction de payer, l'article 1134 du Code civil Nigérien est applicable.

La Cour Commune de Justice et d'Arbitrage (CCJA) de l'Organisation pour l'Harmonisation en Afrique du Droit des Affaires (OHADA), Assemblée plénière, a rendu l'Arrêt suivant en son audience foraine tenue le 25 avril 2014 à Porto-Novo où étaient présents :

Messieurs Marcel SEREKOÏSSE SAMBA,		Président
Abdoulaye Issoufi TOURE,		Premier Vice-président
Madame Flora DALMEIDA MELE,		Snde Vice-président, rapporteur
Messieurs	Namuano F. DIAS GOMES,	Juge
	Victoriano OBIANG ABOGO,	Juge
	Mamadou DEME,	Juge
	Idrissa YAYE,	Juge
	Djimasna N'DONINGAR,	Juge
et Maître Paul LENDONGO,		Greffier en chef ;

Sur le pourvoi enregistré au greffe de la Cour de céans le 10 août 2012 sous le n°088/2012/PC et formé par Maître Zaro Zileto Daouda, Avocat à la Cour, BP 12418, Niamey, agissant au nom et pour le compte de Monsieur DIATOUROU Boureïma, Opérateur économique, BP 10287 Niamey dans la cause l'opposant à SONIBANK S.A, ayant son siège social à Niamey, Avenue de la Mairie, BP 891, représentée par Monsieur HAITOU Moussa, Directeur Général, ayant pour Conseils la SCPA THEMIS sise au 380, Avenue du KAWAR, BP 12517, Niamey, en cassation de l'Arrêt n°122 rendu le 04 octobre 2010 par la Cour d'appel de NIAMEY et dont le dispositif est le suivant :

« PAR CES MOTIFS

La Cour

Statuant publiquement et contradictoirement à l'égard de la SONIBANK et par défaut à l'égard de DIATOUROU Boureïma, en matière civile et en dernier ressort :

1. Reçoit l'appel de DIATOUROU Boureïma régulier en la forme ;

2. Au fond confirme le jugement attaqué ;

3. Condamne l'appelant aux dépens. » ;

Le requérant invoque à l'appui de son pourvoi le moyen unique de cassation tel qu'il figure à la requête annexée au présent arrêt ;

Sur le rapport de Madame Flora DALMEIDA MELE, Seconde Vice Présidente ;

Vu les dispositions des articles 13 et 14 du Traité relatif à l'harmonisation du droit des affaires en Afrique ;

Vu le Règlement de procédure de la Cour Commune de Justice et d'Arbitrage de l'OHADA ;

Attendu qu'il ressort des pièces du dossier de la procédure que la SONIBANK a, suivant convention de crédit du 22 mars 2006, accordé à Monsieur Diatourou un prêt de 200 000 000 FCFA au taux de 14% payable en 05 mois en trois tranches ; que n'ayant pas honoré ses engagements, elle a sollicité et obtenu du Président du Tribunal de grande instance hors classe de Niamey, l'Ordonnance n°78 rendue le 29 mai 2008 enjoignant à Monsieur Diatourou Boureïma de lui payer la somme de 177 677 590 FCFA représentant sa créance en capital et intérêts ; que sur opposition de Monsieur Diatourou Boureïma et après constat de l'échec de la tentative de conciliation, le Tribunal a, par Jugement N°444 rendu le 29 octobre 2008, condamné Monsieur Diatourou Boureïma à payer à la SONIBANK la somme de 177 677 590 FCFA ; que sur appel de Monsieur Diatourou Boureïma, la Cour d'appel de Niamey a, par Arrêt N°122 rendu le 04 octobre 2010 dont pourvoi, confirmé le jugement entrepris ;

Sur le moyen unique en ses deux branches réunies

Attendu que le requérant fait grief à l'arrêt attaqué d'avoir violé, d'une part, l'article 10 du Traité institutif de l'OHADA en ce que la Cour d'appel a confirmé la décision du premier juge fondée sur l'article 1134 du code civil alors que les Actes uniformes sont d'application immédiate et obligatoire nonobstant toute disposition contraire de droit interne, antérieure ou postérieure dans les Etats parties dont le Niger et, d'autre part, de n'avoir pas relevé la violation de l'article 15 de l'Acte uniforme portant organisation des procédures simplifiées de recouvrement et des voies d'exécution en ce que le jugement confirmé a donné un avis de deux mois aux parties pour interjeter appel alors que, selon le moyen, le délai d'appel est de 30 jours ;

Mais attendu qu'aux termes de l'article 13 de l'Acte uniforme sus indiqué, la preuve de la créance incombe à la partie qui demande la décision d'injonction de payer ; que la loi n'indique aucune modalité par laquelle doit être rapportée cette preuve ; que cette créance résultant d'un engagement contractuel, l'application de l'article 1134 du code civil pour justifier la condamnation de Monsieur DIATOUROU qui n'a pas honoré ses engagements vis-à-vis de la banque en ne se libérant pas des sommes qui lui ont été consenties en prêts ne fait aucunement obstacle à la procédure d'injonction de payer ; que cet article consacre le principe de l'opposabilité des conventions en ce qu'il édicte que les conventions légalement formées tiennent lieu de loi à ceux qui les ont faites ; qu'en ne respectant pas ses engagements, le caractère liquide, certain et exigible de la créance est avéré pour permettre le déclenchement de la procédure d'injonction de payer ; qu'au surplus, le délai de deux mois donné aux parties au bas du jugement pour faire appel est présenté sous la forme d'un avis et n'a en rien entamé la recevabilité de l'appel ni ne l'a pas empêché d'exercer son droit dans les délais légaux ; qu'il s'ensuit que le moyen n'est pas fondé ;

Attendu qu'ayant succombé, Monsieur DIATOUROU Boureïma doit être condamné aux dépens

PAR CES MOTIFS

Statuant publiquement, après en avoir délibéré,

Déclare recevable le pourvoi ;

Le rejette ;

Condamne Monsieur DIATOUROU Boureïma aux dépens.

C. L'ordonnance d'injonction de payer

N'est pas nulle l'ordonnance qui omet de mentionner les nom et prénom du magistrat l'ayant rendue (CCJA, 2e Ch., n°87/2014, 23 juillet 2014)

Sommaire

L'article 5 alinéa 1er de l'Acte uniforme portant organisation des procédures simplifiées de recouvrement et des voies d'exécution est relatif à une désignation ès qualités et non à une détermination nominative. N'encourt donc pas annulation l'ordonnance d'injonction de payer qui omet de mentionner les nom et prénom du magistrat l'ayant rendue.

La Cour Commune de Justice et d'Arbitrage (CCJA) de l'Organisation pour l'Harmonisation en Afrique du Droit des Affaires (OHADA), Deuxième Chambre, a rendu l'Arrêt suivant en son audience publique du 23 juillet 2014 où étaient présents :

MessieursAbdoulaye Issoufi TOURE,	Président
Namuano Francisco DIAS GOMES,	Juge, rapporteur
Djimasna N'DONINGAR,	Juge
et Maître Jean Bosco MONBLE,	Greffier,

Sur le renvoi de la Cour Suprême de Côte d'Ivoire devant la Cour de céans, du pourvoi enregistré au greffe le 24 Mai 2011 sous le numéro n°045/2011/PC et formé par Maître Laurent GUEDE LOGBO, Avocat à la Cour, demeurant à Abidjan-Plateau - avenue Daudet, immeuble Daudet, 5ème& 6ème étage, porte 56, 01 BP 3469 Abidjan 01, agissant au nom et pour le compte de la Société pour le Développement des Opérations Agro-industrielles dite DOPA, société anonyme au capital de 2.000.000.000 de francs CFA dont le siège est à Bouaké, dans la cause l'opposant à L'Union Régionale des Entreprises Coopératives de la Zone des Savanes de Côte d'Ivoire dite URECOS-CI, dont le siège social est sis à Korhogo, route du Lycée Houphouët, BP 635 Korhogo, agissant aux poursuites et diligences de son Directeur Général, MEITE WAMEÏKE, Administrateur de société, de nationalité ivoirienne, demeurant es-qualité au siège de ladite société, 17 BP 457 Abidjan 17, ayant pour conseils, la SCPA TOURE-AMANI-YAO et Associés, Avocats à la Cour, demeurant, Cocody II Plateaux, Boulevard Latrille entre la Station Mobil et SOCOCE, Immeuble KINDALO, 1er étage, porte n°910, 28 BP 1018 Abidjan 28, en cassation de l'Arrêt n°342 rendu le 06 juin 2008 par la 1ère chambre civile et Commerciale de la Cour d'appel d'Abidjan, et dont le dispositif est le suivant :

« Statuant publiquement, contradictoirement, en matière commerciale et en premier ressort :

Reçoit la société URECOS-CI en son appel ;

L'y dit bien fondée ;

Réforme le jugement querellé ;

Statuant à nouveau, condamne la société DOPA à lui payer la somme de 337.806.634 F CFA ;

Confirme le jugement entrepris en ses autres dispositions ;

Condamne la société DOPA aux dépens ».

La requérante invoque à l'appui de son pourvoi les deux moyens de cassation tels qu'ils figurent à la requête annexée au présent arrêt ;

Sur le rapport de Monsieur Namuano Francisco DIAS GOMES, Juge ;

Vu les articles 13, 14 et 15 du Traité relatif à l'harmonisation du droit des affaires en Afrique ;

Vu le Règlement de procédure de la Cour Commune de Justice et d'Arbitrage de l'OHADA ;

Attendu qu'il ressort de l'examen des pièces du dossier de la procédure que l'URECOS-CI, faitière de producteurs de coton a conclu le 12 Février 2004 un contrat de vente de coton graine avec la société DOPA ; que sur la base de cette convention, les producteurs membres de l'URECOS-CI ont livré du coton graine à la société DOPA au cours des campagnes cotonnières 2003-2004 et 2004-2005 ; qu'au mois de Juin 2006, la société DOPA restait devoir à l'URECOS-CI, la somme en principale de 590.917.347 FCFA , soit 391.217.374 F CFA au titre du coton graine livré dont le prix n'a pas été payé, et 169 610 740 F CFA au titre de la subvention de l'Etat revenant aux producteurs ; que toutes les réclamations amiables s'étant avérées infructueuses, l'URECOS-CI faisait servir le 28 Juin 2006 une mise en demeure de payer par exploit d'huissier à la Société DOPA ; que répondant à cette mise en demeure, la Société DOPA déclarait ne devoir que la somme de 337.806.634 FCFA ; que par exploit d'huissier en date du 09 août 2006, l'URECOS-CI signifiait à la Société DOPA une ordonnance d'injonction de payer rendue le 28 juillet 2006 par la juridiction présidentielle de la Section de tribunal d'Agboville, condamnant la Société DOPA à payer à l'URESCO-CI la somme de 337.806.634 F CFA outre les intérêts et frais ; que par exploit en date du 22 août 2006, la Société DOPA formait opposition contre ladite ordonnance ; que le Tribunal d'Agboville, statuant sur son action, rétractait l'ordonnance d'injonction de payer susvisée et déboutait l'URECOS-CI de sa demande de recouvrement au motif que la Société SOFICO-CI avait pratiqué une saisie sur les sommes dues à URECOS-CI entre les mains de la Société DOPA ; que l'URECOS-CI ayant relevé appel de cette décision, la Cour d'appel d'Abidjan rendait l'Arrêt n°342 du 06 juin 2008 ; Arrêt dont pourvoi ;

Sur le premier moyen en sa première branche tiré de la violation de l'article 5 de l'Acte uniforme de l'OHADA portant organisation des procédures simplifiées de recouvrement et des voies d'exécution

Attendu que la Société DOPA fait grief à la Cour d'appel d'Abidjan de n'avoir pas annulé l'Ordonnance d'injonction de payer en date du 28 juillet 2006 au motif que celle-ci n'avait pas indiqué les nom et prénom du Magistrat qui l'avait rendue, violant ainsi les dispositions de l'article 5 alinéa 1er de l'Acte uniforme portant organisation des procédures simplifiées de recouvrement et des voies d'exécution ;

Attendu que l'article 5 alinéa 1er de l'Acte uniforme portant organisation des procédures simplifiées de recouvrement et des voies d'exécution dispose que : « Si, au vu des documents produits, la demande lui paraît fondée en tout ou partie, le Président de la juridiction compétente prend une décision portant injonction de payer pour la somme qu'il fixe » ;

Attendu que cette disposition est relative à une désignation ès qualités et non à une détermination nominative ; que d'ailleurs il ressort des pièces du dossier que même le nom du magistrat a été porté à la deuxième signification ; qu'il y a lieu en conséquence de déclarer cette branche du moyen mal fondée ;

Sur la deuxième branche du moyen tirée de la violation des dispositions de l'article 1er de l'Acte uniforme de l'OHADA portant organisation des procédures simplifiées de recouvrement et des voies d'exécution

Attendu que la Société DOPA fait en outre grief à la Cour d'appel d'Abidjan d'avoir également violé l'article 1er de l'AUPSRVE au motif que la créance que détenait l'URECOS-CI sur elle est devenue indisponible du fait de la saisie conservatoire de créances pratiquée le 25 janvier 2006 entre ses mains par la coopérative SOFICO-Cl ;

Attendu qu'aux termes de l'article 1er de l'Acte uniforme portant organisation des procédures simplifiées de recouvrement et des voies d'exécution « le recouvrement d'une créance certaine, liquide et exigible peut être demandé suivant la procédure d'injonction de payer » ;

Attendu qu'eu égard aux pièces du dossier, la dette de la DOPA à l'égard de l'URECOS-CI n'a jamais été mise en cause par la saisie pratiquée par la SOFICO-CI ; qu'en effet, aux termes d'un précédent Arrêt n°233 en date du 30 mars 2007 de la Cour d'appel d'Abidjan, il appert que la dite saisie a été pratiquée entre les mains d'une autre société, la COTIVO, distincte de la société DOPA ; que dès lors il y a lieu de rejeter cette deuxième branche de moyen ;

Sur le deuxième moyen tiré du défaut de base légale résultant de l'absence, de l'insuffisance et de la contrariété des motifs.

Attendu que la société DOPA reproche à l'arrêt attaqué un défaut de base légale résultant de l'absence, de l'insuffisance et de la contrariété des motifs en ce qu'en statuant ainsi qu'elle l'a fait, la Cour d'Appel s'est gardée de donner les motivations qui l'ont amenée à ne pas suivre la Société DOPA dans ses prétentions, alors que celle-ci a démontré que l'ordonnance d'injonction de payer du 28 juillet 2006 qui lui a été signifiée ne mentionnait ni le nom, ni les prénoms du Président de la Section de tribunal d'Agboville, ce qui constitue une violation des dispositions de l'article 5 alinéa 1er de l'AUPSRVE ;

Mais attendu qu'il est demeuré constant que l'ordonnance portait bien le nom du magistrat qui l'a rendue et qu'à cet effet une deuxième signification a été faite ; que la Cour d'appel d'Abidjan a légalement justifié sa décision ; que le moyen ne peut donc prospérer ;

Attendu que le pourvoi est mal fondé et sera rejeté ;

Attendu que la Société DOPA ayant succombé, il y a lieu de la condamner aux dépens.

PAR CES MOTIFS

Statuant publiquement, après en avoir délibéré,

Rejette le pourvoi ;

Condamne la Société DOPA aux dépens.

Signification de l'ordonnance d'injonction de payer : le sort d'une signification faite à un agent de sécurité (CCJA, 1ère Ch., n°18/2014, 11 mars 2014)

Sommaire

La signification de l'ordonnance d'injonction de payer faite à un agent de sécurité au service d'une société de gardiennage et posté à la guérite ne peut faire courir le délai d'opposition dès lors que cet agent n'étant lié à la société par aucun contrat de travail, ne saurait être considéré comme un responsable ou un fondé de pouvoir habilité à recevoir une signification.

La Cour Commune de Justice et d'Arbitrage (CCJA.), Première chambre, de l'Organisation pour l'Harmonisation en Afrique du Droit des Affaires (OHADA), a rendu l'Arrêt suivant en son audience publique du 11 mars 2014 où étaient présents :

Messieurs Marcel SEREKOÏSSE-SAMBA,	Président, rapporteur
Mamadou DEME,	Juge
Djimasna NDONINGAR,	Juge
et Maître Acka ASSIEHUE,	Greffier,

Sur le pourvoi enregistré au greffe de la Cour de céans le 17 juillet 2006 sous le n°061/2006/PC et formé par Maître Pierre N'THEPE, Avocat au Barreau du Cameroun, BP 3215 Douala, agissant au nom et pour le compte de la Société Camerounaise de Dépôts Pétroliers dont le siège est à Douala, aux poursuites et diligences de son Directeur Général Dr Jean Baptiste NGUINI EFFA demeurant à Douala dans la cause l'opposant aux Etablissements Constructions Modernes ayant pour conseils Maître LIKALE Jean Daniel, Avocat au Barreau du Cameroun, en cassation de l'Arrêt n°98/C en date du 17 mars 2006 de la Cour d'appel du Littoral à Douala (Cameroun) et dont le dispositif suit :

« Par ces motifs

Statuant publiquement, contradictoirement à l'égard des parties en matière civile et commerciale en appel et en dernier ressort et à l'unanimité de ses membres ;

En la forme :

Reçoit l'appel ;

Au fond :

Infirme la décision entreprise ;

Statuant à nouveau,

Déclare irrecevable comme tardive l'opposition formée par la Société Camerounaise des Dépôts Pétroliers contre l'Ordonnance d'injonction de payer n°256/00-01 rendue le 13 juillet 2001 par le Président du Tribunal de grande instance du Wouri ;

Condamne la SCDP aux dépens distraits au profit de Maître LIKALE Jean Daniel, Avocat aux offres de droit » ;

Attendu que la requérante invoque à l'appui de son pourvoi un moyen unique de cassation tel qu'il figure à la requête annexée au présent arrêt ;

Sur le rapport de Monsieur Marcel SEREKOÏSSE-SAMBA, Président ;

Vu les dispositions des articles 13 et 14 du Traité relatif à l'harmonisation du droit des affaires en Afrique ;

Vu le Règlement de procédure de la Cour Commune de Justice et d'Arbitrage de l'OHADA ;

Attendu que par lettre recommandée avec avis de réception n°439/2006/Gc du 1er septembre 2006, le Greffier en chef de la Cour de céans a signifié le recours en cassation formé par la SCDP aux Etablissements Constructions Modernes ; que ceux-ci n'ont pas produit de mémoire en réponse ; que le principe du contradictoire ayant été ainsi respecté, il y a lieu de passer outre et de statuer ;

Attendu que les Etablissements Constructions Modernes (ECM) ont obtenu le 13 juillet 2001, une Ordonnance d'injonction de payer n°256/00-01 la somme de 119.166.480 F CFA à l'encontre de la Société Camerounaise des Dépôts Pétroliers (SCDP) ;

Que cette ordonnance a été signifiée le 17 août 2001 à la guérite de la SCDP parlant à Monsieur NGOMBE Metuge, gardien de la société de gardiennage WACKENHUT postée à l'entrée de la société ;

Que le 06 septembre 2001, les Etablissements Constructions Modernes se sont présentés à la SCDP pour lui notifier un certificat de non opposition à l'ordonnance d'injonction de payer et lui proposer en même temps un règlement amiable du litige ;

Que le lendemain 07 septembre, la SCDP a formé opposition à cette ordonnance et le Tribunal de grande instance de Douala par Jugement avant dire droit du 03 octobre 2002 a déclaré l'opposition recevable conformément à l'article 10 alinéa 2 de l'Acte uniforme portant organisation des procédures simplifiées de recouvrement et des voies d'exécution (AUPSRVE) ;

Que le 21 août 2003, le Tribunal de grande instance de Douala a confirmé le jugement avant dire droit par décision au fond n°734 ;

Que sur appel des Etablissements de Constructions Modernes, la Cour d'appel du Littoral à Douala a rendu le 17 mars 2006 l'Arrêt n°98/C sus énoncé ;

Sur le moyen unique tiré de la violation de l'article 10 alinéa 2 de l'Acte uniforme portant organisation des procédures simplifiées de recouvrement et des voies d'exécution

Attendu qu'il est fait grief à l'arrêt attaqué d'avoir violé l'article 10 alinéa 2 de l'AUPSRVE et absence de base légale, en ce que la signification de l'ordonnance d'injonction de payer a été servie à NGOMBE METUGE gardien d'une société de gardiennage posté à la guérite pour des raisons de sécurité alors que s'agissant d'une personne morale, la signification est assimilée à une signification à personne lorsqu'elle a été faite à son représentant légal, à un Fondé de pouvoir de ce dernier ou à toute autre personne habilitée à cet effet ; que l'opposition de la SCDP à la date du 07 septembre 2001 est, aux termes de l'article 10 alinéa 2 susvisé, recevable jusqu'à la première mesure d'exécution qui, dans le cas d'espèce, est la signification commandement du 21 septembre 2001 de Maître BALENG MAAH, huissier de justice à Douala ;

Attendu que selon la jurisprudence établie de la Cour de céans en matière de signification, une signification servie à une personne étrangère au service et non à un responsable habilité à la recevoir ne peut faire courir le délai d'opposition spécifié à l'alinéa 2 de l'article 10 de l'Acte uniforme portant organisation des procédures simplifiées de recouvrement et des voies d'exécution ;

Que la Cour d'appel, en déclarant tardive l'opposition formée par la SCDP le 07 septembre 2001 alors que celle-ci n'a régulièrement pris connaissance de l'existence de l'ordonnance d'injonction de payer que le 06 septembre 2001, a violé les dispositions de l'article 10 alinéa 2 de l'Acte uniforme susvisé ; qu'il échet de casser l'arrêt querellé, d'évoquer et statuer au fond ;

Sur l'évocation

Attendu que le 13 juillet 2001, le Président du Tribunal de grande instance du Wouri a rendu l'Ordonnance n°256/00-01 enjoignant à la Société Camerounaise des Dépôts Pétroliers (SCDP) de payer aux Etablissements Constructions Modernes (ECM) la somme de 119.166.480 FCFA ;

Que cette ordonnance a été signifiée le 17 août 2001 à la guérite de la SCDP parlant à Monsieur NGOMBE METUGE, gardien de la société de gardiennage WACKENHUT posté à l'entrée de la société ;

Attendu que le 06 septembre 2001, les Etablissements Constructions Modernes ont notifié à la SCDP un certificat de non-opposition à l'ordonnance d'injonction de payer et lui ont proposé en même temps un règlement amiable du litige ;

Que le lendemain 07 septembre la SCDP a formé opposition à cette ordonnance et le Tribunal de grande instance de Douala par Jugement avant-dire- droit du 03 octobre 2002, a déclaré l'opposition recevable conformément à l'article 10 alinéa 2 de l'Acte uniforme portant organisation des procédures simplifiées de recouvrement et des voies d'exécution ;

Que le 21 août 2003, le Tribunal de grande instance de Douala a confirmé le jugement avant-dire-droit par décision au fond n°734 dont le dispositif suit :

« Par ces motifs

Statuant publiquement, contradictoirement à l'égard de toutes les parties en matière civile et commerciale en premier ressort et après en avoir délibéré conformément à la loi ;

Déclare la SCDP recevable en son opposition comme faite dans les forme et délai prescrits par la loi

Au fond : l'y dit fondée ;

Invalide en conséquence avec tous les effets de droit l'Ordonnance d'injonction de payer n°256/00-01 rendue le 14 août 2001 par le Président du Tribunal de grande instance de Wouri à Douala.

Condamne les Etablissements Constructions Modernes aux entiers dépens dont distraction au profit de Maître N'THEPE, Avocat aux offres de droit. ».

Attendu que par requête datée du 22 août 2003, enregistrée au greffe de la Cour d'appel le 02 septembre 2003 sous le n°1168, les Etablissements de Constructions Modernes ont interjeté appel de ce jugement ;

Qu'à l'appui de leur recours, les Etablissements de Constructions Modernes estiment que c'est par suite d'une violation flagrante de la loi que le premier juge a déclaré recevable l'opposition de la SCDP à l'ordonnance d'injonction de payer alors que c'est en l'absence de toute opposition dans les délais prescrits par la loi que cette ordonnance revêtue de la formule exécutoire a été régulièrement signifiée à la SCDP le 17 août 2001 ; qu'ils concluent en sollicitant à la Cour d'appel de casser le jugement entrepris et de confirmer l'ordonnance d'injonction de payer ;

Attendu que dans ses conclusions en réponse, l'intimée SCDP soutient que l'Ordonnance d'injonction de payer n°256/00-01 du 14 août 2001 a été servie à la guérite de la SCDP tenue par les gardiens de la société WACKENHUT ;

Que cette signification n'ayant pas été faite à un employé de la SCDP ou entre les mains d'un de ses responsables habilités, c'est l'article 10 alinéa 2 de l'Acte uniforme portant organisation des procédures simplifiées de recouvrement et des voies d'exécution qui doit trouver application ; que la SCDP conclut à la confirmation du Jugement n°734 ;

Attendu que l'article 10 de l'Acte uniforme susvisé stipule que : « L'opposition doit être formée dans les quinze jours qui suivent la signification de la décision portant injonction de payer. Le délai est augmenté, éventuellement, des délais de distance.

Toutefois si le débiteur n'a pas reçu personnellement la signification de la décision portant injonction de payer, l'opposition est recevable jusqu'à l'expiration du délai de 15 jours suivant le premier acte signifié à personne ou, à défaut, suivant la première mesure d'exécution ayant pour effet de rendre indisponibles en tout ou en partie les biens du débiteur » ;

Attendu qu'il ressort des pièces du dossier de la procédure que la signification de l'ordonnance d'injonction de payer a été faite à un agent de sécurité au service d'une société de gardiennage et posté à la guérite de la SCDP ; que cet agent, n'étant lié à la SCDP par aucun contrat de travail, il ne saurait être considéré comme un responsable ou un fondé de pouvoir habilité à recevoir une signification ; qu'en conséquence, il y a lieu de confirmer le jugement entrepris en ce qu'il a déclaré l'opposition de la SCDP recevable ;

Et attendu que les Etablissements Constructions Modernes qui n'ont ni comparu, ni été représentés, n'ont en conséquence produit aux débats aucun élément de preuve de la créance dont ils poursuivent le paiement ;

Qu'il échet de confirmer le jugement entrepris en ce qu'il a invalidé l'Ordonnance d'injonction de payer n°256/00-01 rendue le 14 août 2001 par le Président du Tribunal de grande instance de Wouri à Douala ;

Attendu que les Etablissements Constructions Modernes ayant succombé, il y a lieu de les condamner aux dépens ;

PAR CES MOTIFS

Statuant publiquement, après en avoir délibéré,

Déclare le pourvoi recevable ;

Casse l'Arrêt n°98/C du 17 mars 2006 rendu par la Cour d'appel du Littoral à Douala ;

Evoquant et statuant,

Déclare l'opposition de la SCDP recevable ;

Confirme le Jugement n°734 du 21 août 2003 ;

Condamne les Etablissements Constructions Modernes aux dépens.

Opposition à l'ordonnance d'injonction de payer : le non-paiement des frais de greffe n'est pas un motif de déchéance au sens de l'article 11 de l'AUPSRVE (CCJA, Ass. Plén., n°133/2014, 11 novembre 2014)

Sommaire
Opposition à l'ordonnance d'injonction de payer : le non-paiement des frais de greffe n'est pas un motif de déchéance au sens de l'article 11 de l'AUPSRVE.

La Cour Commune de Justice et d'Arbitrage (CCJA), de l'Organisation pour l'Harmonisation en Afrique du Droit des Affaires (OHADA), Assemblée plénière, a rendu l'Arrêt suivant en son audience publique foraine tenue le 11 novembre 2014 à Libreville (Gabon) où étaient présents :

Messieurs Marcel SEREKOÏSSE SAMBA	Président
Abdoulaye Issoufi TOURE,	Premier Vice-président
Madame Flora DALMEIDA MELE,	Second Vice-président
Messieurs Namuano Francisco Dias GOMES,	Juge, Rapporteur
Victoriano OBIANG ABOGO,	Juge
Idrissa YAYE,	Juge
Djimasna N'DONINGAR,	Juge
et Maître Paul LENDONGO,	Greffier en chef,

Sur le pourvoi enregistré au greffe de la Cour de céans le 14 mars 2012sous le n° 022/2012/PC et formé par Maître Ledoux SEINA, Avocat au Barreau du TCHAD, agissant au nom et pour le compte CABINET AVOCAT-PLUS SEINA sis Avenue Bokassa, Quartier AMBASSATNA BP 5602, N'Djamena, dans la cause l'opposant au Groupe Sotel-Tchad SA, Ex- Société Tchadienne des Télécommunications du Tchad (SOTEL TCHAD), Société d'Etat, dont le siège social est à N'Djamena, BP 1132, ayant pour conseil cabinet BETEL Ninganadji Marcel, Avocat au Barreau du Tchad, sis Avenue Mobutu BP 589, N'djamena, en cassation de l'Arrêt n°031/2010, rendu par la Première chambre civile et commerciale de la Cour d'appel de N'Djamena en date 23 février 2010, dont le dispositif est le suivant :

« Statuant publiquement, contradictoirement à l'égard des parties en matière commerciale et en dernier ressort ;

En la Forme : Reçoit l'appel du conseil de Me SEINA LEDOUX ;

Au fond : Confirme le jugement querellé en toutes ses dispositions ;

Condamne l'appelant aux dépens liquidés à la somme de trente-cinq (35.000 FCFA) … » ;

Le requérant invoque à l'appui de son pourvoi les trois moyens de cassation tels qu'ils figurent à la requête annexée au présent arrêt ;

Sur le rapport de Monsieur Namuano Francisco DIAS GOMES, Juge ;

Vu les articles 13 et 14 du Traité relatif à l'harmonisation du droit des affaires en Afrique ;

Vu le Règlement de procédure de la Cour Commune de Justice et d'Arbitrage de l'OHADA ;

Attendu qu'il ressort des pièces du dossier de la procédure que Maître Ledoux SEINA avait signé, en date du 21 Juin 2002, un contrat d'assistance juridique suivi d'un avenant le 28 décembre 2004, avec la SOTEL-TCHAD devenue « Sotel-Tchad SA » ; que le 27 juin 2007, Maître Ledoux SEINA a dénoncé ce contrat pour non-respect de ses engagements par la Sotel-Tchad SA ; qu'après cette dénonciation, Maître SEINA a entamé la procédure de recouvrement de ses honoraires par voies judiciaires et a saisi en date du 13 août 2007 le Tribunal de commerce de N'Djamena d'une requête aux fins d'injonction de payer ; qu'ainsi en date du 22 août 2007, ce tribunal a rendu l'Ordonnance portant injonction de payer n°027/07 enjoignant à la Sotel-Tchad SA de payer à Maître Ledoux SEINA la somme de 96.945.562 FCFA ; qu'à la signification de cette ordonnance en date du 15 Octobre 2007, la Sotel-Tchad SA a fait opposition par exploit d'Huissier n°083/07 du 25 octobre 2007 ; que par Jugement n°015/07 du 09 Avril 2008, le Tribunal de commerce de N'djamena a déclaré l'opposition recevable et fondée, et rétracté l'Ordonnance n°027/07 du 22 août 2007 ; que contre ce jugement, Maître Ledoux SEINA a relevé appel ; que par Arrêt n°031/10 du 23 février 2010, la Cour d'appel de N'djamena a confirmé le Jugement n°015/07 du 09 Avril 2008 ; Arrêt dont pourvoi.

Sur le premier moyen tiré de la violation de l'article 11 de l'Acte uniforme portant organisation des procédures simplifiées de recouvrement et des voies d'exécution (AUPSRVE)

Attendu que le Cabinet Avocat-Plus SEINA fait grief à l'arrêt attaqué d'avoir violé l'article 11 de l'Acte uniforme portant organisation des procédures simplifiées de recouvrement et des voies d'exécution au motif que la SOTEL TCHAD SA, n'ayant pas payé les frais de greffe devant assurer l'enrôlement de son affaire dans le délai requis de un mois, celle-ci était déchue de son droit de former opposition ;

Mais attendu que l'article 11 de l'Acte uniforme portant organisation des procédures simplifiées de recouvrement et des voies d'exécution dispose que : « L'opposant est tenu, à peine de déchéance, et dans le même acte que celui de l'opposition :

- de signifier son recours à toutes les parties et au greffe de la juridiction ayant rendu la décision d'injonction de payer ;

- de servir assignation à comparaître devant la juridiction compétente à une date fixe qui ne saurait excéder le délai de 30 jours à compter de l'opposition » ; qu'il appert que le non paiement des frais de greffe n'est pas un motif de déchéance ; qu'en recevant l'opposition, l'arrêt déféré n'a pas violé l'article 11 susvisé qu'il y a lieu d'écarter le moyen ;

Sur le deuxième moyen tiré de la violation des articles 1er et 6 de l'Acte uniforme portant organisation des procédures simplifiées de recouvrement et des voies d'exécution (AUPSRVE)

Attendu que le Cabinet Avocat-Plus SEINA fait également grief à l'arrêt attaqué d'avoir violé les articles 1er et 6 de l'Acte uniforme portant organisation des procédures simplifiées de recouvrement et des voies d'exécution au motif que sa créance sur la SOTEL TCHAD SA était certaine, liquide et exigible mais que la Cour d'appel en a décidé autrement sur la base de cinq (5) factures sur quinze (15) qui ne se trouvaient pas dans le dossier de la procédure ;

Attendu que les articles 1er et 6 de l'AUPSRVE disposent que : « Le recouvrement d'une créance certaine, liquide et exigible peut être demandé suivant la procédure d'injonction de payer » et « La requête et la décision portant injonction de payer sont conservées à titre de minute entre les mains du greffier qui en délivre une expédition au demandeur. Les documents originaux produits à l'appui de la requête sont restitués au demandeur et leurs copies certifiées conformes sont conservées au greffe … » ;

Attendu que la Cour d'appel de N'Djamena, pour confirmer le jugement a statué comme suit : « Considérant qu'en l'espèce, il s'agit d'une créance contractuelle et le créancier a effectué lui-même les calculs en réclamant une somme différente de celle qui figure sur le contrat, mais qui résulte d'un récapitulatif établi par le créancier en majorant certaines créances établies de commun accord avec le débiteur ; qu'il s'en suit que la créance réclamée ne remplit pas les conditions de certitude, de liquidité et de l'exigibilité prévues par l'article 1er de l'AUPSRVE » ; qu'en motivant ainsi sa décision pour écarter la procédure d'injonction de payer, la cour n'a pas violé les articles visés au moyen ; qu'il y a lieu de rejeter ce moyen ;

Sur le troisième moyen tiré du changement des statuts du Groupe SOTEL-TCHAD SA

Attendu que le Cabinet Avocat-Plus SEINA fait enfin grief à l'arrêt attaqué d'avoir violé la loi tchadienne n°009/98 du 17 Août 1998 créant la SOTEL TCHAD et l'OTRT (Office Tchadien de Régulation des Télécommunications), au motif que SOTEL TCHAD est allée se faire enregistrer au Registre du Commerce et du Crédit Mobilier pour devenir SA, une entité privée, alors que la loi précitée n'a pas encore été rapportée ; que cette constitution étant irrégulière rend la société « GROUPE SOTEL TCHAD SA » incompétente pour ester en justice ;

Mais attendu que ce moyen est caractérisé par son imprécision en ce qu'il ne détermine ni en quoi la nouvelle constitution est irrégulière, ni en quoi la société anonyme n'aurait pas la qualité pour ester en justice ; que le moyen est irrecevable ;

Attendu que les moyens n'étant pas fondés, qu'il y a lieu de rejeter le pourvoi ;

Attendu que le Cabinet Avocat-Plus SEINA ayant succombé, il y a lieu de le condamner aux dépens.

PAR CES MOTIFS

Statuant publiquement, après en avoir délibéré,

Rejette le pourvoi contre l'Arrêt n°031/2010, rendu par la Première chambre civile et commerciale de la Cour d'appel de N'Djamena le 23 Février 2010 ;

Condamne le Cabinet Avocat-Plus SEINA aux dépens.

II. Contentieux de l'exécution

A. Appel d'une décision relative à une mesure d'exécution

Le délai d'appel d'une décision relative à une mesure d'exécution forcée est de 15 jours (CCJA, n°88/2014, 23 juillet 2014)

Sommaire

Le délai d'appel contre toute demande relative à une mesure d'exécution forcée étant de 15 jours, l'appel doit être déclaré irrecevable lorsqu'il est interjeté au-delà de ce délai.

La Cour Commune de Justice et d'Arbitrage (CCJA) de l'Organisation pour l'Harmonisation en Afrique du Droit des Affaires (OHADA), Deuxième Chambre, a rendu l'Arrêt suivant en son audience publique du 23 juillet 2014 où étaient présents :

Messieurs Abdoulaye Issoufi TOURE,	Président
Namuano Francisco DIAS GOMES,	Juge, rapporteur
Djimasna N'DONINGAR,	Juge
et Maître Jean Bosco MONBLE,	Greffier,

Sur le pourvoi enregistré au greffe de la Cour de céans le 24 octobre 2011 sous le n°091/2011/PC et formé par Me Michel Henri KOKRA, Avocat à la Cour, Résidence les Acacias, 3ème étage, 20-22 Bd. Clozel, 20 BP 464 Abidjan 20, agissant au nom et pour le compte de la Société des Produits Nestlé SA, société de droit Helvétique, dont le siège est à Avenue Nestlé 55, CH - 1800 Vevey, Suisse, aux poursuites et diligences de son représentant légal Monsieur Ricardo Cortés-Monroy Castillo, Directeur, dans la cause l'opposant à Maître MEDAFE Marie Chantal, avocat à la Cour d'appel d'Abidjan, dont le Cabinet est à 7 bis, Bd des Avodirés, 01 BP 7352 Abidjan 01, ayant pour Conseil le Cabinet Oré et Associés, Avocats à la Cour, Abidjan Plateau, Angle Av. Marchand - Bd. Clozel, Immeuble GYAM, 3èmeétage porte 07,

en cassation de l'Arrêt civil n°143/civ 3A rendu le 25 mars 2011 par la Cour d'appel d'Abidjan, dont le dispositif est le suivant :

« Statuant publiquement, contradictoirement, en matière de référé d'heure à heure et en dernier ressort ;

Déclare la Société des Produits NESTLE SA irrecevable en son appel ;

La condamne aux dépens. » ;

La requérante invoque à l'appui de son pourvoi le moyen unique de cassation en ces deux branches tel qu'il figure à la requête annexée au présent arrêt ;

Sur le rapport de Monsieur Namuano Francisco DIAS GOMES, Juge ;

Vu les articles 13 et 14 du Traité relatif à l'harmonisation du droit des affaires en Afrique ;

Vu le Règlement de procédure de la Cour Commune de Justice et d'Arbitrage de l'OHADA ;

Attendu qu'il ressort de l'examen des pièces du dossier que suite à une décision d'arbitrage d'honoraires du 26 juin 2008 et du Jugement n°1937 du 06 juin 2009, Maître MEDAFE Marie Chantal, a été autorisée par Ordonnance du 05 juillet 2010 à pratiquer une saisie conservatoire sur les facultés mobilières des Sociétés NESTLE SAHEL et NESTLE S.A ; que suivant procès-verbal de saisie conservatoire du 14 juillet 2010, les dividendes de NESTLE S.A dans la Société NESTLE Côte d'Ivoire, ont été saisis entre les mains de celle-ci ; que cette saisie dénoncée le 22 juillet 2010 à NESTLE S.A a été convertie le 29 septembre 2010 en saisie-attribution ; qu'excipant de la violation des articles 61 et 77 de l'Acte uniforme portant organisation des procédures simplifiées de recouvrement et des voies d'exécutions, NESTLE SA introduisait le 11 octobre 2010 une requête en mainlevée ; qu'elle a été déboutée par Ordonnance n°2300 en date du 27 octobre 2010 et son appel déclaré irrecevable par Arrêt n°143 du 25 mars 2011 dont pourvoi ;

Attendu que par lettre n°467/2011/G2 du 12 novembre 2011 décembre 2011 le Greffier en chef de la Cour de céans a tenté de joindre la Société Nestlé Côte d'Ivoire SA afin de lui signifier, en application des articles 29 et 30 du Règlement de procédure de la Cour Commune de Justice et d'Arbitrage, le recours en cassation formé par la société des produits NESTLE SA contre l'Arrêt n°143/Civ.3A rendu le 25 mars 2011 par la Cour d'appel d'Abidjan ; que cette correspondance est demeurée sans suite ; que le principe du contradictoire ayant été respecté, il y a lieu d'examiner le présent recours ;

Sur le moyen unique de cassation tiré de la violation de la loi en sa première branche du moyen prise de la violation du principe du contradictoire

Attendu que la Société des Produits Nestlé SA fait grief à l'arrêt querellé d'avoir violé le principe du contradictoire au motif qu'en procédant comme elle l'a fait, lors d'une audience de délibéré, à la réouverture des débats puis à la remise immédiate du dossier en délibéré avant de rendre sur le siège sa décision, la Cour d'appel a violé l'article 52 du Code de procédure civile ivoirien et tous les principes généraux du droit encadrant le déroulement impartial et équitable du procès, puisque sa manœuvre a eu pour effet de placer l'appelante dans l'impossibilité absolue de présenter ses observations sur le moyen soulevé d'office ;

Attendu en effet qu'aux termes de l'article 52 alinéa 4 du code de procédure civile ivoirien : « Le tribunal pourra également, sans modifier ni l'objet ni la cause de la demande, inviter oralement ou par écrit les parties à fournir dans un délai fixé les explications de droit ou de fait, nécessaires à la solution du litige. Aucun moyen, même d'ordre public, non soulevé par les parties, ne pourra être examiné sans que celles-ci aient été appelées à présenter leurs observations à cet égard » ;

Attendu qu'il résulte de l'arrêt querellé lui-même qu'aucun délai n'a été fixé aux parties pour faire des observations relativement au moyen d'irrecevabilité soulevé d'office ; qu'ayant statué ainsi sur-le-champ après rabat et remise en délibéré, la cour a manifestement violé les dispositions visées au moyen faisant encourir la cassation à sa décision ;

Sur l'évocation

Attendu que par exploit en date du 04 février 2011, la Société des Produits NESTLE S.A a relevé appel de l'Ordonnance n°2300 rendue le 27 octobre 2010 par le Président du Tribunal de première instance d'Abidjan ;

Attendu qu'au soutien de l'appel, la Société NESTLE S.A a exposé que la décision d'arbitrage du bâtonnier de l'ordre des Avocats du 26 juin 2008 et le Jugement du 03 juin 2009 ont été rendus contre la Société NESTLE SAHEL qui a été déjà dissoute et ne lui sont donc pas opposables ; qu'une saisie ne peut être pratiquée contre elle sur la base de ces décisions ; que le procès-verbal de saisie a violé l'article 77 de l'Acte uniforme portant organisation des procédures simplifiées de recouvrement et des voies d'exécutions en ce qu'il ne contient pas le décompte des sommes pour lesquelles la saisie était pratiquée et que certains accessoires de la créance excédaient largement les coûts en vigueur ; que la saisie est caduque en ce que la créancière n'a pas accompli les formalités nécessaires dans le délai d'un mois conformément à l'article 61 de l'Acte uniforme suscité ; qu'en outre les pièces justificatives et la copie de la saisie n'ont pas été adressées au tiers saisi dans le délai de 8 jours ; qu'enfin, la saisie conservatoire n'a pas fait l'objet de dénonciation à son siège mais au parquet et que la conversion est nulle pour avoir été faite sans titre exécutoire ; qu'elle conclut à l'infirmation de l'ordonnance querellée et à la mainlevée de la saisie ;

Attendu qu'en réplique, Maître MEDAFE Marie Chantal a soulevé l'incompétence du juge des référés parce qu'en statuant sur les demandes à lui soumises, il se prononcerait sur la régularité de la procédure de dissolution de la Société NESTLE SAHEL et la valeur juridique de la Sentence arbitrale et du jugement rendu par le Tribunal ; qu'elle a procédé à la saisie conservatoire sur la base d'un titre exécutoire et que la Société NESTLE SAHEL n'avait pas disparu car elle a écrit un courrier au bâtonnier le 22 janvier 2008 ; qu'au regard de l'article 201 de l'Acte uniforme sur les sociétés commerciales, la Société NESTLE SA avait de manière automatique recueilli le patrimoine de la Société NESTLE SAHEL qui contient à son passif les honoraires dont le recouvrements est ainsi poursuivi ; que le procès-verbal de saisie contenait bel et bien le décompte des sommes réclamées ; que le jugement du 03 juin 2009 a été revêtu de la formule exécutoire ; qu'elle conclut à la confirmation du débouté ;

Attendu qu'il ressort des pièces du dossier et notamment de l'ordonnance querellée, que le juge a été saisi suivant exploit d'huissier en date du 11 octobre 2010 par la Société NESTLE SA non pas pour contester l'acte de conversion mais « pour voir ordonner mainlevée de saisie conservatoire de créance pratiquée à son préjudice » ; que telle requête relève exclusivement de la compétence du Président de la juridiction statuant en matière d'urgence ou le magistrat délégué par lui conformément à l'article 49 de l'Acte uniforme portant organisation des procédures simplifiées de recouvrement et des voies d'exécution ; « sa décision est susceptible d'appel dans un délai de quinze jours à compter de son prononcé » ; qu'en l'espèce la décision a été rendue le 27 octobre 2010 et appel n'en a été relevé que le 04 février 2011 ; qu'il échet donc de dire que ledit appel est irrecevable ;

Attendu que la Société des Produits NESTLE SA succombant sera condamnée aux dépens ;

PAR CES MOTIFS

Statuant publiquement, après en avoir délibéré,

Casse l'arrêt n°143/CIV 3A rendu le 25 mars 2011 par la Cour d'appel d'Abidjan ;

Evoquant et statuant à nouveau,

Déclare l'appel de la Société de Produits NESTLE SA irrecevable pour forclusion ;

Condamne la Société des Produits Nestlé SA aux dépens.

B. Juge de l'exécution

La notion de juridiction compétente au sens de l'article 49 de l'AUPSRVE (CCJA, 3e Ch., n°23/2014, 13 mars 2014)

Sommaire

L'article 28 du Règlement de procédure de la CCJA n'impose aucune forme du pourvoi en cassation et se contente juste d'énumérer les mentions dudit recours. Le non-paiement des frais de pourvoi ne fait pas partie des conditions de recevabilité dudit pourvoi, tout comme l'imprécision contenue dans la requête s'agissant de la formation du délibéré qui du reste est suppléé par la production de l'arrêt attaqué versé au dossier.

La généralité du terme utilisé par le législateur communautaire dans l'article 49 susvisé : « La juridiction compétente pour statuer sur tout litige ou toute demande relative à une mesure d'exécution forcée… » laisse entendre que le Président de la juridiction statuant en matière d'urgence ou le juge qu'il a désigné est seul compétent pour connaitre des contestations de fond et de forme relatives au contentieux de l'exécution.

La Cour Commune de Justice et d'Arbitrage (CCJA) de l'Organisation pour l'Harmonisation en Afrique du Droit des Affaires (OHADA), Troisième chambre, a rendu l'Arrêt suivant en son audience publique du 13 mars 2014 où étaient présents :

Madame Flora DALMEIDA MELE,	Présidente
Messieurs Victoriano OBIANG ABOGO,	Juge
Idrissa YAYE,	Juge, rapporteur
et Maître Alfred Koessy BADO,	Greffier,

Sur le pourvoi enregistré au greffe de la Cour de céans le 22 août 2005 sous le n°038/2005/PC et formé par le Cabinet MADANI/DJAÏBE, Avocats à la Cour, demeurant à N'Djamena-Tchad, immeuble de la STAR NATIONALE BP 1011, agissant au nom et pour le compte de la Banque Internationale pour l'Afrique au Tchad dite BIAT, représentée par son Directeur Général, siège social avenue Charles DE GAULLE, BP 87 N'Djamena, dans la cause l'opposant à Monsieur Souleymane AHMAT GAMAR, Commerçant demeurant au quartier Hillé Rogué à N'Djamena, ayant pour conseils le Cabinet HOUSSINE/YANYABE, Avocats à la Cour, BP 1744 N'Djamena, immeuble SAZOU, avenue MOBOUTU, y demeurant,

en cassation de l'Arrêt n°86/05 rendu le 02 juin 2005 par la deuxième chambre civile et coutumière de la Cour d'appel de N'Djamena et dont le dispositif est le suivant :

« Après en avoir délibéré conformément à la loi ; statuant publiquement, contradictoirement à l'égard de toutes les parties en matière civile, commerciale et coutumière, en référé et en dernier ressort ;

EN LA FORME : Déclare recevable l'appel de SOULEYMANE AHMAT GAMAR ;

AU FOND : Infirme l'Ordonnance querellée en toutes ses dispositions ;

Dit que les deux requêtes n'ont pas le même objet ; Fixe le montant des marchandises appartenant à SOULEYMAN AHAMAT GAMAR à 172.607.443 francs ; Condamne la BIAT aux dépens. » ;

La requérante invoque à l'appui de son pourvoi le moyen unique de cassation tel qu'il figure à la requête annexée au présent arrêt ;

Sur le rapport de Monsieur Idrissa YAYE, Juge ;

Vu les dispositions des articles 13 et 14 du Traité relatif à l'harmonisation du droit des affaires en Afrique ;

Vu les dispositions du Règlement de procédure de la Cour Commune de Justice et d'Arbitrage de l'OHADA ;

Attendu qu'il ressort des pièces du dossier qu'en exécution de l'Arrêt correctionnel n°131/2002 de la Cour d'appel de N'Djamena en date du 26 mars 2002, ayant condamné Souleymane AHMAT GAMAR et autres à lui payer solidairement les sommes de 392.950.000F à titre principal et 5.000.000F à titre des dommages et intérêts, la BIAT a procédé à la vente aux enchères publiques des biens et marchandises appartenant à Souleymane AHMAT GAMAR ; que la décision fondant cette exécution a été cassée et annulée par l'Arrêt n°017/CS/CJ/SP/03 du 15 août 2003 de la Cour suprême du Tchad ;

Attendu que saisie sur renvoi de la Cour suprême, la première chambre correctionnelle de la Cour d'appel de N'Djamena a, par Arrêt n°186/2004 du 18 novembre 2004, confirmé le Jugement entrepris n°177/2001 rendu le 19 février 2001 par le Tribunal de première instance de N'Djamena et qui mettait hors de cause Souleymane AHMAT GAMAR ; qu'ainsi, en exécution de l'Arrêt n°186/2004, Souleymane AHMAT GAMAR a, sur le fondement de l'article 48 de l'Acte uniforme portant organisation des procédures simplifiées de recouvrement et des voies d'exécution, assigné en référé la BIAT aux fins de fixation de la valeur des marchandises et de paiement ;

Attendu que par Ordonnance de référé n°178/2005 du 25 mars 2005, le Président du Tribunal de première instance de N'Djamena s'est déclaré incompétent au motif que la juridiction du fond est déjà saisie de l'affaire ; que sur appel de Souleymane AHMAT GAMAR, la deuxième chambre civile et coutumière de la Cour d'appel de N'Djamena a rendu l'Arrêt infirmatif n°086/05 du 02 juin 2005, objet du présent pourvoi en cassation ;

Sur les exceptions d'irrecevabilité

Attendu que le défendeur au pourvoi soulève à titre principal les exceptions d'irrecevabilité du pourvoi aux motifs, d'une part que la demanderesse au pourvoi n'a pas satisfait aux exigences de l'article 28 du Règlement de procédure de la CCJA en ne produisant pas au Greffe de la Cour un acte écrit de déclaration de pourvoi signé de son avocat, ce qui ne peut être substitué par la simple lettre de soit transmis du recours en cassation adressé directement aux membres de la Cour, d'autre part que la demanderesse au pourvoi a attendu plus de quatre ans pour s'acquitter des frais de pourvoi en violation dudit article en son point 5, il reproche en outre au pourvoyant les contradictions erratiques sur la formation du délibéré de l'arrêt attaqué et enfin que la décision attaquée ne relève pas du droit communautaire, car ne soulevant aucune question relative à l'application d'un Acte uniforme ;

Mais attendu que contrairement aux allégations du défendeur au pourvoi, l'article 28 du Règlement de procédure de la CCJA n'impose aucune forme du pourvoi en cassation et se contente juste d'énumérer les mentions dudit recours, au demeurant le non paiement des frais de pourvoi ne fait pas partie des conditions de recevabilité dudit pourvoi, tout comme l'imprécision contenue dans la requête s'agissant de la formation du délibéré qui du reste est suppléé par la production de l'arrêt attaqué versé au dossier ; qu'il échet de rejeter ces exceptions comme étant non fondées ;

Attendu au surplus que le litige opposant les parties porte bien sur les contestations ou difficultés d'exécution forcée d'un titre exécutoire régies par l'Acte uniforme portant organisation des procédures simplifiées de recouvrement et des voies d'exécution ; que du reste, c'est l'article 48 dudit Acte uniforme qui a servi de fondement à la requête en référé ; qu'il y a lieu dès lors d'écarter également l'exception tirée de la non application d'un Acte uniforme ;

Sur le moyen unique du pourvoi

Attendu que la requérante fait grief à la Cour d'appel de N'Djamena d'avoir violé les dispositions de l'article 49 de l'Acte uniforme portant organisation des procédures simplifiées de recouvrement et des voies d'exécution en préjudiciant au fond de l'affaire par la fixation fictive de la valeur des marchandises, alors même que par ses soins le juge du fond a été saisi d'une demande d'annulation du commandement de payer et, devant lequel, elle a offert de restituer le montant de la somme obtenue après la vente aux enchères publiques ;

Mais attendu qu'aux termes de l'article 49 de l'Acte uniforme précité, tout litige relatif à une mesure d'exécution forcée relève, comme c'est le cas en l'espèce et quelle que soit l'origine du titre exécutoire en vertu duquel elle est poursuivie, de la compétence exclusive du Président de la Juridiction statuant en matière d'urgence et en premier ressort ou du juge qui le remplace ; que la généralité du terme utilisé par le législateur communautaire dans l'article 49 susvisé : « La juridiction compétente pour statuer sur tout litige ou toute demande relative à une mesure d'exécution forcée….. » laisse entendre que le Président de la juridiction statuant en matière d'urgence ou le juge qu'il a désigné est seul compétent pour connaitre des contestations de fond et de forme relatives au contentieux de l'exécution ;

Que dès lors ne contrevient pas aux dispositions dudit article ladite Cour d'appel qui, saisie, en appel sur le fondement de l'article 48 dudit Acte uniforme s'est contentée, sur la base des pièces soumises à son appréciation souveraine, de fixer la valeur des marchandises saisies et vendues irrégulièrement par la BIAT qui du reste, ne discute ni le titre exécutoire ni sa responsabilité et offre de payer plutôt le montant qu'elle a obtenu de la vente aux enchères publiques ; qu'il y a lieu dès lors d'écarter ledit moyen comme étant non fondé ;

Sur les dépens

Attendu que la BIAT ayant succombé, doit être condamnée aux dépens ;

PAR CES MOTIFS

Statuant publiquement, après en avoir délibéré,

<u>En la forme :</u>

Déclare recevable le pourvoi introduit par la BIAT ;

<u>Au fond :</u>

Le rejette comme non fondé ;

Condamne la BIAT aux dépens.

La contestation d'une mesure d'exécution forcée relève du juge de l'article 49 de l'AUPSRVE (CCJA, Ass. Plén., n°61/2014, 23 avril 2014)

Sommaire

La CCJA est compétente dès lors que l'affaire soulève des questions relatives à l'application de l'Acte uniforme. Il en est notamment ainsi lorsque la décision attaquée tend à la suspension de l'exécution d'une décision définitive, exécution entreprise par application des règles édictées par l'AUPSRVE.

La contestation d'une mesure d'exécution forcée déjà entamée relève de la compétence exclusive du juge de l'exécution instauré à l'article 49 de l'AUPSRVE.

La Cour Commune de Justice et d'Arbitrage (CCJA) de l'Organisation pour l'Harmonisation en Afrique du Droit des Affaires (OHADA), Assemblée plénière, a rendu l'Arrêt suivant en son audience foraine tenue le 23 avril 2014 à Lomé-Togo où étaient présents :

Messieurs Marcel SEREKOÏSSE-SAMBA,	Président
Abdoulaye Issoufi TOURE,	Premier Vice-président
Madame Flora DALMEIDA MELE,	Snde Vice-présidente, rapporteur
Messieurs Namuano F. DIAS GOMES,	Juge
Victoriano OBIANG ABOGO,	Juge
Mamadou DEME,	Juge
Idrissa YAYE,	Juge
Djimasna N'DONINGAR,	Juge
et Maître Paul LENDONGO,	Greffier en chef ;

Sur le pourvoi enregistré au greffe de la Cour de céans le 08 août 2012 sous le n°087/2012/ PC et formé par Maître Galolo SOEDJEDE, Avocat à la Cour, 01 BP 3893, Lomé, agissant au nom et pour le compte de la société TOGOCRUS ayant son siège social au 511, rue Okémédji à Tokoin, quartier RAMCO, Lomé-Togo aux poursuites et diligences de Monsieur Oskar CRAMERI, Gérant, dans la cause l'opposant à Monsieur Atara M'DAKENA, demeurant et domicilié au Palais de Justice de Lomé, sis au 748, Avenue de la Présidence 13. QAD, agissant d'ordre de l'Union des Assurances du Togo, à l'Union des Assurances du TOGO, UAT-Iardt, UAT-Vie dont le siège social est au 812, Boulevard du 13 janvier , immeuble UAT, BP 2680, Lomé, ayant pour conseils la SCPA AGBOYIBO, MONNOU & Associés, Avocats au Barreau de Lomé, 64, Avenue du 24 janvier, BP 06, Lomé, à la Société Omnium Togolais d'Assistance Maritime dite OTAM SARL dont le siège social est à Lomé, Port de Pêche, BP 7778, ayant pour conseil Maître AMEKOUDI Koffi Agbo, Avocat au Barreau du Togo, Place Anani Santos, BP 12478, Lomé et à la Société Togolaise de Consignation Maritime dite

STCM SA, sise à Lomé, Zone portuaire, BP 996, en cassation de l'Arrêt n°122/12 rendu le 05 juin 2012 par la Cour d'appel de Lomé et dont le dispositif est le suivant :

« Statuant publiquement, contradictoirement, en matière civile sur requête civile et en appel

En la forme

Rejette toutes les exceptions d'irrecevabilité introduites par la société TOGOCRUS SARL comme non fondées ;

Déclare recevable la requête civile du Ministère public représenté par le Procureur Général près la cour d'appel de Lomé en date du 09 août 2011

Au fond

Constate qu'aucune police d'assurance n'existait entre l'Union des Assurances du Togo (ex UAP) et la société OTAM au moment de la survenance du sinistre en cause ;

Ordonne la rétractation de l'arrêt n°253/2003 rendu le 18 décembre 2003 par la cour d'appel de céans ;

En conséquence dit et juge que le jugement n°313/2000 rendu le 14 mars 2000 par le tribunal de première instance de Lomé emporte ses pleins et entiers effets en ce qui concerne la mise hors de cause de la compagnie U.A.T (ex UAP) ;

Déclare irrecevables les demandes incidentes et reconventionnelles formulées par la société TOGOCRUS ;

Met les dépens à la charge du Trésor public » ;

La requérante invoque à l'appui de son pourvoi les six moyens de cassation tels qu'ils figurent à la requête annexée au présent arrêt ;

Sur le rapport de Madame Flora DALMEIDA MELE, Seconde Vice-présidente ;

Vu les dispositions des articles 13 et 14 du Traité relatif à l'harmonisation du droit des affaires en Afrique ;

Vu le Règlement de procédure de la Cour Commune de Justice et d'Arbitrage de l'OHADA ;

Attendu qu'il ressort des pièces de la procédure que par exploit du 16 novembre 1993, la société Togolaise de Consignation Maritime STCM avait pratiqué une saisie conservatoire sur le navire PLAYA DE LOURIDO qui se trouvait dans le chantier naval de la société OTAM, constituée gardienne ; que le 19 décembre 1993, le bateau dénommé M/V Shrimpy-1 de la société TOGOCRUS a été endommagé suite au naufrage du navire PLAYA DE LOURIDO ; que la société TOGOCRUS a assigné en réparation la STCM et son assureur UAT devant le Tribunal de première instance de Lomé lequel a rendu le 14 mars 2000 le Jugement n°313 qui a mis hors de cause la STCM et a déclaré la société OTAM responsable des dommages occasionnés au chalutier Shrimpy -1 de TOGOCRUS dont elle avait la garde et l'a condamnée à payer à TOGOCRUS la somme de 31 169 165 francs en réparation des préjudices subis ; que

TOGOCRUS a été condamnée à payer à l'UAT le montant de 5 000 000 FCFA à titre de dommages- intérêts ; que sur appel de la société TOGOCRUS, la Cour d'appel de Lomé a rendu le 18 décembre 2003, l'Arrêt n°253/2003 infirmant partiellement le jugement entrepris ; que la société TOGOCRUS s'est fait délivrer un certificat de non appel daté du 13 octobre 2004 ; que le 19 janvier 2005, OTAM s'est pourvue en cassation contre l'arrêt sus indiqué et a obtenu un sursis à exécution par Ordonnance n°75 rendue le 05 septembre 2007 par Monsieur le Président de la Cour Suprême ; que statuant sur le pourvoi, la Cour suprême a par Arrêt n°29/11 du 19 mai 2011 déclaré irrecevable ledit pourvoi ; qu'à l'issue de la décision de la Cour suprême, la société TOGOCRUS a entrepris l'exécution de l'Arrêt 253/03 par un commandement de payer adressé à l'assureur UAT ; que les 18, 19 et 22 août 2011, la société TOGOCRUS a pratiqué des saisies attributions de créances entre le mains de différentes banques de la place ; que le 23 août 2011, elle a reçu l'Ordonnance n°458/11 rendue le 19 août 2011 par le Président de la Cour d'appel de Lomé ayant ordonné le sursis de l'exécution entamée ; que le 05 juin 2012, la Cour d'appel de Lomé a rendu l'Arrêt n°122/12 dont pourvoi ;

Sur la compétence de la Cour de céans

Attendu que l'Union des Assurances du Togo (UAT) soulève l'incompétence de la Cour Commune de Justice et d'Arbitrage au motif que l'affaire sur laquelle la Cour d'appel de Lomé s'est prononcée dans l'Arrêt N°122/12 du 5 juin 2012 n'est pas relative aux Actes uniformes ni aux règlements prévus par le Traité OHADA mais que la question tranchée par la Cour d'appel de Lomé est celle de la garantie de l'UAT qui résulte de la procédure enclenchée par le Procureur général près la Cour d'appel de Lomé sur le fondement d'une requête civile prévue et organisée par le code togolais de procédure civile en ses articles 244 et suivants;

Attendu que l'article 14, alinéas 3 et 4 du traité OHADA dispose « saisie par la voie du recours en cassation, la Cour se prononce sur les décisions rendues par les juridictions d'appel des Etats Parties dans toutes les affaires soulevant des questions relatives à l'application des Actes uniformes et des Règlements prévus au présent Traité à l'exception des décisions appliquant des sanctions pénales ;

Elle se prononce dans les mêmes conditions sur les décisions non susceptibles d'appel rendues par toute juridiction des Etats Parties dans les mêmes contentieux » ;

Mais attendu que la décision attaquée tend à la suspension de l'exécution de l'Arrêt n°253/2003 devenu définitif, exécution entreprise par application des règles édictées par l'Acte uniforme portant organisation des procédures simplifiées de recouvrement et des voies d'exécution en l'espèce des saisies attributions de créances pratiquées sur les comptes de UAT entre les mains de divers établissements bancaires ; que contrairement aux affirmations de la défenderesse, l'affaire soulève des questions relatives à l'application de l'Acte uniforme sus indiqué et la Cour doit se déclarer compétente nonobstant la requête civile du Procureur général dont la décision est intervenue après que les opérations de saisie soient déclenchées ;

Sur la recevabilité du recours

Attendu que la défenderesse UAT soulève des exceptions d'irrecevabilité du recours d'une part pour défaut d'existence de la société TOGOCRUS qui n'a pas de siège social réel et d'autre part pour défaut de mandat spécial donné à Maître SOEDJEDE Galolo pour former le pourvoi devant la CCJA ;

Mais attendu qu'il ressort de l'extrait K bis versé au débat que la société TOGOCRUS a un siège situé au 511, rue Okémédji Tokoin Ramco à Lomé ; qu'il existe au dossier une procuration par laquelle Monsieur Oskar CRAMERI, gérant de la société TOGOCRUS, donne pouvoir à Maître Galolo SOEDJEDE de représenter TOGOCRUS devant la Cour de céans ; que dès lors les exceptions ne peuvent être admises ;

Sur le moyen d'office tiré de la violation de l'article 49 de l'Acte uniforme portant organisation des procédures simplifiées de recouvrement et des voies d'exécution

Attendu selon l'article 49 de l'Acte uniforme susindiqué : « la juridiction compétente pour statuer sur tout litige ou toute demande relative à une mesure d'exécution forcée (...) est le président de la juridiction statuant en matière d'urgence. » ;

Attendu qu'en ordonnant la rétractation de l'Arrêt n°253/2003 de la Cour d'appel de Lomé en se fondant sur une requête civile introduite par le procureur général près la Cour d'appel de Lomé alors qu'en l'espèce, il s'agit d'une mesure d'exécution forcée déjà entamée dont toute contestation relève de la compétence exclusive du juge de l'exécution instauré à l'article 49 de l'Acte uniforme suscité, la Cour d'appel en statuant comme elle l'a fait, a violé les dispositions susénoncées ; qu'il convient dès lors de casser l'arrêt attaqué sans qu'il soit besoin d'examiner les autres moyens ;

Sur l'évocation

Attendu que la société TOGOCRUS affirme qu'elle est bénéficiaire de l'Arrêt n°253/2003 rendu par la Cour d'appel de Lomé devenu définitif pour absence de pourvoi formé dans les délais requis ; que par exploit d'huissier en date du 18 août 2011, elle a pratiqué des saisies attribution de créances sur les avoirs de l'UAT entre les mains de différentes banques de la place de Lomé, les 18, 19 et 22 août 2008 ; que sur réquisition n°888 en date du 9 août 2011 du Procureur Général près la Cour d'appel de Lomé formant une requête civile conformément aux articles 244 et suivants du code togolais de procédure civile, la rétractation du titre exécutoire a été ordonnée par la Cour d'appel de Lomé après que celle-ci ait , par Ordonnance n°458/11 du 19 août 2011, sursis à l'exécution de l'arrêt sus indiqué sur demande du Procureur général ; qu'elle sollicite l'annulation pure et simple de l'ordonnance précitée en raison même de la non contestation de la saisie ; elle demande additionnellement à la condamnation issue de l'Arrêt n°253/03, la condamnation in solidum des requises au paiement de 13 224 606 FCFA représentant les frais de procédure, 10 000 000 FCFA à titre de dommages-intérêts pour procédure abusive et vexatoire, 300 000 000 CFA correspondant à la valeur vénale du navire Shrimpy 1 avec intérêts légaux capitalisés à partir du 19 décembre 1993, date du sinistre, et à tire compensatoire, 1 500 000 000 FCFA représentant le manque à gagner de l'exploitation du bateau;

Attendu que le Procureur général près la cour d'appel de Lomé a introduit une requête civile auprès de la Cour d'appel contre l'Arrêt n°253/2003 rendu le 18 décembre 2003 par la Cour d'appel de Lomé pour solliciter la rétractation dudit arrêt afin d'éviter que l'exécution ne crée une situation irréversible au préjudice de l'UAT ; qu'il allègue qu'à l'issue de leur investigation, la société TOGOCRUS a été fermée ; qu'il excipe qu'une garantie n'est acquise que si la police d'assurance est en cours de validité au moment du sinistre et soutient que la garantie de l'UAT a été retenue par tromperie ; qu'il demande en outre que la preuve de l'existence de police entre OTAM et UAT soit rapportée par TOGOCRUS et OTAM ;

Sur la suspension de l'exécution de l'Arrêt n°253/2003 du 18 décembre 2003 et de sa rétractation

Attendu que pour les mêmes motifs que ceux ayant conduit à la cassation de l'Arrêt n°122/12 rendu le 05 juin 2012 par la Cour d'appel de Lomé, il y a lieu de se déclarer incompétente pour statuer sur cette demande ;

Sur l'annulation de l'Ordonnance de sursis n°458/11 du 19 août 2011

Attendu que l'exécution ayant déjà été entamée, il convient d'ordonner l'annulation de l'Ordonnance de sursis n°458/11 du 19 août 2011 rendue par un juge incompétent ;

Sur les demandes de la société TOGOCRUS

Attendu que l'Arrêt n°253/2003 dont exécution est entreprise est revêtue de l'autorité de la chose jugée et ne peut être modifié par une condamnation additionnelle ; qu'il echet de débouter la société TOGOCRUS de toutes ses autres demandes ;

Sur les demandes du Procureur général

Attendu que pour les mêmes raisons ayant prévalu à la cassation de l'arrêt attaqué, il convient de dire qu'il n'y a pas lieu à rétractation de l'Arrêt n°253/2003 ; qu'il echet dès lors de rejeter toutes les demandes plus amples ou contraires des parties ;

Attendu qu'ayant succombé, UAT doit être condamnée aux dépens ;

PAR CES MOTIFS

Statuant publiquement, après en avoir délibéré,

Déclare la Cour de céans compétente ;

Déclare irrecevables les exceptions soulevées par UAT ;

Casse l'Arrêt n°122/12 rendu le 05 juin 2012 par la Cour d'appel de Lomé ;

Evoquant et statuant sur le fond,

Annule l'Ordonnance de sursis n°458/11 rendue le 19 août 2011 par la Cour d'appel de Lomé ;

Dit et juge que l'exécution de l'Arrêt n°253/2003 rendu le 18 décembre 2003 par la Cour d'appel de Lomé entamée par la société TOGOCRUS doit être poursuivie jusqu'à son terme ;

Condamne UAT aux dépens.

Le juge-commissaire n'est pas le juge de l'article 49 de l'AUPSRVE (CCJA, Ass. Plén., n°57/2014, 25 avril 2014)

Sommaire

La CCJA est compétente dès lors qu'au moins une demande porte sur l'application ou l'interprétation d'un Acte uniforme.

On ne saurait exiger d'un avocat de produire un mandat spécial qu'il se serait donné à lui-même. Pouvant représenter tout justiciable devant la CCJA, il serait contraire à l'esprit des dispositions de l'article 19 du Traité OHADA de le priver de son droit d'agir par lui-même et pour son propre compte.

Le juge-commissaire prévu par le droit des procédures collectives n'est pas le juge de l'urgence de l'article 49 de l'Acte uniforme portant organisation des procédures simplifiées de recouvrement et des voies d'exécution.

La Cour Commune de Justice et d'Arbitrage (CCJA) de l'Organisation pour l'Harmonisation en Afrique du Droit des Affaires (OHADA), Assemblée Plénière, a rendu l'Arrêt suivant en son audience foraine tenue le 23 avril 2014 à Lomé-Togo où étaient présents :

Messieurs Marcel SEREKOÏSSE SAMBA,		Président, rapporteur
Abdoulaye Issoufi TOURE,		Premier Vice-Président
Madame DALMEIDA MELE Flora,		Seconde Vice- Présidente
Messieurs	Namuano F. DIAS GOMES,	Juge
	Victoriano OBIANG ABOGO,	Juge
	Mamadou DEME,	Juge
	Idrissa YAYE,	Juge
	Djimasna NDONINGAR,	Juge
	et Maître Paul LENDONGO,	Greffier en chef ;

Sur le pourvoi enregistré au greffe de la Cour de céans le 19 mars 2012 sous le n°025/2012/PC et formé par Maître Galolo SOEDJEDE, Avocat à la Cour, BP 3893-Lomé-Togo agissant en son nom personnel et pour son propre compte dans la cause qui l'oppose à l'Office Togolais des Phosphates (OTP), représenté par son liquidateur la Société « Internationale Investment Corporation » (IIC) SARL, 14 BP 45 Lomé-Togo ayant pour Conseil Maître ABRAVI T. WOANA-TCHALIM, Avocat à la Cour, BP 80928, Lomé-Togo, en cassation de l'Arrêt n°214/11 du 08 novembre 2011 rendu par la Cour d'appel de Lomé et dont le dispositif suit :

« Statuant publiquement, contradictoirement, en matière civile et en appel ;

EN LA FORME

Reçoit l'appel ;

AU FOND

Le déclare mal fondé ;

Confirme en conséquence l'ordonnance entreprise en toutes ses dispositions ;

Condamne l'appelant aux dépens. »

Attendu que le requérant invoque à l'appui de son pourvoi deux moyens de cassation tels qu'ils figurent à la requête annexée au présent arrêt ;

Sur le rapport de Monsieur Marcel SEREKOÏSSE-SAMBA, Président ;

Vu les dispositions des articles 13 et 14 du Traité relatif à l'harmonisation du droit des affaires en Afrique ;

Vu le Règlement de procédure de la Cour Commune de Justice et d'Arbitrage de l'OHADA ;

Attendu qu'il ressort des pièces du dossier de la procédure que par requête en date du 20 novembre 2010 Maître Galolo SOEDJEDE a attrait l'Office Togolais des Phosphates devant Monsieur le Président du Tribunal de première instance de Lomé siégeant en matière de référé pour obtenir la cession amiable à titre de compensation, conformément à l'article 150 alinéa 2 de l'Acte uniforme portant organisation des sûretés, des lots n°524 à 527, 543 à 552, 553 à 567 bis et tous autres sis à Lomé, objet de l'arrêté d'approbation n°016MTPMERH DGUH du 23 mai 1983, en raison de la servitude dont les lieux sont grevés au sens de l'article 637 et suivants du code civil ;

Que par Ordonnance n°1012/2009 du 07 décembre 2009, le Président du Tribunal, juge des référés, s'est déclaré incompétent ;

Attendu que sur appel de Maître Galolo, la Cour d'appel de Lomé a rendu l'Arrêt confirmatif n°214/11 du 08 novembre 2011 susénoncé ;

Sur la compétence de la Cour

Attendu que le défendeur au pourvoi soulève in limine litis l'incompétence de la Cour de céans tirée de l'article 14 du Traité relatif à l'harmonisation du droit des affaires en Afrique, en ce que la demande de cession compensatoire de gré à gré d'immeubles ne concerne en rien l'interprétation ou l'application d'un Acte uniforme OHADA car il n'existe pour le moment aucun Acte uniforme relatif à cette matière ;

Attendu que la Cour de céans, outre sa saisine sur la base d'une demande de compensation, est tout aussi interpellée sur l'interprétation ou l'application, entre autres, des dispositions de l'article 19 alinéa 2 du Traité susvisé et de celles de l'article 49 de l'Acte uniforme portant organisation des procédures simplifiées de recouvrement et des voies d'exécution ; qu'ainsi, la Cour de céans est compétente à examiner le présent recours conformément aux dispositions de l'article 14 susvisé ;

Sur la recevabilité du pourvoi

Attendu que le défendeur soulève en outre l'irrecevabilité du pourvoi tirée de l'article 19 alinéa 2 en ce que Maître Galolo, bien qu'avocat professionnel, ne peut être exonéré du ministère d'avocat à l'occasion de la présente procédure ;

Attendu que selon la jurisprudence établie de la Cour de céans, on ne saurait exiger d'un avocat de produire un mandat spécial qu'il se serait donné à lui-même et que, pouvant représenter tout justiciable devant la Cour de céans, il serait contraire à l'esprit des dispositions du texte susvisé de le priver de son droit d'agir par lui-même et pour son propre compte ; qu'il suit des considérations ci-dessus que les exceptions soulevées par le défendeur au pourvoi doivent être déclarées irrecevables ;

Sur les premier moyen et second moyen réunis

Sur les premier moyen et second moyen réunis, respectivement, tirés de la mauvaise application des articles 148 alinéa 1er, 150 alinéas 1er et 2, 151 alinéa 1er de l'Acte uniforme portant organisation des procédures collectives d'apurement du passif et de la mauvaise application de l'article 49 de l'Acte uniforme portant organisation des procédures simplifiées de recouvrement et des voies d'exécution ;

Attendu qu'il est reproché à l'arrêt attaqué d'avoir retenu que la procédure de référé ayant pour but d'obtenir une décision provisoire, les décisions du juge des référés ne doivent préjudicier au fond qui relèvent de la compétence du Tribunal ; qu'en l'espèce la demande de compensation sollicitée par l'appelant ne relève pas de la compétence du juge des référés car si elle est prise, elle va préjudicier au fond, alors que, par analogie aux articles 148 alinéa 1er, 150 alinéa 1er, 150 alinéa 2 et 151 alinéa 1er , le juge-commissaire, qui peut autoriser la vente, soit par l'adjudication amiable, soit de gré à gré aux prix et conditions qu'il fixe, n'est autre que le juge des référés qui est seul compétent pour décider par voie d'ordonnance de façon définitive ;

Mais attendu qu'il ressort de l'esprit des dispositions de l'article 35 de l'Acte uniforme portant organisation des procédures collectives d'apurement du passif que le législateur OHADA n'a pas entendu faire du juge-commissaire le juge de l'urgence de l'article 49 de l'Acte uniforme portant organisation des procédures simplifiées de recouvrement et des voies d'exécution, celui-ci n'intervenant que lorsqu'a été engagée une procédure relative à une mesure d'exécution forcée ou une saisie conservatoire au sens des articles 1er et 49 de l'Acte uniforme portant organisation des procédures collectives d'apurement du passif ;

Attendu que la demande de compensation formulée par le pourvoyant n'étant pas comprise dans le domaine d'application de cet article 49, il s'ensuit que les deux moyens doivent être rejetés comme non fondés.

Attendu que Maître Galolo SOEDJEDE ayant succombé, il y a lieu de le condamner aux dépens.

PAR CES MOTIFS

Statuant publiquement, après en avoir délibéré,

Se déclare compétente ;

En la forme : déclare le pourvoi recevable ;

Au fond : le rejette ;

Condamne Maître Galolo SOEDJEDE aux dépens.

La CCJA ne peut prononcer que le sursis à l'exécution de ses propres décisions (CCJA, Ass. Plén., n°118/2014, 4 novembre 2014)

Sommaire

La CCJA ne peut prononcer que le sursis à l'exécution de ses propres décisions. La demande tendant à faire prononcer le sursis à exécution contre la décision d'une juridiction nationale n'a aucun caractère légal.

La Cour Commune de Justice et d'Arbitrage (CCJA) de l'Organisation pour l'Harmonisation en Afrique du Droit des Affaires (OHADA), en Assemblée plénière, a rendu l'Arrêt suivant en son audience foraine publique tenue à Yaoundé (Cameroun) le 04 novembre 2014 où étaient présents :

Messieurs Marcel SEREKOÏSSE SAMBA		Président
Abdoulaye Issoufi TOURE,		Premier Vice-président,
Madame Flora DALMEIDA MELE,		Second Vice-Président
Messieurs	Namuano Francisco Dias GOMES,	Juge,
	Victoriano OBIANG ABOGO,	Juge
	Idrissa YAYE,	Juge, Rapporteur
	Djimasna N'DONINGAR,	Juge
et Maître Paul LENDONGO,		Greffier en chef,

Sur le pourvoi enregistré au greffe de la Cour de céans le 22 octobre 2012 sous le n°145/2012/ PCet formé par Maître ALASSA MBOMBO, avocat à la Cour, dont le cabinet est sis à Yaoundé BP 3636, agissant au nom et pour le compte de Monsieur MFONKEU OUSMANOU et de Madame MFONKEU née NFOUNDIKOU SALAMATOU, domiciliés à Bafoussam au Cameroun, BP 428, dans la cause les opposant à la Banque Internationale pour le Crédit et l'Epargne du Cameroun (BICEC) dont le siège social est à l'Avenue du Général de Gaulle, BP 1925 Douala-Cameroun, représentée par son directeur général, ayant pour conseil Maître SIMO EMMANUEL, Avocat à la Cour, dont le cabinet est sis à Bafoussam, BP 173,

en cassation de l'Arrêt n°36/CIV rendu le 25 mars 2009 par la Cour d'appel de l'Ouest-Cameroun et dont le dispositif est le suivant :

« Statuant publiquement, contradictoirement, en matière civile et commerciale, en appel et dernier ressort, en collégialité et à l'unanimité ;

Déclare l'appel interjeté irrecevable ;

Ordonne le rétablissement du dossier au Greffe du Tribunal de Grande Instance de la Mifi pour continuation des poursuites ;

Condamne les appelants aux dépens dont distraction au profit de Maître SIMO, Avocat aux offres de droit ; » ;

Les requérants invoquent à l'appui de leur pourvoi les trois moyens de cassation tels qu'ils figurent dans leur requête annexée au présent arrêt ;

Sur le rapport de Monsieur Idrissa YAYE, Juge ;

Vu les dispositions des articles 13 et 14 du Traité relatif à l'harmonisation du droit des affaires en Afrique ;

Vu le Règlement de procédure de la Cour Commune de Justice et d'Arbitrage de l'OHADA ;

Attendu qu'il ressort des pièces du dossier de la procédure que les Etablissements Infrastructures de Génie Civil (IGC) représentés par Monsieur MFONKEU OUSMANOU, Administrateur de ladite société, a signé, le 12 octobre 1998, par Acte notarié n°707, avec la BICEC, une convention intitulée « convention de compte courant assortie d'une hypothèque sur le titre foncier n°3467/Mifi entre BICEC et Monsieur MFONKEU OUSMANOU » portant sur la gestion d'un compte courant ouvert au profit de Monsieur MFONKEU OUSMANOU ; que pour garantir les risques liés à la gestion d'un tel compte, Monsieur MFONKEU OUSMANOU a affecté en hypothèque au profit de la BICEC, son immeuble objet du titre foncier n°3467 du département de la Mifi, sur lequel une inscription hypothécaire est faite à concurrence de 20.000.000 de francs ; que n'ayant pu obtenir paiement du crédit consenti dans le cadre de cette convention, la BICEC a, par voie d'huissier de justice, fait servir un commandement aux fins de saisie immobilière aux requérants portant sur ledit immeuble ; qu'en réaction ceux-ci ont déposé, le 21 juillet 2005, au greffe du Tribunal de grande instance de la Mifi à Bafoussam, des dires et observations tendant à la nullité des poursuites ; que par Jugement n°25/Civ du 20 février 2007, le tribunal a rejeté ses dires et observations et a ordonné la continuation des poursuites ; que sur appel des requérants, la Cour d'appel a rendu l'Arrêt n°36/Civ du 25 mars 2009, objet du présent pourvoi en cassation ;

Sur la demande de sursis à adjudication de l'immeuble

Attendu que les requérants sollicitent de la Cour de céans le sursis à l'adjudication par arrêt avant dire droit jusqu'à l'issue du recours au fond ;

Mais attendu qu'il est de jurisprudence constante que la Cour ne peut prononcer que le sursis à l'exécution de ces propres décisions ; que ladite demande n'ayant aucun caractère légal, il y a lieu de ne pas y faire droit ;

Sur les trois moyens réunis

Attendu que les requérants font grief à l'arrêt attaqué d'avoir, d'une part, ressorti tous les moyens de forme prévus par les articles 254 (1), 272 (2) de l'Acte uniforme précité sur le principe même de la créance et sur l'insaisissabilité et l'inaliénabilité de la propriété prévue par les articles 269 et suivants du même Acte uniforme pour curieusement décider que les « arguments développés par les appelants ne méritent pas dans le cadre des cas d'ouverture à l'appel par le texte suscité », ce qui est une contradiction entre les motifs et le dispositif de la décision ; d'autre part, refusé de répondre aux moyens de formes et de fond par eux soulevés s'agissant du principe de la créance, la propriété, l'insaisissabilité et l'inaliénabilité de l'immeuble ; qu'enfin, ils reprochent à la décision attaquée d'être insuffisamment motivé, la cour s'étant contenté de viser l'article 300 de l'Acte uniforme précité, sans aucune motivation au soutien de cette disposition textuelle ; qu'ils concluent à la cassation dudit arrêt pour manque de base légale, contradiction entre les motifs et le dispositif, insuffisances de motifs et refus de répondre aux moyens soulevés ;

Mais attendu qu'aux termes des dispositions de l'article 300 de l'Acte uniforme portant organisation des procédures simplifiées de recouvrement et des voies d'exécution : « Les décisions judiciaires rendues en matière de saisie immobilière ne sont pas susceptibles d'opposition.

Elles ne peuvent être frappées d'appel que lorsqu'elles statuent sur le principe même de la créance ou sur des moyens de fond tirés de l'incapacité d'une des parties, de la propriété, de l'insaisissabilité ou de l'inaliénabilité des biens saisis. .... » ;

Attendu qu'en l'espèce, la cour d'appel, considérant souverainement les faits de la cause, a estimé « les arguments développés par les appelants ne rentrent pas dans le cadre des cas d'ouverture à l'appel prévus par le texte suscité » et a déclaré leur appel irrecevable sans se prononcer sur le fond du litige ;

Attendu qu'il ne résulte d'aucune pièce de la procédure, autre que les simples allégations des requérants, que la créance de la BICEC attestée par un acte notarié est sérieusement contestée dans son principe, ni que le saisi n'est pas propriétaire de l'immeuble objet du titre foncier qui porte son nom, ni la preuve du régime de communauté invoquée par les requérants ; que par conséquent ne viole pas la loi et ne se contredit pas la Cour d'appel qui, appréciant le caractère peu sérieux et dilatoire des arguments développés à l'appui de leur appel, en application de l'article 300 susmentionné, a déclaré irrecevable l'appel interjeté par les appelants ; qu'il échet dès lors de rejeter ces moyens comme étant non fondés ;

Attendu qu'ayant succombé, il y a lieu de condamner les requérants aux dépens ;

PAR CES MOTIFS

Statuant publiquement, après en avoir délibéré,

Déclare recevable le recours de Monsieur MFONKEU OUSMANOU et de Madame MFONKEU née NFOUNDIKOU SALAMATOU ;

Le rejette comme étant non fondé ;

Les condamne aux dépens.

Le contentieux de l'exécution forcée d'un titre exécutoire relève de la compétence de la CCJA (CCJA, Ass. Plén., n°128/2014, 11 novembre 2014)

Sommaire

Le contentieux de l'exécution forcée d'un titre exécutoire étant régi par l'Acte uniforme portant organisation des procédures simplifiées de recouvrement et des voies d'exécution, il en résulte que la CCJA est exclusivement compétente pour connaitre du pourvoi.

La Cour Commune de Justice et d'Arbitrage (CCJA) de l'Organisation pour l'Harmonisation en Afrique du Droit des Affaires (OHADA), en Assemblée plénière, a rendu l'Arrêt suivant en son audience publique foraine du 11 novembre 2014 tenue à Libreville (Gabon) où étaient présents :

Messieurs Marcel SEREKOÏSSE SAMBA	Président
Abdoulaye Issoufi TOURE,	Premier Vice-président
Madame Flora DALMEIDA MELE,	Second Vice-président
Messieurs Namuano Francisco Dias GOMES,	Juge
Victoriano OBIANG ABOGO,	Juge
Idrissa YAYE,	Juge, Rapporteur
Djimasna N'DONINGAR,	Juge
et Maître Paul LENDONGO,	Greffier en chef,

Sur le pourvoi enregistré au greffe de la Cour de céans le 24 août 2011 sous le n°071/2011/PC et formé par Maître Lassiney Kathan CAMARA, Avocats à la cour, Avocat associés exerçant au sein de la SCPA CLK avocats, sis à Abidjan, Commune de Cocody, II Plateaux, les Vallons, concession SIDECI, rue J47- Villa n°5, agissant au nom et pour le compte de l'Union Gabonaise de Banque (UGB), Société anonyme, ayant son siège social à Libreville-Gabon, Avenue du Colonel Parant, BP 315, représentée par son Administrateur Directeur Général Monsieur Redouane BENNIS, dans la cause l'opposant à monsieur YALANZELE DANGOUALI Antoine, Administrateur de société domicilié à Libreville, y demeurant BP 224, quartier « Haut de Gue Gue », ayant pour conseil Maître Albert BIKALOU, avocat à la cour, demeurant à Libreville BP 840, en cassation de l'Arrêt n°245/10-11 rendu le 20 juin 2011 par la Cour d'appel de Libreville et dont le dispositif est le suivant :

« Statuant publiquement, contradictoirement, en matière civile, et en dernier ressort ;

<u>En la forme</u> :

Déclare recevable l'appel interjeté par Sieur YALANZELE DANGOUALI Antoine ;

Au fond :

Infirme l'ordonnance du 15 octobre 2010 ;

STATUANT A NOUVEAU :

Vu l'arrêt de la Cour d'appel du 22 février 2010 ;

Ordonne la restitution par l'UGB de la somme de 491 583 428 FRS CFA, appartenant à Sieur YALANZELE DANGOUALI Antoine virée en exécution de l'ordonnance du Juge de l'urgence rendue, le 15 janvier 2010 dans le compte de l'Etude BIYE NGOU ouvert sous le n°01469J dans les livres de Financial Bank, sous astreinte de 5 000 000 FRS CFA par jour de retard à compter de la signification de la présente décision, ou dans le compte de Sieur YALANZELE DANGOUALI Antoine ouvert dans la même banque ;

Ordonne en outre, l'exécution sur minute et avant enregistrement ;

Condamne l'UGB aux dépens ; » ;

La requérante invoque à l'appui de son pourvoi les trois moyens de cassation tels qu'ils figurent dans sa requête annexée au présent arrêt ;

Sur le rapport de monsieur Idrissa YAYE, Juge ;

Vu les dispositions des articles 13 et 14 du Traité relatif à l'harmonisation du droit des affaires en Afrique ;

Vu le Règlement de procédure de la Cour Commune de Justice et d'Arbitrage de l'OHADA ;

Attendu qu'il résulte des pièces du dossier de la procédure qu'en exécution de l'arrêt rendu le 21 septembre 2009 par la Chambre correctionnelle de la Cour d'appel de Libreville, condamnant monsieur YALANZELE DANGOUALI Antoine à payer à messieurs OWANGA Louis, BITOME Jean Marie et MBA Jean Pierre, la somme de 600 000 000 de francs CFA à titre de dommages et intérêts, maître BIYE NGOU Agnès, huissier de justice, procédait le 05 décembre 2009, à une saisie-attribution des sommes appartenant à monsieur YALANZELE DANGOUALI Antoine ; que cette saisie s'était révélée fructueuse dans les comptes du saisi logés dans les livres de la BGFI BANK et de la Financial Bank, respectivement à hauteur de 31.899.293 et 511.611.428 de francs CFA ; que sur requête en mainlevée du débiteur saisi, le juge de l'exécution du Tribunal de première instance de Libreville, par ordonnance en date du 04 décembre 2009, ordonnait aux tiers saisis de remettre entre les mains des créanciers saisissants les sommes ainsi saisies, avec exécution provisoire sur minute et avant enregistrement ; d'où la Financial Bank procédait au virement de la somme de 511.611.428 francs CFA sur le compte de l'huissier instrumentaire pour le compte des créanciers saisissants et la BGFI Bank émettait, le 11 décembre 2009, un chèque de 31.899.293 francs CFA à l'ordre dudit huissier de justice ; que sur requête du débiteur saisi, le Président de la Cour d'appel de Libreville rendait, le 15 décembre 2009, une Ordonnance de référé n°02/09 faisant défense à l'exécution de l'ordonnance du 04 décembre 2009, décision signifiée à l'huissier instrumentaire le 17 décembre 2009, lequel annulait son ordre de virement précédemment émis en faveur de Maître BIYE NGOU, conseil des saisissants ; alors que par anticipation l'UGB, au vu dudit ordre de virement et de l'imminence de l'arrivée desdits fonds, procédait au virement de ces sommes dans le compte de maître NDONG MEVIANE, le 24 décembre 2009 ; que suite à ce transfert en faveur de maître NDONG MEVIANE, l'UGB saisissait le juge de l'exécution, lequel par ordonnance du 15 janvier 2010, donnait mainlevée du séquestre desdites sommes, ordonnait à l'huissier instrumentaire et à la Financial Bank de libérer les fonds par eux détenus sur le compte de maître NKEA Francis ouvert dans les livres de l'UGB sous astreinte de 5.000.000 de francs CFA par jour de retard à compter de la notification, le tout avec exécution provisoire sur minute et avant enregistrement ; que sur appel de monsieur YALANZELE DANGOUALI Antoine, la Première chambre civile de la cour d'appel de Libreville, par Arrêt n°78/09-10 du 22 février 2010, déclarait l'appel interjeté par sieur YALANZELE DANGOUALI Antoine contre l'ordonnance du 15 janvier 2010 recevable, constatait en outre que l'action intentée par l'UGB contre maître BIYE NGOU Agnès est irrecevable pour défaut de qualité à agir ; que monsieur YALANZELE DANGOUALI Antoine initiait alors une procédure, devant ladite Cour d'appel, en réparation d'une omission de statuer commise par l'arrêt du 22 février 2010 ; que par Arrêt n°25/2009-2010 du 29 avril 2010, la Cour d'appel de Libreville, déclarait son action recevable, disait que l'arrêt du 22 février 2010 avait omis de statuer sur deux demandes, y ajoutant, déboutait monsieur YALANZELE DANGOUALI Antoine du surplus de ses demandes et le condamnait aux dépens ; que monsieur YALANZELE DANGOUALI Antoine saisissait, le 15 janvier 2010, le juge de l'exécution du Tribunal de première instance en rétraction de son ordonnance du 15 janvier 2010, lequel, suivant Ordonnance n°03/10-11 en date du 15 octobre 2010, déclarait cette demande irrecevable ; que sur appel de la même personne, la Cour d'appel de Libreville rendait l'Arrêt n°245/10-11 du 20 juin 2011, objet du présent pourvoi ;

Sur l'exception d'incompétence

Vu l'article 14 alinéa 3 du Traité institutif de l'OHADA

Attendu que monsieur YALANZELE DANGOUALI Antoine soulève in limine litis l'exception d'incompétence de la Cour de céans, motifs pris de ce que la question soumise à la Cour d'appel de Libreville et à laquelle elle avait répondu par la négative portait sur la recevabilité ou non de l'action oblique intentée par l'UGB or cette question, qui est au demeurant la question charnière dans cette affaire n'est point de la compétence de ladite Cour ;

Mais attendu qu'aux termes des dispositions de l'article 14 alinéa 3 du Traité précité : « saisie par la voie du recours en cassation, la Cour se prononce sur les décisions rendues par les juridictions d'appel des Etats parties dans toutes les affaires soulevant des questions relatives à l'application des Actes uniformes et des règlements prévus au présent Traité à l'exception des décisions appliquant des sanctions pénales. » ;

Attendu qu'en l'espèce, le litige soumis à la censure de la Cour de céans est relatif au contentieux de l'exécution forcée d'un titre exécutoire ; que cette matière est régie dans l'espace OHADA par l'Acte uniforme portant organisation des procédures simplifiées de recouvrement et des voies d'exécution ; qu'il en résulte que la Cour de céans est exclusivement compétente pour connaitre du pourvoi formé par UGB contre l'Arrêt n°245-10/11 rendu le 20 juin 2011 par la Première chambre civile et commerciale de la Cour d'appel judicaire de Libreville ; qu'il échet dès lors d'écarter cette exception d'incompétence comme étant non fondée ;

Sur la deuxième branche du premier moyen

Attendu que la recourante reproche à l'arrêt entrepris la violation de l'article 376 du code de procédure civile du Gabon aux termes duquel la décision qui statue sur toute ou partie du principal a l'autorité de la chose jugée relativement à la contestation qu'elle tranche ; qu'elle estime en effet que depuis le prononcé de l'arrêt du 29 avril 2010, la Cour d'appel de Libreville a bien vidé sa saisine en rejetant la demande de restitution des sommes formulées par monsieur YALANZELE DANGOUALI Antoine ; que dès lors la Cour d'appel ne pouvait sans violer la loi, prise dans le principe de l'autorité de la chose jugée, ordonner par une autre décision intervenue postérieurement, soit le 20 juin 2011, la restitution des sommes réclamées par le défendeur au pourvoi ; qu'il conclut à la cassation de l'arrêt entrepris de ce chef ;

Attendu qu'aux termes des dispositions de l'article 376 du code de procédure civile précité : « la décision qui statue sur toute ou partie du principal, sur une exception de procédure, une fin de non recevoir ou tout autre incident a l'autorité de la chose jugée relativement à la contestation qu'elle tranche. » ;

Attendu en l'espèce, qu'il résulte des pièces de la procédure dont, notamment, la requête aux fins de réparation d'une omission de statuer sur un chef de demande du 23 février 2010 et l'arrêt du 29 avril 2010 que monsieur YALANZELE DANGOUALI Antoine avait saisi ladite cour d'appel à l'effet entre autres, de «constater que l'exécution de l'ordonnance du 15 janvier 2010 constituait un trouble manifestement illicite, que ce trouble devait cesser et la cour devrait faire injonction à UGB de restituer la somme de 487.083.488 FCFA à Financial Bank où elle se trouvait cantonnée sous astreinte comminatoire de 20.000.000 de francs CFA par jour de retard » ; que la Cour d'appel de Libreville par l'arrêt susmentionné a, tout en maintenant sa décision sur l'irrecevabilité de l'action intentée par UGB pour défaut de qualité, déclaré l'action du Sieur YALANZELE DANGOUALI Antoine recevable ; dit que l'arrêt du 22 février 2010 a omis de statuer sur deux demandes ; y ajoutant, a débouté le Sieur YALANZELE DANGOUALI Antoine du surplus de ses demandes, estimant que « Attendu que quand bien même l'action de l'UGB a été déclarée irrecevable, son comportement suite à l'ordonnance du 15 Janvier 2010 ne peut être constitutif d'un trouble illicite car elle ne faisait qu'exécuter une décision de justice ; » ; que cette décision qui n'est pas soumis à la censure de la Cour de céans a clos l'exécution forcée ainsi entamée ;

Attendu que la seconde requête introduite par monsieur YALANZELE DANGOUALI Antoine ne visait ni plus ni moins qu'à obtenir la restitution de la même somme virée en exécution de l'ordonnance du juge de l'exécution sur le compte de Maître NKE NDZIGUE ; que ladite Cour d'appel, au mépris de son arrêt du 29 avril 2010, non soumis à son appréciation, va, par l'arrêt querellé rendu entre les mêmes parties, ordonner la restitution par l'UGB de la somme réclamée sous astreinte de 5.000.000 FRS

CFA par jour de retard ; qu'il échet dès lors de casser l'arrêt entrepris pour violation du principe de l'autorité de la chose jugée édicté par l'article 376 susmentionné ;

Sur l'évocation

Attendu que par acte d'appel en date du 27 octobre 2010, monsieur YALANZELE DANGOUALI Antoine a régulièrement interjeté appel de l'Ordonnance n°037/09-10 rendue le 15 janvier 2010 par le juge de l'exécution du Tribunal de première instance de Libreville, dans le litige qui l'oppose à l'UGB et dont le dispositif est ainsi conçu : « Statuant publiquement, par ordonnance contradictoire ;

Tous droits et intérêts des parties préservés quant au fond ;

Mais dès à présent, vu l'urgence ;

Déclarons la demande du Sieur YALANZELE DANGOUALI Antoine irrecevable ;

Mettons les dépens à sa charge ; » ;

Attendu que dans sa requête complétive d'appel en date du 25 janvier 2011, monsieur YALANZELE DANGOUALI Antoine a demandé l'infirmation de l'ordonnance sus indiquée aux motifs que le juge des référés, juge de l'exécution, n'a pas motivé sa décision et s'est contenté d'instituer les énonciations d'une partie au procès en moyen de droit ; qu'il prétend que la cour d'appel dans son arrêt du 22 février 2010 suscité avait dénié à l'UGB toute qualité d'agir et entendait renvoyer l'appelant à mieux se pourvoir devant la juridiction présidentielle du Tribunal de première instance afin de procéder ainsi que de droit ; qu'il conclut dès lors à la remise de la cause et des parties dans l'état où elles se trouvaient avant l'Ordonnance n°037/09-10 du 15 juin 2010 ;

Attendu que l'intimée sollicite quant à elle la confirmation de l'ordonnance attaquée en faisant valoir sur le fondement des articles 133 et 377 du code de procédure civile que la décision tranchant le contentieux de l'exécution forcée a acquis l'autorité de la chose jugée et a été exécutée ;

Mais attendu que le juge de l'exécution en accueillant, comme il l'a fait, l'exception d'irrecevabilité de la demande de monsieur YALANZELE DANGOUALI Antoine sur le fondement de l'autorité de la chose jugée acquise par l'ordonnance dont la rétractation lui a été demandée et sans examiner le fond de l'affaire, a bien motivé sa décision ; qu'il échet, pour les raisons sus évoquées et ayant fondé la cassation de l'arrêt entrepris, de confirmer ladite ordonnance ;

Attendu qu'ayant succombé, il y a lieu de condamner monsieur YALANZELE DANGOUALI Antoine aux dépens ;

PAR CES MOTIFS

Statuant publiquement, après en avoir délibéré,

Déclare recevable le recours ;

Casse l'Arrêt entrepris n°245/10-11 rendu le 20 juin 2011 par la Cour d'appel de Libreville ;

Évoquant et statuant sur le fond,

Confirme l'Ordonnance n°037/09-10 rendue le 15 janvier 2010 par le Juge de l'exécution du Tribunal de première instance de Libreville ;

Condamne monsieur YALANZELE DANGOUALI Antoine aux dépens.

III. Saisie-attribution

A. Les conditions de la saisie

1. Les conditions relatives à l'objet de la saisie

Le compte bancaire du notaire est un compte professionnel et est en conséquence insaisissable (CCJA, 2e Ch., n°12/2014, 27 février 2014)

Sommaire

Saisie sur renvoi de la Cour suprême du Sénégal, la CCJA casse l'arrêt de la Cour d'appel de Dakar, qui, en violation de la loi sénégalaise, refuse au compte bancaire d'un Notaire le caractère professionnel au motif que seul le compte spécial visé à l'article 80 bénéficie du régime de protection de l'article 27 alinéa 3 du Décret 2002-1032 du 15 octobre 2002 modifiant celui 79-129 du 05 novembre 1979 fixant le statut des notaires.

La Cour Commune de Justice et d'Arbitrage (CCJA) de l'Organisation pour l'harmonisation en Afrique du Droit des Affaires (OHADA), Deuxième Chambre, a rendu l'Arrêt suivant en son audience publique du 27 février 2014 où étaient présents

Messieurs Abdoulaye Issoufi TOURE, Président

Namuano Francisco DIAS GOMES, Juge, rapporteur

Victoriano OBIANG ABOGO, Juge

et Maître Jean Bosco MONBLE, Greffier,

Sur le renvoi, en application de l'article 15 du Traité relatif à l'Harmonisation du droit des affaires en Afrique, par Arrêt n°67 du 02 décembre 2009 de la Cour suprême sénégalaise, d'un pourvoi enregistré au greffe de la Cour de céans le 13 janvier 2011 sous le numéro 004/2011/PC et formé par Maître Ibrahima DIOP, Avocat à la Cour, 127 Avenue Lamine GUEYE X Félix Faure, agissant au nom et pour le compte de Maître Serigne Mbaye BADIANE, Notaire, titulaire de la Charge de Dakar II demeurant à Dakar, 5-7 Avenue CARDE, 1er Etage,dans la cause l'opposant à Maître AÏSSATOU GUEYE DIAGNE Notaire Titulaire de la Charge de Dakar V demeurant à Dakar, 16 rue Emile ZOLA, ayant pour conseil Maître Sadel NDIAYE, Avocat à la Cour, 47 Boulevard de la République, Immeuble Sorano à Dakar, en cassation de l'Arrêt n°633 rendu le 24 juillet 2008 par la Cour d'appel de Dakar, et dont le dispositif est le suivant :

« Statuant publiquement, contradictoirement à l'égard de Maître Aïssatou GUEYE DIAGNE et de Maître Serigne Mbaye BADIANE et par défaut à l'égard de la Banque Islamique du Sénégal, en matière civile, en référé et en dernier ressort ;

Vu l'ordonnance de clôture du Conseiller de la mise en état ;

Infirme l'ordonnance entreprise ;

Statuant à nouveau,

Déboute Maître Serigne Mbaye BADIANE de sa demande de mainlevée de la saisie-attribution de créances pratiquée sur le compte BIS N°21429090135 suivant procès verbal en date du 12 Octobre 2006 ;

Le condamne aux dépens. » ;

Le requérant invoque à l'appui de son pourvoi les trois moyens de cassation tels qu'ils figurent à la requête annexée au présent arrêt ;

Sur le rapport de Monsieur Namuano Francisco DIAS GOMES, Juge ;

Vu les articles 13, 14 et 15 du Traité relatif à l'harmonisation du droit des affaires en Afrique ;

Vu le Règlement de procédure de la Cour Commune de Justice et d'Arbitrage de l'OHADA ;

Attendu qu'il ressort de l'examen des pièces du dossier de la procédure que suite à la suspension le 20 août 2001 de ses fonctions de Maître Aïssatou GUEYE DIAGNE, Notaire titulaire de la charge Dakar V, Maître Serigne Mbaye BADIANE, Notaire titulaire à la charge de Dakar II, avait été désigné pour assurer son intérim ; que pour les besoins de cet intérim, ce dernier avait ouvert dans les livres de la Banque Islamique du Sénégal un compte intitulé «Maître Serigne Mbaye BADIANE, Notaire intérimaire de la charge de Dakar II » ; qu'à la fin de cet intérim, Me Aïssatou GUEYE DIAGNE avait assigné le notaire intérimaire en paiement des loyers d'un montant de 57.535.272 FCFA dont il ne s'était pas acquitté ; que par Jugement n°627 rendu le 10 mars 2004, le Tribunal régional hors classe de Dakar condamnait le Notaire intérimaire à payer ladite somme ; que sur appel, la Cour de Dakar, par Arrêt n°499 rendu le 19 mai 2005, confirmait en toutes ses dispositions le jugement attaqué ; que c'est en exécution de cette décision que Maître Aïssatou GUEYE DIAGNE faisait pratiquer le 12 octobre 2006 une saisie-attribution sur le compte ouvert par le Notaire intérimaire dans les livres de la Banque Islamique du Sénégal dite BIS, pour sûreté et avoir paiement du montant des condamnations ; que par Ordonnance n°2710 rendue le 27 octobre 2006, le Juge des référés du Tribunal régional hors classe de Dakar déclarait le compte du Notaire intérimaire insaisissable et ordonnait la mainlevée de la saisie y pratiquée ; que sur appel, la Cour de Dakar a, par son Arrêt n°633 rendu le 24 juillet 2008, infirmé l'ordonnance entreprise et, statuant à nouveau, a débouté Maître Serigne Mbaye BADIANE de sa demande de mainlevée de la saisie et l'a condamné aux dépens ; arrêt dont pourvoi ;

Sur le second et le troisième moyens réunis, tirés de la violation des articles 27 alinéa 3 et 80 alinéa 7 du Décret 2002-1032 du 15 octobre 2002 modifiant celui 79-129 du 05 novembre 1979 fixant le statut des notaires

Attendu qu'il est fait grief à l'arrêt attaqué d'avoir violé les articles visés pour avoir retenu que le compte BIS N°21429090135 intitulé « Maître Serigne M'BAYE BADIANE, Notaire intérimaire de la Charge de Dakar II » n'était pas un compte spécial au sens de l'article 80 du Décret 2002-1032 et ne pouvait bénéficier de l'insaisissabilité de l'article 27 du Décret précité ; alors que les termes de l'article 27 sont énoncés de manière péremptoire ;

Attendu que l'article 27 alinéa 3 du Décret 2002-1032 du 15 octobre 2002 dispose que : « la Charge de Notaire, comme l'ensemble de ses valeurs d'exploitation est insaisissable comme participant au fonctionnement du service public » et l'article 80 alinéa 7 dispose qu': « il pourra être créé un compte spécial destiné à recevoir les fonds détenus par les Notaires pour les transactions » ;

Attendu que la Cour d'appel pour débouter le demandeur de sa prétention a motivé comme suit : « … qu'il résulte de la sommation adressée à la BIS que le compte bancaire sur lequel a été pratiquée la saisie-attribution de créance a été ouvert au nom de Maître Serigne Mbaye BADIANE, Notaire Intérimaire de la charge de DAKAR II ; que cet intitulé reflétait un caractère plus personnel que professionnel du compte ; qu'en effet, pour pouvoir être considéré comme le compte spécial prévu par l'article 80 du Décret n° 2002-1032 du 15 octobre 2002 modifiant le Décret n° 79-1029 du 05 novembre 1979 fixant le statut des notaires et qui pourrait seul bénéficier de l'insaisissabilité prévue par l'article 27 du même décret, le compte litigieux aurait dû être plutôt ouvert au nom de l'Etude du Notaire Maître Serigne Mbaye BADIANE » ;

Attendu qu'en refusant au compte le caractère professionnel au motif que seul le compte spécial visé à l'article 80 bénéficie du régime de protection de l'article 27 alinéa 3, le juge d'appel a ajouté auxdites dispositions une condition qu'elles ne comportent pas ; que pour cette mauvaise application, l'arrêt déféré encourt la cassation ; qu'il y a lieu donc de casser l'arrêt attaqué, évoquer et statuer sans qu'il soit besoin d'analyser l'autre moyen ;

Sur l'évocation

Attendu que par exploit d'huissier en date du 31 octobre 2006, Maître Aïssatou GUEYE DIAGNE a relevé appel de l'ordonnance rendue le 27 octobre 2006 par le juge des référés du Tribunal régional hors classe de Dakar qui a ordonné la mainlevée de la saisie qu'elle avait pratiquée sur le compte bancaire n° 21.429.0901 35 ;

Attendu que Maître Aïssatou GUEYE DIAGNE soutient d'abord que l'intimé n'a pas prouvé que le compte ouvert non pas au nom de l'Etude, mais plutôt à celui de «Maître Serigne Mbaye BADIANE, Notaire Intérimaire de la charge de DAKAR II », est le compte spécial prévu par l'article 80 du Décret n° 2002-1032 du 15 octobre 2002 et qui doit, aux termes de l'article 82 du même décret, être répertorié dans le livre journal qui retrace la comptabilité des sommes détenues pour le compte de tiers ; qu'ensuite, il n'a pas pu, au cours de la seule journée du 02 octobre 2006, veille de l'ouverture du compte et de la notification de sa nomination à la chambre des notaires, faire une opération de 50.000.000 F ni obtenir du Président du Tribunal régional la délivrance d'un livre-journal coté et paraphé ; qu'enfin les sommes contenues dans le compte ont, du fait de la saisie, été bloquées depuis plus de dix huit mois sans que le notaire rapporte la preuve qu'il a, conformément aux prescriptions de l'article 80 du décret suscité qui lui fixent un délai de six mois pour le faire s'agissant des sommes détenues pour le compte de tiers, adressé un avis sur la situation du compte au Procureur Général ; qu'elle conclut à l'infirmation de l'ordonnance querellée et au débouté ;

Attendu que de son côté, Maître Serigne Mbaye BADIANE soutient que l'appelante à qui il appartient de rapporter la preuve que les fonds saisis avaient été déposés, il y a plus de six mois et qu'il n'aurait pas obtenu décharge de ses clients dans ce délai, cherche à renverser la charge de la preuve ; qu'étant par ailleurs lié par le secret professionnel, il ne pourrait produire son livre journal et que le blocage du compte pendant plus de dix huit mois du fait de la saisie le dispense de reverser les sommes à la caisse des dépôts et consignations, et constituerait la justification, devant le Procureur Général, du non reversement ; que ce compte avait un caractère professionnel et c'est à bon droit qu'il a été déclaré insaisissable par le premier juge ;

Attendu qu'il n'est pas prouvé que Maître Serigne Mbaye BADIANE disposait d'autre compte que l'on pourrait supposer être ouvert à titre personnel ; que le seul existant et ouvert pour la gestion de l'intérim est présumé être professionnel et bénéficie dès lors de l'insaisissabilité prévue par l'article 27 alinéa 3 du Décret 2002-1032 du 15 octobre 2002 ;

Attendu donc que l'ordonnance entreprise relève d'une bonne appréciation des faits et d'une saine application de la loi ; qu'il échet de la confirmer ;

Attendu que Maître Aïssatou GUEYE DIAGNE ayant succombé, il y a lieu de la condamner aux dépens ;

PAR CES MOTIFS

Statuant publiquement, après en avoir délibéré,

Casse l'arrêt attaqué ;

Evoquant et statuant à nouveau,

Déclare l'appel de Maître Aïssatou GUEYE DIAGNE mal fondé ;

Confirme l'ordonnance entreprise ;

Condamne Maître Aïssatou GUEYE DIAGNE aux dépens.

2. Les conditions relatives au débiteur

Nullité de la saisie pratiquée contre une personne autre que le débiteur (CCJA, Ass. Plén., n°76/2014, 25 avril 2014)

> Sommaire
>
> La saisie ne peut être effectuée qu'en vertu d'un titre exécutoire contre un débiteur. Doit donc être ordonnée mainlevée de la saisie pratiquée contre une personne n'ayant pas la qualité de débiteur.

La Cour Commune de Justice et d'Arbitrage (CCJA) de l'Organisation pour l'Harmonisation en Afrique du Droit des Affaires (OHADA), Assemblée plénière, a rendu l'Arrêt suivant en son audience foraine tenue le 25 avril 2014 à Porto-Novo (BENIN) où étaient présents :

Messieurs : Marcel SEREKOÏSSE SAMBA	Président
Abdoulaye Issoufi TOURE, Premier	Vice-président, Rapporteur
Madame :Flora DALMEIDA MELE,	Second-Vice-président
Messieurs : Namuano Francisco Dias GOMES,	Juge
Victoriano OBIANG ABOGO,	Juge
Mamadou DEME	Juge
Idrissa YAYE,	Juge
Djimasna N'DONINGAR,	Juge
et Maître Paul LENDONGO,	Greffier en chef,

Sur le pourvoi enregistré le 19 octobre 2012 au greffe de la Cour de céans sous le n°142/2012/PC et formé par Maître SAVADOGO Mamadou, Avocat à la Cour, 212 Avenue de la Cathédrale, 01 BP 6042 Ouagadougou, agissant au nom de Bonato Jean Marc, gérant de Société demeurant à Ouagadougou BP 445 et de la Société Impricolor, Société anonyme dont le siège est à Ouagadougou, zone Industrielle de Gounghia, BP 445, dans la cause qui les oppose à Abdoulaye Cissé demeurant à GAO, au Mali ayant pour conseil Maître Y. Armand BOUYAIN, Avocat à la Cour, 11 BP 644 CMS à Ouagadougou ; en cassation de l'Ordonnance n°120 rendue le 23 août 2012 par le Premier Président de la Cour d'appel de Ouagadougou et dont le dispositif est le suivant :

« Statuant en référé, contradictoirement et en dernier ressort ;

<u>En la forme</u> :

Déclarons l'appel recevable ;

Au fond :

Infirmons l'ordonnance entreprise ;

Statuant à nouveau, déboutons la société Impricolor et Bonato Jean Marc de leur demande d'annulation et de mainlevée de saisie-attribution ;

Les déboutons de leur demande de remboursement ;

Mettons les dépens à leur charge ;

Déboutons Cissé Aboulaye de sa demande de frais exposés. » ;

Les requérants invoquent à l'appui de leur pourvoi le moyen unique de cassation tel qu'il figure à la requête annexée au présent arrêt ;

Sur le rapport de Monsieur Abdoulaye Issoufi TOURE, Premier Vice-Président

Vu les dispositions des articles 13 et 14 du Traité relatif à l'harmonisation du droit des affaires en Afrique ;

Vu le Règlement de procédure de la Cour Commune de Justice et d'Arbitrage de l'OHADA ;

Attendu qu'il ressort des pièces du dossier de la procédure que le 15 juillet 2010, le sieur Bonato Jean Marc signait devant notaire un acte par lequel il reconnaissait expressément devoir la somme de 300.000.000 francs au nommé Abdoulaye Cissé ; que muni de la grosse de cet acte notarié, Abdoulaye Cissé pratiquait le 08 février 2012 saisie-attribution entre les mains de différentes banques sur les avoirs du sieur Bonato et de la Société Impricolor dont il est le Directeur Général ; que sur assignation en mainlevée, le Président du Tribunal de grande instance de Ouagadougou annulait la saisie et ordonnait la restitution de la somme de 7.000.000 francs déjà encaissée par le saisissant aux motifs que la créance a été déjà payée ; que sur appel, le premier Président de la Cour a rendu l'ordonnance susvisée, objet du présent pourvoi ;

Sur le moyen unique tiré de la violation de l'article 153 de l'Acte uniforme portant organisation des procédures simplifiées de recouvrement et des voies d'exécution.

Attendu que dans une première branche, il est fait grief à l'ordonnance déférée d'avoir rejeté la demande de mainlevée alors qu'il résulte du procès-verbal de saisie-attribution que la saisie a été pratiquée en vertu de la grosse de l'acte notarié aux termes de laquelle le montant de la créance est de 300.000.000 francs, et que Bonato a versé des pièces justifiant du paiement complet de cette somme.

Attendu que dans une deuxième branche, il est reproché à l'ordonnance querellée d'avoir maintenu la saisie sur les avoirs de la société Impricolor alors que celle-ci qui jouit d'une personnalité juridique distincte de Jean Marc Bonato, n'est pas concernée par l'acte notarié ; que donc la saisie a été pratiquée au mépris des dispositions de l'article 153 dont l'une des conditions est la nécessité d'un titre exécutoire contre le débiteur ;

Attendu, en effet, qu'il ressort de l'analyse des pièces produites d'une part que l'acte notarié a été signé seulement par Bonato Jean Marc et ne concerne nullement la société Impricolor et d'autre part que le débiteur a intégralement remboursé les 300.000.000 francs dus ; que l'ordonnance entreprise ayant rejeté la demande de mainlevée nonobstant ces constats a violé les dispositions visées et encourt la cassation ;

Sur l'évocation

Attendu que par acte en date du 26 mars 2012, le sieur Abdoulaye Cissé a déclaré interjeter appel de l'Ordonnance n°033-1 rendue le 12 mars 2012 par le Président du Tribunal de grande instance de Ouagadougou ayant ordonné la mainlevée de la saisie-attribution pratiquée par ses soins sur les avoirs de Bonato Jean Marc et la société Impricolor ;

Attendu qu'au soutien de son appel, il expose que dans le cadre de leurs relations contractuelles, Bonato Jean Marc restait lui devoir 300.000.000 francs qu'il s'est engagé à payer selon un échéancier ; que faute de règlement amiable la procédure de recouvrement a été entreprise ; que c'est sur acquiescement du débiteur que la somme de 7.000.000 francs a été recouvrée ;

Attendu que Bonato Jean Marc conclut à la confirmation de l'Ordonnance querellée et expose que c'est dans un contexte de chantage qu'il a signé l'acte de reconnaissance de 300.000.000 francs ; que depuis le 15 juillet 2010 il a payé 300.070.000 francs ; que l'acquiescement prétendu est nul pour avoir été obtenu frauduleusement par l'huissier ;

Attendu que pour les mêmes motifs que ceux ayant entrainé la cassation, il échet de confirmer l'ordonnance entreprise en ce qu'elle a ordonné la mainlevée ; que toutefois le débiteur ayant consenti par écrit le versement déjà fait, il y a lieu de dire que la somme de 7.000.000 francs demeure acquise à Abdoulaye Cissé ;

Attendu qu'Abdoulaye Cissé succombant sera condamné aux dépens ;

PAR CES MOTIFS

Statuant publiquement après en avoir délibéré ;

Casse l'Ordonnance n°120 rendue le 23 août 2012 par le Premier Président de la Cour d'appel de Ouagadougou ;

Evoquant et statuant sur le fond ;

Confirme l'Ordonnance n°033-1 du 12 mars 2012 du Président du tribunal de grande instance de Ouagadougou en ce qu'elle a ordonné la mainlevée de la saisie ;

Dit toutefois que la somme de 7.000.000 francs demeure acquise à Abdoulaye Cissé ;

Condamne Abdoulaye Cissé aux dépens.

3. Conditions relatives à l'acte de saisie

La seule erreur commise par l'huissier sur le montant des frais ne suffit pas à justifier la nullité de l'exploit d'huissier (CCJA, 1ère Ch., n°22/2014, 11 mars 2014)

Sommaire

La simple erreur de calcul commise par l'huissier sur le montant des frais, alors que l'omission d'aucune des mentions exigées à peine de nullité par l'article 157 de l'AUPSRVE n'est pas par ailleurs invoquée, ne peut entraîner la nullité de l'exploit de saisie.

La Cour Commune de Justice et d'Arbitrage (CCJA.), Première chambre, de l'Organisation pour l'Harmonisation en Afrique du Droit des Affaires (OHADA), a rendu l'Arrêt suivant en son audience publique du 11 mars 2014 où étaient présents :

Messieurs Marcel SEREKOÏSSE-SAMBA,	Président, rapporteur
Mamadou DEME,	Juge
Djimasna NDONINGAR,	Juge
et Maître Acka ASSIEHUE,	Greffier,

Sur le pourvoi enregistré au greffe de la Cour de céans le 22 octobre 2010sous le n°099/2010/PC et formé par la SCPA NGONGO-OTTOU et NDENGUE KAMENI, Avocats associés au Barreau du Cameroun, BP 8179 Yaoundé, agissant au nom et pour le compte de la Standard Chartered bank Cameroon dans la cause l'opposant d'une part, à la Caisse Nationale de Prévoyance Sociale dite CNPS et d'autre part à l'Institut des Relations Internationales du Cameroun (Université de Yaoundé II), en cassation de l'Arrêt n°303/civ en date du 02 juillet 2010 de la Cour d'appel du Centre à Yaoundé (Cameroun) et dont le dispositif est le suivant :

« Par ces motifs

Statuant publiquement, contradictoirement à l'égard des parties en matière du contentieux de l'exécution, en collégialité et à l'unanimité des membres ;

En la forme :

Reçoit l'appel interjeté par la Standard Chartered Bank Cameroon et reçoit également l'action en intervention forcée de la Standard à l'IRIC ;

Au fond :

Annule l'ordonnance entreprise pour violation de l'article 7 de la loi n°2006/015 du 29 décembre 2006 portant organisation judiciaire ;

Evoquant et statuant à nouveau,

Reçoit l'action en mainlevée de saisie de la SCBC ;

L'y dit non fondée et déclare également non fondée son action en intervention forcée ;

En conséquence, l'en déboute ;

Déclare valable la saisie-attribution des créances pratiquée par la CNPS le 24 avril 2008 avec toutes les conséquences de droit ;

Condamne la Standard Chartered Bank Cameroon aux dépens dont distraction au profit de Maîtres Georges ENGONO ESSAME et Micheline A. NJAMPOU WANDJA, Avocats aux offres de droit » ;

Attendu que la requérante invoque à l'appui de son pourvoi cinq moyens de cassation tels qu'ils figurent à la requête annexée au présent arrêt ;

Attendu que par correspondances n°s522/2010 et 542/2010 du 10 novembre 2010, le Greffier en chef a notifié respectivement à la CNPS et à l'IRIC le recours en cassation contre l'Arrêt n°303/Civ du 02 juillet 2010, lesquelles sont demeurées sans réponse de leurs destinataires ; que le principe du contradictoire ayant été ainsi respecté, il convient de passer outre et examiner le recours ;

Sur le rapport de Monsieur Marcel SEREKOÏSSE-SAMBA, Président ;

Vu les dispositions des articles 13 et 14 du Traité relatif à l'harmonisation du droit des affaires en Afrique ;

Vu le Règlement de procédure de la Cour Commune de Justice et d'Arbitrage de l'OHADA ;

Attendu que il résulte des pièces du dossier de la procédure qu'en date des 08 et 12 juillet 1999, la Caisse Nationale de Prévoyance Sociale (CNPS), se fondant sur une décision de contrainte délivrée par son Directeur général, a pratiqué une saisie-attribution de créance sur les comptes de l'Institut des Relations Internationales du Cameroun (IRIC) de l'Université de Yaoundé II, établissement public à caractère scientifique, dans les livres de toutes les banques domiciliées à Yaoundé dont la Standard Chartered Bank Cameroon dite SCBC ;

Que sur saisine de la SCBC, le juge des référés, statuant comme juge du contentieux de l'exécution a, par Ordonnance n° 962 du 23 juillet 1999 ordonné la mainlevée de la saisie aux motifs, entre autres, que la preuve de la dénonciation de ladite saisie n'avait pas été rapportée et que l'IRIC étant un établissement public, les biens qui lui sont destinés « sont insaisissables et qu'on ne peut recourir aux voies d'exécution de droit privé pour saisir les biens appartenant à des personnes morales publiques » ; que le juge des référés a en outre ordonné « la discontinuation des poursuites jusqu'à l'issue de la procédure d'opposition à contrainte » ; que par Arrêt n°97/Civ du 03 décembre 1999, la Cour d'appel de Yaoundé a confirmé l'ordonnance du juge des référés ;

Attendu que le 02 août 1999, la CNPS a attrait la SCBC devant le Tribunal de grande instance de Yaoundé qui a condamné celle-ci par Jugement n°305 du 14 février 2001 à lui payer la somme de 155.199.928 francs CFA représentant les causes de la saisie et les dommages-intérêts confondus ; que ce jugement est devenu définitif pour n'avoir été l'objet d'aucune voie de recours ;

Attendu que sur la base du jugement précité, la CNPS a pratiqué le 03 février 2002 une saisie-attribution sur le compte de la SCBC entre les mains de la Banque des Etats de l'Afrique Centrale (BEAC), pour obtenir paiement de la somme de 155.991.928 francs CFA ; que par Ordonnance n°570 du 14 mars 2002, le juge des référés du Tribunal de grande instance de Yaoundé a décidé de la mainlevée de la saisie et de la discontinuation des poursuites ; que sur appel de la CNPS, la Cour d'appel de Yaoundé, par Arrêt n°105 du 12 décembre 2003, a infirmé et débouté la SCBC de toutes ses demandes ; que sur le pourvoi contre cet arrêt, enregistré au Greffe de la Cour de céans le 27 décembre 2004 sous le n°120/2004/PC, la Cour Commune de Justice et d'Arbitrage a entrepris la décision par Arrêt n°001/2008 du 24 janvier 2008 dont le dispositif suit :

« Statuant publiquement après en avoir délibéré,

Déclare recevable le pourvoi formé par la SCBC ;

Casse l'Arrêt n°105 en date du 12 décembre 2003 de la Cour d'appel du Centre à Yaoundé ;

Evoquant et statuant à nouveau,

Déclare recevable l'appel de la SCBC ;

Confirme l'Ordonnance n°507 du 14 mars 2002 du Président du Tribunal de grande instance de Yaoundé statuant en matière de référé en ce qu'elle a décidé de la mainlevée de la saisie-attribution en date 03 janvier 2002 pratiquée entre les mains de la BEAC au préjudice de la SCBC ;

Infirme ladite ordonnance pour le surplus ;

Condamne la CNPS aux dépens » ;

Attendu que suivant exploit du 24 avril 2008, la CNPS a fait procéder à une nouvelle saisie-attribution sur le compte de la SCBC entre les mains de la BEAC, et dénoncé ladite saisie le même jour ;

Qu'ayant saisi le Président du Tribunal de grande instance de Mfoundi à Yaoundé statuant en matière du contentieux de l'exécution dans cette dernière cause qui l'oppose à la CNPS, la SCBC a été déboutée de son action en annulation de la saisie attribution de créance du 24 avril 2008 par ordonnance du 06 novembre 2008 assortie de l'exécution provisoire ;

Que sur appel de la SCBC, la Cour d'appel du Centre à Yaoundé a rendu l'Arrêt n°303 du 02 juillet 2010 frappé de pourvoi ;

Sur les 1er et 3e moyens réunis, pris de la violation des articles 30 et 33 de l'Acte uniforme portant organisation des procédures simplifiées de recouvrement et des voies d'exécution (AU/OPSRVE)

Attendu qu'il est fait grief à la Cour d'appel d'avoir validé la saisie du 24 avril 2008, alors que seuls les titres résultant de l'énumération de l'article 33 de l'AU/OPSRVE peuvent servir de fondement à une saisie-attribution de créance, que la saisie des 8, 9 et 12 juillet 1999 est fondée sur la contrainte n°294/98 du 30 novembre 1998 délivrée par le

Directeur Général de la CNPS, et qu'un tel titre qui n'a ni valeur juridictionnelle, ni autorité de la chose jugée, n'est pas compris dans ladite énumération ; que la Cour aurait par ailleurs violé le principe général du droit « accessorium séquitur principal » en validant une saisie pratiquée en recouvrement d'une créance dont le débiteur principal bénéficie de l'immunité d'exécution ;

Mais attendu que la saisie du 24 avril 2008 pratiqué par la CNPS contre la SCBC est fondée sur la condamnation prononcée exclusivement contre cette dernière par le Jugement n°305 rendu le 14 février 2001 par le Tribunal de grande instance du Mfoundi, et non sur la créance invoquée par la CNPS contre l'IRIC, objet de la contrainte n°294/98 du 30/11/1998 ;

Que ledit jugement relève sans conteste de l'énumération de l'article 33 de l'AU/OPSRVE et aucune immunité d'exécution ne peut être utilement invoquée ;

Sur les 2e et 4e moyens réunis, pris de la violation et fausse application des articles 153 et 156 de l'Acte uniforme portant organisation des procédures simplifiées de recouvrement et des voies d'exécution

Attendu qu'il est fait grief à la Cour d'appel d'avoir, d'une part, violé les dispositions de l'article 156 de l'AU/OPRVE, en validant une saisie-attribution de créance fondée sur une décision qui condamne en paiement des causes de la saisie une personne n'ayant jamais eu la qualité de tiers-saisi et, d'autre part, en donnant de ce fait la qualité de tiers-saisi à la SCBC alors qu'elle n'a pas violé l'article 153 du même Acte uniforme ;

Mais attendu que ces moyens tendent à remettre en cause l'autorité de la chose définitivement jugée par la décision n°305 du 14 février 2001 du Tribunal de grande instance du Mfoundi ; qu'ils doivent être déclarés irrecevables ;

Sur le 5e moyen pris de la violation de l'article 157 de l'Acte uniforme portant organisation des procédures simplifiées de recouvrement et des voies d'exécution

Attendu qu'il est reproché à l'arrêt attaqué d'avoir validé la saisie, alors que le procès-verbal de saisie-attribution du 24 avril 2008 est nul en ce que le droit de recette de l'huissier instrumentaire, qui doit être calculé sur la base du principal de la créance, l'a été sur la base dudit principal et des intérêts légaux confondus ;

Mais attendu que la simple erreur de calcul commise par l'huissier sur le montant des frais, alors que l'omission d'aucune des mentions exigées à peine de nullité par l'article 157 n'est pas par ailleurs invoquée par le moyen, ne peut entraîner la nullité de l'exploit de saisie ;

Que le grief apparaît mal fondé ;

Attendu que la SCBC qui succombe doit être condamnée aux dépens ;

PAR CES MOTIFS

Statuant publiquement après en avoir délibéré,

En la forme

Déclare le pourvoi recevable ;

Au fond

Le rejette ;

Condamne la SCBC aux dépens.

L'acte de saisie est nul si les intérêts ont été mentionnés en bloc (CCJA, Ass. Plén., n°46/2014, 23 avril 2014)

Sommaire

La nullité prescrite par l'article 157 de l'AUPSRVE est une nullité de plein droit qui ne saurait être subordonnée à la preuve d'un préjudice résultant de l'irrégularité.

L'acte de saisie devant contenir, à peine de nullité certaines mentions dont le décompte distinct des sommes réclamées en principal, frais et intérêts échus, majorés d'une provision pour les intérêts à échoir, doit être déclaré nul l'acte de saisie dans lequel les intérêts échus et les intérêts à échoir ont été mentionnés en bloc et non distinctement.

La Cour Commune de Justice et d'Arbitrage (CCJA) de l'Organisation pour l'Harmonisation en Afrique du Droit des Affaires (OHADA), Assemblée plénière, a rendu l'Arrêt suivant en son audience foraine tenue le 23 avril 2014 à Lomé-Togo où étaient présents :

Messieurs Marcel SEREKOÏSSE-SAMBA, Président

Abdoulaye Issoufi TOURE, Premier Vice-président

Madame Flora DALMEIDA MELE, Snde Vice-présidente, rapporteur

Messieurs Namuano F. DIAS GOMES, Juge

Victoriano OBIANG ABOGO, Juge

Mamadou DEME, Juge

Idrissa YAYE, Juge

Djimasna N'DONINGAR, Juge

et Maître Paul LENDONGO, Greffier en chef ;

Sur le pourvoi enregistré au greffe de la Cour de céans le 08 septembre 2008 sous le n°086/2008/ PC et formé par Maître Haoua SAVADOGO, Avocat à la Cour, Cabinet d'Avocats « JURIS-CA », 11 BP 346 Ouagadougou 11, agissant au nom et pour le compte de la Banque Commerciale du Burkina dite BCB dont le siège social est au 653, Avenue du Dr Kwamé N'KRUMAH, 01 BP 1336 Ouagadougou 01, représentée par Monsieur Abdalla MASSOUD EL-MOGADAMI, Directeur Général et Maître Mamadou SAVADOGO, Avocat à la Cour, demeurant à Ouagadougou , 01 BP 6042 Ouagadougou 01, agissant au nom et pour le compte de la BANK OF AFRICA Burkina Faso dite BOA dont le siège est à Ouagadougou, 770 Avenue du Président Aboubakar Sangoulé LAMIZANA, 01 BP 1319 Ouagadougou 01, représentée aux fins des présentes par Monsieur Patrick SAIZONOU, Directeur Général Adjoint, dans la cause l'opposant à la société AIT INTERNATIONAL LTD dont le siège est à Dubaï, PO BOX 22 908 SHARJAD, UAE , représentée par Monsieur Jean Louis NICOLAY, Manager, ayant pour conseil, Maître Jean Charles TOUGMA, Avocat à la Cour, 11 BP

316 Ouagadougou 11, en cassation de l'Ordonnance n°053/2008 rendue le 03 juillet 2008 par le Vice-président de la Cour d'appel de Ouagadougou et dont le dispositif est le suivant :

« <u>PAR CES MOTIFS</u>

Statuant en la forme des référés, contradictoirement et en dernier ressort :

<u>EN LA FORME</u>

Déclarons recevable l'appel de AIT International LTD ;

<u>AU FOND</u>

Infirmons l'ordonnance n°19 du 15 mars 2008 du Président du Tribunal de Grande Instance de Ouagadougou en ce qu'elle a annulé le PV de saisie attribution des 15, 16, 17 et 20 novembre 2006 et débouté la société AIT Internationale LTD de sa demande de condamnation des défendeurs ;

Statuant à nouveau, condamnons solidairement les tiers saisis BOA, BSIC, BCB et URCPC au paiement des causes de la saisie des 15, 16, 17 et 20 novembre 2006 ;

Les condamnons au paiement de cinq cent mille (500 000) F de frais exposés non compris dans les dépens ;

Mettons les dépens à leur charge. » ;

Les requérantes invoquent à l'appui de leur pourvoi les deux moyens de cassation tels qu'ils figurent à la requête annexée au présent arrêt ;

Sur le rapport de Madame Flora DALMEIDA MELE, Seconde Vice-présidente ;

Vu les dispositions des articles 13 et 14 du Traité relatif à l'harmonisation du droit des affaires en Afrique ;

Vu le Règlement de procédure de la Cour Commune de Justice et d'Arbitrage de l'OHADA ;

Attendu qu'il ressort des pièces du dossier de la procédure qu'en exécution du Jugement correctionnel n°624 rendu le 15 septembre 2006 par le Tribunal de grande instance de Ouagadougou ayant condamné SAWADOGO Abdoulaye et OUEDRAOGO Rasmané à payer à la société AIT International LTD la somme de 103 500 000 FCFA , celle-ci faisait pratiquer les 15, 16, 17 et 20 novembre 2006 une saisie-attribution de créances entre les mains de la BCB, BSIC, BOA et URCPC, saisie dénoncée le 24 novembre 2006 ; que soutenant que ces banques avaient failli à leurs obligations de déclaration en qualité de tiers saisi, la société AIT International LTD les assignait en paiement des causes de la saisie ; que par Ordonnance n°19 du 15 mars 2007, le Président du Tribunal de grande instance de Ouagadougou annulait le procès verbal de saisie-attribution pour violation de l'article 157 de l'Acte uniforme portant organisation des procédures simplifiées de recouvrement et des voies d'exécution et déboutait la société AIT International LTD de sa demande en condamnation solidaire des tiers au motif que le décompte des intérêts faisait défaut ; que sur appel de la société AIT International

LTD, le Vice-président de la Cour d'appel de Ouagadougou rendait le 03 juillet 2008 l'Ordonnance n°053/2008 dont pourvoi qui infirmait l'ordonnance entreprise et condamnait solidairement les tiers saisis BOA, BSIC, BCB et URCPC au paiement des causes de la saisie des 15, 16,17 et 20 novembre 2006 ;

Sur la recevabilité du recours

Attendu que dans son mémoire en réponse reçu au greffe de la Cour de céans le 08 mars 2010, la société AIT International soulève in limine litis l'irrecevabilité du recours initié par la BCB et la BOA aux motifs, d'une part, de l'irrégularité du mandat spécial de Maître Haoua SAVADOGO délivré, en violation de l'article 23 du Règlement de procédure par Monsieur L. Lorency TRAORE , agissant en qualité d'intérim de l'ancien Directeur Général Mahmud HAMMUDA, en vertu de la décision n°03/113/BCB/DG/DRHA/AT/Ic du 13 juin 2003, alors que le Directeur Général de la BCB en exercice est Monsieur Abdalla MASSOUD EL-MOGADAMI, seul habilité à donner par lui-même ou par délégation, mandat spécial d'agir au nom de la banque ; que d'autre part, le mandat spécial donné à Maître Mamadou SAVADOGO par le Directeur Général adjoint de la BOA est irrégulier et viole l'article 23 du Règlement de procédure en ce qu'il ne rapporte pas la preuve d'un pouvoir qui lui a été conféré par les organes sociaux ;

Mais attendu qu'il ressort de l'examen du dossier que Monsieur L. Lorency TRAORE, Directeur Général par intérim de la BCB en vertu de la décision n°03/113/BCB/DG/DRHA/AT/Ic du 13 juin 2003, a donné, le 28 août 2008, mandat spécial de représentation à Maître Haoua SAVADOGO et que la défenderesse au pourvoi ne rapporte pas la preuve de ses allégations sur la caducité de la décision sus indiquée ; qu'en outre, il résulte de l'extrait du registre du commerce versé au dossier que Monsieur Patrick SAIZONOU , Directeur général Adjoint, peut engager la personne morale ; que le mandat spécial délivré le 29 août 2008 à Maître Mamadou SAVADOGO par Monsieur Patrick SAIZONOU, Directeur général Adjoint de la BOA est, conformément à l'article 28 du Règlement de procédure de la Cour de céans, régulière; qu'il s'ensuit dès lors que le pourvoi est recevable ;

Sur le premier moyen

Vu l'article 157 de l'Acte uniforme portant organisation des procédures simplifiées de recouvrement et des voies d'exécution ;

Attendu que les demanderesses au pourvoi reprochent à l'arrêt attaqué d'avoir violé l'article 157 de l'Acte uniforme portant organisation des procédures simplifiées de recouvrement et des voies d'exécution en ce que, pour infirmer l'ordonnance du Président du Tribunal ayant annulé la saisie-attribution, le Vice- Président de la Cour d'appel s'est fondé sur l'article 140 du code burkinabè de procédure civile qui subordonne la nullité à la démonstration d'un grief ou d'un préjudice que cause l'irrégularité à la personne qui l'invoque d'une part et d'autre part, que le procès verbal de saisie permet de percevoir le mode de calcul sur les intérêts alors que, selon le moyen, l'acte de saisie doit, à peine de nullité, contenir entre autres mentions le décompte distinct des sommes réclamées par nature et ne fait nullement obligation au demandeur en nullité de rapporter la preuve du préjudice que lui cause ladite nullité ; qu'en outre, ledit procès-verbal est nul en ce qu'il n'indique pas le titre exécutoire en vertu duquel les droits de recettes d'huissier sont réclamés ;

Attendu qu'aux termes de l'Acte uniforme sus indiqué, l'acte de saisie doit contenir, à peine de nullité certaines mentions dont le décompte distinct des sommes réclamées en principal, frais et intérêts échus, majorés d'une provision pour les intérêts à échoir ; que la nullité prescrite par cet article est, contrairement aux affirmations du Vice-président de la Cour d'appel, de plein droit ; qu'en subordonnant la nullité de l'acte de saisie à la preuve d'un préjudice que cause l'irrégularité de l'acte et en déduisant que le montant indiqué sur l'acte révèle le mode de calcul des intérêts sans que les intérêts échus et à échoir soient, comme l'exige la loi, distinctement décomptés, le juge d'appel a enfreint les dispositions de l'article sus indiqué et expose son ordonnance à cassation, sans qu'il soit nécessaire d'examiner le second moyen ;

Sur l'évocation

Attendu que la société AIT International a fait appel de l'Ordonnance n°19 du 15 mars 2007 du Président du Tribunal de grande instance de Ouagadougou ayant annulé le procès-verbal de saisie-attribution des 15, 16, 17 et 20 novembre 2006 et a conclu à son infirmation ; qu'elle excipe qu'exécutant une décision de justice, elle a pratiqué des saisies-attribution de créances au préjudice de ses débiteurs auprès de différentes banques dont certaines ont répondu dans les délais tandis que la BCB, la BSIC, la BOA et l'URCPC ont fait des déclarations soit tardives soit mensongères ou encore n'ont pas du tout répondu ; qu'elle demande pour cela leur condamnation au paiement des causes de la saisie-attribution pour manquements à leurs obligations en tant que tiers saisis en sus de la somme de 500 000 francs au titre des frais exposés non compris dans les dépens ;

Attendu que les intimés ont conclu à la confirmation de l'ordonnance entreprise soutenant que les intérêts échus et les intérêts à échoir ont été mentionnés en bloc dans le procès-verbal de saisie et non distinctement comme l'exige l'article 157 de l'Acte uniforme portant organisation des procédures simplifiées de recouvrement et des voies d'exécution et que suite à ces manquements, le procès-verbal de saisie doit être annulé ; qu'au surplus, les débiteurs étant inconnus dans les livres de la BCB, la réponse apportée tardivement n'aurait aucunement impacté la saisie dont le paiement des causes n'est pas fondé ;

Sur la confirmation de l'ordonnance

Attendu que pour les mêmes motifs que ceux ayant prévalu à la cassation de l'Ordonnance n°053/2008 attaquée, il convient de confirmer l'Ordonnance n°19 rendue le 15 mars 2007 par le Président du Tribunal de grande instance de Ouagadougou qui a fait une bonne application de l'article 157 de l'Acte uniforme susvisé ;

Sur la demande de la société AIT International relative au paiement des causes de la saisie

Attendu que le procès-verbal des causes de la saisie étant déclaré nul, il convient de débouter la société AIT International de sa demande en paiement des causes de la saisie ;

Attendu qu'ayant succombé, la société AIT International doit être condamnée aux dépens ;

PAR CES MOTIFS

Statuant publiquement, après en avoir délibéré,

Déclare recevable le pourvoi ;

Casse l'ordonnance attaquée ;

Evoquant et statuant sur le fond :

Confirme l'Ordonnance n°19 rendue le 15 mars 2007 par le Président du Tribunal de grande instance de Ouagadougou ;

Déboute la société AIT International de sa demande en paiement des causes de la saisie.

La condamne aux dépens.

B. Le tiers saisi

1. Notion de tiers saisi

Notion de tiers saisi et champ d'application des articles 38 à 161 de l'AUPSRVE (CCJA, 2e Ch., n°03/2014, 30 janvier 2014)

> Sommaire
>
> Les articles 38 à 156 ainsi que l'article 161 de l'AUPSRVE s'appliquent exclusivement au tiers saisi.
>
> La notion de tiers saisi au sens de l'AUPSRVE renvoie à toute personne qui détient des sommes d'argent pour le compte du débiteur saisi. Ne peut donc être considéré comme tiers saisi un établissement bancaire auprès duquel le débiteur saisi ne détient aucun compte.

La Cour Commune de Justice et d'Arbitrage (CCJA), de l'Organisation pour l'Harmonisation en Afrique du Droit des Affaires (OHADA), Deuxième chambre, a rendu l'Arrêt suivant en son audience publique du 30 janvier 2014où étaient présents :

Messieurs	Abdoulaye Issoufi TOURE,	Président, rapporteur
	Namuano Francisco DIAS GOMES,	Juge
	Victoriano OBIANG ABOGO,	Juge
et Maître Alfred Koessy BADO,		Greffier,

Sur le pourvoi enregistré au greffe de la Cour de céans le 02 juin 2010 sous le n° 051/2010/PC et formé par Maître Thomas DINGAMGOTO, Avocat au Barreau du Tchad, BP 1003 N'Djaména, agissant au nom et pour le compte de la Société Générale d'Informatique et de Télécommunications dite SOGITEL, SARL dont le siège est à N'Djaména, BP 5745, dans la cause qui l'oppose à la Banque Commerciale du Chari dite BCC, SA dont le siège est à N'Djaména BP 757,

en cassation de l'Arrêt n°044/10 rendu le 19 mars 2010 par la Cour d'appel de N'Djaména et dont le dispositif est le suivant :

« Statuant publiquement, contradictoirement à l'égard des Parties en matière commerciale et en dernier ressort :

En la forme : Reçoit les appels respectifs des parties ;

Au fond : Infirme le jugement entrepris en toutes ses dispositions ; évoque et statue à nouveau : met hors de cause la BCC ; condamne l'intimé aux dépens » ;

La requérante invoque à l'appui de son pourvoi les deux moyens de cassation tels qu'ils figurent à la requête annexée au présent arrêt ;

Sur le rapport de Monsieur Abdoulaye Issoufi TOURE, Second Vice-Président

Vu les dispositions des articles 13 et 14 du Traité relatif à l'harmonisation du droit des affaires en Afrique ;

Vu le Règlement de procédure de la Cour Commune de Justice et d'Arbitrage de l'OHADA ;

Attendu qu'il résulte des pièces du dossier de la procédure que par ordonnance du Président du Tribunal de commerce de N'Djaména, une saisie conservatoire a été autorisée à la requête de SOGITEL sur les avoirs de l'Etablissement ABOU SOUMEYA ; que les Banques auxquelles l'Huissier instrumentaire s'est adressé, ont toutes fait des déclarations à l'exception de la BCC qui a attendu l'obtention du titre exécutoire pour informer l'agent d'exécution que l'Etablissement ABOU SOUMEYA ne possède pas de compte ouvert dans ses livres ; qu'alors, SOGITEL estimant cette déclaration tardive, assignait la BCC aux fins de condamnation au paiement des causes de la saisie ; que par Jugement n°010 en date du 23 janvier 2008, le Tribunal faisait droit à la requête et condamnait la BCC à payer à SOGITEL la somme de 37.606.265 F à titre principal et 5.000.000 F CFA à titre de dommages-intérêts ; que sur appel, la Cour infirmait cette décision et mettait hors de cause la BCC par Arrêt n°044 du 19 mars 2010, dont pourvoi ;

Attendu que la lettre n°752/2013/G2 en date du 14 novembre 2013 du Greffier en chef de la Cour de céans, adressée à la défenderesse, est demeurée sans suite, que le principe du contradictoire ayant été respecté il échet de statuer ;

Sur les deux moyens tirés de la violation des article 80 et 81 et des articles 38-156 et 161 de l'Acte uniforme portant organisation des procédures simplifiées de recouvrement et des voies d'exécution

Attendu qu'il est fait grief à l'arrêt déféré, par le premier moyen, d'avoir violé les articles 80 et 81 de l'Acte uniforme susvisé en ce que pour infirmer le jugement entrepris, il a estimé que l'Etablissement ABOU SOUMEYA dont l'existence est ignorée de la Banque Commerciale du Chari, est différent de la Société ABOU SOUMEYA, alors que ladite Banque n'a fait aucune déclaration notamment pour préciser que seule la Société ABOU SOUMEYA a un compte dans ses livres ; que par le deuxième moyen, il est fait état de la violation des articles 38, 156 et 161 du même Acte uniforme en ce que nonobstant le refus de déclaration de la Banque, elle a été mise hors de cause alors que son manquement aux obligations mises à sa charge doit entraîner des sanctions ;

Mais attendu que toutes ces dispositions s'appliquent exclusivement au tiers saisi, terme désignant la personne qui détient des sommes d'argent dues au saisi ; qu'elles ne peuvent s'appliquer, lorsque la personne qui a fait la déclaration ou qui s'est abstenue de toute déclaration, n'a pas la qualité de tiers ; qu'en l'occurrence la Cour a relevé que l'Etablissement ABOU SOUMEYA débiteur saisi n'avait pas de compte au niveau de la Banque Commerciale du Chari qui, dès lors ne peut être considérée comme tiers saisi ; qu'il échet de dire que les moyens ne sont pas fondés et de rejeter le pourvoi ;

Attendu que la Société Générale d'Informatique et de Télécommunications dite SOGITEL succombant sera condamnée aux dépens ;

PAR CES MOTIFS

Statuant publiquement, après en avoir délibéré,

Rejette le pourvoi ;

Condamne la Société Générale d'Informatique et de Télécommunication dite SOGITEL aux dépens.

La qualité de tiers saisi implique un pouvoir propre et indépendant (CCJA, Ass. Plén., n°62/2014, 25 avril 2014)

Sommaire

L'article 156 de l'AUPSRVE s'applique exclusivement au tiers saisi, c'est-à-dire la personne qui détient des sommes d'argent dues au débiteur saisi en vertu d'un pouvoir propre et indépendant. Elle ne peut, par conséquent, s'appliquer lorsque la personne qui a fait la déclaration n'a pas la qualité de tiers, et ce, même si l'inexactitude de la déclaration est établie.

La Cour Commune de Justice et d'Arbitrage (CCJA) de l'Organisation pour l'Harmonisation en Afrique du Droit des Affaires (OHADA), Assemblée plénière, a rendu l'Arrêt suivant en son audience foraine tenue le 25 avril 2014 à Porto-Novo-Bénin où étaient présents :

Messieurs Marcel SEREKOÏSSE SAMBA,		Président, rapporteur
Abdoulaye Issoufi TOURE,		Premier Vice-président
Madame DALMEIDA MELE Flora,		Seconde Vice-présidente
Messieurs	Namuano F. DIAS GOMES,	Juge
	Victoriano OBIANG ABOGO,	Juge
	Mamadou DEME,	Juge
	Idrissa YAYE,	Juge
	Djimasna NDONINGAR,	Juge
et Maître	Paul LENDONGO,	Greffier en chef ;

Sur le pourvoi enregistré au greffe de la Cour de céans le 08 septembre 2008 sous le n°087/2008/PC et formé par Maître Souleymane OUEDRAOGO, Avocat à la Cour, 01 BP 266 Ouagadougou 01, agissant pour le compte de la Banque Sahélo-Saharienne pour l'Investissement et le Commerce (BSIC) SA dont le Siège Social est à Ouagadougou, 10, Avenue Dr KWAME NKRUMAH, représentée par son Directeur Général, et Maître Julien LALOGO, Avocat à la Cour, 10 BP 13849 Ouagadougou, agissant pour le compte de l'Union Régionale des Caisses Populaires du Plateau Central (URCPC), représentée par sa Présidente du Conseil d'Administration, dans la cause les opposant à l'AIT International Ltd, ayant son siège social à Dubaï, BP 22908 Scharjad UAE,

en cassation de l'Ordonnance de référé n°053/08 du 03 juillet 2008 rendue par le Vice-président de la Cour d'appel de Ouagadougou et dont le dispositif est le suivant :

« PAR CES MOTIFS

Statuant en la forme de référé, contradictoirement et en dernier ressort ;

EN LA FORME

Déclarons recevable l'appel de AIT International Ltd ;

AU FOND

Infirmons l'Ordonnance n°19 du 15 mars 2008 du Président du Tribunal de grande instance de Ouagadougou en ce qu'elle a annulé le procès-verbal de saisie-attribution des 15, 16, 17 et 20 novembre 2006 et débouté la société AIT International Ltd de sa demande de condamnation des défendeurs ;

Statuant à nouveau, condamnons solidairement les tiers saisis BOA, BSIC, BCB et URCPC au paiement des causes de la saisie des 15, 16, 17 et 20 novembre 2006 ;

Les condamnons au paiement de cinq cent mille (500.000) F de frais exposés non compris dans les dépens ;

Mettons les dépens à leur charge. » ;

Attendu que les requérantes invoquent à l'appui de leur pourvoi quatre moyens de cassation tels qu'ils figurent à la requête annexée au présent arrêt ;

Sur le rapport de Monsieur Marcel SEREKOÏSSE-SAMBA, Président ;

Vu les dispositions des articles 13 et 14 du Traité relatif à l'harmonisation du droit des affaires en Afrique ;

Vu le Règlement de procédure de la Cour Commune de Justice et d'Arbitrage de l'OHADA ;

Attendu que le pourvoi en cassation formé par BSIC et l'URCPC a été signifié par lettre recommandée avec avis de réception du 10 novembre 2008 à AIT International Ltd à l'adresse de son Conseil Maître TOUGOUMAN Jean Charles, conformément aux dispositions des articles 29 et 30 du Règlement de procédure de la Cour de céans ; que AIT International Ltd n'ayant pas cru devoir déposer un mémoire en réponse, il y a lieu de passer outre et d'examiner le pourvoi, le principe du contradictoire ayant été respecté ;

Attendu qu'il ressort des pièces du dossier de la procédure que par Jugement n°624/06 du 15 septembre 2006, le Tribunal de grande instance de Ouagadougou a condamné solidairement Messieurs SAWADOGO Abdoulaye et OUEDRAOGO Rasmané, pour escroquerie et complicité d'escroquerie, à payer à la société AIT International Ltd les sommes suivantes :

- Montant escroqué : 103 500 000 francs CFA

- Frais exposés 8 969 835 francs CFA

- Honoraires d'avocat : 1 000 000 francs CFA.

Qu'en vertu de ce jugement, la société AIT International a pratiqué les 15, 16, 17 et 20 novembre 2006 une saisie-attribution entre les mains de la BSIC, de l'URCPC, ainsi que d'autres institutions financières pour obtenir paiement du montant total de la condamnation, soit 113 472 738 FCFA ;

Que le 05 décembre 2006 AIT International Ltd a attrait l'URPC, la BSIC, la BCB et la BOA devant le Président du Tribunal de grande instance de Ouagadougou, juge des référés, afin d'obtenir leur condamnation solidaire au paiement des causes de la saisie, motif pris de ce que ces institutions ont failli à leurs obligations de tiers saisis ;

Attendu que par Ordonnance n°19 du 15 mars 2007, le Président du Tribunal a annulé le Procès-verbal de saisie-attribution susmentionnée et a débouté la société AIT International Ltd de ses demandes sur le fondement de l'article 157 de l'Acte uniforme portant organisation des procédures simplifiées de recouvrement et des voies d'exécution ;

Que sur appel de AIT International Ltd, le Vice-président de la Cour d'appel de Ouagadougou a rendu l'Ordonnance de référé n°053/2008 du 03 juillet 2008 objet du pourvoi ;

Sur les deuxième et troisième moyens réunis

Attendu que les requérantes font grief à l'ordonnance querellée de leur avoir attribué la qualité de tiers saisis, alors que la BSIC ne connait pas les débiteurs saisis, SAWADOGO Abdoulaye et OUEDRAOGO Rasmané, avec lesquels elle n'a jamais entretenu de relations contractuelles ; que l'URCPC n'entretient de relations d'affaires qu'avec les seules personnes morales que sont les Caisses Populaires, mais jamais avec des personnes physiques telles que SAWADOGO et OUEDRAOGO ; qu'enfin, au sens de l'article 156 susvisé, la responsabilité du tiers saisi ne peut être engagée que dans l'hypothèse où il aurait des obligations vis-à-vis des débiteurs saisis ;

Qu'elle reprochent en outre à l'ordonnance querellée d'avoir condamné BSIC et l'URCPC solidairement avec d'autres banques sur la base de l'article 157 et de l'article 38 de l'Acte uniforme susindiqué, motif pris de ce que les requérantes ont fait obstacle à la procédure de saisie-attribution, alors qu'elles n'y ont jamais procédé d'autant plus que l'URCPC avait demandé à l'huissier commis à l'exécution de lui fournir de plus amples informations en vue de l'identification des débiteurs saisis et que de toute manière il ne pouvait y avoir d'obstacle dès lors qu'aucune des requérantes ne détenaient une créance quelconque dont les débiteurs saisis seraient titulaires et qui pouvait être servie à AIT International Ltd, partie saisissante ;

Attendu que le pourvoi en cassation formé par BSIC et l'URCPC a été signifié par lettre recommandée avec avis de réception du 10 novembre 2008 à AIT International Ltd à l'adresse de son conseil Maitre TOUGOUMAN Jean Charles conformément aux dispositions des articles 29 et 30 du Règlement de procédure de la Cour de céans ;

Attendu que la Cour Commune de Justice et d'Arbitrage a établi sa jurisprudence selon laquelle, lorsque « l'exploit de saisie-attribution par lequel le défendeur au pourvoi a pratiqué une saisie-attribution n'a recueilli ou mentionné aucune déclaration ni communication de pièces justificatives de l'étendue des obligations du tiers saisi à l'égard du débiteur saisi et que cet exploit ne contient pas les mentions prévues à l'alinéa 2,3) de l'article 157, il doit être en conséquence déclaré nul » ;

Que doit donc être cassé l'ordonnance de référé attaquée qui se borne à énoncer, en se fondant sur l'article 156 de l'Acte uniforme susvisé, que le tiers saisi est tenu de déclarer au créancier l'étendue de ses obligations à l'égard du débiteur, alors même que le Juge des référés avait le devoir de rechercher si les prescriptions légales susvisées ont été régulièrement accomplies par le créancier ;

Attendu qu'il ressort également de l'esprit de l'article 156 du même Acte uniforme susvisé que ses dispositions s'appliquent exclusivement au tiers saisi, c'est-à-dire la personne qui détient des sommes d'argent dues au débiteur saisi en vertu d'un pouvoir propre et indépendant ; qu'elles ne peuvent pas, par conséquent, s'appliquer lorsque la personne qui a fait la déclaration n'a pas la qualité de tiers, et ce, même si l'inexactitude de la déclaration est établie ;

Qu'en conséquence de ce qui précède, il y a lieu de relever que le défaut de déclaration ou la déclaration tardive, et même si cette déclaration était donnée dans les délais légaux, n'aurait eu aucun impact sur la saisie-attribution dès lors que la personne qui a fait ou n'a pas fait la déclaration, ou l'a faite tardivement, n'a pas la qualité de tiers au sens de l'article 156 susvisé ; qu'il échet de casser l'ordonnance, objet du présent pourvoi devant la Cour de céans et d'évoquer sans qu'il ne soit besoin d'examiner les autres moyens ;

Sur l'évocation

Attendu qu'en vertu d'un Jugement n°624/06 du 15 septembre 2006 du Tribunal de grande instance de Ouagadougou ayant condamné solidairement Messieurs SAWADOGO Abdoulaye et OUEDRAOGO Rasmané, pour escroquerie et complicité d'escroquerie, à payer à la société AIT International LTD la somme totale de 113.472.738 FCFA, AIT International a pratiqué les 15, 16, 17 et 20 novembre 2006 une saisie-attribution entre les mains de la BSIC, de l'URCPC, ainsi que d'autres institutions financières pour obtenir paiement des causes de la saisie ;

Que le 05 décembre 2006 AIT International Ltd a attrait l'URPC, la BSIC, la BCB et la BOA devant le Président du Tribunal de grande instance de Ouagadougou, juge des référés afin d'obtenir leur condamnation solidaire, motif pris de ce que ces institutions ont failli à leurs obligations de tiers saisis ;

Attendu que par Ordonnance n°19 du 15 mars 2007, le Président du Tribunal a entrepris la décision dont le dispositif suit :

« Statuant contradictoirement, en matière de référé et en premier ressort ;

Rejetons l'exception fondé sur l'article 81 du code de procédure civile soulevé par les défendeurs ;

Recevons cependant l'exception fondée sur l'article 157 de l'Acte uniforme OHADA sur les procédures simplifiées de recouvrement des créances ;

En conséquence, annulons le procès-verbal de saisie-attribution des 15, 16, 17 et 20 novembre 2006 ;

Déboutons AIT International de sa demande de condamnation des défendeurs ;

Condamnons AIT International aux dépens ;

Donnée en notre cabinet le 15 mars 2007. » ;

Attendu que par requête en date du 27 mars 2007 AIT International a interjeté appel de cette ordonnance ;

Qu'à l'appui de son recours AIT International soutient qu'en sa qualité de créancière de la somme de 113 472 738 FCFA, elle a pratiqué des saisies-attributions auprès, entre autres, de la BSIC et de l'URCPC ; la BSIC a totalement omis de répondre et l'URCPC a refusé de déclarer les avoirs des débiteurs méconnaissant ainsi les obligations qui leur incombent en application de l'article 156 de l'Acte uniforme susvisé ;

Que AIT International sollicite l'annulation de l'Ordonnance de référé n°19 du 15 mars 2007 pour violation de l'article 157 et la condamnation solidaire des institutions bancaires qu'elle a attraite ;

Attendu que dans leurs conclusions en défense, les intimées BSIC et URCPC soutiennent que le procès-verbal de saisie-attribution doit être annulé parce qu'il ne fait aucunement le décompte distinct des intérêts tel que l'exige l'article 157 de l'Acte uniforme susvisé et que les débiteurs saisis ne sont pas connus dans leurs livres de compte ;

Qu'aux termes de l'article 157 de l'Acte uniforme portant organisation des procédures simplifiées de recouvrement et des voies d'exécution : « le créancier procède à la saisie par un acte signifié au tiers par l'huissier ou l'agent d'exécution ;

Cet acte contient à peine de nullité :

… ; 3) le décompte distinct des sommes réclamées en principale, frais et intérêts échus, majorés d'une provision pour les intérêts à échoir dans le délai d'un mois prévu pour élever une contestation ;

4) l'indication que le tiers saisi est personnellement tenu envers le créancier saisissant et qu'il lui est fait défense de disposer des sommes saisies dans la limite de ce qu'il doit au débiteur. » ;

Que d'autre part, il ressort de l'article 156 alinéa 1 que : « le tiers saisi est tenu de déclarer au créancier l'étendue de ses obligations à l'égard du débiteur ainsi que les modalités qui pourraient les affecter et, s'il y a lieu les cessions de créance, délégations ou saisies antérieures ; qu'il doit communiquer copies des pièces justificatives. » ;

Attendu qu'il ressort de la combinaison des dispositions susénoncées des articles 156 alinéa1 et 157 que non seulement AIT International n'apporte pas la preuve de relations d'affaires qui auraient liées ses débiteurs SAWADOGO et OUEDRAOGO aux banques BSIC et URCPC susceptibles d'engager la responsabilité de celles-ci relativement à l'inobservation de leurs obligations, mais aussi que le procès-verbal de saisie-attribution pratiquée les 15, 16, 17 et 20 novembre 2006 n'a pas observé les dispositions impératives de l'article 157 alinéa 2, 3 et 4) ; qu'en conséquence, il y a lieu de débouter AIT

International Ltd de ses prétentions et de confirmer en toutes ses dispositions l'Ordonnance n°19 du 15 mars 2007 querellée et de débouter AIT Internationale Ltd de ses prétentions ;

Attendu que AIT International Ltd ayant succombé, il échet de la condamner aux dépens ;

PAR CES MOTIFS

Statuant publiquement, après en avoir délibéré,

Déclare le pourvoi recevable ;

Casse l'Ordonnance de référé n°053/08 du 03 juillet 2008 rendue par le Vice-Président de la Cour d'appel de Ouagadougou ;

Evoquant et statuant ;

Confirme l'Ordonnance n°19 du 15 mars 2007 rendue par le Président du Tribunal de grande instance de Ouagadougou ;

Condamne AIT International Ltd aux dépens.

Seul le tiers saisi est fondé à déterminer la personne habilitée à recevoir un procès-verbal de saisie (CCJA, Ass. Plén., n°138/2014, 11 novembre 2014)

Sommaire

Seul le tiers saisi est fondé à déterminer la personne habilitée à recevoir à son siège un procès-verbal de saisie. Le débiteur ne saurait s'en prévaloir.

L'article 160 de l'AUPSRVE ne fait nulle obligation à l'huissier de mentionner la prescription légale suivant laquelle « le délai qui expirerait normalement un samedi, un dimanche ou un jour férié ou chômé est prorogé jusqu'au premier jour ouvrable suivant".

La Cour Commune de Justice et d'Arbitrage (CCJA) de l'Organisation pour l'Harmonisation en Afrique du Droit des Affaires (OHADA), Assemblée plénière, a rendu l'Arrêt suivant en son audience foraine publique tenue le 11 novembre 2014 Libreville (Gabon) où étaient présents :

Messieurs Marcel SEREKOÏSSE SAMBA	Président
Abdoulaye Issoufi TOURE,	PremierVice-président, Raporteur
Madame Flora DALMEIDA MELE,	Second Vice-Président
Messieurs Namuano Francisco Dias GOMES,	Juge,
Victoriano OBIANG ABOGO,	Juge
Idrissa YAYE,	Juge
Djimasna N'DONINGAR,	Juge
et Maître Paul LENDONGO,	Greffier en chef,

Sur le pourvoi enregistré au greffe de la Cour de céans le 09 novembre 2012 sous le n°157/2012/PC et formé par Maîtres ITCHOLA et AGBANRIN, Avocats au Barreau du Gabon, agissant au nom et pour le compte de la BGFI Bank, société anonyme dont le siège est à Libreville, boulevard de l'Indépendance, BP 2253, dans la cause l'opposant à la Gabonaise d'Edition et de Communication dite GEC, société anonyme ayant son siège à Libreville, Esplanade Mbolo, BP 13667, ayant pour conseil Maître AKUMBU M'OLUNA, Avocat à la Cour demeurant près de l'Ecole Normale Supérieure, BP 51278 Libreville ,

en cassation de l'Arrêt n°66/11-12 rendu le 23 août 2012 par la Cour d'appel judiciaire de Libreville et dont le dispositif est le suivant :

« Statuant publiquement, contradictoirement, en matière commerciale et en dernier ressort ;

Déclare recevable l'appel interjeté par la BGFI Bank S.A ;

Au fond

- Infirme partiellement l'ordonnance querellée sur le quantum objet du paiement partiel ;

Confirme pour le surplus ;

Y ajoutant ;

- Ordonne en conséquence la BGFI Bank SA à se Libérer de la totalité des montants de condamnation en sa qualité de tiers saisie à concurrence de la somme de un milliard cent cinquante-six millions quatre cent soixante-quinze mille sept cent quatre-vingt-douze (1.156.475.792) ;

- Dit exécutoire sur minute et avant enregistrement de la présente décision nonobstant toutes voies de recours ;

Condamne la BGFI Bank aux entiers dépens.» ;

La requérante invoque à l'appui de son pourvoi, les deux moyens de cassation tels qu'ils figurent à la requête annexée au présent arrêt ;

Sur le rapport de Monsieur Abdoulaye Issoufi TOURE, Premier Vice-président ;

Vu les dispositions des articles 13 et 14 du Traité relatif à l'harmonisation du droit des affaires en Afrique ;

Vu le Règlement de procédure de la Cour Commune de Justice et d'Arbitrage de l'OHADA ;

Attendu qu'il ressort des pièces du dossier de la procédure que la GEC, détentrice de la grosse de l'Arrêt n°143 en date du 25 mai 2011 de la Cour d'appel de Libreville, faisait pratiquer saisie-attribution sur les avoirs de la Société Gabon Telecom entre les mains de la BGFI Bank ; que consécutivement au rejet de la contestation de Gabon Télécom, l'huissier sollicitait de la BGFI Bank le paiement des sommes saisies, qu'elle-même a déclaré détenir ; que face à l'exigence de la BGFI Bank de la présentation d'un certificat de non appel, une ordonnance du 29 novembre 2011 la condamnait audit paiement ; que sur appel, cette ordonnance sera infirmée par arrêt du 05 mars 2013 ; que nonobstant cet arrêt la GEC introduisait une nouvelle requête aux fins de délivrance d'un titre exécutoire sur minute ; qu'une ordonnance du 13 janvier 2012 exécutoire sur minute y ayant fait droit, la GEC entreprenait une saisie-attribution contre la BGFI Bank entre les mains de la Banque des Etats de l'Afrique Centrale ; que la contestation de la BGFI Bank sera rejetée par ordonnance du 08 juin 2012 confirmée par l'arrêt dont pourvoi ;

Sur le premier moyen tiré de la violation de l'autorité de la chose jugée, contrariété de jugements, violation et mauvaise application des articles 33, et 172 alinéa 2 de l'Acte uniforme portant organisation des procédures simplifiées de recouvrement et des voies d'exécution.

Attendu qu'il est fait grief à l'arrêt déféré d'avoir violé les dispositions visées en ce que la Cour d'appel par son arrêt du 23 août 2012 a confirmé l'ordonnance du juge de l'exécution du 8 juin 2012 et rejeté par conséquent la contestation de la BGFI Bank en vertu d'une ordonnance du même juge du 13 janvier 2012 qui a condamné la BGFI Bank à payer les causes de la saisie alors que la Cour d'appel par son arrêt du 05 mars 2012 a infirmé l'ordonnance du 29 novembre 2011 pour mauvaise application de l'article 172 du même Acte uniforme ;

Mais attendu que par son Arrêt n°10 rendu le 15 novembre 2012 la Cour a rétracté l'arrêt du 5 mars 2012 faisant ainsi disparaître la contrariété entre cet arrêt et celui du 23 août 2012 ; que dès lors l'ordonnance du 13 janvier 2012 rendue exécutoire sur minute et avant enregistrement est devenue un titre exécutoire ; que ce faisant la Cour n'a violé aucun des textes visés au moyen et qu'il n'y a ni contrariété de jugement ni violation de l'autorité de la chose jugée ; qu'il échet donc de dire que le moyen n'est pas fondé ;

Sur le deuxième moyen tiré de la violation et mauvaise application des articles 157-3, 159, 160 et 335 de l'Acte uniforme portant organisation des procédures simplifiées de recouvrement et des voies d'exécution.

Attendu qu'il est fait grief à l'arrêt attaqué d'avoir violé ces dispositions en ce qu'il n'a pas annulé la saisie-attributions pratiquée le 02 mars 2012 et dénoncée le 06 mars suivant alors que si l'huissier a fait ressortir le décompte distinct des sommes réclamées, il a omis de les majorer d'une provision pour les intérêts à échoir dans le délai d'un mois prévu pour élever la contestation ; qu'ensuite le procès-verbal de saisie du 02 mars 2012 a été délaissé au service courrier de la Banque des Etats de l'Afrique Centrale qui ne saurait être confondu à un fondé de pouvoir ; qu'enfin quant au respect de l'article 160, le 08 avril 2012 fixé dans l'acte du 06 avril 2012 comme date à laquelle expire le délai était un dimanche et l'huissier n'a pas pris soin d'ajouter que : « le délai qui expirait normalement un samedi, un dimanche ou un jour férié ou chômé est prorogé jusqu'au premier jour ouvrable suivant » et cette date n'est pas rédigée en caractères très apparents ;

Mais attendu que le moyen ne précise ni le montant des intérêts à échoir ni à fortiori celui de la provision ; que seule la Banque Centrale est fondée à déterminer la personne habilitée à recevoir à son siège un procès verbal ; que la BGFI Bank ne saurait s'en prévaloir ; que l'article 160 ne fait nulle obligation à l'huissier de mentionner la prescription légale suivant laquelle « le délai qui expirerait normalement un samedi, un dimanche ou un jour férié ou chômé est prorogé jusqu'au premier jour ouvrable suivant" ; qu'enfin contrairement aux énonciations du moyen le caractère apparent résulte nécessairement de l'écriture en gras ; qu'il y a lieu de dire que ce moyen ne peut prospérer ;

Attendu que le recours étant mal fondé, il échet de le rejeter ;

Attendu que la BGFI bank succombant sera condamnée aux dépens ;

PAR CES MOTIFS

Statuant publiquement, après en avoir délibéré ;

Rejette le pourvoi ;

Condamne la BGFI Bank aux dépens.

2. Les déclarations du tiers saisi

Le tiers saisi qui se contente d'indiquer un solde négatif fait une déclaration incomplète (CCJA, Ass. Plén., n°71/2014, 25 avril 2014)

Sommaire

Fait une déclaration tardive et incomplète, et ne satisfait donc pas aux exigences de l'article 156 de l'AUPSRVE le tiers saisi qui, lors de l'opération de saisie-attribution, s'est simplement contenté de déclarer le solde négatif du compte saisi, vingt-quatre heures après la signification de l'acte de saisie, sans mentionner les modalités pouvant affecter ses obligations vis-à vis du débiteur, ni les éventuelles cessions de créances, délégations ou saisies antérieures, et sans communiquer les pièces justificatives de sa déclaration.

La Cour Commune de Justice et d'Arbitrage (CCJA) de l'Organisation pour l'Harmonisation en Afrique du Droit des Affaires (OHADA), Assemblée plénière, a rendu l'Arrêt suivant en son audience foraine tenue le 25 avril 2014 à Porto-Novo (BENIN) où étaient présents :

Messieurs Marcel SEREKOÏSSE SAMBA,	Président
Abdoulaye Issoufi TOURE,	Premier Vice-président,
Madame Flora DALMEIDA MELE,	Second Vice-Président
Messieurs Namuano Francisco Dias GOMES,	Juge
Victoriano OBIANG ABOGO,	Juge
Mamadou DEME	Juge
Idrissa YAYE,	Juge
Djimasna N'DONINGAR,	Juge, rapporteur
et Maître Paul LENDONGO,	Greffier en chef,

Sur le pourvoi enregistré au greffe de la Cour de céans le 11 juin 2012 sous le n°066/2012/PC et formé par la SCPA Mandela, Avocats associés au Barreau du Niger, demeurant 468, Avenue des Zarmakoy, BP 12040 Niamey - NIGER, agissant au nom et pour le compte de la Banque Sahélo Saharienne pour l'Investissement et le Commerce (BSIC – Niger), dans la cause qui l'oppose au sieur ASSOUMANE MAMANE, Directeur Général de l'Agence Beithoul Islam, demeurant à Niamey, ayant pour Conseil Maître Aissatou ZADA, Avocat à la Cour, 88, Rue du Château, BP 10148 Niamey, en cassation de l'Arrêt n°22 rendu le 29 février 2012 par la Cour d'appel de Niamey et dont le dispositif est le suivant :

« Statuant publiquement, contradictoirement, sauf pour l'Etat du Niger, en matière d'exécution et en dernier ressort :

Reçoit l'appel de ELH ASSOUMANE MAMANE et l'appel en cause de l'Etat du Niger réguliers en la forme ;

Rejette l'exception de défaut de communication de pièces soulevé par Me GARBA MAMANE ;

Au fond

Annule le jugement attaqué pour violation de la loi ;

Evoque et statue à nouveau ;

Se déclare compétente ;

Reçoit la demande de ELH ASSOUMANE MAMANE régulière en la forme ;

Constate la violation des articles 38 et 156 de l'AUPSR/VE par la BSIC, tiers saisi ;

Condamne la BSIC à payer les causes de la saisie soit la somme de 309.254.473 FCFA à ELH ASSOUMANE MAMANE ;

Condamne la BSIC aux dépens. » ;

Attendu que le requérant invoque à l'appui de son pourvoi un moyen unique de cassation en ses deux branches, tel qu'il figure à la requête annexée au présent arrêt ;

Sur le rapport de Monsieur Djimasna N'DONINGAR, Juge ;

Vu les dispositions des articles 13 et 14 du Traité relatif à l'harmonisation du droit des affaires en Afrique ;

Vu le Règlement de procédure de la Cour Commune de Justice et d'Arbitrage de l'OHADA ;

Attendu qu'il ressort des pièces du dossier de la procédure que le sieur ASSOUMANE détenait une créance, reconnue devant notaire, sur monsieur CHICK SAIFI, titulaire d'un compte ouvert dans les livres de la BSIC; que courant 2010, cette créance étant exigible, il fit apposer la formule exécutoire sur la reconnaissance de dette notariée et pratiqua une saisie-attribution, le 08 juillet 2010, sur le compte bancaire de son débiteur logé à la BSIC ; qu'à cette saisie, la banque déclarait que le compte du sieur CHICK SAIFI était bien créditeur de 465.919.245 FCFA mais rendu indisponible par un Avis à tiers détenteur servi le 30 juin 2010 par l'Etat du Niger ; que le 20 avril 2011, sieur ASSOUMANE donna mainlevée sur la saisie-attribution du 08 juillet 2010 mais revint dès le 21 avril 2011 opérer une nouvelle saisie-attribution sur le compte bancaire du même CHICK SAIFI logé à la BSIC pour avoir paiement de 309.254.473 FCFA au titre de sa créance, en principal, intérêt et frais ; que lors de cette seconde saisie opérée le 21 avril 2011, la BSIC déclara simplement à l'huissier, par le biais de son Responsable du Service Juridique, que « Monsieur CHICK SAIFI dispose d'un solde débiteur de 68.000 FCFA à la date du 22 Avril 2011, sauf erreur ou omission de notre part et sous réserve des opérations en cours » ; que le sieur ASSOUMANE, estimant que la Banque a fait obstacle à l'exécution de son titre exécutoire, l'assigna en référé devant le Président du Tribunal de Niamey en paiement de la somme de 309.254.473 FCFA représentant les causes de la saisie ; que par ordonnance du 19 juillet 2011, le Juge saisi décida qu'il n'y a pas lieu à référé et condamna sieur ASSOUMANE aux dépens ; que sur appel de ce dernier, la Cour d'appel de Niamey a rendu, le 29 février 2012, l'Arrêt n°22 sus énoncé, objet du présent pourvoi ;

Sur la nullité de la saisie et de l'acte de dénonciation de la saisie

Attendu que dans son mémoire en réplique, le requérant estime que la responsabilité de la BSIC ne pouvait être mise en œuvre que si la saisie est valable ; que la Cour d'appel ne pouvait, sans avoir vérifié la régularité de la saisie, condamner le prétendu tiers saisi au paiement des causes de la saisie, ces nullités pouvant être soulevées d'office ; que l'acte de dénonciation viole l'article 160 de l'AUPSRVE en ce qu'il n'a pas mentionné la bonne date d'expiration du délai de contestation, d'une part, et, d'autre part, en ce qu'il indique une juridiction qui n'existe pas au Niger ;

Mais attendu que ce moyen relatif à la nullité de la saisie et de son acte de dénonciation n'a été formulé ni devant le tribunal, ni devant la Cour d'appel de Niamey et l'est pour la première fois devant la Cour de céans ; qu'il convient de le déclarer irrecevable ;

Sur le moyen unique, pris en ses deux branches, tiré de la violation de l'article 156 de l'Acte uniforme sur les Procédures Simplifiées de Recouvrement et Voies d'Exécution

Attendu qu'il est fait grief à l'arrêt déféré d'avoir violé les dispositions de l'article 156, en ce qu'il a reproché à la BSIC d'avoir, d'une part, fait une déclaration incomplète en ne portant pas à la connaissance du créancier, par le biais des mentions sur le procès verbal de saisie, les modalités pouvant affecter ses obligations vis-à-vis du débiteur, les cessions de créances, délégations et saisies antérieures éventuelles alors, selon le moyen, qu'en employant le conditionnel « pourraient » et l'expression « s'il y a lieu », le législateur communautaire envisageait une simple éventualité qui ne pouvait s'accomplir qu'en présence d'une modalité à même d'affecter les obligations du tiers saisi envers le débiteur...; qu'en l'espèce, aucune de ces situations n'affectait le compte et que l'huissier saisissant connaissait déjà l'existence de l'Avis à Tiers Détenteur servi par l'Etat du Niger, lors de la première saisie pratiquée le 08 juillet 2010 ; qu'ainsi, après l'exécution de l'Avis à tiers détenteur et la mainlevée de la première saisie et en l'absence de toute autre saisie ou situation similaire sur le compte, la BSIC ne pouvait à bon droit que déclarer le solde du compte qui, à ce moment, était débiteur ; que, d'autre part, en ce que l'arrêt attaqué a reproché à la BSIC de n'avoir pas fait sur le champ la déclaration au huissier instrumentaire alors, selon le moyen, que cette exigence n'est requise que dans les cas de signification à personne ; que dans le cas d'espèce, la BSIC étant une personne morale, ce ne serait le cas seulement si la signification a été faite à son représentant légal, en la personne de son Directeur Général ; que l'acte de saisie étant délaissé à un employé autre que le Directeur Général, il s'agirait en l'occurrence d'une signification faite à domicile et non à personne ; qu'en conséquence, la BSIC bénéficierait du délai de cinq jours pour répondre à l'huissier ;

Mais attendu qu'aux termes des dispositions sus énoncées « le tiers saisi est tenu de déclarer au créancier l'étendue de ses obligations à l'égard du débiteur ainsi que les modalités qui pourraient les affecter et, s'il y a lieu, les cessions de créances, délégations ou saisies antérieures. Il doit communiquer copie des pièces justificatives… » ; qu'il est établi que la BSIC, lors de l'opération de saisie-attribution, s'est simplement contentée de déclarer le solde négatif du compte saisi, vingt quatre heures après la signification de l'acte de saisie, sans mentionner les modalités pouvant affecter ses obligations vis-à vis du débiteur, ni les éventuelles cessions de créances, délégations ou saisies antérieures, et sans communiquer les pièces justificatives de sa déclaration ; qu'en décidant, dans ces conditions, que la BSIC a fait une déclaration tardive et incomplète, la Cour d'appel de Niamey n'a pas méconnu les dispositions de l'article 156 susmentionné et qu'il y a lieu de rejeter le moyen comme étant non fondé ;

Attendu qu'il échet en conséquence de rejeter le pourvoi ;

Attendu que la BSIC, ayant succombé, sera condamné aux dépens ;

PAR CES MOTIFS

Statuant publiquement, après en avoir délibéré,

Rejette le pourvoi formé par la BSIC-NIGER ;

Le condamne aux dépens.

Le tiers saisi qui se contente d'indiquer qu'il n'est pas débiteur du saisi fait une déclaration incomplète (CCJA, 2e Ch., n°11/2014, 27 février 2014)

Sommaire

Le tiers saisi est tenu de déclarer au créancier l'étendue de ses obligations à l'égard du débiteur. Fait manifestement une déclaration incomplète, le tiers saisi qui se contente d'affirmer qu'il n'est pas débiteur des droits des ex-employés sans préciser s'il détenait des sommes à leurs noms et à quel titre.

Conformément à l'article 81 alinéa 3 de l'AUPSRVE, à défaut de contestation des déclarations du tiers saisi avant l'acte de conversion en saisie-attribution, celles-ci sont réputées exactes pour les seuls besoins de la saisie.Doit être cassé l'arrêt qui écarte comme moyen de contestation l'exploit d'huissier par lequel une partie conteste les déclarations du tiers saisi, sans préciser en quoi il ne répond pas à la prescription de l'article 81 alinéa 3.

La Cour Commune de Justice et d'Arbitrage (CCJA), de l'Organisation pour l'Harmonisation en Afrique du Droit des Affaires (OHADA), Deuxième chambre, a rendu l'Arrêt suivant en son audience publique du 27 février 2014 où étaient présents :

Messieurs Abdoulaye Issoufi TOURE, Président, rapporteur

Namuano Francisco DIAS GOMES, Juge

Victoriano OBIANG ABOGO, Juge

et Maître Jean Bosco MONBLE, Greffier,

Sur le pourvoi enregistré le 08 août 2008 au greffe de la Cour de céans sous le n°0072/2008/PC et formé par Maître MBOPDA NOUMEDEM Léopold, Avocat au Barreau du Cameroun, BP 1402 Yaoundé, agissant au nom et pour le compte de Maître TANG Emmanuel, Avocat au Barreau du Cameroun, demeurant à Yaoundé, BP 2004, dans la cause l'opposant à la Banque Internationale du Cameroun pour l'Epargne et le Crédit dite BICEC SA dont le Siège social est à Douala, BP 1925, Avenue du Général DE GAULLE, ayant pour Conseil Maître GUY NOAH, Avocat au Barreau du Cameroun, BP 1913 Yaoundé et la SCPA MEMONG-ETEME & Associés, Avocats au Barreau du Cameroun, BP 12538 Yaoundé et à la Caisse Autonome d'Amortissement dite CAA, ayant son siège social à Douala BP 1925 Douala-CAMEROUN ; en cassation de l'Arrêt n°174/CIV rendu le 25 avril 2008 par la Cour d'appel du Centre à Yaoundé et dont le dispositif est le suivant :

« Statuant publiquement, contradictoirement à l'égard des parties en matière de contentieux de l'exécution, en appel, à l'unanimité des membres et en dernier ressort :

En la forme :

Vu l'arrêt avant dire droit n°529/ADD/CIV du 31 août 2007 ayant reçu les appels ;

Au fond :

Déclare les appels fondés ;

Infirme l'ordonnance entreprise ;

Statuant à nouveau

Déboute le sieur TANG de sa demande comme non fondée ;

Le condamne aux dépens... » ;

Le requérant invoque à l'appui de son pourvoi les deux moyens de cassation tels qu'ils figurent à la requête annexée au présent arrêt ;

Sur le rapport de Monsieur Abdoulaye Issoufi TOURE, Premier Vice-Président ;

Vu les dispositions des articles 13 et 14 du Traité relatif à l'harmonisation du droit des affaires en Afrique ;

Vu le Règlement de procédure de la Cour Commune de Justice et d'Arbitrage de l'OHADA ;

Attendu qu'il résulte des pièces du dossier de la procédure que suite à la liquidation de la Banque Internationale de l'Afrique de l'Ouest au Cameroun, ses ex-employés ont, par convention du 29 juillet 1992, constitué Maître TANG Emmanuel, Avocat, en qualité de conseil, aux fins de recouvrement de leurs droits auprès de l'Etat du Cameroun ; que le 30 juin 2006, Maître TANG obtenait une autorisation de saisie conservatoire ; que le 03 juillet 2006, il entreprit une saisie conservatoire auprès de différentes banques parmi lesquelles la BICEC, au niveau de laquelle la Caisse Autonome d'Amortissement avait placé les fonds à reverser aux ex-employés ; que le 06 juillet 2006, la BICEC déclarait n'être pas " débitrice des droits des ex-employés..." ; que le 10 juillet 2006, Maître TANG faisait sommation à la BICEC d'observer en tant que tiers saisi, les termes de l'ordonnance de saisie ; que devant l'inertie de la BICEC, la saisie conservatoire était convertie en saisie-attribution par Procès-verbal d'huissier du 06 septembre 2006 ; que nonobstant la réquisition subséquente du 16 octobre 2006, la BICEC n'ayant pas fait main vidange, Maître TANG saisissait le Président du Tribunal aux fins de condamnation de la BICEC au reversement des causes de la saisie ; que par Ordonnance n°490 du 23 mai 2007, il a été fait droit à la requête ; que sur appel, la Cour infirmait cette ordonnance et déboutait Maître TANG par l'Arrêt n°174 du 25 avril 2008, dont pourvoi ;

Sur la demande relative à l'organisation d'une procédure orale

Attendu que dans un courrier en date du 08 août 2008, Maître MBOPDA NOUMEDEM, agissant au nom et pour le compte de Maître TANG Emmanuel, a sollicité de la Cour qu'une procédure orale soit organisée ; mais attendu que le dossier ne présente aucune difficulté particulière ; que toutes les parties ont conclu en produisant les pièces utiles ; qu'il échet donc de dire qu'il n'y a pas lieu à une procédure orale ;

Sur le premier moyen tiré de la violation de l'article 81 alinéa 3 de l'Acte uniforme portant organisation des procédures simplifiées de recouvrement et des voies d'exécution

Attendu qu'il est fait grief à l'arrêt querellé d'avoir violé l'article 81 alinéa 3 aux termes duquel « A défaut de contestation des déclarations du tiers avant l'acte de conversion, celles-ci sont réputées exactes pour les seuls besoins de la saisie » ; que suite à la saisie, la BICEC a déclaré n'être pas débitrice des ex-employés et ne pouvait pas cantonner les sommes saisies ; que cependant, la BICEC a été saisie parce que détentrice des deniers appartenant aux ex-employés et non comme débitrice ; qu'elle avait donc la qualité de tiers saisi ; que même si sa déclaration qui est exacte n'appelait aucune contestation, Maître TANG a, néanmoins, par sommation du 10 juillet 2006, contesté ladite déclaration ; que c'est donc en violation des dispositions susvisées que la Cour a débouté le mémorant ;

Attendu que pour infirmer l'ordonnance entreprise et débouter Maître TANG, le Juge d'appel a pris comme motivation « … qu'en tout état de cause, elle (la BICEC) a fait une déclaration selon laquelle elle n'était pas débitrice des droits des ex-employés ; qu'aux termes de l'article 81 alinéa 3 de l'Acte suscité, à défaut de contestation des déclarations du tiers saisi avant l'acte de conversion en saisie-attribution, celles-ci sont réputées exactes pour les seuls besoins de la saisie … » ; alors que suivant exploit du 10 juillet 2006 de Maître TSOUNG, Huissier de justice, Maître TANG a effectivement contesté la déclaration de la BICEC bien avant la conversion qui est du 06 septembre 2006 ; qu'en écartant cet exploit comme moyen de contestation sans préciser en quoi il ne répond pas à la prescription de l'article 81 alinéa 3, l'arrêt entrepris a violé cette disposition et encourt la cassation ;

Sur l'évocation

Attendu que par requête du 30 mai 2007, la BICEC a déclaré interjeter appel de l'Ordonnance n°490 rendue le 23 mai 2007 ;

Attendu qu'au soutien de son appel, la BICEC a exposé qu'elle a fait l'objet d'une saisie conservatoire à la demande de Maître TANG Emmanuel pour avoir sûreté et paiement de la somme de 368.407.847 F. CFA ; qu'en vertu des articles 80 et 156 alinéa 1 de l'Acte uniforme, elle a déclaré n'être pas débitrice des droits des ex-employés et ne pouvait constituer une provision pour cette saisie ; que Maître TANG a néanmoins transformé la saisie en saisie-attribution ; que l'article 81 alinéa 3 de l'Acte suscité énonce qu'à défaut de contestation des déclarations du tiers avant l'acte de conversion, celles-ci sont réputées exactes pour les seuls besoins de la saisie ; que de surcroît, selon l'article 161 dudit Acte uniforme, le débiteur saisi doit être titulaire d'un compte dans l'établissement bancaire entre les mains desquelles est pratiquée la saisie ; que c'est la Caisse Autonome d'Amortissement qui est la créancière de la BICEC, simple prestataire de service ; qu'elle conclut à l'infirmation de l'ordonnance entreprise et au débouté ;

Attendu que Maître TANG Emmanuel a exposé que la BICEC a été saisie comme tiers détenteur des sommes qui ont été mises à sa disposition par la Caisse Autonome d'Amortissement ; que les instructions de la Caisse n'étaient pas nécessaires pour constituer provision ; que la saisie concerne la créance et non le compte ; qu'il conclut à la confirmation de l'ordonnance querellée ;

Attendu qu'il résulte des pièces de la procédure que la saisie ne souffre d'aucune irrégularité ; qu'aux termes de l'article 80 renvoyant à l'article 256 de l'Acte suscité « le tiers saisi est tenu de déclarer au créancier l'étendue de ses obligations à l'égard du débiteur… » ; que la BICEC en répondant qu'elle « n'est pas débitrice des droits des ex-employés », sans préciser si elle détenait des sommes à leurs noms et à quel titre, a manifestement fait une déclaration incomplète et a encouru la sanction prévue à l'article 81 étant donné que ladite déclaration a été contestée avant la conversion et que l'existence d'un compte personnel n'est pas prescrite comme condition pour telle saisie ;

Attendu donc que l'ordonnance entreprise relève d'une bonne appréciation des faits et d'une saine application de l'Acte uniforme visé ; qu'il échet de la confirmer ;

Attendu que la BICEC succombant sera condamnée aux dépens ;

PAR CES MOTIFS

Statuant publiquement, après en avoir délibéré,

Dit n'y avoir lieu à procédure orale ;

Casse l'Arrêt n°174/CIV rendu le 25 avril 2008 par la Cour d'appel du Centre à Yaoundé ;

Evoquant et statuant sur le fond,

Confirme l'Ordonnance n°490/C du 23 mai 2007 du Président du Tribunal du centre administratif de Yaoundé ;

Condamne la BICEC aux dépens.

3. Juge compétent pour connaître de l'action en condamnation du tiers saisi

Le juge compétent pour connaitre de l'action en condamnation du tiers saisi est le juge du contentieux de l'exécution (CCJA, 3e Ch., n°25/2014, 13 mars 2014)

Sommaire

Le terme tiers saisi désigne la personne qui détient des sommes d'argent dues au débiteur saisi en vertu d'un pouvoir propre et indépendant, même si elle les détient pour le compte d'autrui.

Au sens de l'article 168 de l'AUPSRVE, le juge compétent pour connaître l'action du créancier tendant à l'obtention de la condamnation du tiers saisi qui oppose un refus de paiement des sommes saisies est le juge du contentieux de l'exécution qui se prononce sur le fond du litige et qui peut condamner au paiement des sommes d'argent et la décision à intervenir est un titre exécutoire. Ce juge, statuant sur tout litige ou toute demande relative à une mesure d'exécution forcée, est compétent pour se prononcer sur la condamnation du tiers saisi aux causes de la saisie et sa décision vaut titre exécutoire.

La Cour Commune de Justice et d'Arbitrage (CCJA) de l'Organisation pour l'Harmonisation en Afrique du Droit des Affaires (OHADA), Troisième chambre, a rendu l'Arrêt suivant en son audience publique du 13 mars 2014 où étaient présents :

Madame Flora ALMEIDA MELE, Présidente, rapporteur

Messieurs Victoriano OBIANG ABOGO, Juge

Idrissa YAYE, Juge

et Maître Alfred Koessy BADO, Greffier ;

Sur le pourvoi enregistré au greffe de la Cour de céans le 25 août 2008 sous le n°084/2008/PC et formé par Maître Guy NOAH, Avocat au Barreau du Cameroun, BP 1913, Yaoundé et la SCPA MEMONG – ETEME & Associés, Avocats au Barreau du Cameroun, BP 12538, Yaoundé, agissant au nom et pour le compte de la Banque Internationale du Cameroun pour l'Epargne et le Crédit dite BICEC, aux poursuites et diligences de son représentant légal et dont le siège social est à Douala sur l'Avenue du Général de Gaulle, BP 1925, dans la cause l'opposant à Monsieur DEFFO, BP 6375, Yaoundé, ayant pour conseil Maître MBOPDA NOUMEDEM Léopold, Avocat au Barreau du Cameroun, BP 1402, Yaoundé,

en cassation de l'Arrêt n°167/CIV rendu le 18 avril 2008 par la Cour d'appel du Centre à Yaoundé dont le dispositif est le suivant :

« Statuant publiquement, contradictoirement à l'égard des parties en matière du contentieux de l'exécution et en appel ;

En la forme

Vu l'Arrêt avant dire droit n°520/ADD/CIV du 24 août 2007 ayant reçu les appels ;

Au fond

Confirme l'ordonnance entreprise ;

Condamne la BICEC aux dépens… » ;

La requérante invoque à l'appui de son pourvoi les trois moyens de cassation tels qu'ils figurent à la requête annexée au présent arrêt ;

Sur le rapport de Madame Flora DALMEIDA MELE, Seconde Vice-présidente ;

Vu les dispositions des articles 13 et 14 du Traité relatif à l'harmonisation du droit des affaires en Afrique ;

Vu le Règlement de procédure de la Cour Commune de Justice et d'Arbitrage de l'OHADA ;

Attendu qu'il ressort des pièces de la procédure qu'en exécution de l'Ordonnance n°1296 rendue le 04 juillet 2006 par le Président du Tribunal de première instance de Yaoundé, Monsieur DEFFO faisait pratiquer les 05 et 06 juillet 2006 une saisie conservatoire des créances entre les mains de la Banque Internationale du Cameroun pour l'Epargne et le Crédit dite BICEC et d'autres établissements financiers et bancaires sur les avoirs des ex-employés de la BICIC à hauteur de la somme de 76 448 652 FCFA ; que déclarant dans le procès verbal de saisie que « la réponse suivra », la BICEC indiquait par lettre du 06 juillet 2006 qu'elle n'était pas débitrice des droits des ex-employés de la BICIC ; que le 06 septembre 2006, Monsieur DEFFO faisait signifier à la BICEC le procès verbal de conversion de saisie conservatoire des créances en saisie attribution de créances de la somme de 76 610 652 FCFA ; que le 16 octobre 2006, Monsieur DEFFO faisait notifier à la BICEC une réquisition à paiement de la somme de 76 610 652 FCFA demeurée sans suite ; que le 29 novembre 2006, il assignait la BICEC en reversement des sommes saisies devant le Président du Tribunal de première instance de Yaoundé Centre-administratif, juge de l'exécution lequel, par Ordonnance n°489/C rendue le 23 mai 2007, faisait droit à cette demande qu'il assortissait d'une astreinte comminatoire de 100 000 F CFA par jour de retard à compter de la signification ; que sur appel de la BICEC, la Cour d'appel du Centre à Yaoundé confirmait l'ordonnance entreprise par Arrêt n°167/CIV rendu le 18 avril 2008 dont pourvoi ;

Sur le premier moyen

Attendu que la demanderesse au pourvoi fait grief à l'arrêt attaqué d'avoir, pour confirmer l'Ordonnance présidentielle n°489/C du 23 mai 2007, violé l'article 156 de l'Acte uniforme portant organisation des procédures simplifiées de recouvrement et des voies d'exécution, par dénaturation des faits, en se fondant uniquement sur la réponse faite à l'huissier instrumentaire en ces termes : « la réponse suivra » pour dire que la BICEC ne s'est pas conformée aux obligations mises à sa charge lors de l'opération de la saisie conservatoire alors que, selon le moyen, elle a, outre la déclaration de la veille, fait une déclaration complémentaire le lendemain dans sa lettre du 06 juillet 2006 dans laquelle elle indiquait « qu'elle n'est pas débitrice des ex-employés de la BICIC et ne peut pour cela constituer de provision pour la saisie opérée » ;

Attendu que l'article 156 de l'Acte uniforme sus-indiqué fait obligation au tiers saisi, dès la signification de l'exploit, de faire sur le champ à l'huissier, une déclaration sur l'étendue de ses obligations à l'égard du débiteur saisi ainsi que les modalités qui pourraient les affecter ; qu'un délai de cinq jours pour répondre lui est accordé au cas où il n'a pas personnellement reçu l'acte ;

Mais Attendu qu'il ressort des pièces de la procédure que les fonds des ex-employés de la BICIC ont été déposés dans le compte de la Caisse Autonome d'Amortissement (CAA) domicilié à la BICEC ; que la signification de la saisie a été faite au service du contentieux de la BICEC avec décharge ; qu'il résulte du procès-verbal de saisie conservatoire de créances du 05 juillet 2006 que la BICEC a déclaré à l'huissier instrumentaire que « la réponse suivra » et a, par courrier du 06 juillet 2006, informé l'huissier requis que « la BICEC n'est pas débitrice des droits des ex-employés de la BICIC ; Par conséquent, nous ne pouvons constituer de provision pour cette saisie. » ; que conformément à la jurisprudence de la Cour de céans, le terme tiers saisi désigne la personne qui détient des sommes d'argent dues au débiteur saisi en vertu d'un pouvoir propre et indépendant, même si elle le détient pour le compte d'autrui ; que la BICEC reconnait détenir dans ses livres un compte ouvert au nom de la CAA pour recueillir les montants des droits sociaux des compressés des banques ; qu'il est constant que la CAA a viré depuis le 28 juin 2006 à la BICEC les fonds des ex- employés de la BICIC ;qu' en déclarant que la « réponse suivra » et en adressant le lendemain un courrier à l'huissier instrumentaire, alors qu'aux termes de l'article 156 précité, il lui est fait obligation de répondre sur le champ, la Cour d'appel qui a considéré que la BICEC ne s'est pas conformée aux exigences de l'article sus indiqué n'a pas dénaturé les faits et n'a en rien violé ledit article ; qu'il convient de rejeter le moyen ;

Sur le deuxième moyen

Attendu queledemanderesse au pourvoi fait grief à l'arrêt attaqué d'avoir, par absence de motivation, violé l'article 38 de l'Acte uniforme portant organisation des procédures simplifiées de recouvrement et des voies d'exécution, en ce que pour confirmer l'ordonnance entreprise, la Cour d'appel s'est appuyée sur ledit texte sans dire en quoi les déclarations de la BICEC constituent un obstacle aux procédures en vue de l'exécution ou de la conservation de la créance d'une part et d'autre part, sans répondre à sa demande par laquelle elle indiquait avoir respecté les obligations légales en faisant une déclaration complémentaire dans sa lettre du 06 juillet 2007 ;

Mais attendu qu'en considérant que les sommes des ex-employeurs réclamées étaient déjà virés à la BICEC pour paiement à qui de droit et que la déclaration de la BICEC en ces termes « la réponse suivra », n'était pas conforme aux prescriptions de l'article 156 de l'Acte uniforme précité, et en déduisant que cette réponse est une absence de déclaration qui fait obstacle aux procédures d'exécution ou de conservation des créances, la Cour d'appel, a implicitement répondu à la demande sur la déclaration complémentaire par lettre du 06 juillet 2007 et n'a pas violé l'article visé au moyen ; qu'il convient de rejeter le moyen ;

Sur le troisième moyen

Attendu que la demanderesse au pourvoi fait grief à l'arrêt attaqué d'avoir violé l'article 168 de l'Acte uniforme portant organisation des procédures simplifiées de recouvrement et des voies d'exécution en confirmant l'ordonnance entreprise qui a condamné la BICEC aux reversements des causes de la saisie conservatoire des créances sans observer les exigences de l'article 164 de l'Acte uniforme sus indiqué qui subordonne le paiement par le tiers saisi à certaines conditions alors que selon le moyen, en notifiant à l'huissier instrumentaire dans sa lettre du 06 juillet 2006 n'être pas débitrice des droits des ex-employés de la BICIC et en refusant ainsi d'avoir à payer les sommes consignées dans le procès verbal de saisie conservatoire, le saisissant devait élever une contestation devant la juridiction compétente qui doit statuer sur le bien fondé du refus de payer et obtenir par la suite le titre exécutoire condamnant le tiers saisi au reversement des causes de la saisie ;

Mais attendu que l'article 168 de l'Acte uniforme sus indiqué dispose : « en cas de refus de paiement par le tiers des sommes qu'il a reconnu devoir ou dont il a été jugé débiteur, la contestation est portée devant la juridiction compétente qui peut délivrer un titre exécutoire contre le tiers saisi. » ; qu'au sens de cet article, le juge compétent pour connaître l'action du créancier tendant à l'obtention de la condamnation du tiers saisi qui oppose un refus de paiement des sommes saisies est lejuge du contentieux de l'exécution qui se prononce sur le fond du litige et qui peut condamner au paiement des sommes d'argent et la décision à intervenir est un titre exécutoire ; que ce juge statuant sur tout litige ou toute demande relative à une mesure d'exécution forcée , est donc compétent pour se prononcer sur la condamnation du tiers saisi aux causes de la saisie et sa décision vaut titre exécutoire ; que contrairement à l'interprétation faite par la BICEC de l'article sus mentionné, il n' y a pas lieu à deux instances distinctes dont l'une se prononcerait sur la condamnation des causes de la saisie et l'autre, sur l'obtention du titre exécutoire ; qu'en confirmant l'ordonnance ayant condamné la BICEC au paiement des causes de la saisie, la Cour d'appel a fait une bonne application de la loi ; qu'il échet de rejeter le moyen ;

Attendu qu'ayant succombé, la BICEC doit être condamnée aux dépens ;

PAR CES MOTIFS

Statuant publiquement, après en avoir délibéré,

Déclare recevable le recours ;

Rejette le pourvoi ;

Condamne la BICEC aux dépens.

C. Dénonciation de la saisie

Point de départ du délai de dénonciation de la saisie (CCJA, 3e Ch., n°28/2014, 13 mars 2014)

Sommaire

Le délai de dénonciation de la saisie prévu à l'article 160 de l'AUPSRVE court à compter de la date de la signification de l'acte de saisie et non à compter de la date de l'exploit d'huissier.

La Cour Commune de Justice et d'Arbitrage (CCJA) de l'Organisation pour l'Harmonisation en Afrique du Droit des Affaires (OHADA), Troisième chambre, a rendu l'Arrêt suivant en son audience publique du 13 mars 2014 où étaient présents :

MadameFlora DALMEIDA MELE,	Présidente
Messieurs Victoriano OBIANG ABOGO,	Juge rapporteur
Idrissa YAYE,	Juge
et Maître Alfred Koessy BADO,	Greffier,

Sur le pourvoi enregistré au greffe de la Cour de céans le 27 juin 2011 sous le n°055/2011/PC et formé par la SCPA MOISE-BAZIE, KOYO, ASSA-AKOH, Avocats à la Cour, demeurant à Abidjan, 08 BP 2614 Abidjan 08, Rue B15, Cocody, agissant au nom et pour le compte du Port Autonome d'Abidjan (PAA), société d'Etat, représenté par Monsieur HIEN SIE, Directeur Général, ayant son siège social à Abidjan-Treichville, Boulevard du Port, BP V85, dans la cause l'opposant à Maître ABOA Alain Cyrille et à la Banque Atlantique de Côte d'Ivoire dite BACI dont le siège social est à l'immeuble Atlantique , avenue Noguès, 04 BP 1036 Abidjan 04, représentée par Monsieur Souleymane DIARRASSOUBA, Directeur Général, ayant pour conseils la SCPA DOGUE-Abbe YAO & associés, Avocats, demeurant au Plateau, 29 , Boulevard CLOZEL, 01 BP 174, Abidjan 01, en cassation de l'Arrêt n°365 rendu le 24 décembre 2010 par la Cour d'appel d'Abidjan et dont le dispositif est le suivant :

« Statuant sur le siège, publiquement, contradictoirement, en matière civile et en dernier ressort ;

Reçoit Maitre ABOA Alain Cyrille en son appel ;

L'y dit bien fondé et infirme l'ordonnance querellée ;

Statuant à nouveau ;

Déclare régulière la saisie pratiquée le 08 juillet 2010 sur les comptes du Port Autonome d'Abidjan domiciliés à la BACI ;

Ordonne par conséquent la continuation des poursuites ;

Condamne le Port Autonome d'Abidjan aux dépens dont distraction au profit de Maître ABOA Alain, Avocat à la Cour aux offres de droit ».

Le requérant invoque à l'appui de son pourvoi les deux moyens de cassation tels qu'ils figurent dans sa requête annexée au présent arrêt ;

Sur le rapport de Monsieur Victoriano OBIANG ABOGO ;

Vu les dispositions des articles 13 et 14 du Traité relatif à l'harmonisation du droit des affaires en Afrique ;

Vu le Règlement de procédure de la Cour Commune de Justice et d'Arbitrage de l'OHADA ;

Attendu que par lettre n°290/2011/G2 du 03 août 2011, le Greffier en chef de la Cour de céans a notifié le recours à Monsieur ABOA Alain Cyrille qui bien que l'ayant reçu le 09 août 2011 n'a pas daigné produire de réponse ; que le principe du contradictoire ayant été respecté, il y a lieu d'examiner le présent recours ;

Attendu qu'il ressort des pièces du dossier de la procédure qu'en exécution de l'Arrêt n°465/CIV-B du 04 juin 2010, Maître ABOA Alain a fait pratiquer une saisie attribution de créances au préjudice du Port Autonome d'Abidjan entre le mains de la Banque Atlantique de Cote d'Ivoire, suivant procès-verbal du 28 juin 2010, signifié le 08 juillet 2010 à la BACI ; que le 09 juillet 2010, il a délaissé un exploit de dénonciation au PAA qui, agissant en contestation, a saisi le Président du Tribunal de première instance d'Abidjan Plateau, statuant en référé d'heure à heure, lequel a rendu le 27 juillet 2010, l'Ordonnance n°1544/2010 constatant la caducité de la saisie du 28 juin 2010 et ordonnant sa mainlevée ; qu'après signification par exploit du 02 aout 2010 de cette ordonnance par le PAA, la BACI a procédé à la mainlevée de la saisie ; que sur appel de Maître ABOA Alain, la Cour d'appel d'Abidjan a, par Arrêt n°365 du 24 décembre 2011 dont pourvoi, infirmé l'ordonnance entreprise et a condamné le PAA à lui payer la somme de 90.000.000 frs CFA ;

Attendu que par mémoire en réponse reçu au greffe de la Cour de céans le 27 septembre 2011, la BACI, tiers saisi, sollicite sa mise hors de cause en application de l'article 170 de l'Acte uniforme portant organisation des procédures simplifiées de recouvrement et des voies d'exécution qui prescrit que le tiers saisi est simplement appelé à l'instance de contestation ;

Attendu que la Cour de céans a signifié, conformément à l'article 29 de son Règlement de procédure, le recours à toutes les parties à la procédure devant la juridiction nationale ; qu'ayant été appelé en vertu de l'article 170 de l'Acte uniforme sus indiqué devant l'instance en contestation qui n'a pour but que de la mettre au courant de la procédure, il y a lieu de lui donner acte de sa mise hors de cause ;

Sur le second moyen

Vu l'article 206.7° du code ivoirien de procédure civile, commerciale et administrative ;

Attendu que le demandeur au pourvoi fait grief à l'arrêt attaqué d'avoir violé l'article 206.7° du code ivoirien de procédure civile, commerciale et administrative en ce qu'il a omis de statuer sur l'une de ses demandes alors qu'il avait sollicité la nullité des exploits de saisie-attribution de créances et de dénonciation de ladite saisie pour défaut de certaines mentions sur lesdits exploits ;

Attendu que la requête du Port Autonome d'Abidjan aux fins d'être autorisé à assigner en contestation est fondée en sus de la caducité de la saisie-attribution, sur la nullité des exploits de saisie-attribution et de dénonciation tirée de la violation de l'article 246 du code sus indiqué ; que la décision querellée n'a examiné que le grief sur la caducité de la saisie ; qu'en omettant ainsi de statuer sur la demande en nullité des exploits de saisie et de dénonciation alors qu'il est de principe en droit processuel que le juge statue sur tout ce qui lui a été demandé, l'arrêt déféré encourt cassation de ce chef et qu'il n'est plus besoin d'examiner le premier moyen ;

Sur l'évocation

Attendu que le Port Autonome d'Abidjan demande à la Cour de céans, après cassation de l'Arrêt attaqué, d'évoquer et statuant à nouveau, de constater la caducité de la saisie pratiquée à son préjudice en excipant que le procès-verbal de saisie-attribution de créances portant la date du 28 juin 2010, l'exploit de dénonciation qui lui a été délaissé le 09 juillet 2010 est intervenu au-delà des huit jours prescrits par l'article 160 de l'Acte uniforme sus indiqué, rendant ainsi caduque ladite saisie ; qu'elle demande en outre la nullité du procès-verbal de saisie-attribution de créances et de l'exploit de dénonciation pour violation des dispositions de l'article 246 du code ivoirien de procédure civile, commerciale et administrative aux motifs que ces deux actes ne comportent pas la date de naissance de Maître ABOA Alain Cyrille, créancier saisissant rendant ainsi impossible la vérification sur sa capacité d'ester en justice ;

Sur la caducité de la saisie

Attendu qu'au sens de l'article 157 de l'Acte uniforme sus indiqué, l'acte de saisie est signifié au tiers saisi par l'huissier ou l'agent d'exécution ; que le procès-verbal de saisie en date du 28 juin 2010 a été signifié à la BACI le 08 juillet 2010 suivi de sa déclaration le même jour ; que la dénonciation faite le 09 juillet 2010 au Port Autonome d'Abidjan est intervenu dans le délai de 08 jours exigé par l'article 160 de l'Acte uniforme précité ; qu'en considérant le 28 juin 2010 comme date à laquelle la saisie a été pratiquée pour déclarer sa caducité au motif que la dénonciation faite le 09 juillet 2010 est intervenue plus de huit jours après la signification, le premier juge a fait une mauvaise interprétation de la loi et son ordonnance rendue à cet effet doit être infirmée ;

Sur la nullité du procès-verbal de saisie-attribution de créances et de l'exploit de dénonciation

Attendu que le Port Autonome d'Abidjan fonde la nullité de ces actes sur la violation de l'article 246 du code ivoirien de procédure civile, commerciale et administrative qui dispose que : « les exploits dressés par les huissiers de justice contiennent notamment : …2° le nom du requérant, ses prénoms, professions, nationalité et domicile réel ou élu, et le cas échéant les nom, prénoms, profession et domicile de son représentant légal ou statutaire ; si le requérant est une personne physique, la date et le lieu de sa naissance ;… »

Attendu que s'il est exact que la date de naissance de Maître ABOA Alain Cyrille n'est mentionnée ni sur le procès-verbal de saisie ni sur l'exploit de dénonciation, cependant, l'article 246 du code suscité ne fixe aucune sanction sur l'inobservation de cette mention obligatoire ; qu'au surplus, l'article 123 dudit code prescrit que : « la nullité des actes de procédure est absolue ou relative. Elle est absolue lorsque la loi le prévoit expressément ou que l'acte porte atteinte à des dispositions d'ordre public. Dans tous les autres cas, la violation d'une règle de procédure n'entraine la nullité de l'acte que s'il en résulte un préjudice pour la partie qui s'en prévaut ; que le demandeur ne rapportant pas la preuve du préjudice que cette irrégularité lui a causé, il convient de le débouter de sa demande ;

Attendu qu'ayant succombé, il y a lieu de condamner le Port Autonome d'Abidjan aux dépens ;

PAR CES MOTIFS

Statuant publiquement, après en avoir délibéré,

Déclare recevable le recours ;

Donne acte à la BACI de sa demande de mise hors de cause ;

Casse l'arrêt attaqué ;

Evoquant et statuant sur le fond,

Infirme l'Ordonnance n°1544/2010 rendue le 27 juillet 2010 ;

Statuant à nouveau ;

Déclare bonne et valable la saisie pratiquée le 08 juillet 2010 sur le compte du Port Autonome d'Abidjan entre les mains de la BACI ;

Déboute le Port Autonome d'Abidjan de sa demande en nullité du procès verbal de saisie-attribution de créances et de l'exploit de signification ;

Le condamne aux dépens.

IV. Saisie conservatoire

A. Conditions de la saisie conservatoire

La certitude de la créance n'est pas une condition de la saisie conservatoire (CCJA, Ass. Plén., n°108/2014, 04 novembre 2014)

Sommaire

L'article 54 de l'AUPSRVE soumet la saisie conservatoire à la seule condition d'une créance fondée en son principe. L'arrêt qui y ajoute la condition de la certitude de la créance viole le texte sus visé et doit être cassé.

La Cour Commune de Justice et d'Arbitrage (CCJA) de l'Organisation pour l'Harmonisation en Afrique du Droit des Affaires (OHADA), Assemblée plénière, a rendu l'Arrêt suivant en son audience foraine publique tenue le 04 novembre 2014 Yaoundé au Cameroun où étaient présents :

Messieurs Marcel SEREKOÏSSE SAMBA	Président
Abdoulaye Issoufi TOURE,	Premier Vice-président, Rapporteur
Madame Flora DALMEIDA MELE,	Second Vice-Président
Messieurs Namuano Francisco Dias GOMES,	Juge,
Victoriano OBIANG ABOGO,	Juge
Idrissa YAYE,	Juge
Djimasna N'DONINGAR,	Juge
et Maître Paul LENDONGO,	Greffier en chef,

Sur le pourvoi enregistré au greffe de la Cour sous le n°045/2008/PC du 03 juin 2008 et formé par Maître EHONGO Alexandre Némes, Avocat à la Cour, demeurant 7025, Rue des Oisillons, Villa n°70 Etony-ebe-Science, BP 744 Yaoundé, au nom et pour le compte de Ongolo-Entrepreneur-Prestataire de services domicilié à Nlongkak, BP 20206 Yaoundé, dans la cause qui l'oppose à la Société Africaine pour l'Industrie et le Commerce au Cameroun dite SAFRIC SA, société anonyme dont le siège est 794 Av-2042 Avenue du 27 août 1940, BP 13445 à Yaoundé, en cassation de l'Arrêt n°688/CIV rendu le 30 novembre 2007 par la Cour d'appel du centre à Yaoundé et dont le dispositif est le suivant :

« En laforme

Reçoit l'appel

Au fond

L'y dit fondé ;

Infirme en conséquence l'Ordonnance entreprise ;

Evoquant et statuant à nouveau ;

Rétracte avec toutes les conséquences de droit l'ordonnance n°1619 du 28 août 2007 du Tribunal de première instance de Yaoundé Centre Administratif ;

Ordonne la mainlevée de la saisie conservatoire de créances pratiquée le 30 août 2007 au préjudice de SAFRIC Cameroun sous astreinte de 100.000 francs par jour de retard à compter du prononcé du présent arrêt ;

Condamne les intimés aux dépens distraits au profit de Maître Nzountzo Gabriel, Avocat aux offres de droit... » ;

Le requérant invoque à l'appui de son pourvoi les sept moyens de cassation tels qu'ils figurent à la requête annexée au présent arrêt ;

Sur le rapport de Monsieur Abdoulaye Issoufi TOURE, Premier Vice-président ;

Vu les dispositions des articles 13 et 14 du Traité relatif à l'harmonisation du droit des affaires en Afrique ;

Vu le Règlement de procédure de la Cour Commune de Justice et d'Arbitrage de l'OHADA ;

Attendu qu'il résulte des pièces de la procédure que sur requête de l'Entreprise Ongolo, le Président du Tribunal de première instance de Yaoundé-Centre Administratif l'autorisait par Ordonnance n°1619 du 28 août 2007 à pratiquer saisie conservatoire des créances sur les avoirs de la SAFRIC ; que la saisie pratiquée le 30 août 2007, sera contestée par ladite société qui sera déboutée suivant Ordonnance n°769 en date du 28 septembre 2007 ; que pendant que l'entreprise Ongolo s'avisait de rechercher un titre exécutoire par injonction de payer, la SAFRIC relevait appel de l'ordonnance de débouté ; qu'aussi ladite ordonnance sera-t-elle infirmée par arrêt de la Cour d'appel du Centre à Yaoundé, dont pourvoi ;

Attendu que par lettre n°374/2008/G2 du 14 août 2008 le Greffier en chef de la Cour de céans, a entrepris de signifier le pourvoi à la SAFRIC ; que ce courrier est retourné avec la mention « non réclamé » ; que le principe du contradictoire ayant été respecté, il échet de statuer sur ladite procédure ;

Sur la première branche du premier moyen

Attendu qu'il est fait grief à l'arrêt déféré d'avoir violé l'article 54 de l'Acte uniforme portant organisation des procédures simplifiées de recouvrement et des voies d'exécution, en ce que la Cour d'appel a ordonné la mainlevée de la saisie aux motifs que la créance réclamée, n'est pas certaine alors qu'il s'agissait d'examiner exclusivement la mesure conservatoire et les circonstances qui sont de nature à en menacer le recouvrement ;

Attendu que l'article 54 dont la violation est arguée dispose que « toute personne dont la créance paraît fondée en son principe peut, par requête, solliciter...l'autorisation de pratiquer une mesure conservatoire sur tous les biens mobiliers corporels et incorporels de son débiteur, sans commandement préalable si elle justifie de circonstances de nature à en menacer le recouvrement » ;

Attendu que pour faire droit à la requête de mainlevée de la SAFRIC la Cour d'appel a pris comme motif que « … la créance réclamée n'est pas certaine et les intimés mal venus à invoquer une quelconque menace de son recouvrement… » ; qu'ainsi en ajoutant la condition de certitude alors que seul le fondement de la créance en son principe, était exigé, la Cour d'appel a violé les dispositions visées au moyen, faisant encourir la cassation à sa décision ;

Attendu qu'il échet de casser l'arrêt et d'évoquer ;

Sur l'évocation

Attendu que par requête en date du 08 octobre 2007, Maître Nznoutzo Gabriel, avocat à la Cour, agissant au nom de la Société SAFRIC Cameroun, a déclaré interjeter appel de l'Ordonnance de référé n°769 rendue le 28 septembre 2007 par le Président du Tribunal de première instance de Yaoundé ; qu'au soutien de l'appel, il est exposé que la saisie conservatoire est pratiquée pour une somme purement imaginaire en ce que la SAFRIC ne la reconnaît pas et ignore la reconnaissance de dette qui semble être son support juridique ; que de par les statuts, seul le Président-Directeur général est à même d'engager la SAFRIC ; que la SAFRIC a mis fin à ses relations avec le sieur Ongolo depuis 2003 sans heurt ; qu'à supposer l'existence de la créance, rien ne menace son recouvrement ; que le sieur Ongolo ne rapporte pas la preuve que les biens sociaux sont entrain d'être distraits ; qu'en définitive la créance poursuivie ne remplit pas les conditions exigées par l'article 54 de l'Acte uniforme portant organisation des procédures simplifiées de recouvrement et des voies d'exécution, lesquelles demandent que la créance paraisse fondée en principe et qu'un péril menace son recouvrement ; qu'enfin la saisie conservatoire a violé les dispositions de l'article 77 alinéa 4 du même Acte uniforme ; que la SAFRIC conclut à l'infirmation de l'ordonnance entreprise ;

Attendu qu'en réplique, Maître Ehongo Alexandre, Avocat à la Cour pour le compte de Ongolo-Entrepreneur a exposé que le montant de la créance a été conjointement arrêté et reconnu par le Directeur général adjoint et le Directeur central de la SAFRIC ; que le sceau de ladite société avait été apposé au bas des signatures des intéressés ; qu'en vertu de l'article 472 alinéa 2 de l'Acte uniforme sur les société commerciales, le Directeur général adjoint d'une société anonyme engage la société par ses actes y compris ceux qui ne relèvent pas de l'objet social ; que le recouvrement de la créance est en péril car depuis le 09 décembre 2003, le Directeur général tente par tous moyens de se soustraire à ses engagements contractuels ; que Maître Ehongo conclut à la confirmation de l'ordonnance entreprise ;

Attendu que suivant un acte signé du Directeur général adjoint et du Directeur central de la SAFRIC du 09 décembre 2003, il ressort que la SAFRIC doit une somme de 6.282.000 F ; que la créance est ainsi fondée en son principe ; que par ailleurs d'un procès-verbal de constat d'huissier en date du 22 août 2007, il appert qu'en lieu et place du siège social de SAFRIC sont placées des plaques indiquant « Assemblée Nationale, Secrétariat parlementaire » ; que la délocalisation du siège social sans aucune autre précision est un changement qui est de nature à mettre en péril le recouvrement de la créance ; que l'article 77 alinéa 4 n'a pu être violé en ce que le principal est constitué seulement des prestations effectuées par l'entreprise ;

Attendu que les conditions édictées par l'article 54 visé, étant toutes remplies, il échet de dire que l'ordonnance querellée relève d'une bonne appréciation des faits et d'une exacte application des dispositions de l'Acte uniforme, et la confirmer ;

Attendu que la SAFRIC succombant sera condamnée aux dépens ;

PAR CES MOTIFS

Statuant publiquement, après en avoir délibéré ;

Casse l'arrêt n°688/CIV rendu le 30 novembre 2007 par la Cour d'appel du Centre à Yaoundé ;

Evoquant et statuant sur le fond,

Confirme l'Ordonnance n°769 rendue le 28 septembre 2007 par le Président du Tribunal de première instance de Yaoundé Centre-Administratif ;

Condamne la SAFRIC aux dépens.

L'appréciation des conditions posées par l'article 54 de l'AUPSRVE relève du pouvoir souverain des juges du fond (CCJA, 2e Ch., 2e Ch., n°85/2014, 22 mai 2014)

> Sommaire
>
> Les conditions énoncées par l'article 54 de l'Acte uniforme renvoient à des éléments de pur fait dont l'appréciation relève du pouvoir souverain du juge du fond.

La Cour Commune de Justice et d'Arbitrage (CCJA) de l'Organisation pour l'Harmonisation en Afrique du Droit des Affaires (OHADA), Deuxième chambre, a rendu l'Arrêt suivant en son audience publique du 22 mai 2014 où étaient présents :

MessieursAbdoulaye Issoufi TOURE,	Président, rapporteur
Victoriano OBIANG ABOGO,	Juge
Djimasna N'DONINGAR,	Juge
et Maître Jean Bosco MONBLE,	Greffier,

Sur le pourvoi enregistré au greffe de la Cour de céans le 07 octobre 2011 sous le n°086/2011/PC et formé par la Société Civile Professionnelle d'Avocats IMBOUA-KOUAO-TELLA et Associés, Avocats à la Cour, demeurant à Cocody-Ambassades, Rue Bya, BP 670 Cidex 03 Abidjan, agissant au nom et pour le compte de l'Entreprise de Métallurgie Ivoirienne Sarl, dont le siège et à Abidjan Bietry, Rue HKB, 10 BP 683, dans la cause qui l'oppose au sieur MONIN Jean-Paul, Architecte DPLG, demeurant à Abidjan-Plateau, avenue du Docteur Crozet, 01 BP 5975 Abidjan 01, ayant pour conseil Maître BOKOLA Lydie Chantal, Avocat à la Cour demeurant 15, avenue du Docteur Crozet, 01 BP 2722 Abidjan 01,

en cassation de l'Arrêt n°254 rendu le 1er juillet 2011 par la Cour d'appel d'Abidjan et dont le dispositif est suivant :

« Statuant publiquement, contradictoirement ; en matière de référé et en dernier ressort ;

En la forme

Déclare recevable l'appel relevé par MONIN Jean-Paul de l'Ordonnance de référé n°2236 rendue le 19 octobre 2010 par le juge des référés du Tribunal de première instance d'Abidjan ;

Au fond

L'y dit bien fondé ;

Infirme l'Ordonnance attaquée ;

Statuant à nouveau

Déclare MONIN Jean –Paul bien fondé en son action ;

Ordonne la mainlevée de la saisie conservatoire de créance pratiquée le 23 septembre 2010 ;

Condamne l'entreprise de métallurgie Ivoirienne dite EMI aux dépens. » ;

La requérante invoque à l'appui de son pourvoi les deux moyens de cassation tels qu'ils figurent à la requête annexée au présent arrêt ;

Sur le rapport de Monsieur Abdoulaye Issoufi TOURE, Premier Vice-président ;

Vu les articles 13 et 14 du Traité relatif à l'harmonisation du droit des affaires en Afrique ;

Vu le Règlement de procédure de la Cour Commune de Justice et d'Arbitrage de l'OHADA ;

Attendu qu'il ressort des pièces du dossier que courant 2009, EMI qui a exécuté des travaux de ferronnerie et de serrurerie pour le compte du Cabinet ARQ'URBIS représenté par MONIN Jean Paul, a sollicité et obtenu du Président du Tribunal d'Abidjan, une ordonnance aux fins de saisie conservatoire sur les biens meubles du sieur MONIN pour le reliquat de 10500000 francs CFA ; qu'une saisie a été opérée le 23 septembre 2010 sur le compte bancaire de l'intéressé dans les livres de la BICICI et dénoncée le 30 septembre 2010 ; que sur assignation de MONIN Jean Paul aux fins de mainlevée, le Président du Tribunal a rendu une Ordonnance de débouté n°2236 en date du 19 octobre 2010 ; que sur appel de MONIN Jean Paul , la Cour a infirmé cette ordonnance et ordonné mainlevée de la saisie conservatoire par Arrêt n°254 du 1er juillet 2011, dont pourvoi ;

Sur les deux moyens tirés de la violation de l'article 54 de l'Acte uniforme portant organisation des procédures simplifiées de recouvrement et des voies d'exécution

Attendu que par le premier moyen, il est fait grief à l'arrêt querellé d'avoir retenu que « la créance n'était pas fondée en son principe », alors qu'il résulte des dispositions de l'article 54, qu'une créance paraissant fondée en son principe est une créance dont l'existence est établie et ne fait l'objet d'aucun doute, quand bien même elle ne serait pas certaine, liquide et exigible ; qu'il s'agit d'une créance dont l'existence résulte d'indices sérieux et évidents ; que par le deuxième moyen il est reproché à l'arrêt déféré de n'avoir pas recherché l'existence de circonstances de nature à menacer le recouvrement de la créance réclamée alors que cette circonstance réside dans les contestations émises par Monsieur MONIN Jean Paul, et portant sur la non-conformité des travaux exécutés ;

Mais attendu que les conditions énoncées par l'article 54 de l'Acte uniforme renvoient à des éléments de pur fait dont l'appréciation relève du pouvoir souverain du juge du fond ; qu'en retenant donc qu'EMI « ne produit aucun procès-verbal de livraison desdits travaux alors que MONIN soutient justement qu'elle n'a pas terminé les travaux ou qu'elle les a mal exécutés et produit un procès-verbal de constat… », la Cour d'appel a fait usage de son pouvoir souverain d'appréciation du caractère apparent de la créance et de la réalité ou non des circonstances de nature à en menacer le recouvrement ; que ce faisant, elle ne viole en rien les dispositions susénoncées ; qu'il suit que les moyens ne sont pas fondés et doivent être rejetés ;

Attendu que l'Entreprise de Métallurgie Ivoirienne, succombant sera condamnée aux dépens ;

PAR CES MOTIFS

Statuant publiquement, après en avoir délibéré ;

Rejette le pourvoi formé par l'Entreprise de Métallurgie Ivoirienne ;

La condamne aux dépens.

La seule inertie du débiteur ne caractérise pas une menace au recouvrement de la créance (CCJA, Ass. Plén., n°107/2014, 04 novembre 2014)

Sommaire

La seule inertie d'un débiteur à s'acquitter de la créance, malgré les multiples mises en demeure à lui adressées, ne caractérise pas une menace constitutive d'un risque d'insolvabilité qui exclurait tout recouvrement ultérieurement de la créance au sens de l'article 54 de l'AUPSRVE.

La Cour Commune de Justice et d'Arbitrage (CCJA) de l'Organisation pour l'Harmonisation en Afrique du Droit des Affaires (OHADA), Assemblée plénière, a rendu l'Arrêt suivant en son audience publique foraine tenue à Yaoundé (Cameroun) le 04 novembre 2014 où étaient présents :

Messieurs Marcel SEREKOÏSSE-SAMBA,	Président
Abdoulaye Issoufi TOURE,	Premier Vice Président,
Madame Flora DALMEIDA MELE,	Seconde Vice Présidente, Rapporteur
Messieurs Namuano DIAS GOMEZ,	Juge
Victoriano ABOGO OBIANG,	Juge
Idrissa YAYE,	Juge
Djimasna NDONINGAR,	Juge
Et Maître Paul LENDONGO,	Greffier en chef

Sur le pourvoi enregistré au greffe de la Cour de céans le 21 mai 2008 sous le n°039/2008/PC et formé par maître Joseph NOMO NOMO, avocat au Barreau du Cameroun, cabinet situé au 1084 rue de l'hôtel de ville, Bonanjo, BP 241, Douala, agissant au nom et pour le compte de la Société RAZEL Cameroun, prise en la personne de monsieur Charles SCHMITT, Directeur général et ayant son siège social 637, rue de l'indépendance, BP 11306 Yaoundé dans la cause l'opposant à laSociété Nationale des Eaux du Cameroun dont le siège social est à Douala , BP 157,

en cassation de l'Arrêt n°79/Civ/Bis2 rendu le 15 février 2008 par la cour d'appel du centre à Yaoundé et dont le dispositif est le suivant :

« PAR CES MOTIFS

statuant publiquement, contradictoirement à l'égard des parties, en matière de contentieux de l'exécution et en appel ;

EN LA FORME

Reçoit l'appel

AU FOND

Confirme l'ordonnance entreprise

Condamne la société RAZEL aux dépens distraits au profit de Maître KOUO MOUDIKI, Avocat aux offres de droit ; » ;

La requérante invoque à l'appui de son pourvoi les quatre moyens de cassation tels qu'ils figurent à la requête annexée au présent arrêt ;

Sur le rapport de Madame Flora DALMEIDA MELE, Seconde Vice- présidente ;

Vu les dispositions des articles 13 et 14 du Traité relatif à l'harmonisation du droit des affaires en Afrique ;

Vu le Règlement de procédure de la Cour Commune de Justice et d'Arbitrage de l'OHADA ;

Attendu que par lettre n°347/2009/G2 du 14 mai 2009, le greffier en chef de la Cour Commune de Justice et d'Arbitrage a demandé à maître KOUO MOUDIKI Jacques Michel, Avocat à la Cour, de lui transmettre dans un délai de quinze jours, à compter de la réception, le mandat que lui a donné sa cliente, la Société Nationale des Eaux du Cameroun, pour la défense de ses intérêts à la Cour de céans ; que bien qu'ayant reçu ledit courrier le 19 mai 2009, aucune réponse n'a été apportée à celui-ci ; qu'il y a lieu de statuer en l'état, le principe du contradictoire étant acquis ;

Attendu qu'il ressort des pièces du dossier de la procédure qu'en exécution des travaux d'aménagement de la ville de Douala, la Société RAZEL Cameroun a endommagé des installations de tuyaux de production d'eau potable de la Société Nationale des Eaux du Cameroun dite SNEC ; que la SNEC a adressé une facture de 30 298 721 FCFA à la Société RAZEL Cameroun qui a déclaré ledit sinistre à son assureur lequel a commis le cabinet EBONY aux fins d'expertise ; que redoutant le rapport de l'expert, la SNEC a formulé de nouvelles demandes pour obtenir réparation ; que des concertations ont été entreprises avec toutes les parties en vue d'une solution amiable ; que face à l'échec des différentes réunions, la SNEC a entrepris le recouvrement de sa créance par voie extrajudiciaire et par la suite, par saisine du Tribunal de première instance de Yaoundé Centre-administratif qui a autorisé, par Ordonnance n°795 du 07 mars 2007, la SNEC à faire pratiquer une saisie conservatoire de créances au préjudice de la Société RAZEL Cameroun pour sûreté et avoir paiement de la somme de 94 137 760 FCFA en principal, intérêts et frais divers ; que la saisie a été pratiquée le 15 mars 2007 et dénoncée à la Société RAZEL Cameroun le 19 mars 2007 ; que la Société RAZEL Cameroun a saisi en mainlevée, le Président du tribunal sus désigné, lequel, par Ordonnance n°512/C rendue le 30 mai 2007, l'en a déboutée ; que sur appel de la Société RAZEL Cameroun, la cour d'appel du centre à Yaoundé a rendu le 15 février 2008, l'Arrêt n°79/IV/BIS2 dont pourvoi ;

Sur la seconde branche du premier moyen

Vu l'article 54 de l'Acte uniforme portant organisation des procédures simplifiées de recouvrement et des voies d'exécution

Attendu que la demanderesse au pourvoi fait grief à l'arrêt attaqué d'avoir violé l'article 54 de l'Acte uniforme portant organisation des procédures simplifiées de recouvrement et des voies d'exécution en ce que l'arrêt énonce que l'inertie à payer constituait une menace pour le recouvrement de la créance alors, selon le moyen, que le saisissant doit justifier de circonstances de nature à menacer le recouvrement de sa créance soit, un risque de ne pas être payé après règlement du litige au fond ;

Attendu qu'aux termes de l'article 54 de l'Acte uniforme ci-dessus « toute personne dont la créance paraît fondée en son principe peut, par requête, solliciter de la juridiction compétente du domicile ou du lieu où demeure le débiteur, l'autorisation de pratiquer une mesure conservatoire sur tous les biens mobiliers corporels ou incorporels de son débiteur, sans commandement préalable, si elle justifie de circonstances de nature à en menacer le recouvrement » ; qu'il résulte de cet article que le risque d'insolvabilité du débiteur pouvant empêcher le recouvrement de la créance justifie la mesure de saisie conservatoire ; qu'en retenant que l'inertie de la Société RAZEL Cameroun à s'acquitter de la créance, malgré les multiples mises en demeure à lui adressées, caractérise la menace, sans démonter en quoi cette inertie constitue-t-elle un risque d'insolvabilité qui exclurait tout recouvrement ultérieurement , la Cour d'appel a violé l'article visé au moyen ; qu'il convient de casser l'arrêt attaqué sans qu'il soit nécessaire d'examiner les autres moyens ;

Sur l'évocation

Attendu que par requête en date du 04 juin 2007, la Société RAZEL Cameroun a interjeté appel de l'Ordonnance n°512/C rendue le 30 mai 2007 par le Président du Tribunal de première instance de Yaoundé Centre-administratif l'ayant débouté de sa demande en mainlevée de saisie ; qu'elle soutient que le premier juge, en se contentant d'affirmer que la menace réside dans l'inertie de l'appelante à s'acquitter des sommes réclamées depuis de longues années sans rechercher s'il existe un quelconque risque d'insolvabilité, a violé l'article 54 de l'Acte uniforme précité ; qu'elle excipe que le premier juge n' a pas répondu à sa demande portant sur l'enquête civile pour vérification de l'authenticité de la demande du titre exécutoire et qu'il a dénaturé les faits; qu'elle sollicite l'infirmation de l'ordonnance et la mainlevée de la saisie conservatoire de créances ;

Attendu que la SNEC allègue que la Société RAZEL Cameroun ne peut mettre en cause le principe de la créance ; qu'elle avait déclaré le sinistre auprès de l'assurance pour être garantie du paiement ; que sa demande est infondée et qu'elle sollicite pour cela la confirmation de l'ordonnance entreprise ;

Sur la demande en mainlevée

Attendu que pour les mêmes motifs ayant justifié la cassation de l'arrêt, la saisie conservatoire de créances pratiquée n'est pas fondée ; qu'il echet d'infirmer l'ordonnance entreprise et d'ordonner en conséquence la mainlevée de la saisie conservatoire ;

Sur les autres demandes

Attendu que la mainlevée ayant été ordonnée, les autres demandes sont sans objet ;

Attendu qu'ayant succombé, la Société Nationale des Eaux du Cameroun dite SNEC doit être condamnée aux dépens ;

PAR CES MOTIFS

Statuant publiquement, après en avoir délibéré,

Déclare recevable le pourvoi ;

Casse l'arrêt n°79/Civ/Bis2 rendu le 15 février 2008 par la Cour d'appel du centre à Yaoundé ;

Evoquant sur le fond,

Infirme l'Ordonnance n°512/C rendue le 30 mai 2007 par le Président Tribunal de première instance de Yaoundé Centre-administratif ;

Statuant à nouveau,

Ordonne la mainlevée de la saisie conservatoire de créances pratiquée le 15 mars 2007 au préjudice de la Société RAZEL Cameroun ;

Dit sans objet les autres demandes de la Société RAZEL Cameroun ;

Condamne la Société Nationale des Eaux du Cameroun dite SNEC aux dépens.

La délocalisation du siège social est un changement de nature à mettre en péril le recouvrement de la créance (CCJA, Ass. Plén., n°108/2014, 04 novembre 2014)

Sommaire

La délocalisation du siège social sans aucune autre précision est un changement qui est de nature à mettre en péril le recouvrement de la créance au sens de l'article 54 de l'AUPSRVE.

La Cour Commune de Justice et d'Arbitrage (CCJA) de l'Organisation pour l'Harmonisation en Afrique du Droit des Affaires (OHADA), Assemblée plénière, a rendu l'Arrêt suivant en son audience foraine publique tenue le 04 novembre 2014 Yaoundé au Cameroun où étaient présents :

Messieurs Marcel SEREKOÏSSE SAMBA, Président

Abdoulaye Issoufi TOURE, Premier Vice-président,Rapporteur

Madame Flora DALMEIDA MELE, Second Vice-Président

Messieurs Namuano Francisco Dias GOMES, Juge,

Victoriano OBIANG ABOGO, Juge

Idrissa YAYE, Juge

Djimasna N'DONINGAR, Juge

et Maître Paul LENDONGO, Greffier en chef,

Sur le pourvoi enregistré au greffe de la Cour sous le n°045/2008/PC du 03 juin 2008 et formé par Maître EHONGO Alexandre Némes, Avocat à la Cour, demeurant 7025, Rue des Oisillons, Villa n°70 Etony-ebe-Science, BP 744 Yaoundé, au nom et pour le compte de Ongolo-Entrepreneur-Prestataire de services domicilié à Nlongkak, BP 20206 Yaoundé, dans la cause qui l'oppose à la Société Africaine pour l'Industrie et le Commerce au Cameroun dite SAFRIC SA, société anonyme dont le siège est 794 Av-2042 Avenue du 27 août 1940, BP 13445 à Yaoundé, en cassation de l'Arrêt n°688/CIV rendu le 30 novembre 2007 par la Cour d'appel du centre à Yaoundé et dont le dispositif est le suivant :

« En la forme

Reçoit l'appel

Au fond

L'y dit fondé ;

Infirme en conséquence l'Ordonnance entreprise ;

Évoquant et statuant à nouveau ;

Rétracte avec toutes les conséquences de droit l'ordonnance n°1619 du 28 août 2007 du Tribunal de première instance de Yaoundé Centre Administratif ;

Ordonne la mainlevée de la saisie conservatoire de créances pratiquée le 30 août 2007 au préjudice de SAFRIC Cameroun sous astreinte de 100.000 francs par jour de retard à compter du prononcé du présent arrêt ;

Condamne les intimés aux dépens distraits au profit de Maître Nzountzo Gabriel, Avocat aux offres de droit... » ;

Le requérant invoque à l'appui de son pourvoi les sept moyens de cassation tels qu'ils figurent à la requête annexée au présent arrêt ;

Sur le rapport de Monsieur Abdoulaye Issoufi TOURE, Premier Vice-président ;

Vu les dispositions des articles 13 et 14 du Traité relatif à l'harmonisation du droit des affaires en Afrique ;

Vu le Règlement de procédure de la Cour Commune de Justice et d'Arbitrage de l'OHADA ;

Attendu qu'il résulte des pièces de la procédure que sur requête de l'Entreprise Ongolo, le Président du Tribunal de première instance de Yaoundé-Centre Administratif l'autorisait par Ordonnance n°1619 du 28 août 2007 à pratiquer saisie conservatoire des créances sur les avoirs de la SAFRIC ; que la saisie pratiquée le 30 août 2007, sera contestée par ladite société qui sera déboutée suivant Ordonnance n°769 en date du 28 septembre 2007 ; que pendant que l'entreprise Ongolo s'avisait de rechercher un titre exécutoire par injonction de payer, la SAFRIC relevait appel de l'ordonnance de débouté ; qu'aussi ladite ordonnance sera-t-elle infirmée par arrêt de la Cour d'appel du Centre à Yaoundé, dont pourvoi ;

Attendu que par lettre n°374/2008/G2 du 14 août 2008 le Greffier en chef de la Cour de céans, a entrepris de signifier le pourvoi à la SAFRIC ; que ce courrier est retourné avec la mention « non réclamé » ; que le principe du contradictoire ayant été respecté, il échet de statuer sur ladite procédure ;

Sur la première branche du premier moyen

Attendu qu'il est fait grief à l'arrêt déféré d'avoir violé l'article 54 de l'Acte uniforme portant organisation des procédures simplifiées de recouvrement et des voies d'exécution, en ce que la Cour d'appel a ordonné la mainlevée de la saisie aux motifs que la créance réclamée, n'est pas certaine alors qu'il s'agissait d'examiner exclusivement la mesure conservatoire et les circonstances qui sont de nature à en menacer le recouvrement ;

Attendu que l'article 54 dont la violation est arguée dispose que « toute personne dont la créance paraît fondée en son principe peut, par requête, solliciter...l'autorisation de pratiquer une mesure conservatoire sur tous les biens mobiliers corporels et incorporels de son débiteur, sans commandement préalable si elle justifie de circonstances de nature à en menacer le recouvrement » ;

Attendu que pour faire droit à la requête de mainlevée de la SAFRIC la Cour d'appel a pris comme motif que « … la créance réclamée n'est pas certaine et les intimés mal venus à invoquer une quelconque menace de son recouvrement… » ; qu'ainsi en ajoutant la condition de certitude alors que seul le fondement de la créance en son principe, était exigé, la Cour d'appel a violé les dispositions visées au moyen, faisant encourir la cassation à sa décision ;

Attendu qu'il échet de casser l'arrêt et d'évoquer ;

Sur l'évocation

Attendu que par requête en date du 08 octobre 2007, Maître Nznoutzo Gabriel, avocat à la Cour, agissant au nom de la Société SAFRIC Cameroun, a déclaré interjeter appel de l'Ordonnance de référé n°769 rendue le 28 septembre 2007 par le Président du Tribunal de première instance de Yaoundé ; qu'au soutien de l'appel, il est exposé que la saisie conservatoire est pratiquée pour une somme purement imaginaire en ce que la SAFRIC ne la reconnaît pas et ignore la reconnaissance de dette qui semble être son support juridique ; que de par les statuts, seul le Président-Directeur général est à même d'engager la SAFRIC ; que la SAFRIC a mis fin à ses relations avec le sieur Ongolo depuis 2003 sans heurt ; qu'à supposer l'existence de la créance, rien ne menace son recouvrement ; que le sieur Ongolo ne rapporte pas la preuve que les biens sociaux sont en train d'être distraits ; qu'en définitive la créance poursuivie ne remplit pas les conditions exigées par l'article 54 de l'Acte uniforme portant organisation des procédures simplifiées de recouvrement et des voies d'exécution, lesquelles demandent que la créance paraisse fondée en principe et qu'un péril menace son recouvrement ; qu'enfin la saisie conservatoire a violé les dispositions de l'article 77 alinéa 4 du même Acte uniforme ; que la SAFRIC conclut à l'infirmation de l'ordonnance entreprise ;

Attendu qu'en réplique, Maître Ehongo Alexandre, Avocat à la Cour pour le compte de Ongolo-Entrepreneur a exposé que le montant de la créance a été conjointement arrêté et reconnu par le Directeur général adjoint et le Directeur central de la SAFRIC ; que le sceau de ladite société avait été apposé au bas des signatures des intéressés ; qu'en vertu de l'article 472 alinéa 2 de l'Acte uniforme sur les société commerciales, le Directeur général adjoint d'une société anonyme engage la société par ses actes y compris ceux qui ne relèvent pas de l'objet social ; que le recouvrement de la créance est en péril car depuis le 09 décembre 2003, le Directeur général tente par tous moyens de se soustraire à ses engagements contractuels ; que Maître Ehongo conclut à la confirmation de l'ordonnance entreprise ;

Attendu que suivant un acte signé du Directeur général adjoint et du Directeur central de la SAFRIC du 09 décembre 2003, il ressort que la SAFRIC doit une somme de 6.282.000 F ; que la créance est ainsi fondée en son principe ; que par ailleurs d'un procès-verbal de constat d'huissier en date du 22 août 2007, il appert qu'en lieu et place du siège social de SAFRIC sont placées des plaques indiquant « Assemblée Nationale, Secrétariat parlementaire » ; que la délocalisation du siège social sans aucune autre précision est un changement qui est de nature à mettre en péril le recouvrement de la créance ; que l'article 77 alinéa 4 n'a pu être violé en ce que le principal est constitué seulement des prestations effectuées par l'entreprise ;

Attendu que les conditions édictées par l'article 54 visé, étant toutes remplies, il échet de dire que l'ordonnance querellée relève d'une bonne appréciation des faits et d'une exacte application des dispositions de l'Acte uniforme, et la confirmer ;

Attendu que la SAFRIC succombant sera condamnée aux dépens ;

PAR CES MOTIFS

Statuant publiquement, après en avoir délibéré ;

Casse l'arrêt n°688/CIV rendu le 30 novembre 2007 par la Cour d'appel du Centre à Yaoundé ;

Evoquant et statuant sur le fond,

Confirme l'Ordonnance n°769 rendue le 28 septembre 2007 par le Président du Tribunal de première instance de Yaoundé Centre-Administratif ;

Condamne la SAFRIC aux dépens.

B. Moyens de défense du tiers saisi

Le tiers saisi poursuivi pour paiement des causes de la saisie peut opposer au saisissant les irrégularités du procès-verbal de saisie ou les manquements de l'huissier (CCJA, 3e Ch., n°96/2014, 1er août 2014)

Sommaire

Aucun article de l'AUPSRVE n'interdit au tiers saisi assigné devant la juridiction compétente en condamnation au paiement des causes de la saisie conservatoire sur des biens corporels sur le fondement de l'article 107 de l'Acte uniforme précité d'invoquer les irrégularités du procès-verbal de saisie ou les manquements de l'huissier instrumentaire lors de l'opération de saisie afin d'échapper à une éventuelle condamnation.

La Cour Commune de Justice et d'Arbitrage (CCJA) de l'Organisation pour l'Harmonisation en Afrique du Droit des Affaires (OHADA), Troisième chambre, a rendu l'Arrêt suivant en son audience publique du 1er août 2014 où étaient présents :

Madame Flora DALMEIDA MELE,	Présidente
MessieursVictoriano OBIANG ABOGO,	Juge, rapporteur
Idrissa YAYE,	Juge
et Maître Alfred Koessy BADO,	Greffier ;

Sur le pourvoi enregistré au greffe de la Cour de céans le 1er août 2011 sous le n°064/2011/PC et formé par la SCPA KANGA-OLAYE & Associés, Avocats à la Cour, demeurant à Cocody, Route du Lycée Technique, Immeuble CODIPAS, 04 BP 1975 Abidjan 04, agissant aux noms et pour le compte de Madame BAGUI MALEUKEU Jeannette, de nationalité ivoirienne, domiciliée à Abidjan-Koumassi, Sicogi, et Madame DAHE Brigilie, de nationalité Ivoirienne, domiciliée à Abidjan-Attecoubé, dans le litige qui les oppose à la Compagnie Abidjanaise de Réparations Navales et de Travaux Industriels dite, CARENA SARL, dont le siège social est sis à Abidjan-Plateau, Boulevard de la Paix, 01 BP 453 Abidjan 01, agissant aux poursuites et diligences de son représentant légal, Monsieur Michel PULCINSKY, gérant de ladite société, ayant pour Conseil, Maître KOUADJO KOUAME Eugène, Avocat à la Cour, demeurant au 17 boulevard Roume, 04 BP 125 Abidjan 04, en cassation de l'Arrêt n°400 rendu le 31 décembre 2010 par la Cour d'appel d'Abidjan, et dont le dispositif est le suivant :

« PAR CE MOTIFS

Statuant sur le siège, publiquement, contradictoirement, en matière d'exécution et en dernier ressort ;

En la forme

Déclare d'une part, la CARENA recevable en son appel relevé de l'ordonnance de référé n° 1330 rendue le 30 juin 2010 par la juridiction présidentielle du Tribunal de Première Instance d'Abidjan ;

Déclare, d'autre part, Mesdames DAHE Brigilie et BAGUI Maleukeu Jeannette recevables en leurs appels relevés respectivement des ordonnances de référé n°1675 du 06 aout 2010 et n°1676 du 06 août 2010 rendues par la juridiction présidentielle du Tribunal de Première Instance d'Abidjan ;

Au fond

Dit la CARENA partiellement fondée ;

Réforme l'ordonnance n°1330 du 30 juin 2010 ;

Statuant à nouveau :

Déboute Mesdames DAHE Brigilie et BAGUI Maleukeu Jeannette de leur demande en condamnation des causes de la saisie ;

Confirme pour le surplus, relativement au rejet de l'exception d'incompétence ;

Déclare par conséquent Mesdames DAHE Brigilie et BAGUI Maleukeu Jeannette mal fondées en leurs appels ;

Confirme, par substitution de motifs, les ordonnances portant mainlevée des saisies conservatoires pratiquées ;

Condamne Mesdames DAHE Brigilie et BAGUI Maleukeu Jeannette aux dépens. » ;

Les requérantes invoquent à l'appui de leur pourvoi deux moyens de cassation tels qu'ils figurent à la requête annexée au présent arrêt ;

Sur le rapport de Monsieur Victoriano OBIANG ABOGO, juge ;

Vu les dispositions des articles 13, 14 et 18 du Traité relatif à l'harmonisation du droit des affaires en Afrique ;

Vu le Règlement de procédure de la Cour Commune de Justice et d'Arbitrage de l'OHADA ;

Attendu qu'il ressort des pièces du dossier de la procédure que lors de l' exécution de l'Ordonnance n°3521/2010 rendue le 20 mai 2010 par le Président du Tribunal de première instance d'Abidjan-Plateau ayant autorisé madame BAGUI Maleukeu Jeannette et Madame DAHE Brigilie à pratiquer une saisie conservatoire sur le navire « HD INSPECTOR » appartenant à la société HYDRODIVE INTERNATIONAL LTD, détenu au moment de ladite saisie par la société CARENA, pour sûreté et garantie du paiement de la somme de 300 000 000 FCFA réclamée à la société HYDRODIVE INTERNATIONAL LTD devant le Tribunal de première instance, Monsieur Michel PLUCINSKI, Directeur général de la société CARENA, a déclaré transmettre l'exploit à son Conseil sans informer l'huissier de la présence ou non, dans ses locaux, du navire

« HD INSPECTOR » visé par la saisie ; que n'ayant enregistré aucune réaction de la part de la société CARENA durant deux semaines, Mesdames BAGUI Maleukeu Jeannette et DAHE Brigilie l'ont assigné devant la juridiction présidentielle du Tribunal de première instance d'Abidjan laquelle, par Ordonnance de référé n°1330 rendue le 30 juin 2010, a déclaré irrecevables les moyens tirés de la nullité du procès verbal de saisie soulevés par la CARENA et l'a condamnée au paiement de la somme de 300.000.000 F CFA représentant les causes de la saisie ; que par exploit du 8 juillet 2010, la CARENA a interjeté appel de cette décision ; qu'elle a en outre, par deux exploits datés du 2 août 2010, saisi la juridiction présidentielle du Tribunal de première instance d'Abidjan d'une procédure en mainlevée de la saisie conservatoire de créance et d'une procédure en contestation et en mainlevée des saisies pratiquées sur ses biens mobiliers corporels ; que par Ordonnances n°1675 et n°1676 rendue le 6 août 2010, la juridiction présidentielle a ordonné respectivement la mainlevée de la saisie conservatoire de créances et celle de la saisie conservatoire des biens meubles corporels ; que par exploits datés des 12 et 17 août 2010, les requérantes ont interjeté appel des susdites ordonnances ; qu'après jonction des trois procédures, la Cour d'appel d'Abidjan a rendu le 31 décembre 2010, l'Arrêt n°400 dont pourvoi ;

Sur la première branche du premier moyen

Attendu que les dames BAGUI M. Jeannette et DAHE Brigilie reprochent à l'arrêt attaqué d'avoir violé les articles 62 et 141 de l'Acte uniforme portant organisation des procédures simplifiées de recouvrement et des voies d'exécution, en ce que la Cour d'Appel d'Abidjan a déclaré bien fondées les exceptions de nullité invoquées par la société CARENA tirées des multiples causes de nullité qui entachaient le procès-verbal de saisie conservatoire du 10 juin 2010, alors qu'elle n'est que tierce saisie dans cette opération ;

Attendu que l'article 62 de l'Acte uniforme susindiqué dispose que « même lorsqu'une autorisation préalable n'est pas requise, la juridiction compétente peut, à tout moment, sur la demande du débiteur, le créancier entendu ou appelé, donner mainlevée de la mesure conservatoire si le saisissant ne rapporte pas la preuve que les conditions prescrites par les articles 54, 55, 59, 60, et 61 ci-dessus sont réunis » ; que l'article 141 du même Acte uniforme quant à lui dispose que « le tiers qui se prétend propriétaire d'un bien saisi peut demander à la juridiction compétente d'en ordonner la distraction. A peine d'irrecevabilité, la demande doit préciser les éléments sur lesquels se fonde le droit de propriété invoqué. Elle est signifiée au créancier saisissant, au saisi et éventuellement au gardien. Le créancier saisissant met en cause les créanciers opposants par lettre recommandée avec avis de réception ou tout moyen laissant trace écrit. Le débiteur saisi est entendu ou appelé » ;

Mais attendu qu'en l'espèce, il ressort de ces deux dispositions deux situations différentes : l'article 141 de l'Acte uniforme sus indiqué reconnait le droit du tiers dont les biens ont été saisis alors qu'il n'est pas débiteur du saisissant, de demander la distraction de ces biens ; selon l'article 62 du même Acte uniforme, seul le débiteur peut contester la saisie pratiquée en appelant le créancier, pour prouver que les conditions de la saisie conservatoire prévues aux articles 54, 55, 59, 60 et 61 du même Acte uniforme ne sont pas remplies ; que le tiers saisi ne peut pas initier cette action en contestation et n'a pas le droit de soulever les irrégularités liées à la procédure ; que cependant, aucun article de l'Acte uniforme sus indiqué n'interdit au tiers saisi assigné devant la juridiction compétente en condamnation au paiement des causes de la saisie conservatoire sur des biens corporels sur le fondement de l'article 107 de l'Acte uniforme précité d'invoquer les irrégularités du procès-verbal de saisie ou les manquements de l'huissier instrumentaire lors de l'opération de saisie afin d'échapper à une éventuelle condamnation ; qu'ainsi, en décidant comme elle l'a fait, la Cour d'appel n'a en rien violé les articles 62 et 141 de l'Acte uniforme susvisé ; qu'il s'ensuit que le moyen doit être rejeté ;

Sur la deuxième branche du premier moyen

Attendu qu'il est fait grief à l'arrêt attaqué d'avoir violé l'article 107 de l'Acte uniforme portant organisation des procédures simplifiées de recouvrement et des voies d'exécution en ce que pour infirmer l'Ordonnance n°1330 du 30 juin 2010 qui a condamné la société CARENA au paiement des causes de la saisie conservatoire du 10 juin 2010, la Cour d'appel a retenu que ladite saisie a été autorisée en violation de l'article 54 de l'Acte uniforme précité ;

Attendu que l'article 107 de l'Acte uniforme mentionné, dispose « l'huissier ou l'agent d'exécution invite le tiers à déclarer les biens qu'il détient pour le compte du débiteur et, parmi ces derniers, ceux qui auraient fait l'objet d'une saisie antérieure. En cas de refus de déclaration ou déclaration inexacte ou mensongère, le tiers peut être condamné au paiement des causes de la saisie, sauf son recours contre le débiteur. Il peut aussi, être condamné à des dommages-intérêts.» ;

Attendu qu'aux termes de l'article 54 du même acte uniforme : « toute personne dont la créance paraît fondée en son principe, peut, par requête, solliciter de la juridiction compétente du domicile ou du lieu où demeure le débiteur, l'autorisation de pratiquer une mesure conservatoire … si elle justifie de circonstances de nature à en menacer le recouvrement. » ; que cet article subordonne l'exercice de la saisie conservatoire à l'existence de circonstances de nature à en menacer le recouvrement et à l'existence d'une créance paraissant fondée en son principe ;

Mais attendu qu'en l'espèce, la cour d'appel d'Abidjan a infirmé l'Ordonnance n°1330 du 30 juin 2010 pour violation des articles 54, 108 et 110 de l'Acte uniforme suscité ; qu'en effet, la cour a constaté que l'autorisation de saisie conservatoire, délivrée aux dames BAGUI et DAHE par l'Ordonnance n°3521/2010 du 20 mai 2010, l'a été sur la base d'une assignation en responsabilité pendante devant le Tribunal de première instance servie par les dames BAGUI et DAHE contre la CARENA pour solliciter le paiement de la somme de 300.000.000 FCFA ; qu'elle a retenu que « cette somme a été fixée sur la base d'une appréciation subjective et éventuelle par elles en dehors de tout titre exécutoire, de toute reconnaissance ou de tout commencement de preuve, tels que ces critères existent en droit civil de sorte que la créance ne parait pas fondée en son principe comme l'exige l'article 54 de l'Acte uniforme précité » ; que la Cour a simplement constaté que la créance, cause de la saisie conservatoire reposait sur un montant fixé arbitrairement par les dames BAGUI et DAHE sur la base d'une simple demande en justice et non sur la base d'une créance certaine détenue par elles, ce qui est contraire au principe de la créance paraissant fondée prévue à l'article 54 de l'Acte uniforme sus indiqué ; que sur cette base, la cour a estimé que la saisie conservatoire ayant une base contraire à l'article 54 de l'Acte uniforme susvisé, l'Ordonnance n°1330 du 30 juin 2010 qui condamne la CARENA à payer les causes d'une saisie nulle, doit être annulée ; qu'en statuant ainsi, la Cour d'appel d'Abidjan n'a pas violé l'article 107 de l'Acte uniforme susvisé ; que cette branche du moyen n'est également pas fondée et doit être rejetée ;

Sur le deuxième moyen

Attendu que les requérantes reprochent à l'arrêt attaqué d'être insuffisamment motivé et de manquer de base légale en ce que la Cour d'appel a infirmé l'Ordonnance n°1330 du 30 juin 2010 en ses dispositions condamnant la société CARENA à payer les causes de la saisie alors que la question qui lui était posée était celle de savoir si la mention « reçu le 10 juin 2010 à 14 h 30 mn pour transmission à notre Avocat », faite par le directeur de la société CARENA, constituait une réponse valable et suffisante à l'invitation de l'huissier de déclarer les biens détenus pour le compte de HYDRODIVE INTERNATIONAL et que la société CARENA dans aucun acte de procédure postérieur, n'a contesté la régularité ou la validité de l'autorisation de saisie du navire à elle délivrée ;

Mais attendu qu'en considérant que la saisie conservatoire du 10 juin 2010 a été autorisée et pratiquée en violation des dispositions de l'article 54 de l'Acte uniforme sus indiqué et en a ordonné la mainlevée, la Cour d'appel qui a infirmé l'Ordonnance n°1330 du 30 juin 2010 et a débouté les requérantes de leur demande en paiement des causes de la saisie, a implicitement répondu à la question de déclaration des biens qui est devenue sans intérêt et a ainsi donné une base légale à sa décision ; qu'il s'ensuit que le moyen doit être rejeté ;

Attendu que Mesdames BAGUI Maleukeu Jeannette et DAHE Brigilie ayant succombé, il y a lieu de les condamner aux dépens ;

PAR CES MOTIFS

Statuant publiquement, après en avoir délibéré,

Rejette le pourvoi formé par Mesdames BAGUI Maleukeu Jeannette et DAHE Brigilie ;

Les condamne aux dépens.

V. Titre exécutoire

Un jugement rendu dans une cause opposant le créancier à un autre débiteur ne peut fonder la saisie (CCJA, 3e Ch., n°34/2014, 3 avril 2014)

Sommaire

En application de l'article 153 de l'AUPSRVE, la saisie-attribution des créances est subordonnée à la détention d'un titre exécutoire constatant une créance certaine, liquide et exigible vis-à-vis du débiteur. C'est à bon droit qu'une Cour d'appel ordonne main levée d'une saisie pratiquée contre un débiteur en vertu d'un jugement rendu dans une cause opposant le créancier à un autre débiteur.

La Cour Commune de Justice et d'Arbitrage (CCJA) de l'Organisation pour l'Harmonisation en Afrique du Droit des Affaires (OHADA), Troisième chambre, a rendu l'Arrêt suivant en son audience publique du 03 avril 2014 où étaient présents :

Madame Flora DALMEIDA MELE,	Présidente, rapporteur
Messieurs Victoriano OBIANG ABOGO,	Juge
Idrissa YAYE,	Juge
et Maître Alfred Koessy BADO,	Greffier,

Sur le pourvoi enregistré au greffe de la Cour de céans le 31 mai 2011 sous le n°050/2011/PC et formé par Maître MANGA Clément Bienvenu, Avocat au Barreau du Cameroun, BP 1086, Ebolowa, agissant au nom et pour le compte de Monsieur Jacques DONG, demeurant à Mont-Bouêt, BP 1809 Libreville, dans la cause l'opposant à l'Union Gabonaise de Banque dite UGB SA, groupe Attijariwafa bank SA, ayant son siège social à Libreville, avenue du Colonel Parant, BP 315, agissant aux poursuites et diligences de son représentant légal, ayant pour conseils la SCPA NTOUTOUME & MEZHER MOULOUNGUI, Avocats au Barreau du Gabon, BP 2565 Libreville, en cassation de l'Arrêt n°85/2010-2011 rendu le 29 décembre 2010 par la Cour d'appel judiciaire de Libreville ayant confirmé l'Ordonnance du 12 novembre 2010 rendue par le Président du Tribunal de première instance de Libreville ;

Le requérant invoque à l'appui de son pourvoi les trois moyens de cassation tels qu'ils figurent à la requête annexée au présent arrêt ;

Sur le rapport de Madame Flora DALMEIDA MELE, Seconde Vice-présidente ;

Vu les dispositions des articles 13 et 14 du Traité relatif à l'harmonisation du droit des affaires en Afrique ;

Vu le Règlement de procédure de la Cour Commune de Justice et d'Arbitrage de l'OHADA ;

Attendu que bien qu'ayant reçu, le 22 juin 2011, la signification du recours en cassation formé par Monsieur Jacques DONG à lui adressé par le Greffier en chef par lettre n°184/2011/G2 en date du 14 juin 2011, la BEAC n'a pas daigné répondre ; que le principe du contradictoire étant été respecté, il y a lieu d'examiner le présent recours ;

Attendu qu'il ressort des pièces de la procédure qu'en exécution du Jugement n°053 assorti de l'exécution provisoire rendu le 07 janvier 2004 par le Tribunal judiciaire de première instance de Libreville, Monsieur Jacques DONG a fait pratiquer le 30 janvier 2004, une saisie-attribution de créances au préjudice de la Société d'Energie et d'Eau du Gabon dite SEEG entre les mains de différents établissements bancaires de Libreville dont l'Union Gabonaise de Banque, saisie dénoncée le même jour ; que la SEEG a saisi en contestation le Juge des référés lequel, par Ordonnance n°442/2003-2004 du 18 mars 2004, a prononcé la mainlevée desdites saisies ; que par Arrêt n°04/04-05 du 22 octobre 2004, la Cour d'appel judiciaire de Libreville a annulé le Jugement du 07 janvier 2004 pour incompétence de la chambre commerciale ; que par Arrêt n°032/05-06 du 08 mai 2006, la même Cour d'appel statuant après cassation, a corrigé l'erreur matérielle et a confirmé le Jugement du 07 janvier 2004 ; que le 04 juillet 2006, la SEEG a formé un pourvoi en cassation contre cet arrêt et a introduit une requête aux fins de sursis à exécution de l'Arrêt du 08 mai 2006 ; que statuant sur cette requête, la Cour de cassation du Gabon a, par Arrêt n°07/2006-2007 du 22 février 2007, cantonné à 10 000 000 FCFA l'exécution de l'Arrêt du 08 mai 2006 et a sursis à l'exécution pour le surplus ; que prétextant une résistance de la part de l'Union Gabonaise de Banque à payer les sommes saisies malgré un certificat de non contestation et de transport de créances délivré le 29 septembre 2010 et signifié le même jour à l'UGB, Monsieur DONG a fait pratiquer le 07 octobre 2010 une saisie attribution de créances au préjudice de l'UGB entre les mains de la Banque des Etats de l'Afrique Centrale, saisie dénoncée le 12 octobre 2010 ; que l'UGB a assigné en contestation et en mainlevée Monsieur DONG Jacques par devant le Président du tribunal de grande instance de Libreville lequel a ordonné la mainlevée de la saisie attribution de créances pratiquée le 07 octobre 2010 sur les avoirs de l'UGB auprès de la BEAC pour absence de titre exécutoire ; que sur appel de Monsieur DONG Jacques, la Cour d'appel judiciaire de Libreville a, par Arrêt n°85/2010-2011 dont pourvoi, confirmé l'ordonnance querellée en toutes ses dispositions ;

Sur les premier et troisième moyens réunis

Attendu qu'il est fait grief à l'arrêt attaqué d'avoir violé les dispositions des articles 38 et 50 de l'Acte uniforme portant organisation des procédures simplifiées de recouvrement et des voies d'exécution au motif que la Cour d'appel a, d'une part, ordonné, à la demande de l'UGB qui n'est pas partie au procès, la mainlevée de saisies opérées au préjudice de la SEEG alors que le tiers saisi, en l'occurrence l'UGB, ne peut faire obstacle aux procédures en vue de l'exécution ou de la conservation des créances et d'autre part, retenu que le saisissant ne dispose pas d'un titre exécutoire alors que selon l'article 50 de l'Acte uniforme sus indiqué, la saisie pouvant porter sur tous les biens appartenant au débiteur même s'ils sont détenus par un tiers, c'est en extension de celle entreprise contre la SEEG en vertu du Jugement du 07 janvier 2004 entre les mains de l'UGB que Monsieur Jacques DONG a saisi dans les livres de la BEAC, les fonds cantonnés à l'UGB ;

Mais attendu que la saisie dont la mainlevée a été ordonnée résulte du procès verbal en date du 07 octobre 2010 par lequel Monsieur Jacques DONG a fait pratiquer entre les mains de la BEAC la saisie-attribution de créances des sommes de l'UGB en vertu du jugement du 07 janvier 2004 rendu dans la cause opposant Monsieur Jacques DONG à la SEEG ; que ce titre n'étant pas opposable à l'UGB, c'est en violation de l'article 153 de l'Acte uniforme sus indiqué que la saisie a été pratiquée à l'encontre de l'UGB qui a intérêt à la contester, ne faisant aucunement obstacle aux procédures d'exécution ; qu'à l'absence de tout titre exécutoire, c'est à bon droit que la Cour d'appel a ordonné la mainlevée de la saisie opérée sur le compte de l'UGB à la BEAC ; qu'il s'ensuit que les moyens ne sont pas fondés ;

Sur le deuxième moyen

Attendu que le demandeur au pourvoi reproche à l'arrêt attaqué d'avoir, en violation de l'article 164 de l'Acte uniforme portant organisation des procédures simplifiées de recouvrement et des voies d'exécution, omis de constater l'existence du certificat de non contestation et de transport de créances du 29 septembre 2010 alors que selon le moyen, le tiers saisi est obligé de payer dès présentation d'un certificat de non contestation ;

Mais attendu que le moyen tiré du défaut de constatation par la Cour d'appel de l'existence du certificat de non contestation et de transport de créances en date du 29 septembre 2010 qui , en réalité, a été délivré dans le cadre de la procédure de saisie attribution du 30 janvier 2004 , est inopérant du fait qu'en l'espèce , la décision attaquée est l'Arrêt n°85/2010-2011 rendu par la Cour d'appel judiciaire de Libreville ayant ordonné la mainlevée de la saisie- attribution de créances pratiquée le 07 octobre 2010 sur le compte de l'UGB logé à la BEAC ;

Attendu qu'ayant succombé, Monsieur Jacques DONG doit être condamné aux dépens ;

PAR CES MOTIFS

Statuant publiquement, après en avoir délibéré,

Déclare recevable le recours ;

Rejette le pourvoi ;

Condamne Monsieur Jacques DONG aux dépens.

Une ordonnance rétractée, même partiellement, n'est plus un titre exécutoire (CCJA, Ass. Plén., n°49/2014, 23 avril 2014)

Sommaire

L'avocat qui justifie de son inscription au tableau de l'ordre des avocats de son pays a qualité pour représenter tout justiciable et d'agir pour lui-même, aussi bien devant les juridictions nationales que devant la CCJA. Il peut en conséquence se représenter lui-même et signer tous les actes de procédure

La notion de *Président de la juridiction compétente*prévue à l'article 241 de l'AUSCGIE vise aussi bien le Président du tribunal, que le Président de la Cour d'appel.

L'article 49 de l'Acte uniforme portant organisation des procédures simplifiées de recouvrement et des voies d'exécution, donne compétence au Président du Tribunal et au Président de la Cour d'appel, pour statuer sur les difficultés survenues à l'occasion de l'exécution forcée.

Une ordonnance, même revêtue provisoirement de la formule exécutoire, qui a été rétractée même partiellement ne constitue plus un titre exécutoire au sens de l'article 33 de l'AUPSRVE et ne peut plus servir de fondement à une saisie-attribution.

La Cour Commune de Justice et d'Arbitrage (CCJA) de l'Organisation pour l'Harmonisation en Afrique du Droit des Affaires (OHADA), Assemblée plénière, a rendu l'Arrêt suivant en son audience foraine tenue le 23 avril 2014 à Lomé-TOGO où étaient présents :

Messieurs Marcel SEREKOÏSSE SAMBA	Président
Abdoulaye Issoufi TOURE,	Premier Vice-président,
Madame Flora DALMEIDA MELE,	Second Vice-président
Namuano Francisco Dias GOMES,	Juge, rapporteur
Victoriano OBIANG ABOGO,	Juge
Idrissa YAYE,	Juge
Djimasna N'DONINGAR,	Juge
et Maître Paul LENDONGO,	Greffier en chef,

Sur le pourvoi enregistré au greffe de la Cour de céans le 23 juin 2009 sous le n°061/2009/PC et formé par Maître Galolo SOEDJEDE, Avocat à la Cour, 3473, Boulevard du 13 janvier, BP 3893 Lomé-TOGO, agissant en son nom propre, dans la cause l'opposant à Monsieur AKOUETE Koffi Antoine, liquidateur de la Bank of Crédit and Commerce International-TOGO (BCCI-TOGO), domicilié à Lomé, 33 boulevard circulaire, ayant pour conseils SCPA AGBOYIBO, Monou et Associés, Avocats à la Cour, 64, Avenue du 24 Janvier, BP 06 Lomé-TOGO, et à la Banque

Internationale pour l'Afrique au TOGO (BIA- TOGO) SA, tiers saisi , dont le siège est à Lomé, sise au 13, rue du Commerce, ayant pour conseils Maître Sédjro Koffi DOGBEAVOU, Avocat à la Cour, 38, Avenue de la Libération, Lomé (Etage Alliance Biblique), BP : 968 et Maître Benjamin Kadjo EBIELE, Avocat à la Cour à Abidjan (Côte d'Ivoire), ainsi que leTrésor public du Togo à Lomé (tiers saisi), pris en la personne du Trésorier payeur demeurant en ladite ville, immeuble CASEF, BP 324,

en cassation des trois (3) Ordonnances de référé n°009/09 du 21 janvier 2009, n°028/09 du 11 février 2009 et n°94/09 du 06 mai 2009 rendues par le Premier Président de la Cour d'appel de Lomé, et dont les dispositifs sont les suivants :

Ordonnance n°009/09 du 21 janvier 2009 :

« Au principal, renvoyons les parties à mieux se pourvoir ainsi qu'elles aviseront ;

Mais dès à présent, vu l'urgence ;

Confirmons l'ordonnance de sursis à exécution n°447/08 du 20 Novembre 2008 ;

Réservons les dépens. ».

Ordonnance n°028/09 du 11 février 2009 :

« Au principal, renvoyons les parties à mieux se pourvoir ainsi qu'elles aviseront ;

Mais dès à présent, vu l'urgence ;

Nous nous déclarons incompétent ;

Condamnons le demandeur aux dépens. ».

Ordonnance n°94/09 du 06 mai 2009 :

« Au principal, renvoyons les parties à mieux se pourvoir ainsi qu'elles aviseront ;

Mais dès à présent, vu l'urgence ;

Nous nous déclarons incompétent ;

Condamnons le demandeur aux dépens. ».

Le requérant invoque à l'appui de son pourvoi les deux moyens de cassation tels qu'ils figurent à la requête annexée au présent arrêt ;

Sur le rapport de Monsieur Namuano Francisco DIAS GOMES, Juge ;

Vu les articles 13, 14 du Traité relatif à l'harmonisation du droit des affaires en Afrique ;

Vu le Règlement de procédure de la Cour Commune de Justice et d'Arbitrage de l'OHADA ;

Attendu qu'il résulte de l'examen des pièces de la procédure que Maitre Galolo SOEDJEDE a, pendant plusieurs années, été le Conseil de la Bank Of Crédit and Commerce International ; qu'à titre d'honoraires il a bénéficié de plusieurs ordonnances de taxe rendues par le Président du Tribunal première instance de première classe de Lomé en 1991 ; que suite à la liquidation de la Banque toutes ces ordonnances ont été regroupées dans une seule Ordonnance de taxe n°1405/2008 rendue le 30 juillet 2008 par le même Président pour une somme totale de 33.099.712 francs ainsi que des intérêts capitalisés année après année au taux légal à compter du 14 août 1991 ; que cette ordonnance a été déclarée exécutoire par provision et sur minute contre le liquidateur de la banque, le sieur AKOUETE KOFFI Antoine ; que saisi par le liquidateur aux fins de rétractation de l'ordonnance du 30 juillet 2008, le juge des référés, par Ordonnance n°0867 du 20 octobre 2008, confirmait ladite ordonnance pour le principal mais la rétractait pour les intérêts ; que les appels de cette ordonnance du 20 octobre 2008, seront sanctionnés par deux ordonnances de référé du Premier Président de la Cour d'appel de Lomé : l'Ordonnance n°009 du 21 janvier 2009 sur l'appel du sieur AKOUETE par laquelle le Premier Président confirmait le sursis à l'exécution de l'ordonnance de référé du 20 octobre 2008 et l'Ordonnance n°028 du 11 février 2009 sur l'appel de Maître Galolo SOEDJEDE par laquelle le Premier Président s'est déclaré incompétent ; que la saisie opérée parallèlement à été levée par Ordonnance de référé n°1045 en date du 03 décembre 2008 du Président du Tribunal ; que sur l'appel contre cette ordonnance de mainlevée, le Premier Président se déclarait à nouveau incompétent par Ordonnance n°94 en date du 06 mai 2009 ; que le présent pourvoi est dirigé contre les Ordonnances n°009 du 21 janvier 2009, n°028 du 11 février 2009 et n°94 du 06 mai 2009 ;

Attendu que par lettre n°451/2009/G2 du 25 juin 2009, le Greffier en chef de la Cour de céans a tenté de joindre le Trésor Public du TOGO afin de lui signifier, en application des articles 29 et 30 du Règlement de procédure de la Cour Commune de Justice et d'Arbitrage, le recours en cassation formé par Maître Galolo SOEDJEDE contre les Ordonnances de référé n°009/09 du 21 janvier 2009, n°028/2009 du 11 février 2009, n°94/09 du 06 mai 2009, renduespar le Président de la Cour d'appel de Lomé statuant en matière de référé ; que cette correspondance est demeurée sans suite ; que le principe du contradictoire ayant été respecté, il y a lieu d'examiner le présent recours ;

En la forme

In limine litis sur l'irrecevabilité du pourvoi formé par Maître Galolo SOEDJEDE

Attendu que Monsieur AKOUETE Koffi Antoine soulève, in limine litis, l'irrecevabilité de la requête à fin de pourvoi introduite par le sieur Galolo SOEDJEDE pour inobservation de l'article 19 du Traité OHADA du 17 octobre 1993 et des articles 23-1 et 27-1 du Règlement de procédure de la CCJA adopté le 18 avril 1996 aux motifs que le requérant n'est pas représenté par un avocat et que la requête elle-même n'a pas été visée par un avocat ;

Attendu que l'article 19 du Traité OHADA du 17 octobre 1993 dispose que : « la procédure devant la Cour de Justice et d'Arbitrage est fixée par un règlement adopté par le conseil des ministres dans les conditions prévues à l'article 8 ci-dessus publié au journal officiel de l'OHADA. Il est également publié au journal officiel des Etats Parties ou par tout autre moyen approprié. Cette procédure est contradictoire. Le ministère d'un avocat est obligatoire. L'audience est publique. » ;

Attendu que les articles 23-1 et 27-1 du Règlement de procédure de la CCJA disposent respectivement que : « Le ministère d'avocat est obligatoire devant la Cour. Est admis à exercer ce ministère toute personne pouvant se présenter en qualité d'avocat devant une juridiction de l'un des Etats Parties au traité. Il appartient à toute personne se prévalant de cette qualité d'en apporter la preuve à la Cour. Elle devra en outre produire un mandat spécial de la Partie qu'elle représente. » et « L'original de tout acte de procédure doit être signé par l'avocat de la Partie. Cet acte, accompagné de toutes les annexes qui y sont mentionnées, est présenté avec sept copies pour la Cour et autant de copies qu'il y a de Parties en cause. Ces copies sont certifiées conformes par la Partie qui les dépose. » ;

Mais attendu qu'il est constant que le requérant en l'occurrence Maître Galolo SOEDJEDE est avocat ; que cette qualité, qui appert de l'attestation de son inscription au tableau de l'ordre des avocats du Togo, son pays, lui permet sans l'ombre d'aucun doute de représenter tout justiciable et d'agir pour lui-même, aussi bien devant les juridictions nationales que devant la Cour de céans ; qu'en conséquence, Maître SOEDJEDE a pu valablement se représenter lui-même et signer tous les actes de procédure sans aucune violation des dispositions précitées ; que le présent pourvoi doit être déclaré recevable ;

In limine litis sur l'irrecevabilité du mémoire en réponse de Monsieur AKOUETE Koffi Antoine pour inobservation des dispositions de l'article 28-4 du Règlement de procédure de la CCJA

Attendu que Maître Galolo SOEDJEDE soulève, in limine litis, l'irrecevabilité du mémoire en réponse du sieur AKOUETE Koffi Antoine pour inobservation des dispositions de l'article 28-4 alinéa 2 et 3 du Règlement de procédure de la CCJA au motif qu'aucun extrait récent du Registre de Commerce et du Crédit Mobilier n'a été joint à ce mémoire en réponse et qu'au rang des pièces produites à l'appui dudit mémoire, ne figure nulle part le mandat donné à l'Avocat signataire ;

Attendu en effet qu'aux termes du Règlement de procédure de la Cour de céans, en son article 28-4 alinéa 1 dispose que :« Si le requérant est une personne morale de droit privé, il joint à sa requête : - ses statuts ou un extrait récent du registre de commerce, ou toute autre preuve de son existence juridique » ; et son alinéa 3 dispose que « Si le requérant est une personne morale de droit privé, il joint à sa requête :- la preuve que le mandat donné à l'avocat a été régulièrement établi par un représentant qualifié à cet effet. » ;

Attendu qu'il ressort du dossier que deux mandats ont été donnés à Maître Sédjro Koffi DOGBEAVOU, Avocat au barreau de Lomé, Benjamin Kadjo EBIELE avocat au barreau de COTE D'IVOIRE et Maître Yaovi AGBOYIBO avocat au barreau du TOGO pour le compte de la BIA-TOGO et du sieur AKOUETE ; qu'il y a lieu en conséquence de recevoir les mémoires en réponse ;

Au fond

Sur l'Ordonnance n°09/09 du 21 janvier 2009

Attendu qu'il est fait grief au Premier Président de la Cour d'appel d'avoir, par cette décision, confirmé le sursis à l'exécution de l'Ordonnance n°0867 rendue le 20 octobre 2008 par le Président du Tribunal de première instance de Lomé, alors qu'en la matière le délai d'appel est de 15 jours à compter du prononcé de l'ordonnance attaquée et d'avoir ainsi violé l'article 49 alinéa 2 de l'Acte uniforme portant organisation des procédures simplifiées de recouvrement et des voies d'exécution ;

Attendu que l'ordonnance du 20 octobre 2008 n'a pas été rendue en matière d'exécution, qu'il y a lieu cependant de relever d'office qu'aux termes de l'article 143 du code de procédure civile du TOGO « lorsque le jugement a été prononcé en présence des parties il n'a pas à leur être signifié… » et qu'aux termes de l'article 162 du même code « les ordonnances de référé ne sont pas susceptibles d'opposition. Elles peuvent être frappées d'appel dans le délai de 15 jours » ;

Attendu que l'appel, étant relevé le dix-septième (17ème) jour, est manifestement irrecevable ; qu'il échet de casser l'Ordonnance de référé n°009/09 du 21 janvier 2009 ayant confirmé un sursis nonobstant cette forclusion ;

Sur l'Ordonnance n°028 du 11 février 2009 du Premier Président de la Cour d'appel de Lomé

Attendu qu'il est fait grief à cette ordonnance d'avoir violé l'article 241 de l'Acte uniforme relatif au droit des sociétés commerciales et du groupement d'intérêt économique, en ce que le Premier Président de la Cour s'est déclaré incompétent pour statuer sur l'Ordonnance de référé n°0867 du Président du Tribunal de première instance de Lomé rendue le 20 octobre 2008 ;

Attendu qu'il résulte des termes de l'article 241 susvisé que : « Sous réserve des droits des créanciers, le liquidateur décide s'il y a lieu de distribuer les fonds disponibles en cours de liquidation. Après mise en demeure infructueuse du liquidateur, tout intéressé peut demander au président de la juridiction compétente statuant à bref délai, qu'il soit statué sur l'opportunité d'une répartition en cours de liquidation » : que cette compétence est relative tant au Président du tribunal, qu'au Président de la Cour d'appel ; que le Premier Président était donc compétent pour statuer sur une ordonnance rendue par le Président du Tribunal première instance de Lomé et querellée devant lui ; qu'il échet dès lors casser l'Ordonnance n°028 rendue le 11 février 2009 par le Premier Président de la Cour d'appel ;

Sur l'Ordonnance n°94 du 06 mai 2009 du Premier Président de la Cour d'appel de Lomé.

Attendu qu'il est fait grief à cette ordonnance d'avoir violé l'article 49 de l'Acte uniforme portant organisation des procédures simplifiées de recouvrement et des voies d'exécution, en ce que le Président de la Cour s'est déclaré incompétent relativement à l'Ordonnance de référé n°1045 du 03 décembre 2008 du Président du Tribunal ayant ordonné la mainlevée d'une saisie attribution ;

Attendu que selon le moyen, le Premier Président s'est déclaré incompétent, alors qu'aux termes de l'article visé au moyen il résulte que « la juridiction compétente pour statuer sur tout litige ou sur toute demande relative à une mesure d'exécution forcée ou à une saisie conservatoire est le Président de la juridiction statuant en matière d'urgence ou le magistrat délégué par lui… » ;

Attendu que, suivant une jurisprudence constante de la Cour de céans, l'article 49 de l'Acte uniforme portant organisation des procédures simplifiées de recouvrement et des voies d'exécution, donne compétence au Président du Tribunal et au Président de la Cour d'appel, pour statuer sur les difficultés survenues à l'occasion de l'exécution forcée ; que le Premier Président de la Cour était donc compétent relativement à l'ordonnance susindiquée rendue par le Président du Tribunal de première instance et querellée devant lui ; qu'il échet dès lors casser l'Ordonnance n°94 rendue le 06 mai 2009 par le Premier Président de la Cour d'appel de Lomé ;

Sur l'évocation

Sur l'Ordonnance n°0867 rendue le 20 octobre 2008 par le Président du Tribunal de Lomé

Attendu que Maître Galolo SOEDJEDE et le sieur AKOUETE KOFFI Antoine ont, par exploits des 03 et 06 novembre 2008, respectivement relevé appel de cette ordonnance, le premier demandant son infirmation partielle relativement aux intérêts légaux et le second sollicitant le sursis à son exécution ;

Attendu que le cours légal des intérêts de la BCCI-Togo a été interrompu à la date du 08 Juillet 1991 par le Jugement n°609 du 24 juin 1997 du Tribunal de première instance de Lomé, statuant sur la base des dispositions des articles 4 de l'arrêté n°316/MEF du Ministre l'Economie et des Finances du 15 novembre 1994 et 63 de la loi n°90-17 du 05 Novembre 1990 portant réglementation bancaire ; que quant au principal, il ne fait objet d'aucune contestation utile ; qu'il échet donc de confirmer l'ordonnance querellée ;

Sur l'Ordonnance n°1045 rendue le 03 décembre 2008 par le Président du Tribunal de Lomé

Attendu qu'il ressort des pièces du dossier que suivant Ordonnance de référé n° 1045/08 du 03 décembre 2008, le Président du Tribunal de première instance de Lomé a ordonné la mainlevée de la saisie-attribution de créance pratiquée le 02 octobre 2008 par Maître Galolo SOEDJEDE sur le compte de la liquidation BCCI-TOGO entre les mains de la BIA- TOGO ; que par exploit en date du 11 décembre 2008 Maître Galolo SOEDJEDE, a déclaré interjeter appel de cette ordonnance ;

Attendu que Maître Galolo SOEDJEDE a exposé que la saisie a été opérée sur la base de l'Ordonnance sur requête n°1405/2008 du 30 juillet 2008 exécutoire sur minute et dûment revêtue de la formule exécutoire ; que la décision de mainlevée est injustifiée au regard de l'article 32 de l'Acte uniforme portant organisation des procédures simplifiées de recouvrement et des voies d'exécution ;

Attendu que l'intimé AKOUETE KOFFI Antoine liquidateur a conclu à l'incompétence du Juge des référés d'appel au motif que la juridiction à laquelle fait référence l'article 49 est nécessairement une juridiction de premier degré ;

Attendu que suivant une jurisprudence constante de la Cour de céans l'article 49 de l'Acte uniforme portant organisation des procédures simplifiées de recouvrement et des voies d'exécution, donne compétence à la juridiction statuant en matière de référé, tant au Président du Tribunal qu'au Président de la Cour d'appel, de statuer sur les difficultés survenues à l'occasion de l'exécution forcée ; que cependant l'Ordonnance sur requête n°1405/2008, rendue le 30 juillet 2008, même revêtue provisoirement de la formule exécutoire, a été rétractée au moins partiellement par l'Ordonnance de référé n°0867 du 20 octobre 2008 et ne constituait donc plus un titre exécutoire au sens de l'article 33 de l'Acte uniforme visé, ne pouvant donc plus servir de fondement à une saisie-attribution ; qu'il y a donc lieu de confirmer l'ordonnance entreprise ;

Attendu qu'il échet de condamner les deux parties aux dépens ;

PAR CES MOTIFS

Statuant publiquement, après en avoir délibéré

Casse les Ordonnances de référé n°009, n°028, n°94 rendues respectivement les 21 janvier, 11 février et 06 mai 2009 par le Premier Président de la Cour d'appel de Lomé ;

Evoquant et statuant au fond ;

Confirme les Ordonnances de référé n°0867 et n°1045 rendues respectivement les 20 octobre et 03 décembre 2008 par le Président du Tribunal de Lomé ;

Met les dépens à la charge des deux parties.

L'exécution entamée d'un titre exécutoire doit être poursuivie jusqu'à son terme (CCJA, 3e Ch., n°92/2014, 1er Août 2014)

Sommaire
Toute exécution forcée d'un titre exécutoire par provision peut être poursuivie jusqu'à son terme aux risques du créancier.

La Cour Commune de Justice et d'Arbitrage (CCJA) de l'Organisation pour l'Harmonisation en Afrique du Droit des Affaires (OHADA), Troisième chambre, a rendu l'Arrêt suivant en son audience publique du 1er août 2014 où étaient présents :

Madame Flora DALMEIDA MELE, Présidente

Messieurs Victoriano OBIANG ABOGO, Juge, rapporteur

Idrissa YAYE, Juge

et Maître Alfred Koessy BADO, Greffier ;

Sur le pourvoi enregistré au Greffe de la Cour de céans le 11 février 2011 sous le n°021/2011/PC et formé par le Cabinet Oré et Associes, Avocats à la Cour, demeurant angle avenue Marchand boulevard Clozel, résidence GYAM, 18 BP 2822 Abidjan 18, agissant au nom et pour le compte de la Société Trident Shipping SA, dont le siège social est à Abidjan, commune de Treichville, 12 Boulevard Giscard d'Estaing, 18 BP 2822 Abidjan 18, aux poursuites et diligences de son représentant légal, Monsieur Marc MOUKARZEL, Directeur Général, de nationalité libanaise, dans la cause l'opposant à Monsieur OUATTARA Yssouf Joseph, de nationalité ivoirienne, propriétaire et gérant de l'établissement TICA, entreprise individuelle, dont le siège social est à Abidjan-Biétry, Boulevard de Marseille, 18 BP 1430 Abidjan 18, ayant pour conseils la SCPA DADIE-SANGARET & associés, demeurant immeuble Alliance B, rue Lecoeur , 04 BP 1147 Abidjan 04 ;

en cassation de l'Arrêt n°242 CIV/3A du 16 avril 2010 rendu par la Cour d'appel d'Abidjan et dont le dispositif est le suivant :

« Statuant publiquement, contradictoirement en matière civile, en référé et en dernier ressort ;

<u>EN LA FORME</u>

Déclare la société TRIDENT SHIPPING recevable en son recours ;

<u>AU FOND</u>

L'y dit mal fondé ;

L'en déboute ;

Confirme l'ordonnance entreprise en toutes ses dispositions ;

Met les dépens à sa charge ; »

La requérante invoque, à l'appui de son pourvoi, un moyen unique tel qu'il figure à la requête annexée au présent arrêt ;

Sur le rapport de Monsieur Victoriano OBIANG ABOGO, Juge ;

Vu les dispositions des articles 13 et 14 du Traité relatif à l'harmonisation du droit des affaires en Afrique ;

Vu le Règlement de procédure de la Cour Commune de Justice et d'Arbitrage de l'OHADA ;

Attendu qu'il résulte des pièces du dossier de la procédure qu'en exécution du Jugement n°2184 rendu le 25 octobre 2007 par le tribunal de première instance d'Abidjan, confirmé par Arrêt n°436 du 31 juillet 2009, monsieur OUATTARA Yssouf a fait pratiquer, suivant procès-verbal en date du 9 juin 2008, une saisie attribution de créances sur les avoirs de la société Trident Shipping entre les mains de la BIAO et de la BACI ; que par Ordonnance n°2075 du 26 décembre 2008, le juge des référés a débouté la société Trident Shipping de sa demande de mainlevée de saisie ; que sur appel de la société Trident Shipping contre l'Ordonnance n°2075, la cour d'appel a rendu l'Arrêt confirmatif n°242, dont pourvoi ;

Sur le moyen unique

Attendu que la société Trident Shipping reproche à l'arrêt attaqué, d'avoir confirmé l'Ordonnance de référé n°2075 du 26 décembre 2008 qui l'a déboutée de sa demande en mainlevée de saisie-attribution de créances pratiquée sur ses avoirs entre les mains de la BIAO et de la BACI, alors que l'Ordonnance n°257/2008 du 11 juin 2008 du Premier Président de la Cour d'appel d'Abidjan suspendait l'exécution du Jugement n°2184 du 25 octobre 2007, titre exécutoire, fondement de la saisie ;

Mais attendu en l'espèce, que la saisie attribution de créances a été pratiquée le 09 juin 2008 en vertu du Jugement n°2184 et que l'Ordonnance n°257/2008 du Premier Président de la Cour d'appel d'Abidjan en date du 11 juin 2008 suspendant l'exécution du Jugement n°2184 du 25 octobre 2007, signifiée à monsieur OUATTARA Yssouf le 12 juin 2008, est intervenue après la mise en œuvre de l'exécution ; qu'aux termes de l'article 32 de l'Acte uniforme portant organisation des procédures simplifiées de recouvrement et des voies d'exécution, toute exécution forcée d'un titre exécutoire par provision peut être poursuivi jusqu'à son terme aux risques du créancier ; que l'exécution ayant commencé avant la décision ordonnant la suspension, le grief porté au moyen ne peut être accueilli ;

Attendu qu'ayant succombé, la société Trident Shipping doit être condamnée aux dépens ;

PAR CES MOTIFS

Statuant publiquement, après en avoir délibéré,

Rejette le pourvoi formé par la société Trident Shipping SA ;

La condamne aux dépens.

La grosse de l'acte notarié est un titre exécutoire (CCJA, Ass. Plén., n°115/2014, 4 novembre 2014)

Sommaire

La grosse en forme exécutoire de l'acte notarié authentique est un titre exécutoire au sens de l'article 33 de l'AUPSRVE. Doit être cassé l'arrêt qui dénie cette qualité à une telle grosse.

La Cour Commune de Justice et d'Arbitrage (CCJA) de l'Organisation pour l'Harmonisation en Afrique du Droit des Affaires (OHADA), Assemblée plénière, a rendu l'Arrêt suivant en son audience publique foraine tenue à Yaoundé (Cameroun) le 04 novembre 2014 où étaient présents :

Messieurs Marcel SEREKOÏSSE-SAMBA, Président, Rapporteur

Abdoulaye Issoufi TOURE Premier Vice Président,

Madame Flora DALMEIDA MELE, Seconde Vice Présidente

Messieurs Namuano DIAS GOMEZ Juge

Victoriano ABOGO OBIANG Juge

Idrissa YAYE, Juge

Djimasna NDONINGAR Juge

Et Maître Paul LENDONGO, Greffier en chef

Sur le recours enregistré au greffe de la Cour de céans le 16 octobre 2009 sous le n°099/2009/PC et formé par Maître M'BOHOU Georges, Avocat au Barreau du Cameroun, BP 15456, Douala-Cameroun, agissant pour le compte de la Caisse Populaire Coopérative du Littoral dite CAPCOL, dont le siège est à Bonassama, BP 3800 Douala-Cameroun, dans la cause l'opposant à NGOWI Emmanuel, entrepreneur demeurant à Douala, BP 3800,

en cassation de l'Arrêt n°020/C rendu le 16 janvier 2009 par la Cour d'appel du Littoral à Douala, dont le dispositif est le suivant :

« Par ces motifs

Statuant publiquement, contradictoirement à l'égard des parties, en matière civile et commerciale, en appel et en dernier ressort, en formation collégiale et après en avoir délibéré conformément à la loi ;

En la forme :

Reçoit l'appel ;

Au fond :

Infirme le jugement entrepris ;

Statuant à nouveau,

Constate que la créance de CAPCOL ne remplit pas les critères de certitude nécessaire à son recouvrement forcé par voie de vente sur saisie immobilière ;

La déboute en conséquence de son action ;

La condamne aux dépens. ».

La requérante invoque à l'appui de son pourvoi un moyen unique de cassation tel qu'il figure à la requête annexée au présent arrêt ;

Sur le rapport de Monsieur Marcel SEREKOÏSSE-SAMBA, Président ;

Vu les dispositions des articles 13 et 14 du Traité relatif à l'harmonisation du droit des affaires en Afrique ;

Vu les dispositions du Règlement de procédure de la Cour Commune de Justice et d'Arbitrage de l'OHADA ;

Attendu qu'il ressort des pièces du dossier de la procédure que NGOWI Emmanuel, pendant qu'il était membre de la Caisse Populaire Coopérative du Littoral dite CAPCOL, avait sollicité et obtenu auprès de celle-ci un important concours financier pour faire prospérer ses affaires ;

Qu'en garantie du remboursement de ce crédit, NGOWI avait hypothéqué son immeuble objet du titre foncier n°17785/W par devant Maitre MBOBDA MONGOUE, Notaire dans le ressort de la Cour d'appel du Littoral, qui a dressé l'acte notarié de garantie n°8816 reçu le 09 septembre 1998 ;

Que le notaire instrumentaire a obtenu du chef de service provincial des domaines du Littoral, conservateur de la propriété foncière et domaniale du Littoral à Douala, un certificat d'inscription hypothécaire délivré le 13 novembre 2003 ;

Qu'il a en outre authentifié un pouvoir aux fins de saisie immobilière en date du 16 décembre 2003 reconnu à Maître TCHAHA Jean Marie, Huissier de Justice près la Cour d'appel du Littoral et des Tribunaux de Douala ;

Attendu que NGOWI, qui s'était régulièrement acquitté des premières échéances de sa dette à l'égard de CAPCOL, a subitement arrêté le remboursement des mensualités de sa dette, malgré les rappels à l'ordre à lui faits par le Conseil d'Administration et les multiples mises en demeure tendant à l'amener à régler ses obligations à l'amiable ;

Que c'est dans ce contexte que l'huissier de justice TCHAHA Jean Marie lui a fait commandement le 16 décembre 2003 de payer dans un délai de 20 jours, la somme totale de 27.044.246 francs CFA en principal, intérêts et divers frais, sous réserve des autres charges dues ou à devoir ;

Que NGOWI ne s'étant pas exécuté dans le délai imparti, le commandement a été transmis à la conservation foncière pour transcription et valant saisie à partir de sa publication ;

Qu'ensuite, la CAPCOL a déposé un cahier de charges au greffe du Tribunal de grande instance du WOURI à Douala et a sommé NGOWI d'avoir à prendre connaissance dudit cahier pour ses dires et observations ;

Attendu que le 28 avril 2004 NGOWI a déposé ses dires et observations tendant à la nullité de la saisie immobilière ;

Que par Jugement civil n°815 du 1er novembre 2007, le Tribunal de grande instance du WOURI à Douala a rejeté comme non fondés les dires et observations de NGOWI Emmanuel, a ordonné la continuation des poursuites et a fixé au 12 décembre 2007 la date de la vente de l'immeuble saisie ;

Que sur appel de NGOWI, la Cour d'appel du Littoral à Douala a rendu l'Arrêt n°020/C du 16 janvier 2009 sus-énoncé ;

Attendu que l'analyse de la requête en cassation de CAPCOL dévoile en réalité un seul moyen de cassation, tiré de la violation de l'article 312 de l'Acte uniforme portant organisation des procédures simplifiées de recouvrement et des voies d'exécution, en ce que, pour infirmer le Jugement n°815 du 1er novembre 2007 du Tribunal de grande instance du Wouri, la Cour d'appel a indiqué qu'elle n'avait pas un titre exécutoire, alors qu'elle a produit la grosse en forme exécutoire de l'acte authentique de la convention n°8816 du 09 septembre 1998 et 14 mai 2003 du répertoire de Maître MBOBDA MONGOUE Elie qui constitue un titre exécutoire ; qu'en la déboutant de son action tendant à la vente de l'immeuble, la Cour d'appel a violé l'article 312 de l'Acte uniforme portant organisation des procédures simplifiées de recouvrement et des voies d'exécution ;

Attendu que conformément aux articles 29 et 30 du règlement de procédure de la Cour de céans, le recours a été signifié à Monsieur NGOWI Emmanuel le 13 novembre 2009 par lettre du Greffier en chef n°515/2009/G2, adressée à son Conseil qui n'a pas produit de mémoire en réponse ; que le principe du contradictoire ayant ainsi été respecté, il y a lieu de passer outre et statuer ;

Sur le moyen unique

Attendu que la requérante fait grief à l'arrêt de la Cour d'appel d'avoir retenu, d'une part, que « la CAPCOL ne produisant aux débats aucun titre exécutoire, le principe de la créance est valablement remis en cause en l'espèce, ce qui rend par conséquent recevable l'appel du sieur NGOWI ; que d'autre part, l'ouverture d'un compte courant avec affectation hypothécaire et un certificat d'inscription hypothécaire ne peuvent pas à eux seuls constituer un titre exécutoire au sens de la loi dès lors que le débiteur conteste le montant et partant le principe même de la créance, cette contestation étant manifestée par le recours à un expert » ;

Alors que d'une part, elle a produit la grosse en forme exécutoire de l'acte authentique de la convention n°8816 du 09 septembre 1998 et 14 mai 2003 du répertoire de Maître

MBOBDA MONGOUE Elie qui constitue un titre exécutoire et que d'autre part, « le principe de la créance de CAPCOL sur NGOWI Emmanuel est consacré par son propre rapport d'audit qui fixe même le montant fort complaisant à 1.659.080 (Un million six cent cinquante neuf mille quatre vingts) francs CFA ; et qu'enfin même au pénal NGOWI n'a pas pu établir l'existence à l'égard des mandataires de la CAPCOL de l'usure ou de toute autre infraction » ;

Attendu qu'aux termes de l'article 33 de l'Acte uniforme portant organisation des procédures simplifiées de recouvrement et des voies d'exécution « constituent des titres exécutoires : …4) les actes notariés revêtus de la formule exécutoire ;… » ; qu'en ne reconnaissant pas à la grosse en forme exécutoire de l'acte notarié authentique n°8816 du 09 septembre 1998 et le certificat d'inscription hypothécaire du 14 mai 2003 du répertoire de Maître MBOBDA MONGOUE Elie, la qualité de titre exécutoire, la Cour d'appel du Littoral à Douala a violé les dispositions de l'article 33 ci-dessus énoncé ; que d'autre part, comme le retient la Cour d'appel du Littoral elle-même, « une créance tire sa certitude de la détermination de son montant… » ; qu' il ressort pourtant du rapport d'audit sur la période du 22 août 1997 au 22 août 2002, commandité par NGOWI Emmanuel lui-même, sur la vérification du traitement des opérations financières de son compte n°37240068 ouvert à la CAPCOL, que l'auditeur conclut à un « montant total du solde du crédit effectif devant être en compte au 31 décembre 2002… de 1.659.089 FCFA », dont NGOWI Emmanuel demeure redevable à l'égard de sa créancière, la CAPCOL ; que cette évaluation du compte débiteur de NGOWI déterminant un débit de loin inférieur à ce qu'il doit en réalité à CAPCOL, qu'il n'a pourtant pas encore apuré, suffit déjà à caractériser la certitude de la créance que NGOWI ne saurait contester durablement ; qu'il échet en considération de ce qui précède, de casser l'arrêt déféré, d'évoquer et statuer au fond ;

Sur l'évocation

Attendu que par requête d'appel courant mars 2008, le sieur NGOWI Emmanuel a déféré devant la Cour d'appel du Littoral à Douala le Jugement n°815 du 1er novembre 2007 dont le dispositif suit :

« Statuant publiquement, contradictoirement, en matière civile et commerciale, en premier et dernier ressort et après en avoir délibéré conformément à la loi ;

Rejette les dires de NGOWI comme non fondés ;

Ordonne la continuation des poursuites ;

Fixe au 12 décembre 2007 la date de la vente par devant Maître BISSECK EYOBO Hermine Notaire à Douala, après accomplissement des formalités des articles 276 et 277 de l'Acte uniforme OHADA portant sur les voies d'exécution ;

Laisse les dépens en frais privilégiés de l'adjudication ; ».

Attendu qu'à l'appui de sa requête, NGOWI soutient, entre autres, que pour avoir initié des poursuites sur un immeuble commun aux époux NGOWI, CAPCOL a violé les dispositions de l'article 250 de l'Acte uniforme portant organisation des procédures simplifiées de recouvrement et des voies d'exécution ; qu'une telle violation est sanctionnée par la nullité de la procédure engagée par CAPCOL contre son client ; qu'en conséquence, il sollicite que la Cour annule avec toutes les conséquences de droit le Jugement n°815 du Tribunal de grande instance du Wouri, qu'elle ordonne l'arrêt de toutes poursuites engagées tendant à la vente de l'immeuble objet du titre foncier n°17785/W et enfin qu'elle condamne CAPCOL aux entiers dépens distraits au profit de Maître FUKEU TCHOUA, Avocat aux offres de droit ;

Attendu que dans ses conclusions en défense, CAPCOL soutient que dans les dires et observations de NGOWI insérés au cahier de charges devant le premier juge, il n'a jamais été question de la violation de l'article 250 de l'Acte uniforme n°6 ; qu'en matière de saisie immobilière, il n'y a pas de nullité sans texte ; qu'en conséquence, il demande à la Cour de rejeter purement et simplement l'appel de NGOWI Emmanuel comme étant manifestement dilatoire, faute même de le déclarer irrecevable, le principe de la créance étant avéré et consacré par le propre rapport d'audit commandé par NGOWI et qui fixe le montant fort complaisant de la dette de NGOWI à l'égard de CAPCOL à 1.659.080 FCFA ;

Attendu que pour les mêmes motifs que ceux-ci-dessus ayant servi de fondement à la cassation de l'Arrêt n°020/C du 16 janvier 2009 de la Cour d'appel du Littoral à Douala, il s'impose de rejeter l'appel comme non fondé et de confirmer le Jugement n°815 du 1er novembre 2007 querellé ;

Attendu que NGOWI Emmanuel ayant succombé, il y a lieu de le condamner aux dépens.

PAR CES MOTIFS

Statuant publiquement, après en avoir délibéré,

Déclare le pourvoi recevable en la forme ;

Casse l'Arrêt n°020/C du 16 janvier 2009 de la Cour d'appel du Littoral à Douala ;

Evoquant et statuant au fond ;

Confirme le Jugement n°815 du 1er novembre 2007 querellé ;

Condamne NGOWI Emmanuel aux dépens.

Le titre exécutoire ne peut servir de fondement à une saisie contre un autre débiteur (CCJA, Ass. Plén., n°140/2014, 11 novembre 2014)

Sommaire

Le titre exécutoire obtenu contre une société placée ultérieurement en liquidation ne peut servir de fondement à la saisie des biens de la nouvelle société créée pour la remplacer.

La Cour Commune de Justice et d'Arbitrage (CCJA) de l'Organisation pour l'Harmonisation en Afrique du Droit des Affaires (OHADA), Assemblée plénière, a rendu l'Arrêt suivant en son audience publique foraine tenue à Libreville (Gabon) le 11 novembre 2014 où étaient présents :

Messieurs Marcel SEREKOÏSSE SAMBA	Président
Abdoulaye Issoufi TOURE,	Premier Vice-président
Madame Flora DALMEIDA MELE,	SecondVice-président, Rapporteur
Messieurs Namuano Francisco Dias GOMES,	Juge
Victoriano OBIANG ABOGO,	Juge
Idrissa YAYE,	Juge
Djimasna N'DONINGAR,	Juge
et Maître Paul LENDONGO,	Greffier en chef,

Sur le pourvoi enregistré au greffe de la Cour de céans le 21 mars 2013 sous le n°033/2013/ PC et formé par Maître SOBDIBE ZOUA, Avocat au barreau du Tchad, BP 6572 N'Djamena, agissant au nom et pour le compte de la Société Nationale d'Electricité dite SNE, ayant son siège à N'djaména, Avenue Colonel Largeau, BP 44, représentée par Monsieur MAHAMAT SENOUSSI CHERIF, dans la cause l'opposant à monsieur ABDERAMANE SEID,

en cassation de l'Arrêt n°003/2013, rendu le 15 janvier 2013 par la Cour d'appel de N'djaména et dont le dispositif est le suivant :

« Après en avoir délibéré conformément à la loi ;

Statuant publiquement, contradictoirement à l'égard des parties, en matière civile, en référé et en dernier ressort ;

<u>En la forme</u> :

Reçoit l'appel de ABDERAMANE SEÏD ;

<u>Au fond</u> :

Infirme l'ordonnance attaquée en toutes ses dispositions.

Condamne la SNE aux dépens. » ;

La requérante invoque à l'appui de son pourvoi le moyen unique de cassation tel qu'il figure à la requête annexée au présent arrêt ;

Sur le rapport de Madame Flora DALMEIDA MELE, Seconde Vice-présidente ;

Vu les dispositions des articles 13 et 14 du Traité relatif à l'harmonisation du droit des affaires en Afrique ;

Vu le Règlement de procédure de la Cour Commune de Justice et d'Arbitrage de l'OHADA ;

Attendu qu'il ressort des pièces de la procédure qu'en exécution de l'Arrêt n°032/2012 rendu le 02 mars 2012 par la Cour d'appel de N'Djamena condamnant la STEE à lui payer une somme d'argent, Monsieur ABDERAMANE SEÏD pratiquait une saisie-attribution de créances sur les avoirs de la SNE entre les mains de United Bank of Africa (UBA), saisie dénoncée suivant procès verbal n°262/012 REPT du 08 mai 2012 à « la SNE , ex STEE » à un agent de sécurité ; qu'alléguant que le titre exécutoire était délivré contre la STEE, ancienne société de distribution d'eau et d'électricité en liquidation et dont le passif avait été transféré à l'Etat d'une part et, d'autre part, n'étant pas débitrice de Monsieur ABDERAMANE SEÏD, la SNE saisissait en contestation la Présidente du Tribunal de première instance de N'Djaména qui, par ordonnance n°1033/12 du 05 juillet 2012, déclarait nulle la saisie –attribution pratiquée le 11 avril 2012 et en ordonnait la mainlevée ; que sur appel de Monsieur ABDERAMANE SEÏD, la Cour d'appel de N'djaména rendait l'arrêt dont pourvoi ;

Attendu que malgré la lettre n°857/2013G2 en date du 18 décembre 2013 du Greffier en chef invitant le défendeur au pourvoi à présenter son mémoire en réponse et reçue le 10 janvier 2014, celui-ci n'a pas daigné répondre ; que le principe du contradictoire étant respecté, il y a lieu de statuer en l'état ;

Sur la deuxième branche du moyen unique

Vu l'article 153 de l'Acte uniforme portant organisation des procédures simplifiées de recouvrement et des voies d'exécution

Attendu qu'il est fait grief à l'arrêt attaqué d'avoir violé l'article 153 de l'Acte uniforme portant organisation des procédures simplifiées de recouvrement et des voies d'exécution en ce que pour infirmer l'ordonnance entreprise, il a considéré que la saisie a été pratiquée sur le fondement d'un titre exécutoire et est par conséquent régulière alors, selon le moyen, que tout créancier doit justifier d'un titre exécutoire pour opérer une saisie entre les mains d'un tiers et que le titre exécutoire dont se prévaut Monsieur ABDERAMANE SEÏD a été délivré non pas contre la SNE mais contre la STEE ;

Attendu qu'aux termes de l'article 153 de l'Acte uniforme sus indiqué, seul un créancier muni d'un titre exécutoire constatant une créance liquide et exigible peut saisir entre les mains d'un tiers, les créances de son débiteur pour se faire payer ; que la saisie-attribution a été pratiquée sur les comptes de la SNE sur la base de l'Arrêt n°032/2012 rendu le 02 mars 2012, titre exécutoire au préjudice de la STEE, non opposable à la SNE distincte de la STEE tel qu'il apparaît du décret N°282/PR/PM/2011 du 05 avril 2011 consacrant la dissolution de la STEE et la reprise par l'Etat des dettes de l'ancienne STEE ; que le titre exécutoire sur le fondement duquel la saisie a été pratiquée n'étant pas délivré contre la SNE, la Cour d'appel, en infirmant l'ordonnance ayant déclaré nulle la saisie et ordonné sa mainlevée, a violé l'article 153 de l'Acte uniforme sus visé et expose son arrêt à la cassation sans qu'il soit nécessaire d'examiner les autres branches du moyen unique ;

Sur l'évocation

Attendu que par déclaration faite au greffe du Tribunal de première instance de N'Djaména, monsieur ABDERAMANE SEÏD a interjeté appel contre l'Ordonnance n°1033/2012 rendue 05 juillet 2012 par Madame la Présidente du Tribunal de première instance de N'Djaména et dont le dispositif est ainsi libellé :

« Statuant publiquement, contradictoirement à l'égard des parties, en référé et en premier ressort ;

Déclarons l'assignation de la requérante recevable ;

Disons que la saisie attribution pratiquée le 11 avril 2012 est nulle ;

Ordonnons la mainlevée de la saisie attribution des créances pratiquées sur les comptes de la SNE ;

Condamnons le requis aux dépens ; » ;

Attendu qu'à l'appui de son appel, monsieur ABDERAMANE SEÏD soutient que la SNE est la continuité de la STEE et sollicite que la saisie soit maintenue pour lui permettre de recouvrer son dû ;

Attendu que la SNE soutient qu'elle est une nouvelle société distincte de la STEE, dissoute et que le titre exécutoire, fondement de la saisie, est opposable à la STEE contre qui une condamnation en paiement a été prononcée ; que c'est à tort que monsieur ABDERAMANE SEÏD a initié la procédure de saisie-attribution contre elle et que sa demande en mainlevée de saisie se justifie ;

Sur la mainlevée de la saisie-attribution de créances

Attendu que pour les mêmes motifs que ceux ayant prévalu à la cassation de l'arrêt attaqué, il y a lieu de confirmer l'ordonnance entreprise ;

Sur la demande de monsieur ABDERAMANE SEÏD relative au maintien de la saisie

Attendu que la mainlevée de la saisie ayant été ordonnée, ilconvient de débouter monsieur ABDERAMANE SEÏD de sa demande relative au maintien de la saisie ;

Attendu que monsieur ABDERAMANE SEÏD ayant succombé, il echet de le condamner aux dépens ;

PAR CES MOTIFS

Statuant publiquement, après en avoir délibéré

Casse l'Arrêt n°003/2013, rendu le 15 janvier 2013 par la Cour d'appel de N'Djaména ;

Evoquant et statuant sur le fond,

Confirme l'Ordonnance n°1033/2012 rendue le 05 juillet 2012 par le Président du Tribunal de première instance de N'Djaména ;

Déboute Monsieur ABDERAMANE SEÏD de sa demande en maintien de la saisie ;

Le condamne aux dépens.

VI. Saisie immobilière

A. Conditions de la saisie immobilière

Vente de l'immeuble : le créancier doit respecter les formalités de l'article 246 de l'AUPSRVE qui sont d'ordre public (CCJA, Ass. Plén., n°48/2014, 23 avril 2014)

Sommaire

Les Actes uniformes s'appliquent quatre-vingt-dix jours après leur entrée en vigueur conformément à l'article 9 du Traité OHADA. Il ne saurait par conséquent être fait grief au juge d'appel d'avoir appliqué l'AUPSRVE à une assignation datant du 16 juillet 2001.

Les prescriptions de l'article 246 de l'AUPSRVE sont d'ordre public et interdisent toute autre convention ayant pour objet ou pour effet d'affranchir le créancier du respect des formes prescrites.

La Cour Commune de Justice et d'Arbitrage (CCJA), de l'Organisation pour l'Harmonisation en Afrique du Droit des Affaires (OHADA), Assemblée plénière, a rendu l'Arrêt suivant en son audience publique audience foraine tenue le 23 avril 2014 à Lomé-TOGO où étaient présents :

Messieurs Marcel SEREKOÏSSE SAMBA	Président
Abdoulaye Issoufi TOURE,	Premier Vice-président, Rapporteur
Madame Flora DALMEIDA MELE,	Second Vice-président
Messieurs Namuano Francisco Dias GOMES,	Juge
Victoriano OBIANG ABOGO,	Juge
Mamadou DEME	Juge
Idrissa YAYE,	Juge
Djimasna N'DONINGAR,	Juge
et Maître Paul LENDONGO,	Greffier en chef,

sur le renvoi en application de l'article 15 du Traité relatif à l'harmonisation en Afrique du droit des affaires, devant la Cour de céans, de l'affaire Bassirou IBO contre Yacouba KODAKO et NAHOUM Chaïbou, par Arrêt n°08-21/C du 10 janvier 2008 de la Cour suprême du NIGER, saisie d'un pourvoi initié par Maître Alidou Adam, Avocat au Barreau du NIGER, BP 11 375 Niamey, agissant au nom et pour le compte de Monsieur Bassirou IBO, Commerçant demeurant à Tessaroua, BP 2.299, NIGER, dans la cause l'opposant à Monsieur Yacouba KODAKO demeurant à Niamey, ayant pour conseils la SCPA YANKORI-Djermakoye-Yankori, Avocats au Barreau du Niger BP 12.791 Niamey-NIGER et à Monsieur NAHOUM Chaïbou, Commerçant également à Niamey et ayant pour conseil Maître Marc LEBIHAN, Avocat au Barreau du NIGER, dossier enregistré à la Cour de céans sous le n° 047/2009/PC du 30 avril 2009 , en cassation de l'Arrêt n°79 rendu le 19 avril 2004 par la Cour d'appel de Niamey et dont le dispositif est le suivant :

« Statuant publiquement, contradictoirement en matière civile et en dernier ressort :

Reçoit l'appel de Yacouba KODAKO régulier en la forme ;

Au fond : déclare nulle la vente de l'immeuble objet du titre foncier n°15317 du Niger ;

Ordonne le déguerpissement de Bassirou IBO et de tous occupants de son chef ;

Déboute Yacouba KODAKO du surplus de sa demande ;

Condamne Bassirou IBO et Chaïbou NAHOUM aux dépens. » ;

Le requérant invoque à l'appui de son pourvoi les deux moyens de cassation tels qu'ils figurent à la requête annexée au présent arrêt ;

Sur le rapport de Monsieur Abdoulaye Issoufi TOURE, Premier Vice-président ;

Vu les dispositions des articles 13, 14 et 15 du Traité relatif à l'harmonisation du droit des affaires en Afrique ;

Vu le Règlement de procédure de la Cour Commune de Justice et d'Arbitrage de l'OHADA ;

Attendu qu'il ressort des pièces du dossiers de la procédure que le sieur YACOUBA KODAKO s'étant reconnu débiteur de BASSIROU IBO d'une somme d'un montant de 12.000.000 F, donnait le 19 juillet 2000, par acte notarié, un pouvoir spécial à son créancier de vendre son titre foncier n°15317 si la dette n'est pas payée le 11 août 2000 ; que l'échéance n'ayant pas été respectée, BASSIROU IBO vendait l'immeuble le 19 octobre 2000 à CHAIBOU NAHOUM par devant notaire ; que sur assignation de YACOUBA KODAKO aux fins d'annulation de la vente, le Tribunal de Niamey rendait le 31 juillet 2002 un jugement de débouté ; que sur appel, la Cour annulait la vente et expulsait BASSIROU IBO ainsi que tous occupants de son chef par Arrêt n°79 du 19 avril 2004, objet du présent pourvoi.

Sur le premier moyen tiré de la violation de l'article 2 paragraphe 2 de la loi 62-11 du 16 mars 1962 fixant l'organisation et la compétence des juridictions de la République du Niger.

Attendu que dans une première branche il est fait grief à l'arrêt déféré d'avoir procédé par défaut de motif en ce que le juge d'appel pour annuler la vente s'est contenté de faire application des dispositions de l'Acte uniforme sur les procédures simplifiées de recouvrement et des voies d'exécution sans justifier ce choix et dans une deuxième branche d'avoir omis de répondre aux conclusions relatives à l'irrecevabilité de l'action de YACOUBA KODAKO sur la base du Décret du 26 juillet 1932 portant réorganisation de la procédure foncière ; qu'aux termes de l'article 122 de ce texte « toute action tendant à la revendication d'un droit réel non relevé en cours de procédure et ayant pour effet de mettre en cause le droit de propriété même d'un immeuble immatriculé est irrecevable » et l'article 121 que « le titre foncier est définitif et inattaquable » ;

Mais attendu d'une part que l'application de l'Acte uniforme suscité à une assignation datant du 16 juillet 2001 et relative à la vente judiciaire d'un immeuble résulte de l'article 9 du Traité institutif de l'OHADA et non d'un choix du juge d'appel ; que d'autre part l'objet du contentieux était la vente de l'immeuble et non une revendication de propriété ; que l'application de l'Acte uniforme rend superfétatoire la réponse à l'irrecevabilité fondée sur une disposition nationale ; que ce moyen ne peut donc prospérer ;

Sur le deuxième moyen tiré de la fausse application de la loi ;

Attendu qu'il est fait grief à l'arrêt querellé d'avoir fait une fausse application de l'article 246 et suivants de l'Acte uniforme portant organisation des procédures simplifiées de recouvrement et des voies d'exécution en ce que ces dispositions concernent la vente forcée en cas de saisie immobilière ; que la vente des immeubles entre litigants, peut se faire aussi en dehors de la saisie immobilière ; qu'en soumettant le litige à l'article 246 sus-indiqué, le juge d'appel en fait une fausse application ;

Mais attendu que les prescriptions de l'article 246 sont d'ordre public et interdisent toute autre convention ayant pour objet ou pour effet d'affranchir le créancier du respect des formes prescrites ; que la Cour d'appel ayant fait une bonne application dudit article, il y a lieu de rejeter le moyen ;

Attendu qu'il échet de rejeter le pourvoi ;

Attendu que BASSIROU IBO succombant, sera condamné aux dépens.

PAR CES MOTIFS

Statuant publiquement, après en avoir délibéré,

Rejette le pourvoi formé par BASSIROU IBO ;

Le condamne aux dépens.

Le saisi ne peut compromettre la part des biens indivis des autres coindivisaires (CCJA, Ass. Plén., n°66/2014, 25 avril 2014)

> Sommaire
>
> Le saisi et même les autres cohéritiers lui ayant délivré une procuration ne peuvent en application de l'article 296 de l'AUPSRVE, compromettre la part des biens indivis des autres coindivisaires sans leur consentement.

La Cour Commune de Justice et d'Arbitrage (CCJA) de l'Organisation pour l'Harmonisation en Afrique du Droit des Affaires (OHADA), en Assemblée plénière, a rendu l'Arrêt suivant en son audience foraine tenue le 25 avril 2014 à Porto-Novo-Bénin où étaient présents :

Messieurs Marcel SEREKOISE SAMBA,	Président
Abdoulaye Issoufi TOURE,	Premier Vice-président
MadameFlora DALMEIDA MELE,	Seconde Vice-présidente
Messieurs Namuano F. DIAS GOMES,	Juge
Victoriano OBIANG ABOGO,	Juge
Mamadou DEME,	Juge
Idrissa YAYE,	Juge, rapporteur
Djimasna N'DONINGAR,	Juge
et Maître Paul LENDONGO,	Greffier en chef ;

Sur le pourvoi enregistré au greffe de la Cour de céans le 08 novembre 2010 sous le n°104/2010/PC et formé par la SCPA KARAMBIRI-NIAMBA, Avocats à la Cour, Boulevard Charles de GAULLE, face Direction des transports, porte 1982, 01 BP 3470/2476 Bobo-Dioulasso 01, agissant aux noms et pour les comptes de la Banque Internationale du Burkina, dite BIB SA, au capital de 12 000 000 000 FCFA, ayant son siège social au 1340, Avenue Dimdolobsom, 01 BP 362 Ouagadougou 01, représentée par son Directeur général et de Madame KARANTAO Maïmouna, commerçante demeurant au 01 BP 211 Bobo-Dioulasso 01, dans la cause les opposant à SAWADOGO Minata et 07 autres, tous Ayants droit de feu OUEDRAGO Harouna et demeurant à Bobo-Dioulasso, en cassation de l'Arrêt n°17 rendu le 19 avril 2010 par la Cour d'appel de Bobo-Dioulasso et dont le dispositif est le suivant :

« Statuant publiquement, contradictoirement, en matière civile, et en dernier ressort :

Déclare l'appel recevable ;

Annule le jugement n°212 du 21 juin 2006 rendu par le Tribunal de grande instance de Bobo-Dioulasso en ce qu'il a statué infra petita.

Statuant à nouveau et par évocation :

Rejette les fins de non-recevoir tirées du défaut de qualité du cabinet d'avocats SAWADOGO- OUEDRAGO, de l'autorité de chose jugée, de la déchéance des ayants droit de feu OUEDRAGO Harouna à agir.

Rejette l'exception de nullité de l'acte d'assignation du 1er juin 2006,

Déclare les ayants droit de feu OUEDRAGO Harouna titulaires de droits réels immobiliers sur les immeubles ci-après :

Parcelle A lot 2120 du secteur 11 de Bobo-Dioulasso,

Parcelle H lot 2152 du secteur 11 de Bobo-Dioulasso,

Ordonne l'expulsion de la BIB et de Madame KARANTAO Maïmouna desdits immeubles, tant de leurs personnes, de leurs biens, que de tous occupants de leurs chefs,

Déboute la BIB et Madame KARANTAO Maïmouna de leur demande de frais exposés et non compris dans les dépens,

Condamne la BIB et Madame KARANTAO Maïmouna à payer aux ayants droit de feu OUEDRAGO Harouna la somme de trois cent mille francs CFA (300.000f) au titre des frais exposés et non compris dans les dépens.

Déboute les ayants droit de feu Ouedrago Harouna du surplus de leur demande,

Condamne la BIB ET Madame KARANTAO Maïmouna aux dépens. » ;

Les requérantes invoquent à l'appui de leur pourvoi les trois moyens de cassation tels qu'ils figurent dans leur requête annexée au présent arrêt ;

Sur le rapport de Monsieur Idrissa YAYE, Juge ;

Vu les dispositions des articles 13 et 14 du Traité relatif à l'harmonisation du droit des affaires en Afrique ;

Vu le Règlement de procédure de la Cour Commune de Justice et d'Arbitrage de l'OHADA ;

Suivant courriers avec accusé de réception en date des 23 décembre 2010 et 18 octobre 2011, le Greffier en chef de la Cour de céans a signifié aux défendeurs au pourvoi, le recours initié par les pourvoyants et leur a imparti le délai de trois mois pour produire leur mémoire en réponse, lesdits accusés étant retournés avec la mention « non réclamé », le principe du contradictoire ayant ainsi été observé, il échet de passer outre et de statuer au fond ;

Attendu que le 05 octobre 1995 et le 19 août 1996, les ayants droit de feu OUEDRAGO Harouna ci-après OUEDRAGO Boukary, agissant en son nom personnel, Fatimata, suivant procuration et les héritiers mineurs suivant Salam, Alizèta, Ali et Oumarou, tous suivant procurations versées au dossier en date du 24 novembre 1994 et du 23 août 1996 délivrées par leur mandataire légal OUEDRAGO Tiemoko Boukary, ont constitué deux hypothèques portant respectivement sur la parcelle A du lot 2120 objet du PUH n°1674b et la parcelle H du lot 2132 bis objet du PUH n°12074 au profit d'un des ayants droit à savoir OUEDRAGO Boukary, afin de lui permettre de bénéficier d'un prêt de 20.000.000f auprès de la BIB ;

Attendu que le débiteur n'ayant pas satisfait à ses engagements, la BIB a sollicité et obtenu du Tribunal de grande instance de Bobo-Dioulasso l'Ordonnance d'injonction de payer n°0070/99 du 23 février 1999 ; que ladite ordonnance a été notifiée au débiteur par acte d'huissier en date du 26 février 1999, lequel n'a pas exercé de voie de recours ; que la BIB ayant signifié au saisi trois commandements aux fins de saisies immobilières, restés aussi sans suite, a poursuivi la procédure ayant abouti à la vente à la BIB des deux immeubles objets de la saisie suivant Jugement d'adjudication n°10 du 16 janvier 2002 du Tribunal de grande instance de Bobo-Dioulasso, que la BIB a revendu un des immeubles à Madame KARANTAO Maïmouna ;

Attendu que le 1er juin 2005, SAWADOGO Minta et 7 autres Ayants-droit de feu OUEDRAGO Harouna ont assigné OUEDRAGO Boukary, la BIB et KARANTAO Maïmouna devant le Tribunal de grande instance de Bobo-Dioulasso aux fins de se voir déclarer titulaires des droits réels sur les immeubles en cause, d'ordonner aux recourantes de ne point troubler leur jouissance sur lesdits immeubles, d'ordonner leur expulsion tant de leurs personnes, de leurs biens que de tous occupants de leur chef, d'ordonner enfin l'exécution provisoire du jugement à intervenir ; que le Tribunal de grande instance de Bobo-Dioulasso a accédé à leurs demandes suivant Jugement n°212 du 21 juin 2006 ;

Que sur appel de la BIB, la Cour d'appel de Bobo-Dioulasso a rendu l'Arrêt n°17 du 19 avril 2010, dont pourvoi ;

Sur les trois moyens de cassation réunis

Attendu que les recourantes font grief à la Cour d'appel de Bobo-Dioulasso, d'avoir, d'une part, violé les dispositions des articles 296, 299, 308 et 313 de l'Acte uniforme portant procédures simplifiées de recouvrement et des voies d'exécution ; qu'elles reprochent ainsi à ladite Cour d'avoir écarté la déchéance et la prescription prévues par les articles 299, 308 et 313 de l'Acte uniforme précité, motifs pris de ce que ces textes ne sont applicables qu'aux parties à la saisie à l'exclusion des tiers qui ne peuvent se les voir appliquer ; elles estiment qu'en statuant comme elle l'a fait, la Cour d'appel a fait une fausse application de l'article 296 dudit Acte uniforme, car selon elles, les ayants droits de OUEDRAGO Harouna ne possèdent aucunement la qualité de tiers mais bien celle de partie à la saisie ;

Que d'autre part, la BIB et Madame KARANTAO fondent leur second moyen de cassation sur la fausse application de l'article 820 du code des personnes et de la famille du Burkina Faso, estimant que contrairement aux allégations de l'arrêt attaqué, il ne s'est nullement agi de la poursuite et de la vente de part d'un héritage dans une succession mais de la vente de biens indivis ayant fait l'objet de convention hypothécaire par l'ensemble des héritiers, excluant l'application de l'article 820 du code précité ;

Qu'enfin, les recourantes fondent leur troisième moyen de cassation sur la violation des articles 293 de l'Acte uniforme précité et 51 de la loi n°014/96/ADP portant réforme agraire et foncière au Burkina Faso, estimant en effet qu'en recevant et en faisant droit à l'action des ayants droit de OUEDRAGO Harouna et alors que ceux-ci ne sont pas des tiers à la saisie immobilière réalisée le 16 janvier 2002, la Cour d'a ppel n'a pas donné d'assise juridique à sa décision ; que selon elles, à l'expiration du délai du recours en annulation de l'article 313 dudit Acte uniforme, les ayants droit ont perdu la possibilité de tout recours contre le jugement d'adjudication et que ladite adjudication a transféré la propriété des immeubles vendus ; qu'il s'ensuit que la Cour a violé l'article 51 de la loi précitée en reconnaissant aux ayants droit de OUEDRAGO Harouna des droits réels sur des immeubles sortis de leur patrimoine de par leur volonté ;

Mais attendu qu'aux termes des dispositions de l'article 296 de l'Acte uniforme précité : « L'adjudication, même publiée au bureau de la conservation foncière, ne transmet à l'adjudicataire d'autres droits réels que ceux appartenant au saisi. » ; qu'en application des dispositions de l'article 820 du code des personnes et de la famille, applicable en matière de poursuite contre un bien indivis : « Les créanciers personnels d'un des héritiers ne peuvent poursuivre la saisie et la vente de la part indivise de leur débiteur dans la succession ou de l'un des biens dépendants de la succession » ;

Attendu en l'espèce, qu'il est incontestable comme résultant des pièces du dossier, versées par les recourantes, que les immeubles objets des saisies immobilières sont des biens indivis appartenant à l'ensemble des ayants droit de feu OUEDRAGO Harouna ; qu'il résulte des affectations hypothécaires et des procurations ayant servi à les établir que SAWADOGO Minata, âgée d'une cinquantaine d'années au moment de ces constitutions d'hypothèque, GANAME Aoua, âgée de plus de 38 ans à ce moment et OUEDRAGO Limata, majeure également au même moment , tous ayants droit de OUEDRAGO Harouna, n'y ont pas consenti ni personnellement ni par mandataire ; que dès lors, la Cour d'appel de Bobo-Dioulasso, nonobstant ses déclarations inexactes sur les articles 299, 308 et 313 de l'Acte uniforme précité, applicables aux incidents de la saisie immobilière et inapplicables en l'espèce, n'a en rien violé ces dispositions et au contraire a fait une bonne application des dispositions de l'article 296 de l'Acte uniforme susvisé ; qu'en l'espèce, le saisi et mêmes les autres cohéritiers lui ayant délivré une procuration ne peuvent en application de l'article 296 de l'Acte uniforme précité et de l'article 820 du code précité, compromettre la part des biens indivis des autres coindivisaires sans leur consentement qui n'est pas établi en l'espèce ; qu'enfin la violation alléguée des articles 293 de l'Acte uniforme précité et 51 de la loi susvisée ne peut prospérer pour les mêmes raisons, la qualité de tiers, d'une partie au moins des ayants droit, ayant été largement démontrée ; qu'il échet en conséquence de rejeter les trois moyens de cassation réunis comme étant non fondés ;

Attendu qu'ayant succombé, il y a lieu de condamner la BIB et Madame KARANTAO aux dépens ;

PAR CES MOTIFS

Statuant publiquement, après en avoir délibéré,

En la forme :

Déclare recevable le recours de la BIB et de Madame KARANTAO Maïmouna ;

Au fond :

Le rejette comme étant non fondé ;

Condamne la BIB et Madame KARANTAO aux dépens.

La validité d'une saisie ne peut être appréciée que sur le fondement de l'Acte uniforme et non du droit national (CCJA, Ass. Plén., n°103/2014, 04 novembre 2014)

Sommaire

La saisie immobilière étant régie par l'AUPSRVE, doit être cassé l'arrêt qui, pour annuler une telle saisie, se fonde sur les dispositions du droit national.

La Cour Commune de Justice et d'Arbitrage (CCJA) de l'Organisation pour l'Harmonisation en Afrique du Droit des Affaires (OHADA), Assemblée plénière, a rendu l'Arrêt suivant en son audience foraine publique tenue le 04 novembre 2014 Yaoundé au Cameroun où étaient présents :

Messieurs Marcel SEREKOÏSSE SAMBA	Président
Abdoulaye Issoufi TOURE,	Premier Vice-président, Rapporteur
Madame Flora DALMEIDA MELE,	Second Vice-Président
Messieurs Namuano Francisco Dias GOMES,	Juge,
Victoriano OBIANG ABOGO,	Juge
Idrissa YAYE,	Juge
Djimasna N'DONINGAR,	Juge
et Maître Paul LENDONGO,	Greffier en chef,

Sur le pourvoi enregistré au greffe de la Cour sous le n°067/2007/PC du 02 août 2007 et formé par Maître DJEPANG Joseph, Avocat à la Cour, 503 Avenue du 27 août, BP 2252 à Douala, agissant au nom et pour le compte de la Banque Internationale du Cameroun pour l'Epargne et le Crédit dite BICEC, Société anonyme dont le siège est à l'avenue du Général De Gaulle BP 1925 Douala, dans la cause qui l'oppose au sieur NDENGOUE Noubissie Jean Marie demeurant à Douala BP 107, et à la Société des Etablissements EMOH et compagnie, société à responsabilité limitée dont le siège est à Douala BP 5030, ayant tous deux pour conseil Maître Jean Marcel Job, Avocat à la Cour demeurant 99, Rue du Pasteur Edonbé Mbengue BP 1533 à Douala,

en cassation du Jugement n°04/CIV rendu en dernier ressort le 20 octobre 2005 par le Tribunal de grande instance du Moungo à Nkongsamba et dont le dispositif est le suivant :

« - dit qu'il n'y a pas lieu en l'espèce à expertise des comptes entre les parties ni à sursis à statuer ;

Rejette par conséquent la demande formulée en ce sens ;

Annule la procédure de saisie immobilière diligentée contre les demandeurs ;

Donne mainlevée du commandement aux fins de saisie immobilière à eux délivré le 22 octobre 2004 ;

Ordonne la radiation de son inscription sur le titre foncier n°9891 du département du Moungo ;

Condamne la BICEC aux dépens distraits au profit de Maitres Job et Mayang, Avocats aux offres de droit. » ;

La requérante invoque à l'appui de son pourvoi, les trois moyens de cassation tels qu'ils figurent à la requête annexée au présent arrêt ;

Sur le rapport de Monsieur Abdoulaye Issoufi TOURE, Premier Vice-président ;

Vu les dispositions des articles 13 et 14 du Traité relatif à l'harmonisation du droit des affaires en Afrique ;

Vu le Règlement de procédure de la Cour Commune de Justice et d'Arbitrage de l'OHADA ;

Attendu qu'il résulte des pièces du dossier que la BICEC détentrice de la grosse notariée de la convention de crédit, servait les 22 et 28 octobre 2004, un commandement aux fins de saisie sur le titre foncier hypothéqué, n°9891 sis à Nkongsamba et appartenant au nommé NDENGOUE Noubissie Jean Marie ; que ni la Société Etablissements EMOH et compagnie débitrice principale, ni le sieur Ndougou, caution solidaire, ne s'étant exécuté dans les vingt jours, la procédure de saisie immobilière se poursuivait par le dépôt d'un cahier de charges auquel ont été insérés les dires et observations des mis en cause ; que le 20 octobre 2005, le Tribunal de grande instance statuant en audience éventuelle annulait la saisie et ordonnait mainlevée du commandement par le jugement dont pourvoi ;

Sur la recevabilité du pourvoi

Attendu que dans leur mémoire en réponse en date du 16 octobre 2009, les défendeurs au pourvoi, soulèvent l'irrecevabilité du pourvoi au motif que les statuts de la BICEC ont été modifiés longtemps après le délai prescrit par l'article 915 de l'Acte uniforme du 17 avril 1997 relatif au droit des sociétés commerciales et du groupement d'intérêt économique ;

Mais attendu que non seulement tel retard n'a aucune incidence sur la recevabilité du pourvoi mais aussi et surtout les statuts régulièrement établis en date du 27 octobre 1999 ont été produits ; qu'il échet donc de dire que le pourvoi est recevable ;

Sur le premier moyen tiré de la violation de l'article 10 du Traité relatif à l'harmonisation du droit des affaires en Afrique et l'article 336 de l'Acte uniforme portant organisation des procédures simplifiées de recouvrement et des voies d'exécution.

Attendu qu'il est fait grief à l'arrêt déféré d'avoir violé ces dispositions, en ce que le juge s'est fondé sur l'article 1987 du code civil camerounais et sur les articles 47 et 48 du Décret n°95/034 du 24 février 1995 portant statut et organisation de la profession des notaires au Cameroun pour annuler la procédure de saisie alors que les textes visés au moyen à caractère supranational abrogent toutes les dispositions de droit interne applicable en matière du droit des affaires notamment en matière de saisie immobilière ;

Attendu en effet que le juge pour parvenir à l'annulation de la procédure de saisie immobilière s'est basé sur les articles 47 et 48 du décret n°95/34 du 24 février 1995 portant statut et organisation de la profession de notaire ; alors qu'à la date du jugement, l'Acte uniforme portant organisation des procédures simplifiées de recouvrement et des voies d'exécution, a définitivement intégré l'ordre juridique interne camerounais ; qu'aussi c'est en violation des dispositions visées au moyen que ledit jugement a été rendu et encourt la cassation ;

Sur l'évocation

Attendu que le 10 janvier 2005, Maître DJEPANG Joseph, Avocat au barreau du Cameroun agissant pour le compte de la BICEC déposait un cahier des charges relativement à l'adjudication de l'immeuble objet du titre foncier n°9891/Moungo appartenant au sieur NDENGOUE Noubissie Jean Marie ;

Attendu que Maître Jean Marcel JOB et Rufin Mayang, Avocats au Barreau du Cameroun aux noms des sieurs NDENGOUE Noubissie Jean Marie et les Etablissements EMOH et Compagnie ont inséré des dires et observations tendant à la nullité de la saisie immobilière, en exposant que le créancier poursuivant n'a point respecté les prescriptions de l'article 267 de l'Acte uniforme portant organisation des procédures simplifiées de recouvrement et des voies d'exécution ; qu'étant une personne morale il devait être indiqué dans le cahier de charges sa profession, sa nationalité, la date de sa création ou tout le moins son numéro d'immatriculation au registre du commerce et du crédit immobilier ; qu'à la signature de la convention, l'immeuble était évalué à 180.000.000 francs ; que selon la convention le nantissement du matériel devait faire l'objet d'une inscription au greffe du Tribunal du Nkongsamba ; qu'il devait être annexé au cahier des charges l'état de tous les droit réels ; que la mise à prix de 35.000.000 F ne correspond pas à l'évaluation faite par les parties, ni même au quart de la valeur de l'immeuble, et qu'enfin il apparaît que le cahier des charges a été enregistré gratuitement alors que cette mesure n'est accordée qu'aux banques en liquidation ;

Attendu que la BICEC a, par ses écritures du 02 mars 2002 conclu au rejet des dires et observations ;

Attendu qu'à l'examen des pièces du dossier il appert qu'au regard de l'Acte uniforme portant organisation des procédures simplifiées de recouvrement et des voies d'exécution, aucun grief ne peut être relevé contre le titre exécutoire ; que s'agissant d'une banque les mentions portées dans le cahier des charges suffisent à son identification et que l'article 267.5 est relatif aux personnes physiques ; qu'aux termes de l'article 9 de la convention de crédit, le sieur NDENGOUE s'est porté caution jusqu'à concurrence de 300.000.000 Francs ; que la mise à prix a été fixée suite à une expertise et qu'en tout état de cause elle peut être modifiée par la juridiction compétente ; que dans l'ensemble aucun dire n'a un fondement légal ;

Attendu donc qu'il échet de rejeter les dires et observations et ordonner la continuation des poursuites ;

Attendu que le sieur NDENGOUE Noubissie Jean Marie et la Société des Etablissements EMOH et Compagnie succombant seront condamnés aux dépens ;

PAR CES MOTIFS

Statuant publiquement, après en avoir délibéré,

Déclare le pourvoi recevable ;

Casse le Jugement n°04/CIV rendu en dernier ressort le 20 octobre 2005 par le Tribunal de grande instance du moungo à Nkongsamba ;

Evoquant et statuant sur le fond,

Déclare les dires et observations mal fondés ;

Les rejette ;

Ordonne la continuation des poursuites ;

Condamne NDENGOUE Noubissie Jean Marie et la Société les Etablissement EMOH et compagnie aux dépens.

B. Recours contre les décisions rendues en matière de saisie immobilière

Le seul recours possible contre une décision d'adjudication est le recours en annulation (CCJA, 2e Ch., n°29/2014, 3 avril 2014)

Sommaire

Il ressort de la combinaison des articles 293 et 313 de l'AUPSRVE que le seul recours possible contre un jugement d'adjudication est l'action en annulation formée dans les quinze jours suivant la vente aux enchères devant la juridiction compétente dans le ressort de laquelle l'adjudication a été faite.

La Cour Commune de Justice et d'Arbitrage (CCJA), de l'Organisation pour l'Harmonisation en Afrique du Droit des Affaires (OHADA), Deuxième chambre, a rendu l'Arrêt suivant en son audience publique du 03 avril 2014 où étaient présents :

Messieurs Abdoulaye Issoufi TOURE,	Président
Namuano Francisco DIAS GOMES,	Juge
Djimasna N'DONINGAR,	Juge, Rapporteur
et Maître Jean Bosco MONBLE,	Greffier,

Sur le renvoi, en application de l'article 15 du Traité relatif à l'harmonisation en Afrique du droit des affaires, devant la Cour de céans, de l'affaire SOULEYMANE SOW et ABDOU DIOP contre la SCP HASSAN HACHEM &Fils,par arrêt n°72 du 02 juillet 2008 de la Cour de cassation de la République du Sénégal, saisie d'un pourvoi formé par le Cabinet Mame Adama Gueye et Associés, Avocats à la Cour, demeurant 107 - 109, Rue Moussé Diop, à Dakar - Sénégal, agissant au nom et pour le compte de SOULEYMANE SOW, Administrateur de société, Demeurant à Dakar, et de ABDOU DIOP, ès qualité de Syndic du règlement judiciaire du sieur Souleymane SOW, dans la cause qui les oppose à la SCP HASSAN HACHEM &Fils, ayant son siège social au 68, rue Abdou Karim Bourgi, et pour Conseil la SCP Guédel NDIAYE et Associés, Avocats à la Cour, 73 bis, Rue Amadou Assane Ndoye à Dakar, renvoi enregistré sous le n°076/2008/PC en date du 13 août 2008,

en cassation du Jugement n°881 rendu par le Tribunal régional hors classe de Dakar le 08 mai 2001 statuant en matière des Criées et dont le dispositif est le suivant :

« Statuant publiquement en matière de saisie immobilière et en dernier ressort :

Déclare recevable les dires de Souleymane SOW ;

Rejette les dires ;

Vu l'extinction des feux voulus par la loi ;

Adjuge à Maître Mamadou Gueye, Avocat à la Cour, ayant déclaré agir pour le compte de la SCP HASSANE HACHEM et Fils, l'immeuble objet du titre foncier n°553/DG pour la somme de 206.000.000 FCFA, sous réserve de la déclaration de command ;

Ordonne, sur la signification du présent jugement, à tous détenteurs ou possesseur de laisser ledit immeuble au profit de l'adjudicataire, sous peine d'y être contraints par toutes les voies de droit et par voie d'expulsion »;

Les requérants invoquent à l'appui de leur pourvoi un moyen unique de cassation, tel qu'il figure à la requête annexée au présent arrêt ;

Sur le rapport de Monsieur Djimasna N'DONINGAR, Juge ;

Vu les dispositions des articles 13, 14 et 15 du Traité relatif à l'harmonisation du droit des affaires en Afrique ;

Vu le Règlement de procédure de la Cour Commune de Justice et d'Arbitrage de l'OHADA ;

Attendu qu'il ressort des pièces du dossier de la procédure que par Jugement n°881, le Tribunal hors classe de Dakar adjugeait à Maître Gueye, agissant pour le compte de la SCP HASSAN HACHEM & Fils, au prix de 206.000.000 FCFA, l'immeuble objet du titre foncier n°553/DG d'une superficie de 1306, 12 m2, saisi sur le sieur SOULEYMANE SOW, à la requête de son créancier YERO MBAYE KONATE ; que sur pourvoi du sieur SOULEYMANE SOW, la Deuxième chambre civile et commerciale de la Cour de cassation du Sénégal, par Arrêt n°34 rendu le 1er mars 2006, cassait et annulait le jugement d'adjudication et renvoyait la cause et les parties devant la Cour d'appel de Kaolack pour être à nouveau jugées ; que sur recours aux fins de rabat dudit arrêt introduit par la SCP HASSAN HACHEM & Fils, la Cour de cassation du Sénégal, statuant en chambres réunies à l'audience solennelle publique du 21 décembre 2006, rabattait l'Arrêt n°34 sus évoqué et renvoyait à nouveau la cause devant la Deuxième chambre pour statuer ; que par Arrêt n° 72 rendu le 02 juillet 2008, la Deuxième chambre de la Cour de cassation du Sénégal se déclarait incompétente et renvoyait la cause et les parties devant la Cour de céans ;

Sur la recevabilité du pourvoi

Attendu que dans son mémoire en réponse à la requête, reçu au greffe de la Cour de céans le 17 février 2010, la SCP HASSAN HACHEM & Fils, défenderesse au pourvoi, demande à la Cour de déclarer irrecevable le pourvoi formé par les sieurs SOULEYMANE SOW et ABDOU DIOP au motif que, d'une part, la décision attaquée n'est pas susceptible de pourvoi en cassation en ce qu'il est un jugement d'adjudication contre lequel les recours sont réglementés par les seuls articles 293 et 313 de l'Acte uniforme portant organisation des procédures simplifiées de recouvrement et des voies d'exécution ; que, d'autre part, le pourvoi, formalisé par une requête déposée le 18 avril 2005 alors que le jugement attaqué a été signifié aux demandeurs au pourvoi par exploit d'huissier le 27 juin 2001, est formé hors le délai des deux mois prévu à cet effet ;

Attendu qu'aux termes de l'article 293 « la décision judiciaire ou le procès-verbal d'adjudication établi par le notaire ne peut faire l'objet d'aucune voie de recours, sans préjudice de l'article 313 ci-dessous » ; que l'article 313 énonce « la nullité de la décision judiciaire ou du procès-verbal notarié d'adjudication ne peut être demandée par voie d'action principale en annulation portée devant la juridiction compétente dans le ressort de laquelle l'adjudication a été faite que dans un délai de quinze jours suivant l'adjudication… » ; qu'il ressort ainsi de la combinaison de ces deux articles que le seul recours possible contre le Jugement n°881 rendu par le Tribunal hors classe de Dakar le 08 mai 2001 est l'action en annulation dans les quinze jours suivant la vente aux enchères ; qu'il échet en conséquence de déclarer le pourvoi formé par les sieurs SOULEYMANE SOW et ABDOU DIOP irrecevable ;

Attendu que les sieurs SOULEYMANE SOW et ABDOU DIOP, ayant succombé, seront condamné aux dépens ;

PAR CES MOTIFS

Statuant publiquement, après en avoir délibéré,

Déclare irrecevable le pourvoi formé par sieurs SOULEYMANE SOW et ABDOU DIOP contre le Jugement n°881 rendu le 08 mai 2001 par le Tribunal régional hors classe de Dakar ;

Les condamne aux dépens.

La décision annulant l'adjudication est une décision rendue en matière de saisie immobilière (CCJA, Ass. Plén., n°43/2014, 23 avril 2014)

Sommaire

Aucune disposition du Règlement de procédure n'autorise la mise en cause d'une personne n'ayant été ni partie, ni représentée à l'instance devant les premiers juges

Le jugement, qui déclare nul et de nul effet l'adjudication relève sans conteste des « décisions judiciaires rendues en matière de saisie immobilière » au sens de l'article 300 de l'AUPSRVE. Lorsqu'il statue sur la régularité formelle de la saisie immobilière, il est insusceptible d'appel en application de l'article 300 susvisé, lequel prévoit que décisions judiciaires rendues en matière de saisie immobilière ne peuvent être frappées d'appel que lorsqu'elles statuent sur le principe même de la créance ou sur des moyens de fond tirés de l'incapacité d'une des parties, de la propriété, de l'insaisissabilité ou de l'inaliénabilité des biens saisis.

La Cour Commune de Justice et d'Arbitrage (CCJA) de l'Organisation pour l'Harmonisation en Afrique du Droit des Affaires (OHADA), Assemblée plénière a rendu l'Arrêt suivant, en son audience foraine tenue le 23 avril 2014 à Lomé-Togo où étaient présents :

MessieursMarcel SEREKOÏSSE-SAMBA,	Président
Abdoulaye Issoufi TOURE,	Premier Vice-président
MadameFlora DALMEIDA MELE,	Seconde Vice-présidente
Messieurs Namuano F. DIAS GOMES,	Juge
Victoriano OBIANG ABOGO,	Juge
Mamadou DEME	Jugerapporteur
Idrissa YAYE,	Juge
Djimasna N'DONINGAR,	Juge
et Maître Paul LENDONGO,	Greffier en chef ;

Sur le recours enregistré au greffe de la Cour de céans le 21 avril 2008 sous le n°024/2008/PC et formé par la Succession Edouard Assiba JOHNSON et Couadjo JOHNSON, représentés par Maître BAWA Bouraïma, demeurant à Lomé, Boulevard des Armées, en face de la maison DADZIE, BP 4159-Lomé, ayant pour Conseil Maître AFANGBEDJI Kossi, Avocat à la Cour, 90 Rue du Mont ADAMANO, BP 12250 Lomé-Togo, dans la cause qui les oppose à Monsieur Ayayi Koudahin ANENOU et son entreprise dénommée Transit NETADI, dont le siège social est à Lomé, Boulevard du Mono en face de l'hôtel SARAKAWA, Route d'Aného, BP 3258, ayant pour Conseil Maître MOUKE Mawuvi A., Avocat à la Cour, 34, Rue n°74 d'Assoli, prolongement vers la plage, Rue du Night Club Oro, BP 61611-Lomé, la Banque Togolaise de

Développement dite BTD, Place de l'indépendance, BP 65-Lomé, ayant pour conseil Maître TOBLE Yawo Gagnon, 27, Avenue Maman N'danida, BP 61170 et à Maître Galolo SOEDJEDE, Avocat à la Cour, ayant son Cabinet à Lomé, Boulevard du 13 janvier, BP 3893,

en cassation de l'arrêt numéro 09 rendu le 08 février 2005 par la Cour d'appel de Lomé, dont le dispositif est le suivant :

« Statuant publiquement, contradictoirement, en matière civile et en appel ;

En la forme :

Reçoit l'appel ;

Déclare recevable la requête civile du sieur Koudahin Ayayi ANENOU ;

Au fond :

Dit l'appel et la requête civile fondés ;

Infirme le jugement entrepris en toutes ses dispositions ;

Statuant à nouveau :

Dit que l'action en nullité de l'adjudication du 30 novembre 1999 intentée par la succession Edouard Assiba JOHNSON est intervenue hors le délai prévu par la loi ;

Annule purement et simplement l'arrêt n°15/2000 du 27 juillet 2000 rendu par la cour d'appel de céans ;

Dit et juge que seul l'arrêt 94/99 du 24 juillet 1999 de la même Cour produira ses pleins et entiers effets ;

Dit en outre qu'au vu du présent arrêt, Monsieur le Conservateur de la Propriété Foncière du Togo sera tenu de muter l'immeuble sis à Lomé, objet du Titre Foncier n°10030 RT au nom du sieur Ayayi Koudahin ANENOU ;

Condamne la succession Edouard Assiba JOHNSON aux dépens. » ;

Les demandeurs invoquent à l'appui du pourvoi les deux moyens de cassation tels qu'ils figurent à leur requête annexée au présent arrêt ;

Sur le rapport de Monsieur Mamadou DEME, Juge ;

Vu les articles 13 et 14 du Traité relatif à l'harmonisation du droit des affaires en Afrique ;

Vu le Règlement de procédure de la Cour Commune de Justice et d'Arbitrage de l'OHADA ;

Attendu qu'il résulte des pièces du dossier de la procédure que par requête civile en date du 04 septembre 2003, Ayayi Koudahin ANENOU a fait appeler la succession Edouard Assiba JOHNSON et Couadjo JOHNSON devant la Cour d'appel de Lomé, en annulation de l'Arrêt n°154/00 rendu le 27 juillet 2000 par la Chambre civile de la Cour d'appel de Lomé et pour s'entendre dire que seul l'Arrêt n°094/99 rendu le 24 juillet 1999 par la Cour d'appel précitée emportera ses pleins et entiers effets ;

Que par exploit en date du 26 août 2003, il a interjeté appel du Jugement n°594/01 rendu le 20 avril 2001 par le Tribunal de première instance de Lomé ;

Que statuant sur ces procédures, la Cour d'appel de Lomé a rendu l'Arrêt n°09/05 du 08 février 2005 objet du pourvoi ;

Sur la recevabilité des mémoires en réponse de la BTD et de Ayayi Koudahin ANENOU

Attendu que les demandeurs au pourvoi soutiennent que les correspondances en date du 17 juillet 2008 par lesquelles le Greffier en chef a transmis la requête en cassation à la BTD et Ayayi Koudahin ANENOU sont parvenues à ces derniers le 28 juillet 2008 ; qu'ainsi, le délai de 3 mois imparti par l'article 30.1 du Règlement de procédure de la Cour de céans pour le dépôt de leurs mémoires en réponse ayant expiré le 28 octobre 2008, leurs écritures datées respectivement des 14 et 16 octobre 2008, toutes deux reçues au greffe le 26 novembre 2008, doivent être déclarés irrecevables pour tardiveté ;

Attendu qu'en application des articles 25-5 et 30-1 du Règlement susvisé et de l'article 1er de la Décision n°002/99/CCJA du 04 février 1999 augmentant les délais de procédure en raison de la distance, la BTD et ANENOU, résidant tous deux à Lomé, disposaient d'un délai de 3 mois augmenté de 14 jours à compter de la signification du pourvoi, soit jusqu'au 12 novembre 2008, pour déposer leurs mémoires ;

Mais attendu que suivant correspondance en date du 29 octobre 2008, la BTD a sollicité du Président de cette Cour une prorogation du délai ; que par lettre n°488/2008/G2 en date du 13 novembre 2008, un délai supplémentaire de 15 jours à compter de la date de réception de cette lettre lui a été accordé pour déposer son mémoire en réponse ; que ladite lettre ayant été reçue à son domicile élu le 14 novembre 2008, elle avait jusqu'au 29 novembre 2008 pour déposer ses écritures ; qu'ainsi, son mémoire reçu au greffe le 26 novembre 2008 doit être déclaré recevable ;

Attendu cependant que l'assertion de Ayayi Koudahin ANENOU selon laquelle le Président de cette Cour lui aurait accordé le même délai supplémentaire suivant lettre du 13 novembre 2008 n'est confortée par aucune pièce versée au dossier ; que son mémoire déposé le 26 novembre 2008 doit être déclaré irrecevable pour tardiveté ;

Sur la recevabilité de l'appel en intervention forcée contre la BTD

Attendu que dans son mémoire en réponse susvisé, la BTD soulève in limine litis l'irrecevabilité de son appel en cause, au motif que les dispositions de l'article 45.1 du Règlement de procédure sur lesquelles les recourants fondent cette prétention ne prévoient que l'intervention volontaire ;

Attendu qu'aucune disposition du Règlement de procédure n'autorise la mise en cause d'une personne n'ayant été ni partie, ni représentée à l'instance devant les premiers juges ;

Qu'il échet de déclarer l'appel en intervention forcée contre la BTD irrecevable ;

Sur la recevabilité de l'intervention volontaire de Maître Galolo SOEDJEDE

Attendu que suivant les mêmes écritures, la BTD soulève l'irrecevabilité de l'intervention volontaire de Maître Galolo SOEDJEDE, au motif que ce dernier n'a pas constitué d'avocat et a signé personnellement son mémoire en intervention, alors que le ministère d'avocat est obligatoire devant la CCJA ;

Mais attendu que la qualité d'avocat de l'intervenant n'est pas contestée ; que de jurisprudence constante, la Cour de céans admet le droit d'agir d'un avocat par lui-même ;

Que l'exception apparait mal fondée et doit être rejetée ;

Sur le premier moyen de cassation en sa deuxième branche, pris de la violation de l'article 300 alinéa 2 de l'Acte uniforme portant organisation des procédures simplifiées de recouvrement et des voies d'exécution

Attendu qu'il est fait grief à l'arrêt d'avoir reçu l'appel contre le Jugement n°594/01 du 20 avril 2001, alors que l'article 300 alinéa 2 de l'Acte uniforme portant organisation des procédures simplifiées de recouvrement et des voies d'exécution dispose que les décisions judicaires rendues en matière de saisie immobilière « ... ne peuvent être frappées d'appel que lorsqu'elles statuent sur le principe même de la créance ou sur des moyens de fond tirés de l'incapacité d'une des parties, de la propriété, de l'insaisissabilité ou de l'inaliénabilité des biens saisis », et que le Jugement n°594/2001 du 20 avril 2001 frappé d'appel n'a statué ni sur le principe même de la créance, ni sur tels moyens de fond ;

Attendu que pour rejeter l'exception d'irrecevabilité de l'appel, l'arrêt énonce en substance que l'article 300 alinéa 2 n'est pas applicable en la cause et qu'aucune disposition de l'Acte uniforme n'interdit l'appel contre les décisions d'annulation d'un jugement d'adjudication ;

Mais attendu que le jugement attaqué a été rendu à la suite de la demande d'annulation faite par voie d'action principale par la succession Edouard Assiba JOHNSON devant la juridiction compétente conformément aux dispositions de l'article 313 de l'Acte uniforme précité ; que le jugement, qui a déclaré nuls et de nul effet le cahier des charges en date du 14 octobre 1999, la sommation du 19 octobre 1999 et par voie de conséquence, l'adjudication du 30 novembre 1999, relève sans conteste des « décisions judiciaires rendues en matière de saisie immobilière » au sens de l'article 300 susvisé ;

Qu'en recevant l'appel formé contre ce jugement, lequel n'a statué que sur la régularité formelle de la procédure de saisie immobilière, la Cour d'appel a violé le texte visé au moyen ;

Qu'il échet de casser l'arrêt entrepris et d'évoquer ;

Sur l'évocation

Sur l'appel

Attendu que par exploit en date du 26 août 2003, Ayayi Koudahin ANENOU a interjeté appel du Jugement n°594/01 du 20 avril 2001 rendu par le Tribunal de première instance de Lomé, dont le dispositif est ainsi rédigé :

« Statuant publiquement, contradictoirement en matière civile et en premier ressort après jonction des procédures ;

En la forme, écarte les moyens d'irrecevabilité soulevés par le sieur ANENOU Koudahin Ayayi et reçoit la succession de feu Edouard Assiba JOHNSON, représentée par Maître Bouraïma BAWA en son action ;

Déclare nuls et de nuls effets le cahier des charges en date du 14 octobre 1999 ainsi que l a sommation en date du 19 octobre 1999 et par voie de conséquence la vente, l'adjudication faite le 30 novembre 1999 ;

Dit et juge que les autres demandes et incidents soulevés par la Succession seront examinés dans le cadre de l'audience éventuelle à venir ;

Déboute le sieur ANENOU Koudahin Ayayi de toutes ses demandes reconventionnelles ;

Ordonne l'exécution provisoire du présent jugement nonobstant toute voie de recours et sans caution ;

Condamne le sieur ANENOU Koudahin Ayayi aux dépens » ;

Attendu que les demandeurs au pourvoi soulèvent l'irrecevabilité de l'appel ;

Attendu que pour les mêmes motifs que ceux ayant conduit à la cassation, il échet de déclarer l'appel irrecevable ;

Sur la requête civile

Attendu que le 30 juin 1994, le Président du Tribunal de première instance de Lomé a rendu l'Ordonnance d'injonction de payer n°637/94 enjoignant à JOHNSON Couadjo et aux frères JOHNSON de payer à Ayayi Koudahin ANENOU la somme de 202 192 395 francs ; que suivant Ordonnance de référé n°604/96 du 16 décembre 1996, le Président du Tribunal de première instance de Lomé a déclaré le contredit formé par les consorts JOHNSON contre cette ordonnance irrecevable pour avoir été formé hors délai, et a ordonné l'apposition de la formule exécutoire sur ladite ordonnance ;

Que par le Jugement n°1567/96 du 20 décembre 1996, le Tribunal de première instance de Lomé, statuant sur les mérites du même contredit, l'a déclaré recevable, fixé la créance de ANENOU sur les frères JOHNSON et Couadjo JOHSON à 64 189 312 francs, condamné ces derniers à lui payer cette somme, et ordonné l'apposition de la formule exécutoire sur l'Ordonnance d'injonction de payer n°637/94 du 30 juin 1994 à concurrence de ladite somme ;

Attendu que sur appel formé par ANENOU contre le Jugement n° 1567/96 du 20 décembre 1996, suivant exploit d'huissier en date du 15 juillet 1996, la Cour d'appel de Lomé a rendu l'Arrêt 094/99 du 24 juillet 1999, qui a infirmé ce jugement et dit que l'Ordonnance de référé n°604/96 du 16 décembre 1996 du Président du Tribunal de première instance de Lomé emportera effet ;

Que le 27 juillet 2000, la même Cour d'appel statuant sur le même appel formé par l'exploit du 15 juillet 1996 contre le Jugement n°1567/96 du 20 décembre 1996, a rendu l'Arrêtn°154/2000 du 27 juillet 2000, qui a déclaré l'appel irrecevable et dit que le Jugement n°1567/96 du 20 décembre 1996 produira son plein et entier effet ;

Attendu que le sieur ANENOU poursuit la rétractation de ce dernier arrêt sur le fondement des dispositions de l'article 244 du code de procédure civile de la République du Togo ;

Attendu que les articles 244 et suivants du code de procédure civile de la République du Togo disposent :

« Article 244 : les jugements contradictoires rendus en dernier ressort et qui ne sont plus susceptibles d'une voie de recours ordinaire, peuvent être rétractés sur la requête de ceux qui y ont été parties ou dûment appelés, pour les causes ci-après :

....

s'il y a contrariété de jugements en derniers ressort entre les mêmes parties et sur les mêmes moyens dans les mêmes juridictions.... » ;

« Article 251 : La requête civile est portée au même tribunal où le jugement attaqué a été rendu. Il peut y être statué par les mêmes juges. »

« Article 261 : Le fond de la contestation sur laquelle le jugement rétracté a été rendu est porté au même tribunal qui a statué sur la requête civile » ;

Attendu qu'il résulte sans équivoque de ces dispositions que la requête civile n'est admise qu'à l'encontre des jugements rendues par les tribunaux, à l'exclusion des arrêts de la Cour d'appel ; qu'il s'ensuit que la requête doit être déclarée irrecevable ;

Sur la demande en dommages-intérêts de la BTD

Attendu que la BTD sollicite la condamnation des consorts JOHNSON à lui payer la somme de 25 000 000 FCFA à titre de dommages-intérêts pour procédure abusive ;

Mais attendu que l'abus par les demandeurs de leur droit d'ester en justice ne résulte pas des éléments du dossier ; qu'il échet de débouter la BTD de sa demande ;

Attendu que Ayayi Koudahin ANENOU qui a succombé doit être condamné aux dépens ;

PAR CES MOTIFS

Statuant publiquement, après en avoir délibéré ;

Déclare le pourvoi recevable ;

Déclare l'intervention volontaire de Maître Galolo SOEDJEDE et le mémoire en réponse de la BTD recevables ;

Déclare l'appel en intervention forcée contre la BTD et le mémoire en réponse de Ayayi Koudahin ANENOU et Transit NETADI irrecevables ;

Casse l'Arrêt n°09 rendu le 08 février 2005 par la Cour d'appel de Lomé ;

Evoquant et statuant sur le fond,

Déclare irrecevable l'appel formé contre le Jugement n°594/01 rendu le 20 avril 2001 par le Tribunal de première instance de Lomé ;

Déclare irrecevable la requête civile formée contre l'Arrêt n°154/2000 du 27 juillet 2000 de la Cour d'appel de Lomé ;

Déboute la BTD de sa demande en dommages-intérêts ;

Condamne Ayayi Koudahin ANENOU aux dépens.

Le délai de l'action en nullité de la décision d'adjudication est de 15 jours suivant l'adjudication (CCJA, Ass. Plén., n°70/2014, 25 avril 2014)

Sommaire

La nullité de la décision judiciaire d'adjudication ne peut être demandée que dans un délai de 15 jours suivant l'adjudication. Est donc frappée de forclusion toute demande présentée plus de 4 ans après l'adjudication judiciaire de l'immeuble litigieux.

La Cour Commune de Justice et d'Arbitrage (CCJA) de l'Organisation pour l'Harmonisation en Afrique du Droit des Affaires (OHADA), Assemblée plénière, a rendu l'Arrêt suivant en son audience foraine tenue le 25 avril 2014 où étaient présents :

Messieurs Marcel SEREKOÏSSE SAMBA,		Président, rapporteur
Abdoulaye Issoufi TOURE,		Premier Vice-Président
Madame	DALMEIDA MELE Flora,	Seconde Vice-Présidente
Messieurs	Namuano F. DIAS GOMES,	Juge
	Victoriano OBIANG ABOGO,	Juge
	Mamadou DEME,	Juge
	Idrissa YAYE,	Juge
	Djimasna NDONINGAR,	Juge
	et Maître Paul LENDONGO,	Greffir en chef ;

Sur le pourvoi enregistré au greffe de la Cour de céans le 30 mars 2012 sous le numéro 032/2012/PC et formé par SCPA KARAMBIRI-NIAMBA, ayant son siège sis Boulevard Charles de GAULLE, 01 BP 3470/2476 Bobo-Dioulasso 01, agissant pour le compte, d'une part de la Banque Of Africa (BOA) Burkina-Faso, représentée par son Directeur Général, d'autre part KONATE Z. Hamidou, Gérant de la Société de transport KZA de nationalité burkinabé BP 3406 Bobo-Dioulasso, dans la cause qui les oppose aux ayants-droit de SANOU Amadou, à savoir : SANOU Mariame, SANOU Gaoussou, SANOU Hididiatou, SANOU Aïcha et SANOU Korotimi, tous domiciliés à Bobo-Dioulasso (Burkina-Faso),

en cassation de l'Arrêt n°065 rendu le 02 décembre 2011 par la Cour d'appel de Bobo-Dioulasso et dont le dispositif est le suivant :

« Statuant publiquement, contradictoirement en matière civile et en dernier ressort ;

- Déclare l'appel recevable
- Infirme le jugement attaqué ;
- Evoquant et statuant à nouveau ;

- Déclare l'adjudication de la vente intervenue entre la BOA et KONATE Zegué Hamidou inopposable aux ayants droits de feu SANOU Amadou titulaire de droit réel immobilier sur l'immeuble litigieux ;

- Déclare les ADF SANOU Amadou titulaire de droit réel immobilier sur l'immeuble litigieux ;

- Ordonne l'expulsion de la BOA ainsi que de KONATE Zegué Hamidou de l'immeuble formant la parcelle G. lot 431 du quartier Farankan de la ville de Bobodioulasso, objet du titre foncier n°1572 du 03 mai 1977 tant de leurs biens, de leurs personnes, ainsi que de tous occupants de leur chef ;

- Condamne la BOA, KONATE Zegué Hamidou, SANOU Ibrahim, SANA Soïbou solidairement à payer aux appelants la somme de trois millions de Francs CFA (3 000 000) FCFA de dommages et intérêts et celle de cinq cent mille (500 000) FCFA au titre des frais exposés et non compris dans les dépens ;

- Déboute les appelants du surplus de leurs réclamations ;

- Condamne la BOA et KONATE Zegué Hamidou, SANA Soïbou et SANOU Ibrahim aux dépens. »

Attendu que les requérants invoquent à l'appui de leur pourvoi trois moyens de cassation tels qu'ils figurent à la requête annexée au présent arrêt ;

Sur le rapport de Monsieur Marcel SEREKOÏSSE-SAMBA, Président ;

Vu les dispositions des articles 13 et 14 du Traité relatif à l'harmonisation du droit des affaires en Afrique ;

Vu le Règlement de procédure de la Cour Commune de Justice et d'Arbitrage de l'OHADA ;

Attendu qu'en application des articles 29 et 30 du Règlement de procédure de la Cour de céans, le pourvoi formé par la BOA et KONATE Z. Hamidou a été notifié par courrier n°126/2012/G2 du 27 avril 2012 aux ayants-droits de SANOU qui en ont accusé réception le 04 mai 2012 sans produire de mémoire en réponse ; que le principe du contradictoire ayant été respecté, il convient de passer outre et examiner le pourvoi ;

Attendu qu'il ressort des pièces du dossier de la procédure que le 10 juin 2002 Madame SANOU Mariam et Monsieur SANOU Gaoussou ont par devant notaire constitué leur cohéritier SANOU Ibrahim mandataire spécial en lui donnant le pouvoir d'hypothéquer auprès d'institutions bancaires la parcelle G. du lot 431 secteur 01 de Bobo-Dioulasso ; qu'à son tour, Monsieur SANOU Ibrahim a subdélégué ses pouvoirs à Monsieur SANA Soïbou en lui donnant procuration par devant notaire aux fins d'hypothéquer le même immeuble ;

Que Monsieur SANA Soïbou, bénéficiaire d'une convention de compte courant avec la Bank of Africa (BOA) a ainsi hypothéqué l'immeuble contre un prêt de cinq million de Francs CFA (5 000 000) F CFA à lui consenti le 24 septembre 2002 par la BOA ; que SANA Soïbou n'a pas honoré ses engagements de remboursement malgré toutes les démarches entreprises par la BOA qui s'est finalement résolue à la réalisation de l'hypothèque ; que par Jugement n°136 du 09 juin 2004, le Tribunal de grande instance de Bobo-Dioulasso a adjugé l'immeuble au profit de la BOA à la somme de dix millions de Francs CFA (10 000 000) FCFA ; que fort de cette adjudication, la BOA a procédé à la mutation en son nom du titre foncier dudit immeuble puis a cédé celui-ci à KONATE Z. Hamidou qui a procédé à une nouvelle mutation en son nom ;

Que depuis le Jugement d'adjudication les ayant droit SANOU ont opposé un refus de libérer les lieux malgré un commandement de déguerpir qui leur a été servi par la BOA les 02, 06 et 07 novembre 2007 ; que la BOA a dû recourir au Juge des difficultés de l'exécution pour obtenir leur expulsion ; qu'usant sans succès de diverses actions tendant tantôt à l'annulation du commandement, tantôt au sursis ou à la suspension de tous les actes d'exécution y compris celui de leur expédition, les héritiers SANOU ont cité le 13 août 2009 la BOA, KONATE Z. Hamidou, SANOU Ibrahim et SANA Soïbou devant le Tribunal de grande instance de Bobo-Dioulasso aux fins d'obtenir la nullité de l'adjudication judiciaire de l'immeuble et l'inopposabilité à leur égard de la vente conclue entre la BOA et KONATE Z. Hamidou ;

Attendu que par Jugement n°373/2010 du 30 juin 2010, le Tribunal a déclaré irrecevable l'action introduite par les héritiers SANOU et a, entre autres ordonné leur expulsion ; que sur appel des héritiers SANOU la Cour d'appel de Bobo-Dioulasso a rendu le 02 décembre 2011 l'Arrêt n°65 frappé du pouvoi ;

Sur le premier moyen

Attendu qu'il est fait grief à l'arrêt attaqué de s'être appuyé sur les termes de l'article 296 de l'Acte uniforme portant organisation des procédures simplifiées de recouvrement et des voies d'exécution pour conclure d'une part, que le droit de SANA Soïbou, le débiteur de la BOA, issu de la subdélégation consentie par SANOU Ibrahim sur l'immeuble saisi, serait révocable et contestable aux motifs qu'il s'agit d'un bien indivis, d'autre part que la combinaison des articles 296 et 316 permet de dire que le délai de 15 jours prescrit pour l'exercice de l'action en nullité s'appliquerait de façon restrictive aux seules parties à la saisie immobilière ; qu'alors que l'action en annulation contrairement à la conception étroite retenue par l'arrêt querellé est ouverte à tout intéressé ; qu'enfin, même si l'action de SANOU Mariam et autres était conforme à l'article 313, il n'en demeure pas moins que l'irrecevabilité de cette action était encourue au regard de l'article 293 de l'Acte uniforme susvisé ;

Attendu que l'article 313 de l'Acte uniforme portant organisation de procédures simplifiées de recouvrement et des voies d'exécution dispose :

« la nullité de la décision judiciaire ou du procès-verbal notarié d'adjudication ne peut être demandée par voie d'action principale en annulation portée devant la juridiction compétente dans le ressort de laquelle l'adjudication a été faite que dans un délai de 15 jours suivant l'adjudication. Elle ne peut être demandée que pour des causes concomitantes ou postérieures à l'audience éventuelle, par tout intéressé, à l'exception de l'adjudicataire.

L'annulation a pour effet d'invalider la procédure à partir de l'audience éventuelle ou postérieurement à celle-ci selon les causes de l'annulation. » ;

Que l'article 293 du même Acte uniforme stipule quant à lui : « la décision judiciaire ou le procès-verbal d'adjudication établi par le notaire ne peut faire l'objet d'aucune voie de recours, sans préjudice de l'article 313... » ;

Qu'il ressort de la combinaison des dispositions des articles 293 et 313 susénoncées que non seulement SANOU Mariame et autres co-indivisaires, intéressés à la procédure de saisie et d'adjudication sont bien concernés par les dispositions de l'article 313 mais aussi qu'en ayant introduit leur action en annulation plus de 4 années après la décision d'adjudication judiciaire de l'immeuble litigieux sont frappées par la forclusion ;

Que la Cour d'appel de Bobo-Dioulasso, en faisant droit à l'action en nullité initiée par SANOU Mariame et autres, a violé les articles 293, 296 et 313 de l'Acte uniforme susvisé, exposant ainsi son arrêt querellé à la censure ; qu'il y a donc lieu de casser l'Arrêt n°065 du 02 décembre 2011, d'évoquer et statuer à nouveau sans qu'il soit besoin d'examiner les autres moyens du recours ;

Sur l'évocation

Attendu que par acte notarié en date du 10 juin 2002 Madame SANOU Mariame et Monsieur SANOU Gaoussou ont donné mandat spécial à leur frère SANOU Ibrahim aux fins d'hypothéquer auprès d'institutions bancaires la parcelle G. du lot 431 secteur 01 de Bobo-Dioulasso ; qu'à son tour, Monsieur SANOU Ibrahim a subdélégué ses pouvoirs à Monsieur SANA Soïbou en lui donnant procuration par devant notaire à l'effet d'hypothéquer le même immeuble ;

Attendu que Monsieur SANA Soïbou, bénéficiaire d'une convention de compte courant avec la Bank of Africa (BOA) a ainsi hypothéqué l'immeuble contre un prêt de cinq million de Francs CFA (5 000 000) F CFA à lui consenti le 24 septembre 2002 par la BOA ; que SANA Soïbou n'ayant pas honoré ses engagements de remboursement malgré toutes les démarches entreprises par la BOA, celle-ci s'est finalement résolue à la réalisation de l'hypothèque ;

Attendu que par Jugement n°136 du 09 juin 2004, le Tribunal de grande instance de Bobo-Dioulasso a adjugé l'immeuble au profit de la BOA à la somme de dix millions de Francs CFA (10 000 000) FCFA ;

Qu'en vertu de cette adjudication, la BOA a procédé à la mutation en son nom du titre foncier dudit immeuble puis l'a cédé à KONATE Z. Hamidou qui a procédé à une nouvelle mutation en son nom ;

Que depuis le jugement d'adjudication les ayant droit SANOU ont opposé un refus de libérer les lieux malgré un commandement de déguerpir qui leur a été servi par la BOA les 02, 06 et 07 novembre 2007 ; que la BOA a dû recourir au Juge des difficultés de l'exécution pour obtenir leur expulsion ; qu'usant sans succès de diverses actions tendant tantôt à l'annulation du commandement, tantôt au sursis ou à la suspension de tous les actes d'exécution y compris celui de leur expulsion, les héritiers SANOU ont cité le 13 août 2009 la BOA, KONATE Z. Hamidou, SANOU Ibrahim et SANA Soïbou devant le Tribunal de grande instance de Bobo-Dioulasso aux fins d'obtenir la nullité de l'adjudication judiciaire de l'immeuble et l'inopposabilité à leur égard de la vente conclue entre la BOA et KONATE Z. Hamidou ;

Que le Tribunal de grande instance de Bobo-Dioulasso a rendu le 30 juin 2010 le Jugement n°373/2010 dont le dispositif suit :

« Statuant publiquement, contradictoirement en matière civile et en premier ressort ;

En la forme : déclare l'action introduite par les ayants droit de feu SANOU Amadou irrecevable ;

Ordonne l'expulsion des ayants droits de feu SANOU Amadou tant de leurs personnes, de leurs biens que de tous occupants de leurs chefs de l'immeuble en cause ;

Condamne les ayants droits de feu SANOU Amadou à payer à la BOA la somme de trois cent mille (300 000) FCFA et celle de trois cent mille (300 000) FCFA à KONATE Z. Hamidou au titre des frais exposés et non compris dans les dépens ;

Déboute la BOA et KONATE Z. Hamidou du surplus de leurs demandes ;

Condamne les ayants droits de feu SANOU Amadou aux dépens » ;

Attendu que par requête du 09 août 2010, SANOU Mariame et autres ont interjeté appel de ce jugement ; qu'à l'appui de leur recours ils soutiennent qu'il ressort de la combinaison des articles 293 et 313 de l'Acte uniforme portant organisation des procédures simplifiées de recouvrement et des voies d'exécution que le délai de 15 jours de l'action en nullité de l'article 313 est extrait du chapitre 5 de l'Acte uniforme traitant des incidents de la saisie immobilière ; qu'un incident d'une saisie ne peut concerner que les personnes y ayant pris part soit en qualité de créancier saisissant soit en qualité de débiteur saisi, ce qui n'est pas le cas des concluants qui n'ont pas été associés aux différentes péripéties de la saisie ;

Que dans leurs conclusions en réponse, les intimés BOA et KONATE Z. Hamidou concluent à l'irrecevabilité de l'action des ayants droits de feu SANOU Amadou , motifs pris de la procuration donnée à SANOU Ibrahim, de l'acte de subdélégation de pouvoir opéré par SANOU Ibrahim au profit de SANA Soïbou et de l'autorité de la chose jugée attachée au Jugement d'adjudication n°136 du 09 juin 2004 qui n'a été attaqué par les ayants droits SANA que le 13 août 2009 soit plus de 4 ans, alors que le délai légal imparti est de 15 jours suivant la date d'adjudication ;

Attendu qu'il ressort des termes mêmes des conclusions des appelants que leur action est dirigée sans aucun doute contre le jugement d'adjudication dont ils sollicitent la nullité, outre l'inopposabilité ;

Attendu que pour les mêmes motifs que ceux ayant conduit à la cassation de l'arrêt querellé, il y a lieu de confirmer le Jugement n°373/2010 du 30 juin 2010 et de condamner les appelants aux dépens ;

Attendu que les ayants-droits de feu SANOU Mamadou et autres ayant succombé, il échet de les condamner aux dépens ;

PAR CES MOTIFS

Statuant publiquement, après en avoir délibéré,

Déclare le pourvoi recevable ;

Casse l'Arrêt n°065 du 02 décembre 2011 de la Cour d'appel de Bobo-Dioulasso ;

Evoquant et statuant ;

Confirme le Jugement n°373/2010 du 30 juin 2010 ;

Condamne SANOU Mariame et autres aux dépens.

Conditions d'appel d'une décision rendue en matière de saisie immobilière (CCJA, Ass. Plén., n°102/2014, 04 novembre 2014)

Sommaire

Les décisions judiciaires rendues en matière de saisie immobilière ne peuvent être frappées d'appel que lorsqu'elles statuent sur le principe même de la créance. En conséquence viole l'article 300 de l'AUPSRVE l'arrêt qui déclare recevable l'appel alors que seul le montant de la créance est discutable et non le principe même de la créance.

La Cour Commune de Justice et d'Arbitrage (CCJA), de l'Organisation pour l'Harmonisation en Afrique du Droit des Affaires (OHADA), Assemblée plénière, a rendu l'Arrêt suivant en son audience publique foraine tenue le 04 novembre 2014 à Yaoundé (Cameroun) où étaient présents :

Messieurs Marcel SEREKOÏSSE SAMBA Président

Abdoulaye Issoufi TOURE, Premier Vice-président

Madame Flora DALMEIDA MELE,Second Vice-président

Messieurs Namuano Francisco Dias GOMES, Juge, Rapporteur

Victoriano OBIANG ABOGO, Juge

Idrissa YAYE, Juge

Djimasna N'DONINGAR, Juge

et Maître Paul LENDONGO, Greffier en chef,

Sur le pourvoi enregistré au greffe de la Cour de céans le 05 juin 2007 sous le numéro n°047/2007/PC et formé par Maitre PENKA Michel, Avocat au Barreau du Cameroun, B.P. 3588 Douala - Bonanjo, agissant au nom et pour le compte de AFRILAND FIRST BANK en abrégé « First Bank », Société Anonyme, dont le siège social est à Yaoundé au Cameroun, Place de l'Indépendance B.P. 11834 Yaoundé, agissant poursuites et diligences de ses représentants légaux, dans la cause l'opposant à la société Minoterie de l'Ouest Cameroun (MINOCAM) SARL et au sieur KAMO GAMO Ruben son gérant et caution réelle et personnelle, ayant pour conseil Maître Thomas NZEUGANG, Avocat à la Cour, BP 15133 Douala (Cameroun), en cassation de l'Arrêt n°63/Civ rendu le 14 juin 2006 par la Chambre civile et commerciale de la Cour d'appel de l'Ouest à Bafoussam (Cameroun), dont le dispositif est le suivant :

« Statuant publiquement, contradictoirement, en matière civile et commerciale, en appel et en dernier ressort, en collégialité et à l'unanimité des membres et après en avoir délibéré conformément à la loi ;

EN LA FORME :

Reçoit l'appel interjeté ;

Rejette par ailleurs l'exception d'incompétence de la Cour d'Appel de céans, soulevée par l'intimée comme non fondée ;

AU FOND :

Constate que le solde de la créance à l'origine des poursuites, arrêté unilatéralement par l'intimée est contesté ;

Dit et juge, partant, que c'est à bon droit que les appelants invoquent le caractère non liquide de ladite créance ;

Infirme en conséquence le jugement entrepris ;

Statuant à nouveau, donne mainlevée du commandement aux fins de saisie-immobilière délivré le 24 février 2005 par Maître TEMGOUA Emmanuel, Huissier de Justice à Bafoussam, à la société MINOCAM SARL et à KAMO GAMO Ruben, à la requête de Afriland First Bank S.A ;

Déboute les appelants des autres prétentions comme non fondées ;

Condamne Afriland First Bank S.A aux dépens dont distraction au profit de Maîtres NZEUGANG Tomas et Gaston BOGNE, Avocats aux offres de droit ».

La requérante invoque à l'appui de son pourvoi les deux moyens de cassation tels qu'ils figurent à la requête annexée au présent arrêt ;

Sur le rapport de Monsieur Namuano Francisco DIAS GOMES, Juge ;

Vu les articles 13 et 14 du Traité relatif à l'harmonisation du droit des affaires en Afrique ;

Vu le Règlement de procédure de la Cour Commune de Justice et d'Arbitrage de l'OHADA ;

Attendu qu'il ressort des pièces du dossier de la procédure qu'entre le 07 août et le 22 octobre 1998 AFRILAND FIRST BANK ex CCEI BANK a accordé plusieurs concours financiers à la Société Minoterie de l'Ouest Cameroun S.A.R.L., dite MINOCAM SARL ; que de ces différents concours son gérant KAMO GAMO Ruben signataire s'est porté caution en affectant en garantie ses titres fonciers n°7078 et 3272, tous situés à MIFI ; qu'à la date du 18/09/2003 un arrêté contradictoire de compte courant fixait le solde débiteur à la charge de la MINOCAM SARL à 1.291.800.000 FCFA que le débiteur principal et la caution s'engageaient à rembourser en 65 mensualités à compter de janvier 2004 ; que les paiements mensuels n'étant pas réguliers, AFRILAND FIRST BANK sollicitait un nouveau arrêté de compte en octobre 2004 ; que la débitrice et la caution s'étant toujours dérobées, AFRILAND FIRST BANK a unilatéralement arrêté les comptes courants et fait signification aux intéressés le 18 novembre 2004 avec une mise en demeure le 1er décembre 2004, sans aucune suite ; qu'alors AFRILAND FIRST BANK entreprit une saisie immobilière ; qu'à l'audience éventuelle du 17 mai 2005 les dires et observations de MINOCAM SARL et KAMO GAMO Ruben furent rejetés ; que sur appel, la Cour d'appel de l'Ouest à Bafoussam recevait l'appel, infirmait le jugement entrepris et donnait mainlevée du commandement par Arrêt n° 63/Civ du 14 juin 2006, dont pourvoi.

Sur la recevabilité du pourvoi tirée de la violation des dispositions de l'article 28 alinéa 2 du Règlement de procédure de la Cour.

Attendu que les défendeurs soulèvent l'irrecevabilité du pourvoi tirée de la violation des dispositions de l'article 28 alinéa 2 du Règlement de procédure de la Cour de céans au motif qu'au moment d'introduire son recours, celle-ci n'avait pas reçu signification de l'Arrêt attaqué, de telle sorte que ledit recours est prématuré et qu'il y a lieu de le déclarer irrecevable ;

Mais attendu que la jurisprudence de la Cour est constante en ce que le pourvoi est recevable même avant la signification et que l'article 28 du nouveau règlement admet même la simple notification ; qu'en conséquence ledit recours étant formé conformément aux dispositions de l'article 28 du Règlement de Procédure de la Cour de céans, il y a lieu de le déclarer recevable ;

Sur le sursis à statuer

Attendu que les défendeurs au pourvoi sollicitent le sursis à statuer tiré de la compétence exclusive de la Cour suprême du Cameroun à apprécier la régularité des actes notariés qui fondent les poursuites au motif que le contrôle de l'exercice de la profession de notaire est une question préjudicielle pour la Cour de céans qui ne peut se prononcer uniquement que sur les décisions rendues dans les affaires soulevant des questions relatives à l'application des Actes uniformes, et ce conformément aux dispositions de l'article 14 paragraphes 3 du Traité relatif à l'harmonisation du droit des affaires en Afrique ;

Mais attendu qu'aux termes de l'article 16 du Traité relatif à l'harmonisation du droit des affaires en Afrique la saisine de la CCJA suspend toute procédure de cassation engagée devant une juridiction nationale ; qu'il n'y a pas lieu pour la cour de céans de surseoir à statuer ;

Sur le premier moyen de cassation pris de la violation de l'article 300 paragraphe 2 de l'Acte uniforme portant organisation des procédures simplifiées de recouvrement et des voies d'exécution

Attendu que la First Bank fait grief à l'arrêt attaqué d'avoir violé l'article 300 alinéa 2 de l'Acte uniforme portant organisation des procédures simplifiées de recouvrement et des voies d'exécution au motif que l'appel des défendeurs au pourvoi était irrecevable ; qu'aux termes de l'article 300 de l'Acte uniforme portant organisation des procédures simplifiées de recouvrement et des voies d'exécution « Les décisions judiciaires rendues en matière de saisie immobilière ne sont pas susceptibles d'opposition ;

Elles ne peuvent être frappées d'appel que lorsqu'elles statuent sur le principe même de la créance ou sur des moyens de fond tirés de l'incapacité d'une partie, de la propriété, de l'insaisissabilité ou de l'inaliénabilité des biens saisis ... » ; qu'en l'occurrence le principe de créance a été contesté de manière fantaisiste car le protocole d'accord homologué ne laisse aucun doute sur le montant de la créance ;

Attendu en effet que le protocole d'accord homologué par ordonnance n°1789 en date du 26-09-2003 ne permet pas de remettre en cause le principe même de la créance , que seul son montant est discutable ; que dès lors le tribunal n'a pu statuer que sur la validité de l'arrêté unilatéralement fait par la banque en octobre 2004. Qu'en se déclarant compétente, la cour a violé l'article 300 visé ; qu'il échet casser l'arrêt déféré, d'évoquer et de statuer sans qu'il soit besoin d'examiner l'autre moyen ;

Sur l'évocation

Attendu que par requête du 30 mai 2005 adressée à Monsieur le Président de la Cour d'appel de l'Ouest à Bafoussam et enregistrée sous le n°403, la Société Minoterie de l'Ouest Cameroun S.A.R.L., dite MINOCAM et sieur KAMO GAMO Ruben, lesquels ont pour conseils maîtres NZEUGANG Tomas et Gaston BOGNE, Avocats à Douala, ont relevé appel contre le Jugement n°43/Civ rendu le 17 mai 2005 par le Tribunal de grande instance de la Mifi statuant en matière civile et commerciale dans l'affaire qui les oppose à Afriland First Bank ; que les appelants reprochent au tribunal d'avoir ainsi statué alors que la créance réclamée est inexistante ; qu'ils concluent au principal à ce que la cour infirme le jugement entrepris puis évoque et statue à nouveau en disant que les créances dont le recouvrement est poursuivi par Afriland First Bank sont inexistantes et annuler par conséquent les poursuites par la mainlevée du commandement ; qu'ils sollicitent subsidiairement ordonner une expertise du compte courant ayant existé entre les parties depuis sa création, jusqu'au commandement du 24 Février 2005 ;

Attendu que par ses écrits datés du 23 août 2005, la Société Afriland first Bank S.A. oppose au principal, l'irrecevabilité de l'appel interjeté et à titre subsidiaire l'incompétence de la Cour à l'examiner ; qu'elle conclut à la confirmation du jugement entrepris ;

Attendu que, pour les mêmes motifs que ceux ayant entraîné la cassation, il échet de dire que le jugement entrepris n'est susceptible que de pourvoi en cassation et de le confirmer en toutes ses dispositions ;

Attendu que la société MINOCAM S.A.R.L et sieur KAMO GAMO Ruben ayant succombé il y a lieu de les condamner aux dépens.

PAR CES MOTIFS

Statuant publiquement, après en avoir délibéré,

Casse l'arrêt n°63/Civ rendu le 14 juin 2006 par la Cour d'appel de l'Ouest à Bafoussam ;

Evoquant et statuant à nouveau,

Constate que le principe de la créance dont s'agit était déjà établi par le protocole d'accord signé par les patries en date du 18 septembre 2003,

Confirme le Jugement n°43/Civ rendu le 17 Mai 2005 par le Tribunal de grande instance de la Mifi ;

Condamne la société MINOCAM S.A.R.L et Sieur KAMO GAMO Ruben aux dépens.

VII. Immunité d'exécution

A. L'immunité d'exécution des personnes publiques

Immunité d'exécution des entreprises publiques quelle qu'en soit la forme (CCJA, 2e Ch., n°09/2014, 27 février 2014)

Sommaire

Le délai de saisine de la CCJA est de deux mois et court à compter de la signification de la décision et non à compter du prononcé de la décision.

Il résulte du deuxième alinéa de l'article 30 de l'AUPSRVE que les entreprises publiques qu'elles qu'en soient la forme et la mission échappent à l'exécution forcée et aux mesures conservatoires. Encourt donc cassation l'arrêt qui ordonne le maintien de la saisie sur une entreprise publique.

La Cour Commune de Justice et d'Arbitrage (CCJA), de l'Organisation pour l'Harmonisation en Afrique du Droit des Affaires (OHADA), Deuxième chambre, a rendu l'Arrêt suivant en son audience publique du 27 février 2014 où étaient présents :

Messieurs Abdoulaye Issoufi TOURE,	Président, rapporteur
Namuano Francisco DIAS GOMES,	Juge
Victoriano OBIANG ABOGO,	Juge
et Maître Jean Bosco MONBLE,	Greffier,

Sur le pourvoi reçu et enregistré au greffe de la Cour de céans le 17 mars 2008 sous le n°012/2008/PC et formé par Maître BETEL NINGANADJI Marcel, Avocat au Barreau du Tchad, Avenue MOBUTU, BP 589 N'Djaména, agissant au nom et pour le compte de la Société des Télécommunications du Tchad dite SOTEL-TCHAD, Société d'Etat dont le siège est à N'Djaména, BP 1132, dans la cause l'opposant à la Société SAS ALCATEL SPACE dont le siège est 12, Rue de la Baume 75008 Paris, ayant pour Conseil la SCPA PADARE-GONFOULI, Avocats au Barreau du Tchad, BP 5110 N'Djaména,

en cassation de l'Arrêt n°166/CIV rendu le 08 janvier 2008 par la Cour d'appel de N'Djaména et dont le dispositif est le suivant :

« Statuant publiquement et contradictoirement à l'égard de toutes les parties en matière civile, commerciale et coutumière, en référé et en dernier ressort :

<u>En la forme</u> : Déclare recevable l'appel de SOTEL-TCHAD ;

<u>Au fond</u> : Confirme l'ordonnance querellée en toutes ses dispositions ;

condamne l'appelant aux dépens » ;

La requérante invoque à l'appui de son pourvoi le moyen unique de cassation tel qu'il figure à la requête annexée au présent arrêt ;

Sur le rapport de Monsieur Abdoulaye Issoufi TOURE, Premier Vice-Président ;

Vu les dispositions des articles 13 et 14 du Traité relatif à l'harmonisation du droit des affaires en Afrique ;

Vu le Règlement de procédure de la Cour Commune de Justice et d'Arbitrage de l'OHADA ;

Attendu qu'il ressort de l'examen des pièces de la procédure que le 03 mai 2007, la Société SAS ALCATEL SPACE faisait pratiquer saisie-attribution sur les avoirs de SOTEL entre les mains de ESSO TCHAD ; que le 06 juin 2007, SOTEL assignait ALCATEL aux fins de mainlevée de ladite saisie ; que cette assignation a été rejetée par Ordonnance n°121 du 11 octobre 2007 ; que l'appel de SOTEL sera déclaré mal fondé et l'ordonnance confirmée suivant Arrêt n° 166 du 08 janvier 2008 dont pourvoi ;

Sur la recevabilité du pourvoi

Attendu que dans son mémoire en réponse en date du 15 août 2013, SAS ALCATEL SPACE a soulevé in limine litis l'irrecevabilité du recours aux motifs que l'arrêt querellé a été rendu le 08 janvier 2008 ; que SOTEL avait jusqu'au 08 mars 2008 pour exercer son pourvoi ; que ledit pourvoi n'ayant été enregistré au greffe de la Cour que le 17 mars 2008 est irrecevable ;

Mais attendu qu'aux termes de l'article 28.1 du Règlement de procédure de la Cour de céans, « le recours est présenté au greffe dans les deux mois de la signification de la décision attaquée… » ; Que donc le délai court à compter de la signification et non à compter du prononcé ; qu'il échet donc de dire que le pourvoi est recevable, la signification n'ayant pas encore été faite ;

Sur le moyen unique tiré de la violation de l'article 30 de l'Acte uniforme portant organisation des procédures simplifiées de recouvrement et des voies d'exécution

Attendu qu'il est fait grief à l'arrêt déféré d'avoir violé l'article 30 susvisé en ce que la SOTEL étant une Société d'Etat, un Service public, en conséquence un démembrement de l'Etat bénéficie d'une immunité d'exécution ; que donc la demande de mainlevée ne pouvait être rejetée ;

Attendu que l'article 1er des Statuts de la SOTEL stipule clairement qu'elle « prend la forme de Société d'Etat » ; que même si la législation nationale lui accordant l'immunité n'est pas versée au dossier, il résulte de l'article 30 visé en son alinéa 2 que les entreprises publiques qu'elles qu'en soient la forme et la mission échappent à l'exécution forcée et aux mesures conservatoires ; que l'arrêt querellé, en ordonnant le maintien de la saisie sur SOTEL, a violé la disposition visée au moyen et encourt la cassation ;

Sur l'évocation

Attendu que par acte du 11 octobre 2007, Maître BETEL NINGANADJI Marcel, Avocat à la Cour, agissant au nom et pour le compte de la Société SOTEL a interjeté appel contre l'Ordonnance de référé n°124/2007 rendue le même jour par le Président du Tribunal de commerce de N'Djaména ;

Attendu qu'au soutien de l'appel, SOTEL a expliqué que l'Huissier de justice a pratiqué deux saisies-attributions en dates du 03 mai et 29 août 2007 entre les mains de ESSO, alors qu'elle avait interjeté appel d'une première ordonnance de rejet de mainlevée de saisie-attribution pratiquée par la même société ; que saisie sur saisie ne vaut et qu'aux termes de l'article 172 alinéa 2 de l'Acte uniforme suscité l'appel est suspensif ; qu'elle sollicite l'infirmation de l'ordonnance querellée ;

Attendu que pour conclure à la confirmation, ALCATEL a exposé que l'assignation en mainlevée formulée par SOTEL a été déclarée mal fondée ; que le principe « saisie sur saisie ne vaut » n'est pas applicable en l'espèce du fait que la première saisie-attribution pratiquée n'avait produit que 30.000.000 F pour une créance de 600.000.000 F ; que pour le reste, la concluante a la possibilité de pratiquer d'autres saisies-attributions dès que les comptes sont alimentés ;

Attendu que pour les mêmes motifs que ceux ayant entraîné la cassation, il échet de dire que la SOTEL bénéficie de l'immunité d'exécution prévue à l'article 30 de l'Acte uniforme portant organisation des procédures simplifiées de recouvrement et des voies d'exécution et conséquemment infirmer l'ordonnance querellée ;

Attendu que la Société SAS ALCATEL succombant sera condamnée aux dépens ;

PAR CES MOTIFS

Statuant publiquement, après en avoir délibéré,

Déclare le pourvoi recevable ;

Casse l'Arrêt n°166/CIV rendu le 08 janvier 2008 par la Cour d'appel de N'Djaména ;

Évoquant et statuant au fond,

Infirme l'ordonnance querellée ;

Statuant à nouveau,

Déclare recevable et bien fondée l'assignation en mainlevée de la SOTEL ;

Ordonne la mainlevée de la saisie-attribution pratiquée sur les avoirs de la SOTEL entre les mains de ESSO ;

Condamne la Société SAS ALCATEL aux dépens.

L'immunité d'exécution des entreprises publiques joue même si la loi nationale les soumet au droit privé (CCJA, 3e Ch., n°24/2014, 13 mars 2014)

Sommaire

Si la loi nationale soumet les entreprises publiques aux règles de droit privé, lesdites entreprises publiques bénéficient, aux termes de l'article 30, alinéa 1 de l'AUPSRVE, de l'immunité d'exécution. Ne viole en conséquent pas le texte susvisé le juge des référés d'appel qui ordonne le sursis à l'exécution d'un jugement contre une entreprise publique.

La Cour Commune de Justice et d'Arbitrage (CCJA) de l'Organisation pour l'Harmonisation en Afrique du Droit des Affaires (OHADA), Troisième chambre, a rendu l'Arrêt suivant en son audience publique du 13 mars 2014 où étaient présents :

Madame Flora DALMEIDA MELE,	Présidente, rapporteur
Messieurs Victoriano OBIANG ABOGO,	Juge.
Idrissa YAYE,	Juge
et Maître Alfred Koessy BADO,	Greffier,

Sur le recours enregistré au greffe de la Cour de céans le 21 avril 2008 sous le n°022/2008/PC et formé par Maître Galolo SOEDJEDE, Avocat au Barreau du Togo, 3473, Boulevard du 13 janvier, BP 3893 Lomé, agissant au nom et pour le compte de KOUTOUATI A AKAKPO Danwodina, SEDONOU Aholouvi, KOUDOHO Afantodji, KOUTOUATI Logossou, KOUTOUATI Awougbé, KOUTOUATI Apédo AKAKPO Afangbo, KOUTOUATI Togui, KOUTOUATI Koffi, KOUTOUTI Minawo, KOUTOUATI Agbodjichi, KOUTOUATI Manowogbo, KOUTOUATI Souahoun, KOUTOUATI Mikossoudé KOUTOUTI Sochimé, KOUTOUATI Midohoungbé, KOUTOUATI Afanyedo, KOUDOHO Kèzounhoè et KOUDOHO Mondi, dans la cause les opposant à la société TOGO-PORT dit Port Autonome de Lomé, représentée par son Directeur Général le Contre-Amiral Kodjo Fogan ADEGNON, ayant pour conseil Maître Tchitchao TCHALIM, Avocat au Barreau du Togo, demeurant au 77, rue N'KOYIYI, BP 80928 Lomé, en annulation de l'Ordonnance de référé sur assignation n°037/08 rendue le 07 février 2008 par le Président de la Cour d'appel de Lomé et dont le dispositif est le suivant :

« Au principal, renvoyons les parties à mieux se pourvoir ainsi qu'elles aviseront ;

Mais dès à présent, vu l'urgence ;

Confirmons l'ordonnance de sursis N°403/07 du 4 décembre 2007 en toutes ses dispositions ;

Déboutons les parties du surplus de leur demande, fins et conclusions ;

Réservons les dépens ; » ;

Les requérants invoquent à l'appui de leur pourvoi les deux moyens de cassation tels qu'ils figurent à la requête annexée au présent arrêt ;

Sur le rapport de Madame Flora DALMEIDA MELE, Seconde Vice-présidente ;

Vu les dispositions des articles 13 et 14 du Traité relatif à l'harmonisation du droit des affaires en Afrique ;

Vu le Règlement de procédure de la Cour Commune de Justice et d'Arbitrage de l'OHADA ;

Attendu qu'il ressort des pièces de la procédure que suite à leur expropriation le 14 septembre 1972 sur la parcelle de terrain sise à Lomé plage, objet du titre foncier n°344 du TT d'une superficie de 71 ha 63 a 99 ca, KOUTOUATI A. AKAKPO Danwodina et autres ont assigné en réparation le port autonome de Lomé devant le Tribunal de première instance de Lomé qui a rendu le 16 novembre 2007 le Jugement n°2431/07 le condamnant à leur payer la somme de 105 472 500 FCFA en sus des intérêts capitalisés année par année au taux de 10% à compter du 14 septembre 1972 soit 1 547 421 840 FCFA au 03 novembre 2003, le tout assorti de l'exécution provisoire à concurrence de 50% nonobstant toutes voies de recours et sans caution et d'une astreinte de 100 000 FCFA par jour de résistance ; que le Port Autonome de Lomé a interjeté appel de la décision et a parallèlement saisi le Vice-président de la Cour d'appel d'une requête aux fins de sursis à l'exécution du Jugement n°2431/07 et à laquelle il a été fait droit par Ordonnance n°403/07 du 04 décembre 2007 confirmée en toutes ses dispositions le 07 février 2008 par l'Ordonnance n°037/08 du Président de la Cour d'appel dont pourvoi ;

Sur le premier moyen

Attendu que les demandeurs au pourvoi reprochent au juge des référés d'appel d'avoir, pour ordonner le sursis à l'exécution du jugement, violé par mauvaise application, l'article 30 alinéa 1 de l'Acte uniforme portant organisation des procédures simplifiées de recouvrement et des voies d'exécution en se fondant sur l'article 1er du Décret n°91-027 du 02 octobre 1991 selon lequel le Port Autonome de Lomé est une société d'Etat alors que ledit décret maintient en vigueur en son article 13, la Loi n°90-26 du 04 décembre 1990 et son Décret d'application n°91-197 du 16 août 1991 qui soumettent aux règles de droit privé les entreprises publiques ;

Mais attendu que si la Loi n°90-26 du 04 décembre 1990 et son Décret d'application n°91-197 du 16 août 1991 soumettent les entreprises publiques aux règles de droit privé, lesdites entreprises publiques dont le Port Autonome de Lomé bénéficient, aux termes de l'article 30, alinéa 1 de l'Acte uniforme sus indiqué, de l'immunité d'exécution et, en ordonnant le sursis à l'exécution du Jugement n°2431/07 du 16 novembre 2007, le juge des référés d'appel de Lomé n'a en rien violé l'article 30 alinéa 1 de l' Acte uniforme sus mentionné ; qu'il echet de rejeter le moyen

Sur le second moyen

Attendu que les demandeurs au pourvoi font grief à l'ordonnance attaquée de n'avoir pas répondu à leurs conclusions du 24 décembre 2007 relatives aux effets de la fraude ;

Mais attendu que lesdites conclusions développent un argumentaire sur la fraude et ne constituent en rien un moyen précis auquel une réponse doit être donnée ; que ce moyen est dès lors inopérant ;

Attendu qu'ayant succombé, les demandeurs au pourvoi doivent être condamnés solidairement aux dépens ;

PAR CES MOTIFS

Statuant publiquement, après en avoir délibéré,

Déclare recevable le recours ;

Rejette le pourvoi ;

Condamne solidairement KOUTOUATIA. AKAKPO Danwodina et 18 autres aux dépens.

Immunité d'exécution : conditions d'application de l'article 30 de l'AUPSRVE (CCJA, Ass. Plén., n°42/2014, 23 avril 2014)

Sommaire

L'article 30 de l'AUPSRVE n'est pas applicable et la CCJA n'est pas en conséquence compétente lorsque l'assignation n'a pas eu pour objet de statuer sur une exécution forcée entreprise contre une société d'État mais d'empêcher qu'une telle exécution puisse être entreprise sur la base d'une décision assortie de l'exécution provisoire et frappée d'Appel.

La Cour Commune de Justice et d'Arbitrage (CCJA) de l'Organisation pour l'Harmonisation en Afrique du Droit des Affaires (OHADA), Assemblée plénière, a rendu l'Arrêt suivant en son audience foraine tenue le 23 avril 2014 à Lomé-TOGO où étaient présents :

Messieurs Marcel SEREKOÏSSE SAMBA	Président
Abdoulaye Issoufi TOURE,	Premier Vice-président, Rapporteur
Madame Flora DALMEIDA MELE,	Second Vice-président,
Namuano Francisco Dias GOMES,	Juge
Victoriano OBIANG ABOGO,	Juge
Mamadou DEME	Juge
Idrissa YAYE,	Juge
Djimasna N'DONINGAR,	Juge
et Maître Paul LENDONGO,	Greffier en chef,

Sur le pourvoi enregistré le 21 avril 2008 au greffe de la Cour de céans sous le n°023/2008/PC et formé par Maître Galolo SOEDJEDE, Avocat à la Cour, demeurant, 3473, Boulevard du 13 janvier, BP 3893 Lome-TOGO agissant au nom et pour le compte de la Société Armement Sardinier Thonier Ivoirien, société à responsabilité limitée ayant son siège au Port de pêche d'Abidjan, 01 BP 2730 Abidjan 01, dans la cause qui l'oppose au Port Autonome de Lomé, société d'Etat ayant son siège à Lomé, zone Portraire ayant pour conseil Maître Tchitchao TCHALIM, Avocat à la Cour, 77, Rue N'koyiyi, BP 80928, Lomé-TOGO

en cassation de l'Ordonnance de référé n°038/08 rendue le 07 février 2008 par le Président de la Cour d'appel de Lomé et dont le dispositif est le suivant :

« Au principal, renvoyons les parties à mieux se pourvoir ainsi qu'elles aviseront ;

Mais dès à présent, vu l'urgence ;

Confirmons l'ordonnance de sursis n°404/07 du 4 décembre 2007 rendue par Monsieur le Président de la Cour d'appel de Lomé ;

Déboutons les parties du surplus de leur demande, fins et conclusions ;

Réservons les dépens. » ;

La requérante invoque à l'appui de son pourvoi les deux moyens de cassation tels qu'ils figurent à la requête annexée au présent arrêt ;

Sur le rapport de Monsieur Abdoulaye Issoufi TOURE, Premier Vice-président ;

Vu les dispositions des articles 13 et 14 du Traité relatif à l'harmonisation du droit des affaires en Afrique ;

Vu le Règlement de procédure de la Cour Commune de Justice et d'Arbitrage de l'OHADA ;

Attendu qu'il ressort des pièces du dossier de la procédure que le 11 août 1995, la société Armement Sardinier Thonier Ivoirien dite ASTI, faisait pratiquer une saisie conservatoire sur le navire San José II appartenant à la Société LAMPOMAR S.A prétendue débitrice ; que le commandant de la gendarmerie du Port Autonome de Lomé, le Directeur Général du Port Autonome de Lomé, la Société CRUSTAFRIC et le commandant du Port Autonome de Lomé furent constitués gardiens suivant procès-verbal du 11 août 1995 de Maître Mathias Nok Nomenyo, huissier de justice ; que le navire ayant disparu avant la validation de la saisie, ASTI obtenait la condamnation solidaire des sociétés LAMPOMAR, CRUSTAFRIC et LIBERIANA à lui payer la somme de 101.143.295 francs contenue dans l'exploit d'assignation en validité du 14 août 1995 et 50.000.000 francs de dommages-intérêts en réparation du préjudice né du départ du navire du Port Autonome de Lomé, suivant jugement n°992 du 25 septembre 1998 ; que sur une autre assignation, le même tribunal condamnait le Port Autonome de Lomé à payer les mêmes montants pour le même motif par Jugement n°2433 du 16 novembre 2007, assorti de l'exécution provisoire pour la moitié des sommes allouées ; que le Port Autonome de Lomé, appelant, sollicitait et obtenait le sursis à l'exécution provisoire par Ordonnance n°038 du 07 février 2008, dont pourvoi ;

Sur la compétence de la Cour

Attendu qu'il est relevé d'office que l'Ordonnance n°038 du 07 février 2008 de la Cour d'appel de Lomé a été rendue relativement à l'exécution provisoire du Jugement du 16 novembre 2007 ; que cette procédure est ouverte par la loi nationale en cas d'appel interjeté contre une décision assortie de l'exécution provisoire ; que contrairement aux énonciations de l'ordonnance querellée et aux prétentions de la recourante, l'article 30 de l'Acte uniforme portant organisation des procédures simplifiées et des voies d'exécution n'est pas applicable en l'espèce ; qu'en effet l'assignation introduite le 14 décembre 2007 et qui a abouti à l'ordonnance querellée n'a pas eu pour objet de statuer sur une exécution forcée entreprise contre une société d'Etat mais d'empêcher qu'une telle exécution puisse être entreprise sur la base d'une décision assortie de l'exécution provisoire et frappée d'Appel ; qu'il s'ensuit que la Cour de céans doit se déclarer incompétente pour statuer sur le recours introduit par la société Armement Sardinier Thonier Ivoirien dite ASTI ;

Attendu que la Société ASTI succombant, sera condamnée aux dépens.

PAR CES MOTIFS

Statuant publiquement, après en avoir délibéré ;

Se déclare incompétente ;

Condamne la Société ASTI aux dépens.

La société AES SONEL CAMEROUN est une entreprise publique et bénéficie de l'immunité d'exécution au sens de l'article 30 de l'AUPSRVE (CCJA, Ass. Plén., n°105/2014, 4 novembre 2014)

Sommaire

La société AES SONEL, figure dans la catégorie des entreprises publiques et bénéficie, de l'immunité d'exécution conformément à l'article 30 de l'AUPSRVE.

La Cour Commune de Justice et d'Arbitrage (CCJA) de l'Organisation pour l'Harmonisation en Afrique du Droit des Affaires (OHADA), Assemblée plénière, a rendu l'Arrêt suivant en son audience publique foraine tenue à Yaoundé (Cameroun) le 04 novembre 2014 où étaient présents :

Messieurs Marcel SEREKOÏSSE-SAMBA,		Président,
Abdoulaye Issoufi TOURE,		Premier Vice Président,
Madame Flora DALMEIDA MELE,		Seconde Vice Présidente, rapporteur
Messieurs	Namuano DIAS GOMEZ ,	Juge
	Victoriano ABOGO OBIANG,	Juge
	Idrissa YAYE,	Juge
	Djimasna NDONINGAR	Juge
	Et Maître Paul LENDONGO,	Greffier en chef

Sur le pourvoi enregistré au greffe de la Cour de céans le 05 novembre 2007 sous le n°097/2007/ PC et formé par Maître AYATOU Gaston, avocat au Barreau du Cameroun BP 15080 Douala , agissant au nom et pour le compte de la société AES SONEL, aux poursuites et diligences de son directeur général, Monsieur Jean David BILE, et dont le siège social est sis Avenue du Général de Gaulle, BP 4077 Douala, dans la cause l'opposant à Messieurs Henri NGALLE MONONO, Georges EYOMBO ANGANDZIE et BALENG MAAH Célestin, Avocats au Barreau du Cameroun, BP 35427 et 204 KUMBA, ayant tous trois pour conseils, le Cabinet d'avocats SIKATI et associés, Avocats au Barreau du Cameroun, BP 12081 Douala,

en cassation de l'Arrêt n°164/REF rendu 11 juillet 2007 par la Cour d'appel du Littoral à Douala et dont le dispositif est le suivant :

« PAR CES MOTIFS

Statuant publiquement, contradictoirement à l'égard des parties en matière civile et commerciale, en dernier ressort ;

EN LA FORME

- Déclare l'appel irrecevable comme tardif

-Condamne l'appelante aux dépens... ; » ;

La requérante invoque à l'appui de son pourvoi les deux moyens de cassation tels qu'ils figurent à la requête annexée au présent arrêt ;

Sur le rapport de Madame Flora DALMEIDA MELE, Seconde Vice-présidente ;

Vu les dispositions des articles 13 et 14 du Traité relatif à l'harmonisation du droit des affaires en Afrique ;

Vu le Règlement de procédure de la Cour Commune de Justice et d'Arbitrage de l'OHADA ;

Attendu qu'il ressort des pièces de la procédure que Messieurs Henri NGALLE MONONO et Georges EYOMBO ANGANDZE ont fait pratiquer une saisie-attribution de créances sur les deniers de la Société AES SONEL entre les mains de divers établissements financiers de la ville de Douala ; qu'en contestation de ladite saisie, AES SONEL a saisi le Président du Tribunal de première instance de Douala Bonandjo, juge du contentieux de l'exécution, conformément à l'article 49 de l'Acte uniforme portant organisation des procédures simplifiées de recouvrement et des voies d'exécution lequel se déclarait mal saisi par Ordonnance n°266 du 24 mai 2005 ; que sur appel de AES SONEL, la Cour d'appel du Littoral à Douala a rendu le 11 juillet 2007, l'Arrêt n°164/REF dont pourvoi qui a déclaré irrecevable comme tardif ledit appel ;

Sur le premier moyen

Vu l'article 172 de l'Acte uniforme portant organisation des procédures simplifiées de recouvrement et des voies d'exécution

Attendu que la demanderesse au pourvoi fait grief à l'arrêt attaqué d'avoir violé l'article 172 de l'Acte uniforme portant organisation des procédures simplifiées de recouvrement et des voies d'exécution en ce que, pour déclarer irrecevable son appel, le juge d'appel a visé l'article 49 de l'Acte uniforme sus indiqué en retenant que le délai d'appel court à compter du prononcé de la décision alors, selon le moyen, que le litige porte sur la contestation d'une saisie attribution de créances dont le délai pour interjeter appel court à compter de quinze jours de la notification de la décision ;

Attendu que l'article 172 de l'Acte uniforme sus indiqué dispose que « la décision de la juridiction tranchant la contestation est susceptible d'appel dans les quinze jours de sa notification. » ;

Qu'il résulte de ces dispositions que le délai d'appel relativement à une décision rendue à la suite d'une demande en contestation de saisie attribution de créances exercée par le débiteur saisi contre le saisissant est de quinze jours à compter de la notification ;

Qu'il ressort des pièces de la procédure que la société AES SONEL a donné assignation aux défendeurs au pourvoi à comparaitre devant le Président du Tribunal de première instance de Bonandjo statuant en qualité du juge du contentieux de l'exécution tenant l'audience des référés pour solliciter la main levée de la saisie pratiquée sur ses comptes ; que dans l'espèce, seul le juge du 49, en sa qualité du juge du contentieux de l'exécution, juge de l'urgence, est compétent pour statuer sur tout litige comme c'est le cas de la demande en contestation de saisie formulée par le débiteur saisi ; que cependant, la contestation d'une saisie s'élevant entre le saisi et le saisissant, le juge du 49, juge de l'exécution n'a qu'une compétence d'attribution ; que l'article 172 qui réglemente le domaine de la contestation de saisie indique que l'appel d'une décision rendue dans ce contexte est susceptible d'appel dans les quinze jours de sa notification ; qu'en retenant que l'appel doit être fait dans le délai de quinze jours du prononcé de la décision conformément à l'article 49 de l'Acte uniforme sus indiqué , le juge d'appel a violé l'article 172 selon lequel le délai d'appel court à compter de la notification de la décision et expose son arrêt à la cassation sans qu'il soit nécessaire d'examiner le second moyen ;

Sur l'évocation

Attendu que par requête du 18 août 2005, la Société AES SONEL a interjeté appel de l'Ordonnance n°266 rendue le 24 mai 2005; qu'à l'appui de son appel, elle soutient que le Président du Tribunal de première instance de Douala Bonanjo tenant l'audience du contentieux de l'exécution est compétent pour statuer sur sa demande et que son appel , formé après notification de la décision, est régulière, conformément à l'article 172 de l'Acte uniforme précité; qu'elle sollicite la mainlevée de la saisie attribution pratiquée à son préjudice en raison de son statut de personne morale de droit public bénéficiant de l'immunité d'exécution de l'article 30 de l'Acte uniforme sus cité, demande sur laquelle le juge ne s'est pas prononcé ; qu'en outre elle excipe que le titre exécutoire en vertu duquel la saisie a été pratiquée n'a pas été joint à l'acte de saisie et que l'alinéa 4 de l'article 160 de l'Acte uniforme sus indiqué n'a pas été fidèlement reproduit dans l'acte de dénonciation ;qu'elle sollicite reconventionnellement le paiement de la somme de 10 000 000 FCFA à titre de dommages intérêts ;

Attendu que Messieurs Henri NGALLE MONONO et Georges EYOMBO ANGANDZIE concluent à la confirmation de l'ordonnance querellée alléguant que AES SONEL a saisi le juge du contentieux de l'exécution non par une ordonnance l'autorisant à assigner en contentieux de l'exécution mais, par une ordonnance du Président du Tribunal de première instance l'autorisant à assigner en référé pour saisir le juge du contentieux d'exécution de sorte que le juge ne pouvait s'appesantir sur le fond du litige puisque les conditions de forme relatives à la saisine dudit juge n'ont pas été respectées ; qu'ils soutiennent que l'article 160 de l'Acte uniforme précité n'a guère été violé et que AES SONEL n'a pas rapporté la preuve qu'elle fait partie des entreprises bénéficiant de l'immunité d'exécution prévue à l'article 30 de l'Acte uniforme sus indiqué ;

Sur la recevabilité de l'appel formé par la Société AES SONEL

Attendu que pour les mêmes motifs que sur ceux sur le fondement desquels l'Arrêt n°164/REF rendu 11 juillet 2007 par la Cour d'appel du Littoral à Douala a été cassé, il ya lieu de déclarer recevable l'appel formé par la Société AES SONEL ;

Sur la saisine du juge du contentieux de l'exécution

Attendu qu'il ressort des pièces de la procédure que la Société AES SONEL a donné assignation aux défendeurs au pourvoi à comparaitre devant le Président du Tribunal de première instance de Bonandjo statuant en qualité du juge du contentieux de l'exécution tenant l'audience des référés pour contester la saisie pratiquée sur ses comptes et en solliciter la mainlevée ; qu'en l'espèce, le litige étant relatif à une contestation de saisie, seul le juge du 49, juge du contentieux de l'exécution, régulièrement saisi, est compétent pour statuer ; qu'en décidant que ce dernier a été mal saisi, le Président du Tribunal de première instance de Bonandjo, statuant en qualité du juge du contentieux de l'exécution tenant l'audience des référés a, à tort, méconnu sa compétence ; qu'il échet dès lors d'infirmer l'ordonnance entreprise et de statuer sur les demandes de AES SONEL ;

Sur la demande en mainlevée

Attendu qu'aux termes de l'article 30, alinéa 1 de l'Acte uniforme sus indiqué « l'exécution forcée et les mesures conservatoires ne sont pas applicables aux personnes qui bénéficient d'une immunité d'exécution. » ; que l'alinéa 2 de l'article sus cité indique que les personnes bénéficiant de cette mesure que sont les personnes morales de droit public et les entreprises publiques ; que la société AES SONEL, figurant dans la catégorie des entreprises publiques bénéficie, conformément à la jurisprudence de la Cour de céans, de l'immunité d'exécution ; qu'en conséquence, il convient d'ordonner la mainlevée des saisies pratiquées les 16 et 17 mars 2005 sur ses comptes;

Sur la demande de nullité de l'acte de saisie et de l'acte de dénonciation

Attendu que la mainlevée ayant été ordonnée, les demandes en nullité sont sans objet ;

Sur la demande reconventionnelle de AES SONEL

Attendu que AES SONEL sollicite reconventionnellement le paiement de la somme de 10 000 000 francs CFA à titre de réparation du préjudice subi ;

Mais attendu que ne rapportant pas la preuve du préjudice subi, il convient de débouter AES SONEL de cette demande ;

Attendu qu'ayant succombé, MessieursHenri NGALLE MONONO, Georges EYOMBO ANGANDZIE et BALENG MAAH Célestin doivent être condamnés aux dépens ;

PAR CES MOTIFS

Statuant publiquement, après en avoir délibéré,

Casse l'Arrêt n°164/REF rendu le 11 juillet 2007 par la Cour d'appel du Littoral à Douala ;

Évoquant et statuant sur le fond,

Dit que le Président du Tribunal de première instance de Bonandjo statuant en qualité du juge du contentieux de l'exécution tenant l'audience des référés est compétent en l'espèce pour statuer ;

Déclare l'appel interjeté par AES SONEL recevable ;

Infirme en toutes ses dispositions l'Ordonnance n°266 du 24 mai 2005 rendue par le Président du Tribunal de première instance de Douala Bonandjo, juge du contentieux de l'exécution, conformément à l'article 49 de l'Acte uniforme portant organisation des procédures simplifiées de recouvrement et des voies d'exécution ;

Statuant à nouveau,

Ordonne la mainlevée de la saisie pratiquée sur les comptes de AES SONEL les 16 et 17 mars 2005 ;

Dit que la demande de nullité de l'acte de saisie et de l'acte de dénonciation est sans objet ;

Déboute AES SONEL de sa demande en paiement de 10 000 000 francs à titre de réparation de préjudice comme injustifiée ;

Condamne Messieurs Henri NGALLE MONONO, Georges EYOMBO ANGANDZIE et BALENG MAAH Célestin aux dépens.

B. La possible condamnation des personnes publiques au paiement des causes de la saisie

L'immunité d'exécution d'une personne publique ne fait pas obstacle à sa condamnation au paiement des causes de la saisie (CCJA, Ass. Plén., n°123/2014, 11 novembre 2014)

Sommaire

L'immunité d'exécution dont bénéficient les personnes publiques ne fait pas obstacle à ce que soient prononcées contre elles des décisions de condamnation en paiement des causes d'une saisie et de dommages et intérêts.

La Cour Commune de Justice et d'Arbitrage (CCJA) de l'Organisation pour l'Harmonisation en Afrique du Droit des Affaires (OHADA), Assemblée plénière, a rendu l'Arrêt suivant en son audience foraine publique tenue à Libreville (République du Gabon) le 11 novembre 2014 où étaient présents :

Messieurs	Marcel SEREKOÏSSE-SAMBA,	Président
	Abdoulaye Issoufi TOURE,	Premier Vice Président
Madame	Flora DALMEIDA MELE,	Seconde Vice Présidente
Messieurs	Namuano Francisco DIAS GOMES,	Juge
	Victoriano ABOGO OBIANG,	Juge
	Idrissa YAYE,	Juge
	Djimasna NDONINGAR,	Juge
Et Maître	Paul LENDONGO,	Greffier en chef

Sur le recours enregistré au greffe de la Cour de céans le 17 mars 2008 sous le n°013/2008/PC et formé par l'Hôpital Général de Référence Nationale, en abrégé HGRN, Etablissement public à caractère administratif, B.P : 430-N'djamena, ayant pour conseil Maître BETEL NINGANDJI Marcel, Avocat au Barreau du Tchad, BP 539-N'djamena, dans la cause qui l'oppose à la Société Total Elf Finio Sa, BP : 75-N'djamena, en cassation de l'Arrêt n°161/08 rendu le 08 janvier 2008 par la Cour d'Appel de N'djamena, dont le dispositif est le suivant:

« Statuant publiquement et contradictoirement à l'égard de toutes les parties, en matière civile, commerciale et coutumière, en référé et en dernier ressort ;

En la forme : Déclare recevable l'appel de l'HGRN ;

Au fond : Confirme l'ordonnance querellée en toutes ses dispositions ;

Condamne l'appelant aux dépens ; »

Le requérant invoque à l'appui de son pourvoi le moyen unique de cassation tel qu'il figure à sa requête annexée au présent arrêt ;

Sur le rapport de Monsieur Mamadou DEME, Juge ;

Vu les articles 13 et 14 du Traité relatif à l'harmonisation du droit des affaires en Afrique (OHADA) ;

Vu le Règlement de procédure de la Cour Commune de Justice et d'Arbitrage de l'OHADA ;

Attendu qu'en application des articles 29 et 30 du Règlement de procédure de la CCJA, le pourvoi a été signifié par courrier n°454/2013/G2 du 12 juin 2013 à la Société Total Elf Finio Sa, qui en a accusé réception le 20 juin 2013 ; qu'elle n'a cependant ni comparu ni été représentée ; que le principe du contradictoire ayant été respecté, il convient de passer outre et d'examiner le pourvoi ;

Attendu qu'il résulte des pièces du dossier de la procédure que par acte du 15 mars 2007, la Société Total a fait procéder à la saisie-attribution des créances de la STEE entre les mains de l'HGRN ; que la saisie a été validée par le Tribunal de commerce de N'djaména suivant Ordonnance n°056/07 du 26 juillet 2007 ; que l'HGRN n'ayant pas vidé entre les mains de la Société Total la somme à laquelle la saisie a été cantonnée, celle-ci a sollicité et obtenu sa condamnation au paiement des sommes de 40 763 242 FCFA représentant les causes de la saisie et de 10 000 000 FCFA à titre de dommages intérêts, par Ordonnance n°075/07 du 16 août 2007 ; que la requête en rétractation de cette Ordonnance présentée par l'HGRN a été rejetée par le juge des référés par Ordonnance n°106/07 du 27 septembre 2007 ; que par l'arrêt objet du pourvoi, la Cour d'appel de N'djamena a confirmé cette dernière décision ;

Sur le moyen unique de cassation pris de la violation de l'article 30 de l'Acte uniforme portant organisation des procédures simplifiées de recouvrement et des voies d'exécution

Vu l'article 30 de l'Acte uniforme susvisé ;

Attendu que, selon le moyen, l'arrêt entrepris a violé ce texte, en ce qu'elle a rejeté l'exception d'immunité opposée par l'HGRN, alors que ce service public administratif est un démembrement de l'Etat, bénéficiant en conséquence d'une immunité d'exécution au même titre que l'Etat lui-même ;

Attendu qu'aux termes de l'article 30 alinéa 1er de l'Acte uniforme portant organisation des procédures simplifiées de recouvrement et des voies d'exécution, « L'exécution forcée et les mesures conservatoires ne sont pas applicables aux personnes qui bénéficient d'une immunité d'exécution » ;

Attendu qu'il résulte du décret n°054/PR/MSP/94 portant statuts de l'HGRN, régulièrement produit, que celui-ci est un établissement public doté de la personnalité morale et de l'autonomie financière ;

Mais attendu que l'Ordonnance n°075/07 du 16 août 2007 dont la rétractation est poursuivie par l'HGRN a prononcé une simple condamnation en paiement des causes d'une saisie et de dommages et intérêts ; qu'en conséquence, elle ne relève pas des mesures conservatoires ou d'exécution forcées visées aux dispositions de l'article 30 précitées ; qu'en confirmant l'Ordonnance n°106/07 du 27 septembre 2007 qui a rejeté la demande en rétraction d'une telle décision, la Cour d'Appel n'a pu violer le texte visé au moyen ;

Qu'il échet de rejeter le pourvoi ;

Attendu que l'HGRN qui a succombé doit être condamné aux dépens ;

PAR CES MOTIFS

Statuant publiquement, après en avoir délibéré ;

Rejette le pourvoi ;

Condamne l'HGRN aux entiers dépens.

C. La renonciation à l'immunité d'exécution

La renonciation à l'immunité d'exécution par une personne publique doit être expresse (CCJA, Ass. Plén., n°136/2014, 11 novembre 2014)

Sommaire

L'acceptation par une personne publique de la compétence des tribunaux nationaux n'implique pas le consentement à l'exécution forcée, qui nécessite un consentement exprès distinct

La Cour Commune de Justice et d'Arbitrage (CCJA), de l'Organisation pour l'Harmonisation en Afrique du Droit des Affaires (OHADA), Assemblée plénière, a rendu l'Arrêt suivant en son audience foraine publique tenue à Libreville (Gabon) le 11 novembre 2014 où étaient présents :

Messieurs Marcel SEREKOÏSSE-SAMBA,	Président,
Abdoulaye Issoufi TOURE	Premier Vice Président,
Madame Flora DALMEIDA MELE,	Seconde Vice Présidente
Messieurs Namuano Francisco DIAS GOMES,	Juge
Victoriano ABOGO OBIANG,	Juge
Idrissa YAYE,	Juge
Djimasna NDONINGAR,	Juge
Et Maître Paul LENDONGO,	Greffier en chef

Sur le recours enregistré au greffe de la Cour de céans le 19 avril 2012 sous le n°36/2012/PC et formé par l'Agence pour la Sécurité de la Navigation Aérienne en Afrique et à Madagascar, dite ASECNA, ayant son siège au 32-38 avenue Jean Jaurès, BP 3144-Dakar, agissant par l'organe de sa représentation auprès de la République centrafricaine, BP 828-Bangui, ayant pour Conseil Maître Jean-Louis Sylvestre WANGO-GBOLO, Avocat au Barreau de la Centrafrique, demeurant à proximité de l'Ecobank Port Amont à Bangui, dans la cause qui l'oppose au Collectif des ex-employés de l'ASECNA, représenté par Fulbert GUEREYORO, demeurant à Bangui, ayant pour conseils Maîtres Sylvain Adrien TABANGUE et Bruno Hyacinthe GBIEGBA, Avocats à la Cour à Bangui, BP. 889 Bangui,

en cassation de l'Arrêt n°30 rendu le 21 février 2012 par la Cour d'appel de Bangui, dont le dispositif est le suivant :

« Statuant contradictoirement à l'égard des parties, en matière de référé et en dernier ressort ;

<u>Au principal</u> : Renvoie les parties à mieux se pourvoir ainsi qu'elles aviseront ;

<u>Mais d'ores et déjà</u> : confirme l'ordonnance querellée dans toutes ses dispositions ;

Met les dépens à la charge de l'ASECNA Article 2 » ;

La requérante invoque à l'appui de son pourvoi les deux moyens de cassation tels qu'ils figurent à sa requête annexée au présent arrêt ;

Sur le rapport de Monsieur Mamadou DEME, Juge ;

Vu les articles 13 et 14 du Traité relatif à l'harmonisation du droit des affaires en Afrique ;

Vu le Règlement de procédure de la Cour Commune de Justice et d'Arbitrage de l'OHADA ;

Attendu qu'il résulte des pièces du dossier de la procédure qu'en exécution de l'Arrêt n°02 rendu le 14 janvier 2010 par la Cour d'appel de Bangui, le Collectif des ex-employés de l'ASECNA (Article 2) a fait procéder à une saisie-attribution des créances de cette dernière entre les mains d'Ecobank et de la Commercial Bank Centrafrique, pour obtenir paiement de la somme de 216.490.175 francs CFA ; que par Ordonnance n°19 en date du 18 janvier 2012, le juge des référés du Tribunal de grande instance de Bangui a rejeté la demande de mainlevée de la saisie présentée par l'ASECNA ; que par l'Arrêt objet du pourvoi, la Cour d'appel de Bangui a confirmé cette ordonnance en toutes ses dispositions ;

Sur le premier moyen de cassation pris de la violation et la mauvaise application de l'article 30 de l'Acte uniforme portant organisation des procédures simplifiées de recouvrement et les voies d'exécution

Vu l'article 30 de l'Acte uniforme portant organisation des procédures simplifiées de recouvrement et des voies d'exécution ;

Attendu qu'il est reproché à la Cour d'appel d'avoir déclaré les dispositions de ce texte inopérantes aux motifs que l'ASECNA a plaidé sa cause devant les juridictions centrafricaines et qu'elle ne serait plus fondée à se prévaloir de son immunité qu'elle n'invoque que dans la phase d'exécution, alors que le juge saisi de l'application de l'article 30 doit se borner à vérifier que la partie qui s'en prévaut bénéficie de l'immunité d'exécution en vertu d'une disposition de la loi nationale ou d'une convention internationale, et qu'en statuant comme elle l'a fait, la Cour d'appel a ajouté au texte une condition supplémentaire que le législateur communautaire n'a pas prévue ;

Attendu qu'aux termes de l'article 30 de l'Acte uniforme portant organisation des procédures simplifiées de recouvrement et des voies d'exécution, « l'exécution forcée et les mesures conservatoires ne sont pas applicables aux personnes qui bénéficient d'une immunité d'exécution » ;

Attendu que pour déclarer ces dispositions « inopérantes », le juge d'appel a retenu en substance que l'ASECNAa tacitement renoncé au bénéfice de son immunité d'exécution en comparaissant devant les Tribunaux centrafricains et assuré sa défense sans se prévaloir de son immunité de juridiction, lors de la procédure judiciaire préalable à l'exécution ;

Mais attendu qu'il résulte de l'article 5 de l'Accord d'établissement passé le 9 juin2004 entre l'ASECNA et la République Centrafricaine que :

« 1- L'Agence, ses biens et avoirs jouissent de l'immunité de juridiction sauf dans la mesure où l'Agence y aurait renoncé expressément ;

2- Les biens et avoirs de l'Agence sont exempts de perquisition, confiscation, réquisition et d'expropriation et de toute forme de contrainte… » ;

Attendu que ces dispositions confèrent sans équivoque ni restriction à l'ASECNA une double immunité : de juridiction lui permettant de se soustraire à la compétence d'un Tribunal centrafricain, et d'exécution qui empêche toute mesure d'exécution forcée sur ses biens ;

Attendu qu'aucune renonciation expresse à son immunité de juridiction n'est invoquée contre l'ASECNA ; qu'au surplus, le consentement à l'exercice de la juridiction par les Tribunaux centrafricains n'implique pas le consentement à l'exécution forcée, qui nécessite un consentement exprès distinct ;

Attendu qu'en statuant comme elle l'a fait, la Cour d'appel a méconnu le texte visé au moyen ;

Qu'il échet de casser l'arrêt et d'évoquer ;

Sur l'évocation

Attendu que par requête reçue au greffe de la Cour d'appel de Bangui le 25 janvier 2012, l'ASECNA a relevé appel de l'Ordonnance n°19 rendue le 18 janvier 2012 par le Juge des référés du Tribunal de première instance de Bangui, dont le dispositif est le suivant :

« Statuant contradictoirement à l'égard des parties en matière de référé et en premier ressort ;

Au principal,

Renvoie les parties et la cause à mieux se pourvoir ainsi qu'elles aviseront ;

Mais d'ores et déjà,

Vu l'urgence,

Rejette la demande de l'ASECNA Article 2 comme mal fondée ;

Ordonne l'exécution sur minute de cette décision nonobstant toutes voies de recours ;

Met les dépens à la charge de l'ASECNA Article 2 » ;

Attendu qu'il échet de déclarer cet appel recevable en la forme ;

Au fond :

Attendu que l'ASECNA poursuit l'annulation de la saisie-attribution de créances pratiquée contre elle par certains de ses ex-employés, suivant exploit du 05 janvier 2012, en exécution de l'Arrêt n°02 rendu le 14 janvier 2010 par la Cour d'appel de Bangui ; qu'elle invoque le bénéfice des dispositions de l'article 5 de l'Accord d'établissement du

9 juin 2004, par lequel la République Centrafricaine lui a conféré l'immunité d'exécution, et celles de l'article 30 de l'Acte uniforme portant organisation des procédures simplifiées de recouvrement et des voies d'exécution, qui proscrivent toute exécution forcée contre les personnes bénéficiant d'une telle immunité ;

Attendu que le Collectif des ex-employés de l'ASECNA Article 2 s'oppose à cette prétention, au motif que l'ASECNA qui a comparu devant les juridictions centrafricaines et assuré sa défense sans invoquer le bénéfice de son immunité de juridiction, ne peut se prévaloir de son immunité d'exécution uniquement dans la phase d'exécution ;

Mais attendu que pour les mêmes motifs que ceux ayant conduit à la cassation, il y a lieu de faire droit à la requête et d'ordonner la mainlevée de la saisie ;

Attendu que le Collectif des ex-employés de l'ASECNA Article 2 qui a succombé doit être condamné aux dépens ;

PAR CES MOTIFS

Statuant publiquement, après en avoir délibéré ;

Casse l'Arrêt n°030 rendu le 21 février 2012 par la Cour d'appel de Bangui ;

Evoquant et statuant sur le fond,

Annule l'Ordonnance n°19 rendue le 18 janvier 2012 par le Juge des référés du Tribunal de première instance de Bangui ;

Ordonne la mainlevée de la saisie-attribution de créances pratiquée le 05 janvier 2012 contre l'ASECNA Article 2 ;

Condamne le Collectif des ex-employés de l'ASECNA Article 2 aux entiers dépens.

VIII. Supranationalité de l'Acte uniforme sur les voies d'exécution

Les dispositions de l'AUPSRVE priment le droit national (CCJA, 2e Ch., n°05/2014, 30 janvier 2014)

Sommaire

Les dispositions du droit national relatives aux voies d'exécution sont inapplicables dans les matières couvertes en application de l'article 10 du Traité et des articles 336 et 337 de l'AUPSRVE.

La Cour Commune de Justice et d'Arbitrage (CCJA), de l'Organisation pour l'Harmonisation en Afrique du Droit des Affaires (OHADA), Deuxième chambre a rendu l'Arrêt suivant en son audience publique du 30 janvier 2014 où étaient présents :

MessieursAbdoulaye Issoufi TOURE,	Président,
Namuano Francisco DIAS GOMES,	Juge,
Victoriano OBIANG ABOGO,	Juge, Rapporteur
et Maître Alfred Koessy BADO,	Greffier,

Sur le recours enregistré au greffe de la Cour de céans sous le n°109/2010/ PC du 08 décembre 2010, et formé par Maître NGUEFACK Augustin, Avocat au Barreau du Cameroun, BP 5742 Douala, pour le compte de Monsieur LAMBERT Patrick Dominique Marcel, demeurant au quartier Bonapriso-Douala, Cameroun, dans la cause qui l'oppose à dame NGUELE Myrys Fleur, demeurant à Douala-Cameroun, en cassation de l'Arrêt n°180/CC rendu le 18 octobre 2010 par la Cour d'appel du Littoral à Douala dont le dispositif est le suivant :

« Statuant publiquement, contradictoirement à l'égard des parties, en matière du contentieux de l'exécution, en appel, en dernier ressort, en formation collégiale et à l'unanimité des voies des membres ;

<u>En la forme</u> :

Reçoit l'appel interjeté ;

<u>Au fond</u> :

Confirme l'ordonnance entreprise ;

Condamne l'appelant aux dépens distraits au profit de Maitre Constant KOUM, Avocat aux offres de droit » ;

Le requérant invoque à l'appui de son recours quatre moyens de cassation tels qu'ils figurent à l'acte de pourvoi annexé au présent arrêt ;

Sur le rapport de Monsieur Victoriano OBIANG ABOGO, Juge ;

Vu les dispositions des articles 13 et 14 du Traite relatif à l'harmonisation du droit des Affaires ;

Vu le Règlement de procédure de la Cour Commune de Justice et d'Arbitrage ;

Attendu qu'il ressort des pièces du dossier de la procédure que par une ordonnance en date du 14 août 2008, le Juge chargé de la procédure de divorce des époux Lambert Patrick Marcel et NGUELE MYRYS Fleur, décidait que Patrick Dominique Marcel serve à son épouse une pension alimentaire de 300.000 francs CFA chaque mois, 3.000.000 francs CFA au titre de frais de première installation, 500.000 francs CFA au titre de provision ad-litem ; qu'en vertu de cette ordonnance exécutoire par provision, dame NGUELE MYRYS Fleur faisait pratiquer saisie-attribution dans différentes banques sur les avoirs de son époux ; que la mainlevée sollicitée par Lambert Patrick a été rejetée suivant l'Ordonnance n°507 rendue le 11 septembre 2009 ; que cette ordonnance a été confirmée en appel par l'Arrêt n°180 du 18 octobre 2010 ; arrêt dont pourvoi ;

Attendu que par correspondance n°608/2010/G2 du 27 décembre 2010, le Greffier en chef de la Cour de céans a, par lettre avec accusé de réception, notifié le recours à la dame NGUELE MYRYS Fleur ; que cette correspondance est demeurée sans réponse, que donc le principe du contradictoire ayant été respecté, il convient de passer outre et de statuer ;

Sur le premier moyen tiré de la violation de l'article 153 de l'Acte uniforme portant organisation des procédures simplifiées de recouvrement et des voies d'exécution, l'article 39 du Code de Procédure civile Camerounais, les articles 1er et 3 de la loi 69-LF-3 du 14/06/1969 portant réglementation de l'usage des noms, prénoms et pseudonymes ;

Attendu qu'il est fait grief à l'arrêt déféré d'avoir violé les dispositions susvisées, en ce que le Juge conciliateur a rendu l'Ordonnance n°531 dont l'exécution est poursuivie contre un certain Patrick Dominique Marcel ; que l'huissier, Maitre Ename Nkwane a fabriqué de fausses pièces au nom de Lambert Patrick pour procéder à la saisie-attribution sur Lambert Patrick Dominique Marcel ; que l'arrêt a repris cette faute ; qu'il y a eu erreur sur la personne du débiteur au regard des textes susvisés ;

Mais attendu que le juge d'appel appréciant souverainement les faits a motivé que « l'appelant ne rapporte pas la preuve de l'erreur sur la personne alléguée en ce qu'il ne nie pas être l'époux de Nguele Myrys et comme tel, visé par la procédure en divorce introduite par cette dernière ; qu'en tout état de cause, l'omission du Patronyme Lambert dans l'ordonnance de non conciliation concernée ne lui retire pas sa forme juridique dès lors que la formule exécutoire y est apposée » ; qu'il n'appert de cette motivation, aucune violation des textes visés ; que le moyen doit donc être écarté ;

Sur le deuxième moyen tiré de la violation de l'article 4 alinéas 1er et 8 de la loi n° 92/08 du 14/08/1992 modifiée par la loi n° 97/08 du 7/8/1997

Attendu qu'il fait grief à l'arrêt de prétendre que la saisie est valable même si l'acte de dénonciation est nul, alors que la notification du certificat de dépôt à la partie adverse et le pourvoi d'ordre suspendent immédiatement l'exécution même commencée de la décision attaquée, jusqu'à l'intervention de l'arrêt de la juridiction saisie ;

Mais attendu que les dispositions nationales invoquées ne trouvent aucune application en vertu de l'article 10 du Traité institutif de l'OHADA et des articles 336 et 337 de l'Acte uniforme portant organisation des Procédures simplifiées de recouvrement et des voies d'exécution ; qu'il y a donc lieu de rejeter ce moyen ;

Sur le troisième moyen tiré de la caducité de la saisie-attribution.

Attendu qu'il est fait grief à l'arrêt querellé d'avoir violé l'article 32 de l'Acte uniforme portant organisation des procédures simplifiées de recouvrement et des voies d'exécution et subséquemment des articles 238, 240 et 301 du Code civil, en ce que tout en reconnaissant que le jugement au fond du 28 octobre 2009 a supprimé les droits reconnus à la dame, le juge d'appel a conclu que « il est de jurisprudence constante que ces droits lui restant acquis jusqu'à l'intervention de la dite décision... » ;

Mais attendu que les mesures prescrites dans l'ordonnance de non conciliation et nécessaires pour l'existence d'un époux, sont aux termes de l'article 254 du Code civil, exécutoires jusqu'à la date à laquelle le jugement au fond prend force de chose jugée ; que c'est donc à bon droit que l'arrêt entrepris a confirmé l'ordonnance ayant rejeté la demande de mainlevée ; que ce moyen est à rejeter ;

Sur le quatrième et le cinquième moyens réunis

Attendu que ces moyens sont caractérisés par une imprécision totale par rapport à l'arrêt déféré ; qu'il y a lieu de les déclarer irrecevables ;

Attendu qu'il y a lieu de rejeter le pourvoi ;

Attendu que Lambert Patrick Dominique Marcel succombant sera condamné aux dépens ;

PAR CES MOTIFS

Statuant publiquement après en avoir délibéré ;

Rejette le pourvoi ;

Condamne Lambert Patrick Dominique Marcel aux dépens.

DROIT DE L'ARBITRAGE

I. La clause d'arbitrage

L'obligation de respecter la clause compromissoire (CCJA, Ass. Plén., n°06/2014, 4 février 2014)

Sommaire

Lorsque les parties ont inséré dans leur contrat une clause compromissoire désignant un centre d'arbitrage, un autre centre d'arbitrage ne saurait être saisi.

La Cour Commune de Justice et d'Arbitrage (CCJA) de l'Organisationpour l'Harmonisation en Afrique du Droit des Affaires (OHADA), Assemblée plénière, a rendu l'Arrêt suivant, en son audience publique du 04 février 2014 où étaient présents :

Messieurs Antoine Joachim OLIVEIRA,	Président, rapporteur
Abdoulaye Issoufi TOURE,	Second Vice Président
Namuano F. DIAS GOMES,	Juge
Madame Flora DALMEIDA MELE,	Juge
Messieurs Victoriano OBIANG ABOGO,	Juge
Mamadou DEME,	Juge
Idrissa YAYE,	Juge
et Maître Jean Bosco MONBLE,	Greffier ;

Sur le recours enregistré au greffe de la Cour de céans sous le numéro051/2012/PC en date du 24 mai 2012 et formé par Maître Antoine KITIO, Avocat au Barreau du Cameroun avec résidence à Douala, BP 1499, cabinet sis à Akwa-Douala, à côté de l'hôtel Bano Palace, immeuble orange, agissant au nom et pour le compte de la société ARNO SARL, représentée par son gérant, Monsieur Anestis ARNOPOULOS et dont le siège social est au 208, rue Joffre, Akwa BP 664, Douala, dans la cause qui l'oppose à la société LIBYA OIL CAMEROUN SA, représentée par son Administrateur Général, Monsieur ELKHABLASHI ABDULHAK MOHAMED et dont le siège social est au 7, rue Joffre, Akwa, BP 4058, Douala, ayant pour conseil, Maître Albert ELOUNDOU ELOUNDOU, Avocat au Barreau du Cameroun, cabinet sis 62, place du Gouvernement, Bonanjo- Douala, BP 3004,

en cassation de l'Arrêt n°154/c rendu le 21 octobre 2011 par la Cour d'appel du Littoral à Douala et dont le dispositif est le suivant :

« Statuant publiquement, contradictoirement à l'égard des parties, en matière arbitrale et à l'unanimité des voix,

En la forme : Reçoit le recours de la société LIBYA OIL CAMEROUN SA ;

Au fond : prononce l'annulation de la sentence arbitrale rendue le 23 décembre2010 par le Centre d'arbitrage du GICAMdans la cause opposant la société LIBYA OIL à ARNO SARL ; Condamne la société ARNO SARL aux dépens. » ;

Sur le rapport de Monsieur Antoine Joachim OLIVEIRA, Président ;

Vu les articles 13 et 14 du Traité relatif à l'harmonisation du droit des affaires en Afrique ;

Vu les articles 10 à 27 de l'Acte uniforme relatif au droit de l'arbitrage ;

Vu le Règlement de procédure de la Cour Commune de Justice et d'Arbitrage de l'OHADA ;

Attendu qu'il ressort des pièces de la procédure que les sociétés MOBIL OIL CAMEROUN et ARNO ont conclu le 28 janvier2003 un contrat de distribution de lubrifiants de marque «ESSO» ; qu'en vertu de ce contrat, la société MOBIL OIL cédait à la société ARNO la distribution exclusive des produits de la marque ESSO; que le 12 octobre 2006, la société MOBIL CAMEROUN informait la société ARNO de la cession de ses actions à la société T AMOIL AFRICA LIMITED ; que par correspondance en date du 23 février 2007, la société MOBIL rassurait la requérante de la pérennité de leurs engagements contractuels; que le 03 décembre 2007, la société MOBIL informait la société ARNO de la résiliation par le fournisseur ESSO du contrat de distribution des lubrifiants ;

Attendu que la société LIBYA OIL ayant repris les activités de la MOBIL OIL, proposait à la société ARNO le 21 avril 2008, le rachat du stock des lubrifiants de marque ESSO, la distribution de produits d'autres marques et la réduction de sa sphère géographique d'activités de distribution ;

Attendu que la société ARNO considérant qu'il y avait une modification substantielle du contrat de distribution, saisissait le Tribunal arbitral du Centre d'arbitrage du GICAM pour rupture abusive du contrat et sollicitait des dommages-intérêts ;

Attendu que le 23 décembre 2010, le Tribunal arbitral rendait une sentence qui condamnait la société LIBY A OIL à payer à la société ARNO la somme de 250.000.000 F CFA à titre de dommages-intérêts ;

Attendu que sur assignation en annulation de cette sentence introduite par LIBYA OIL, la Cour d'appel du Littoral à Douala annulait par Arrêt n°157/c du 27 octobre 2011, la sentence du Tribunal arbitral du Centre d'arbitrage du GICAM motif pris de ce que ledit Centre d'arbitrage n'était pas celui choisi par les parties dans la convention d'arbitrage ;

Attendu que c'est contre cet arrêt que la société ARNO se pourvoit en cassation ;

Sur le premier moyen

Attendu que la société ARNO fait grief à la Cour d'appel d'avoir violé l'article 10 alinéa 1 de l'Acte uniforme relatif au droit de l'arbitrage en affirmant d'une part que, les parties ont fait expressément référence au règlement de conciliation et d'arbitrage de la Chambre de Commerce Internationale de Paris et à la Cour instituée auprès de cette institution, et d'autre part, en décidant que, le Centre d'arbitrage du GICAM n'étant pas une institution choisie par les parties dans leur convention d'arbitrage, c'est en violation de la loi que l'arbitre unique a été désigné par cette institution alors que, selon le moyen, la clause d'arbitrage insérée dans le contrat liant les parties stipulait que celles-ci devaient choisir un tribunal arbitral pour connaître leur litige ainsi que la procédure qui devait régir cet arbitrage en faisant référence à la Chambre de Commerce Internationale de Paris uniquement en ce qui concerne sa procédure de règlement de conciliation et d'arbitrage et non en qualité d'arbitre ;

Mais attendu que la clause compromissoire insérée dans le contrat passé par les parties le 28 janvier 2003 stipulait ; « Le présent contrat est régi par le droit camerounais (ou OHADA). En cas de contestation ou de litige qui pourrait survenir entre les parties concernant l'exécution ou l'interprétation d'une ou de plusieurs clauses ... le litige sera tranché définitivement suivant le règlement de conciliation et d'arbitrage de la chambre de commerce internationale de paris par un tribunal arbitral nommé conformément à ce règlement ... » ; qu'il ressort clairement de ces dispositions, contrairement aux affirmations de la demanderesse au pourvoi, que les parties ont choisi la Chambre de Commerce Internationale de Paris pour le règlement de leur litige et qu'elles n'ont nullement porté leur choix sur un autre centre d'arbitrage ; qu'en statuant comme elle l'a fait, la Cour d'appel du Littoral n'a en rien violé la loi; qu'il s'ensuit que ce moyen doit être rejeté ;

Sur le deuxième moyen

Attendu que la société ARNO reproche à la Cour d'appel d'avoir violé l'article 10 alinéa 2 de l'Acte uniforme relatif au droit de l'arbitrage en ce qu'elle a décidé que le Centre d'arbitrage du GICAM n'est pas l'institution choisie par les parties, alors que selon le moyen, l'instance arbitrale était déjà liée devant cette institution d'arbitrage du fait de sa saisine et de la réponse qu'avait apportée la LIBYA OIL CAMEROUN à la demande d'arbitrage d'une part et d'autre part, de l'acceptation de la médiation du Centre d'arbitrage du GICAM et la désignation de l'arbitre unique AWANA Jean Claudepar la LIBYA qui a ainsi implicitement renoncé à la clause ;

Mais attendu qu'il ressort même de la sentence que la LYBYA OIL a soulevé l'incompétence du Centre arbitral du GICAM en se prévalant de la clause compromissoire au contrat qui précise le choix de la Chambre de Commerce Internationale de Paris comme institution d'arbitrage pour trancher leur litige; que la Cour d'appel du Littoral qui a retenu que le Centre d'arbitrage du GICAM n'a pas été choisi par les parties n'a en rien violé la loi; que ce moyen doit être rejeté ;

Sur le troisième moyen

Attendu que la société ARNO fait grief à l'arrêt attaqué d'avoir violé l'article 26 de l'Acte uniforme relatif au droit de l'arbitrage en prononçant l'annulation de la sentence arbitrale du 23 décembre 2010 du Centre du GICAM alors que selon le moyen, la Cour d'appel devait vérifier si l'une des six conditions alternatives de recevabilité du recours en annulation de sentence était remplie ;

Mais attendu que la Cour d'appel qui a retenu que: « c'est en violation de la loi que l'arbitre unique a été désigné par cette institution» pour conclure à l'annulation de la sentence arbitrale querellée s'est conformée à l'une des conditions de recevabilité prévues à l'article 26 de l'Acte uniforme sus indiqué en l'occurrence la désignation irrégulière de l'arbitre unique par une institution d'arbitrage autre que celle prévue dans la clause compromissoire au contrat liant les parties; qu'en conséquence le moyen n'est pas fondé ;

Attendu que la société ARNO ayant succombé, il y a lieu de la condamner aux dépens ;

PAR CES MOTIFS

Statuant publiquement, après en avoir délibéré ;

Rejette le pourvoi ;

Condamne la société ARNO aux dépens.

Arbitrage CCJA : le consentement à la saisine du tribunal arbitral ne se présume pas (CCJA, Ass. Plén., n°39/2014, 17 avril 2014)

Sommaire

Le consentement à la saisine du tribunal arbitral sous l'égide de la CCJA ne se présume point et aucune disposition ni du Traité fondateur de l'OHADA, ni du Règlement de procédure de la CCJA, ne permet de tirer de la non réponse à une lettre reçue dans le cadre d'une procédure arbitrale, une renonciation à un déclinatoire écrit et plaidé de compétence. Doit par conséquent être annulée la sentence arbitrale rendue en l'absence de convention d'arbitrage.

La Cour Commune de Justice et d'Arbitrage (CCJA) de l'Organisation pour l'Harmonisation en Afrique du Droit des Affaires (OHADA), a rendu, en Assemblée plénière, l'Arrêt suivant en son audience publique du 17 avril 2014 où étaient présents :

Monsieur Abdoulaye Issoufi TOURE,	Président
Madame Flora DALMEIDA MELE,	Second Vice-président
Messieurs Antoine Joachim OLIVEIRA,	Juge
Namuano F. DIAS GOMES,	Juge
Victoriano OBIANG ABOGO,	Juge
Idrissa YAYE,	Juge rapporteur
Djimasna N'DONINGAR,	Juge
et Maître Paul LENDONGO,	Greffier en chef ;

Sur le recours enregistré au greffe de la Cour de céans le 26 juillet 2013 sous le n° 095/2013/PC et formé par le Cabinet TRAORE sis à Bamako (MALI), Hamdallaye ACI 2000, Rue 394, Porte 1498, derrière INPS, BP 2629 , représenté par Maître Mamadou Lamine TRAORE, agissant au nom et pour le compte de l'Etat du Mali, dans la cause l'opposant à la société CFAO dont le siège est sis 18, rue Troyon, 92316 Sèvres (France), représentée par son directeur juridique et fiscal, Monsieur Pierre-Henri Legrand, ayant pour Conseils, le Cabinet Jeant et Associés AARPI, 87, Avenue Kléber 75784 Paris Cedex 16 (France), représenté par Maître Thierry LAURIOL, Avocat à la Cour, en contestation de validité de la Sentence arbitrale rendue le 09 juillet 2013 par le Tribunal arbitral dans l'affaire n°005/2010/ARB du 12 juillet 2010 et dont le dispositif est le suivant :

« Pour les motifs ci-dessus exposés, le Tribunal arbitral :

Constate que CFAO Motors Mali, la filiale de CFAO, a indûment versé à l'Etat du Mali des sommes dont le montant est limité à la somme de 1.281.834.747 FCFA ;

Constate que l'Etat du Mali n'a pas procédé à la répétition de l'indu au profit de CFAO Motors Mali, la filiale de CFAO ;

Condamne l'Etat du Mali à verser à CFAO au nom et pour le compte de sa filiale, CFAO Motors Mali, la somme de 640.917.373,50 FCFA, assortie du taux d'intérêt légal malien à compter du 10 mars 2010 ;

Condamne l'Etat du Mali à verser à CFAO les sommes de 31.767.701FCFA au titre des frais exposés par la demanderesse pour sa défense ainsi que 943,77 EUR au titre de la TVA afférente aux honoraires et frais des arbitres ;

Rejette toutes les autres demandes formées par les Parties. » ;

Le requérant invoque à l'appui de son recours les deux moyens d'annulation tels qu'ils figurent au recours en contestation de validité de sentence annexé au présent arrêt ;

Sur le rapport de Monsieur Idrissa YAYE, Juge ;

Vu les articles 21 à 26 du Traité relatif à l'harmonisation du droit des affaires en Afrique ;

Vu les dispositions des articles 29 et 30 du Règlement d'arbitrage de la Cour Commune de Justice et d'Arbitrage de l'OHADA ;

Vu le Règlement de procédure de ladite Cour ;

Attendu qu'il ressort des pièces du dossier de la procédure que suite à un différend opposant la Société CFAO-Mali à l'Etat du Mali, relatif au paiement d'un trop perçu dans le cadre de la liquidation des droits et taxes d'importation pour la période allant du 1er janvier 2005 au 28 février 2007, la CFAO-Mali, après de multiples tentatives de règlement amiable, a d'abord saisi les juridictions nationales maliennes avant de se résoudre à saisir la Cour Commune de Justice et d'Arbitrage, aux fins de mise en route de sa procédure arbitrale, ayant abouti à la sentence, objet du présent recours en annulation ;

Attendu que l'Etat du Mali a in limine litis soulevé dans son mémoire en réponse en date du 14 septembre 2010, l'incompétence du Tribunal arbitral, en demandant au Tribunal arbitral de se prononcer d'abord sur sa compétence ; que la CFAO a demandé audit tribunal de statuer tant sur le fond que sur la compétence sous la forme d'une sentence finale ; que le Tribunal arbitral, après discussion avec les parties sur la procédure adaptée à leur demande, a décidé qu'il serait procédé ainsi qu'il suit :

« Chaque partie soumettra un jeu d'écriture séparé sur la compétence et un autre jeu d'écriture sur le fond ;

Le Tribunal décidera, lors de l'Audience sur la compétence du 21 janvier 2013, de la forme de sa décision. » ; qu'ainsi par Ordonnance procédurale n°1 en date du 15 janvier 2013, le Tribunal arbitral a décidé : « - de joindre l'examen de la compétence au fond et de se prononcer en une sentence unique ;

D'entendre les Parties pour qu'elles présentent leurs arguments au fond lors de l'audience du 16 janvier 2013 ;

de prononcer sa sentence sur la compétence et sur le fond dans les délais requis. » ;

Que ce faisant, ledit Tribunal s'est prononcé sur sa compétence dans la sentence finale en ces termes :

« Au vu de ce qui précède, il se déduit que les Parties à la présente affaire ont bien consenti à l'arbitrage CCJA et que le Défendeur a laissé prospérer une procédure arbitrale qu'il aurait pu simplement arrêter, en prenant bon soin d'indiquer que seul le « CIRDI » pouvait être saisi ou que le dossier n'était pas arbitrable et s'abstenant par la suite de participer à la procédure CCJA. L'ensemble des arguments invoqués par les Parties relatifs au consentement et la compétence ou non de la CCJA, notamment sur le fondement des articles 9 du Règlement CCJA et 21 du Traité OHADA ou le principe de l'estoppel, sont donc traités au titre de la présente Sentence Finale.

Le Tribunal Arbitral se déclare, par conséquent, compétent pour statuer sur le fondement des Articles 9 et 10 du Règlement CCJA et rejette comme non fondés l'ensemble des arguments précités du Défendeur venant s'y opposer. » ;

Sur le premier moyen

Vu les articles 29 et 30.6.1 du Règlement d'arbitrage CCJA ;

Attendu que le requérant sollicite l'annulation de la sentence sur le fondement des articles 29 et30.6.1 du Règlement d'arbitrage de la CCJA en estimant que le Tribunal arbitral a retenu sa compétence et a statué au fond, nonobstant son déclinatoire de compétence, en l'absence de toute convention d'arbitrage entre les parties ; il soutient en outre qu'aucune des correspondances ayant emporté la conviction du tribunal ne laisse apparaitre une acceptation de la compétence de la CCJA par l'Etat du Mali et qu'aucune preuve du prétendu accord verbal du conseil de l'Etat du Mali n'a été apportée ;

Attendu que relativement aux motifs de la validité de l'annulation l'article 29.2 du Règlement d'arbitrage CCJA renvoie aux dispositions de l'article 30.6 point 1 dudit Règlement qui dispose que : « l'exequatur ne peut être refusé et l'opposition à exequatur n'est ouverte que dans les cas suivants :

si l'arbitre a statué sans convention d'arbitrage ou sur une convention nulle ou expirée ;
….. » ;

Attendu qu'il résulte de l'examen des pièces versées au dossier, dont notamment la sentence arbitrale, que la compétence du Tribunal arbitral avait été contestée in limine litis par l'Etat du Mali ; qu'il est incontesté et incontestable qu'aucune convention formelle ne lie les deux parties ; que le tribunal qui, reconnaissant « l'absence de convention expresse entre les Parties » (paragraphe 253 page 50), n'a retenu sa compétence qu'en raison du silence observé par l'Etat du Mali aux courriers du 19 avril et du 13 juillet 2011 adressés par la société CFAO pour conclure à un renoncement de son déclinatoire de compétence pourtant réaffirmé et plaidé par l'Etat du Mali lors de l'audience de plaidoiries ;

Attendu que le consentement à la saisine du tribunal arbitral sous l'égide de la CCJA ne se présume point et qu'aucune disposition ni du Traité fondateur de l'OHADA, ni du Règlement de procédure de la CCJA, ne permet de tirer de la non réponse à une lettre reçue dans le cadre d'une procédure arbitrale, une renonciation à un déclinatoire écrit et plaidé de compétence ;

Attendu au surplus que CFAO ne prouve pas le consentement verbal que lui aurait donné le conseil de l'Etat du Mali ;

Qu'ainsi, le Tribunal arbitral ayant statué sans convention d'arbitrage, sa sentence doit donc être annulée sans qu'il soit besoin de statuer sur le second moyen ;

Attendu que la Sentence arbitrale ainsi annulée pour absence de convention, il échet de dire qu'il n'y a pas lieu à reprise dudit arbitrage sous l'égide de la CCJA ;

Attendu enfin que la Société CFAO succombant doit être condamnée aux dépens ;

PAR CES MOTIFS

Statuant publiquement après en avoir délibéré,

Déclare recevable et bien fondé le recours en contestation de validité de sentence ;

Annule la Sentence arbitrale du 09 juillet 2013 ;

Dit n'y avoir pas lieu à reprise de l'arbitrage sous l'égide de la CCJA ;

Condamne la Société CFAO aux dépens.

La clause d'arbitrage est indépendante du contrat principal (CCJA, 2e Ch., n°82/2014, 22 mai 2014)

Sommaire
La clause d'arbitrage étant indépendante du contrat principal, doit être cassé l'arrêt qui subordonne la validité de la clause à celle du contrat d'arbitrage qui la contient.

La Cour Commune de Justice et d'Arbitrage (CCJA), de l'Organisation pour l'Harmonisation en Afrique du Droit des Affaires (OHADA), Deuxième chambre, a rendu l'Arrêt suivant en son audience publique du 22 mai 2014 où étaient présents :

Messieurs	Abdoulaye Issoufi TOURE,	Président
	Victoriano OBIANG ABOGO,	Juge
	Djimasna N'DONINGAR,	Juge, Rapporteur
	et Maître Jean Bosco MONBLE,	Greffier,

Sur le pourvoi enregistré au greffe de la Cour de céans le 27 octobre 2010 sous le n°100/2010/PC et formé par SCPA Kanjo, Koita et Houda, Avocats au Barreau du Sénégal, demeurant 66, Boulevard de la République, Résidence Seydou Nourou Tall, BP 11417 CD, à DAKAR - Sénégal, agissant au nom et pour le compte des Sociétés CANAC Sénégal S.A, demeurant au 03, Rue Alioune Diop, FANN – MERMOZ, à Dakar & CANAC Railway Services Inc, ayant son siège social au 3950 HICKMORE STREET SAINT LAURENT, QUEBEC – CANADA K4T1K2, dans la cause qui les oppose à la Société

TRANSRAIL S.A., siège social : Immeuble « Le BABEMBA » OULOFOBOUGOU, BP : 4150, Bamako - MALI, ayant pour Conseil Maître Arandane Touré, Avocat à la Cour, 570, Rue Baba Diarra, BP : E1686, à Bamako – MALI, en cassation de l'Arrêt n°51, rendu le 04 août 2010 par la Cour d'appel de Bamako et dont le dispositif est le suivant :

« Statuant publiquement, contradictoirement, en matière commerciale et en dernier ressort :

<u>En la forme</u>

Reçoit les appels interjetés ;

<u>Au fond</u>

Confirme le jugement entrepris en toutes ses dispositions ;

Déclare irrecevable le surplus des demandes formulées la première fois devant la Cour par Trans-Rail SA comme demandes nouvelles ;

Met les dépens à la charge des appelantes. » ;

Attendu que les requérantes invoquent à l'appui de leur pourvoi les six moyens de cassation tels qu'ils figurent à la requête annexée au présent arrêt ;

Sur le rapport de Monsieur Djimasna N'DONINGAR, Juge ;

Vu les dispositions des articles 13 et 14 du Traité relatif à l'harmonisation du droit des affaires en Afrique ;

Vu le Règlement de procédure de la Cour Commune de Justice et d'Arbitrage de l'OHADA ;

Attendu qu'il ressort des pièces du dossier de la procédure que la Société TRANSRAIL S.A a conclu en octobre 2003 et en janvier 2005une convention d'assistance technique et un contrat de sous-traitance avec, respectivement, CANAC Sénégal S.A. et CANAC Railway Services Inc., société mère de CANAC Sénégal et, par ailleurs, actionnaire de référence et Administrateur de TRANSRAIL S.A. ;qu'en date du 31 décembre 2005, TRANSRAIL et CANAC SENEGAL S.A. ont convenu de la résiliation de la convention d'assistance technique, tout en stipulant que « les parties réservent leurs droits acquis au terme de cette convention et continuent à être liées par les obligations non encore exécutées au terme de cette convention » ;qu'en avril 2008, après que CANAC Railway Services Inc. ait cédé ses actions, et suite à des controverses sur la gestion de son actionnaire de référence, la Société TRANSRAIL S.A. a saisi le Tribunal de commerce de Bamako d'une action aux fins d'annulation des conventions d'assistance technique et de sous-traitance qui la lient à CANAC Railway Services Inc. et sa filiale, CANAC Sénégal ; que par Jugement n°119 en date du 06 février 2009, le Tribunal de commerce de Bamako a fait droit à cette demande en prononçant la nullité des conventions litigieuses et condamnant CANAC Railway Services Inc.et sa filiale CANAC Sénégal au paiement de la somme reliquataire de trois milliards de FCFA en règlement de compte et de huit cent millions à titre de dommages-intérêts ; Que la Cour d'appel de Bamako, sur appels des Sociétés CANAC Railway Services Inc. et CANAC Sénégal, a rendu, le 04 août 2010, l'Arrêt n°51 sus énoncé, objet du présent pourvoi ;

Sur les premier et deuxième moyens réunis, tirés de la violation des articles 4 et 13 de l'Acte uniforme relatif au droit de l'arbitrage

Attendu qu'il est fait grief à l'arrêt déféré d'avoir violé les dispositions des articles 4 et 13, en rejetant l'exception d'incompétence des juridictions étatiques en présence de clauses compromissoires, au motif que « CANAC Sénégal SA avait elle-même signé (...) l'annulation de la convention d'assistance technique, que cette signature équivaut à une renonciation pure et simple à ladite convention..., que cette convention annulée renferme la clause compromissoire invoquée par CANAC Sénégal, que les appelantes ne peuvent plus se prévaloir de leur propre turpitude pour se prévaloir de cette clause qu'elles ont elles-mêmes annulée » alors, selon le moyen, que la convention d'arbitrage insérée dans un contrat a un objet procédural visant à soumettre à l'arbitrage tout litige qui pourrait naître de ce contrat et qu'au terme des dispositions de l'Acte uniforme sur l'arbitrage, d'une part, la résiliation du contrat par les parties ne saurait avoir pour effet l'extinction de la clause compromissoire qu'il contenait, et d'autre part, lorsque les parties ont expressément prévu dans leur contrat la voie de l'arbitrage pour le règlement de leurs litiges, le juge étatique qui en est saisi, doit se déclarer incompétent ;

Attendu que l'article 4 susvisé énonce : « la convention d'arbitrage est indépendante du contrat principal. Sa validité n'est pas affectée par la nullité de ce contrat... » ; Que suivant l'article 13, « lorsqu'un litige, dont un tribunal arbitral est saisi en vertu d'une convention arbitrale, est porté devant une juridiction étatique, celle-ci doit, si l'une des parties en fait la demande, se déclarer incompétente. Si le tribunal arbitral n'est pas encore saisi, la juridiction étatique doit également se déclarer incompétente à moins que la convention d'arbitrage ne soit manifestement nulle... »

Attendu qu'il est constant, comme résultant de la requête introductive et de toutes les conclusions devant les juridictions de fond, que l'action intentée par TRANSRAIL S.A tend à l'annulation des deux conventions passées entre elle et les Sociétés CANAC Sénégal et CANAC Railway Services Inc.; qu'il est clairement apparu que ces conventions ont prévu, pour le règlement des différends, le recours à l'arbitrage ;qu'en subordonnant la validité de la clause d'arbitrage à celle de la convention qui la contient, suite à la résiliation du 31 décembre 2005, pour décider que la Société CANAC Sénégal ne pouvait se prévaloir de la clause compromissoire contenue dans le contrat du 15 octobre 2003, la Cour d'appel de Bamako, en retenant sa compétence, a méconnu les dispositions des articles 4 et 13 visés au moyen et sa décision encourt cassation, sans qu'il soit besoin d'examiner les autres moyens ; qu'il échet en conséquence de casser l'arrêt attaqué, d'évoquer et de statuer sur le fond ;

Sur l'évocation

Attendu que, par acte du greffe n°66 du 16 février 2009, les Sociétés CANAC Railway Services Inc et CANAC Sénégal S.A. ont relevé appel du Jugement n°119, rendu le 06 février 2009 par le Tribunal de commerce de Bamako dont le dispositif suit :

« Statuant publiquement, contradictoirement et en premier ressort :

Rejette l'exception d'incompétence et les fins de non recevoir soulevées par les défenderesses ;

En la forme : reçoit les demandes de la société TRANSRAIL SA et les demandes incidentes de CANAC Inc, devenue CANAC RAILWAY SERVICES INC et CANAC SENEGAL ;

Au fond :

Prononce la nullité de la convention d'assistance technique du 15 octobre 2003 et le contrat de sous-traitance du 04 janvier 2005 ;

Dit et juge que CANAC INC devenu CANAC RAILWAY SERVICES INC et CANAC SENEGAL restent devoir à TRANSRAIL SA la somme reliquataire de 3 milliards de FCFA ;

Condamne CANAC INC devenu CANAC RAILWAY SERVICES INC et CANAC SENEGAL à payer à la société TRANSRAIL SA la somme reliquataire de 3.000.000.000

FCFA (trois milliards de FCFA) en règlement de compte, et celle de 800.000.000 FCFA (huit cent millions de FCFA) à titre de dommages et intérêts ;

Déboute TRANSRAIL SA du surplus de sa demande ;

Rejette les demandes incidentes des défenderesses ;

Ordonne l'exécution provisoire du présent jugement nonobstant l'exercice des voies de recours ;

Condamne CANAC INC devenu CANAC RAILWAY SERVICES INC et CANAC SENEGAL aux dépens. » ;

Qu'au soutien de leur appel, elles demandent à la Cour d'infirmer le jugement entrepris en toutes ses dispositions et, statuant à nouveau, de recevoir l'exception d'incompétence soulevée et de se déclarer incompétente ; qu'elles exposent que la Société TRANSRAIL S.A a conclu, en octobre 2003 et en janvier 2005,une convention d'assistance technique et un contrat de sous-traitance avec, respectivement, CANAC Sénégal S.A. et CANAC Railway Services Inc., société mère de CANAC Sénégal et, par ailleurs, actionnaire de référence et Administrateur de TRANSRAIL S.A. ;que courant 2007, CANAC Railway Services Inc. a cédé ses actions et s'est ainsi retiré du capital social de TRANSRAIL SA ; que, par la suite, des controverses sur la gestion de TRANSRAIL SA sous administration de son actionnaire de référence, CANAC Railway Services Inc., éclataient et conduisaient la Société TRANSRAIL S.A. à saisir le Tribunal de commerce de Bamako d'une action aux fins d'annulation des conventions d'assistance technique et de sous-traitance qui la liaient à CANAC Railway Services Inc.et sa filiale, CANAC Sénégal ; qu'en dépit de l'exception d'incompétence qu'elles avaient soulevée en raison de l'existence de clauses compromissoires dans les conventions litigieuses, le Tribunal de commerce de Bamako, par Jugement n°119 en date du 06 février 2009, a fait droit à cette demande en prononçant la nullité desdites conventions et en condamnant CANAC Railway Services Inc et sa filiale CANAC Sénégal ;que la convention d'arbitrage est autonome par rapport au contrat dans lequel elle est stipulée ; que lorsque les parties insèrent dans leur contrat une convention d'arbitrage, elles témoignent de leur commune volonté de faire trancher tous les litiges qui naîtraient de leur relation contractuelle par des arbitres ; qu'il ressort ainsi des clauses des deux conventions dont l'annulation est demandée par la Société TRANSRAIL SA, que les parties ont prévu de soumettre tout litige à l'arbitrage ;

Attendu que la Société TRANSRAIL SA soutient, à l'appui de ses prétentions, que le litige dont s'agit ne porte ni sur l'interprétation, ni sur l'exécution des conventions querellées, mais sur le défaut de respect de formalités substantielles et des règles d'ordre public prévues par le droit des sociétés, à savoir l'autorisation préalable pour passer une convention règlementée ; que s'agissant d'une question touchant au fonctionnement d'une société de droit malien, il est à l'évidence légitime de soutenir que la question de l'annulation des conventions conclues entre ladite société et ses actionnaires est une question soumise à la juridiction du lieu du siège social ;qu'en conséquence, étant donné que les appelantes détenaient une participation dans TRANSRAIL SA, le présent litige ne peut relever que de la juridiction du lieu du siège de la société et qu'il y a lieu de rejeter l'exception d'incompétence soulevée par CANAC Railway Services Inc et sa filiale CANAC Sénégal ;

Mais attendu que, pour les mêmes motifs que ceux développés ci-dessus lors de l'examen des moyens de cassation articulés par les requérantes, tirés de l'existence de clauses compromissoires relativement à tout différend qui pourrait naître entre les parties, il y a lieu, pour la Cour de céans, d'infirmer le Jugement n°119 rendu le 06 février 2009 par le Tribunal de commerce de Bamako en toutes ses dispositions et, statuant à nouveau, de se déclarer incompétente et de renvoyer les parties à mieux se pourvoir ;

Attendu que la Société TRANSRAIL SA, ayant succombé, sera condamnée aux dépens ;

PAR CES MOTIFS

Statuant publiquement, après en avoir délibéré,

Casse l'Arrêt n°51 rendu le 04 août 2010 par la Cour d'appel de Bamako ;

Evoquant et statuant sur le fond :

Infirme le Jugement n°119 rendu le 06 février 2009 par le Tribunal de commerce de Bamako ;

Se déclare incompétente ;

Renvoie les parties à mieux se pourvoir ;

Condamne la Société TRANSRAIL SA aux dépens.

II. Le principe du contradictoire

Le contradictoire n'impose pas à l'arbitre l'obligation d'impartir strictement les mêmes délais pour chaque chef de demande (CCJA, Ass. Plén., n°98/2014, 30 octobre 2014)

Sommaire

Si le respect du principe de la contradiction impose que chaque partie ait pu faire connaître ses prétentions et discuter celles de son adversaire, de telle sorte que rien de ce qui a servi à fonder la sentence n'ait échappé aux débats, en revanche, il n'impose pas à l'arbitre l'obligation d'impartir strictement les mêmes délais pour chaque chef de demande.

La Cour Commune de Justice et d'Arbitrage (CCJA) de l'Organisation pour l'Harmonisation en Afrique du Droit des Affaires (OHADA) a rendu l'Arrêt suivant, en Assemblée plénière, en son audience publique du 30 octobre 2014 où étaient présents :

Monsieur :	Marcel SEREKOÏSSE-SAMBA,	Président
Madame	Flora DALMEIDA MELE,	Second Vice-président
Messieurs :	Namuano F. DIAS GOMES,	Juge
	Victoriano OBIANG ABOGO,	Juge
	Mamadou DEME,	Juge, rapporteur
	Idrissa YAYE,	Juge
	Djimasna N'DONINGAR,	Juge
et Maître	ASSIEHUE Acka,	Greffier ;

Sur le recours enregistré au greffe de la Cour de céans le 20 septembre 2012 sous le numéro 128/2012/PC et formé par la SCP PYRAMIDION, ayant son siège social à l'immeuble ABK 1, avenue Cheikh Zayed, Hamdalaye, BP : 3175-Bamako, ayant pour conseil la Société Civile Professionnelle d'Avocats Juri-Partner, 65 Rue 139 Badala Sema II, BP : E5354-Bamako, dans la cause qui l'oppose à l'Agence d'Exécution des Travaux d'Infrastructures et d'Equipements Ruraux du Mali dite AGETIER-Mali, ayant son siège social à Ségou, quartier résidentiel, BP 428 et pour conseil Maître Issaka KEITA, rue 25, porte 23 Cité du Niger, BP : 3189-Bamako, en contestation de validité de la sentence rendue le 13 juillet 2012 par le tribunal arbitral et dont le dispositif est le suivant :

« Statuant à la majorité de ses membres,

SUR LA DEMANDE PRINCIPALE :

Rejette toutes les demandes de la SCP PYRAMIDION comme étant non fondées ;

SUR LA DEMANDE RECONVENTIONNELLE :

Reçoit la demande reconventionnelle d'AGETIER-MALI et la déclare fondée ;

En conséquence :

Condamne la SCP PYRAMIDION à payer à l'AGETIER-MALI la somme de VINGT MILLIONS (20.000.000) de Francs CFA au titre des pénalités de retard ;

Condamne également la SCP PYRAMIDION à payer un franc symbolique à l'AGETIER-MALI en réparation de son préjudice moral.

Les frais de l'arbitrage s'élèvent à soixante quatre millions sept cent soixante seize mille sept cent douze (64.776.712) francs CFA ;

Met à la charge de la SCP PYRAMIDION, les frais ainsi liquidés et la condamne aux dépens. » ;

La requérante invoque à l'appui de son recours les deux moyens d'annulation tels qu'ils figurent à sa requête annexée au présent arrêt ;

Sur le rapport de Monsieur Mamadou DEME, Juge ;

Vu les articles 21 à 26 du Traité relatif à l'harmonisation du droit des affaires en Afrique ;

Vu les dispositions des articles 29 et 30 du Règlement d'arbitrage de la Cour Commune de Justice et d'Arbitrage de l'OHADA ;

Vu le Règlement de procédure de ladite Cour ;

Attendu qu'il résulte des pièces du dossier de la procédure que le groupement constitué par les cabinets d'architecture SCP PYRAMIDION, BEN MILLED et PYRAM ainsi que le cabinet d'ingénierie SIRABA, avait conclu avec l'AGETIER-Mali un contrat de maîtrise d'œuvre ; qu'un différend étant survenu entre les parties en cours d'exécution de ce contrat, l'AGETIER-Mali a notifié la résiliation de la convention à la SCP PYRAMIDION, suivant courrier n°0178 DG/2010 du 4 février 2010 ; qu'estimant cette résiliation abusive, la SCP PYRAMIDION a saisi la CCJA d'une demande d'arbitrage ; que c'est la sentence rendue par le tribunal arbitral qui est l'objet de la présente procédure ;

Sur la recevabilité du recours

Attendu que l'AGETIER-Mali soulève in limine litis l'irrecevabilité du recours ; qu'elle fait valoir que l'un des avocats de la SCP PYRAMIDION, Maître Mohamed BATHILY, dont la constitution est mentionnée dans la requête introductive du recours, n'a pas produit le mandat spécial prévu à l'article 28 du Règlement de procédure ;

Mais attendu que la requête, de même que les autres écritures de la SCP PYRAMIDION, ne comportent que la signature de Maître Mamadou G. DIARRA, avocat à la Cour au Mali, au nom de la Société Civile Professionnelle d'Avocats Juri-Partner, dont le mandat spécial de représentation a été régulièrement produit aux débats et n'a pas été contesté ; que l'irrecevabilité du recours ne saurait résulter du défaut de production d'un mandat au nom de Maître Mohamed BATHILY, qui n'est signataire ni de la requête, ni d'un quelconque mémoire déposé au nom de la recourante ;

Que le recours doit être déclaré recevable en la forme ;

Sur le premier moyen tiré du non respect de sa mission par le tribunal arbitral

Attendu que selon le moyen, la SCP PYRAMIDION avait demandé au tribunal arbitral, tant dans la requête introductive que dans son mémoire en réplique, de se prononcer sur les points suivants :

- la licéité et la légitimité ou non de la redistribution des rôles entre les membres du groupement, ainsi que celle de la nouvelle répartition financière décidée unilatéralement par l'AGETIER-Mali ;

- le droit qu'avait ou non l'AGETIER-Mali d'imposer, sous peine de résiliation, un avenant qui changeait totalement la nature du groupement, ainsi que sur les conséquences juridiques et financières engendrées par un tel changement ;

- le caractère libératoire ou non des paiements faits directement par l'AGETIER-Mali à chaque membre du groupement, malgré la solidarité liant ceux-ci et l'existence d'un compte ouvert au nom du groupement ;

Que le tribunal s'est fortement éloigné de ces demandes, auxquelles il n'a pas répondu ; que les arbitres ont « totalement biaisé » la présentation des demandes précitées, pour aboutir à une conclusion erronée du point de vue du droit appliqué au fait ;

Mais attendu que la mission de l'arbitre est délimitée par l'objet du litige ; que celui-ci est déterminé par les prétentions et demandes des parties telles qu'exposées dans le procès-verbal constatant l'objet de l'arbitrage et fixant le déroulement de la procédure prévu à l'article 15 du Règlement de procédure, sans qu'il y ait lieu de s'attacher au seul énoncé des questions litigieuses fait par la demanderesse elle-même dans ses diverses écritures ;

Attendu qu'il résulte dudit procès-verbal, établi dans le cas d'espèce par les arbitres le 20 septembre 2011, régulièrement signé par toutes les parties conformément aux dispositions de l'article 15 précité, que le tribunal arbitral était appelé à se prononcer sur le caractère abusif ou non de la résiliation par l'AGETIER-Mali de la convention de maîtrise d'œuvre du 17 août 2007, au regard des stipulations de ladite convention et des dispositions de l'article 77 de la loi 87-31/ARNM du 29 août 1987 fixant le régime des obligations au Mali, applicable en l'espèce, ainsi que sur la demande reconventionnelle en paiement présentée par l'AGETIER-Mali ;

Qu'analysant les dispositions contractuelles et appréciant les faits et les prétentions des parties, ainsi que les éléments de preuve qui lui ont été fournis, le tribunal arbitral a estimé que « l'AGETIER-Mali n'a commis aucune faute » et « n'est coupable d'aucune rupture abusive » ; qu'il a en conséquence débouté la SCP PYRAMIDION de toutes ses demandes et fait droit à celles reconventionnelles de l'AGETIER-Mali, qu'il a trouvées fondées ;

Qu'en statuant ainsi, les arbitres n'ont en rien méconnu l'objet de leur mission ;

Que le grief apparait ainsi mal fondé ;

Sur le deuxième moyen en ses deux branches réunies, pris du non respect du contradictoire dans la procédure suivie et la démarche « troublant l'ordre public »

Attendu que selon le moyen, le tribunal n'aurait pas respecté les règles du contradictoire dans le déroulement de la procédure pour les raisons suivantes :

- il n'a pas imparti le même délai de réponse pour la demande principale et la demande reconventionnelle, alors que l'égalité de traitement des parties commandait qu'il en fût ainsi ;

- il a admis la dame Marie Madeleine TRAORE à déposer à titre de simple renseignement, alors que la requête de l'AGETIER tendant à son audition en qualité de témoin n'a été reçue que l'avant-veille de l'audience du 23 janvier 2012 à 18h 30 minutes, et que PYRAMIDION s'y est opposée ;

- cette audition n'a fait l'objet d'aucun procès-verbal en violation de l'article 15 du Règlement d'arbitrage de la CCJA, et les propos du témoin ont été dénaturés ;

- le projet de procès-verbal de l'audience du 23 janvier 2012 n'a jamais été finalisé ni signé par aucune des parties ; par ailleurs, il mentionnait à l'origine des informations inexactes qui n'ont disparu, sans aucune explication, qu'à la suite des observations faites en ce sens par la SCP PYRAMIDION ;

Attendu que la démarche du tribunal aurait par ailleurs « troublé l'ordre public » ; que la requérante fait valoir qu'au cours de l'audience du 23 janvier 2012, ledit arbitre a suppléé à la carence de l'avocat de l'AGETIER-Mali quant au soutien de ses allégations et à la justification des pénalités de retard réclamées à titre reconventionnel, en lui posant des questions dont il lui a fourni les réponses au fur et à mesure, par la lecture des dispositions contractuelles pertinentes, avant de lui suggérer de consigner le tout dans des notes de plaidoirie produites postérieurement, et sur les éléments desquelles la sentence s'est pour l'essentiel focalisée ; que selon elle, le tribunal qui a statué dans ces conditions et alors que l'un des arbitres s'était retiré de la salle à un moment des débats, pour des raisons personnelles, a « troublé l'ordre public » ;

Mais attendu, sur la première branche du moyen, que si le respect du principe de la contradiction impose que chaque partie ait pu faire connaître ses prétentions et discuter celles de son adversaire, de telle sorte que rien de ce qui a servi à fonder la sentence n'ait échappé aux débats, en revanche, il n'impose pas à l'arbitre l'obligation d'impartir strictement les mêmes délais pour chaque chef de demande ; qu'au surplus, la SCP PYRAMIDION qui, d'une part, a apposé sa signature sur le procès-verbal du 20 septembre 2011 fixant le déroulement de la procédure sans aucune réserve et ainsi donné son accord sur le calendrier prévisionnel y contenu et, d'autre part, effectivement communiqué et déposé ses écritures dans les délais qui lui étaient impartis dans ledit procès-verbal, est malvenue à invoquer une quelconque violation de ses droits ;

Attendu, sur l'audition de Marie Madeleine TRAORE, que selon l'article 19 du Règlement d'arbitrage, « l'arbitre instruit la cause dans les plus brefs délais par tous les moyens appropriés » ; qu'ainsi, il relève de l'office du tribunal arbitral d'apprécier l'opportunité des mesures d'instruction adéquates à la solution du litige, telle l'audition d'un témoin ;

Attendu que ni la transcription des dépositions des témoins, ni l'établissement d'un procès-verbal de l'audience ne constituent une obligation imposée au tribunal arbitral par le Règlement d'arbitrage de la CCJA, auquel les parties ont convenu de soumettre leur différend ; que les arbitres ne sauraient donc se voir reprocher de ne pas avoir procédé à ces formalités ;

Attendu qu'il n'est pas contesté que la sentence arbitrale du 13 juillet 2012 a été rendue à la majorité ; qu'elle a été signée par les deux arbitres, l'opinion minoritaire du troisième y étant jointe, conformément aux prescriptions de l'article 22.4 du Règlement d'arbitrage ;

Attendu, sur la deuxième branche du moyen, que le grief fait au tribunal d'avoir « troublé l'ordre public dans le déroulé de la procédure » ne relève pas des cas d'ouverture du recours en contestation de validité, limitativement énumérés à l'article 30.6 du Règlement d'arbitrage ;

Qu'il échet en définitive de déclarer le moyen mal fondé en sa première branche et irrecevable en la seconde ;

Attendu que la recourante qui a succombé doit être condamnée aux dépens ;

PAR CES MOTIFS

Statuant publiquement, après en avoir délibéré,

Déclare le recours en contestation de validité formé par la SCP PYRAMIDION contre la sentence arbitrale rendue le 13 juillet 2012 recevable en la forme ;

Au fond, le rejette ;

Condamne la SCP PYRAMIDION aux dépens.

III. L'ordre public international

La violation de l'ordre public international ne peut être tirée de la condamnation de l'avocat à une peine d'emprisonnement (CCJA, Ass. Plén., n°99/2014, 30 octobre 2014)

Sommaire

Le ministère d'avocat n'étant pas obligatoire dans une procédure d'arbitrage conformément à l'article 19.1 du règlement d'arbitrage de la CCJA, la contestation de validité d'une sentence arbitrale pour violation de l'ordre public international ne saurait être fondée sur la condamnation de l'avocat à une peine d'emprisonnement.

La Cour Commune de Justice et d'Arbitrage (CCJA) de l'Organisation pour l'Harmonisation en Afrique du Droit des Affaires (OHADA), a rendu, en Assemblée plénière, l'arrêt suivant en son audience publique du 30 octobre 2014 où étaient présents :

Messieurs :	Marcel SEREKOÏSSE-SAMBA,	Président, rapporteur
	Abdoulaye Issoufi TOURE,	Premier Vice-président
Madame :	Flora DALMEIDA MELE,	Second Vice-président
Messieurs :	Namuano F. DIAS GOMES,	Juge
	Victoriano OBIANG ABOGO,	Juge
	Mamadou DEME,	Juge
	Idrissa YAYE,	Juge
	Djimasna N'DONINGAR,	Juge
	et Maître ASSIEHUE Acka,	Greffier ;

Sur le recours, enregistré au greffe de la Cour de céans le 17 octobre 2012 sous le numéro 141/2012/PC, formé par la Société Générale d'Electricité Ferroviaire du Congo (SOGEFCO), dont le siège est situé au Quartier de l'Aéroport BP 5029 Pointe-Noire, poursuites et diligences de son Président Directeur Général, Monsieur Jean Michel DUMAS, demeurant audit siège, ayant pour Conseil Maître Destin Arsène TSATY-BOUNGOU, Cabinets d'avocats associés TSATY-BOUNGOU, MALEKAT et LOEMBA, Barreau de Pointe-Noire, République du Congo, lequel fait, pour la présente procédure, élection de domicile au Cabinet d'Avocats BILE-AKA, BRIZOUA-BI & Associés,7, Boulevard Latrille, 25 BP 945 Abidjan,

en contestation de validité de la sentence arbitrale rendue le 23 juillet 2012 par le tribunal arbitral composé de Messieurs Benjamin BOUMAKANI, Thaddée NDAYI, co-arbitres et Henri BOUKA, Président, dont le dispositif suit :

« Par ces motifs

A l'unanimité des membres du Tribunal arbitral ;

En la forme

Déclare recevable la requête en paiement de la Société SOGEFCO ;

Déclare également recevable les écritures déposées par l'Avocat Jean PETRO pour le compte de CELTEL CONGO SA devenue AIRTEL CONGO SA ;

Au fond :

Se déclare incompétent à connaître de la demande de CELTEL CONGO ;

Déboute la Société SOGEFCO de toutes ses demandes ;

Dit que la mesure de l'exécution provisoire sollicitée est sans objet ;

Fait masse de tous les frais et honoraires ;

Dit qu'ils seront supportés par moitié par chaque partie à l'instance ;

Liquide ses frais et honoraires à la somme de quatre vingt dix neuf millions huit cent soixante huit mille trois cent quatre vingt neuf (99.868.389) Francs CFA ;

Fait également masse de tous les dépens ; dit qu'ils seront également supportés par moitié par chacune des parties » ;

Sur le rapport de Monsieur Marcel SEREKOÏSSE-SAMBA, Président ;

Vu le Traité relatif à l'harmonisation du droit des affaires en Afrique ;

Vu le Règlement de procédure de la Cour Commune de Justice et d'Arbitrage de l'OHADA ;

Vu le Règlement d'arbitrage de ladite Cour ;

Attendu qu'il ressort des pièces du dossier de la procédure que le 02 mars 2005 la SOGEFCO a conclu avec la Société de téléphonie mobile CELTEL devenue AIRTEL un contrat d'entretien pour une durée de 5 années dont l'objet est stipulé à l'article 1er du contrat en ces termes :

« CELTEL CONGO SA confie à SOGEFCO qui l'accepte l'entretien de ses installations de fourniture d'énergie et de climatisation » ; qu'en outre SOGEFCO s'est engagée à garantir à CELTEL la fourniture continue de l'énergie sur l'ensemble des sites et à entretenir les climatiseurs des sites ;

Attendu que le 31 janvier 2008, SOGEFCO a reçu signification par ministère d'huissier, une lettre datée à Brazzaville du 24 janvier 2008 aux termes de laquelle CELTEL mettait fin unilatéralement audit contrat ;

Que la SOGEFCO, se fondant sur la clause compromissoire édictée par l'article 16 du contrat du 02 mars 2005 a initié une procédure arbitrale que la CCJA a invalidé par décision du 21 décembre 2010 et par contre, a validé la procédure engagée par CELTEL/AIRTEL Congo SA suivant demande d'arbitrage en date du 17 juillet 2009 ;

Attendu que pour contester la validité de la sentence arbitrale du 23 juillet 2012, la SOGEFCO SA invoque exclusivement l'irrecevabilité des mémoires de la Société CELTEL, sous les diligences et signatures de Maître Jean PETRO, ancien bâtonnier du Conseil National du Barreau, lequel a fait l'objet d'une condamnation à une peine d'emprisonnement ferme par la Cour d'appel de Pointe-Noire par arrêt du 28 juillet 2011 ; qu'elle soutient qu'aux termes de l'article 33 de la loi n°026-92 du 20 août 1992 portant organisation de la profession d'Avocat en République du Congo, l'Avocat condamné à une peine pénale privative de liberté se trouve dans l'impossibilité d'exercer son métier comme étant juridiquement dans une situation d'empêchement, la condamnation pénale privative de liberté revêtant le caractère d'ordre public ;

Attendu que dans son mémoire en réponse, AIRTEL CONGO soutient que conformément aux dispositions idoines du règlement d'arbitrage de la CCJA du 11 mars 1999, le fait pour un tribunal arbitral de recevoir les écritures d'un Avocat pénalement condamné ne constitue pas une violation de l'ordre public international en ce que d'une part, la condamnation pénale alléguée par la SOGEFCO est étrangère au litige soumis au Tribunal arbitral ; d'autre part, aux termes de l'article 19.1 alinéa 3 du règlement d'arbitrage de la CCJA le ministère d'Avocat n'est pas obligatoire devant le Tribunal arbitral ; enfin l'arrêt correctionnel invoqué par la SOGEFCO n'est pas définitif et les faits à l'origine de cet arrêt ont fait l'objet d'une décision de relaxe du Conseil de discipline du Barreau de Pointe-Noire dont dépend l'accusé concerné ;

Attendu qu'aux termes de l'article 29.2 alinéa 2 du Règlement d'Arbitrage de la Cour de céans : «...elle [la contestation de la validité de la sentence] ne peut être fondée que sur un ou plusieurs des motifs énumérés ci-après à l'article 30.6... » ;

Que l'article 30.6 dispose : « l'exequatur ne peut être refusée et l'opposition à exequatur n'est ouverte que dans les cas suivants :

Si l'arbitre a statué sans convention d'arbitrage ou sur une convention nulle ou expirée ;

Si l'arbitre a statué sans se conformer à la mission qui lui avait été conférée ;

Lorsque le principe de la procédure contradictoire n'a été respecté ;

Si la sentence est contraire à l'ordre public international » ;

Attendu que l'analyse de la requête de SOGEFCO en contestation de la validité de la sentence arbitrale du 23 juillet 2012 révèle qu'elle n'est fondée que sur un seul motif tiré de la violation de l'ordre public international en ce que le Tribunal arbitral a reçu les écritures d'un Avocat condamné à une peine d'emprisonnement et qui, en conséquence, se trouve dans l'impossibilité d'agir au nom de AIRTEL ;

Mais attendu qu'aux termes de l'article 19.1 alinéa 3 sus-évoqué du Règlement d'arbitrage de la Cour de céans, le ministère d'avocat n'est pas obligatoire dans une procédure d'arbitrage ;

Que ce faisant, la présence de l'avocat dont la condamnation est alléguée ne rend en rien la sentence contraire à l'ordre public international ; qu'il échet dès lors de rejeter ce motif ;

Attendu que SOGEFCO succombant, il y a lieu de la condamner aux dépens ;

PAR CES MOTIFS

Statuant publiquement, après en avoir délibéré,

Rejette le recours de la SOGEFCO en contestation de validité de la sentence arbitrale du 23 juillet 2012 ;

La condamne aux dépens.

DROIT DES SÛRETÉS

I. La validité du cautionnement

Le cautionnement ne se présume pas (CCJA, Ass. Plén., n°77/2014, 25 avril 2014)

Sommaire

Le cautionnement ne se présume point et doit être convenu de façon expresse entre la caution et le créancier. C'est à bon droit que la Cour d'appel a pu considérer qu'en l'absence d'acceptation et d'écrit de la part de la caution, l'engagement devait être qualifié d'autonome.

Doit être annulé pour violation de l'article 4 de l'AUPSRVE, le cautionnement qui ne contient pas la signature de son bénéficiaire ni la mention manuscrite de la somme maximale garantie en chiffres et en lettres.

La Cour Commune de Justice et d'Arbitrage (CCJA) de l'Organisation pour l'Harmonisation en Afrique du Droit des Affaires (OHADA), Assemblée plénière, a rendu l'Arrêt suivant en son audience foraine tenue à Porto-novo le 25 avril 2014 où étaient présents :

Messieurs	Marcel SEREKOÏSSE SAMBA	Président
Abdoulaye Issoufi TOURE,		Premier Vice-président,
Madame	Flora DALMEIDA MELE,	Second Vice-Président
Messieurs	Namuano Francisco Dias GOMES,	Juge, rapporteur
	Victoriano OBIANG ABOGO,	Juge
	Mamadou DEME	Juge
	Idrissa YAYE,	Juge
	Djimasna N'DONINGAR,	Juge
et Maître Paul LENDONGO,		Greffier en chef,

Sur pourvoi enregistré au greffe de la Cour de céans le 23 octobre 2012 sous le n°146/2012/PC et formé par Me MOUNKAILA Yayé, Avocat à la Cour, BP : 11.972 Niamey-Niger, agissant au nom et pour le compte de la Société de Patrimoine des Eaux du Niger (SPEN) Société d'Etat, dont le siège social est à Niamey, Immeuble SONARA II, BP 10738 Niamey, dans la cause l'opposant à la Banque Atlantique du Niger dite BAN, dont le siège social est à Niamey, Rond point de la Liberté, BP : 375 Niamey, ayant pour conseil la SCPA MANDELA, Avocats Associés, BP 12040 Niamey, 468 Avenue des Zarmakoy ,

en cassation de l'arrêt n°79 rendu le 04 juillet 2011 par la Cour d'appel de Niamey,dont le dispositif est le suivant :

« Statuant publiquement contradictoirement, en matière commerciale et en dernier ressort ;

1) Reçoit la Banque Atlantique du Niger en son appel régulier en la forme ;

2) Au fond :

a) Annule le jugement attaqué pour violation de la loi ;

b) Evoque et statue à nouveau ;

c) Reçoit la Banque Atlantique du Niger en son opposition ;

d) Constate l'échec de conciliation entre les parties ;

e) Rétracte l'ordonnance d'injonction de payer n°72/PTGI/HC/NY/2009 du 09 octobre 2009 ;

f) Reçoit les parties en leurs demandes ;

g) Déclare nul l'acte du 30 décembre 2008 ;

h) Rejette comme mal fondée la demande de la SPEN ;

i) Condamne la SPEN aux dépens. »

La requérante invoque à l'appui de son pourvoi les deux moyens de cassation tels qu'ils figurent à la requête annexée au présent arrêt ;

Sur le rapport de Monsieur Namuano Francisco DIAS GOMES, Juge ;

Vu les articles 13 et 14 du Traité relatif à l'harmonisation du droit des affaires en Afrique ;

Vu le Règlement de procédure de la Cour Commune de Justice et d'Arbitrage de l'OHADA ;

Attendu qu'il ressort des pièces du dossier que dans le cadre de l'exécution d'un marché pour le compte de la Société de Patrimoine des Eaux du Niger (SPEN) dont il avait été attributaire, le Groupement Belko Hydraulique /IGN Niger a demandé et obtenu de la Banque Atlantique du Niger (BAN), une garantie bancaire ; qu'à ce titre, la Banque Atlantique du Niger octroyait, par signature du 30 décembre 2008 sur un modèle propre à elle, une caution de bonne exécution référencée LGDD 495/BAN/12/08 d'un montant de 92.338.393 F CFA ; que le 07 janvier 2009, la SPEN notifiait au Groupement Belko Hydraulique/IGN Niger la résiliation du marché aux motifs entre autres que la caution était parvenue non seulement en retard le 31 décembre 2008 mais en plus n'était pas conforme au modèle du dossier d'appel d'offre ; que par courrier en date du 08 janvier 2009, la Banque Atlantique du Niger recevait l'appel à caution de la SPEN ; le 26 août 2009, le Conseil de la SPEN, à son tour, demandait à la Banque Atlantique de procéder au versement de la somme due à la SPEN, conformément à l'engagement souscrit par ladite banque ; que suivant les mises en demeure du 21 septembre et 05 octobre 2009 adressées à la Banque Atlantique et au Groupement BELKO Hydraulique/IGN, la SPEN demandait à ces derniers de s'exécuter ; qu'en réaction, par exploit en date du 07 septembre 2009, la Banque Atlantique du Niger assignait la SPEN et le Groupement Belko Hydraulique/IGN pour demander au tribunal de déclarer nul et de nul effet le cautionnement et subsidiairement de déclarer irrecevable l'appel en garantie ; qu'à son tour la SPEN saisissait et obtenait du Président du Tribunal de grande instance hors classe de Niamey l'Ordonnance N°72/PTGI/HC/NY/2009du 09 octobre 2009 , enjoignant la Banque Atlantique de payer à la SPEN le somme de 92338393 FCFA en principal ainsi que les frais ; que la Banque Atlantique du Niger formait opposition contre cette ordonnance, demandait la jonction des deux (2) procédures et appelait en cause le Groupement Belko Hydraulique/IGN Niger ; que par Jugement n°047 du 03 février 2010, le Tribunal de grande instance hors classe de Niamey rejetait la demande de jonction des procédures, déclarait la caution de bonne exécution valable et confirmait l'ordonnance d'injonction de payer du 09 octobre 2009 ; que sur appel , la Cour de Niamey rendait alors l'Arrêt n°79 du 04 juillet 2011 ; arrêt dont pourvoi ;

Au fond

Sur le premier moyen en sa première branche tirée de l'insuffisance de motifs et de la violation de l'article 1162 du Code civil

Attendu qu'il est fait grief à l'arrêt déféré d'avoir annulé le jugement confirmatif alors qu'il est incontestable que la banque a entendu garantir la bonne exécution de du marché et s'est portée caution sur la base de son propre modèle rejetant formellement le modèle annexé d'appel d'offres ; que l'acte de cautionnement du 30 décembre 2008 est recevable et en conséquence apte à produire les effets de droit ; que la Cour d'appel a insuffisamment motivé sa décision et a violé l'article 1162 susvisé ;

Attendu qu'aux termes de l'article 1162 du Code civil dont la violation est alléguée par la SPEN : « Dans le doute la convention s'interprète contre celui qui a stipulé et en faveur de celui qui a contracté l'obligation » ;

Attendu que la Cour d'appel de Niamey a motivé sa décision comme suit : « Attendu que l'acte intitulé « caution de bonne exécution » en date du 30 décembre 2008 contenant l'engagement de la banque Atlantique à l'égard de la SPEN n'est pas signé par cette dernière et ne comporte pas la mention de la somme maximale garantie en chiffres et en lettres. Attendu que ce cautionnement dont les parties se prévalent qui n'est pas, comme le soutient et argue la Banque Atlantique du Niger, conforme au texte visé ci-haut et à la jurisprudence, est nul ainsi qu'il y est prescrit ; que c'est donc à tort que le premier juge l'a reconnu valable » ; que l'acte intitulé caution de bonne exécution est clair et ne peut être interprété ; que la Cour a suffisamment motivé l'annulation dudit acte ; qu'il ya lieu donc d'écarter cette branche du moyen ;

Sur le premier moyen en sa deuxième branche prise du défaut de base légale

Attendu que la SPEN fait grief à l'arrêt querellé de manquer de base légale au motif qu'il s'est trompé sur la nature de l'engagement qu'il a qualifié d'engagement autonome ;

Attendu que l'article 4 de l'Acte uniforme du 17 avril 1997 portant organisation des sûretés dispose que « le cautionnement ne se présume pas quelle que soit la nature de l'obligation garantie. A peine de nullité, il doit être convenu de façon expresse entre la caution et le créancier. Le cautionnement doit être constaté dans un acte comportant la signature des deux parties et la mention écrite de la main de la caution de la somme maximale garantie, en toutes lettres et en chiffres. En cas de différence, le cautionnement vaut pour la somme exprimée en lettres. » ; qu'il ressort des pièces du dossier que l'acte du 30 décembre 2008 a été signé seulement par la banque sans aucune acceptation de la SPEN qui d'ailleurs, a résilié le marché faute d'une bonne garantie ; que c'est à bon droit que la Cour d'appel a dit qu'il s'agit d'un engagement autonome et non une caution ; qu'il y a lieu d'écarter également cette branche ;

Sur le deuxième moyen en sa première branche prise de la violation des articles 3, 4 et 15 de l'Acte uniforme de l'OHADA portant organisation des sûretés

Attendu que la SPEN fait grief à l'arrêt querellé d'avoir violé les articles 3, 4 et 15 de l'Acte uniforme du 17 avril 1997 portant organisation des sûretés au motif que la nullité de l'acte de cautionnement n'est encourue que dans la seule hypothèse du non-respect de l'alinéa 1er de l'article 4, ce qui n'est pas le cas en l'espèce ;

Attendu que les articles 3, 4 et 15 de l'Acte Uniforme du 17 avril 1997 portant organisation des sûretés disposent respectivement que : « Le cautionnement est un contrat par lequel la caution s'engage, envers le créancier qui accepte, à exécuter l'obligation du débiteur si celui-ci n'y satisfait pas lui-même. Cet engagement peut être contracté sans ordre du débiteur et même à son insu » ; « Le cautionnement ne se présume pas, quelle que soit la nature de l'obligation garantie. A peine de nullité il doit être convenu de façon expresse entre la caution et le créancier. Le cautionnement doit être constaté dans un acte comportant la signature des deux parties et la mention, écrite de la main de la caution, de la somme maximale garantie, en toutes lettres et en chiffres. En cas de différence, le cautionnement vaut pour la somme exprimée en lettres. La caution qui ne sait ou ne peut écrire doit se faire assister de deux témoins qui certifient, dans l'acte de cautionnement son identité et sa présence et attestent, en outre, que la nature et les effets de l'acte lui ont été précisés. La présence des témoins certificateurs dispense la caution de l'accomplissement des formalités prévues par l'alinéa précédent. Les dispositions du présent article s'appliquent également au cautionnement exigé par la loi de chaque Etat Partie ou par une décision de justice » ; et « La caution est tenue de la même façon que le débiteur principal. La caution solidaire est tenue de l'exécution de l'obligation principale dans les mêmes conditions qu'un débiteur solidaire sous réserve des dispositions particulières du présent acte uniforme. Toutefois, le créancier ne peut poursuivre la caution simple ou solidaire qu'en appelant en cause le débiteur principal ». ;

Attendu qu'il résulte de ces dispositions combinées que doivent être annulés pour violation de l'article 4 et l'Acte uniforme portant organisation des suretés, les actes de cautionnement ne comportant ni la signature du bénéficiaire ni la mention écrite de la main de la somme maximale garantie ;

Attendu en l'espèce que l'acte du 30 décembre 2008 n'avait pas été signé par la bénéficiaire et ne comportait pas la mention manuscrite de la somme maximale garantie en chiffres et en lettres par la Banque Atlantique du Niger ; qu'en déclarant l'acte du 30 décembre 2008 nul, la Cour d'appel de Niamey n'a pas violé les articles 3, 4 et 15 de l'Acte Uniforme du 17 avril 1997 portant organisation des sûretés ; qu'il y a donc lieu de rejeter cette branche du moyen comme mal fondée ;

Sur le deuxième moyen en sa deuxième branche tirée de la violation de l'Acte uniforme portant organisation des procédures simplifiées de recouvrement et voies d'exécution

Attendu qu'il est fait grief à l'arrêt querellé d'avoir violé les dispositions de l'Acte uniforme susvisé au motif que la Cour d'appel de Niamey, bien que saisie d'une procédure d'injonction de payer, s'est permise d'annuler l'acte de cautionnement du 30 décembre 2008 alors même qu'une autre procédure était pendante devant le tribunal sur cette question et dont la jonction avec celle-ci a été formellement rejetée ;

Attendu cependant que cette branche de moyen est totalement inopérante puisqu'aucune disposition de l'Acte uniforme invoqué n'est précisée ; qu'il échet de la déclarer irrecevable ;

Attendu qu'il y a donc lieu de rejeter le pourvoi ;

Attendu que la Société de Patrimoine des Eaux du Niger (SPEN) ayant succombé il y a lieu de la condamner aux dépens.

PAR CES MOTIFS

Statuant publiquement, après en avoir délibéré,

Rejette le pourvoi ;

Condamne la Société de Patrimoine des Eaux du Niger dite SPEN aux dépens.

II. Les conditions du droit de rétention

Le droit de rétention ne trouve à s'exercer que si la créance est certaine, liquide et exigible (CCJA, 2e Ch., n°13/2014, 27 février 2014)

Sommaire

La saisine de la CCJA dispense de l'observation des règles de procédure prévues devant la juridiction nationale de cassation. Seule est alors applicable le règlement de procédure de la CCJA.

Le droit de rétention ne trouve à s'exercer que si la créance est certaine, liquide et exigible conformément à l'article 42 de l'AUPSRVE. Il ne peut être légitimement exercé lorsque le débiteur ne fait état d'aucune créance certaine et se contente de produire une facture établie unilatéralement.

La Cour Commune de Justice et d'Arbitrage (CCJA) de l'Organisation pour l'Harmonisation en Afrique du Droit des Affaires (OHADA), Deuxième Chambre, a rendu l'Arrêt suivant en son audience publique du 27 février 2014 où étaient présents :

Messieurs	Abdoulaye Issoufi TOURE,	Président
	Namuano Francisco DIAS GOMES,	Juge, rapporteur
	Victoriano OBIANG ABOGO,	Juge
et Maître	Jean Bosco MONBLE,	Greffier,

Sur le renvoi en application de l'article 15 du Traité relatif à l'harmonisation du droit des affaires en Afrique, par Arrêt n°47 du 02 juin 2010 de la Cour suprême du Sénégal, du pourvoi initié le 30 septembre 2009 sous le n°J/165/09, enregistré au greffe de la Cour de céans le 13 janvier 2011 sous le n°008/2011/PC et formé par Maître Mayacine TOUNKARA & Associés, Avocats au Barreau du Sénégal, agissant au nom et pour le compte de la Société Méditerranéan Shipping Compagny Senegal dite MSC Sénégal SA, sise à Dakar Route des Hydrocarbures, HANN Bel Air, BP 4495, poursuites et diligences de son Directeur Général, dans le litige qui l'oppose à la Société Commerciale Africaine dite «SOCOMAF », Société Anonyme, ayant son siège social à DAKAR, KM 4,8 Boulevard du Centenaire de la Commune de Dakar, poursuites et diligences de son Directeur Général, et pour conseil la SCP Kanjo, Koita &Houda, Avocats à la cour, 66 boulevard de la République, résidence El Hadj Seydou Nourou Tall à DAKAR, en cassation de l'Arrêt N°556 rendu le 30 juin 2008 par la 4ème Chambre civile et commerciale de la Cour d'appel de Dakar, et dont le dispositif est le suivant :

« Statuant publiquement, contradictoirement en matière de référés et en dernier ressort ;

Vu l'ordonnance de clôture du conseiller de la mise en état ayant déclaré les appels recevables ;

Au fond

Confirme l'ordonnance entreprise en toutes ses dispositions ;

Condamne MSC aux dépens. » ;

La requérante invoque à l'appui de son pourvoi deux moyens de cassation tels qu'ils figurent à la requête annexée au présent arrêt ;

Sur le rapport de Monsieur Namuano Francisco DIAS GOMES, Juge ;

Vu les articles 13, 14 et 15 du Traité relatif à l'harmonisation du droit des affaires en Afrique ;

Vu le Règlement de procédure de la Cour Commune de Justice et d'Arbitrage de l'OHADA ;

Attendu qu'il ressort des pièces de la procédure que la Société Méditerranéan Shipping Company SA Geneva a expédié un conteneur de 20 pieds contenant des matériels électroniques, électroménagers et de climatisation de Xingang à Dakar pour le compte de la société SOCOMAF, tous frais payables au port d'embarquement conformément aux mentions portées sur le connaissement MSCUX n°738609 du 10 avril 2005 ; qu'à l'arrivée du conteneur à Dakar le 31 mai 2005, la Société MSC SA Sénégal, représentante et consignataire au Sénégal de la MSC SA Geneva s'estimant créancière de certains frais a exigé à la SOCOMAF le paiement de la somme de 6.040.432 F CFA ; que la Société SOCOMAF s'étant opposée à ce paiement au motif que tous les frais de transport avaient déjà été acquittés au lieu d'embarquement, la société MSC Sénégal SA a retenu le conteneur ; que c'est alors que la Société SOCOMAF a saisi le juge des référés qui a enjoint par Ordonnance n°1372 du 21 juin 2005 à la Société MSC Sénégal SA de délivrer le conteneur sous astreinte de 1.000.000F CFA par jour de retard ; que sur appel de la Société MSC Sénégal SA la Cour, par Arrêt n°556 du 30 juin 2008, a confirmé l'ordonnance ; arrêt dont pourvoi ;

A/ En la forme

Sur la nullité de l'exploit de signification du 17 juillet 2009 et subséquemment la déchéance de la MSC Sénégal SA de son pourvoi

Attendu que la SOCOMAF SA soulève in limine litis la nullité de l'exploit de signification du 17 juillet 2009 et subséquemment la déchéance de la MSC Sénégal SA de son pourvoi au motif que cette société, en lui signifiant sa requête aux fins de pourvoi en cassation contre l'Arrêt n°556 du 30 juin 2008 rendu par la Cour d'appel de Dakar, n'a pas respecté les conditions édictées à peine de nullité par l'article 38 alinéa 2 de la loi organique n°2008-35 du 07 Août 2008 sur la Cour suprême ;

Attendu cependant que l'exploit de signification incriminé du 17 juillet 2009 a été annulé et remplacé par le nouvel exploit en date du 05 août 2009, dans les forme et délai de signification ; que d'ailleurs le renvoi à la Cour de céans dispense des formalités prévues par cette disposition nationale ; que le pourvoi est recevable conformément au règlement de procédure de la CCJA.

B/- Au fond

1/ Sur le 1er moyen tiré de la violation de la loi.

En sa 1èrebranche tirée de la violation de l'article 247 du Code de procédure civile sénégalais.

Attendu que la Société MSC Sénégal SA fait grief à l'arrêt attaqué d'avoir, en confirmant en toutes ses dispositions l'Ordonnance de référé contradictoire n°1372 du 21 juin 2005, violé l'article 247 du Code de procédure civile sénégalais au motif que la compétence du juge des référés a été retenue alors qu'il existait des contestations sérieuses ;

Attendu que l'article 247 du Code de procédure civile sénégalais dispose que :« Dans tous les cas d'urgence, le président du tribunal peut à titre provisoire, ordonner en référé toutes les mesures qui ne se heurtent à aucune contestation sérieuse ou que justifie l'existence d'un différend. » ;

Mais attendu qu'en l'espèce, la Société MSC Sénégal SA s'est déclarée créancière de la Société SOCOMAF SA, sans en apporter les pièces justificatives dont doit s'induire la contestation sérieuse ou l'exercice du droit de rétention ; qu'il y a lieu de rejeter cette branche du moyen ;

En sa 2ème branche tirée de la violation des articles 41 et 42 de l'Acte Uniforme sur les sûretés.

Attendu que la Société MSC Sénégal SA fait grief à l'arrêt attaqué d'avoir violé les articles 41 et 42 de l'Acte uniforme sur les sûretés au motif que la décision du juge des référés, confirmée par la Cour d'appel, lui a méconnu son droit de rétention sur le conteneur qu'elle détenait de manière légitime en vertu d'un contrat de transport conclu avec la SOCOMAF SA ;

Attendu que les articles 41 et 42 de l'Acte uniforme portant organisation des sûretés du 17 avril 1997 disposent respectivement que : « Le créancier qui détient légitimement un bien du débiteur peut le retenir jusqu'à complet paiement de ce qui lui est dû, indépendamment de toute autre sûreté » et « Le droit de rétention ne peut s'exercer que : - avant toute saisie ; - si la créance est certaine, liquide et exigible ; - s'il existe un lien de connexité entre la naissance de la créance et la chose retenue. La connexité est réputée établie si la détention de la chose et la créance sont la conséquence de relations d'affaires entre le créancier et le débiteur. Le créancier doit renoncer au droit de rétention si le débiteur lui fournit une sûreté réelle équivalente. » ; Qu'en l'espèce la Société MSC Sénégal SA ne fait état d'aucune créance certaine, se contentant d'une facture établie unilatéralement ; que manifestement les articles visés ne peuvent trouver application ; que cette branche du moyen est donc à rejeter ;

Sur le 2ème moyen du pourvoi tiré du défaut de motivation

Attendu que la Société MSC Sénégal SA fait grief au juge d'appel de n'avoir pas motivé sa décision en ce qu'il se serait simplement contenté de reprendre l'argumentation de la partie adverse, alors qu'il devait indiquer les raisons qui l'ont conduit à admettre ladite argumentation ;

Mais attendu qu'à la suite de cette argumentation la Cour a conclu « … que le juge des référés, juge de l'évidence et du constat, n'a fait que jouer son rôle » ; qu'il y a là une adoption de motifs ayant conduit à la confirmation de l'ordonnance querellée ; qu'il y a lieu de rejeter le moyen ;

Attendu que la société MSC Sénégal SA ayant succombé, il y a lieu de la condamner aux dépens

PAR CES MOTIFS

Statuant publiquement, après en avoir délibéré,

Rejette le pourvoi ;

Condamne la Société MSC Sénégal SA aux dépens.

III. L'inscription hypothécaire

Les conséquences d'une inscription hypothécaire tardive (CCJA, Ass. Plén., n°59/2014, 23 avril 2014)

> Sommaire
>
> Il résulte de l'article 123 de l'AUS qu'une inscription hypothécaire faite hors délai, donc tardive, n'entraine pas la perte du droit du créancier, lequel ne perd que son rang de créancier privilégié.

La Cour Commune de Justice et d'Arbitrage (CCJA) de l'Organisation pour l'Harmonisation en Afrique du Droit des Affaires (OHADA), Assemblée plénière, a rendu l'Arrêt suivant en son audience foraine tenue le 23 avril 2014 à Lomé-Togo où étaient présents :

Messieurs Marcel SEREKOÏSSE SAMBA,		Président, rapporteur
Abdoulaye Issoufi TOURE,		Premier Vice-Président
Madame	DALMEIDA MELE Flora,	Seconde Vice-Présidente
Messieurs	Namuano F. DIAS GOMES,	Juge
	Victoriano OBIANG ABOGO,	Juge
	Mamadou DEME,	Juge
	Idrissa YAYE,	Juge
	Djimasna NDONINGAR,	Juge
	et Maître Paul LENDONGO,	Greffier en chef ;

Sur le pourvoi enregistré au greffe de la Cour de céans sous le n°027/2012/PC du 23 mars 2012 et formé par Maître Jean Foli DOSSEY, Avocat à la Cour, BP 472 Lomé TOGO, agissant pour le compte de la Banque Atlantique TOGO SA, 01 BP 3256 Lomé-Togo, représentée par son Directeur Général, dans l'affaire l'opposant aux Etablissements AKAMA et Fils et Monsieur ASSANI-BENTHO Mounirou, BP 588 Lomé, ayant pour Conseil Maître WLE Mbanewar BATAKA, Avocat à la Cour, BP 30369 Lomé,

en cassation de l'Arrêt n°180/2011 du 04 octobre 2011 rendu par la Cour d'appel de Lomé et dont le dispositif est le suivant :

« Statuant publiquement, contradictoirement en vertu de l'article 49 de l'Acte uniforme de l'OHADA portant organisation des procédures simplifiées de recouvrement et des voies d'exécution et en appel ;

En la forme :

Reçoit l'appel ;

Au fond :

Le déclare fondé ;

Vu les dispositions de l'article 49 de l'Acte uniforme portant organisation des procédures simplifiées de recouvrement et des voies d'exécution, 125 et 130 du code de procédure civile ;

Annule l'ordonnance de référé entreprise en toutes ses dispositions ;

Evoquant :

Dit et juge que le juge compétent pour connaître de ce litige est le juge des urgences et non le juge des référés ;

Constate que l'appelante a inscrit son hypothèque hors délai ;

Dit en conséquence qu'elle a perdu son privilège et devient une créancière ordinaire ;

Annule l'exploit de commandement valant saisie réelle en date du 04 mars 2010 ;

Ordonne en conséquence la radiation de cette inscription hypothécaire prise hors délai et la restitution du titre foncier n°21946 RT au sieur ASSANI-BENTHO Mounirou ;

Rejette la demande de dommages-intérêts introduite par le sieur ASSANI-BENTHO Mounirou ;

Condamne l'appelante aux dépens. » ;

Attendu que la requérante invoquent à l'appui de son pourvoi deux moyens de cassation tels qu'ils figurent à la requête annexée au présent arrêt ;

Sur le rapport de Monsieur Marcel SEREKOÏSSE-SAMBA, Président ;

Vu les dispositions des articles 13 et 14 du Traité relatif à l'harmonisation du droit des affaires en Afrique ;

Vu le Règlement de procédure de la Cour Commune de Justice et d'Arbitrage de l'OHADA ;

Attendu que par convention de compte courant notariée en date du 05 décembre 2006 entre la Banque Atlantique Togo SA et les Etablissements AKAMA et Fils, représentés par la Directrice et Promotrice Madame AKAKPO Mansah, la Banque a accordé auxdits Etablissements plusieurs facilités de caisse ; que pour sûreté et garantie du remboursement en principal, intérêts, commissions, frais et accessoires de toutes les sommes dont les Etablissements AKAMA et Fils pourraient être débiteurs envers la Banque Atlantique Togo SA, au titre de la convention de compte courant susvisée, et à la garantie de la bonne exécution par ledit client de toutes ses obligations résultant de ce contrat, Monsieur ASSANI-BENTHO Mounirou, intervenant audit acte, en sa qualité de constituant, a déclaré affecter et hypothéquer spécialement et volontairement au premier rang, jusqu'à concurrence de la somme de 120 000 000FCFA, au profit de la banque, l'immeuble objet du titre foncier n°21.946 RT ; que cette déclaration a été acceptée pour la banque par son Directeur Général habilité d'alors, Monsieur Georges WILSON ;

Attendu qu'aux termes de l'article 6 de la convention de compte courant susvisée, « la durée des relations de compte courant est en principe indéterminé. Toutefois, l'échéance des facilités objet des présentes, est fixée à 12 mois à compter de la mise en place effective du crédit. Après le remboursement de toutes les sommes en principal, intérêts, frais et accessoires au titre de l'ouverture de crédit présentement consenti, le client pourra bénéficier d'autres facilités qui seront systématiquement garanties par les mêmes sûretés constituées aux présentes » ;

Qu'après une mise en demeure notifiée par exploit en date du 11 septembre 2009 demeurée infructueuse, la Banque Atlantique a procédé le 29 septembre 2009 à la clôture du compte courant qui présentait un solde débiteur de 117 931 684 francs et a notifié le 30 septembre 2009 cette clôture avec le solde à Madame AKAKPO Mansah, puis le 15 octobre 2009 à Monsieur ASSANI-BENTHO Mounirou, en sa qualité de caution hypothécaire, sans aucune réaction de l'une ou de l'autre ;

Attendu que sur requête de la Banque Atlantique, le Président du Tribunal de première instance de Lomé a rendu l'Ordonnance n°798/09 du 18 novembre 2009 signifiée le même jour aux Etablissements AKAMA et Fils, leur enjoignant de payer à la Banque Atlantique Togo SA la somme de 117.931.684 FCFA représentant le solde débiteur ;

Attendu que par exploit en date du 26 novembre 2009, les Etablissements AKAMA et Fils ont formé opposition à ladite ordonnance en sollicitant un terme et délai de 12 mois pour leur permettre d'apurer leur dette ;

Que par Jugement n°3648/09 du 08 décembre 2009, le Tribunal de première instance de Lomé leur a accordé les terme et délai sollicités pour payer leur dette par fractions mensuelles égales à compter du même jour avec déchéance du terme.

Attendu que les Etablissements AKAMA et Fils n'ayant honoré aucune des fractions égales depuis le jugement du 08 décembre 2009, le Président du Tribunal de première instance de Lomé a prononcé à leur encontre la déchéance du terme par Ordonnance n°0327/2010 du 16 février 2010 ;

Que fort de cette ordonnance et du Certificat de non appel n°0029/2010, contre le Jugement n°3648/09, délivré par le Greffier en chef le 29 février 2010 sus-indiqué, la Banque Atlantique Togo SA a fait servir aux Etablissements AKAMA et Fils par exploit du 04 mai 2010 un commandement valant saisie immobilière ;

Que par exploit en date du 14 mai 2010, le sieur ASSANI-BENTHO Mounirou a fait citer à comparaître par devant le Président du Tribunal de Lomé, en sa qualité de Juge de l'urgence, la Banque Atlantique Togo SA aux fins d'annulation du commandement valant saisie immobilière en date du 04 mai 2010 ;

Attendu que par Ordonnance n°0589/201 du 09 juillet 2010, le Président du Tribunal a annulé ledit commandement et a ordonné la radiation de l'inscription hypothécaire ;

Que sur l'appel relevé de cette ordonnance par la Banque Atlantique Togo SA, le 20 juillet 2010, la Cour d'appel de Lomé a rendu l'Arrêt n°180/2011 du 04 octobre 2011 objet du renvoi ;

Sur l'exception d'incompétence de la Cour soulevée par le défendeur au pourvoi

Attendu que les Etablissements AKAMA et Fils soulèvent in limine litis l'incompétence de la Cour de céans en ce que la CCJA n'assure dans les Etats Parties que l'interprétation et l'application commune du Traité OHADA, des Règlements pris pour son application et des Actes uniformes ; qu'en l'espèce, sont seules invoquées les dispositions du droit interne togolais notamment les articles 42 et 132 du décret foncier du 24 juillet 1906 ; qu'en conséquence et en application de l'article 14 alinéas 1, 3 et 4 du Traité du 17 octobre 1993 relatif à l'harmonisation du droit des affaires en Afrique, la CCJA ne saurait se prononcer sur les questions relatives à l'application des dispositions du code civil qui sont également du ressort des juridictions nationales togolaises ;

Attendu que selon sa jurisprudence constante, la Cour Commune de Justice et d'Arbitrage de l'OHADA (CCJA) a une compétence générale pour examiner un pourvoi en cassation mixte dont les moyens sont fondés aussi bien sur les dispositions d'un Acte uniforme que sur les règles de droit interne d'un Etat Partie ; qu'en l'espèce, les moyens développés par les parties concernent aussi bien les dispositions des articles 42 et 132 du décret foncier du 24 juillet 1906 et 1134 du code civil (droit interne) que des dispositions de l'article 49 de l'Acte uniforme portant organisation des procédures simplifiées de recouvrement et des voies d'exécution et celles des articles 123 et 130 anciens de l'Acte uniforme portant organisation des sûretés ;

Qu'en vertu de la supra nationalité des Actes uniformes édictée par l'article 10 du Traité OHADA et de ses prérogatives d'évocation, la CCJA est bien compétente pour connaître de la présente procédure ; qu'il y a lieu de déclarer irrecevable cette exception d'incompétence ;

Sur le premier moyen

Attendu qu'il est fait grief à la Cour d'appel de Lomé d'avoir prononcé la nullité du commandement valant saisie immobilière au motif que l'inscription immobilière donnée par le sieur ASSANI-BENTHO aurait été inscrite hors délai, accordant ainsi une caution à la tentative de ASSANI-BENTHO Mounirou de créer une confusion entre le délai de validité du découvert et la durée des facilités, alors que, d'une part, la convention de compte courant ayant été signée le 05 décembre 2006 avec un découvert dont la validité est fixée à la fin octobre 2007 et que la durée des facilités est de 12 mois, c'est-à-dire jusqu'à la fin décembre 2007, la durée de validité du découvert doit s'entendre de la période au cours de laquelle le découvert doit être exploité, la durée des facilités indiquant le terme du découvert et que, d'autre part, la garantie hypothécaire donnée par le sieur ASSANI-BENTHO Mounirou va au-delà du découvert et couvre le solde à la clôture du compte courant ;

Attendu qu'aux termes de l'article 123 ancien de l'Acte uniforme portant organisation des sûretés, « l'inscription conserve le droit du créancier jusqu'à la date fixée par la convention ou la décision de justice ; son effet cesse si elle n'est pas renouvelée avant l'expiration de ce délai pour une durée déterminée. » ;

Qu'il ressort également de l'article VI de la convention de compte courant conclue entre la Banque Atlantique Togo SA et ASSANI-BENTHO Mounirou que « la durée des relations de compte courant est en principe indéterminée. Toutefois, l'échéance des facilités objet des présentes est fixée à 12 mois à compter de la mise en place effective du crédit. Après le remboursement de toutes les sommes en principal, intérêts, frais et accessoires au titre de l'ouverture de crédit présentement consenti, le client pourra bénéficier d'autres facilités qui seront systématiquement garanties par les mêmes sûretés constituées aux présentes » ;

Qu'il s'induit de la combinaison des dispositions de l'article 123 ancien et de celles de l'article VI de la convention sus énoncées que la garantie hypothécaire consentie par la caution ASSANI-BENTHO Mounirou couvre systématiquement la période allant jusqu'au remboursement complet de toutes les sommes dues à la Banque créancière en principal, intérêts et accessoires ; que la Cour d'appel de Lomé en méconnaissant la volonté des parties de faire jouer la garantie hypothécaire couvrant le solde à la clôture du compte courant, a procédé à une mauvaise interprétation des dispositions sus énoncées ; qu'il y a donc lieu de casser l'arrêt querellé, d'évoquer et statuer sans qu'il soit besoin d'examiner le second moyen ;

Sur l'évocation

Attendu que suivant convention de compte courant notariée en date du 05 décembre 2006 entre la Banque Atlantique Togo SA et les Etablissements AKAMA et Fils, représentés par la Directrice et Promotrice Madame AKAKPO Mansah, la Banque a accordé auxdits Etablissements plusieurs facilités de caisse ;

Que pour sûreté et garantie du remboursement en principal, intérêts, commissions, frais et accessoires de toutes les sommes dont les Etablissements AKAMA et Fils pourraient être débiteurs envers la Banque Atlantique Togo SA, Monsieur ASSANI-BENTHO Mounirou, intervenant audit acte,en sa qualité de constituant, a déclaré affecter et hypothéquer spécialement et volontairement au premier rang, jusqu'à concurrence de la somme de 120 000 000 FCFA, au profit de ladite banque, l'immeuble objet du titre foncier n°21.946 RT ; que cette déclaration a été acceptée pour la banque par son Directeur général habilité d'alors, Monsieur Georges WILSON ;

Attendu qu'aux termes de l'article VI de la Convention de compte courant susvisé, « la durée des relations de compte courant est en principe indéterminée. Toutefois, l'échéance des facilités objet des présentes est fixée à 12 mois à compter de la mise en place effective du crédit. Après le remboursement de toutes les sommes en principal, intérêts, frais et accessoires au titre de l'ouverture de crédit présentement consenti, le client pourra bénéficier d'autres facilités qui seront systématiquement garanties par les mêmes sûretés constituées aux présentes » ;

Attendu qu'après une mise en demeure notifiée par exploit en date du 11 septembre 2009 et demeurée infructueuse, la Banque Atlantique Togo SA a procédé le 29 septembre 2009 à la clôture du compte courant qui présentait un solde débiteur de 117

931 684 FCFA et a notifié cette clôture avec le solde le 30 septembre 2009 à Madame AKAKPO Mansah, puis à Monsieur ASSANI-BENTHO Mounirou, en sa qualité de caution hypothécaire, le 15 octobre 2009, sans aucune réaction de l'une ou de l'autre ;

Que sur requête de la Banque Atlantique Togo SA, le Président du Tribunal de première instance de Lomé a rendu l'Ordonnance n°798/09 du 18 novembre 2009 signifiée le même jour aux Etablissements AKAMA et Fils, leur enjoignant de payer à la banque requérante la somme de 117 931 684 FCFA représentant le solde débiteur ;

Attendu que sur opposition en date du 26 novembre 2009 formée par les Etablissements AKAMA et Fils sollicitant un terme et délai de 12 mois pour leur permettre d'apurer leur dette, le Tribunal de première instance de Lomé leur a accordé par Jugement n°3648/09 du 08 décembre 2009, les terme et délai sollicités pour payer leur dette par fractions mensuelles égales à compter du même jour, avec d'échéance de terme ;

Attendu que les Etablissements AKAMA et Fils n'ayant honoré aucune des fractions égales décidées par le jugement du 08 décembre 2009, le Président du Tribunal de première instance de Lomé a prononcé à leur encontre la déchéance du terme par Ordonnance n°0327/2010 du 16 février 2010 ;

Que fort de cette ordonnance et du Certificat de non appel n°0029/2010 délivré par le Greffier en chef le 29 février 2010 contre le Jugement n°3648/09 susindiqué, la Banque Atlantique Togo SA a fait servir aux Etablissements AKAMA et Fils par exploit du 04 mai 2010 un commandement valant saisie immobilière ;

Que par exploit en date du 14 mai 2010, le sieur ASSANI-BENTHO Mounirou a fait citer à comparaître par devant le Président du Tribunal de Lomé, en sa qualité de Juge de l'urgence, la Banque Atlantique Togo SA aux fins d'annulation du commandement valant saisie immobilière en date du 04 mai 2010 ;

Que le 09 juillet 2010, le Président du Tribunal de première instance de Lomé a rendu l'Ordonnance de référé n°0589/2010 sur assignation dont le dispositif suit :

« Statuant publiquement par défaut, réputé contradictoire à l'encontre des Etablissements AKAMA et Fils, contradictoirement à l'égard des autres parties, en matière d'urgence conformément aux dispositions de l'article 49 de l'Acte uniforme portant organisation des procédures simplifiées de recouvrement et des voies d'exécution et en premier ressort ;

<u>En la forme</u> :

Disons irrecevable la demande en dommages-intérêts du requérant ;

Recevons par contre ses autres demandes régulières ;

<u>Au fond</u> :

Les disons fondés ;

Déclarons nul et de nuls effets le commandement valant saisie immobilière du 04 mai 2010 ;

Ordonnons la radiation pure et simple de l'inscription hypothécaire prise hors délai et la restitution du titre foncier n°21946 RT au requérant ;

Disons et jugeons que toutes transcriptions opérées sur la base de tout commandement valant saisie réelle fait en vertu du certificat d'inscription hypothécaire en date du 14 juillet 2009 ne saurait produire aucun effet ;

Condamne la Banque Atlantique aux dépens ;

Ordonnons l'exécution provisoire.» ;

Que par acte du 20 juillet 2010, la Banque Atlantique Togo SA a relevé appel de cette ordonnance ;

Attendu qu'à l'appui de son recours la Banque Atlantique soutient d'une part, que le Président du Tribunal saisi en tant que Juge statuant en matière d'urgence ne peut pas rendre une ordonnance de référé mais plutôt un jugement puisqu'il est obligé de se prononcer sur le fond de la contestation de la saisie déférée devant lui ; qu'en outre, l'hypothèque inscrite par l'appelante ne l'a pas été hors délai puisque aux termes de l'article 130 ancien de l'Acte uniforme sur les sûretés, l'inscription de l'hypothèque garantissant un prêt à cours terme peut être différée jusqu'à 90 jours soit trois mois sans que le créancier ne perde son rang ; que s'agissant d'un compte courant, la garantie donnée par la caution couvre le solde à la clôture ; que les formalités d'inscription de l'hypothèque ont commencé le 16 septembre 2007 par la réquisition du Conservateur foncier opérée par le conseil de la caution solidaire ;

Attendu que dans ses conclusions en réponse, l'intimé ASSANI-BENTHO Mounirou soutient que c'est le juge des urgences qui est compétent pour statuer sur toutes les contestations relatives aux saisies pour les difficultés des mesures d'exécution ; qu'il sollicite le rejet pur et simple de ce moyen, l'appelant ne faisant qu'un amalgame entre les dispositions de l'article 49 de l'Acte uniforme portant organisation des procédures simplifiées de recouvrement et des voies d'exécution de l'OHADA et les dispositions du code de procédure civile ;

Attendu qu'il ressort de l'article 123 ancien de l'Acte uniforme portant organisation des sûretés que « l'inscription conserve le droit du créancier jusqu'à la date fixée par la convention ou la décision de justice ; son effet cesse si elle n'est pas renouvelée avant l'expiration de ce délai pour une durée déterminée » ; qu'il y a lieu de déduire de cette disposition que même une inscription faite hors délai, donc tardive, n'entraine pas la perte du droit du créancier, lequel ne perd que son rang de créancier privilégié ; qu'il ne ressort nulle part des pièces du dossier de la procédure qu'une autre inscription hypothécaire sur l'immeuble litigieux n'ait été faite par un autre créancier ; qu'enfin, suivant la convention des parties, l'inscription hypothécaire est maintenue jusqu'au complet paiement du solde du compte qui était débiteur de 117 931 684 F CFA ;

Qu'en prononçant l'annulation du commandement valant saisie, la radiation de l'inscription hypothécaire et en ordonnant la restitution du titre foncier hypothéqué alors que la dette n'a pas été payée, le premier juge a non seulement méconnu la volonté des parties, mais surtout a procédé à une mauvaise interprétation des articles 123 et 130 anciens de l'Acte uniforme portant organisation des sûretés ; qu'il y a lieu, outre les motifs ci-dessus sur le fondement desquels l'arrêt déféré devant la Cour de céans a été cassé, d'invalider l'ordonnance de référé querellée, de déclarer valable le commandement valant saisie immobilière et d'ordonner l'inscription dudit commandement sur le titre foncier n°21946 RT ;

Attendu que les Etablissements AKAMA et Fils et Monsieur ASSANI-BENTHO Mounirou ayant succombé, il y a lieu de les condamner aux dépens.

PAR CES MOTIFS

Statuant publiquement, après en avoir délibéré,

Se déclare compétente ;

Déclare le pourvoi recevable ;

Casse l'Arrêt n°180/2011 du 04 octobre 2011 rendue par la Cour d'appel de Lomé ;

Evoquant et statuant ;

Dit et juge que l'inscription hypothécaire consentie par le sieur ASSANI-BENTHO Mounirou est régulière et valable ;

Dit qu'en conséquence, le commandement valant saisie immobilière du 04 mai 2010 est régulier et valable ;

Ordonne la transcription dudit commandement au livre foncier de la République togolaise ;

Ordonne à la Conservation de la Propriété Foncière de la République togolaise l'inscription dudit commandement sur le titre foncier n°21946 RT appartenant au sieur ASSANI-BENTHO Mounirou.

Condamne les Etablissements AKAMA et Fils et Monsieur ASSANI-BENTHO Mounirou aux dépens.

IV. L'application de l'Acte uniforme portant droit des sûretés

L'application de l'Acte uniforme n'est pas une faculté pour le juge mais une obligation (CCJA, Ass. Plén., n°106/2014, 04 novembre 2014)

Sommaire

L'application des Actes uniformes OHADA dans les matières qu'ils régissent n'est pas une faculté mais bien une obligation qui s'impose dans leur application aux juridictions nationales. Doit être cassé l'arrêt qui, pour une matière régie par l'Acte uniforme sur les sûretés, fait application des dispositions du droit national.

La Cour Commune de Justice et d'Arbitrage (CCJA), de l'Organisation pour l'Harmonisation en Afrique du Droit des Affaires (OHADA), Assemblée plénière, a rendu l'Arrêt suivant en son audience publique foraine tenue le 04 novembre à Yaoundé (Cameroun) où étaient présents :

Messieurs Marcel SEREKOÏSSE SAMBA	Président
Abdoulaye Issoufi TOURE,	Premier Vice-président
Madame Flora DALMEIDA MELE,	Second Vice-président
Messieurs Namuano Francisco Dias GOMES,	Juge, Rapporteur
Victoriano OBIANG ABOGO,	Juge
Idrissa YAYE,	Juge
Djimasna N'DONINGAR,	Juge
et Maître Paul LENDONGO,	Greffier en chef,

Sur le pourvoi enregistré au greffe de la Cour de céans le 29 avril 2008 sous le numéro n°025/2008/PC et formé par Maître Etienne ABESSOLO, Avocat au Barreau du Cameroun, Immeuble Direction Générale ORANGE CAMEROUN, Boulevard de la Liberté BP 15211 Douala, agissant au nom et pour le compte de Amity Bank Cameroon SA, dont le siège est à l'Avenue De Gaulle à Douala, BP 2705 (République du Cameroun), dans la cause l'opposant aux Etablissements SATRA Express Voyage, entreprise individuelle du sieur AOUDOU BASSIROU, ayant son siège à la Rue Manguiers au quartier Bonapriso BP 11316 Douala (République du Cameroun), en cassation de l'arrêt N°107/REF rendu le 14 juillet 2004 par la Cour d'Appel du Littoral à Douala (Cameroun), statuant en matière civile et commerciale, dont le dispositif est le suivant :

« EN LA FORME :

Reçoit l'appel ;

AU FOND :

Infirme la décision entreprise ;

Statuant à nouveau ;

Constate que l'inscription est tardive car faite en violation de l'article 3 alinéa 1 de la loi du 18 janvier 1851 relative au nantissement de l'outillage et du matériel d'équipement ;

Constate que AMITY BANK a violé l'article 7 (5) de la convention ;

Dit que AMITY BANK a commis une voie de fait en saisissant les camions des Etablissements SATRA ;

Déclare nul le nantissement contenu dans la convention de crédit n°3033 du répertoire de Maître Marceline ENGANLIM en date du 22 juin 2001 ;

Déclare nulles les saisies appréhension pratiquées sur les camions et plateaux des Etablissements SATRA EXPRESS VOYAGE suivant procès-verbaux des 12, 23 et 24 septembre 2002 et 14 octobre 2002 de Maître KAMWA Gabriel, huissier de justice à Douala ;

Ordonne en conséquence la mainlevée desdites saisies et la restitution desdits camions et plateaux aux Etablissements SATRA EXPRESS VOYAGE sous astreinte de 200.000 francs par jour de retard à compter de la notification du présent arrêt ;

Condamne AMITY BANK aux dépens distraits au profit de Maître NJOMBIE Avocat aux offres de droit ; » ;

La requérante invoque à l'appui de son pourvoi les deux moyens de cassation tels qu'ils figurent à la requête annexée au présent arrêt ;

Sur le rapport de Monsieur Namuano Francisco DIAS GOMES, Juge ;

Vu les articles 13 et 14 du Traité relatif à l'harmonisation du droit des affaires en Afrique ;

Vu le Règlement de procédure de la Cour Commune de Justice et d'Arbitrage de l'OHADA ;

Attendu qu'il ressort des pièces du dossier de la procédure qu'Amity Bank et les Ets SATRA Express Voyage ont signé le 22 juin 2001 une convention aux termes de laquelle la première prêtait à la seconde, une somme de 450.000.000 FCFA remboursable en un an pour l'acquisition de véhicules semi-remorques , notamment 20 camions RENAULT 340 et 09 plateaux remorques SAT ; que pour sûreté et paiement de sa dette, SATRA Express Voyage a affecté en nantissement les 20 camions et 09 plateaux remorques ; que l'article 7 de la convention stipulait : « Que le requérant (ETS SATRA EXPRESS), affecte en nantissement au profit de la Banque (AMITY), conformément à l'Acte uniforme portant organisation des sûretés et à la loi du 18 janvier 1951 dans ses dispositions non contraires, 20 camions et 09 plateaux remorques… En conséquence le présent gage fera l'objet d'une inscription au greffe du Tribunal compétent, à l'intérieur du double délai de 15 jours suivant la date de l'acte de nantissement et d'un mois à compter de la livraison du matériel sur les lieux de son installation » ; que l'inscription du nantissement a été faite par Amity Bank au greffe du Tribunal de première instance de Douala-Bonanjo le 28 juin 2002 soit pratiquement un an après l'acte constitutif de nantissement, sans mentionner ledit nantissement sur certaines cartes grises des véhicules ainsi nantis ; qu'au bout de dix (10) mois, SATRA Express Voyage qui ne parvenait pas à honorer ses engagements demanda un rééchelonnement de sa dette ; que les parties signèrent alors un protocole d'accord homologué par le juge des conciliations et dans lequel les Ets SATRA reconnaissaient devoir la somme de 619.513.086 FCFA qu'ils s'engageaient à rembourser en 33 mensualités de 24.409.139 FCFA chacune en principal, intérêts et frais compris à compter du 31 mars 2002 jusqu'en novembre 2004 ; que les garanties initialement consenties restaient maintenues et une clause prévoyait l'exigibilité anticipée de l'intégralité de la dette en cas de défaillance du débiteur ; que six (6) mois plus tard, des 146.454.834 FCFA attendus par Amity Bank, Satra Express Voyage ne versa que la somme de 48.861.130 FCFA ; que devant cette défaillance et dans la crainte de voir la valeur de ses garanties diminuer, Amity Bank faisait jouer la clause d'exigibilité anticipée et faisait pratiquer une saisie-appréhension sur douze (12) camions et plateaux remorques les 12, 23, 24 septembre et 14 octobre 2002 ; que par exploit du 22 octobre 2002, Satra Express Voyage engagea une action en nullité de la saisie pratiquée, introduisit une demande additionnelle en nullité du nantissement et sollicita que le juge ordonne la suspension des opérations de saisie, demande qui fut rejetée par le juge du contentieux de l'exécution du Tribunal de première instance de Douala-Bonanjo ; que les opérations continuèrent donc jusqu'à la vente totale des biens saisis qui s'est effectivement déroulée le 07 décembre 2002 ; que sur l'action en nullité de la saisie après plusieurs renvois le juge rendit l'Ordonnance n°703 du 10 juin 2003, déboutant les Ets SATRA Express Voyage ; que les Ets Satra Express Voyage relevèrent appel de cette décision ; que la Cour d'appel du Littoral à Douala, par l'Arrêt n°107/REF du 14 juillet 2004, infirmait la décision attaquée et statuant à nouveau faisait droit à toutes les demandes présentées par les Ets SATRA Express Voyage ; arrêt dont pourvoi ;

Attendu que par lettre n°293/2008/G5 du 02 juillet 2008 le Greffier en chef de la Cour de céans a tenté de joindre les Etablissements SATRA Express Voyagesafin de leur signifier, en application des articles 29 et 30 du Règlement de procédure de la Cour Commune de Justice et d'Arbitrage, le recours en cassation formé par Amity Bank SA; que cette correspondance est demeurée sans suite ; que le principe du contradictoire ayant été respecté, il y a lieu d'examiner le présent recours ;

Sur le premier moyen toutes branches réunies tiré de la violation de l'article 10 du Traité du 17 octobre 1993 relatif a l'harmonisation du droit des affaires en Afrique et des articles 95 et 150 de l'Acte uniforme du 17 avril 1997 portant organisation des sûretés.

Attendu que Amity Bank fait grief à l'arrêt attaqué d'avoir violé les articles 10 du Traité du 17 octobre 1993 relatif à l'harmonisation du droit des affaires en Afrique et 95 et 150 de l'Acte uniforme du 17 avril 1997 portant organisation des sûretés, au motif que l'annulation du nantissement convenu entre les parties a été prononcée pour inscription tardive de celui-ci au registre de commerce, en application de l'article 7 de la convention notariée n°3043 du 22 juin 2001 et sur le fondement de l'article 3 de la loi du 18 janvier 1951 relative au nantissement de l'outillage et du matériel d'équipement ;

Attendu en effet, qu'aux termes de l'article 10 du Traité : « Les Actes uniformes sont directement applicables et obligatoires dans les Etats Parties nonobstant toute disposition contraire de droit interne, antérieure ou postérieure.» ; que l'article 95 de l'Acte Uniforme portant organisation des Suretés dispose que : « Le nantissement du matériel et des véhicules automobiles ne produit effet que s'il est inscrit au registre du commerce et du crédit mobilier...» ; et enfin l'article 150 du même Acte Uniforme portant organisation Suretés :« sont abrogées toutes les dispositions antérieures contraires à celles du présent Acte Uniforme... » ;

Attendu que la Cour d'Appel, pour annuler le nantissement et infirmer l'ordonnance entreprise, a motivé ainsi : « Qu'en omettant de respecter les termes de la convention qu'elle a librement choisi de signer, Amity Bank a non seulement violé l'article 3 aliéna 1 de la loi du 18 janvier 1951 relative au nantissement, de l'outillage et du matériel d'équipement, mais a aussi violé l'article 7 alinéa 5 de la convention signée le 22 juin 2001 avec les Etablissements SATRA EXPRESS » ; que la Cour d'Appel, en se référant dans l'arrêt querellé aux dispositions d'une loi nationale antérieure et contraire à celles de l'AUS, pour annuler le nantissement et les saisies, viole manifestement les articles visés au moyen ; qu'il y a lieu de casser l'arrêt attaqué, d'évoquer et statuer sur le fond sans qu'il soit besoin d'analyser l'autre moyen de cassation ;

Sur l'évocation

Attendu que par requête enregistrée au Greffe de la Cour d'Appel du Littoral à Douala le 24 juin 2003, les Etablissements SATRA Express Voyages, ayant pour conseil Maître NJOMBIE Flaubert, Avocat au Barreau du Cameroun, BP 1009 Douala, ont relevé appel contre l'Ordonnance n°703 rendue le 10 juin 2003 par le Juge du contentieux de l'exécution du Tribunal de première instance de Douala-Bonanjo dans l'affaire qui les oppose à Amity Bank S.A ;

Attendu qu'au soutien de leur appel les Ets SATRA Express Voyages, pour parvenir à l'infirmation de l'ordonnance, invoquent la nullité du nantissement et des saisies pratiquées sur les véhicules, du fait de l'inscription tardive et de l'absence d'autorisation de la juridiction compétente pour pratiquer les saisies-appréhensions ; qu'ils reprochent au Juge du contentieux de l'exécution d'avoir fait une mauvaise appréciation des faits et d'avoir violé la loi ; que l'Acte uniforme OHADA portant organisation des sûretés, en son article 95, a prescrit l'inscription du nantissement pour les besoins de publicité, afin de rendre celui-ci opposable aux tiers à compter de cette inscription, mais n'a pas règlementé les délais d'inscription, qui pourtant doivent être prescrits pour validité de celle-ci ; qu'il appert qu'il faut faire appel à la loi du 18 janvier 1951 relative au nantissement de l'outillage et du matériel d'équipement professionnel qui, elle règlemente les délais relatifs à l'inscription du nantissement en son article 3 alinéa 1er lequel stipule que : « A peine de nullité, le nantissement doit être inscrit dans les conditions requises par les article 10 et 11 de la loi du 17 mars 1909 et dans un délai de 15 jours à compter de la date de l'Acte constitutif de nantissement » ; que les articles 10 et 11 de la loi du 17 mars 1909 prescrivent pour la validité du nantissement la forme notariée et son inscription, à peine de nullité, dans la quinzaine de la date de l'acte constitutif de nantissement ; que la convention signée entre Amity Bank et les Etablissements SATRA Express Voyages en son article 7 stipulait que « ... le présent gage fera l'objet d'une inscription au greffe du tribunal compétent à l'intérieur du double délai de 15 jours suivant la date de l'acte de nantissement et d'un mois à compter de la livraison du matériel sur les lieux de son installation » ; qu'en procédant à l'inscription du nantissement au greffe du Tribunal de première instance de Douala-Bonanjo le 28 juin 2002 soit un an après l'acte constitutif de nantissement dressé le 22 juin 2001, il y a violation des articles 10 et 11 de la loi du 17 mars 1909 sur la validité du nantissement par Amity Bank ; que l'acte constitutif du nantissement répond à deux critères : la forme notariée et l'inscription dans les quinze jours après l'acte constitutif ; que dès lors qu'un de ces critères fait défaut le nantissement doit être déclaré nul ; qu'il échet d'infirmer l'ordonnance attaquée et de déclarer le nantissement nul pour inscription tardive et par voie de conséquence annuler les saisies appréhensions pratiquées car ayant leur fondement dans un acte nul ; qu'il y a lieu de déclarer Amity Bank coupable de voies de fait, d'ordonner la mainlevée des saisies et la restitution aux Etablissements SATRA Express Yoyages des camions saisis sous astreinte de 2000.000 de francs par jour de retard à compter de l'assignation ;

Attendu que dans ses répliques du 07 juin 2004, Amity Bank rétorque que le législateur de l'OHADA dans l'acte uniforme portant sûretés dispose en son article 95 que :« le nantissement du matériel et des véhicules automobiles ne produit effet que s'il est inscrit au Registre du commerce et du crédit mobilier », que le législateur OHADA n'a pas voulu assortir l'inscription d'un délai et n'a pas non plus renvoyé aux lois nationales des Etats parties pour y supplier en cas de carence ; que la loi évoquée par les Etablissements SATRA Express Voyages n'est plus applicable ; qu'en sus les termes de la convention de crédit signée entre les parties le 22 juin 2001 sont une reproduction mécanique des formulaires contenus dans les ordinateurs des notaires, qu'on ne saurait invoquer à l'encontre de Amity Bank l'article 1134 du code civil relatif aux conventions pour arguer qu'il y a eu violation de l'article 7 de la convention signée le 22 juin 2001 ; que Amity Bank étant munie d'un titre exécutoire, l'autorisation de la juridiction compétente pour saisir n'est plus nécessaire ; que la restitution des camions n'a plus sa raison d'être, dès lors que le nantissement entre les parties est valable et que la vente a déjà eu lieu avant même que l'ordonnance soit rendue ; qu'il ya lieu de débouter les Etablissements SATRA Express Voyages de leurs demandes comme non fondées et de confirmer l'ordonnance entreprise ;

Attendu que les Actes uniformes sont directement applicables et obligatoires dans les Etats Parties nonobstant toute disposition contraire de droit interne, antérieure ou postérieure ; que l'application des Actes uniformes OHADA dans les matières qu'ils régissent n'est donc pas une faculté mais bien une obligation qui s'impose dans leur application aux juridictions nationales; qu'il est constant qu'en l'espèce le nantissement du matériel professionnel et des véhicules automobiles est bel et bien régi par l'Acte uniforme portant organisation des sûretés ; que le nantissement du matériel et des véhicules automobiles ne produit effet que s'il est inscrit au Registre du commerce et du crédit mobilier ; que l'inscription du nantissement n'est enfermée dans aucun délai dont le non-respect annulerait le nantissement convenu ; que donc le nantissement des 20 camions et 09 plateaux remorques conclu entre Amity Bank et les Ets SATRA Express Voyage est parfaitement valide et qu'en statuant comme il l'a fait, le Juge du contentieux de l'exécution a fait une bonne appréciation des faits et une saine application de la loi ; qu'en conséquence il y a lieu de confirmer l'ordonnance entreprise ;

Attendu que les Etablissements SATRA Express Voyages ayant succombé il y a lieu de les condamner aux dépens ;

PAR CES MOTIFS

Statuant publiquement, après en avoir délibéré,

Casse l'Arrêt n°107/REF rendu le 14 juillet 2004 par la Cour d'appel du Littoral à Douala;

Evoquant et statuant à nouveau,

Confirme l'ordonnance entreprise ;

Condamne les Etablissements SATRA Express Voyagesaux dépens.

DROIT DES ENTREPRISES EN DIFFICULTÉS

I. Règlement préventif

A. La suspension des poursuites individuelles

La caution ne bénéficie pas de la suspension des poursuites individuelles (CCJA, Ass. Plén., n°65/2014, 25 avril 2014)

Sommaire

Le créancier est réputé avoir appelé le débiteur principal et est fondé à agir contre la caution conformément à l'article 15 de l'AUS dès lors que le débiteur principal fait face à une procédure collective et bénéficie par conséquent du principe de suspension des poursuites de l'article 75 de l'AUPC.

Le créancier dont la créance est garantie par une ou plusieurs cautions peut produire le montant total de sa créance dans le redressement judiciaire et demander paiement intégral à la caution qui ne bénéficie pas du principe de la suspension des poursuites prévu à l'article 75 de l'AUPC.

La Cour Commune de Justice et d'Arbitrage (CCJA) de l'Organisation pour l'Harmonisation en Afrique du Droit des Affaires (OHADA) Assemblée plénière, a rendu l'Arrêt suivant en son audience foraine tenue le 25 avril 2014 à Porto-Novo-Bénin où étaient présents :

Messieurs Marcel SEREKOISSE SAMBA,	Président
Abdoulaye Issoufi TOURE,	Premier Vice-président
Madame Flora DALMEIDA MELE,	Second Vice-président
Namuano F. DIAS GOMES,	Juge
Messieurs Victoriano OBIANG ABOGO,	Juge, rapporteur
Mamadou DEME	Juge
Idrissa YAYE,	Juge
Djimasna N'DONINGAR,	Juge
et Maître Paul LENDONGO,	Greffier en chef,

Sur le pourvoi enregistré au greffe de la Cour de céans sous len° 072/2010/PC du 17 août 2010 et formé par Maître FARAMA Prospère , Avocat à la Cour, Cité AN III, Avenue de l'Armée, face à l'Agence ONATEL, 01 BP 2962 Ouagadougou 01, agissant au nom et pour le compte de Mme KONE née OUEDRAOGO Azéta, dans la cause l'opposant à la BICIA-B SA au capital social de 5 milliards de F CFA, dont le siège social est au 479, Avenue KWAME N'KRUMAH, Ouagadougou Burkina-Faso, à la Société MADOUA SARL, au capital de 10 000 000 FCFA, Ouagadougou, Burkina-Faso ; et monsieur OUEDRAOGO Joseph, Syndic de la Société MADOUA SARL, expert comptable près les Cours et Tribunaux, demeurant à Ouagadougou 01 BP 1513, en cassation de l'Arrêt n°02/2010 rendu le 13 janvier 2010 par la Chambre commerciale de la Cour d'appel de Bobo-Dioulasso et dont le dispositif est le suivant :

« Statuant publiquement, contradictoirement, en matière commerciale et en dernier ressort ;

En la forme :

Déclare les appels recevables en application des articles 530, 536, 550, 551, 554 du code de procédure civile ;

Au fond :

Annule le jugement attaqué (n° 012/2007 du 20 avril 2007) en ce qu'il a omis de statuer sur la demande d'intérêts légaux de la BICIA-B ainsi que sur les frais exposés et non compris dans les dépens demandés par Mme KONE/OUEDRAOGO Azéta ;

Evoquant et statuant à nouveau ;

Déclare la BICIA-B recevable a sa demande, en conséquence, condamne Mme KONE/OUEDRAOGO Azéta à lui payer la somme de deux cent quatre vingt dix neuf millions quatre vingt dix huit mille huit cent soixante dix sept (299.098.877) francs CFA en principal, outre les intérêts à compter du jour de la demande ; fixe à la somme de un million de (1 000 000) FCFA le montant des frais exposés et non compris dans les dépens ;

Déboute Mme KONE/OUEDRAOGO Azéta de sa demande de frais exposés et non compris dans les dépens ;

Condamne Mme KONE/OUEDRAOGO Azéta aux dépens » ;

La requérante invoque à l'appui de son pourvoi les cinq moyens de cassation, tels qu'ils figurent à la requête annexée au présent arrêt ;

Sur le rapport de Monsieur le Juge Victoriano OBIANG ABOGO ;

Vu les dispositions des articles 13 et 14 du Traité relatif à l'harmonisation du droit des affaires en Afrique ;

Vu le Règlement de procédure de la Cour Commune de Justice et d'Arbitrage de l'OHADA ;

Attendu qu'il ressort des pièces de la procédure que le 08 novembre 2004, Mme KONE OUEDRAOGO Azéta, gérante de la Société MADOUA signait avec la BICIA-B au profit de ladite société, deux actes de cautionnement solidaire dont l'un portait sur la somme de deux cent quatre vingt dix millions (29 0000 000) FCFA et l'autre sur la somme de soixante sept millions (67 000 000) FCFA ; que par Jugement n°22 du 12 septembre 2005, la société MADOUA a été admise en redressement judiciaire ; que par acte d'huissier du 02 février 2006, la BICIA-B faisait assigner Madame KONE OUEDRAOGO Azéta par devant le Tribunal de grande instance de Banfora à l'effet de la voir condamner à lui payer la somme de deux cent quatre vingt dix neuf millions quatre vingt dix huit mille huit cent soixante dix sept (299.098.877) FCFA en principal assortie des intérêts au taux de 12% l'an à compter du 21 septembre 2005, outre celle de vingt millions (20 000 000) FCFA au titre des frais exposés non compris dans le dépens ; que par Jugement n°12/07 du 20 avril 2007, le Tribunal déclarait la BICIA-B recevable en sa demande et condamnait Madame KONE OUEDRAOGO Azéta à lui payer la somme de deux cent quatre vingt dix neuf millions quatre vingt dix huit mille huit cent soixante dix sept (299.098.877) francs CFA au principal, et celle de deux cent cinquante (250.000) francs CFA au titre de frais exposés et non compris dans les dépens, la déboutait de tous les autres chefs de demande et condamnait Madame KONE OUEDRAOGO Azéta aux dépens ; que sur appel de Madame KONE OUEDRAOGO Azéta, la Cour d'appel de Bobo Dioulasso rendait le 13 janvier 2010, l'Arrêt n° 02/2010 dont pourvoi ;

Sur le premier moyen

Attendu qu'il est reproché à l'arrêt attaqué d'avoir violé l'article 15-2 de l'Acte uniforme portant organisation des sûretés en ce que le débiteur principal, la société MADOUA Sarl, n'avait pas été mise en cause ;

Mais attendu qu'aux termes de l'article 15-2 de l'Acte uniforme portant organisation de sûretés le créancier ne peut poursuivre la caution simple ou solidaire qu'en appelant en cause le débiteur principal ; qu'il ressort des pièces du dossier que la BICIA-B a signifié au débiteur principal l'acte d'assignation en paiement par lequel elle sollicitait la condamnation de la caution et que, répondant à cette assignation en paiement, la société MADOUA et Monsieur OUEDRAOGO Joseph, syndic, représentant légal de la société MADOUA en redressement judiciaire ont par le biais de leur conseils la SCPA TOU et SOME, conclu le 05 mai 2006 au bénéfice de l'article 75 l'Acte uniforme portant organisation des procédures collectives d'apurement du passif qui interdit ou suspend toutes poursuites contre tout débiteur en redressement judiciaire ; que le moyen doit être rejeté ;

Sur le deuxième moyen

Attendu qu'il est reproché à l'arrêt attaqué d'avoir violé l'article 43 de l'Acte uniforme portant organisation des procédures collectives d'apurement du passif par défaut d'enrôlement de l'exploit introductif d'instance signifié au syndic alors que selon le moyen seul celui-ci peut représenter la société en redressement judiciaire ;

Mais attendu qu'il ne ressort pas de l'énonciation de l'arrêt attaqué que ce moyen ait été invoqué devant le juge d'appel ; qu'il echet de le rejeter ;

Sur le troisième moyen

Attendu que la requérante fait grief à l'arrêt attaqué d'avoir fait une mauvaise interprétation de l'article 91 de l'Acte uniforme portant organisation des procédures collectives d'apurement du passif aux motifs qu'il ne ressort nulle part de cette disposition que la suspension des poursuites à l'égard du débiteur principal ne profite pas à la caution ;

Attendu qu'aux termes de l'article 91 de l'Acte uniforme portant organisation des procédures collectives d'apurement du passif, « le créancier porteur d'engagements souscrits, endossés ou garantis solidairement par deux ou plusieurs coobligés qui ont cessé leurs paiements, peut produire dans toutes les masses, pour le montant intégral de sa créance et participer aux distributions jusqu'à parfait paiement s'il n'avait reçu aucun paiement partiel avant la cessation des paiements de ses coobligés. » ;

Mais attendu que les juges d'appel ont retenu qu'à l'analyse de l'article 91 de l'Acte uniforme précité, le créancier dont la créance est garantie par une ou plusieurs cautions peut produire le montant total de sa créance dans le redressement judicaire et demander paiement intégral à la caution et que l'article 91 sus indiqué exclut le principe de la suspension des poursuites prévues à l'article 75 de l'Acte uniforme précité ; qu'en outre, ils ont retenu qu'au titre des stipulations contractuelles, le point I du contrat de cautionnement dispose que, « la caution solidaire est tenue de payer à la banque ce que doit et devra le cautionné au cas ou ce dernier ne ferait pas face à ce paiement pour un motif quelconque » ; que le point VI relatif à la mise en jeu de la caution spécifie que, « en cas de défaillance du cautionné pour quelque cause que ce soit, la caution sera tenue de payer à la banque ce que lui doit le cautionné y compris les sommes devenues exigibles par anticipation. » ; que les stipulations contractuelles qui font la loi des parties, n'ont rien de contraire aux dispositions de l'Acte uniforme sus indiqué et que la banque peut poursuivre la caution quelque soit la procédure collective ouverte ; qu'en se déterminant comme ils l'ont fait, les juges d'appel n'ont pas fait une mauvaise interprétation de la loi ; que le moyen doit être rejeté ;

Sur le quatrième moyen en ses deux branches réunies

Attendu que ce moyen en ses deux branches réunies fait grief à l'arrêt attaqué d'avoir violé les articles 4 de l'Acte uniforme portant organisation des sûretés et 77 de l'Acte uniforme portant organisation des procédures collectives d'apurement du passif, en condamnant Madame KONE OUEDRAOGO Azéta à payer à la banque les intérêts de droit à compter du jour de la demande sans autre référence au maximum de son engagement ;

Attendu qu'aux termes de l'article 77 de l'Acte uniforme portant organisation des procédures collectives d'apurement du passif, « quelle que soit la procédure, la décision d'ouverture arrête, à l'égard de la masse seulement, le cours des intérêts légaux et conventionnels, de tous intérêts et majorations de retard de toutes les créances, qu'elles soient ou non garanties par une sûreté. Toutefois, s'agissant d'intérêts résultant de contrats de prêt conclus pour une durée égale ou supérieure à un an ou de contrats assortis d'un paiement différé d'un an ou plus, le cours des intérêts se poursuit si la décision a ouvert une procédure de redressement judicaire. » ; que l'article 4 de l'Acte uniforme portant organisation des sûretés dispose en substance que : « le cautionnement ne se présume pas, quelle que soit la nature de l'obligation garantie ; A peine de nullité, il doit être convenu de façon expresse entre la caution et le créancier. Le cautionnement doit être constaté dans un acte comportant la signature des deux parties et la mention, écrite de la main de la caution, de la somme maximale garantie, en toutes lettres et en chiffres. En cas de différence, le cautionnement vaut pour la somme exprimée en lettres ; … » ;

Mais attendu qu'en l'espèce, l'article 2 de la convention de compte courant conclu entre les parties le 1er mars 2004 relatif aux intérêts conventionnels stipule que, « jusqu'à la clôture du compte, les intérêts et commissions dus à la banque y seront portés et en deviendront des articles ; Après clôture du compte, les intérêts courront sur solde et sur tous les accessoires, aux derniers taux appliqués lors de la clôture majorés de trois points. Ils seront exigibles à tout instant et si, par suite de retard de paiement, ils sont dus pour une année entière, ils produiront eux-mêmes des intérêts au taux majoré conformément à l'article 1154 du code civil Burkinabé. » ; qu'il résulte de la stipulation conventionnelle que ce moyen ne peut non plus prospérer dans la mesure où la condamnation judiciaire prononcée n'excède pas les montants maximum pour lesquels la caution s'est engagée ; qu'il échet de le rejeter ;

Sur le cinquième moyen

Attendu que la requérante reproche à la Cour d'appel d'avoir, en dépit de la clarté des clauses contractuelles, rejeté la demande d'annulation des actes de cautionnement, sans motifs, se contentant d'affirmer que la créance de 80.000.000 FCFA est contestée et que la preuve est faite que le compte de la société MADOUA a été crédité de ce montant ; qu'il échet de casser l'arrêt pour absence de motivation et de constater que les deux actes de caution ont été obtenus suivant des manœuvres dolosives et erreur ;

Attendu que ce moyen est imprécis, mélangé de fait et de droit ; qu'il échet de le rejeter ;

Attendu qu'ayant succombé, Madame KONE OUEDRAOGO Azéta doit être condamnée aux dépens ;

PAR CES MOTIFS

Statuant publiquement après en avoir délibéré ;

Rejette le pourvoi formé par Madame KONE OUEDRAOGO Azéta;

La condamne aux dépens.

B. Appel d'une décision de règlement préventif

Seul l'article 23 de l'AUPC est applicable à l'exclusion de la loi nationale (CCJA, Ass. Plén., n°64/2014, 25 avril 2014)

Sommaire

La CCJA a compétence pour connaitre en cassation des affaires soulevant des questions relatives à l'application de l'Acte uniforme. Il en est notamment ainsi lorsque la décision attaquée a été rendue à la suite de l'appel formé contre une décision ayant homologué le concordat préventif qui relève de l'Acte uniforme portant organisation des procédures collectives d'apurement du passif.

Seule la voie d'appel est autorisée dans les quinze jours du prononcé de la décision relative au règlement préventif conformément à l'article 23 de l'AUPC. L'Acte uniforme n'ayant prévu aucune autre disposition pour recourir à l'appel contre une décision de règlement préventif, doit être cassé l'arrêt qui se fonde sur une disposition du règlement intérieur du Conseil de l'ordre des Avocats du Burkina Faso pour déclarer irrecevable l'appel régulièrement formé contre un jugement ayant homologué un concordat préventif.

Le règlement préventif tend à éviter la cessation de paiements ou d'activité de l'entreprise par la formalisation d'un concordat qui ne peut être homologué qu'à la suite du rapport d'un expert.

La Cour Commune de Justice et d'Arbitrage (CCJA) de l'Organisation pour l'Harmonisation en Afrique du Droit des Affaires (OHADA), Assemblée plénière, a rendu l'arrêt suivant en son audience foraine tenue le 25 avril 2014 à Porto-Novo-Bénin où étaient présents :

Messieurs Marcel SEREKOÏSSE-SAMBA,	Président
Abdoulaye Issoufi TOURE,	Premier Vice-président
Madame Flora DALMEIDA MELE,	Seconde Vice-présidente,
Messieurs Namuano F. DIAS GOMES,	Juge
Victoriano OBIANG ABOGO,	Juge, rapporteur
Mamadou DEME,	Juge
Idrissa YAYE,	Juge
Djimasna N'DONINGAR,	Juge
et Maître Paul LENDONGO,	Greffier en chef ;

Sur le recours enregistré au greffe de la Cour de céans le 16 mars 2010 sous le n°029/2010/PC et formé par Maîtres, Ali NEYA Avocat au Barreau de Burkina Faso, cabinet sis au 1200 logements, rue TUEFFO AMORO, porte 346, secteur 14, 06 BP

10228 Ouagadougou 06 et Adama SORO Avocat au Barreau de Côte d'Ivoire, demeurant Cocody les II Plateaux, Rue des Jardins, villa 2160, 28 BP 1319 Abidjan 28, agissant au nom et pour le compte de la société F.J. ELNSER Trading GMBH dont le siège social est à AM HEUMARKT 10, 1030 Vienna-Australie, agissant aux poursuites et diligences du Dr Slegfried Purrer, Gérant, et la société STEEL RESSOURCES dont le siège social se trouve à 9155 South Dadeland Blvd. Penthouse 2, suite 1800 Miami, Floride 33156 USA, aux poursuites et diligences de son Gérant, Monsieur Carlos R. Charur, dans la cause les opposant à la société Industrielle de Tubes d'Acier dite SITACI, dont le siège social est à la Rue RAAM-zone industrielle de Kossodo, 01 BP 247 Ouagadougou 01, représentée par son Administrateur général, Monsieur Dib Chawki ATTIE, ayant pour Conseils, Maître Mamadou SAMASSI, Avocat à la Cour, 17, Avenue Marchand, Immeuble Longchamp, 05 BP 982 Abidjan 05-Côte d'Ivoire et le Cabinet SAGNON-ZAGRE, Avocats associés, 02 BP 5720 Ouagadougou 02-Burkina Faso, la société STEEL-LINK dont le siège social se trouve à Netherland vat, n°NL 2873403 B01, agissant aux poursuites et diligences de son représentant légal, la Société TRADESCA dont le siège social est au 6, Rue Paul Baudry – 75008 Paris-France, agissant aux poursuites et diligences de son représentant légal et le Conseil de l'Ordre des Avocats du Burkina Faso, 01 BP 1773 Ouagadougou 01, agissant aux poursuites et diligence du Bâtonnier de l'Ordre des Avocats, Maître Issouf BAADHIO, Avocat à la Cour, 01 BP 2100 Ouagadougou 01, en cassation de l'Arrêt n° 006/2010 rendu le 15 janvier 2010 par la Cour d'appel de Ouagadougou et dont le dispositif est le suivant :

« Statuant publiquement, contradictoirement, en matière commerciale et en dernier ressort :

En la forme

Déclare la constitution de Maître Ali NEYA irrégulière ;

En conséquence déclare l'appel interjeté par Maître Ali NEYA au profit des sociétés F.J. ELSNER Trading GMBH et STEEL Ressources irrecevable ;

Mettons les dépens à la charge des appelants.» ;

La requérante invoque à l'appui de son recours les quatre moyens de cassation tels qu'ils figurent à la requête annexée au présent arrêt ;

Sur le rapport de Monsieur Victoriano OBIANG ABOGO, Juge ;

Vu les dispositions des articles 13 et 14 du Traité relatif à l'harmonisation du droit des affaires en Afrique ;

Vu le Règlement de procédure de la Cour Commune de Justice et d'Arbitrage de l'OHADA ;

Attendu qu'il résulte des pièces du dossier de la procédure que la société Industrielle de Tubes d'Acier dite SITACI a, par requête aux fins de règlement préventif en date du 27 juillet 2009, saisi la chambre commerciale du Tribunal de grande instance de Ouagadougou laquelle a, par Jugement n°256 rendu le 11 novembre 2009, homologué le concordat préventif après rectification des créances de TRADESCA SA et STEEL

LINK et a nommé un juge commissaire pour le suivi de l'exécution du concordat ; que sur appel conjoint de la société F.J. ELSNER Trading GMBH et de la société ETEEL Ressources par le biais de Maître Ali NEYA, la Cour d'appel de Ouagadougou a rendu le 15 janvier 2010 l'Arrêt n°006 dont pourvoi ;

Sur la compétence de la Cour de céans

Attendu que dans son mémoire en réponse reçu au greffe de la Cour de céans le 30 décembre 2010, la SITACI soulève in limine litis l'incompétence de la Cour Commune de Justice et d'Arbitrage au motif que la cour d'appel a statué uniquement sur l'irrégularité de la constitution d'un avocat sans évoquer des dispositions d'un Acte uniforme ou des règlements prévus au Traité ;

Attendu que l'article 14, alinéas 3 et 4 du traité OHADA dispose « saisie par la voie du recours en cassation, la Cour se prononce sur les décisions rendues par les juridictions d'appel des Etats Parties dans toutes les affaires soulevant des questions relatives à l'application des Actes uniformes et des Règlements prévus au présent Traité à l'exception des décisions appliquant des sanctions pénales.

Elle se prononce dans les mêmes conditions sur les décisions non susceptibles d'appel rendues par toute juridiction des Etats Parties dans les mêmes contentieux. » ;

Mais attendu que la décision attaquée a été rendue à la suite de l'appel formé contre le Jugement n°256 du 11 novembre 2009 ayant homologué le concordat préventif qui relève de l'Acte uniforme portant organisation des procédures collectives d'apurement du passif ; que contrairement aux assertions de la défenderesse, l'affaire soulève des questions relatives à l'application de l'Acte uniforme sus indiqué ; que la Cour de céans doit se déclarer compétente ;

Sur le premier moyen

Vu l'article 23 de l'Acte uniforme portant organisation des procédures collectives d'apurement du passif ;

Attendu que les requérantes reprochent à l'arrêt attaqué d'avoir violé l'article 23 de l'Acte uniforme portant organisation des procédures collectives d'apurement du passif en déclarant irrecevable, sur le fondement du règlement intérieur du Conseil de l'ordre des Avocats du Burkina Faso, l'appel interjeté contre le Jugement n°256 rendu le 11 novembre 2009 par le Tribunal de grande instance de Ouagadougou ayant homologué le concordat alors que selon le moyen, les décisions relatives au règlement préventif peuvent faire l'objet d'un appel dans le délai de quinze jours à compter de leur prononcé et que la computation des délais obéit aux dispositions de l'article 218 du même Acte uniforme ;

Attendu qu'aux termes de l'article 23 de l'Acte uniforme précité, seule la voie d'appel est autorisée dans les quinze jours du prononcé de la décision relative au règlement préventif ; que l'Acte uniforme n'a prévu aucune autre disposition pour recourir à l'appel contre une décision de règlement préventif ; qu'en se fondant sur l'article 23 du règlement intérieur du Conseil de l'ordre des Avocats du Burkina Faso pour déclarer irrecevable l'appel régulièrement formé le 26 novembre 2009 contre le Jugement n°256 rendu le 11 novembre 2009, la Cour d'appel a violé le texte sus visé ; qu'il échet de casser l' arrêt attaqué sans qu'il soit besoin d'examiner les autres moyens et d'évoquer sur le fond ;

Sur l'évocation

Attendu que les Sociétés F.J ELNSER Trading GMBH et STEEL Ressourcesont, par le truchement deMaître Ali NEYA, interjeté appel du Jugement n°256 susvisé par acte d'huissier du 26 novembre 2009 ;qu'elles soutiennent que prétendant être victime de la crise financière, la SITACI a saisi le tribunal pour bénéficier des dispositions relatives au règlement préventif prévu par l'Acte uniforme portant organisation des procédures collectives d'apurement du passif ; qu'elle a ainsi bénéficié de la suspension des poursuites individuelles pour cinq de ses gros créanciers ; qu'elles relèvent que le rapport de l'expert fait ressortir que sur les cinq créanciers cités dans l'offre de concordat préventif, seuls deux ont donné leur accord et qu'il n'a pu obtenir expressément l'accord des autres sociétés ; qu'en l'absence de consentement, le tribunal aurait dû rejeter le concordat ; que le rapport indique que le passif exigible à court terme d'un montant de 7 841 364 371 FCFA est nettement supérieur à ses créances du même terme qui sont de 1 844 283 630 FCFA ; que sur poursuite individuelle pour le recouvrement de leurs créances, la SITACI n'a pu honorer aucune d'elles et se trouve ainsi en état de cessation de paiements ; qu'elles estiment que le jugement entrepris ne devait pas être homologué dans ces conditions ; qu'en décidant d'homologuer ledit concordat, le Tribunal n'avait aucun pouvoir de modification et qu'en y apportant des rectificatifs, le Tribunal a outrepassé ses compétences ; que les Sociétés F.J ELNSER Trading GMBH et STEEL Ressources demandent que l'acte d'appel soit déclaré recevable ; qu'elles demandent en outre d'infirmer le Jugement n°256, de rejeter la requête en règlement préventif, d'annuler les décisions de suspension de poursuites, de constater la cessation des paiements, subsidiairement l'absence de validité des termes du concordat, l'absence de garantie suffisante ou encore la modification des termes dudit concordat, de fixer la date de cessation des paiements et de prononcer la liquidation des biens de la SITACI ;

Attendu que le Bâtonnier de l'Ordre des Avocats, intervenant dans l'intérêt de la profession, a soulevé in limine litis la nullité de l'appel pour irrégularité de la constitution de Maître Ali NEYA pour le compte des Sociétés F.J ELNSER Trading GMBH et STEEL Ressources invoquant le non respect par l'Avocat constitué de l'article 23 du règlement intérieur du Conseil de l'Ordre des Avocats selon lequel « tout Avocat qui reçoit l'offre d'une clientèle ou d'un dossier doit s'assurer, avant d'accepter cette offre, qu'aucun confrère n'a été préalablement chargé des intérêts du client comme défenseur ou comme conseil et dans l'affirmative, s'assurer que celui-ci a été complètement désintéresser. Il ne pourra accepter cette clientèle ou ce dossier qu'après désintéressement du confrère qui l'a précédé. S'il ne se conforme pas aux prescriptions ci-dessus, l'Avocat s'expose à être déclaré par le Bâtonnier personnellement débiteur. » ; que le cabinet BAADHIO et Maître Abdoul OUEDRAOGO respectivement conseils des sociétés F.J ELNSER Trading GMBH et STEEL Ressources et le cabinet SAGNON-ZAGRE et Maître SOMBA K. Augustin, conseils de la SITACI demandent que soit déclaré nul l'acte d'appel formalisé par Maître Ali NEYA pour non désintéressement des Avocats de leurs honoraires d'une part et d'autre part pour défaut de mandat valable ; que Maître LOMPO O. Frédéric soutenait qu'il est créancier au même titre que les appelants et demandait au nom de son client, l'irrecevabilité de l'action des appelants pour défaut d'intérêt ;

Sur la recevabilité de l'appel formé par les requérants au pourvoi

Attendu que pour les mêmes motifs que ceux ayant prévalu à la cassation de l'Arrêt, l'appel formé par les requérants au pourvoi est recevable ;

Sur la demande de règlement préventif

Attendu que le règlement préventif tend à éviter la cessation de paiements ou d'activité de l'entreprise par la formalisation d'un concordat qui ne peut être homologué qu'à la suite du rapport d'un expert ; qu'il ressort des conclusions du rapport de l'expert sur la situation économique et financière de la SITACI qu'elle dispose d'un niveau suffisant d'actifs disponibles et réalisables à court terme pour couvrir ses dettes exigibles à court terme ; que le niveau et la qualité de ses actifs lui permettent de maintenir la continuité de l'exploitation dans de bonnes conditions en dépit de quelques difficultés liées à la crise financière ayant entrainé la chute des cours de matière première dont l'acier ; que le concordat proposé est viable ;

Attendu qu'aux termes de l'article 15.2 2e et 3e alinéas de l'Acte uniforme portant organisation des procédures collectives d'apurement du passif, « la juridiction compétente homologue le concordat préventif si les délais consentis n'excèdent pas trois ans pour l'ensemble des créanciers ...dans le cas où le concordat préventif comporte une demande de délai n'excédant pas deux ans, la juridiction compétente peut rendre ce délai opposable aux créanciers qui ont refusé tout délai et toute remise sauf si ce délai met en péril l'entreprise de ces créanciers » ; que le concordat prévoyait un étalement des paiements sur un délai de 15 mois ; que de surcroit, l'article 18 du même Acte uniforme prescrit que « l'homologation du concordat préventif rend celui-ci obligatoire pour tous les créanciers antérieurs à la décision de règlement préventif, que leurs créances soient chirographaires ou garanties par une sûreté ... » ; qu'en application des articles sus indiqués, les Sociétés F.J ELNSER Trading GMBH et STEEL Ressources sont tenues d'accepter le concordat préventif homologué par les premiers juges qui ont fait une bonne application de la loi ; qu'il echet donc de confirmer le Jugement n°256 rendu par le Tribunal de grande instance de Ouagadougou le 11 novembre 2009 ;

Sur les demandes des Sociétés F.J ELNSER Trading GMBH et STEEL Ressources

Attendu que le jugement des premiers juges étant confirmé, il échet de débouter les requérants de toutes leurs demandes comme non fondées ;

Attendu qu'ayant succombé, les sociétés F.J ELNSER Trading GMBH et STEEL Ressources doivent être condamnées aux dépens ;

PAR CES MOTIFS

Statuant publiquement, après en avoir délibéré,

Se déclare compétente ;

Casse l'Arrêt n°006 rendu le 15 janvier 2010 par la Cour d'appel de Ouagadougou ;

Evoquant et statuant sur le fond,

Déclare recevable l'appel formé par les Sociétés F.J ELNSER Trading GMBH et STEEL Ressources ;

Confirme le Jugement n°256 rendu le 11 novembre 2009 par le Tribunal de grande instance de Ouagadougou ;

Condamne les sociétés F.J ELNSER Trading GMBH et STEEL Ressources aux dépens.

II. Assignation d'un débiteur en procédure collective

Le créancier qui assigne le débiteur doit justifier d'une créance exigible (CCJA, 2e Ch., n°91/2014, 31 juillet 2014)

Sommaire

La procédure collective peut être ouverte sur demande de tout créancier qui justifie d'une créance certaine, liquide et exigible. Est irrecevable la demande qui ne mentionne ni les pièces justificatives du montant de la créance réclamée, ni un quelconque document établissant cette créance.

La Cour Commune de Justice et d'Arbitrage (CCJA), de l'Organisation pour l'Harmonisation en Afrique du Droit des Affaires (OHADA), Deuxième chambre, a rendu l'Arrêt suivant en son audience publique du 31 juillet 2014 où étaient présents :

Messieurs Abdoulaye Issoufi TOURE,	Président
Namuano Francisco DIAS GOMES,	Juge
Djimasna N'DONINGAR,	Juge, Rapporteur
et Maître Jean Bosco MONBLE,	Greffier,

Sur le pourvoi enregistré au greffe de la Cour de céans le 28 septembre 2011 sous le n°083/2011/PC et formé par Maîtres MAYILA et BASSA, Avocats au Barreau du Gabon, demeurant à LIBREVILLE au GABON, BP 4034, agissant au nom et pour le compte de Monsieur NDOYE LOURY Athanase, syndic judiciaire près la cour d'Appel de LIBREVILLE, BP 2930, au GABON, dans la cause qui l'oppose à la Société Equatoriale de Construction (SOECO S.A.), la société ING Consulting SARL dont les sièges sociaux sont à LIBREVILLE au GABON, BP 10166, et Monsieur Félix BONGO, ayant tous pour Conseil Maître EYUE BEKALE Gisèle, Avocat au Barreau du Gabon, BP 1808 LIBREVILLE, en cassation de l'Arrêt n°47/10-11, rendu le 23 juin 2011 par la Cour d'appel de Libreville et dont le dispositif est le suivant :

« Statuant publiquement, contradictoirement, en matière commerciale et en dernier ressort ;

Déclare recevable la requête en rétractation et l'appel interjeté par Maître Gisèle EYUE BEKALE au nom et pour le compte des sociétés ING CONSULTING et SOECO ;

Rejette le moyen de litispendance soulevé par sieur NDOYE LOURY ;

Rétracte l'arrêt du 26 août 2010 ;

Infirme le jugement du 30 avril 2009 en toutes ses dispositions ;

Statuant à nouveau :

Déclare irrecevable l'action des salariés des sociétés SOECO et ING CONSULTING ;

En conséquence, remet les parties dans le même et semblable état où elles se trouvaient avant le jugement du 30 avril 2009 ;

Fais masse des dépens »

Attendu que le requérant invoque à l'appui de son pourvoi les trois moyens de cassation, tels qu'ils figurent à la requête annexée au présent arrêt ;

Sur le rapport de Monsieur Djimasna N'DONINGAR, Juge ;

Vu les dispositions des articles 13 et 14 du Traité relatif à l'harmonisation du droit des affaires en Afrique ;

Vu le Règlement de procédure de la Cour Commune de Justice et d'Arbitrage de l'OHADA ;

Attendu qu'il ressort des pièces du dossier de la procédure qu'en juillet 2008, des salariés des sociétés ING Consulting SARL et SOECO S.A., s'estimant créanciers de celles-ci d'une somme de 200 000 000 FCFA, au titre d'arriérés des salaires, indemnités et autres commissions divers, saisirent le Tribunal de première instance de Libreville pour obtenir qu'il soit prononcé la confusion des patrimoines des deux sociétés, leur mise sous redressement judiciaire et la désignation d'un syndic en qualité d'administrateur judiciaire ; que par jugement en date du 30 avril 2009, le Tribunal de Libreville, après avoir rejeté la demande de confusion de patrimoine, a constaté la cessation des paiements des deux sociétés à la date du 30 octobre 2007, prononcé leur mise en redressement judiciaire et désigné Maître Athanase NDOYE LOURY en qualité de syndic de leur redressement judiciaire ; que suite aux appels des deux sociétés, la Cour d'appel de Libreville, dans un arrêt du 28 avril 2010, a annulé le Jugement du 30 avril 2009 ; que sur saisine du syndic Athanase NDOYE LOURY, la même Cour d'appel rétracta, par arrêt daté du 26 août 2010, son arrêt du 28 avril 2010 ; qu'à leur tour, les sociétés ING Consulting et SOECO saisirent la Cour d'appel de Libreville en rétractation de l'Arrêt du 26 août 2010, saisine qui aboutit au prononcé de l'Arrêt n°47/10-11 rendu le 23 juin 2011, objet du présent pourvoi ;

Sur le premier moyen tiré de la violation des articles 28 et 29 de l'Acte uniforme portant organisation des procédures collectives d'apurement du passif

Attendu que monsieur Athanase NDOYE LOURY, sous la plume du Cabinet MAYILA & BASSA, reproche à l'arrêt attaqué d'avoir violé les dispositions des articles susvisés, pour avoir prononcé la rétractation de l'arrêt confirmatif du jugement d'ouverture de la procédure de redressement judiciaire aux motifs que la créance excipée par les salariés n'est ni liquide, ni exigible, alors que, d'une part, en sa qualité de créancier de l'entreprise, tout salarié peut, pour le paiement de ses arriérés de salaire, assigner l'entreprise à comparaître devant le tribunal compétent afin que soit ouverte contre elle une procédure de redressement judiciaire ; que, d'autre part, les institutions représentatives du personnel peuvent communiquer au Procureur de la République tout fait survenu dans l'entreprise révélant la cessation de paiement, à charge pour ce dernier de le porter à la connaissance de la juridiction, qui ouvrira la procédure de redressement judiciaire ; qu'en énonçant comme elle l'a fait, la Cour d'appel a manifestement ignoré les dispositions de l'article 29 et violé celles de l'article 28 ;

Mais attendu qu'aux termes de l'article 28 sus énoncé « la procédure collective peut être ouverte sur la demande d'un créancier, quelle que soit la nature de sa créance, pourvu qu'elle soit certaine, liquide et exigible. L'assignation du créancier doit préciser la nature et le montant de sa créance et viser le titre sur lequel elle se fonde… » ; Qu'il est constant, comme résultant de la requête introductive en redressement judiciaire et de toutes les conclusions devant les juridictions de fond, que les requérants n'ont versé au dossier ni les pièces justificatives du montant de la créance réclamée, ni un quelconque document établissant cette créance ; qu'en statuant que « si la créance des salariés paraît fondée en son principe, cette créance ne remplit cependant pas les conditions d'exigibilité et de liquidité prévues par la Loi », la Cour d'appel n'a en rien violé ou méconnu les dispositions de l'article 28 ; que, de même, l'article 29, qui est applicable seulement en cas de saisine d'office de la juridiction compétente, ne saurait être violé ; qu'il s'ensuit que le moyen n'est pas fondé et doit être rejeté ;

Sur le deuxième moyen, en ses deux branches, tiré du défaut de base légale, résultant de l'insuffisance des motifs, présenté par la SCPA KSK

Attendu qu'il est fait grief à l'arrêt déféré de manquer de base légale, d'une part, en ce qu'il a dénié à la créance portée par les salariés le caractère liquide et exigible, sans que les termes de la décision n'expliquent par quel chemin la Cour est parvenue à cette conclusion , alors que la liquidité de ladite créance est déduite de son évaluation en argent, à la date de la saisine du tribunal de Libreville, à la somme de 200 000 000 FCFA découlant des arriérés de salaires, autres omissions et indemnités divers cumulés depuis 06 mois, et son exigibilité tient du Code du travail Gabonais, aux termes duquel les sommes dues aux salariés sont exigibles « cinq jours après la fin du mois de travail qui donne droit au salaire »; que, d'autre part, en énonçant que « nulle part ailleurs, il n'est visé le titre de créance dont les salariés se prévalent pour solliciter le redressement judiciaire des sociétés… », la Cour a insuffisamment motivé sa décision, alors que le titre de créance auquel il est fait référence n'est pas un titre exécutoire mais peut simplement consister en un écrit constatant un acte juridique, et donc en un contrat entre le créancier et le débiteur ; qu'à cet effet, dès la requête introductive d'instance, les salariés ont visé leur titre de créance en indiquant que celle-ci découlait de la mauvaise exécution de leurs contrats de travail ;

Mais attendu qu'en application de l'article 28 sus énoncé, le tribunal, à la demande d'un créancier pour ouvrir une procédure de redressement judiciaire, se doit de procéder à la vérification du caractère certain, liquide et exigible de la créance poursuivie ainsi que du titre qui la fonde ; qu'il est avéré que les salariés n'ont versé au dossier pour appréciation des juges ni les pièces justificatives du montant de la créance réclamée, ni un quelconque document établissant cette créance ; qu'en l'absence de ces pièces, la Cour, en énonçant que la créance des salariés ne remplit pas les conditions d'exigibilité et de liquidité prévues par la loi ; a suffisamment motivé sa décision ; qu'il s'ensuit que ce moyen n'est pas fondé et doit être rejeté ;

Sur le troisième moyen, tiré de la violation de l'article 117 du code de procédure civile gabonaise

Attendu que le Cabinet MAYILA & BASSA reproche à l'arrêt attaqué d'avoir rejeté, en violation de l'article 117 visé au moyen, son exception de litispendance soulevée in limine litis, alors que Félix Bongo, les sociétés ING Consulting et SOECO avaient simultanément et pour la même cause saisi la Cour d'appel de Libreville en rétractation de l'arrêt du 26 août 2010 et la Cour de Cassation du Gabon aux fins de sursis à exécution et d'un pourvoi contre le même arrêt ;

Mais attendu qu'il ressort de l'arrêt attaqué qu'une lettre de désistement du pourvoi en cassation des appelants, reçue le 08 décembre 2010 par le Greffier en chef de la Cour de cassation, est versée au dossier ; que, dès lors, il n'y a pas litispendance et, en rejetant l'exception, la Cour d'appel de Libreville n'a pas violé l'article 117 du code de procédure civile gabonaise ; qu'il y a également lieu de rejeter le moyen comme étant non fondé ;

Attendu qu'il échet en conséquence de rejeter le pourvoi ;

Attendu que monsieur Athanase NDOYE LOURY, ayant succombé, sera condamné aux dépens ;

PAR CES MOTIFS

Statuant publiquement, après en avoir délibéré,

Rejette le pourvoi formé par monsieur Athanase NDOYE LOURY ;

Le condamne aux dépens.

TABLE DES MATIÈRES

DROIT

AUX ÉDITIONS L'HARMATTAN

Dernières parutions

LE RAPPORT DU DROIT ADMINISTRATIF NATIONAL AUX DROITS ADMINISTRATIFS ÉTRANGERS

Les cas de la France et de l'Espagne

Anna Neyrat

Préface de Fabrice Melleray

Les droits administratifs français et espagnol sont souvent présentés comme des idéaux types opposés dans leur rapport aux droits administratifs étrangers. Comme exportateur, le droit administratif français considère ses homologues étrangers comme un réceptacle de son influence ; comme importateur, le droit administratif espagnol les envisage comme source de son enrichissement. Si une telle présentation repose sur des raisons temporelles et culturelles qui ont fait du droit administratif français un modèle et de l'espagnol un imitateur, elle se révèle partiellement inexacte. Elle est notamment dépassée à l'heure de la globalisation. Cette recherche invite à poser un regard différent sur ces présupposés.

(Coll. Logiques Juridiques, 680 p., 49 euros)

ISBN : 978-2-343-16682-7, EAN EBOOK : 9782140114588

DROITS FONDAMENTAUX ET CRISE(S) DES SOLIDARITÉS

Fabien Bottini

La solidarité renvoie aux liens sociaux qui font le ciment d'une communauté. Si c'est pourquoi il semble plus juste de parler de solidarités au pluriel, l'Etat a pendant longtemps été leur garant au travers des droits sociaux fondamentaux. Mais le constat s'impose : des débats qui ont agité la réforme du droit du travail à ceux qui portent sur les régimes de retraites en passant par la crise des migrants ; des hésitations sur la place des territoires et de l'Union européenne dans la mise en oeuvre des politiques sociales à l'apparition d'un droit constitutionnel économique... Les interrogations ne manquent pas quant à savoir si ces droits fondamentaux parviennent encore à faire la solidarité. Si crises il y a, signent-elles la fin de l'âge d'or de la solidarité ou sa mutation ?

(Coll. Le Droit aujourd'hui, 276 p., 28,5 euros)

ISBN : 978-2-343-16201-0, EAN EBOOK : 9782140114274

DÉCLARATION DES DROITS DE L'HOMME ET DU CITOYEN

Postérité et actualité

Remi Puigventos

Responsables scientifiques : Jimmy Meersman et Rémi Puigventos

Le 26 août 1789, l'Assemblée constituante adopte les derniers articles du texte de la Déclaration des droits de l'homme et du citoyen qui, traversant les siècles, deviendra l'un des textes fondamentaux de la Cinquième République. Si la Déclaration de 1789 est l'une des pierres angulaires de la garantie des droits de l'homme, l'étude de sa postérité et de son actualité interroge. Le présent ouvrage contribue à en dévoiler les éléments les plus essentiels au travers d'une douzaine de contributions.

(Coll. Droit privé et sciences criminelles, 238 p., 25 euros)

ISBN : 978-2-343-16359-8, EAN EBOOK : 9782140112164

ANNUAIRE DES ENGAGEMENTS INTERNATIONAUX AYANT FAIT L'OBJET D'UNE LOI D'AUTORISATION SOUS LA VE RÉPUBLIQUE

Didier Jamot

Au cours de la Ve République, près de 2000 engagements internationaux ont fait l'objet d'une loi d'autorisation. Dans les années 1960, seulement 22% des lois votés par le Parlement avaient pour objet la ratification ou l'approbation de tels engagements, alors que désormais 40% des lois visent un tel objectif. Par conséquent, le nombre de normes internationales intégrées au droit interne est considérable. Mais leur importance n'est pas seulement quantitative : tout engagement international régulièrement ratifié et publié s'impose au législateur. Aucune loi ne peut ainsi lui être contraire. Par ailleurs, les conventions internationales embrassant l'ensemble des matières juridiques, plus aucune activité humaine n'échappe aux droits et obligations prévus par les conventions. Cet annuaire recense enfin ces engagements internationaux avec des index thématiques et par pays signataire.

(Coll. Logiques Juridiques, 432 p., 42 euros)

ISBN : 978-2-343-16237-9, EAN EBOOK : 9782140112089

LES TITRES DE NOBLESSE DE LA VICTIME DEVANT LA COUR PÉNALE INTERNATIONALE

Guy David Mbara A Betsem

Préface de Gilbert Bitti - Avant-propos de Jean Claude Tcheuwa

La victime a longtemps été tenue à l'écart du procès devant les juridictions pénales internationales d'avant le début du XIXè siècle. Depuis l'avènement de la Cour pénale internationale (CPI), la victime est désormais admise dans le procès pénal. Ces droits, qui ne sont autres que des titres de noblesse, confèrent donc des privilèges permettant à la victime d'accéder à une justice pénale internationale très sélective, mais surtout réservée à une certaine catégorie de personnes. La CPI pose la problématique du rôle de l'État dans la mise en oeuvre des droits des victimes.

(242 p., 25,5 euros)

ISBN : 978-2-343-16718-3, EAN EBOOK : 9782140111631

MÉDIATION ET ENTREPRISES

Regards croisés Droit et Gestion

Responsables scientifiques : Gulsen Yildirim, Isabelle Sauviat et Romain Dumas. Textes réunis par Romain Dumas

La médiation, mode alternatif de résolution des différends, est un mécanisme désormais bien connu en Droit. L'entreprise apparaît comme l'un des lieux privilégiés de son application et ce, qu'il s'agisse d'aplanir un différend tant dans ses relations internes qu'externes. Toutefois, à la différence du Droit, le concept de médiation apparaît beaucoup moins familier en Sciences de gestion. C'est cette interaction singulière entre Droit et Gestion qui permet de mesurer la place réelle de la médiation dans les entreprises et les organisations. Entre acclimatation à parfaite et hostilité, un équilibre est possible afin qu'elle devienne un outil efficace.

(Coll. Droit privé et sciences criminelles, 142 p., 16,5 euros)

ISBN : 978-2-343-16643-8, EAN EBOOK : 9782140111556

PHÉNOMÈNE DISCIPLINAIRE DANS LE DROIT PUBLIC HELLÉNIQUE CONTEMPORAIN

Sotirios Lytras

Attachée constamment à l'idée que la notion de discipline concernait en principe les relations entre les ensembles organisés et leurs agents, la théorie traditionnelle du droit public a laissé hors de son attention des domaines entiers de la vie publique. Parue en grec en 1989, cette étude a pu montrer qu'en droit positif hellénique le phénomène disciplinaire a manifesté sa présence forte dans des relations entre ensembles publics et des personnes physiques ou morales y étant rattachées. A travers ce phénomène, l'activité publique s'avère décisivement élargie.

(Coll. Logiques Juridiques, 262 p., 27 euros)

ISBN : 978-2-343-16125-9, EAN EBOOK : 9782140111310

RECEL ET BLANCHIMENT

Nouvelles sources de cumul de qualifications

Théo Touzeau

Préface de Gildas Roussel

A la lumière de la jurisprudence, la question de l'impossible cumul de l'infraction d'origine avec celle du recel de choses concernant un même auteur mérite de nouveau d'être posée. C'est que les juges de la Chambre criminelle, malgré leur opposition à ce cumul, ont depuis admis la condamnation d'un individu tant pour une première infraction que pour le blanchiment subséquent. Cette différence de traitement des deux infractions interroge nécessairement. Cet ouvrage, dressant le constat de la possibilité de dépasser les arguments qui fondent le rejet de « l'auto-recel », invite le lecteur à mettre de côté ses certitudes et à prendre position : rien ne semble s'opposer à l'admission du cumul de l'infraction d'origine et du recel de choses.

(Coll. Bibliothèques de droit, 138 p., 15,5 euros)

ISBN : 978-2-343-16624-7, EAN EBOOK : 9782140110962

LES LIENS ENTRE ÉTHIQUE ET DROIT

L'exemple de la question animale

Sous la direction de Lucille Boisseau-Sowinski et Delphine Tharaud

A priori distincts, le droit renvoyant à la régulation des comportements par la loi et l'éthique à la distinction entre bien et mal, ces deux domaines s'interpénètrent et se nourrissent, particulièrement sur la question animale. La réflexion sur l'éthique animale s'est amplifiée ces cinquante dernières années et a conduit à une prise en compte des intérêts et de la qualité d'êtres vivants des animaux. Le droit s'en est fait l'écho. Pour autant, cette dynamique n'est pas si évidente : quelles théories peuvent inspirer le droit ?

(Coll. Le Droit aujourd'hui, 176 p., 18,5 euros)

ISBN : 978-2-343-16449-6, EAN EBOOK : 9782140109553

CORRUPTION ET DROIT PÉNAL

Sous la direction de Jean-Paul Céré et Carlos Eduardo Japiassu

Le thème de la corruption a traversé le temps. L'intérêt du droit pénal est cependant renouvelé par les nombreuses affaires médiatisées qui gangrènent la vie politique et le monde des affaires dans de nombreux pays. L'arsenal législatif interne cherche à s'adapter sous l'effet des multiples textes qui ont vu le jour à l'échelle internationale et régionale. Une nette tendance à l'harmonisation des législations criminelles anti-corruption est perceptible. Cet ouvrage permet de saisir la diversité du phénomène dans sa dimension criminologique et juridique.

(Coll. Comité international des pénalistes francophones, 238 p., 24,5 euros)

ISBN : 978-2-343-16153-2, EAN EBOOK : 9782140109850

JUSTICE CONSTITUTIONNELLE ET SUBSIDIARITÉ

L'apport de l'expérience canadienne pour la construction européenne

Claire Aguilon

La précision des critères d'application de la subsidiarité et le développement de son contrôle par l'Union européenne constituent un progrès vers un plus grand respect du principe selon lequel l'UE, lorsqu'elle intervient dans une compétence partagée avec les Etats-membres, doit établir la plus-value d'une action à son niveau pour atteindre l'objectif visé. L'étude de la jurisprudence de la Cour de justice de l'UE montre ses réticences à un contrôle allant au-delà de la recherche d'une motivation formelle de la nécessité de l'intervention européenne. En droit canadien, la subsidiarité éclaire sous un jour nouveau la clause de commerce ou la doctrine de l'intérêt national.

(Coll. Logiques Juridiques, 460 p., 40 euros)

ISBN : 978-2-343-15311-7, EAN EBOOK : 9782140109522

UN COMBAT POUR LA PAIX

Récit

Nouvelle édition revue et augmentée

Daniel Lagot

Alors qu'il s'est refusé jusque-là à tout engagement devant la fragilité des choses humaines, un homme découvre l'amour et s'engage, avec la femme à ses côtés, dans un combat pour le droit, la justice et la paix. Après l'enthousiasme initial, les tensions et dilemmes vont se développer, en particulier lors des guerres en Libye et en Syrie. Comme dans une tragédie grecque, ces tensions conduiront les personnages à leur destin. Le récit est en partie romancé, mais est directement inspiré d'histoires et de faits réels. Face aux drames et menaces pesant sur l'humanité, doit-on céder au pessimisme ou conserver l'espoir ?

(Coll. Les Impliqués, 152 p., 16,5 euros)

ISBN : 978-2-343-16114-3, EAN EBOOK : 9782140109409

LES SENS DE LA PEINE

Hugo Cappadoro

Préface de Muriel Giacopelli

Quelle est la raison d'être de la peine ? C'est autour de cette question que se sont cristallisés, au temps des Lumières, les paradigmes punitifs modernes. Du fait des bouleversements que connait aujourd'hui notre droit répressif et de la crise du milieu carcéral, auquel la pénalité est identifiée, le législateur, les acteurs et penseurs pénaux sont amenés à s'interroger une nouvelle fois sur l'acte de punir. Cet ouvrage aborde ainsi les évolutions pénales et propose une réflexion mettant en évidence la difficulté pour la pénalité actuelle d'avoir un sens intelligible et pluriel, tant pour le condamné, que pour la victime et la société.

(Coll. Bibliothèques de droit, 212 p., 21,5 euros)

ISBN : 978-2-343-16461-8, EAN EBOOK : 9782140108945

SUR LA COUR EUROPÉENNE DES DROITS DE L'HOMME

Rétrospective d'un initié (1998-2016)

Bostjan M. Zupancic

La Convention européenne des droits de l'homme, prétendant expliciter ce que sont ces droits, est un court texte abstrait. Quatre-vingt-dix-neuf pourcent de ces droits seront concrétisés par les précédents prononcés en flux continu, autoréférentiel, par la Cour européenne des droits de l'homme (CEDH). En somme, les droits de l'homme sont simplement ce que la CEDH déclare qu'ils sont ou ne sont pas. Quarante-sept Etats signataires sont liés à cette jurisprudence de Strasbourg. Or, l'approche jurisprudentielle du stare decisis est étrangère au formalisme juridique européen. A l'autre extrême, l'auteur apporte une explication métaphysique du sens de la justice. Il présuppose le plus haut niveau d'autonomie morale et de raisonnement juridique.

(Coll. Logiques Juridiques, 452 p., 45 euros)

ISBN : 978-2-343-15739-9, EAN EBOOK : 9782140108808

GOUVERNANCE D'ENTREPRISE, RESPONSABILITÉ SOCIÉTALE EN DROIT MALIEN

Issiaka Cissé

Cet ouvrage interroge le droit positif malien dans l'appréhension des concepts de la gouvernance d'entreprise (GE) et de la responsabilité sociétale des entreprises (RSE). L'étude met en évidence le décalage du droit malien dans la construction évolutionniste de l'entreprise. Elle révèle que l'environnement juridique des entreprises maliennes n'évolue pas dans une économie pourtant en pleine mutation. Des contraintes liées à l'application des principes de ces deux concepts créent un déséquilibre en termes de compétitivité au plan national voire régional ou international.

(Coll. Études africaines, 390 p., 38 euros)

ISBN : 978-2-343-15230-1, EAN EBOOK : 9782140108464

POUR UNE NOUVELLE ÉDUCATION JURIDIQUE

Sous la direction de Massimo Vogliotti

Depuis quelques années, nous assistons en Europe à une floraison de réflexions et d'expériences novatrices relatives à la formation juridique. Ce phénomène peut être interprété comme le signe annonciateur d'une révolution de notre façon de concevoir l'enseignement du droit, encore liée au cadre théorique et mythologique du paradigme juridique moderne. Cet ouvrage met en avant la nécessité d'un renouvellement en profondeur de notre modèle traditionnel d'enseignement du droit.

(Coll. Logiques Juridiques, 228 p., 24,5 euros)

ISBN : 978-2-343-10744-8, EAN EBOOK : 9782140108426

Structures éditoriales du groupe L'Harmattan

L'Harmattan Italie
Via degli Artisti, 15
10124 Torino
harmattan.italia@gmail.com

L'Harmattan Hongrie
Kossuth l. u. 14-16.
1053 Budapest
harmattan@harmattan.hu

L'Harmattan Sénégal
10 VDN en face Mermoz
BP 45034 Dakar-Fann
senharmattan@gmail.com

L'Harmattan Cameroun
TSINGA/FECAFOOT
BP 11486 Yaoundé
inkoukam@gmail.com

L'Harmattan Burkina Faso
Achille Somé – tengnule@hotmail.fr

L'Harmattan Guinée
Almamya, rue KA 028 OKB Agency
BP 3470 Conakry
harmattanguinee@yahoo.fr

L'Harmattan RDC
185, avenue Nyangwe
Commune de Lingwala – Kinshasa
matangilamusadila@yahoo.fr

L'Harmattan Congo
67, boulevard Denis-Sassou-N'Guesso
BP 2874 Brazzaville
harmattan.congo@yahoo.fr

L'Harmattan Mali
Sirakoro-Meguetana V31
Bamako
syllaka@yahoo.fr

L'Harmattan Togo
Djidjole – Lomé
Maison Amela
face EPP BATOME
ddamela@aol.com

L'Harmattan Côte d'Ivoire
Résidence Karl – Cité des Arts
Abidjan-Cocody
03 BP 1588 Abidjan
espace_harmattan.ci@hotmail.fr

L'Harmattan Algérie
22, rue Moulay-Mohamed
31000 Oran
info2@harmattan-algerie.com

L'Harmattan Maroc
5, rue Ferrane-Kouicha, Talaâ-Elkbira
Chrableyine, Fès-Médine
30000 Fès
harmattan.maroc@gmail.com

Nos librairies en France

Librairie internationale
16, rue des Écoles – 75005 Paris
librairie.internationale@harmattan.fr
01 40 46 79 11
www.librairieharmattan.com

Librairie l'Espace Harmattan
21 bis, rue des Écoles – 75005 Paris
librairie.espace@harmattan.fr
01 43 29 49 42

Lib. sciences humaines & histoire
21, rue des Écoles – 75005 Paris
librairie.sh@harmattan.fr
01 46 34 13 71
www.librairieharmattansh.com

Lib. Méditerranée & Moyen-Orient
7, rue des Carmes – 75005 Paris
librairie.mediterranee@harmattan.fr
01 43 29 71 15

Librairie Le Lucernaire
53, rue Notre-Dame-des-Champs – 75006 Paris
librairie@lucernaire.fr
01 42 22 67 13

www.ingramcontent.com/pod-product-compliance
Lightning Source LLC
LaVergne TN
LVHW021132061026
849535LV00002B/217